大连外国语大学学科建设专项经费资助出版

国际汉语教学语法

袁庆德◎著

INTERNATIONAL CHINESE TEACHING GRAMMAR

中国戏剧出版社
CHINA THEATRE PRESS

图书在版编目（CIP）数据

国际汉语教学语法 / 袁庆德著. -- 北京 : 中国戏剧出版社, 2021.4
ISBN 978-7-104-05046-9

Ⅰ. ①国… Ⅱ. ①袁… Ⅲ. ①汉语－语法－对外汉语教学－教学研究 Ⅳ. ①H195.3

中国版本图书馆CIP数据核字(2020)第228860号

国际汉语教学语法

项目策划：张恒军
项目统筹：王松林
责任编辑：邢俊华
责任印制：冯志强

出版发行：中国戏剧出版社
出 版 人：樊国宾
社　　址：北京市西城区天宁寺前街2号国家音乐产业基地L座
邮　　编：100055
网　　址：www.theatrebook.cn
电　　话：010-63385980（总编室）
传　　真：010-63383910（发行部）

读者服务：010-63381560
邮购地址：北京市西城区天宁寺前街2号国家音乐产业基地L座

印　　刷：北京九州迅驰传媒文化有限公司
开　　本：787mm×1092mm　1/16
印　　张：38
字　　数：623千
版　　次：2021年4月　北京第1版第1次印刷
书　　号：ISBN 978-7-104-05046-9
定　　价：198.00元

前　言

汉语语法是国际汉语教学的一项重要内容，汉语学习者只有学好了汉语语法，才能说出、写出地道的汉语句子。在从事国际汉语教学的过程中，我们经常发现汉语学习者会在汉语口头表达和书面表达上出现语法偏误，这些偏误产生的原因是多方面的，最主要的原因是汉语语法与他们的母语语法存在差异，有的差异还很大，当他们没有很好地掌握汉语语法的时候，不免会套用他们的母语语法进行组词造句，从而形成语法偏误。另外，目前通行的汉语教学语法体系中也存在一些问题，影响了汉语语法教学的效率。该教学语法体系对句法成分和句法结构的分析过分注重形式而忽视意义，导致对一些特殊的汉语句型句式的描写不够合理，如把“台上坐着主席团”“王冕死了父亲”这种谓语动词为不及物动词的句子描写为“主—动—宾”句，把“这件事大家都赞成”“这孩子，我也疼他”这种宾语前置句分析为主谓谓语句，等等。这个教学语法体系是为了适应中国国内的语文教学设计的，而中国学生从出生起就在汉语的环境中潜移默化地学习汉语，入学以后还要上十几年的汉语语文课，他们已经掌握了全部常用的汉语语法手段，教材上对某些语法手段的描写不合理，也不影响他们正确使用，只是不能帮助他们更深入地认识自己的母语语法而已。可是，对非汉语母语者来说，受一种汉语语法手段描写不合理的消极影响比较大，遗憾的是，目前对外汉语教学采用的语法体系也是这种“对内”汉语教学语法体系，因此沿袭了这种“对内”汉语教学语法体系中的不足之处。例如，某对外汉语教材按照目前通行的汉语教学语法体系的理论，也把宾语前置句分析成主谓谓语句。下面是该教材举的例子：

① 晕船的药你吃了没有？

②《新汉语词典》同学们都买到了。

③ 张教授讲的课我现在还听不懂。

④ 四川菜你吃得很高兴啊!

⑤ 这儿的风俗习惯他了解得很多。

该教材解释说:“在主谓谓语句中，全句的主语（Subject 1）是作为全句谓语（Predicate 1）的主谓短语中的谓语（Predicate 2）所表示的行为的承受者。尽管主语是行为的承受者，但它是全句叙述的对象。”按照这个解释，例①中的“晕船的药”（应该是“晕船药”，课文中误增结构助词“的”）是全句的主语，是全句的谓语“你吃了没有”说明的对象。笔者在用该教材上课的时候，先介绍了教材中对这个句子的解释（教材中的解释是用外语写成的，笔者把它翻译成了汉语），学生们听了以后感觉很疑惑。然后笔者又提出了自己的看法，指出，“你吃了没有”并不是对“晕船药”的说明，而是问“你”吃了什么东西没有，然后笔者问:“大家想一想，小燕子问的这个东西是什么?”学生马上回答说“晕船药”。然后笔者告诉他们，这个“晕船药”本来是谓语动词“吃”的宾语，按照汉语的一般语序，应该放在“吃”的后面，但是汉语在语序的安排上还有一个习惯，如果谓语动词的宾语是已知信息，一般把它放在句首。课文里小燕子知道马大为带来了晕船药，“晕船药”对二人来说是已知信息，所以小燕子问他吃没吃晕船药的时候，就先说了“晕船药”。这个句子的原型是:

你吃晕船药了没有?

经过笔者这样解释，学生们完全明白了。然后笔者又让学生们按照这个思路分析例②和例③，分析得很顺利。至于例④和例⑤，笔者告诉他们，这两个句子不是由“主—动—宾”句转换成的，而是由“主—动—宾—〈动+得—补〉”句转换成的（尖括号是补语的符号，表示里边的成分是补语），转换的过程是:

你吃四川菜〈吃得很高兴〉啊!⟶你四川菜〈吃得很高兴〉啊!⟶四川菜你〈吃得很高兴〉啊!

他了解这儿的风俗习惯〈了解得很多〉。⟶他这儿的风俗习惯〈了解得很多〉。⟶这儿的风俗习惯他〈了解得很多〉。

讲到这里，笔者又让学生们分析下面这句子，他们分析得很顺利:

⑥ 他汉语说得很好。⟵ 他说汉语说得很好。

然后笔者又让他们分析下面这个句子：

⑦ ＊他的汉语说得很好。[①]

对于这个句子，学生们感觉很难分析，笔者告诉他们，这种说法是错误的，因为它不符合汉语语法规则，所以没法分析它的构成方式。

目前通行的汉语教学语法体系还有一个缺点，不解释比较特殊的汉语语法手段所依据的道理（理据），当然，该语法体系对一些汉语语法现象的描写是不合理或不太合理的，也很难解释这些汉语语法手段形成的理据，这对母语为汉语的学生来说问题不大，因为他们已经掌握了各种常见的汉语语法规则，对他们来说，只需遵守这些语法规则就可以了，无须知道这些规则背后的理据。而目前常见的对外汉语语法书和汉语教材上的语法说明基本上也是按照这个汉语教学语法体系编写的，对一些汉语语法手段的描写也是不合理或不太合理的，也不符合这些汉语语法手段形成的理据，这对非汉语母语者学习汉语来说，是很不利的。例如，在汉语教学语法体系的理论中，把一种看起来像是动词重叠而不是动词重叠的语法现象说成动词重叠，而那些对外汉语语法书和对外汉语教材的编者也都采纳了这样的说法，结果造成了汉语学习者在汉语动词重叠使用上发生偏误。有一本对外汉语教学语法书在讲汉语动词重叠的问题时，列举了汉语学习者造出的很多动词重叠方面的偏误句，并就每一个偏误句都指出了一条动词重叠的使用规则，如："想想"在表示"回想、回忆"意义时，一般用于祈使句；如要强调已经发生的动作的轻微、随便，特别是句中有"只是""随便""稍微"这样的修饰语时，一般要用动词的重叠式；动词重叠一般不用于过去认真地重复多次才完成了的动作；动词重叠"不能用于正在进行的动作"；动词重叠"不能用于同时进行的两个或两个以上的动作"；单独一个动词重叠式不能作定语；在表示叙述已经完成的动作的承接复句中，一般不能夹用非描写性的动词重叠式；表示经常性多次重复的一个动作时，不用动词重叠式，等等。这些规则不用说汉语学习者，就是汉语教师也很难理解和记住。其实，只要告诉他们"想想""找找""聊聊""逛逛""玩玩"等说法其实是"想一想""找一找""聊一聊""逛一逛""玩一玩"等的省略形式，后一个"想""找""聊""逛""玩"等是借用前边的量词形成的动量词，"想想""找找""聊聊""逛逛""玩玩"等于说

① 句子前加＊表示该句有语法错误。

“想一下”“找一下”“聊一下”“逛一下”“玩一下”，表示想、找、聊、逛、玩等的次数少或持续的时间短，这样他们自然就不会说“*经常想想”“*找找很多次”“*想了想为爸爸送什么礼物好”“*正在等一等”“*一面吃，一面聊聊”“*不停地聊聊”“*正在等一等”“*正在休息休息”“*常常丢丢东西”了。我们再看看另一本对外汉语教学语法书中举的例子：

⑧ *请你把这个问题说说清楚，好吗？

⑨ *考完试我要好好儿玩玩几天。

⑩ *让我用用一下你的词典，行吗？

下面的“分析”说：“动词重叠后不能再带补语（包括结果补语和数量补语）。”但是，为什么动词重叠后不能再带补语？这本语法书没说，常见的汉语教材当然也没说，这样汉语学习者不知道动词重叠后为什么不能再带补语，这样就很难记住这个规则。其实只要告诉他们“说说”是“说一下”的意思，“玩玩”是“玩一下”的意思，“用用”是“用一下”的意思，他们自然就不会说“*说说清楚”“*玩玩几天”“*用用一下”了。

现有的对外汉语教学语法书和对外汉语教材对汉语语法的解释还有很多不当之处，本书的正文中还会谈到一些，这里就不更多举例了。另外，由于现有的汉语语法书对汉语语法讲解得不够细致，对外汉语教材的编者可能也没研究过某些语法问题，对某些汉语语法规则了解得不够透彻，因此有些对外汉语教材的课文的语言中甚至还有语法错误，课文后的语法讲解和练习的例句中语法错误更多一些。前边我们提到的那个“*晕船的药”的说法主要属于词法方面的错误，这里我们再举一例句法方面的错误：

⑪ *年轻人骑着自行车上班，不是挺好的吗？

这是一部对外汉语教材的一篇课文中的句子，其中“*骑着自行车上班”的说法在语法上是错误的，因为在“V_1着V_2”这种短语中，V_1表示的是伴随着V_2的动作行为、情态等。例如：

⑫ 他喜欢躺着看书。

这里“躺着”表示的是伴随着看书的身体状态，“躺着看书”就是“一边躺着一边看书”。

⑬ 她哭着说：“咱俩的缘分到头了，分手吧。”

这里“哭着”表示的是伴随着说话的情态。“哭着说”的意思是“一边哭一边说”，也就是在说的同时哭（哭是次要的，是忍不住的，说是主要的，所以哭是伴随着说的情态）。

⑭ 她做饭的时候孩子哭，她只好背着孩子做饭。

这里“背着孩子”表示的是伴随着“做饭”的行为，“背着孩子做饭”的意思是“一边背孩子一边做饭”，也就是在做饭的同时背孩子。

回过头来我们再看“*骑着自行车上班”这个短语，它等于说“一边骑自行车一边上班”，也就是在“上班”的同时“骑自行车”，这显然不符合那篇课文的意思。在那篇课文中，一个叫王小云的女孩对她妈妈说她想一开始工作就贷款买汽车，她妈妈不同意，建议她像她爸爸那样骑自行车上班，而不是说她将来的工作可以一边骑自行车一边做，因此“*骑着自行车上班”的说法是错误的，应该说“骑自行车上班”。其他如“*开着车上班”“*坐着公共汽车上班”等说法都是错误的。

目前常见的汉语语法书和汉语教材，不仅对很多汉语句式的解释不合理，对很多汉语虚词（包括语气副词）的语法意义的解释也不够细致、精确。笔者所在的孔子学院有一位本土汉语教师曾问过笔者下面这两个句子有什么区别：

⑮ 我比他还高。

⑯ 我比他更高。

这位本土汉语教师说，这两个句子一个在“高”的前边加上了副词“还”，一个在“高”的前边加上了副词“更”，这两个句子在意义上有什么不同？她查了跟教材配套的教师用书，说这种用法的“还”是“表示更进一层”的意思。“更进一层”是什么意思？是不是程度更大？笔者告诉她，这两个句子的基本意思相同，都是“我”比“他”高，但强调的重点不同。“我比他还高”是说，跟“我”比，“他”不算高，是通过否定“他”高，来突出“我”高。而“我比他更高”是既肯定“他”高，同时又强调“我”更高。

毫无疑问，这两个比较句的意思的区别是由谓语中心前的副词“还”和“更”的意义不同造成的。那么，比较句中谓语中心前的副词“还”和“更”的意义有什么不同呢？要想弄清楚这个问题，关键是要弄清楚这两个副词本身的意义。“更”的意义很明显，它是一个程度副词，表示双方相比较，一方的程度比另一方大，但“还”的意义不容易把握。一部权威的汉语词典解释说：“表示在某种程度之上有所增加。”这个解释也不够明确，大概意思是说“表示比某种程度大一些”。举的例子有：

⑰ 今天比昨天还冷。

还有一部词典式的汉语语法书解释“还”的这种用法时说：“表示程度差别；更加。”举的例子有：

⑱ 他比你还小好几岁呢。

这部词典式的语法书实际上是认为这种用法的“还”是程度副词，意思是“更加”，也就是相当于程度副词“更”。

另外有一本对外汉语教学语法书，明确地把这种用法的“还”解释为“程度副词”，举的例子有：

⑲ 弟弟的个子比哥哥还高。

实际上，比较句中用在谓语中心前的副词“还”不是程度副词，不是“更加”的意思，如果它真是“更加”的意思，那么它应该像“更”一样可以在非比较句中使用，但实际上不可以，如我们可以说“他高，我更高”，但不可以说“* 他高，我还高”。另外，如果这种用法的“还”真是“更加”的意思，那么把它换成“更”，句子的意义应该不变，而实际上并非如此，例⑮与例⑯的意义有区别，就证明了这一点。还有，比较句谓语中心前加上副词“还”以后，后面还可以加数量补语，如例⑱，而谓语中心前加上程度副词“更”以后，后面不可以加数量补语，如不可以说“* 他比你更小好几岁呢”。由此可见，比较句中用在谓语中心前的副词“还”不是程度副词。经过对大量的语料的分析我们发现，这种用法的“还”是一种语气副词，表示强调对方未知的事实或对方忽视的事实。如例⑮中的“还”用来强调“我”比“他”高的事实，并给整个句子带来了这样的语气：你只强调他高，而忽视了我比他高的事实，事实上，跟我相比，他并不算高。再如例⑰，假如这句话是从外面回来的人说的，他是用“还”来强调“今天”比“昨天”冷的事实，意思是告诉室内的人，跟今天比，昨天不算冷，从而表明今天更冷。如果直接说成“今天比昨天更冷”，则强调昨天和今天都冷，只是今天比昨天冷一些。

从上面谈到的几个问题中我可以看出，目前常见的对外汉语教学语法书和对外汉语教材还不能很好地满足国际汉语语法教学的需要。为了让汉语学习者更高效率地掌握汉语语法，我们必须在前人研究成果的基础上，对现有的汉语教学语法体系进行补充和完善，不但要讲清楚各种常见的汉语语法规则，更要讲清楚那些比较特殊的语法手段形成的机制、语法意义和表达功能，对于常用的汉语虚词（包括语气副词），也要详细地说明它的语法功能、语法意义和表达功能。为此，笔者根据自己多年来的研究心得，在学术界现有的研究成果的基础上写成这部《国际汉语教学语法》，希望能够对国际汉语语法教学起到更大的辅助作用。不过，由于使用汉语的人们总是希望细腻、精确地表达自己的思想感情，因此汉语的语法规则也非常细致、复杂，尽管我们尽量把常用的语法规则全部归纳出来，并进行说明、解释，但一定还有很多遗漏的地方，当遇到本书和其他语法著作、汉语教材等没有提到的语法点时，希望广大汉语教师、汉语研究者和汉语学习者共同探讨，笔者在今后的国际汉语教学实践中发现遗漏的问题之后，也将进行补充研究。另外，有的汉语语法手段的语法意义实在是太微妙，当我们归纳出它的语法意义之后，又遇到了例外的情况，这时我们只能把先前的解释推翻，重新进行解释，尽管如此，本书对一些汉语语法手段的语法意义的解释还有可能是不准确的，甚至是错误的，请广大汉语教师和汉语研究者、汉语学习者适当斟酌采纳，并欢迎批评指正。

在本书撰写的过程中，笔者也参考了其他一些汉语语法专著和汉语语法论文，在体例和内容的安排上，重点参考了黄伯荣、廖序东主编的《现代汉语》（增订五版）的语法部分，也借鉴了其中的部分内容和对一些概念的解释，尤其是借鉴了几个表格和树状图，主要有现代汉语补语一览表、现代汉语代词一览表、量词的种类树状图，在此向这部教材的主编和编者表示由衷的感谢！笔者之所以重点参考这部教材，是因为其中的观点代表了汉语教学语法学界的主流观点，也吸收了其他一些语法学说的研究成果，对进一步研究汉语教学语法很有启发意义。不过，笔者站在国际汉语教学的角度，对其中的许多观点并不认可，并提出了自己的看法。

本书的观点都是在分析了大量汉语语料的基础上提出的。由于汉语语法规则非常隐蔽，需要通过对大量语料进行分析归纳，才能得出结论，仅仅靠研究者自己造的句子是远远不够的，为此，笔者充分利用了几个所能利用的语料库网站搜索典型例句。笔者所利用的语料库主要是“北京大学的语料库网络版”和北京语言大学的“BCC 汉语语料库”，这两个语料库语料丰富，不过它们经常关闭，甚至同时关闭，一关闭就是几天甚至十几天，2019 年 11 月到 2020 年 1 月初，BCC 语料库关闭了将近 2 个月（据说是“遭遇大规模恶意攻击，有来自广东的 IP 集群高强度访问 BCC，造成服务器不能承受重压”）。

当这两个语料库同时关闭的时候，笔者只好查阅教育部语言文字应用研究所的“语料库在线”，但该语料库的语料比较少，往往查不到合适的例句，就只好耐心地等待前两个语料库恢复使用。另外，“BCC 汉语语料库”自从 2020 年 1 月恢复以后，只允许阅读搜索结果的前几页，后面的几十页、几百页一律打不开，而且该语料库的报刊语料部分把旧的现代汉语语料放在前边，搜索到结果后，一般只能看到“文化大革命”之前或者改革开放之前的语料，内容政治性和时代性强，不适合出现在国际汉语教学语法书中，而且这些语料内容陈旧，也不适合采用。该语料库的文学语料部分安排得也不合理，把翻译的文学作品放在前边，搜索到的句子很多是从外语翻译过来的比较生硬的洋化的句子，不是典型的汉语句子，一般也不能采用。该语料库允许把搜索到的语料下载下来，但只允许下载前一万条语料，也就是网页前一百页的语料，但是搜索一次往往能搜索出好几百页语料，这样下载下来的还是年代久远的语料，或者还是翻译作品中的语料，仍是不符合采用的要求。尽管如此，经过对大量语料的筛选，笔者还是从这个语料库中搜索到了一些可用的例句，不过更多的例句出自“北京大学语料库网页版”，但“北京大学语料库网页版”的检索功能和便利程度不如“BCC 语料库”，检索条件比较特殊的时候，还需要查“BCC 语料库”，而且“北京大学语料库网页版”关闭得更频繁，隔几天就关闭一次，一直到现在都是这样。

本书中还有少量的语料转引自一些对外汉语语法著作、现代汉语教材和对外汉语教材，笔者在脚注中标明了具体出处，而为了节省篇幅，从语料库中搜索到的语料并没有标明出处。在此向上述三个语料库的创建者和维护者及有关专著和教材的主编和编者表示衷心的感谢！

本书从汉语语法的最基本概念写起，详细地论述了汉语语法的特点，详尽地说明了汉语词的构成方式，各级语法单位和语法成分的类别，汉语词的分类和用法，详尽地说明和解释了大量的汉语语气副词、介词、助词和语气词的用法、语法意义和表达功能，详尽地介绍和分析了汉语各种句子类型的语法意义、构成方式和表达功能，尤其是详尽地分析和解释了一些特殊汉语句式的语法结构、语法意义、生成方式和表达功能，并力争做到既通俗易懂，又有实用价值。本书还解释了很多汉语语法手段的理据，力争做到让读者对汉语语法手段既知其然，又知其所以然，同时了解与汉语语法相关联的中国文化因素。

本书主要面向从事汉语国际教育的教师和国内的现代汉语课程的授课教师，以及对外汉语专业、国际汉语教育专业、汉语言文字学专业、汉语言文学（中国语言文学）专业的研究生和大学生，也可以供汉语语法的研究者切磋参考。

本书的选题和出版得到了大连外国语大学新闻与传播学院张恒军院长和中国戏剧出版社王松林老师的支持和指导，也得到了中国戏剧出版社编辑邢俊华老师、大连外国语大学新闻与传播学院办公室主任刘明阳老师、教学秘书潘婧妍老师的指导和帮助，同时还得到了亚美尼亚埃里温“布留索夫”国立大学孔子学院院长王婵娟女士的大力支持，在此一并表示衷心的感谢！

袁庆德

于亚美尼亚埃里温

“布留索夫”国立大学孔子学院

2020 年 11 月 1 日

目录 contents

第一章　汉语语法与汉语教学

在进行汉语教学的过程中，为了让汉语学习者能够说出、写出地道的汉语句子，能够理解和使用比较特殊的汉语句式，我们必须向他们讲清楚各种常用的语法手段，讲清楚各种语法规则，甚至还要讲清楚那些比较特殊的语法手段形成的机制和特有的表达功能，以及一些比较特殊的语法规则的理据，让他们对汉语语法不但知其然，还要知其所以然。这就要求汉语教师深入钻研汉语语法，重视汉语语法教学。为此，汉语教师首先要了解一些有关汉语语法的基本问题，如与其他语言的语法相比较，汉语语法有什么特点，目前有哪些语法体系，什么样的语法体系对国际汉语教学比较适用，等等。

第一节　汉语语法及其特点

有些人说汉语没有语法，汉语缺乏某某语法手段，等等，这些看法其实是对语法的概念和对汉语语法的误解。在他们看来，只有像印欧语系语言的那种词的形态变化才是语法。为此，我们首先要弄清楚什么是语法，什么是汉语语法，汉语语法有什么特点。

与汉语母语者不同，非汉语母语者则不认为汉语没有语法，而是觉得汉语语法变化莫测，一个助词“了”就弄得他们晕头转向。为此，我们也必须向汉语学习者说清楚汉语语法的特点，在此基础上，向他们讲清楚各种汉语语法规则，尤其是比较特殊的语法规则。关于各种汉语语法规则、各种语法手段，我们将从本书的第二章开始详细讲解。

一、什么是语法

所谓语法，对一般人来说，就是说话的规则，而话的基本单位是句子，所以语法就是造句的规则，而句子是用词和短语（词组）造出的，而词和短语也是按照一定规则构成的。因此，完整地说，语法就是构词的规则和组词造句的规则。在很多种语言中，词在构成短语和造句的时候还要发生性、数、格、人称、时态等形态变化，对于这些语言来说，语法还包括词的变化规则。汉语的词没有形态变化，因此汉语语法就是构词的规则和组词造句的规则。其中，构词的规则通常叫作“词法”，而组词造句的规则通常叫作“句法”。

研究语法的学科叫作“语法学”，但也常简称为“语法”。为了与“语法学”相区别，语法学界也常把“语法”称为“语法规则”。

二、汉语语法的特点

从古代汉语发展到现代汉语，汉语语法一直在发展变化着，语法手段不断丰富、完善。汉语作为汉藏语系的代表性语言，与其他语系的语言在语法上有着或大或小的差异，这些差异充分体现了汉语语法的特点。目前在世界上影响比较大的是印欧语系的语言，所以一般在探讨汉语语法的特点时，都是将汉语与印欧语系的语言进行对比，尤其是与印欧语系的代表性的语言英语进行对比，这里我们也不例外。下面我们说说汉语语法的特点。

（一）主要用虚词和语序表示不同的语法意义

在印欧语系的语言中，常常通过词的形态变化来表示不同的语法意义，如动词加不同的后缀表示不同的时态，名词通过加或不加后缀表示单数和复数，代词有主格、宾格和领格等不同的形式，等等，而汉语不通过词的形态变化表示不同的语法意义。那么，汉语是通过什么语法手段来表示不同的语法意义呢？正如学者们指出的那样，汉语主要用虚词和语序来表示不同的语法意义。

1. 用不同的虚词表示不同的语法意义

所谓虚词，指的是用来表示某种语法意义、辅助其他词语组词造句的词，主要有介词、连词、助词、语气词。虚词的语法功能就是表示某种语法意义。每一种语言中都有虚词，汉语由于不用词的形态变化表示不同的语法意义，所以虚词使用得更多，虚词也更丰富，尤其是语气词。下面我们先来看一些用不同的语气词表示不同语法意义的例子：

①吃饭！

这个句子没有使用任何语气词，是一个语气比较强硬或比较随意的命令句。

②吃饭了！

这个句子在句末加上了语气词“了”，是一个语气比较柔和的命令句。

③吃饭啊！

这个句子在句末加上了语气词“啊”，是用催促的语气要求对方吃饭，属于催促句，是祈使句的一种。

④吃饭吧！

这个句子在句末加上了语气词“吧”，是用商量的语气要求对方吃饭，属于商量句，也是祈使句中的一种。

⑤吃饭吗？

这个句子在句末加上了语气词“吗”，问对方是否要吃饭。

⑥吃饭呢。

这个句子在句末加上了语气词“呢”，表示正在吃饭。

再如：

⑦是他吗？

⑧是他吧？

⑨是他呀。

以上三例是在短语“是他”的后面分别加上不同的语气词，构成不同的句子，表示不同的意思：加上“吗”，表示询问那个人是不是他；加上“吧”，表示推测那个人是他；加上“呀”，表示知道了那个人是谁，解除了疑惑。

⑩你太善良。

⑪你太善良了。

这里前一句句末没有使用语气词，整个句子的意思是“你”的善良超过了应该有的程度，是对“你”善良的程度的否定。后一句句末加上了语气词“了”，整个句子的意思是没想到“你”这么善良，是对“你”善良的程度的赞扬。

我们再看几个用不同的动态助词表示不同语法意义的例子：

⑫ A：这本书你看过吗？ B：看过。
A：什么时候看的？ B：去年看的。
A：看了多长时间？ B：看了三个多月。

在上面的这段对话中，动词“看”的后面分别加了动态助词“过”“的”“了”。动态助词“过”用来表示有做某事的经历，这里在“看”的后面加上“过”，表示有看“这本书”的经历。动态助词“的”表示动作行为已经发生，在询问或陈述已经发生的动作行为的主体、动作行为发生的时间、动作行为发生的处所、动作行为的工具、动作行为的方式等的时候使用。这里B已经看了“这本书”，A询问他看“这本书”的时间，所以在“看”的后面加了助词“的”。动态助词“了”也表示动作行为已经发生，但与动态助词“的”的使用范围不同，它是在陈述或询问过去发生的动作行为时使用，在陈述或询问过去发生的动作行为持续的时间量时也使用。这里A询问B看“这本书”花费的时间量，故所以在“看”的后面加了助词“了”。

以上是用不同的虚词来表示不同语法意义的例子。

需要指出的是，由于汉语虚词数量众多并表示多种语法意义，因而对于汉语学习者来说，掌握起来有一定难度。另外，汉语中还有大量的语气副词（40种左右），虽然汉语语法学界把语气副词看成一种实词，其实语气副词的性质和虚词差不多，一般没有具体的词汇意义，只用来表示某种语气，如“你可别忘了”中的“可”、“你就听我的吧”中的“就”等。用不同的语气副词表示不同的语气，这也是汉语的一种语法手段。由于汉语语气副词的种类多、语法意义复杂，故对于汉语学习者来说，也不太容易掌握。

2. 用不同的语序表示不同的语法意义

所谓语序，简单地说，就是句子成分的排列顺序。汉语和其他语言一样，都有特定的语序，所不同的是，汉语常通过语序的变化来表示不同的语法意义。下面我们来看看用不同的语序表示不同语法意义的例子：

① 他父亲死了。

② 他死了父亲。

这里前一句是普通的主谓句，主语是“他父亲”，整个句子用来表示“他父亲”发生的变化（死了）。后一句是一个特殊的主谓句，它的谓语部分采取的是主谓倒置语序，整个句子通过“他父亲”发生的变化来表示“他”的变化（成了没有父亲的人）。我们把这种主谓倒置句称为“变化句”（关于变化句，参见517页“六、变化句”）。

③ 传说沉船那晚，狂风暴雨，一个农民失踪了。

④ 就在十余日前，桥霜村可不像现在这么太平，连着三天，失踪了三个小孩。

例③中的“一个农民失踪了”是一个普通的主谓句，用来表示一个农民的变化（失踪了）。例④中的“失踪了三个小孩”是一个特殊的主谓句，采用的是主谓倒置语序，用来表示桥霜村所发生的事件（三个小孩失踪了的事件）。我们把这种主谓倒置句称为“事件句”（关于事件句，参见513页“五、事件句”）。

⑤ 一只鹰在天上飞着。

⑥ 天上飞着一只鹰。

这里前一句是一个普通的主谓句，陈述的是“一只鹰”正在做的事（在天上飞着），后一句是一个特殊的主谓句，采用的是主谓倒置语序（句首的“天上”是处所状语），整个句子用来表示天上有一只飞着的鹰。这种主谓倒置句属于存在句的一种（关于存在句，参见509页“四、存在句”）。

⑦ 人来了。

⑧ 来人了。

这里前一句是一个普通的主谓句，用来报告“人”到来的消息，后一句是一个特殊的主谓句，采用的是主谓倒置语序，用来报告有人到来的消息。这两个句子的区别主要是“人”所指不同。前一句的主语“人”放在谓语动词前，代表的已知要来的人，是正在等待中的人，属于已知信息；后一句的主语“人”放在谓语动词后，代表的是不认识的人，属于未知信息。

（二）汉语的词没有形态变化

汉语语法与英语等语言的语法还有一个很大区别，就是汉语的名词、代词、动词等没有表示数（如单数、复数）、人称（如第一人称、第二人称、第三人称）、时态（如过去时、现在时、将来时等）、格（如主格、宾格、领格）等语法意义的形态变化。例如：

① 他吃了两个苹果：一个红苹果，一个黄苹果。

这里的名词“苹果”没有发生数的变化。汉语的名词都没有数的变化。

② 过去，我爱她，她也爱我；现在，我还爱她，她也还爱我。

这里作宾语的人称代词“我”和“她”都不发生格的变化，动词“爱”也不发生时态变化，也不随着主语的人称变化而变化。

值得注意的是，由于汉语不是通过词的形态变化表示不同的语法意义，因此有人说，汉语的词“缺乏形态变化”。这种说法是错误的。实际上，不是汉语的词缺乏形态变化，而是汉语不需要通过词的形态变化来表示各种语法意义，汉语是通过自己特有的语法手段表示了印欧语系语言通过词的形态变化所表示的各种语法意义。不能把不需要形态变化说成“缺乏形态变化”。同时，由于汉语的词不发生形态变化，汉语的词也就没有形态标记，有人把汉语的词没有形态标记也说成“缺乏形态标记”，这种说法同样是错误的。

（三）一类词往往可以充当多种句法成分

所谓句法成分，指的是短语和句子的构成成分，主要有主语、谓语、宾语、定语、状语、补语等。在英语等印欧语系的语言中，同一种句法成分大体由同一类词充当，如主语和宾语由名词充当，谓语由动词充当，定语主要由形容词充当，状语由副词充当，等等。而汉语中，同一种句法成分往往可以由多类词充当。如主语和宾语不但可以由名词充当，还可以由动词和形容词充当；定语不但可以由形容词充当，还可以由名词、动词充当；状语不但可以由副词充当，还可以由形容词和动词充当。换一个角度说，汉语中的一类词往往可以充当多种句法成分。例如：

① 跑步是一种很好的运动。

这里动词“跑步”作主语。

② 我喜欢跑步。

这里动词“跑步”作宾语。

③ 早晨跑步的人很多。

这里动词“跑步”作定语。

④ 跑步前进！

这里动词“跑步”作状语。

在英语中，与汉语动词“跑步”相当的动词是“run”。“run”要加上后缀“-ing”变成动名词才能作主语、宾语、定语，而且英语中动词不能作状语，只能用副词作状语。再如：

⑤ 他高兴地说：“我成功了。”

这里形容词“高兴”作状语。在英语中，与汉语动词“高兴”意义相当的动词是“happy”，可以作定语，不可以作状语，作状语需要使用由形容词“happy”派生出的副词“happily”。

（四）量词丰富

汉语的量词比印欧语系语言的丰富，主要是个体量词丰富和动量词丰富。

1. 个体量词丰富

不像英语，汉语在表示个体事物的数量时，要在个体名词前直接加上数词，同时还要根据个体事物的外部形态等在数词后加上适当的量词，如“一个人、一只狗、一条鱼、一头猪、一个橙子、一张桌子、一本书、一棵树、一根头发、一块砖、一篇文章”等。有的汉语个体量词甚至还能表示某种感情色彩，如“位”能表示对人尊敬的语气，当我们说“一个客人”的时候，没有附加的语气，当我们说“一位客人”的时候，表示对该客人的尊敬。

2. 动量词丰富

动量词就是表示动作行为、变化等发生的次数的量词。汉语的动量词也比英语丰富，汉语不但有专用动量词，还有借用动量词，随着动作行为、变化的特点、工具等不同，所用的量词也不同。汉语专用动量词有“次”“回”“趟”“遍”“顿”“阵”“场”“下”等，如“看一次电影”（书面语）、“看一回电影”（口语）、“去一趟商场”（强调停留的时间短）、“听一遍录音”（强调从头到尾的完整过程）、“吃一顿饭”（强调时间长度大体固定，并且不太长）、“下了一阵雨”（强调持续的时间短）、“下了一场雨”（强调持续的时间比较长）、“点一下头”（表示做一次所需时间比较短的动作的次数），等等。汉语的借用动量词是借用动作行为的器官或肢体、工具、对象的名称以及动作行为动词本身形成的量词，如“看一眼”“打一拳”“打一枪”“转一圈”“看一看”“走一走”，等等。英语中没有借用动量词，专用动量词也只有三个——“once”（一次）、“twice”（两次）、“times”（三次以上），这三个动量词的作用其实等于一个，而且不区分动作行为的特点、工具等。

（五）语气词丰富

前面我们指出，汉语语法的特点之一是通过虚词和语序表示不同的语法意义。在汉语虚词中，有一类是语气词，如“啊、吧、呢、了、的、嘛”等，而一个语气词能表示多种语气，其中语气词“了”能表示十多种语气，一个“了”就等于十多个语气词。从一个语气词能表示多种语气的角度看，汉语的语气词实际上有几十个。英语中几乎没有语气词，如果将汉语翻译成英语，汉语语气词所表示的各种语法意义需要通过其他语法手段来表达，有的甚至很难表达。例如：

你汉语说得太好了。

这个句子一方面表示赞扬对方汉语说得好，另一方面还表示没想到对方汉语说得这么好的意思，整个句子带有一种出乎意料的语气，这种出乎意料的语气是通过语气词“了”表示出来的。如果用英语准确地翻译这个汉语句子，恐怕得需要用两个句子。

以上我们举例说明了汉语语法的五个主要特点。

第二节　语法体系

语法体系指的是语法学体系。语法是客观存在的，任何一种语言都有自己的语法，但语法不是明摆着的，而是体现在人们日常所使用的词语和所造的句子中的，是需要人们分析、归纳和概括的，而由于不同研究者的认识不同，研究的角度不同、方法不同、目的不同，就会产生不同的语法体系，不同的语法体系对同一种语法现象的看法有时会有所不同。

一、教学语法和专家语法

根据研究的目的、方法和内容的不同，我们可以把语法体系分为教学语法和专家语法两大类。

（一）教学语法

教学语法也叫“学校语法”“规范语法”，隶属于教学语言学

（Pedagogical Linguistics），研究的是基本的语法事实，强调各种语法单位的语法功能，不对各种语法事实做理论上的分析和阐述。教学语法的目的是使学习者提高使用语言的能力，或者教会学习者掌握某种语言。因此，教学语法注重应用，力求简明、科学地揭示和客观地描述语法事实。教学语法方面的代表著作有黎锦熙的《新著国语文法》（商务印书馆 1924 年初版，2000 年重印）、张志公的《语法和语法教学》（人民教育出版社 1956 年版）、庄文中的《中学教学语法和语法教学》（语文出版社 1999 年版）等。另外，刘月华等的《实用现代汉语语法》（增订本，商务印书馆 2004 年版）的语法体系也属于教学语法体系。还有几部倾向于对外汉语教学的语法专著所用的语法体系也属于教学语法体系，如陆庆和的《实用对外汉语教学语法》（北京大学出版社 2006 年版）等。另外，各种常见的对外汉语教材和《现代汉语》教材的语法部分所采用的也都是教学语法体系，只是有的《现代汉语》教材吸收了部分理论语法的研究成果，如黄伯荣、廖序东主编的《现代汉语》（增订五版）就是如此。

由于教学语法只是客观地说明汉语语法规则，而不解释这些语法规则的理据（所依据的道理），学习者只是知其然而不知其所以然，这对于非汉语母语者学习汉语来说不太有利。例如，一般汉语教材只是告诉汉语学习者，汉语动词重叠能表示“时间短”“尝试”等语法意义，如“让我看看”“你说说”等，但不说明为什么动词重叠能表示这些语法意义，于是有些汉语学习者根据汉语形容词重叠能表示“程度大”的意义（如“高高”“瘦瘦”等）进行类推，用汉语动词重叠来表示动作行为持续的时间长或发生的次数多，如：“* 我到处找找，没找到。”“* 我找找很多次，但是找不到。”“* 他常常丢丢东西。”[①] 另外，教学语法体系中对一些汉语语法手段的分析也不够合理，把这样的分析结果教给汉语学习者，也不利于他们正确地理解和使用这种语法手段。例如，教学语法体系把多种不同的句式都看作“主谓谓语句”，而事实上有些并非是主谓谓语句。下面是《新实用汉语课本》第三册第三十四课[②] 中所举的“主谓谓语句”的例子：

晕船的药我吃了。（晕船的药呢？晕船的药怎么样？）

① 后两例转引自陆庆和《实用对外汉语教学语法》，北京大学出版社 2006 年版，第 119、125 页。

② 刘珣主编：《新实用汉语课本》第三册，北京语言大学出版社 2003 年版，第 134 页。

我吃晕船的药了。（你做什么了？你怎么样？）

该教材的编者认为“晕船的药我吃了”是一个主谓谓语句，并将它的语法意义与普通主谓句“我吃晕船的药了”进行了对比，认为前者强调的是“晕船的药”（应该说成“晕船药”）的下落或对它的评价，后者强调的是“我”做了什么或“我”的状态。而事实上，“晕船的药我吃了”不仅可以回答“晕船的药呢”（晕船的药在哪里），还可以回答“晕船的药你吃了吗”的问题（课文中就是如此）。显然二者的根本区别并不是一个回答“晕船的药”下落的问题，而是一个回答“你做了什么”的问题。关于这一点，该教材的编者也发现了，所以在2012年出版的《新实用汉语课本》的《教师用书》中也列举了另外两种说法：“有的语法书上解释为宾语前置，即为了强调宾语或者宾语比较复杂时，将宾语分别提前到‘小主语’或‘大主语’的位置。也有的语法书把第三类句子分析为话题（‘晕船的药’）和说明（‘你吃了没有’）。”[①] 这两种说法都与该教材所采用的教学语法体系的说法不同，但都更为合理，而这两种说法属于“专家语法”体系。

（二）专家语法

专家语法又称“研究语法”“科学语法”，隶属于理论语言学（Theoretical Linguistics）。专家语法的研究目的是建立一种科学的语法体系。语法学家根据自己的观点、认识和方法，从语言学的角度，对某种语言的语法结构进行描写、分析，揭示这种语言的结构规律，解释某种语法现象的成因，或是对语法研究中的原则、方法问题进行分析、探讨。常常提出或借鉴一些新观点、新理论、新方法。专家语法又可以分为描写语法和理论语法。

1. 描写语法

描写语法是对一种语言的语法事实如实地进行描写，就是记录一种语言在一定历史阶段的结构、状态，反映该语言在这一阶段使用的实际情况和特点。这种语法学主张全面、详尽、客观地描写研究一个个虚词、一个个短语格式和句子格式，尽可能做到穷尽，不做正误、好坏的评论，也不考虑重点、难易、规范、可接受性等教学方面的因素。描写语法的代表著作主要有赵元任的《汉语口语语法》（汉译本，商务印书馆1979年版）、徐思益的《描写语

① 刘珣主编：《新实用汉语课本（第2版英文注释）教师用书3》，第83页。

法学初探》（新疆人民出版社 1981 年版）。还有词典式的描写语法著作，如吕叔湘主编的《现代汉语八百词》（商务印书馆 1980 年版），孟琮等编的《动词用法词典》（上海辞书出版社 1987 年版），郑怀德、孟庆海编的《形容词用法词典》（商务印书馆 1991 年版），等等。

2. 理论语法

理论语法常常结合某种具体语言的语法现象，着重从理论上阐述一种语言的语法规律，或是对语法研究中的原则、方法等问题进行分析、探讨。理论语法的代表著作主要有：何容的《中国文法论》（商务印书馆 1942 年版），王力的《中国语法理论》（商务印书馆，上册 1944 年版，下册 1945 年版），高名凯的《汉语语法论》（开明书店 1948 年版），胡附、文炼的《现代汉语语法探索》（新知识出版社 1956 年版），高名凯的《语法理论》（商务印书馆 1960 年版），吕叔湘的《汉语语法分析问题》（商务印书馆 1979 年版），朱德熙的《现代汉语语法研究》（商务印书馆 1980 年版），朱德熙的《语法讲义》（商务印书馆 1982 年版），吕叔湘等的《语法研究入门》（商务印书馆 1999 年版），沈阳的《现代汉语空语类研究》（山东教育出版社 1994 年版），范晓、张豫峰等的《语法理论纲要》（上海译文出版社 2008 年版），陆俭明的《现代汉语语法研究教程》（第四版，北京大学出版社 2013 年版），等等。

理论语法研究要以描写语法的研究为基础，没有描写语法的研究成果，理论语法的研究就无法进行。

二、教学语法与专家语法的关系

教学语法体系和专家语法体系都是对汉语语法的研究，通常二者不会截然不同，但毕竟二者的研究目的不同，所以二者之间有时会有很大区别。

如前所述，教学语法的研究目的是让学习者提高语言使用的能力，而专家语法的研究目的是要揭示人类语言的结构规律，解释某种语法现象的成因，因此可以不考虑学习者的因素。专家语法中的理论语法可以不断地探索新的语法研究理论，用新的语法理论来研究语法现象。不过，在我国语法学界，尚没有产生真正属于我国学者自己创立的语法理论，都是在借用西方语言学家所创立的新的语法理论来分析和解释汉语语法现象，这些新的语法理论主要有结构主义语法、转换生成语法、格语法、系统功能语法、认知语法、构式语法等（前三者属于形式主义语法学派，后三者属于功能主义语法学派）。这些新的语法理论往往理论性太强，大都不适合应用到语法教学中去，转换生成语法的建立者乔姆斯基就曾明确地说过，他的理论不适用于教学，而作为教学语法的传统语法很适合于教学使用[①]。况且这些新的语法理论都是西方语言学家根据西方语言创立的，而西方语言的语法与汉语语法差异很大，如果不加选择、不加改造地把这些新语法理论套用到汉语语法的研究中，难免犯削足适履、刻舟求剑之类的错误。不过，这些语法学说中的一些具有实用价值的研究成果可以借鉴到教学语法中去，而教学语法中所遇到的疑难问题有时也需要专家应用某些理论去解决。

三、本书的语法体系

前面我们说明了两种不同的语法体系：教学语法和专家语法。那么，本书《国际汉语教学语法》所采用的语法体系属于什么语法体系呢？本书所采用的语法体系属于教学语法体系，是以教学语法理论为主体，适当吸收转换生成语法和认知语法等专家语法体系中对汉语教学具有实用价值的学说，大体采纳结构主义语法体系的框架，描写、分析、解释汉语的语法事实，让汉语学习者对汉语中一些比较特殊的语法现象不仅知其然，还知其所以然，从而提高汉语学习的效率，有效地避免汉语语法偏误。

如前所述，目前常见的对外汉语教材所采用的语法理论也是属于教学语法体系的，而教学语法体系的理论简明易懂，对于汉语教学是非常适用的，只是目前汉语的教学语法体系深受结构主义语法体系的影响，基本上是静态地描写、分析汉语的语法事实，对一些比较特殊的语法现象的成因没有做出原理性的解释，对各种语法手段的表达功能阐述得也不够全面，对一些语法事实的分析、说明也不够合理，这样的语法理论会导致汉语学习者对一些汉语语法现象不能深入准确地理解，在运用汉语进行口头表达或书面表达的时候容易发生语法方面的偏误。笔者在孔子学院给汉语学习者上 HSK5 考试辅导课的时候，发现他们在做“书写”练习题的时候，犯了大量语法错误，这

① 参见吕必松《语言教育问题研究论文集》，华语出版社 1999 年版，第 28—31 页。

些语法错误固然是由他们母语的“负迁移”造成的，但也与汉语教学语法理论上的不足有很大关系。鉴于此，本书要在已有的教学语法理论体系的基础上，适当吸收理论语法的研究成果，同时充分运用我们自己以往的研究成果，更加注重实用地分析、描写汉语语法规则，解释那些比较特殊的语法规则的成因，同时分析、说明某些特殊句式与常规句式之间在语法意义和表达功能上的差异，从而让汉语学习者更加准确地理解和掌握汉语语法。事实上，笔者在纠正汉语学习者的语法偏误时，已经运用了我们自己的一些新的研究成果，对汉语学习者掌握比较特殊的汉语语法规则和避免语法偏误产生了明显的效果，也希望我们这本语法书对汉语语法教学有所帮助。

第三节　汉语语法教学

我们在从事汉语国际教学的过程中，经常听到有人提出这样的一种观点：在对外汉语教学中不用讲语法，或者少讲语法，淡化语法。为了表述方便，我们把这种观点称为“淡化语法”的观点。笔者认为，这种“淡化语法”的观点是不够正确的。我们知道，汉语学习者学习汉语是用来交际的，而交际的情景是千变万化的，汉语学习者如果仅仅使用从教材上学到的一些现成的句子来进行交际，是远远不够用的，在很多时候他们需要根据情景的需要，临时组词造句，在这种情况下，如果他们掌握了汉语组词造句的规则，也就是掌握了汉语语法规则，就能够造出合格的汉语句子。

有的持“淡化语法”观点的人明确地说：“我们小时候学习语言，都是一句话一句话地学的，根本就没人给我们讲语法，我们不一样学会了汉语吗?”持这种观点的人忽视了语言环境与学习时间的问题。母语者整天生活在汉语的语言环境中，每天有大量的时间学习汉语，而外国的汉语学习者根本不具备这样的学习条件，很难形成足够的语感，况且汉语学习者也不是像中国的小孩一样，仅学习一些简单的口语句子，还要学习比较复杂的口语句子和书面语句子，而如果我们把从无数的汉语语料中总结出的汉语语法规则直接教授给他们，他们就会以简驭繁地学会组词造句，而不是仅会运用背下来的现成的句子，这样无疑会大大提高学习的效率。

我们还听见持“淡化语法”观点的人说：“语法并不重要，外国人说出或写出的话，即使有语法错误，我们也能听懂、看懂，这就可以了。”持这种观点的人考虑得也不够全面。有语法错误的句子我们也能听懂、看懂，这仅限于在简单的交际情景中，在复杂的交际情景中我们未必能听懂、看懂有语法错误的句子，甚至会产生误解。另外，没有从理论上掌握汉语语法规则的汉语学习者在听或阅读标准的汉语讲话或文章时，理解起来可能会不顺利，对于这一点，我们自己在学习外语时便深有体会。

另外，从应试的角度看，很多外国人学习汉语是为了到中国学习，为此他们需要先通过汉语水平考试（HSK）和汉语水平口语考试（HSKK），如果他们在“书写”“造句”“回答问题”等测试中犯语法错误，会影响到他们的测试成绩，从这个角度讲，他们也应该从理论上掌握汉语语法规则。如前所述，我们在辅导汉语水平考试的时候，发现汉语学习者在“书写”练习中，经常犯语法错误。下面我们来看一个汉语学习者写的短文：

1. 请结合下列词语（要全部使用，顺序不分先后），写一篇 80 字左右的短文。

（1）约会　准时　介绍　恋爱　浪漫

下面是这个汉语学习者写的短文：

我有一个朋友，他是医生。他有一个女朋友，也是医生。他们在同一个医院一起工作。他们已经**恋**了**爱**五年。我的朋友是很**浪漫**的人。每次**约会**他来**准时**。他想先把女朋友**介绍**他的家人，以后结婚。

这短短的 80 字左右的短文中，有好几处语法错误，包括副词（“一起”）多余、非离合动词误作离合动词使用（“恋了爱”）及动态语气词“了”缺少（“恋了爱五年”应为“恋爱了五年了”，句末的动态语气词“了”缺少）、范围动词“都”缺少及时间状语误放在动词后（“他来准时”应为“他都准时来”）、对象介词缺少（动词“介绍”的后面没有用对象介词“给”引出指向的对象）等。

（2）散步　味道　行人　事先　忽然

下面是这个汉语学习者写的短文：

在晚上我和朋友常常一起去**散步**。这个时候在路上差不多没有**行人**，所以我们在晚上特别喜欢去散步。在散步时候我**忽然**发现了一家饭馆儿。饭馆儿菜的**味道**很不错。我们想了去这个饭馆儿吃饭，可是**事先**我们不打算去吃饭。后来我们在这个饭馆儿吃饭了。

这个短文中的语法错误或不当之处也不少：a. 时间介词和处所介词“在”多余（“晚上”“路上”可以直接作状语）；b. 频率状语（“常常”）误放在了对象状语（“和朋友”）的后面；c. 第二个时间状语“在晚上”（可以省略为“晚上”）应该放在“去散步”的前边，而误放在了“特别喜欢去散步”的前边；d. 助动词“想”的后面误加了动态助词“了”（“想了去”应为“想去”）；e. 否定副词“没”和“不”混淆（“不打算”应为“没打算”）；f. 动态语气词“了”与动态助词“了”混淆（“吃饭了”应为“吃了饭”）。

（3）邀请　打招呼　尽量　魅力　轻松

下面是这个汉语学习者写的短文：

我一天去了俱乐部。在俱乐部我看到了一个有魅力的女士。我想去跟她打招呼。我跟她聊了很长时间，然后我轻松地邀请她一起去吃饭。她说了好的。吃饭完了后我告诉她我想尽量再次跟你见面。

这一段的语法不当之处主要是动态助词“了”多余，还有补语误放在了动宾短语的后面（“吃饭完了后”应为“吃完饭后”）。

2. 请结合这张图片写一篇 80 字左右的短文。

下面是这个汉语学习者结合两张图片写的两段短文：

① 这个年轻女士感冒了。昨天天气很冷，所以她感冒了。由于感冒她的鼻子变了红。她在一个公司做工作。今天在公司有一届会议，但是她不可以去。她给了她的老板打电话告诉他她不可以参加这个会议。

这段短文中的语法问题主要是：a. 动态助词“了”误放在了动补短语的中间（“变了红”应为“变红了”）；b. 变化形容词前误加了动词“变”（“变了红”应为“红了”）；助动词“可以”与“能”混淆（“不可以去”应为“不能去”；“不可以参加”应为“不能参加”）。

② 在图片上我们可以看到一个牌子。这是一个禁止钓鱼的牌子。在一个公园里有一个河。以前很多人来钓鱼，所以现在鱼在河里越来越少。为了保护环境，每个人应该从自己开始保护环境。

这段短文的语法问题主要是受了印欧语系的语法影响，把“河里的鱼”说成了“鱼在河里”（the fish in the river），其实汉语中的处所词语是可以作定语的。另外，“河”前面的量词应该是“条”，误用了“个”。

上面的短文是笔者辅导过的一个汉语学习者在做 HSK5 考试真题时写出的部分短文，其中出现的语法问题大都是由没有掌握好汉语的语法规则导致的。由此可见，在国际汉语教学中，淡化语法教学的主张是不正确的，语法教学不但不能淡化，反而应该加强。笔者在辅导这个汉语学习者的时候，将他的语法偏误逐一进行了纠正并作出解释，4 个月后，他参加了 HSK 5 级考试，得了 224 分，虽然分数不高，但如果我没有对他进行语法强化教学的话，估计他是不太可能得到这个分数的。

在课堂教学中，笔者也非常注重语法教学，听别的老师课的时候，如果发现他有淡化语法教学的倾向，就予以指出。一次，笔者听一个年轻老师的课，学生造句的时候，造出了这样的一个句子：“医生劝我喝很多热水。”当时授课的老师没有指出这句子不妥当，于是笔者说，这种说法看起来没有语法错误，其实还是有一点的，它不符合汉语的表达习惯，应该说成：“医生劝我多喝热水。”然后笔者提示他进行类推造句，他又造出了“医生劝我多吃蔬菜”“医生劝我多吃水果”“医生劝我多休息”“医生劝我多锻炼”等句子，做到了举一反三。（当然，按照汉语的习惯，医生对病人的指导应该说成“嘱咐”，而不是“劝”，当时为了让他集中精力学会正确的句式，笔者没纠正这个词。）

如前所述，汉语的语法规则有很多是隐蔽的，需要教师去总结归纳，并将总结归纳的结果告诉学生，从而提高教学效率。不过，毕竟不是每个教师都有精力去研究各种隐蔽的汉语语法规则，所以需要有人写出侧重描写和解释比较隐蔽的汉语语法规则的教学语法书，供广大汉语教师参考。在这一方面，笔者愿意在前人和自己多年研究心得的基础上，进行尝试。

第二章　语法单位和语法成分

如前所述，从汉语的角度说，语法是构词的规则和组词造句的规则。词是由词素构成的，因而词素是最小的一级语法单位。词是用来造句的最基本的语法单位，不过，只有在极少的情况下，一个词加上一个语调就能构成一个句子，更多的情况下，词与词要组成短语之后，再加上一定的语调构成一个句子，所以词是比短语小的一级语法单位，而短语是比句子小的一级语法单位。句子是表达思想感情的基本语言单位，也是最大一级的语法单位。按照从小到大的顺序排列，汉语的语法单位有四级：词素、词、短语、句子。我们研究汉语语法，就是研究词素构成词的规则、词构成短语的规则、词和短语构成句子的规则。

要研究词素构成词、词构成短语、词和短语构成句子的规则，我们还需要分析词（合成词）、短语和句子（多词句）的构成成分在表示意义上的作用。词（合成词）、短语和句子（多词句）的构成成分就是语法成分。一般把句子的构成成分称为“句子成分”。而由于短语加上一定的语调就成为句子，因而句子（多词句）的构成规则其实就是短语的构成规则，所以汉语语法学界习惯上把短语的构成规则和句子的构成规则统称为“句法”，把短语的构成成分和句子的构成成分统称为“句法成分”。句法成分有主语、谓语、宾语、定语、状语、补语和中心语（包括定语中心语和状语中心语）等。在这些句法成分中，句子成分只有主语和谓语两种。在很多情况下，句子的主语和谓语是由各种结构的短语充当的，如主谓短语、动宾短语、偏正短语、中补短语，等等，充当主语和谓语的短语中的宾语、定语、状语、补语和中心语等就是主语和谓语的构成成分，也就是句子成分的构成成分。当然，由于主谓短语也可以充当主语和谓语，所以主语和谓语有时也是句子成分（主语和谓语）的构成成分。

下面我们详细说明汉语的各级语法单位和各种语法成分。

第一节　语法单位

如前所述，汉语语法单位有四级，即词素、词、短语、句子，其中词素是用来构词的，词和词组是用来造句的。下面我们分别说明这四种语法单位。

一、词素

词素是词的构成成分。一般汉语语法著作和汉语教材都把词素叫作“语素”。“语素”这个概念太模糊，所以我们使用“词素”这个概念。关于“语素”这个概念，参见114页“（二）由短语充当的词素”的“补充说明”部分。

既然词素是词的构成成分，从理论上讲，应该先有词素，后有词，但从汉语发展史来看并非如此。最早的汉语词是单纯词，只有一个构成成分，如“天、地、人、大、小、上、下”等，是直接通过一定的声音与一定的意义相结合的方式造成的，而不是由词素合成的。直到2500年前的周代，汉语中的词绝大多数词还都是单纯词，只有少量的合成词，是由两个单纯词作词素构成的，如“天灾、地震、小人、大人、上帝、天下”等。不过，从共时（同一个历史时期）的角度看，既然合成词是由两个词素构成的词，就可以说单纯词就是由一个词素构成的词。

二、词

词是造句的时候能够独立运用的最小的语法单位。词与词可以组成短语，短语在造句的时候也像词一样可以独立运用，但它不是最小的语法单位。

有的词是由一个词素构成的，如“天、地、大、小、走、跑”等，这样的词是单纯词；有的词是由两个词素合成的，如“天下、地下、大人、小孩、走步、跑步”等，这样的词是合成词。最初人们用两个单纯词作词素构成合成词，后来也用合成词和短语作词素构成合成词，如“跑步机”中的前一个词素“跑步”是合成词，“写字台”中的前一个词素“写字”是短语。

三、短语

短语也叫词组，是由词与词按照一定规则组合成的语法单位，同时，由词与短语、短语与短语按照一定规则组合成的语法单位也属于短语。

由词与词组合成的短语是简单短语，如“看书”“好书”等，由词与短语、短语与短语组合成的短语是复杂短语，如“看・一本书”“认真地・看一本书”“一本・好书”等。值得注意的是，一个短语不管怎么复杂，都是由两部分构成的，如“怀着一丝希望・去找朋友打听消息”，有的汉语教材把它切分为“动・动・动・动”四段[①]，这种做法不太合适，不能帮助人们有效地了解这个短语的构成方式。

四、句子

句子是由词或短语构成的具有特定语调、可以表达一个相对完整意思的语法单位。由于词只是事物的语音符号，本身不能表达完整的意思，故必须通过一定手段构成句子，它才能表达完整的思想。如“好”这个词，加上陈述语调，说成“好。”才能表示同意对方的要求；加上感叹语调，说成“好!”才能表示对对方表演等的赞叹。由一个词加上一定的语调构成的句子是独词句，是最简单的句子。独词句由于构成成分太少，在很多情况下难以表达复杂的思想，所以人们在用语言表达思想的时候，更多的时候是用两个或两个以上的词组成多词句，如:“这个主意好。”

除了真正的独词句，所有的句子都是由两部分构成的。为了表达更复杂的思想，人们还经常将两个或两个以上的句子按照一定的逻辑关系，组合成更大的句子，这种由两个或两个以上的句子组成的更大句子叫“复句”，作为一个复句的组成部分的句子叫“分句”（详见 537 页“第六章　汉语复句”）。

① 黄伯荣、廖序东主编:《现代汉语》（增订五版）（下册），高等教育出版社 2011 年版，第 48 页。

第二节　语法成分

语法成分是按照意义关系从语法单位中划分出的结构成分。如前所述，汉语的语法单位有四级，即词素、词、词组、句子，其中合成词素（由合成词和短语充当的词素）、合成词、短语和句子（多词句）都可以按照意义关系分割为两个语法成分。由于汉语合成词都是按照短语的构成方式构成的，而句子（多词句）又是由短语加上语调构成的，因而只要划分出短语的语法成分，进而分析出短语的构成规则，就可以分析合成词和句子的构成规则。

由于句子（多词句）本质上是由短语加上语调形成的，所以汉语语法学界把短语的语法成分和句子的语法成分统称为“句法成分”，以区别于词的语法成分（词素）。短语成分的种类比句子成分的种类多，句子成分只有主语和谓语两种，而短语成分除了主语和谓语以外，还有宾语、定语、状语、补语、中心语等。下面我们分别加以说明。

一、主语和谓语

在短语或句子中，用来表示陈述对象的句法成分就是主语，对主语进行陈述的句法成分就是谓语。简单地说，主语是被陈述的句法成分，谓语是对主语进行陈述的句法成分。这里所谓“陈述”，只是一种概括的说法，其中包括叙述、说明、描写、判断等。

（一）充当主语的词语

主语是短语或句子中谓语的陈述对象。主语所表示的大都是人或事物，由代表人或事物名称的名词或名词性短语（合称为“名词性词语”）和代词充当。有时主语所表示的是由动作行为、变化等构成的活动或事情，这种主语由动词或动词性短语（合称为“动词性词语”）充当。有时主语所表示的是具有某种突出的性质或状态的事物，这种主语由形容词或形容词性短语（合称为“形容词性词语”）充当。下面我们分别举例加以说明。

1. 名词性词语

作主语是名词性词语的主要功能之一。在句子或短语中，也常用代词代替名词性词语，这种代词的语法功能与名词相同。例如[①]：

① 大为‖到中国留学去了。

② 孔子‖是中国古代著名的教育家和思想家。

以上二例是名词作主语的例子。

③ 我们的老师‖水平都很高。

④ 这件事‖很重要。

以上二例是名词性短语作主语的例子。

⑤ 我‖来了。

⑥ 他‖上班了。

⑦ 这‖是一个好机会。

⑧ 那‖是不可能的。

以上四例是代词作主语的例子。

2. 动词性词语

动词性词语的主要功能是作谓语或谓语中心[②]，对人或事物的动作行为、变化等进行叙述，而在汉语中，动词性词语也经常充当主语。动词性词语作主语时，表示的是由动作行为、变化等的过程构成的活动或事情，或者是体现为某种动作行为的处事方法（做法）等。例如：

① 走步‖是我最喜欢的运动。

这里“走步”指的是由走步的行为构成的活动，是一种身体运动的名称，而不是指走步的动作行为，与“他在走步”等句子中的“走步”意义不同。

② 游泳‖是一种体育运动。

这里“游泳”指的是“游泳”这种活动。

③ 结婚‖是人生中的一件大事。

---

① 在汉语教学语法中，有一套通用的句法成分符号系统，它是用双竖线 ‖ 把句子的主语和谓语两部分隔开，然后用双下划线表示主语或主语中心词，用单下划线表示谓语或谓语中心词，用波浪线表示宾语或宾语中心词，用圆括号（ ）表示定语，用方括号［ ］或六角括号〔 〕表示状语，用尖括号〈 〉表示补语。

② 谓语中心有两种：一种是作谓语的动词性短语中的动词，如“我看书”中的动词“看”、“我买了一本书”中的动词“买”、“我天天跑步”中的动词“跑步”、“他跑得很快”中的“跑”；一种是作谓语的形容词性短语中的形容词，如“他非常聪明”中的形容词“聪明”、“他聪明极了”中的形容词“聪明”。由动词充当的谓语中心也叫“谓语动词”。

这里主语“结婚”指的是“结婚”这种事情。

④ 对我来说，学习汉语‖是一种乐趣。

这里“学习汉语”是一个动词性短语，指的是“学习汉语”这种事情。

⑤ 尊老爱幼‖是中华民族的传统美德。

这里“尊老爱幼（尊敬老人，爱护小孩儿）”是由两个动宾短语并列成的短语，指“尊老爱幼”的做法。

⑥ 死‖是不能解决问题的。你勇敢一点！

这里“死”指的是通过“死”来解决问题的做法。

⑦ 饭后吃水果‖是错误的。应饭前吃水果。

这里“饭后吃水果”指的是“饭后吃水果”的做法。

⑧ 打人‖是不对的。

这里“打人”指的是“打人”的做法。

需要指出的是，在汉语中，动词性词语作主语时，并没有变成名词性词语，这只是借动词性词语表示名词性的意义，所以作主语的动词性词语仍然保持着动词的用法，如果需要的话，前面可以加状语，后面可以加补语。例如，例①的主语“走步”前可以加上时间状语（如“晚上走步”“饭后走步”等），后面还可以加上时间补语（如“走步一个小时”等）；例④的主语“学习汉语”前可以加上方式状语（如“努力学习汉语”）。

当作主语的动词性短语比较长的时候，常常用代词复指（回指）它。例如：

⑨ 贷款买房子，这‖是花明天的钱，实现今天的梦。

在这个句子中，“贷款买房子”是主语，但由于它比较长，并且独立性强，与谓语之间的关系不够明确，于是说话者在后面用代词“这”复指它，表明它是句子的主语。

3. 形容词性词语

在汉语中，形容词性词语的主要功能是作定语或谓语，用来表示人或事物的性质、状态等，有时也作主语，用来表示具有某种性质、状态的事物。例如：

① 虚心‖使人进步。

这里“虚心”指的是虚心的为人处事态度。

② 勤俭‖是我们的传家宝。

这里“勤俭”指的是勤俭的劳动和生活态度。

③ 瘦‖比胖好。

这里“瘦”指的是瘦的身体状态。

④ 随着生活水平的提高，身体肥胖‖逐渐成为困扰人们的一大社会问题。

这里“身体肥胖”指的是身体肥胖的状态。

需要指出的是，在汉语中，形容词性词语作主语时，并没有变成名词性词语，这只是借形容词性词语表示名词性的意义，所以作主语的形容词性词语中的形容词仍然保持着形容词的用法，如果需要的话，前面可以加主语、状语，后面可以加补语。例①如，例的主语“虚心”前可以加程度状语（如“非常虚心”）；例③的主语“瘦”前可以加程度状语，后面可以加程度补语（如“稍微瘦一点”）；例④的主语中心“肥胖”前可以加程度状语（如“非常肥胖”）。

4. 数词或数量短语

数词或数量短语是用来表示人或事物的数量的，人或事物的数量本身不能成为陈述的对象，所以数词或数量短语一般不用来作主语。但是，有时数词可以用来表示数目的名称，便具有了名词性的意义，可以作主语。而数量短语一般作定语，与它的中心语一起构成名词性短语，可以作主语，有时中心语省略，主语中只剩下数量短语，看起来像是数量短语做主语。例如：

① 五‖等于二加三。

这里数词“五”作主语，它的意思是“五”这个数目，表示的是一个数目的名称。

② 一个‖就够了。

这里看起来像是数量短语“一个”作主语，而实际上“一个”只能表示人或事物的数量，并不能表示人或事物本身，所以它的后面实际上省略了“人”“苹果”之类的中心语，所以“一个”并不是真正的主语，而是主语的一部分。

（二）充当谓语的词语

如前所述，谓语是句子或短语中对主语进行叙述、说明、描写、判断等的句法成分，而要对主语进行叙述、说明、描写、判断等，需要使用动词性词语和形容词性词语，所以谓语一般由动词性词语和形容词性词语充当。下面我们分别举例加以说明。

1. 动词性词语

谓语的主要功能之一是叙述主语的动作行为、发展变化等，这些内容通常需要由动词性词语来叙述。对主语进行判断，也是谓语的主要功能之一，这通常需要由判断动词（主要是“是”）加宾语来完成。例如：

① 他‖走了。

② 雨‖停了。

以上二例中的谓语是由动词充当的。

③ 他‖写了一本书。

④ 我‖写作业了。

以上二例中的谓语是由动宾短语充当的。

⑤ 我们‖[上午九点]上课。

⑥ 他‖[经常]迟到。

⑦ 他‖[在图书馆]看书呢。

⑧ 他‖[用签字笔]写字。

以上四例中的谓语是由动词性的状中短语充当的。另外，例⑦和例⑧的中心语是动宾短语。

⑨ 我‖来〈晚〉了。

⑩ 他‖站〈起来〉了。

以上二例中的谓语是由动词性的中补短语充当的。

有一种谓语是用来对主语所表示的人或事物的属性（包括身份、性质、状态等）进行判断的，通常由判断词“是”加上名词性词语充当。判断词“是”可以看成动词，它后面的成分可以看成它的宾语。例如：

⑪ 他‖是老师。

⑫ 地球‖是圆的。

以上二例的谓语是判断谓语，这种句子是判断句（关于判断句，参见 476 页“二、判断句”）。

2. 形容词性词语

汉语可以直接用形容词性词语作谓语，对主语的性质、状态进行说明或描写。例如：

① 他‖聪明。

② 她的腿‖长。

以上二例用性质形容词作谓语，对主语的性质、状态进行说明。

③ 她的皮肤‖雪白。

④ 湖水‖绿油油的。

以上二例用状态形容词作谓语，对主语的状态进行描写。例④谓语中的“的”是描写助词［关于描写助词，参见 346 页“（七）描写助词”］。

⑤ 他‖［非常］聪明。

⑥ 她的腿‖［很］长。

以上二例用形容词性的状中短语作谓语。

⑦ 他‖聪明得〈很〉。

⑧ 他‖聪明〈极了〉。

以上二例用形容词性的中补短语作谓语。

⑨ 她‖腿长。

⑩ 他‖眼睛大。

以上二例用形容词性的主谓短语作谓语。用主谓短语作谓语，这也是汉语语法的一个特点。

3. 名词性词语

如前所述，谓语是句子或短语中对主语进行叙述、说明、描写、判断等的句法成分。一般说来，名词性词语不能单独对人或事物进行叙述、说明、描写、判断等，所以汉语中一般不单独使用名词性词语对主语进行叙述、说明、描写、判断等。但是在某些情况下，由于谓语中与名词性词语连用的动词省略，谓语中只剩下名词性词语，看起来像是名词性词语作谓语，这种情况通常发生在判断句中。

现代汉语的判断句要使用判断动词，但当主语与宾语的关系明确时，判断动词有时省略，谓语中只剩下名词性词语。例如：

① 今天‖星期一。

这个句子等于说：今天是星期一。谓语中省略了判断词“是”。

② 明天‖端午节。

这个句子等于说：明天是端午节。谓语中省略了判断词“是”。

以上是时间名词作判断谓语的例子。

另外，有时为了避免重复，将判断句的主语承前省略，同时也将判断词“是”省略，谓语中只剩下名词性词语。例如：

③ 中年男子姓汪，绍兴人。

这里后一句承前省略了主语“他”（指“中年男子”）和判断词“是”，“绍兴人”单独作谓语。

4. 数量短语或数词

数量短语或数词是用来表示人或事物的数量的，本身不能独立作谓语，但是在用来表示人或动物的年龄、物体的度量（长度、宽度、高度、重量、体积等）的句子中，谓语部分往往省略数量短语以外的成分，有时也省略量词，看起来像是数量短语或数词作谓语。例如：

①“你‖今年多大了？”“二十五岁。”

这里答话是由“我二十五岁大”省略成的，借助情景语境和上下文语境省略了主语“我”和谓语中心“大”，看起来就像是数量短语“二十五岁”单独作谓语。

这种说明年龄的句子中，也常省略量词“岁”，谓语中只剩下数词，看起来像是数词作谓语。例如：

②“你‖多大了？”“十五。”“我‖也十五。”

这里第二句借助情景语境和上下文语境省略了主语“我”、量词“岁”和谓语中心“大”，看起来像是数词“十五”单独作谓语。第三句则借助上下文语境省略了量词“岁”和谓语中心“大”，看起来也像是数词“十五”单独作谓语。

还有一种用来表示人或动物的身高、物体的度量（长度、宽度、高度、重量、体积等）的句子，它本来是判断句，但是判断动词“是”经常省略，谓语中只剩下数量短语，看起来也像是数量短语单独作谓语。例如：

③ 他身高‖1.71 米（一米七一）。

④ 他体重‖70 公斤。

以上二例的谓语中都省略了判断词“是”，只剩下了数量短语“1.71 米”“70 公斤”，看起来像是数量短语“1. 71 米”“70 公斤”单独作谓语。

⑤ 这个房间‖21 平方米。

这里主语“这个房间”是由“这个房间的面积”省略成的，谓语部分的“21 平方米”的前面省略了判断词“是”，看起来像是数量短语“21 平方米”单独作谓语。

（三）谓语的功能类别

如前所述，谓语是句子或短语中对主语进行叙述、说明、描写、判断等的句法成分。相应地，根据谓语的功能，可以把谓语分为叙述谓语、说明谓语、描写谓语和判断谓语等四种。

1. 叙述谓语

叙述谓语是对主语所表示的人或事物的动作行为、发展变化等进行叙述的谓语，大都由动词性词语充当，有时也由形容词性词语充当，表示“变化”的意义。例如：

① 他‖来了。

② 他‖今天没来。

③ 我‖写作业了。

④ 老师‖给我们讲了这个问题。

以上四例中的谓语用来叙述主语的行为，由动词或动词短语充当。

⑤ 孩子‖长高了。

这个句子中的谓语用来叙述主语发生的变化，由动补短语充当。

⑥ 天‖热了。

这个句子中的谓语用来叙述主语（“天”）发生的变化，由形容词“热”充当，意思是“变热”。

⑦ 现在她身体‖好了。

这个句子中的谓语用来叙述主语（“她”）身体的变化，由形容词“好”来充当，意思是“变好”。

2. 说明谓语

说明谓语是用来对主语所表示的人或事物的性质状态进行说明的谓语。这类谓语一般由形容词性词语充当。例如：

① 这个主意‖好。

② 他的脚‖大。

③ 这件衣服‖瘦。

以上三例中的谓语用来对主语的性质状态进行说明，由形容词充当。

④ 这个孩子‖非常聪明。

⑤ 今天天气‖比昨天热。

以上二例中的谓语也是用来对主语的性质状态进行说明的，由形容词性的状中短语充当。

⑥ 我们的老师‖水平很高。

⑦ 他‖眼睛大。

以上二例中的谓语也是用来对主语的性质状态进行说明的，由形容词性的主谓短语充当。用主谓短语作谓语，这是汉语语法的一个特色。

3. 描写谓语

描写谓语是对主语所表示的人或事物的状态进行描写的谓语，主要由状态形容词或描写性的短语充当。例如：

① 早上的太阳‖红彤彤的。

这里用状态形容词“红彤彤”来描写太阳的颜色（红而鲜艳），后面的“的”是描写助词。

② 他的头发‖雪白。

这里用状态形容词“雪白”来描写“他”头发的颜色（像雪一样白）。

③ 她的眼圈‖红红的。

这里用“红红”来描写“她”的眼圈的颜色。“红红”是形容词“红”的重叠形式，表示红色很浓，后面的“的”是描写助词。

4. 判断谓语

判断谓语是对主语所表示的人或事物的属性（包括身份、性质、状态等）进行判断性说明的谓语，通常由判断词“是”加上名词性词语充当。如前所述，带有判断谓语的句子叫“判断句”。例如：

① 他‖是我的老师。

② 他‖是学生。

③ 孔子‖是中国古代伟大的思想家和教育家。

④ 他的车‖是白色的。

这里“白色的”是由定中短语“白色的车”省略成的。

⑤ 助人为乐‖是一种美德。

这里“助人为乐”的意思是“把帮助别人当作一种乐趣”，属于动词性的短语，用来表示名词性的意义——“助人为乐”的精神。

二、宾语

在句子或短语中，在动词性词语的后面，表示动作行为支配或涉及的对象的句法成分就是宾语[①]。能够带宾语的动词是及物动词，及物动词也只有带宾语才能明确地表示意义。及物动词表示的是支配或涉及一定客体的动作行为、心理活动等，如“吃、喝、穿、洗、扫、擦、踢、养、打、磨、拿、给、做、听、看、读、写、表扬、批评、想、思考、爱、喜欢”等。

（一）充当宾语的词类

宾语是表示动作行为支配或涉及的对象的句法成分，而动作行为支配或涉及的对象是人或事物，一般用名词性词语来表示，所以一般用名词性词语充当宾语。不过，有些事物是由某种动作行为、变化等的过程构成的事情或活动，或者是体现为某种动作行为的处事方法，以及具有某种性质状态的事物，因而有时也需要用动词性词语和形容词性词语来充当宾语。下面我们分别举例加以说明。

1. 名词性词语

名词性词语是用来表示人或事物的名称的，而动词所支配的对象大都是人或事物，所以由名词性词语充当的宾语最常见。例如：

① 今天老师表扬大为了。

② 我在写作业。

③ 他喜欢音乐。

④ 你为什么学习汉语？

① 一般情况下，宾语放在动词或动词性短语的后面，如：“我买了一本书。”宾语“一本书”在动词“买”的后面。但有时需要用宾语做话题，就把宾语移到主语的前面，如：“这本书我看过。”宾语“这本书”移到了主语“我”的前边。

以上四例中的宾语都是由名词充当的。

⑤ 我要当汉语老师。

⑥ 他养了一只狗。

⑦ 他买了一台电脑。

⑧ 大为是一个好学生。

以上四例中的宾语都是由名词性短语充当的。

2. 动词性词语

动词性词语的主要功能是用来作谓语，表示人或事物的动作行为、发展变化等，而有时宾语表示的是由某种动作行为、变化等的过程构成的活动或事情，在这种情况下，宾语通常由表示这种动作行为、变化等的动词性词语充当。这是借动词性词语表示名词性的意义。例如：

① 我喜欢跑步。

这里“跑步”指“跑步”这种活动。

② 我不喜欢跳舞。

这里“跳舞”指“跳舞”这种活动。

③ 提倡节约，反对浪费。

这里“节约”指“节约”的做法，“浪费”指“浪费”的做法。

以上三例中的宾语都是由动词充当的。

④ 他喜欢在跑步机上跑步。

这里“在跑步机上跑步”指“在跑步机上跑步”这种活动。

⑤ 他们喜欢很多人在一起手拉手跳舞。

这里“很多人在一起手拉手跳舞”指“很多人在一起手拉手跳舞”这种活动。

⑥ 他喜欢踢足球。

这里“踢足球”指“踢足球”这种活动。

以上三例中的宾语都是由动词性短语充当的。

值得注意的是，表示思维和知觉活动的动词（简称“思维—知觉动词”）、心理活动的动词（简称“心理动词”）、言语动词经常用完整的句子形式作宾语。

常用的思维—知觉动词主要有：

想 认为 知道 看 看见 听 听见 听说 发现 发觉 忘 忘记 记得 记着

常用的心理动词主要有：

怕 害怕 担心 感谢 希望 盼望 注意 需要 同意 拥护 赞成 反对 支持 欢迎 相信 怀疑

常用的言语动词主要是“说”。

完整的句子形式作思维—知觉动词、心理动词、言语动词的宾语以后，不再表示原来的意义，而是表示一件事情或言语活动的内容，因此，作宾语的句子形式也就不是一个独立的句子了，所以我们称之为“句子形式”。例如：

⑦ 我看见他来了。

这里宾语“他来了”指的是“我”看见的事情。

⑧ 听说大为到中国留学去了。

这里宾语“大为到中国留学去了”指的是“我”听说的事情。

⑨ 我忘了他是哪天来的了。

这里宾语“他是哪天来的”指的是“他是哪天来的”这个问题的答案（具体日期）。

以上三例是思维—知觉动词用句子形式作宾语的例子。

⑩ 我怕他不来。

这里宾语“他不来”指的是“我”怕（意思是“担心”）的可能会发生的事情。

⑪ 父母希望他能努力学习。

这里宾语“他能努力学习”指的是“他”父母希望发生的事情。

⑫ 我支持他参加汉语桥比赛。

这里宾语“他参加汉语桥比赛”指的是“我”支持的事情。

⑬ 我相信你一定会成功。

这里宾语“你一定会成功”指的是“我”相信会发生的事情。

以上四例是心理动词用句子形式作宾语的例子。

⑭ 他说你很聪明。

这里宾语“你很聪明”指的是“他”说的内容。

⑮ 他说他一会儿就来。

这里宾语"他一会儿就来"指的是"他"说的内容。

以上是言语动词用句子形式作宾语的例子。

需要指出的是，汉语中的一般及物动词既可以用名词性词语作宾语，也可以用动词性词语作宾语，而汉语中还有一种特殊的动词，也就是"形式动词"，如"进行、加以、予以"等，一定要用动词或以动词为中心语的定中短语作宾语。例如：

进行改革　进行改造　进行比较　进行分析　进行补充　进行打击　进行斗争　进行交换　进行教育　进行考察　进行控制　进行批判　进行批评　进行破坏　进行抢救　进行治疗　进行试验　进行深入的思考　进行深入的研究　进行系统的学习　进行全面的总结

加以保护　加以改进　加以创造性的改造

予以表彰　予以解决　予以大力支持　予以严厉的制裁

关于"形式动词"的用法，参见 158 页"8. 形式动词"部分。

3. 形容词性词语

形容词性词语的主要功能是用来作定语或谓语，表示人或事物的性质状态、变化等。人们有时也用形容词性词语作宾语或宾语中心，表示具有某种性质、状态的事物。这是借形容词性词语表示名词性的意义。例如：

① 我们不怕苦，不怕累。

这里前一个宾语"苦"指的是艰苦的事情，第二个宾语"累"指的是劳累的事情。

② 我喜欢他聪明。

这里定中短语"他聪明"（注意：不是主谓短语）作宾语，指的是"他"的聪明这一个性特征，其中的"聪明"是形容词，被借用来表示名词性的意义，指的是聪明的个性特征。另外，这里定中短语"他聪明"的定语后没加结构助词"的"，看起来像是主谓短语。

③ 我喜欢他的幽默。

这里定中短语"他的幽默"作宾语，指的是"他"的幽默的性格，其中的形容词"幽默"被借用来表示名词性的意义，指的是幽默的性格。

（二）宾语的意义类别

我们这里所说的宾语的意义类别，不是指宾语的具体意义，而是从宾语的各种具体意义中概括出来的共同意义，这种意义属于语法意义。从意义类别上看，宾语主要有：支配对象宾语、预期对象宾语、指向对象宾语、针对对象宾语、对待对象宾语、内容宾语、判断宾语等。下面我们分别加以说明。

1. 支配对象宾语

支配对象宾语是用来表示动作行为处置、控制、引导等的对象的宾语。例如：

① 他在洗衣服。

② 他在弹钢琴。

③ 老师指导我们写毕业论文。

以上三例中的宾语分别属于处置对象宾语、控制对象宾语、引导对象宾语。

④ 他当班长了。

这里动词“当”是“担任”的意思，宾语“班长”指的是班长的职务，也是一种支配对象宾语。

有一种处所宾语，表示的是前往或离开的地点、活动的地点、经过的地点等，属于不典型的支配对象宾语。例如：

⑤ 他去图书馆了。

⑥ 他上车了。

⑦ 晚上八点多她才离开办公室。

⑧ 他下车了。

⑨ 她每个周末都要逛商店。

⑩ 我每天上学都走这条路。

⑪ 我每天上下班的时候，都要路过歌剧院。

以上是处所宾语的例子。其实前往或离开某地点、在某地点活动、经过某地点等，并没有真正对该地点进行处置，所以说它属于不典型的支配对象宾语。

2. 指向对象宾语

指向对象宾语是用来表示动作行为和心理活动指向的对象的宾语。能够带指向对象宾语的动词一般是双宾语动词、褒贬类动词和心理动词等。

双宾语动词是用来表示告知、给与、教授、问询、亏欠等意义的动词，它的直接宾语是它的支配对象宾语，间接宾语就是它的指向对象宾语。例如：

① 她告诉我她要到中国留学去了。

这里“告诉”属于双宾语动词，“她要到中国留学去了”是它的直接宾语，属于支配对象宾语，“我”是间接宾语，属于指向对象宾语。

② 他要给我一本书。

这里“一本书”是“给”的支配对象宾语，“我”是“给”的指向对象宾语。

③ 王老师教我们汉语。

④ 我问了老师一个问题。

⑤ 我欠他一百元钱。

上面三例中的“我们”“老师”“他”都是指向对象宾语。

以上是双宾语动词所带的指向对象宾语的例子。

褒贬动词是用来表示表扬、夸奖、奖励、批评、贬低、讽刺、咒骂等意义的动词。褒贬动词所表示的行为并不直接支配褒贬对象，而是指向褒贬对象，所以褒贬动词的宾语也是一种指向对象宾语。例如：

⑥ 老师表扬（夸奖、奖励）了我。

⑦ 老师批评了我。

⑧ 你讽刺谁呢？

⑨ 我父亲没有骂我，也没有说我，我很抱歉。

以上是褒贬动词所带的指向对象宾语的例子。

心理动词是用来表示认知活动和情感活动的动词。认知活动和情感活动也不直接支配活动的对象，而是指向活动的对象，所以心理动词的宾语也是一种指向对象宾语。例如：

⑩ 我知道这件事。

⑪ 要教育好学生，首先要了解学生，熟悉学生。

⑫ 我明白你的意思。

⑬ 我爱（恨、怕、想）他。

⑭ 我喜欢（讨厌、崇拜、羡慕、嫉妒、尊敬、敬佩、欣赏、关心、同情、想念、感谢、服从）他。

⑮ 我相信你一定会喜欢这本书的。

⑯ 我担心他找不到回去的路，所以我去送他。

以上是心理动词所带的指向对象宾语的例子。

值得注意的是，心理动词前可以加上程度副词，表示心理活动所达到的程度，而有时人们为了强调心理活动所达到的程度，用对象介词“对”将心理动词的指向对象引出，放在程度副词的前面。例如：

⑰ 我非常了解他。——→ 我［对他］非常了解。

⑱ 我非常钦佩毛泽东。——→ 我［对毛泽东］非常钦佩。

⑲ 我非常尊敬江主席。——→ 我［对江主席］非常尊敬。

⑳ 我非常欣赏我们的汉语老师。——→ 我［对我们的汉语老师］非常欣赏。

以上四例中，由于借助对象介词“对”将心理动词的指向对象移到了“程度副词＋心理动词”的前面，这样就使“程度副词＋心理动词”落在了句末，而句末是听者或读者注意的焦点，从而突出了心理活动达到的程度，使它得到了强调。

另一方面，如果心理动词前没有程度副词，就不适合将心理动词的指向对象移到心理动词的前面。例如：

㉑ 我了解他。——→ *我［对他］了解。

㉒ 我钦佩毛泽东。——→ *我［对毛泽东］钦佩。

㉓ 我尊敬江主席。——→ *我［对江主席］尊敬。

㉔ 我欣赏我们的汉语老师。——→ *我［对我们的汉语老师］欣赏。

3. 针对对象宾语

有些动词所表示的行为，如表扬、夸奖、批评、祝贺、祝愿等，是直接指向人或事物的，所以它们能够带指向对象宾语，同时这些行为一般是针对人或事物的某种行为、属性等发出的，所以这种动词还可以带针对对象宾语。例如：

① 国际奥委会也给他颁了一个特别奖，表扬他的侠义行为。

这里是说，国际奥委会对“他的侠义行为”进行表扬。“他的侠义行为”是动词“表扬”的针对对象宾语。

② 法国尚贝里市市长专门接见了李新，表扬他给当地人民带来了精彩表演。

这里是说，市长对“他给当地人民带来了精彩表演”这一点进行表扬。“他给当地人民带来了精彩表演”是动词“表扬”的针对对象宾语。

③ 你的收入比我还高啊，恭喜你勤劳致富。

这里是说，对“你勤劳致富”这一点表示恭喜。“你勤劳致富”是动词“恭喜”的针对对象宾语。以下依此类推：

④ 委内瑞拉总统查韦斯10日发表讲话，批评美国干涉委内瑞拉的内部事务。

⑤ 周围的人纷纷抱怨我挡住了他们的视线。

⑥ 祝你尽快地康复出院，过个愉快的春节。

以上是针对对象宾语的例子。针对对象宾语所表示的都是人或事物的行为、变化，而针对人或事物的行为、变化进行表扬、夸奖、批评、祝贺、祝愿等，其实也是对发出行为、变化的人或事物进行表扬、夸奖、批评、祝贺、祝愿等，如例①中的表扬“他的侠义行为”，其实也就是表扬“他”，例⑤中的抱怨“我挡住了他们的视线”，其实也就是抱怨“我”。正因为如此，汉语语法学界一般都把这种针对对象宾语看成“原因宾语”，根据这种看法，例⑤应该这样理解：

周围的人纷纷抱怨我，因为我挡住了他们的视线。

这种看法似乎是正确的，其实是错误的，只要我们看看谓语动词前有否定副词的句子，就会发现这样理解是不符合句子的原意的。例如：

⑦ 她们并没嘲笑你的腿瘸，也没批评你老住医院。

按照汉语语法学界“原因宾语”的说法，上面这个句子应该这样理解：

她们并没嘲笑你，因为你的腿瘸；也没批评你，因为你老住医院。

这样理解的结果显然不符合句子的原意。

我们再把例⑤改造成否定句，可以看得更清楚：

周围的人没有抱怨我挡住了他们的视线。

按照汉语语法学界的看法，上面这个句子应该这样理解：

周围的人没有抱怨我，因为我挡住了他们的视线。

这样理解，既不符合原意，也不合逻辑。由此可见，把针对对象宾语看成“原因宾语”，这种看法是错误的。

另外，那种由句子形式充当的针对对象宾语起的是名词性短语的作用，大都表示的是一种行为或一件事情，如例②中的“他给当地人民带来了精彩表演”，表示的是“他给当地人民带来了精彩表演”的行为；例⑤中的“我挡住了他们的视线”表示的是“我挡住了他们的视线”的行为；例③中的“你勤劳致富”指的是“你勤劳致富”这件事。

4. 产物宾语

产物宾语是用来表示制造、创作、写作、选举等行为的产物的宾语。产物属于行为的预期对象，所以产物宾语也可叫“预期对象宾语”。不过，汉语语法学界一般把产物宾语称为“结果宾语”。例如：

① 2002年，中国三个汽车制造厂一共制造了185万辆汽车。

② 他会做衣服。

③ 我写了一本书。

④ 明天下午我们选班长。

以上四例中的宾语都是产物宾语。

5. 内容宾语

这类宾语表示的是言语活动、视听活动和一些心理活动等的内容。例如：

① 他说他非常喜欢小动物，动物是人类永远的朋友。

这里的宾语表示的是“说”的内容。

② 我看见一只藏羚羊！

③ 我看见她使劲地点了点头。

以上二例中的宾语表示的是“看见”的内容。

④ 我发现一个有趣现象，中国人起名字时很在乎汉字的含义。

这里的内容宾语是“一个有趣现象，中国人起名字时很在乎汉字的含义”。其中的“中国人起名字时很在乎汉字的含义”本来是“有趣现象”的定语，属于内容定语，表示的是“有趣现象”的内容，按照汉语的一般语序，应该放在“有趣现象”的前面，但由于这个定语太长，同时也是为了能使它得到强调，因而让它独立成句，它的语法功能类似于英语中的定语从句。

⑤ 我听说大为要到中国留学去了。

⑥ 我知道中国人不习惯拥抱和亲吻。

以上二例中的宾语表示的是“听说”“知道”的内容。

⑦ 我认为他是好人。

这里的宾语表示的是“他”认为的内容（也就是他的观点）。

⑧ 他心想：没错，绝对是这个人。

这里的宾语表示的是“他”心想的内容。

通过以上的例子可以看出，内容宾语大都是由句子形式充当的，是借用句子形式表示名词性的意义。

6. 关系宾语

这是用来表示与主语所表示的人或事物具有同一关系、类属关系、领属关系等的人或事物的宾语，实际上也就是判断句的宾语。例如：

① 北京是中国的首都。

这里“中国的首都”属于同一关系宾语，这种宾语可以与主语互换位置：中国的首都是北京。

② 海豚是一种海洋哺乳动物。

这里“一种海洋哺乳动物”属于类属关系宾语，前面的“是”是“属于”的意思。“一种海洋哺乳动物”可以表示任意一种海洋哺乳动物，不一定是海豚，还可以是海狮、海豹等，所以不能与“海豚”交换位置。

③ 鲁迅是绍兴人。

这里“绍兴人”也是类属关系宾语。由于绍兴人很多，不是只有鲁迅，所以“绍兴人”不能与“鲁迅”交换位置。

④ 噪声是一种严重污染，属于感觉公害。

这是一个并列关系的复句，前一个分句用的关系动词是“是”，后一个分句用的关系动词是“属于”，二者意义相同，它们的宾语都是类属关系宾语［关于并列关系的复句，参见 538 页“（一）并列关系复句”］。

⑤ 爱琴海的岛屿大部分属于西岸的希腊，小部分属于东岸的土耳其。

这也是一个并列关系复句，两个分句用的是相同的关系动词，宾语都是领属宾语。

以上我们归纳了汉语中常见的宾语的意义类别。

三、定语

定语是名词性短语中的修饰限定性的成分，定语后面被修饰限定的成分叫作“中心语”，如“善良的人”中的“善良”是定语，“人”是中心语（“的”是结构助词）。由定语和中心语构成的名词性短语叫作“定中短语”，属于偏正短语的一种（另一种偏正短语是状中短语，属于动词性或形容词性短语。关于偏正短语，参见 410 页“三、偏正短语”）。

（一）定语的类别

根据定语的作用，汉语语法学界把定语分为限定性定语和描写性定语两大类。限定性定语用来对中心语所指的人或事物的属性进行说明，所以属于说明性定语，描写性定语用来对中心语所指的人或事物的状态进行描写。

1. 限定性定语（说明性定语）

限定性定语是用来对中心语所指的人或事物的属性进行说明的定语，我们也称之为说明性定语。从语法意义上看，这类定语主要用来说明人或事物的性质、状态，人的职责、职业，人或事物所在的处所或方位，人或事物所属的范围，人或事物存在或出现的时间或时代，人或事物的来源、次序、数量、领有者、所进行的动作行为，以及事物的材料、用途、内容，等等。下面我们分别举例加以说明。

（1）性质、状态定语

说明性的性质、状态定语用来对人或事物的性质、状态进行说明（另外还有一种描写性的状态定语。参见 41 页“2. 描写性定语”）。所谓“性质”，就是一个人或事物区别于其他人或事物的根本特征。性质是事物的内在属性，是通过判断、推理等逻辑思维手段所认识到的属性，而不是通过人的感官所感觉到的属性。所谓“状态”，指的是可以通过感觉器官直接感觉到的人或事物的形态，是人或事物的视觉状态、听觉状态、触觉状态、气味、味道等。这类定语一般由形容词性词语充当。例如：

（漂亮）的姑娘 （善良）的人 （聪明）的人 （优秀）的运动员（美丽）的风景 （真实）的故事 （先进）的人脸识别技术 （困难）的事（大）苹果 （黑）猫 （白）衬衣 （优美）的音乐 （奇怪）的声音（沙哑）的声音 （清脆）的笛声 （凉）水 （热）饭 （软）柿子（坚硬）的石头

（香）味 （臭）味 （臭）水沟 （甜）苹果 （苦）的药 （辣）的

菜 （咸）的食物 （很简单）的问题 （很热情）的人 （很高兴）的样子 （非常痛苦）的样子

说明性的性质、状态定语有时带有一定的主观性，具有对人或事物的性质、状态进行评价的性质，如“善良的人”中的定语“善良”，“聪明的人”中的定语“聪明”，“优秀的运动员”中的“优秀”等。

（2）职责、职业定语

这类定语用来说明人的职责或职业。例如：

（守门）的人 （负责交通工作）的干部 （从事体力劳动）的人

（3）时间、时代定语

这类定语用来说明人或事物存在或出现的时间或时代。例如：

（古代）的教育 （现代）的城市 （今天）的报纸 （未来）的五年

（4）处所、方位定语

这类定语用来说明人或事物所在的处所或方位。例如：

（教室里）的学生 车上的（乘客）（天上）的星星 （身上）的衣服 （楼下）的花园 （桌子上）的台灯 （北方）的冬天 （南方）的气候

（5）来源或产地定语

这类定语用来说明人或事物的来源、商品的产地等。例如：

（从中国来）的游客 （从树上掉下来）的苹果 （来自祖国）的问候 （朋友送）的礼物 （捡来）的钱 （中国产）的手机 （日本产）的汽车

（6）范围定语

这类定语用来说明人或事物所属的范围。例如：

（全体）学生 全体（教师）（全校）教师 （全国）人民 （语法方面）的问题 （关于如何对待古代文化）的问题 （局部）地区

（7）数量定语

这类定语用来说明人或事物的数量。例如：

（一个）人 （一本）书 （七）天 （一个）星期 （许多）学生 （这些）年 （无数）的星星

（8）次序定语

这类定语用来说明人或事物在一个范围内的排列次序。例如：

（第一个）到教室的学生 （第一个）发现甲骨文的人 （第三）天 （最后）一天

（9）领有者定语

这类定语用来说明人或事物的领有者。领有者就是人或事物的拥有者。例如：

（我）妈妈 （我）家 （我）的书 （李白）的诗 （学校）操场

（10）用途定语

这类定语用来说明事物的用途。例如：

（涂答题卡用）的2B铅笔 （准备买电脑用）的钱

（11）内容定语

这类定语用来说明事物的内容。例如：

（先有鸡还是先有蛋）的问题 （按劳分配）的原则

这里“先有鸡还是先有蛋”是“问题”的内容，“按劳分配”是“原则”的内容。

（12）动作、行为定语

这类定语用来说明人或事物正在进行的动作、行为。例如：

（走路）的人 （上课）的学生 （等车）的人 （飞翔）的鸟

（13）材料定语

这类定语用来说明产品的材料。例如：

（用石头做）的工具 （用木头做）的乐器 （用淀粉制造）的塑料

2. 描写性定语

描写性定语是用来对中心语所表示的人或事物的状态进行描写的定语，属于描写性状态定语，由状态形容词、形容词的重叠式、描写性短语及象声词等充当。例如：

（绿油油）的庄稼 （红艳艳、水灵灵的）草莓 （香喷喷）的烧鸡 （臭烘烘）的气味 （硬邦邦）的感觉

（弯弯）的月亮 （漆黑的）夜晚 （雪白）的皮肤 （咸咸）的、（涩涩）

的味道　（冰凉）的手

（像大海一样）的云雾　（瘦得像骷髅一样）的孩子

（银铃般）的嗓音　（雷鸣般）的掌声　（小山似的）书堆　（月宫似的）仙境

（“汪汪”）的叫声　（“嗡嗡”）的响声

多数描写性定语可以转换为描写性谓语。由带叠音后缀的状态形容词充当的描写性定语转换为描写性谓语时，原来的结构助词“的”变成了描写助词。例如：

（绿油油）的庄稼——庄稼绿油油的

（硬邦邦）的感觉——感觉硬邦邦的

（香喷喷）的烧鸡——烧鸡香喷喷的

（雪白）的皮肤——皮肤雪白

（冰凉）的手——手冰凉

（像大海一样）的云雾——云雾像大海一样

（瘦得像骷髅一样）的孩子——孩子瘦得像骷髅一样

以上我们说明了汉语中常见的定语类别。

由于表达上的需要，一个中心语往往要同时带两个以上的定语。我们把两个以上的定语称为多项定语。多项定语有一定的排列次序。下面我们就来简单说明一下多项定语的排列次序。

（二）多项定语的排列次序

多项定语指的是共同修饰一个中心语的两个或两个以上的定语。多项定语排列的总原则是：在意义上与中心语关系越密切就越靠近中心语。大体说来就是：

领属⟶时间、处所⟶数量⟶状态⟶性质、特征⟶职业、材料⟶性别⟶中心语。

当然，并不是一个中心语的前面需要同时加上这么多定语。例如：

①（国家队）（九十年代）的（一位）（有三十多年教学经验）的（优秀）的（篮球）（女）教练已经退休了。

这里定语的排列次序是：领属⟶时间⟶数量⟶状态⟶性质⟶职业⟶性别⟶中心语。

需要说明的是，性别是人的最重要的本质属性之一，由“男”或“女”作修饰性成分的语言单位一般属于合成词，“女教练”实际上就是一个合成词，而合成词的中间不可以插入其他成分，所以所有的定语都必须加在“女”的前边。这里我们为了说明多项定语的排列次序，同时也是按照一般学者的看法，临时把“女”看成定语[①]。

②（我们林场）的（两座）（刚建成）的（精致）的（木头）房子。

这里定语的排列次序是：领属──→数量──→状态（说明性的）──→状态（评价性说明的）──→材料。

这里有两个状态定语，其中“刚建成”属于说明性状态定语，“精致”是带有评价性质的说明性状态定语，带有评价性质的说明性状态定语“精致”比一般说明性状态定语“刚建成”更接近中心语。带有评价性质的说明性定语往往比一般说明性定语更接近中心语，这也是汉语安排多项定语排列顺序的一个原则。再如“新买的漂亮衣服”“年轻的优秀教师”“爱好和平的善良的人们”“会唱歌的可爱的小鸟儿”，这些定中短语中的带有评价性质的说明性定语“漂亮”“优秀”“善良”“可爱”都比一般说明性定语接近中心语。如果一个中心语前要出现两个或两个以上的带有评价性质的说明性定语，一般让最重要的一个更靠近中心语，如“伟大、光荣、正确的中国共产党”就是如此。

③（我们学校）（操场西南角）的（那个）（简陋）的（小）（木头）门已经被拆掉了。

这里定语的排列次序是：领属──→处所──→数量（指量）──→状态（评价性说明的）──→状态（说明性的）──→材料──→中心语。

这里有两个用来说明状态的定语，一个是“简陋”，一个是“小”，因为门的大小是比简陋与精致更重要的属性（因而古代把小门叫“户”，把大门叫“门”。现在仍然有大门和小门的区别），所以说明性定语“小”比评价性说明定语“简陋”更接近中心语“门”。

④（一只）（大）（白）鹅

这里定语的排列次序是：数量──→状态（形体特征）──→状态（颜色）──→中心语。

---

① 学术界一般把“男”和“女”看成一种特殊的词——区别词，而实际上“男”和“女”在现代汉语中属于专职词素，不能独立成词。参见本书第 111 页的“2. 属性词素”部分。

这里也有两个用来说明状态的定语，一个表示的是鸡的形体特征（大），一个表示的是鸡的颜色（白）。因为物体的颜色是物体本身的特征，而物体的大小是通过比较而观察到的特征，因而相对于物体的大小而言，物体的颜色是与物体关系更密切的特征，所以定语“白”比“大”更接近中心语“鹅”。

四、状语

状语是对动词性词语和形容词性词语进行修饰限定的句法成分。被状语修饰的动词性词语和形容词性词语叫“中心语”。如“悄悄地出去”中的“悄悄”就是状语，“出去”是中心语；“非常高兴”中的“非常”就是状语，“高兴”是中心语。由状语与中心语构成的短语叫“状中短语”[参见412页“（二）状中短语”]。

（一）状语的类别

汉语语法学界根据状语的作用，把状语分为限定性状语和描写性状语两类。限定性状语中有一种语气状语，比较特殊，这里我们把它独立出来进行说明。

限定性状语用来说明动作行为、变化的时间、频率、重复情况、次数、持续的时间、支配对象的数量、处所方位、范围、趋向、路线、工具、材料、方式、情态、目的、原因、对象、程度、前提等。相应地，限定性状语可以分为时间状语、频率状语、重复状语、动量状语、数量状语、处所方位状语、范围状语、趋向状语、路线状语、工具状语、材料状语、方式状语、情态状语、目的状语、原因状语、对象状语、程度状语、前提状语等。限定性状语属于说明性状语。

描写性状语一般用来描写动作行为的方式、行为主体的情态（表情、动作姿态及心理状态等）、所发出的声音、动作行为所产生的结果等。相应地，描写性状语可以分为描写性方式状语、情态状语、程度状语。

语气状语一般用来表示对动作行为、变化等的主观态度或情感。

下面我们具体加以说明。

1. 限定性状语（说明性状语）

除了语气状语以外，限定性状语都是说明性状语，用来说明事件或动作行为发生、开始或结束、持续的时间，人或事物存在的时间，动作行为、变化的重复，动作行为、变化的处所或方位、范围，动作行为、变化的趋向、路线、工具，制造物品所使用的材料，动作行为的目的，动作行为涉及的对象，情感活动和性质状态所达到的程度，行为对象的数量，等等。

（1）时间状语

时间状语用来表示事件或动作行为、变化发生或结束的时间，以及人或事物存在的时间，一般由时间名词或时间副词及其组合来充当。例如：

① [2005年11月12日]，钱学森归国50年座谈会在北京召开。

这里时间状语“2005年11月12日”表示的是“钱学森归国50年座谈会在北京召开”这件事发生的时间。

② 温家宝[今天上午]前往绵阳北川中学看望复课学生。

这里时间状语“今天上午”表示的是“前往绵阳北川中学看望复课学生”的时间。

③ 我[刚才]做了个梦。

这里时间状语“刚才”表示的是“做了个梦”的时间。

④ 壮族[过去]有20种称呼，[1949年以后]统称为僮族，[1965年]又改为壮族。

这里时间状语“过去”表示的是“壮族有20种称呼”这种情况存在的时间；“1949年以后”表示“（壮族）统称为僮族”这件事情起始的时间；“1965年”表示“（僮族）又改为壮族”这件事情发生的时间。

⑤ [20世纪初叶以来]，尼罗河上已经建立了不少拦河大坝。

这里时间状语“20世纪初叶以来”表示“尼罗河上已经建立了不少拦河大坝”这件事情起始的时间。

⑥ [一万三千多年以前]，织女星[曾经]是北极星。

这里前一个时间状语“一万三千多年以前”表示“织女星是北极星”这种情况所存在的时间，后一个时间状语“曾经”表示这种情况在过去存在而现在已经不存在了。

需要指出的是，时间名词或时间名词短语作状语的时候，可以放在谓语的前面，也可以放在主语的前面。将时间状语放在主语的前面，目的是把主语的动作行为等作为一个事件来陈述，如例③也可以说成“刚才我做了个梦”，这样说是把“我做了个梦”当作一个事件来陈述，表示这是刚才发生的一个事件。另外，当时间名词短语过长的时候（如例①、例⑥），通常不放在谓语的前面，否则主语和谓语之间的联系就不够紧密。

（2）频率状语

频率状语用来说明动作行为、变化等的频率，主要由频率副词“常”“经常”“常常”“偶尔”和频率形容词“频繁”充当，有时也用数量形容词“多、少”和数量形容词短语“很少”充当。例如：

① 我［常］去海边散步。

② 我［经常］去图书馆看书。

③ 我［常常］思考这个问题。

以上三例中的“常”“经常”“常常”意思相同，其中“常”的口语色彩浓，“常常”的书面语色彩浓。

④ 两国领导人［频繁］互访。

这里“频繁”的意思是在一定时间内进行的次数多，比“经常”所表示的频率更大。

⑤ 我只是［偶尔］到饭店吃饭。

这里“偶尔”的意思是在一定时间内进行的次数少，不经常。

⑥ 你应该［多］出去走走，别总在家里坐着。

这里数量形容词“多”是“经常”的意思。

⑦ 现在新型冠状病毒疫情很严重，大家要尽量［少］出门，出门一定要戴口罩。

这里数量形容词“少”是“不经常”的意思。

⑧ 我［很少］去饭店吃饭。

这里数量形容词短语“很少”是“不经常”的意思。

【补充说明】

数量形容词“多”“少”只在说明没发生的动作行为的频率时使用，而“很少”由于有了程度副词，带有评价的语气，只在说明已经发生的动作行为的频率时使用，如“你要少出门”不说成“*你要很少出门”，而“以前我很少去饭店吃饭”也不说成“*以前我少去饭店吃饭”。另外，人们常用“很少”表示“不经常”的意思，但不用“很多”表示“经常”的意思。

（3）重复状语

重复状语用来说明动作行为的重复，主要由重复副词“又”“又一次”“再”“再次”等充当。其中“又一次”和“再次”与“又”的意义相同，只在书面语中使用。另外，“又”“又一次”“再次”通常用来表示已经出现了的重复，而“再”则通常用来表示将要出现的重复。例如：

① 他［又］来了。

② 1987年，我和老伴［又一次］前往新西兰探亲。

③ 欢迎您，欢迎您［再次］为我们上课！

④ 如果有机会，我一定［再］来看你。

以上是重复状语的例子。重复状语用来强调同一动作行为的重复，而不是用来表示动作行为发生的频率或次数，所以不属于频率状语，也不属于动量状语。

（4）动量、时量状语

动量状语和时量状语用来说明动作行为等发生的次数或持续的时间量，主要由表示动作行为的次数或时间长度的数量短语充当。例如：

① 上小学时，他曾［三次］上山灭火。

② 国际上曾［多次］进行过计算速度的比赛。

③ 邓小平生前曾［数次］接见过四川籍老作家马识途。

④ 李福祥就是这样在克服各种困难、不断革新技术的过程中，［一次又一次］地得到党的鼓励，［一次又一次］地克服了困难，也［一次又一次］地获得了革新技术的成就。

这里“一次又一次”是“多次”的意思，但比“多次”的语气重。另外，“多次”属于书面语。

⑤ 尽管大家［再三］劝他坐下，他还是一直坚持站着讲。

这里“再三”是“一次又一次”的意思。“再三”属于书面语。

⑥ 到签协议那天，房主［反复］强调只能住一个人，而且必须保持安静。

这里“反复”是“一次又一次”的意思，与“再三”意义相同，所以可以替换为“再三”。

“反复”作状语时只是笼统地强调动作行为发生的次数多，有时人们需要说明反复的具体次数，就在中心语的后面加上表示具体次数的补语。例如：

⑦ 这种纸张可以［反复］使用 1 万次左右。

这里“反复使用”是“多次使用”的意思，后面又加上了表示具体次数的补语“1 万次左右”。

以上是动量状语的例子。

⑧［三天］打鱼，［两天］晒网，学不到好手艺，成不了行家。

⑨ 我们每个星期［五天］上班，［两天］休息。

⑩ 我［已经］［三天］没出门了。

这里有两个时间状语，后一个时间状语“三天”表示“没出门”这种情况持续的时间，前一个时间状语由发生体副词“已经”充当，强调“三天没出门”这种情况成为事实。

以上是时量状语的例子。

值得注意的是，在汉语中，数量短语很少用作动量、时量状语，而是经常用作动量、时量补语，而如果动词的后面有宾语，动量、时量补语通常要放在动词和宾语之间，如“灭〈三次〉火”“打〈三天〉鱼，晒〈两天〉网”，这样不能使动量、时量得到突出，也就不能使动量、时量得到强调，而把数量短语放在动词的前边作状语，将数量短语独立出来，能使动量、时量得到突出，如“［三次］灭火”“［三天］打鱼，［两天］晒网”，从而使动量、时量得到强调。

以上是动量、时量状语的例子。表示动作行为发生次数的动量状语与频率状语、重复状语的意义都跟动作行为发生的次数有关，但强调的角度不同。频率状语用来强调在单位时间内（如一个月、一年等）同一个动作行为发生的次数多还是少，重复状语用来强调同一个动作行为发生的次数增加，动量状语用来强调同一个动作行为发生的次数。

（5）数量状语

数量状语用来说明动作行为所支配的对象的数量，主要由数量形容词充当。例如：

① 维生素 C［大量］服用可引起腹痛腹泻。

这里数量状语“大量”表示的是服用维生素 C 的数量大。

② 大约用了 10 年，我［大量］阅读了各个历史时期有关政治、文化、美学等方面的书籍。

这里数量状语“大量”表示的是阅读书籍的数量大。

③ 即使只是［少量］减轻体重，也能［较大］改善身体健康状况。

这里前一句中的数量状语“少量”表示的是减轻体重的数量小，后一句中的状语“较大”是用来表示改善身体健康状况的程度大，属于程度状语。

由于数量形容词“大量”“少量”可以充当数量定语，因而由数量形容词“大量”“少量”充当的状语可以转换为数量定语，如例①中的“维生素 C［大量］服用”可以转换为“服用（大量）的维生素 C”，例②中的“我［大量］阅读了……书籍”可以转换为“我阅读了（大量）的……书籍”，例③中的“［少量］减轻体重”可以转换为“减轻（少量）的体重”。不过，数量形容词作状语的时候，由于出现在谓语动词的前面，比作宾语中的定语更能引起人们的注意，这样便更能强调所支配的对象的数量。

④ 你应该［多］喝水。

这里状语“多”表示增加喝水的数量。

⑤ 你要［少］说话。

这里状语“少”表示减少说话的数量。

值得注意的是，“多”“少”作状语时，强调的是在原有支配对象数量的基础上，增加、减少支配对象的数量，增加、减少以后的数量可能很大、很小，也可能不是很大、很小，只是相对于原有的数量增大或减小了，所以“多喝水”的意义不等于“喝很多水”，“少说话”也不等于“说很少的话”。有一个汉语学习者用“劝”这个词造了这样一个句子：

⑥ * 医生劝我喝很多热水。

从直觉上我们发现这个句子不符合汉语的习惯，应该说成：

医生嘱咐我［多］喝热水。

“多喝”指的是比以往或平时喝得多，并不是要喝很多，喝水喝得很多也是有害的。另外，数量形容词前加上程度副词的时候，一般是用来表示对事物数量的评价性的说明，而医生只是嘱咐“我”多喝水，“我”还没多喝，所以也不能先作出评价。其他如“多休息”“多运动”“多看书”“多吃蔬菜”“多吃水果”等，都是汉语的习惯说法。

另外，由于“多”“少”作状语时，强调的是在原有支配对象数量的基础上，增加、减少支配对象的数量，但不能表明增加、减少支配对象的具体数量，而有时为了表明增加、减少支配对象的具体数量，就在宾语前加上数量定语。例如：

⑦ 你应该［多］喝（一杯）水。

⑧ 你应该［多］喝（一点）水。

⑨ 你应该［少］喝（一杯）水。

⑩ 你应该［少］喝（一点）水。

⑪ 你要［少］说（几句）话。

以上是数量状语的例子。

（6）处所方位状语

处所方位状语用来说明行为发生的处所或方位、行为的起点、经过的处所等，一般由处所介词加处所名词或方位名词短语构成（处所介词有时可以省略），或者由处所副词充当。例如：

① 他［在教室］看书呢。

② 我［在家里］休息呢。

以上二例分别用介词“在”引出看书的处所、休息的处所。

③ 我［从飞机上］看到了雪山。

这里用介词“从”引出看到雪山的处所（飞机上）。“从”本来用来表示行为的起点或经过的地点，如“从宿舍走到教室”“从宿舍门前走了过去”，但是当行为发生的处所与行为的对象不在同一个处所而是有一段距离时，习惯上用“从”代替“在”引出行为的处所，如果不这样，有时会引起误解。例如：

④ a. 我［从车上］看到了王老师。

b. 我［在车上］看到了王老师。

例④a 用介词“从”引出“我”看见王老师时我所在的处所，表明当时“我”在车上，王老师不在车上，而例④b 用介词“在”引出“我”看见王老师时我所在的处所，应该是“我”和王老师都在车上。如果“我”在车上，而王老师不在车上，应该像例④a 那样，用介词“从”引出“我”看见王老师时我所在的处所。

⑤［南边］有一条河。

⑥［山上］有座庙。

⑦［上面］种植着一些树木花草。

⑧［床边］站着一个年轻人，手里端着一杯水。

例⑤到例⑧中的状语都是由方位名词和方位名词短语充当的，由于出现在句首，与后面的中心语关系明确，因而没有用处所介词“在”引出。这是现代汉语的习惯。不过，目前的现代汉语语法学界，一般把这种处所状语看成句子的主语，并称之为“处所主语”。

⑨［从北京］坐飞机去莫斯科，需要十多个小时。

这里的处所状语表示行为的起点。

⑩ 我每天上班都要［从歌剧院门前］路过。

这里的处所状语表示经过的处所。

⑪ 陶慕廉［到处］做演讲，做处发表文章，并督促美国承认中华人民共和国。

这里“到处”的意思是“在很多地方”。

⑫ 人吃了瓜果后［随处］抛弃果核，也给果实的种子提供了去各地安家的机会。

这里“随处抛弃”的意思也是“在哪里就在哪里抛弃”的意思。

以上二例用处所副词作处所状语。

（7）范围状语

范围状语用来说明行为主体或对象的范围、活动（包括思想活动）的范围，一般由范围副词或表示范围的介词短语充当。例如：

① 全班同学［都］及格了。

② 他讲的话我［全］记下来了。

③ 据初步统计，这种讨论会［一共］举行了五六十次。

④ 年轻干部［一律］骑自行车上下班。

以上是由范围副词充当范围状语的例子。

⑤［在这个问题上］我和你的观点是一致的。

⑥ 文艺复兴［在文学、艺术、政治思想方面］取得了辉煌成就。

以上是由介词短语充当范围状语的例子。

值得注意的是，人们有时直接用名词性短语作范围状语，而不用介词引出。例如：

⑦［这件事］我做主。

这里“这件事”的意思相当于“在这件事上”，属于范围状语。不过，按照目前汉语语法学界流行的观点，要把“这件事”看成主语，把“我做主”看成谓语，认为这种句子是主谓谓语句。不过，在国际汉语教学上，我们还是应该把“这件事”看成范围状语，这样更有利于学习者学会使用这种句式。

（8）趋向状语

趋向状语用来说明动作行为的方向，一般由方向介词“往”“朝”“向”等加上方位名词构成。例如：

① 他［往东］走了。

② 从飞机上［往下］看，白云就像大海一样。

这里“从飞机上”属于处所状语，“往下”是趋向状语。

③［向左］转。

这里要求对方向左边转身行走。

（9）路线状语

路线状语用来说明动作行为的路线，一般由方向介词“沿着”“顺着”“从”等加上表示道路的词语构成。例如：

①［沿着这条路］往前走，十分钟就能到共和国广场。

这里“沿着这条路”是路线状语，“往前”是趋向状语。

②［顺着这条道］一直往前走就可以到家了。

这里“顺着这条路”是路线状语，“往前”是趋向状语，“一直”是方式状语，表示按直线走、不转弯的意思。

③ 他每天［从这条路］去工厂上班。

这里“从这条路”也是路线状语，表示去工厂上班的路线。

（10）工具状语

工具状语用来说明动作行为的工具，一般由工具介词“用”“拿”等加上表示工具的词语构成。例如：

① 中国人［用筷子］吃饭，亚美尼亚人［用刀叉］吃饭。

② 应该［用砂锅］熬中药，不应该［用铁锅］熬中药。

③ 词典上的字太小了，他必须［拿放大镜］看才能看清楚。

（11）材料状语

材料状语用来说明制造物品所使用的材料，主要由材料介词“用”加上表示材料的词语构成。例如：

① 她的英国老师曾问她，长城是［用什么材料］修建的。

② 指南针是一根［用人造磁铁］制成的磁针。

（12）方式状语（说明性的）

方式状语用来说明动作行为的方式。例如：

① 要想了解中国，必须［亲自］去中国。

② 春节的时候，他［特意］来给我拜年。

③ 爸爸不让他抽烟，他就躲在厕所里［偷偷］地抽。

④ 禁止［故意］损坏人民币。

以上是方式副词作方式状语的例子。

⑤ 我的电脑又坏了，这次是［彻底］坏了。

⑥ 这张图里有一个数字，［仔细］看才能看出来。

⑦ 要［认真］学习别人的先进经验。

以上是形容词作方式状语的例子。

除了以上的说明性方式状语，另外还有一种描写性方式状语，详见58页“2.描写性状语”。

（13）情态状语（说明性的）

情态状语用来说明伴随着动作行为的情态（表情、动作和心理状态等）。情态状语一般由表示情态的形容词充当，或者由动词充当。形容词充当情态状语时，后面一般需要加结构助词“地”，而动词充当情态状语时，后面需要加持续体助词“着”。例如：

① 我们［高兴］地与京剧演员合影留念。

② 比赛失败了，队员们［伤心］地哭了。

③ 在毕业典礼上他［激动］地高呼：“中非友谊万岁！”

④ 一辆汽车停在道上不动，后面汽车的司机［烦躁］地按着喇叭。

以上四例中的“高兴”“伤心”“激动”“烦躁”都是表示情态的形容词，由于它们更经常做谓语，所以后面如果不加结构助词“地”，会影响听者或读者的理解。

⑤ 他喜欢［躺着］看书。

⑥ 他［笑着］说：“我跟你开玩笑呢。”

以上二例中的"躺着""笑着"表示的是伴随着看书、说话的行为，属于情态状语。

（14）目的状语

目的状语用来说明行为的目的，一般由目的介词"为、为了"等加上表示目的的词语构成。例如：

① 主人［为表示对客人的尊敬］，总是让客人自己点菜、点饮料。

②［为了能够成为一名优秀的汉语教师］，我努力学习汉语。

以上二例中的目的状语都是由介词"为"和"为了"加上表示目的的动词性短语构成的。值得注意的是，人们在讲话的过程中，也常采用意会性的不完整的说法，直接用名词性词语表示目的。例如：

③ 我就是［为这事］来的。

这里的目的状语是一种不完整的说法，它的完整形式应该是"为解决这事"或"为处理这事"等。

④［为了你个人的健康］，［为了你家庭的幸福］，也［为了我们这个社会的安定团结］，请你尽快改掉陋习，还给自己一个清醒的世界。

这里的三个目的状语都是不完整的说法，介词"为了"的后面分别省略了"保护""维护""维持"之类的动词。

在口语中，还有一种特殊的目的状语，直接由表示目的的动词性短语充当，不用介词引出。例如：

⑤ a. 你的儿子［看你］来了。

这里"看你"是"来"的目的状语。这个句子是由下面这个句子转换成的：

b. 你的儿子来〈看你〉了。

这里"来"的目的"看你"位于句末语气词前，更能引起对方的注意，这样对"看你"起了强调作用。而为了强调"来"，先说"来"的目的"看你"，使"来"落在句末语气词前，从而引起对方的注意，就成了例⑤a 这种句式。

（15）原因状语

原因状语用来说明动作行为、变化等发生的原因。原因状语主要有两种：

第一，由原因介词"由于""因为"引出的。例如：

①［由于众所周知的原因］，两国外交关系在 1967 年中断了。

② [由于长期当记者的缘故]，他在任何条件下都可以写作。

③ [由于书籍出版和发行量的增加]，书店也相应增多了。

④ 两个人 [为这件事] 吵了起来。

⑤ 就 [因为这件事]，他被厂里解雇了。

⑥ [因为这个缘故]，伊斯坦布尔被列入欧洲文化名城。

第二，"在……的V下"形式的。

"在……的V下"形式的原因状语通常表示的是导致行为、变化等发生的持续时间比较长的，甚至是伴随着行为、变化的整个过程的因素。例如：

① 他在公共汽车上与持刀抢劫的三名歹徒展开殊死搏斗，最后 [在乘客的帮助下] 制服了其中两名歹徒。

② [在大家的劝说下]，他决心戒烟。

③ 意大利科学家伽利略 [在荷兰人的启发下]，发明了天文望远镜。

④ [在导师耐心细致的指导下]，我终于写完了毕业论文。

⑤ 叶挺与贺龙 [在周恩来的领导下] 发动了震惊中外的南昌起义。

⑥ 女儿 [在妈妈的影响下] 也喜欢上了网球。

以上六例中的"在……的V下"都可以换成"由于……的V"，如例④：

[由于导师耐心细致的指导]，我终于写完了毕业论文。

不过，尽管"在……的V下"形式的原因状语可以换成"由于……的V"形式的原因状语，但"在……的V下"形式的原因状语能更有效地强调行为、变化等发生的原因持续的时间长、起的作用大。

（16）对象状语

这类状语用来说明动作行为涉及的对象，包括处置的对象、对待的对象、替代的对象、服务的对象、指向的对象、合作的对象、争斗的对象、比较的对象、交付的对象、发送的对象等。对象状语通常由对象介词加上相应的对象构成。下面我们具体举例加以说明：

① 隔一个星期左右 [把所学的知识] 再复习一下。

② 我先 [把作业] 做完，然后再出去玩。

以上二例中的状语表示的是处置的对象，是处置对象状语。

谓语动词带有处置对象状语的句子是处置句 [关于处置句，参见505页"三、处置句（'把'字句）"]。处置对象状语中介词的宾语是由谓语动词的宾语转换成的，大都可以移回谓语动词的后面，但移回之后，处置句就变成了普通的主谓句，例 ① 和例 ② 就是如此：

隔一个星期左右再复习一下所学的知识。

我先做完作业，然后再出去玩。

③ 他们演出时 [对观众] 非常有礼貌，非常热情，一次又一次地返场表演，以满足观众的要求。

④ 中国人民 [对我们] 非常热情、友好。

以上二例中的状语表示的是对待的对象，是对待对象状语。

⑤ 我 [对毛泽东] 非常钦佩。

⑥ 我 [对江主席] 非常尊敬。

⑦ 他虽然已经退休了，但 [对我们学校的工作] 仍然十分关心。

以上三例中的状语表示的是指向的对象，是指向对象状语。这种指向对象状语是由“主—动—宾”句中的指向对象宾语转换成的，转换的目的是为了突出心理活动所达到的程度。以上三例都可以还原成“主—动—宾”句：

我非常钦佩毛泽东。

我非常尊敬江主席。

他虽然已经退休了，但仍然十分关心我们学校的工作。

上面这三个“主—动—宾”句的宾语都是指向对象宾语（关于指向对象宾语，参见 33 页“2. 指向对象宾语”）。

⑧ 你 [跟谁] 说话呢？

这里状语表示的是行为指向的对象，也是指向对象状语。

⑨ 你 [替我] 交一下作业，好吗？

这里状语表示的是替代的对象，是替代对象状语。

⑩ 等我 [给你] 拿一把椅子来。

这里状语表示的是服务的对象，是服务对象状语。

⑪ 主席见到我，显出很高兴的样子，邀我 [跟他] 跳舞。

这里状语表示的是合作的对象，是合作对象状语。

⑫ 我 [跟他] 吵起来了。

⑬ 我家的小猫 [跟小狗] 打起来了。

以上二例中的状语表示的是争斗的对象，是争斗对象状语。

⑭ 他汉语说得 [比我] 好。

这里状语表示的是比较的对象，是比较对象状语。

⑮ 我［给他］送书去。

这里状语表示的是交付的对象，是交付对象状语。

⑯ 我［给她］发个短信。

这里状语表示的是发送的对象，是发送对象状语。

(17) 程度状语（说明性的）

这类状语用来说明情感活动或心理活动及事物的性质状态所达到的程度，一般由程度副词充当。例如：

① 我［非常］喜欢汉语。

② 我们［很］幸福，我们［很］快乐，我们［很］满足。

③ 他［非常］了解自己的学生。

④ 爸爸妈妈［非常］关心他的学习情况。

⑤ 快要考试了，我心里［有点］紧张。

⑥ 牛顿学习、工作或思考问题时，注意力［特别］集中。

以上六例中的状语表示情感活动或心理活动所达到的程度。

⑦ 她［非常］聪明。

⑧ 这是一场［非常］精彩、［非常］优秀、［非常］激动人心的比赛。

⑨ 这个城市［很］大。

⑩ 今天比昨天［稍微］凉快一点。

⑪ 这篇课文［有点］难。

以上五例中的状语表示事物的性质状态所达到的程度。

(18) 前提状语（能愿状语）

这类状语用来表示做事所需的主客观前提条件是否具备。做事的主观前提条件主要有打算、愿望、决心、信心、能力、技能、可能性、资格、胆量、机会等。前提状语大都由助动词充当。由于汉语语法学界习惯上把助动词叫作“能愿动词”，根据这个习惯，前提状语也可以叫作“能愿状语”。

一般情况下，如果做事的前提条件具备，就在谓语动词前加上助动词，不具备要在助动词前加上否定副词“不”。例如：

① 我［想］到中国去学习。

这里状语“想”表示“有……的愿望和打算”。

② “你们［愿意］上学吗?”“［愿意］，因为能学到不少知识。”

这里问话中的状语“愿意”表示“有……的愿望”。答话中“愿意”的后面省略了中心语“上学”。

③ 邓小平伟大，他［能］使中国人富起来。

这里状语“能”表示“有……的能力”。

④ 他已经［会］用筷子吃饭了。

这里状语“会”表示“有……的技能”。

⑤ 我［不会］开车。

这里状语“不会”表示“没有……的技能”。

⑥ 你看今天［能不能］下雨?

这里状语“能不能”表示“有还是没有……的可能”。

⑦ 孔子说:“温故而知新，可以为师矣。”意思是说，如果一个人复习旧的知识而能有新的体会，就［可以］做老师了。

这里状语“可以”表示“有……的资格”。

⑧ 你［敢不敢］从这儿跳下去?

这里状语“敢不敢”表示“有还是没有……的胆量”。

以上八例中的前提状语是用来表示主观前提有无的。

⑨ a. 中国的一个京剧团要来演出了。

b. 是吗? 太好了! 我［可以］在现场看京剧了。

这里状语“可以”表示“有……的机会”。

⑩ 这次聚会他没来，因而我［没能］跟他见面。

这里状语“没能”表示“没有……的机会”。

以上二例中的前提状语是用来表示客观前提有无的。

以上我们举例说明了各种常见的说明性状语。

2. 描写性状语

描写性状语是用来描写动作行为的方式、行为主体的情态和性质状态的程度等的状语。从意义上看，描写性状语有三种，一种是方式状语，一种是情态状语，一种是程度状语。

(1) 方式状语

这类状语用来描写动作行为的方式。描写性方式状语一般由性质形容词的重叠形式、数量短语的反复形式、象声词等充当，后面要加结构助词“地”。例如：

① 金汉基左手拿着一本书法字帖，右手握住特制的毛笔，[认认真真]地在水泥地面上书写着中国汉字。

② 他又[马马虎虎]地在食堂里吃了一顿无味的晚饭。

以上二例是用性质形容词的重叠形式描写动作行为的方式。

性质形容词作状语时，本来属于说明性状语，如“认真地写字”，但性质形容词重叠以后，音节上就有了一种形象的感觉，因而人们用它来作描写性状语。

值得注意的是，性质形容词的重叠形式作描写性方式状语时，有时描写的是动作行为的结果，是通过动作行为的结果显示动作行为的方式。例如：

③ 他[满满]地盛了一碗饭。

这句的意思是：他盛了一碗饭，这碗饭满满的。这是通过盛饭的结果显示盛饭的方式：很认真、很努力地盛。

④ 他在黑板上[圆圆]地画了一个大圈。

这句的意思是：他画了一个大圈，这个大圈圆圆的。这是通过画圈的结果显示画圈的方式：很认真地画。

以上是性质形容词的重叠形式作描写性方式状语的例子。

⑤ 于是他们找来近期报纸[一张一张]地翻看。

这里是说“他们”一次一张地仔细地翻看近期报纸。

⑥ 时间[一分一分]地过去了，两个小时后，医生宣布手术成功。

这里是说时间一次一分钟地缓慢地过去（这其实是人的主观感觉，是人不停地看手表等计时器时的感觉）。以上两例是数量短语的反复形式作描写性状语的例子。

⑦ 时钟[当当当]地敲了十二下，他还在忙着备课。

这里描写的是时钟敲响的方式：一次一下，发出比较响亮的声音。

⑧ 火车[轰隆轰隆]地开进站来。

这里描写的是火车开进站的方式：沉重，发出很大的声音。

⑨ 天[哗哗]地下起雨来。

这里描写的是天下雨的方式：急促、猛烈，发出比较大的声音。

⑩ 她［咚咚咚］地走上楼。

这里描写的是“她”上楼的方式：脚步沉重，发出较大的声音。

以上二例是象声词作描写性状语的例子。

（2）情态状语

这类状语用来描写伴随着动作行为的情态（表情、动作和心理状态等）。描写性情态状语通常由某些状态形容词、动词的重叠形式、描写性短语和比喻性短语等充当，后面也要加结构助词“地”。

① 我们［慢腾腾］地穿过广场，这缓慢的速度使我感到惬意。

② 梅花鹿［懒洋洋］地在路边散步。

③ 他［孤零零］地站在那里，身后空无一人。

④ 他［恶狠狠］地关掉电视。

以上是带叠音后缀的状态形容词作描写性情态状语的例子。

⑤ 她偷偷地从后门溜了出去，［躲躲藏藏］地走入了左面一条小巷。

⑥ 孩子们［蹦蹦跳跳］地上学去了。

⑦ 于是他就挣扎着站起来，［摇摇晃晃］地走了出去。

⑧ 小孩子们挤在门口不眨眼地往里看，［比比划划］地议论。

以上是动词的重叠形式作描写性情态状语的例子。动词的重叠形式作描写性情态状语时，表示的是动作行为持续不断的意思。如“躲躲藏藏”是“不停地躲藏”的意思，“蹦蹦跳跳”是不停地蹦跳的意思，“比比画画”是“不停地比划”的意思。（关于动词重叠，参见 166 页“5. 有些动词可以重叠”。）

⑨ 孩子高兴了，［指手画脚］地讲起来。

⑩ 歹徒被官兵围在中间，［张牙舞爪］地挥舞着匕首，企图顽抗到底。

⑪ 众人［手忙脚乱］地将他抬上床。

⑫ 他［上气不接下气］地跑到学校。

以上是用描写性短语作描写性情态状语的例子。

⑬ 他们［像亲人一样］地交谈着。

⑭ 他［像石头一样］地站在门槛上。

以上是用比喻性短语作描写性情态状语的例子。比喻性短语本质上也属于描写性短语，只是它不是直接描写情态，而是通过打比方的方式进行描写，所以我们将它与描写性短语区分开。

(3)程度状语

这类状语用来描写事物的性质、状态所达到的程度。描写性程度状语通常由比喻性短语充当，后面也要加结构助词“地”。

① 他[像钢铁一样]地坚强。

这里用描写性短语“像钢铁一样”来表现“他”坚强的程度大，等于说“他非常坚强”。

② 她的手指[像金箍棒一样]硬，我忍着疼不吭声。

这里用描写性短语“像金箍棒一样”来表现“她”的手指硬度大。

以上是用比喻性短语作描写性程度状语的例子。

3. 语气状语

语气状语是用来表示说话者或作者对自己所说的内容的主观态度或情感的状语。这类状语主要由语气副词和否定副词充当（关于否定副词和语气副词，参见 212 页“10. 否定副词”和 214 页“11. 语气副词”）。与语气副词和否定副词的语法意义相应，语气状语也表示确认、否定、劝阻、禁止、排除其他、反问、追问、推测、决心坚定、态度坚决、不出所料或所说的、意外、相反、不顾要求、不顾事实、不如意、事实不容否认、强调事实、揭示真相、弄清原因、巧合、幸运、嘱咐、委婉、恭敬、只好如此、必须如此、勉强同意或勉强让步、将就、无所谓、夸张、事情发生或结束得快、事情发生或结束得早，等等。例如：

① 光明胜利的前途[一定]会到来。

这里“一定”是“肯定”的意思，表示断定的语气。

② 我们[一定]按时完成任务。

这里“一定”表示决心坚定的语气。

③ 中国教练[确实]为世界跳水做出了贡献。

这里状语“确实”表示确认的语气。

④ 黄山的松树和山峰也都很有特色。很多山峰样子都非常奇特，所以叫“奇峰”，松树[就]长在这些奇峰上。

这里状语“就”表示排除其他的语气，意思是说，松树不是长在别的地方，而是长在这些奇峰上。

⑤ 中国队有5名队员因故、因伤无法参赛，这场比赛中国队［恐怕］赢不了。

这里状语“恐怕”表示推测的语气。

⑥ 这一招［果然］十分有效。

这里状语“果然”表示不出所料的语气。

⑦ 几十万观众离场后，地上［竟然］没有垃圾。

这里状语“竟然”表示意外的语气。

⑧ 但不幸的事情［偏偏］发生了。

这里状语“偏偏”表示不如意的语气。

⑨ 这一天［正好］是鲁迅先生的诞辰纪念日。

这里状语“正好”表示巧合的语气。

⑩ 电影和电视［到底］有什么不同？

这里状语“到底”表示追问的语气。

⑪［难道］天上［真的］［会］掉下馅饼来？

这里第一个状语“难道”表示反问的语气，第二个状语“真的”表示确认的语气。另外，“掉下”前的助动词“会”用来表示“有可能”的意思，属于前提状语。

以上是语气状语的例子。语气状语主要由语气副词充当，语气状语的语法意义就是语气副词的语法意义。语气副词的种类很多，我们将在本书第三章中详细介绍汉语的语气副词（参见214页“11. 语气副词”），所以这里不对语气状语进行详细的分类说明了。至于由否定副词充当的语气状语，这里也不举例了，因为这种状语的语法意义就是否定副词的语法意义，我们将在本书第三章第三节详细介绍否定副词的语法意义（参见212页“10. 否定副词”）。

以上我们说明了汉语中常见的状语类别。

由于表达上的需要，一个中心语往往要同时使用两种以上的状语，这两种以上的状语有一定的排列次序。下面我们就来简单说一下多项状语的排列次序。

（二）多项状语的排列次序

当一个中心语前需要出现两个或两个以上的状语时，要按照一定的次序排列。汉语多项状语的排列次序大体是：原因或条件⟶时间⟶语气

⟶工具或凭借⟶处所或方位⟶范围⟶程度⟶对象⟶方式或情态。其他种类的状语根据情况穿插在其中。不过，一个句子中通常不会同时出现这些类型的状语。例如：

①［由于长期受摧残和折磨］，［1974 年 11 月 29 日］，彭德怀［在北京］［含冤］逝世。

这里状语的排列次序是：原因⟶时间⟶处所⟶情态。

②［由于燃烧炸弹的危害太大］，［1972 年］联合国［曾经］开会讨论禁止使用燃烧炸弹。

这里状语的排列次序是：原因⟶时间（由时间名词充当）⟶时间（由时间副词充当）。

③［由于伏尔泰毕生为自由而斗争］，［1778 年］［当他去世时］，人们［在他的柩车上］［以“他教导我们走向自由”的题词］来概括他的一生。

这里状语的排列次序是：原因⟶时间（范围较大）⟶时间（范围较小）⟶处所⟶凭借。

④［今天上午 7 点］，王先生［再次］［乘坐 37 次列车］来到武汉。

这里状语的排列次序是：时间⟶重复⟶方式。

⑤［今天上午］双方［在会议厅］［就广泛的问题］［深入］地交换了意见。

这里状语的排列次序是：时间⟶处所⟶对象⟶方式。

⑥ 有人［用录音机］［把它们的声音］录了下来。

这里状语的排列次序是：工具⟶对象。

⑦［由于多年来一直没找到合适的对象］，她［几乎］［对找对象］丧失了信心。

这里状语的排列次序是：原因⟶程度⟶对象。

另外，用介词“关于”加宾语构成的范围状语只放在句首，不受其他状语的影响。例如：

⑧［关于这个问题］，我们［昨天］［在会议室］讨论了一上午。

这里状语的排列次序是：范围⟶时间⟶处所。由“关于”加宾语构成的范围状语放在了句首。

五、补语

补语是在句子或短语中对动作行为、变化以及性质状态进行补充说明、描写、评价的句法成分，被补充说明的成分叫“中心语”。由中心语与补语构成的语言单位叫作“中补短语”（参见416页“四、中补短语”），属于动词性或形容词性短语。

（一）补语的类别

根据补语的作用，可以把补语分为说明性补语、描写性补语和评价性补语。而根据补语的语法意义，可以把说明性补语分为前提补语、结果补语、实现补语、持续补语、目的补语、趋向补语、时间补语、处所补语、动量补语、程度补语等，可以把描写性补语和评价性补语都分为结果补语和方式补语两类。为了避免重复，我们只按补语的语法意义进行分类，把说明性补语、描写性补语和评价性补语分别放在补语的语法意义类别中进行说明。

1. 结果补语

结果补语是用来对动作行为、变化所造成的结果进行说明、评价和描写的补语，有说明性结果补语、评价性结果补语和描写性结果补语三种。

（1）说明性结果补语

说明性结果补语用来说明行为、变化的结果。

1）表示使行为对象发生某种变化

这种结果补语用来表示使行为对象发生相应的变化，主要由形容词和少数单音节动词来充当，并且都有“使……”的意思。（这属于古代汉语语法学上所说的“使动用法”。）例如：

① 有的温泉特别热，甚至可以煮〈熟〉鸡蛋和土豆。

②“文化”是一个很常用的词，可是真要说〈清楚〉文化是什么，可就不容易了。

③ 杭州图书馆对乞丐开放，洗〈干净〉手即可看书。

以上三例中动词后面的结果补语都是由形容词充当的，都含有“使……”的意思。如“煮熟鸡蛋和土豆”等于说“煮鸡蛋和土豆并使鸡蛋和土豆熟”，

“说清楚这些问题”等于说“说这些问题并使这些问题清楚（容易理解）”，“洗干净手”等于说“洗手并使手干净”。

值得注意的是，由于充当这种结果补语的形容词是作动词用的，因而前面不能加程度副词，也不能重叠，如不能说“* 洗很干净手”，也不可以说“* 洗干干净净手”。

下面我们再来看看由动词充当结果补语的例子：

④ 在推〈倒〉第一张骨牌以后，其他骨牌便接连倒下，共推〈倒〉28万张骨牌。

这里“推倒……骨牌”等于说“推……骨牌并使……骨牌倒”。

⑤ 他打〈死〉了一只苍蝇。

这里“打死了一只苍蝇”等于说“打了一只苍蝇并使它死了”。

值得注意的是，以上五例都是动词和补语共同支配一个宾语。有时补语后面的宾语是补语自己的宾语，而不是动词的宾语。例如：

⑥ 她哭〈红了眼睛〉。

这里动宾短语“红了眼睛”（意思是“使眼睛变红了”）作谓语动词“哭”的补语，而不是“红”单独作“哭”的补语，所以“红”与“眼睛”有支配与被支配的关系，而“哭”与“眼睛”没有支配与被支配的关系。

2）表示行为主体发生某种变化

这种结果补语也主要由形容词和少数单音节动词来充当，表示的是行为主体的变化。例如：

① 那个人可能有间歇性精神病，也可能喝〈醉〉酒了。

这里“喝”的结果补语“醉”说的是主语“那个人”的变化。另外，这里“喝〈醉〉酒”是由“喝酒〈醉〉”调整成的。“喝酒〈醉〉”是近代汉语中的说法，后来人们更习惯于把补语直接放在动词后面，而不放在宾语后面，就形成了“喝〈醉〉酒”的说法。

② 我吃〈饱〉了。

这里“吃”的结果补语“饱”说的是主语“我”的变化。

③ 一天清晨，我被门铃声吵〈醒〉。

这里结果补语“醒”说的是主语“我”的变化。

④ 变〈坏〉容易变〈好〉难，一个人如此，一个民族也如此。

这里结果补语“坏”和“好”说的是主语（“一个人”）的变化。

以上各例中的补语所表示的都是动作行为或变化的直接结果。

⑤ 你今后别再研究火箭了！人也研究〈老〉了，家也研究〈穷〉了，身体也研究〈垮〉了，还是研究不出来。

这里补语“老”“穷”“垮”表示的是“研究火箭”的间接结果：人老了、家穷了、身体垮了。（直接结果是“研究不出来”。）

3）**表示行为对象的状态**

这种结果补语用来说明行为完成以后，行为的对象（包括预期对象，也就是产物）的状态。例如：

① 你衬衣穿〈反〉了。

这里是说，“你”穿衬衣的结果是衬衣反了（里外反了，或者前后反了）。

② 这幅画挂〈歪〉了。

这里是说，“你”挂这幅画的结果是这幅画歪了。

③ 你箱子拿〈错〉了。

这里是说，“你”拿“你”的箱子的结果是拿了一个错的箱子（别人的箱子）。

④ 你这个字念〈错〉了。

这里是说，“你”念这个字的结果是念出了一个错的音。

⑤ 你这个字写〈错〉了。

这里是说，“你”写这个字的结果是写出了一个错的字。

⑥ 蛋糕做〈大〉了，盒子也要大。

这里是说，点心师做蛋糕的结果是做出了比正常尺寸大的蛋糕，就不能用正常尺寸的盒子装，也要做一个大的盒子。后一句中“大”的前面省略了动词“做”。

值得注意的是，汉语在语序的安排上有一个习惯，就是把未知信息放在句末。如果行为的对象是未知信息，要放在句末。例如：

⑦ 你认〈错〉人了。

这里的“人”对“你”来说是未知信息，“你”不知道这个人是谁，“你”误以为这个人是“你”认识的一个人，所以“人”要放在句末，不可以说成“你人认〈错〉了”。以下二例依此类推：

⑧ 你走〈错〉路了。

⑨ 你上〈错〉车了。

4）表示行为的目的或结果实现

这类结果补语主要由具有“实现”意义的趋向动词“上”“出来”“到”“起来”等和动词“着”（zháo）、“见”等充当。不过，这种补语只表示行为的目的或结果实现的意义，而不表示行为的结果是否已经实现。如果需要强调行为的结果已经实现，就在句末加上动态语气词“了”，如果需要强调行为的结果没实现，就在动词的前面加上否定副词“没”。例如：

① 门关〈上〉了。

这里“关上”表示关（门）的目的实现（使门处在关闭状态），而后面的语气词“了”表示关门的目的已经实现（已经使门处在关闭状态）。

② 门没关〈上〉。

这里“没关上”表示关（门）的目的没实现。

③ 有的画家喜欢留长头发，走在街上，人们一眼就能认〈出来〉。

这里“认出来”表示“认”的结果实现（知道对方是谁或是干什么的）。

④ 我找〈着／到〉那本书了。

这里“找着”和“找到”表示“找”的结果实现。

⑤ 我没找〈着／到〉那本书。

这里“没找着”和“没找到”表示“找”的结果没实现。

⑥ 我看〈着／见／到〉他了。

这里“看着”“看见”和“看到”表示“看”的结果实现。

⑦ 我没看〈着／见／到〉他。

这里“没看着”“没看见”和“没看到”表示“看”的结果没实现。

⑧ 我想〈起来〉了。／我没想〈起来〉。

这里“想起来”表示“想”的结果实现，“没想起来”表示“想”的结果没实现。

以上我们说明了汉语中常见的几种说明性结果补语。

（2）评价性结果补语

评价性结果补语用来评价动作行为的结果，一般由性质形容词性词语充当。评价性结果补语前都要加上结构助词“得”。例如：

① 她长得〈很漂亮〉。

这里“很漂亮”是对长的结果的评价。以下依此类推：

② 他说得〈非常对〉。

③ 钱花得〈不多〉，东西买得却〈不少〉。

④ 他预祝第五届全国少数民族传统体育运动会开得〈精彩、圆满、成功〉!

这里补语“圆满”和“成功”是对“开”的结果的评价，属于评价性结果补语，而“精彩”是对“开”的方式的评价，属于评价性方式补语（关于评价性方式补语，详见 76 页“4. 方式补语”部分）。

⑤ 怎样活着，才算活得〈有意义〉?

这里“有意义”形式上是动宾短语，表示的是形容词性的意义，意思是“意义大”。

（3）描写性结果补语

描写性结果补语用来描写动作行为、变化的结果，主要由状态形容词、形容词的重叠形式、描写性短语、比喻性短语和象声词充当。例如：

① 她头发染得〈漆黑〉，脸上擦得〈雪白〉。

② 他双手插在裤袋中，站得〈笔直〉。

③ 这些小姑娘个个长得〈水灵灵〉的。

④ 阳光把屋子里照得〈亮堂堂〉的。

以上是用状态形容词充当描写性结果补语的例子（关于状态形容词，参见 176 页“2. 状态形容词”部分）。

⑤ 这只仓鼠的毛长得〈雪白雪白〉的。

⑥ 他看起来很精神，站得〈笔直笔直〉的。

以上二例是状态形容词的重叠形式充当描写性补语的例子。状态形容词重叠形式后面的“的”属于描写助词。

⑦ 我嗓子干得〈直冒烟〉。

⑧ 她营养不良，太瘦了，瘦得〈皮包骨〉。

⑨ 我激动得〈说不出话来〉。

⑩ 他高兴得〈直拍手〉。

⑪ 现在只有一个多月的时间准备了，我们着急得〈睡不着觉〉、〈吃不下饭〉。

⑫ 连日来，广州热得〈像个火炉〉。

⑬ 太阳把地面烤得〈像石头一样硬〉。

以上是用描写性短语和比喻性短语充当描写性结果补语的例子。用描写性短语和比喻性短语充当的描写性结果补语表示变化或心理活动所达到的程度大，起的是程度补语的作用，但比程度补语更具体、更形象，如例⑦“嗓子干得直冒烟”就比“嗓子干得厉害”更具体、更形象，例⑧“瘦得皮包骨”就比“瘦得厉害”更具体、更形象，例⑨“激动得说不出话来”就比“激动得不得了”更具体、更形象。

⑭ 他把键盘打得〈噼里啪啦〉的。

⑮ 天下着大雪，风刮得〈呼呼〉的。

⑯ 雨下得〈哗哗〉的。

以上是用象声词作描写性结果补语的例子。这种结果补语是通过描写动作行为发出的声音来显示人或事物的某种属性所达到的程度大。如例⑭的补语“噼里啪啦”显示“他”打字熟练，速度快，例⑮的补语“呼呼”显示风的力度大。

⑰ 他讲得〈清清楚楚〉。

⑱ 她每天都把自己打扮得〈漂漂亮亮〉的。

以上是用形容词的重叠形式作描写性补语的例子。形容词的重叠式是通过音节的重叠增强形象性，从而起到描写动作行为结果的作用。

以上我们举例说明了三种结果补语。我们再通过三个例子比较一下三种补语有何不同：

⑲ 她把衣服洗〈干净〉了。

⑳ 她把衣服洗得〈很干净〉。

㉑ 她把衣服洗得〈干干净净〉。

以上三例中的补语分别是说明性结果补语、评价性结果补语、描写性结果补语。说明性结果补语前不加结构助词，评价性结果补语和描写性结果补语前要加结构助词“得”。

2. 趋向补语

趋向补语用来表示人或事物运动的方向，主要由趋向动词“来”“去”“进”“出”“上”“下”“回”和趋向动词短语“进来”“进去”“出来”“出去”“回来”“回去”“上来”“下来”“上去”“下去”“起来”等充当。

例如：

① 他等你呢，你进〈去〉吧。

② 进〈来〉吧。

③ 两个人一起把他拽了〈上来〉。

④ 这座小山上全是石块，非常难上，我费了很大劲才爬了〈上去〉。

⑤ 我刚从家里走〈出来〉，天就下雨了。

⑥ 我看完就给你送〈回来〉。

⑦ 他想从阳台上跳〈下去〉，可他不敢。

⑧ 中国人民站〈起来〉了。

⑨ 风筝飞〈起来〉了。

【补充说明】

第一，趋向动词作补语的时候，人或事物运动的方向是以观察者所在的处所为参照点的，所以朝着观察者的方向运动，用“来”“进来”“出来”“回来”“上来”“下来”等作补语，离开观察者所在的地方，用“去”“进去”“出去”“回去”“上去”“下去”等作补语。

第二，有些行为是由人或动物身体的某个部位做出的，如“吃”“喝”“咽”“吐”“扔”等，这种行为的对象移动的方向是以相应的身体部位为参照点的，所以离开身体部位向下移动，要用“下去”作补语，如“吃下去”“喝下去”“咽下去”，都是以口腔和喉咙为参照点。行为对象离开身体部位向外移动，要用“出去”作补语。如“吐出去”，是以口腔为参照点的；“扔出去”，是以手为参照点的，被扔的物体要从手中出去，离开手，所以用“出去”作补语。

第三，有时趋向补语后还要带宾语。例如：

⑩ 我走〈出〉店门的时候，一位少年正要进〈来〉。

⑪ 我刚走〈进〉教室，上课的铃声就响了。

第四，作补语的趋向动词“下去”“起来”有一种引申用法，就是表示一种行为、变化的持续（参见 77 页“6. 持续补语”）。例如：

⑫ 天一点一点地昏暗〈下去〉，然后又一点一点地明亮〈起来〉。

这里“昏暗下去”的意思是“持续地变昏暗”，“明亮起来”的意思是“持续地变明亮”。

第五，作补语的趋向动词还有一种引申用法，就是表示行为的结果实现

（参见 64 页“1. 结果补语”），属于一种结果补语。例如：

⑬ 这些都不是能学〈来〉的，而是与生俱来的。

这里“来”表示“学”的结果实现——掌握。

⑭ 门关〈上〉了吗？

这里“上”表示“关门”的结果实现——将门固定在关闭的状态。

第六，作补语的趋向动词“上”还有一种引申用法，就是表示做某事的愿望的实现（参见 77 页“5. 实现补语”）。例如：

⑮ 没多久，她自己也住〈上〉了别墅，开〈上〉了宝马。

这里补语“上”表示“住（别墅）”和“开（宝马）”的愿望实现。

3. 前提补语（可能补语）

这类补语用来表示是否具有做某事的前提条件，也就是是否具有做某事的先决因素，如能力、办法、可行性、机会等。这类补语所表示的语法意义与作状语的“能”或“不能”相当。可以说，这种补语是对作状语的“能”或“不能”的代替。语法学界把前提补语称为“可能补语”。

（1）能力补语

这类补语用来表示是否有做某事的能力。这种补语可以简称为“能力补语”。能力补语有三种：

1）由助词“了”充当

用助词“了”（liǎo）充当补语表示有做某事的能力时，有两种方式，一种是直接用助词“了”作补语，说成“V 了”，另一种是在“了”的前面加上助词“得”（de），说成“V 得了”，表示有做某事的能力。用助词“了”充当补语表示没有做某事的能力时，在“了”的前面加上否定副词“不”，说成“V 不了”。例如：

① 现在自拉自唱没有人行了，拉〈了〉唱〈不了〉，唱〈了〉拉〈不了〉，自拉自唱的少，很多人按音不准。（《人民日报海外版》2008 年 05 月 27 日）

这里“拉了”的意思是“能拉（四弦胡琴）”，“唱不了”的意思是“不能唱（指跟着胡琴拉的旋律唱歌）”；“唱了”的意思是“能唱”，“拉不了”的意思是“不能拉”。

值得注意的是，尽管“了”（liǎo）本身就能表示有能力做某事，人们还经常在“了”的前边另外加上一个助词“得”（de），表示有能力做某事。例如：

② 吃〈得了〉苦，耐〈得了〉穷，才值得骄傲和自负。

这里“吃得了”的意思是“能吃”，“耐得了”的意思是“能耐（忍受）”。

以上二例是用“了”（liǎo）、“得了”和“不了”作能力补语的例子。另外，“了”作补语时，还可以表示有做某事的办法［详见 73 页“（2）办法补语”］。

2）**由助词“得”充当**

用助词“得”（de）充当补语表示有做某事的能力时，直接用助词“得”作补语，说成“V 得”；用助词“得”充当补语表示没有做某事的能力时，要在“得”的前面加上否定副词“不”，说成“V 不得”。例如：

③ 经理龙仲晗说：“我喜欢用农村人，吃〈得〉苦。”

这里“吃得”的意思是“能吃”。

④ 老人的牙齿掉了，吃〈不得〉硬东西。

这里“吃不得”的意思是“不能吃”。

以上二例是用“得”和“不得”作能力补语的例子。另外，“得”作补语时，还可以表示有做某事的办法，详见 73 页“（2）办法补语”部分。

3）**在结果补语或趋向补语前加上“得”或“不”**

在谓语动词的结果补语前加上助词“得”（de），表示有做某事的能力，在动词的结果补语前加上否定副词“不”，表示没有做某事的能力。例如：

⑤ 我更喜欢“拿〈得动〉，买〈得起〉，看〈得完〉”的书。

这里“拿得动”的意思是“能拿动”，“买得起”的意思是“能买起”，“看得完”的意思是“能看完”。

⑥ 避免使用专用术语。采用日常使用的普通语言与家长交谈，家长听〈得懂〉。

这里“听得懂”的意思是“能听懂”。

以上二例是在结果补语前加上助词“得”作能力补语的例子。

⑦ 这个行李箱太重，我拿〈不动〉。

这里“拿不动”的意思是“没有能力拿动”。

⑧ 该记的记〈不住〉，该忘的忘〈不了〉!

这里“记不住”的意思是“没有能力记住”；“忘不了”的意思是“没有

办法忘”，属于办法补语（关于办法补语详见下文）。

以上二例是在结果补语前加上否定副词“不”作能力补语的例子。

⑨ 这座山这么陡，你上〈得去〉吗?

这里“上得去”的意思是“能上去”。

⑩ 这座山太陡，你上〈不去〉。

这里“上不去”的意思是“没有能力上去”。

以上二例是在趋向补语前加上助词“得”或否定副词“不”作能力补语的例子。

（2）办法补语

这类补语用来表示是否有做某事的办法。这种补语可以简称为“办法补语”。办法补语强调的是由于客观条件具备或不具备而有或没有做某事的办法。

1）由助词“了”充当

在谓语动词的后面加上助词“得”（de），再加上助词“了”（liǎo），说成“V得了”，表示有做某事的办法；在谓语动词的后面加上“不了”，说成“V不了”，表示没有做某事的办法。例如：

① 铁路部门表示，春节期间，将增加临时客车，一定让旅客走〈得了〉、走〈得好〉。

这里“走得了”的意思是“能走”，表示有办法走（就是有交通方面的保证）。后面的“走得好”的意思是“能走好”（走得顺利），表示有办法走好。

② 医生，你一定能治〈得了〉她的病，你救救她，救救她吧！

这里“治得了”的意思是“能治”，表示有办法治。需要指出的是，前面的助动词“能”也表示有办法的意思，所以“治”的后面本来不需要再加办法补语“得了”，应该从“能”和“得了”当中删掉一个。

以上二例用“得了”作补语表示有做某事的办法的例子。

③ 她们都有事来〈不了〉，我们自己吃吧。

这里“来不了”的意思是“不能来”，表示没办法来（因为没时间，或有别的事情，等等）。

④ 没有车了，今晚上你走〈不了〉了，就在这儿住一晚吧。

以上二例是用“不了”作补语表示没有做某事的办法的例子。

2）**在结果补语或趋向补语前加上“得”或“不”**

在谓语动词的结果补语或趋向补语的前面加上助词“得”（de），表示有做某事的办法；或者在谓语动词的结果补语或趋向补语的前面加上否定副词“不”，表示没有做某事的办法。例如：

⑤ 经过诊断，大夫认为老人的病完全治〈得好〉。

这里“治得好”相当于“能治好”，意思是有办法治好。

⑥ 这些文学家的生活经历和创作道路，不是三言两语写〈得完〉的。

这里“写得完”相当于“能写完”，意思是表示有办法写完。

以上二例是在结果补语前加助词“得”表示有做某事的办法的例子。

⑦ 村里很多青壮年得了一种怪病，发烧、拉肚子，怎么也治〈不好〉。

这里“治不好”意思是“没有办法治好”。

⑧ 三天时间写〈不完〉两篇文章。

这里“写不完”的意思是“没有办法写完”。

以上二例是在结果补语前加否定副词“不”表示没有做某事的办法的例子。

⑨ 扩建机场，增开航班，让客人进〈得来〉出〈得去〉。

这里“进得来”相当于“能进来”，意思是“有办法进来”；“出得去”相当于“能出去”，意思是“有办法出去”。

⑩ 大门紧闭着，厂外有车进〈不去〉，厂内有车出〈不来〉。

这里“进不去”“出不来”的意思是“不能进去”“不能出来”，表示没有办法进去、出来。

以上二例是在趋向补语前加上助词“得”或否定副词“不”作能力补语的例子。

（3）可行性补语

这种补语用来表示做某事是否具有可行性，也就是做某事是否会有不好的结果。这种补语可以简称为“可行性补语”。这种补语通常由助词“得”（de）充当，表示做某事不会有不好的结果，或者由“不得”充当，表示做某事会有不好的结果。例如：

① 转基因食品吃〈得〉吃〈不得〉?

这里“吃得吃不得”相当于“能吃不能吃”，表示吃了转基因食品以后会不会有不好的结果。

② 那个地方去〈得〉去〈不得〉?

这里“去得去不得”相当于“能去不能去”，表示去了以后会不会有不好的结果。

③ 老虎的屁股摸〈不得〉。

这里“摸不得”的意思是“不能摸”，表示摸了以后会有不好的结果。

④ 面对这样一只狡猾的狐狸，我们大意〈不得〉。

这里“大意不得”相当于“不能大意”，表示大意会有不好的结果。

【补充说明】

有一些前提补语（可能补语）实际上是用助词“了”（liǎo）和“得”（de）代替助动词“能”，而之所以用“了”和“得”代替“能”，是因为“能”的语法意义太多，有时容易混淆。如“不能来”既可以表示“不可能来”的意思，又可以表示“没有办法来”的意思，有时听者可能分不清说话者用的是哪个意思，因而人们用“来不了”代替“不能来”表示“没有办法来”的意思，就避免了混淆。再如“不能走”既可以表示“走会有不好的结果”的意思，又可以表示“没有办法走”的意思，因而人们用“走不了”代替“不能走”表示“没有办法走”的意思，就避免了混淆。但是，在有些方言区，不需要用“得”代替“能”的时候也用“得”代替“能”，如用“拿得动”代替“能拿动”，用“买得起”代替“能买起”，用“看得完”代替“能看完”，用“听得懂”代替“能听懂”，用“看得见”代替“能看见”，用“大意不得”代替“不能大意”，用“爬得上去”代替“能爬上去”，用“感觉得出来”代替“能感觉出来”，用“看得出来”代替“能看出来”，用“吃得吃不得”代替“能吃不能吃”，用“去得去不得”代替“能去不能去”，等等，实在是没有必要。遗憾的是，这些来自方言的用“得”代替“能”的说法进入了某些对外汉语教材的课文中，额外增加了汉语学习者的负担。

（4）机会补语

这类补语用来表示是否有做某事的机会。如果有做某事的机会，一般用“上”作谓语动词的补语，前面加上助词“得”（de），说成“V得上”；如果没有做某事的机会，一般在谓语动词后加上补语“不上”，说成“V不上”。例如：

① 坐得住“冷板凳”，才能吃〈得上〉“冷猪肉”。

这里“吃得上冷猪肉”的意思是“能吃上冷猪肉”，表示有吃“冷猪肉”的机会（有机会吃“冷猪肉”）。

② 我想，北京2008，我还赶〈得上〉。

这里“赶得上”相当于“能赶上”，意思是“有赶上的机会”（机会有赶上）。

以上二例是用“得上”作补语表示有做某事的机会的例子。

③ 为了抓捕罪犯，警察们经常吃〈不上〉饭、喝〈不上〉水。

这里“吃不上饭”“喝不上水”的意思是“没有吃饭的机会”（没有机会吃饭）、“没有喝水的机会”（没有机会喝水）。

④ 病人再也不用因为挂〈不上〉号、住〈不上〉院、做〈不上〉手术而托关系走后门了。

这里“挂不上号”“住不上院”“做不上手术”的意思是“没有挂号的机会”（没有机会挂号）、“没有住院的机会”（没有机会住院）、“没有做手术的机会”（没有机会做手术）。

⑤ 有些知识现在学了可能用〈不上〉，但不等于将来用〈不上〉。

这里“用不上”的意思是“没有用的机会”（没有机会用）。

以上三例是用“不上”作补语表示没有做某事的机会的例子。

4. 方式补语

方式补语是用来对动作行为的方式进行描写和评价的补语。有描写性方式补语和评价性方式补语两种。

（1）描写性方式补语

描写性方式补语主要用来描写行为主体的动作、表情等，也可以叫“情态补语”。这种补语主要由描写性短语充当。例如：

① 他笑得〈前仰后合〉。

② 哎呀，这个菜真香。他吃得〈狼吞虎咽〉。

③ 他讲得〈眉飞色舞〉。

④ 菜做得很好吃，他吃得〈津津有味〉。

这种描写性方式补语都可以转换为描写性方式状语，如“讲得眉飞色舞”可以转换成“眉飞色舞地讲”，“笑得前仰后合”可以转换成“前仰后合地笑”，“吃得狼吞虎咽”可以转换成“狼吞虎咽地吃”。实际上，这种补语就是为了突出主体的情态而从状语转换成的，把状语转换为补语，使它落在句末，更能引起听者或读者的注意，从而使它得到强调。

（2）评价性方式补语

这类补语用来评价动作行为的方式，通常由形容词性词语充当。例如：

① 他英语说得〈非常流利〉。

② 他呼噜打得〈很响〉。

③ 他跑得〈快〉，你跑得〈慢〉。

④ 他看得〈很认真〉。

⑤ 台上的人唱得〈很卖力气〉。

评价性方式补语也可以转换为方式状语，如“说得非常流利”可以转换成“非常流利地说”，“看得很认真”可以转换成“很认真地看”，“唱得很卖力气”可以转换成“很卖力气地唱”。不过，方式状语表示的是行为方式，而方式补语表示的是对行为方式的评价，侧重点不同。

5. 实现补语

实现补语用来说明做某事的愿望实现与否，由趋向动词“上”充当，用“V 上”表示愿望实现，用“V 上了”表示愿望已经实现，用“没 V 上”表示愿望没实现。例如：

① 我希望过几年能住〈上〉新房子。

这里“能住上新房子”表示“住新房子”的愿望能实现。

② 许多人家还买〈上〉了小汽车。

这里“买上了小汽车”表示买小汽车的愿望已经实现。

③ 过了一次黄河，没喝〈上〉黄河水。

这里“没喝上黄河水”表示喝黄河水的愿望没实现。

6. 持续补语

持续补语是加在动词的后面，表示动作行为持续地进行的补语。这类补语主要由趋向动词和趋向动词短语“上”“开”“起来”“下去”等充当，用来强调行为、变化持续一段时间。例如：

① 爸爸责备了她几句，她就呜呜地哭〈上〉了。

这里“哭上”的意思是“持续地哭”，表示哭的时间比较长。

② 说着说着，她就哭了〈起来〉。

这里“哭了起来”的意思也是“持续地哭了”。表示“持续”意义的“起来”和表示持续意义的“上”意义相同，但是用“上”作持续补语的时候，整个句子有一种厌烦的语气（如例①，表示对“她”不停地哭的厌烦）。

③ 她觉得很委屈，就哭〈开〉了。

这里“哭开”的意思也是“持续地哭”，但因为“开”有“敞开”“放开”的意思，能使人觉得“哭开”是没有节制地哭，所以觉得比“哭上”“哭起来”持续的时间更长。

④ 这时，电话铃响了〈起来〉。

这里“响了起来”的意思是“持续地响了”。

⑤ 汉口的天气虽是一天一天地热〈起来〉，汉口的市面却是一天一天地冷〈下去〉。

这里“热起来”的意思是“持续地变热”，“冷下去”的意思是“持续地变冷”。值得注意的是，虽然“下去”和“起来”都可以表示行为、变化持续的时间较长的意思，但“起来”表示行为、变化刚开始并持续进行的意思，“下去”则表示行为、变化已经持续了一段时间，又再持续一段时间。再如：

⑥ 今年真热呀！再热〈下去〉，可真把人活活热死了！

这里“热下去”的意思是“继续热一些天”。

⑦ 你说得不错，说〈下去〉!

这里“说下去”的意思是“继续说”。

⑧ 我不能死，我要活〈下去〉。

这里“活下去”的意思是“继续活”。

【补充说明】

有些学者认为，“起来”作补语表示与行为、变化的过程有关的意义时，它的语法意义是表示行为、变化的开始。这其实是一种误解，这种误解还导致汉语学习者在“起来”的使用上发生偏误。

首先，我们来对比一下语境相似而“起来”有无的例子，就可以发现，“起来”只表示行为、变化持续进行，而不表示行为、变化开始：

① a. 郑涨钱也顾不得大菱汤又苦又涩，端起来就喝了。

这里陈述的是郑涨钱（人名）把一碗大菱汤喝了的事实，含有一口气喝下去的意思。

b. 村松回来后，山井邦子沏了一壶茶，两个人就喝了〈起来〉。

这里在“喝了”的后面加上了趋向补语“起来”，表示两个人一口一口地、一杯一杯地持续地喝这壶茶。如果去掉这个“起来”，则表示两个人一口气把一壶茶喝了下去。

第二，当人们需要表示一个已经开始了的行为中断以后再接着进行一段时间的意思时，经常在谓语动词后加上“起来”，从中我们可以看出，“起来”并不表示“开始”的意义。例如：

② 他抹掉脸上的泥沙，又继续干〈起来〉。

这里是说，“他”在干活的过程中，停了一下，抹掉脸上的泥沙，然后继续干。既然是继续干，就不是刚开始干，“干起来”显然不是表示开始干的意思，而是表示持续地干、不停地干。再如：

③ 一会儿，陈毅同志走了，恩来同志又继续和我谈了〈起来〉。

④ 总政治部的党委扩大会议接着开了〈起来〉。

⑤ 罗维民不由自主地又接着往下翻看了〈起来〉。

上面三例中，谓语中心前的“继续”“接着”清楚地表明“谈”“开”“翻看”的行为中断之后继续进行，后面的“起来”显然表示继续进行之后，持续了一段比较长的时间，而不是刚开始进行。

第三，“开始”和“起来”不能互换，也说明“起来”不表示行为、变化开始。“开始”通常用来表示着手实施计划中的或日程中的行为，而“起来”通常用来强调临时性的行为、变化持续地进行，而不是计划中的或日程中的行为开始进行。例如：

⑥ 科纳雷总统应杨尚昆主席邀请于今天抵京，开始对中国进行正式访问。

⑦ 这个音乐会自十一月五日开始举行，历时九天。

⑧ 本法庭听证结束，现在开始判决。

⑨ 天刚亮，他又不顾一夜的疲劳，开始喂猪了。

⑩ 每到傍晚，懒猴开始进行觅食活动。

以上五例都是用“开始”强调着手实施一件计划中的或日程中的行为，其中的“开始”都不能用“起来”替换，如不可以说“对中国进行起正式访问来”“他又不顾一夜的疲劳，喂起猪来了”等，否则计划中的或日程中的行为就成了非计划中的或非日程中的行为，成了随机性的行为。

由于“起来”通常用来强调随机性的行为的持续，因而“起来”也不可以换成“开始”，这也可以说明“起来”不表示“开始”的意思。例如：

⑪ 我听了主席幽默风趣的谈话，不禁笑了〈起来〉。

这里“起来”表示“笑”的行为持续了一会儿，也就是表示笑的时间比较长，如果说成“开始笑了”，则表示这个笑是事先计划好了的，而实际上并非如此，是主席的话幽默风趣使“我”笑的。

⑫ 他见了从前的伙伴，十分高兴，于是便和他们一起玩了〈起来〉。

这里“起来”表示“玩”的行为持续了一段比较长的时间，如果说成“开始玩”，则表示“他”这次玩是事先计划好了的，而实际上并非如此，是因为“他”非常高兴才和“他们”一起玩的。

⑬ 我们在外景地等戏的时候，不知怎么打发无聊的时间，于是我们便聊了〈起来〉。

这里“聊了起来”是“聊了一段比较长的时间”的意思，如果说成“开始聊了”，则表示“我们”这次“聊”是事先计划好了的，而实际上是“我们”为了打发无聊的时间才聊的。

第四，行为、变化开始发生之后，往往还会进一步发展，因而动词“开始”不仅能表示行为、变化开始发生，还能表示行为、变化会进一步发展，而“起来”只强调行为、变化开始后的持续，不强调是否加深。例如：

⑭ a. 广告一登出来，电话铃就开始响了——都是来问我那只“丑陋”的小狗是否还在。

这里“电话铃开始响了”不仅可以表示开始有人打来电话，同时能表示还会继续有人打来电话。而如果说成“电话铃响了起来”，则表示电话铃持续地响，而不是响了一下就停了。试比较：

b. 这时，电话铃响了〈起来〉。

这里“电话铃响了起来”表示电话铃声持续地响了。“起来”只表示这一次电话铃响的情况，至于以后是否还会继续有人打来电话，“起来”是不能表示的。

⑮ a. 就在这个节骨眼上，她说话的声音突然开始颤抖，跟着变得沙哑〈起来〉，像在呜咽抽泣似的。

这里说“她说话的声音突然开始颤抖”，表示“她”说话声音刚开始颤抖，还会进一步加重，而如果说成“颤抖起来”，则表示“她”说话的声音持续地颤抖，不表示会进一步加重。后面的“变得沙哑起来”表示声音从颤抖变成沙哑之后，持续了一段时间。试比较：

b. 14时50分，大地突然颤抖〈起来〉，8架机身涂满红、白、蓝三色的阿尔法喷气式战机掠过跑道，利剑一般刺向蓝天。

这里说“大地突然颤抖起来”，表示大地持续地颤抖，但不表示还会加剧。

⑯ a. 一想起今天下午，她的脸又开始红了。

这里说“她的脸又开始红了”，表示“她”的脸刚开始变红，还会变得更红，而如果说成“她的脸又红了起来”，则表示“她”脸红的状态又持续了一段时间。试比较：

b. 一席话说得这位“开国元老”脸红了〈起来〉。

这里“脸红了起来”的意思是脸红的状态持续了一段时间，而不表示还会变得更红。

⑰ a. 晚上聚在一起喝了点啤酒和葡萄酒，大家的话开始多了。

这里说“大家的话开始多了”，表示大家的话刚开始变多，还会越来越多。而如果说成“大家的话多了起来”，则表示话增多之后，话多的状态持续了一段时间。试比较：

b. 喝了几杯，我们都有了些醉意，话便多了〈起来〉。

这里“话便多了起来”强调话多的状态持续了一段时间，而不表示还会越来越多。

第五，“开始”可以用来强调非持续性的行为、变化的开始，而“起来”不能，说明“起来”并不表示行为、变化的开始。

虽然非持续性的行为、变化发生之后就结束了，没有明显的开始、持续和结束阶段，但有时一种行为、变化发生之后，行为、变化的主体会增多（也就是会有更多的人继续做出这种行为或发生这种变化），有时行为、变化的结果会加深，于是人们在谓语中心的前面加上动词“开始”来表示这两种情况，而“起来”表示的是行为、变化持续进行，不能用在非持续性动词的后面，这两种情况都不能用“起来”表示。例如：

⑱ 不断增加的美国增援部队开始到达。

这里是说一部分增援部队已经到达，这只是增援部队到达的开始，后面还有更多的增援部队将陆续到达。

⑲ 刘三姐十八岁之后，远近的人们才开始知道她。

这里是说一部分人已经知道刘三姐，这只是人们知道刘三姐的开始，以后还会有更多的人知道刘三姐。

⑳ 我开始看见一个新的境界，认识了个更大的宇宙。

这里是说“我”看见了一个新的境界、认识了个更大的宇宙，这只是个开始，以后“我”会看得更清楚、看得更明白。

以上三例中的“开始”都不可以换成“起来”，不可以说成“* 到达起来”“* 知道起来”“* 看见起来”，因为“到达”“知道”“看见”都是非持续性动词，“到达”“知道”“看见”的行为都是不能持续的。

㉑ 北京时间 2 时 48 分初亏，月亮开始进入地球的黑影，发生圆亏变化；3 时 52 分食既，月亮全部进入地球的黑影，红月开始浮现；4 时 30 分食甚，月亮进入离地球黑影中心最近处；5 时 08 分生光，月亮开始离开地球的黑影；6 时 12 分复圆，月全食结束，一轮满月重现天空。

这里“月亮开始进入地球的黑影”是说，月亮不是一下全部进入地球黑影的，而是月亮的一侧边缘先进入地球黑影，这是月亮进入地球黑影的开始，而月亮全部进入地球黑影的时候，月亮变红了，但这也只是个开始，等月亮进入离地球黑影中心最近处的时候，会变得更红，所以说“红月开始浮现”。而“月亮开始离开地球的黑影”是说，月亮不是一下离开地球黑影的，月亮的一侧边缘刚从地球黑影中出来的时候，只是离开地球黑影的开始，月亮要全部离开地球黑影需要一段时间。这三个“开始”都不能换成“起来”，不可以说成“* 进入起来”“* 浮现起来”“* 离开起来”，因为“起来”表示行为、变化持续地进行，而且没有一定的截止时间，而月亮完全进入地球的黑影、红月变得更红、月亮完全离开地球的黑影虽然需要一段时间，但也是有一定截止时间的。

㉒ 院里开始有说笑的声音和歌声。

这里是说院里有了说笑的声音和歌声，这只是个开始，以后还会有更多的说笑的声音和歌声。这里的“开始有”不可以说成“* 有起来”，因为这里要表示说笑的声音和歌声从无到有的变化，只要有了说笑的声音和歌声，无论多少，“有”的变化就已经完成了，不需要强调它的持续。

㉓ 在中国，到了清代才开始出现用玻璃制造的镜子。

这里是说清代出现了用玻璃制造的镜子，这只是个开始，后来出现了更多的用玻璃制造的镜子。这里的“开始出现”不可以说成“* 出现起来”，因为这里要表示用玻璃制造的镜子从无到有的变化，只要有了用玻璃制造的镜子，无论多少，“出现”的变化就已经完成了，不需要强调它的持续。

7. 目的补语

目的补语用来说明行为的目的，一般由动词或动词性短语充当。例如：

① 我来〈上课〉。

② 我来〈向你道别〉。

③ 他去〈上课〉了。

值得注意的是，“来上课”“来向你道别”“去上课”等短语中的动词“来”“去”的后面实际上省略了“来”“去”的处所，“来上课”“来向你道别”中“来”的后面省略了“这里”，“去上课”中“去”的后面省略了“学校”“教室”等，因为这些处所是不言而喻的，所以省略了。

以上三例中的目的补语表示的都是主语的行为。有时，目的补语表示的是主语希望宾语做出的行为。例如：

④ 叫他〈进来〉。

这里补语“进来”表示的是叫“他”的目的——使“他”进来。

⑤ 大连市一家食品厂请老高〈去做报告〉。

这里补语“去作报告”表示的是请“老高”的目的——使“老高”去做报告。

目前汉语语法学界把谓语中心带有这种目的补语的句式称为“兼语句”。关于“兼语句”，参见 460 页的“4. 关于‘兼语句’”。

8. 时间补语

时间补语用来说明事件发生的时间、事件发生以后已经过去的时间量、事件发生的时间与约定的时间相差的时间量，等等。这类补语主要由表示时间的数量短语来充当。

(1) 说明事件发生的时间

这种时间补语由介词“于”或“在”加上时间名词或时间名词短语构成。例如：

① 聂耳出生〈于 1912 年〉。

② 天安门广场中心的人民英雄纪念碑建成〈于 1958 年〉。

③ 这次革命发生〈在 1911 年〉，这一年是辛亥年，所以叫作辛亥革命。

需要指出的是，将事件发生的时间放在谓语中心的后面作补语，这种语序来自古代汉语，主要在书面语中使用。

（2）说明事件发生以后已经过去的时间量

这种补语用来说明从事件发生到某个时间为止已经过去的时间量，如果没有指明截止的时间，截止的时间通常就是说话的时间。例如：

① 他已经回来〈好几天〉了。

这句是说，从“他”回来到“现在”，时间已经过去好几天了。以下依此类推：

② 我已经来了〈一个多月〉了。

③ 他们已经结婚〈一年多〉了。

④ 这篇文章已经写完〈一个多月〉了。

需要指出的是，这种时间补语看起来像是时量补语，但它能回答“事情是什么时候发生的”问题，所以它实际上是时间补语。例如：

⑤ A：你这篇文章什么时候写完的？　B：已经写完〈一个多月〉了。

从这里我们可以清楚地看出，这种说明事件发生以后已经过去的时间量的补语属于时间补语。我们再看看时量补语的例子：

⑥ A：你这篇文章写多长时间了？　B：已经写了〈一个多月〉了。

这里补语“一个多月”表示“我”写这篇文章所持续的时间量，属于时量补语。

（3）说明事件发生时间与预定或参照的时间相差的时间量

这种补语用来说明事情发生的时间比预定或参照的时间早多少或晚多少。例如：

① 迟到〈三十分钟以上〉不得进考场。

这里补语“三十分钟以上”表示到达考场的时间比规定的时间晚三十分钟以上。

② 这趟列车晚点〈一个小时〉。

这里补语“一个小时”表示列车到达的时间比预定的时间晚一个小时。

③ 学校要求监考教师提前〈二十分钟〉到考场。

④ 郑和航海比哥伦布的探险航海早〈87 年〉。

这里“郑和航海”是由“郑和航海的时间”省略成的，后面的比较对象应该是“哥伦布探险”，原文在“哥伦布”的后面误加结构助词“的”。

（4）说明或评价行为发生时间的早、晚

这类结果补语用来说明或评价行为发生的时间相对于预定时间早还是晚。

① 你来〈早〉了，他来〈晚〉了。

这里的两个补语分别用来说明“你”和“他”来到的时间（比预定的时间早和晚）。

② 你来得〈早〉，他来得〈晚〉。

这里的两个补语分别用来评价“你”和“他”来到的时间（比预定的时间早和晚）。

③ 你来得〈真早〉。

这里的补语用来评价“你”来到的时间（比预定的时间早）。

④ 我来得〈不是时候〉。

这里的补语用来评价“我”来到的时间（不是合适的时间，应该早一点或晚一点，而不应该是现在这个时间）。

9. 处所方位补语

处所方位补语用来说明动作行为、变化等发生的处所、物体移动的终点或方位等，通常由处所介词“在”“于”“往”“向”等引出。例如：

① 这件事发生〈在上海〉。

② 他出生〈在上海〉。

③ 钱学森同志1911年12月11日出生〈于上海市〉。

④ 江泽民1947年毕业〈于上海交通大学电机系〉。

⑤ 我趴〈在地上〉一动不动。

以上五例中的处所补语用来说明动作行为、变化等发生的处所。

⑥ 他没有完全举起杠铃就痛苦地跌倒〈在地上〉。

⑦ 当时，这辆公共汽车正从希腊马拉松镇开〈往雅典市中心〉。

⑧ 春天到来时，它们就像长途旅行家，从中美洲一直飞〈向加拿大〉。

⑨ 一架银灰色的飞机，从巴西里约热内卢国际机场腾空而起，飞〈向东方〉。

⑩ 把桌子搬〈到外面〉去。

以上五例中的处所方位补语用来说明物体移动的终点和方位。

【补充说明】

第一，处所方位补语大都可以移到动词前，转化为趋向状语，如“开往雅典市中心”可以说成“往雅典市中心开”，“飞向加拿大”可以说成“向加拿大飞”，“飞向东方”可以说成“向东方飞”。但是，如果处所补语所表示的物体移动的终点不是物体自主选择的，处所补语就不能转换为处所状语。如“倒在地上”不可以说成“* 在地上倒”，“搬到外面”也不能说成“* 到外面搬”。

第二，当中心语与处所补语之间的语义关系明确的时候，用来引出处所补语的介词有时可以省略。例如：

① 我国地震预报继续领先〈世界〉。

“领先”的意思是“占据着前面的位置”，指排列的次序靠前。“领先世界”是“领先于世界”的省略说法。试比较：

② 由于陈肖霞等一批名将的涌现，中国的跳水运动开始领先〈于世界〉。

这里处所补语中的介词“于”没有省略。

10. 动量补语

这是用来表示动作行为、变化发生的次数或重复的次数的补语。

（1）表示动作行为、变化发生的次数

① 有的舞蹈家，为了学会《洗衣歌》的一个动作，在一个多小时里练习了〈一百多次〉。

② 万人以上的故事会开了〈9 次〉，歌咏比赛搞了〈44 回〉。

③ 如果梦见自己正在行走，突然有人从背后踢了〈一脚〉或在腰上刺了〈一刀〉，惊醒后觉得腰部疼痛，可能是因为腰部或肾脏出现了潜伏的病变。

这里“脚”和“刀”都是借用量词，是借用肢体和工具的名称而形成的动量词［参见 282 页“（2）借用动量词”］。

④ 有时间的时候，我就到海边走〈一走〉，看〈一看〉，放松〈放松〉神经。

这里“走一走”的意思是“走一下”，“看一看”的意思是“看一下”，“放松放松”是“放松一放松”的省略形式，意思是“放松一下”，其中的后一个“走”“看”“放松”都是借用量词，是借用前面的动词形成的量词，关于这一点，参见 283 页“4）借用动词本身的动量词”。

⑤ 我的电脑已经坏了〈两次〉了。

以上是用来说明动作行为、变化发生的次数的补语的例子。

（2）表示动作行为、变化重复的次数

这种动量补语所使用的量词与表示动作行为、变化发生次数的补语所使用的量词相同，只是它表示的是动作行为等发生一次或几次以后又重复的次数。例如：

① 牛能把吃进去的食物再吐回嘴里重新咀嚼〈一遍〉。

② 我想再到海南旅游〈一次〉。

③“今天天气真好。”这话他重复了〈好几次〉。

④ 我把这篇课文又看了〈两遍〉。

⑤ 前些天我又感冒了〈一次〉。

以上是用来说明动作行为、变化重复的次数的补语的例子。

11. 时量补语

这是用来表示动作行为、变化持续的时间量的补语。

① 我在楼下等了〈10 分钟〉，他也没下来。

② 我在火车上站了〈一天〉，累得腰疼腿酸。

③ 我已经在这里住了〈四年多〉了。

如果动词后有宾语，时量补语通常要放在动词后面。例如：

④ 我今天在家看了〈一天〉书。

⑤ 我今天上了〈一天〉课，太累了。

以上是用来说明动作行为等持续的时间量的补语的例子。

12. 程度补语

这种补语是用来补充说明性质状态、感觉、情感活动等所达到的程度。从所表示的程度大小的角度看，程度补语有两种：

（1）表示程度大

这类补语主要由程度副词“很”“万分”，形容词“慌”“多”“坏”，动词“极”“透”“死”，惯用语“不得了”“要命”等充当。例如：

① 夏天的晚上，闷热得〈很〉，蚊子嗡嗡的。

② 我听到这里，感到浑身一热，激动〈万分〉。

③ 他们中相当一部分人整天没事干，闷得〈慌〉。

这里“慌”表示“闷”的感觉达到了很高的程度。“慌”通常用来表示不舒服的感觉或不愉快的心情达到了很高的程度。

④ 晚饭比午饭差〈多〉了。

“多”本是数量形容词，但常在比较句中作程度补语，表示两个事物的性质状态所达到的程度相差很大。

⑤ 晚饭照午饭差〈远〉了。

“远”本指距离大，这里引申指相差的程度大。

⑥ 听了这个消息，我高兴〈坏〉了。

这里“坏”表示高兴的心情达到了很高的程度。“坏”本来用于表示不舒服的感觉、不愉快的心情等达到了很高的程度，如“渴坏了”“气坏了”等，经引申也可以表示舒服的感觉、愉快的心情等达到了最高程度。

⑦ 我的两腿都酸痛〈死〉了，腰也直不起来了。

这里“死”表示酸痛的感觉达到了很高的程度。

⑧ 我难过〈极〉了，沮丧〈极〉了，绝望〈极〉了。

这里“极”是“到极点”的意思。

⑨ 那一段时间，我的心情糟〈透〉了，整天郁郁寡欢。

这里“透”也是“到极点”的意思。“透”大都用来表示不愉快的心情、不舒服的感觉、缺点等消极方面达到了很高的程度。

⑩ 正是7月盛夏，车厢里没有空调，热得〈不得了〉。

⑪ 一到期末我们就忙得〈要命〉。

以上二例中的“不得了”和“要命”都属于惯用语，作补语用，表示事物的性质状态所达到的程度非常大。

加了程度补语的心理动词有时还带宾语。例如：

⑫ 我想〈死〉你了！

这里“想死你了”是“太想你了”的意思。

⑬ 嗳呀！你可想〈死〉我了，没有一天不想你。

这里“想死我”的意思是“让我想死（你）了”。

（2）表示程度小

这类补语主要用数量短语“一点（儿）”“一些”充当。其中“一些”的书面语色彩较浓。例如：

① 还有一部分同学，他们打工的目的更简单〈一些〉——增加社会阅历和实践能力。

② 你汉语说得比他好〈一点儿〉。

以上我们举例说明了现代汉语中各种常见的补语。下面我们再用一个简单的表格把这些补语归纳一下：

表 2–1 现代汉语补语一览表

补语种类	所表示的语法意义	肯定式补语	否定式补语	结构助词
前提补语	是否有能力	听得懂	听不懂	肯定式用“得”
	是否有办法	走得了	走不了	肯定式用“得”
	是否有可行性	吃得	吃不得	不用
	是否有机会	吃得上	吃不上	肯定式用“得”
结果补语	说明行为、变化的结果	煮熟 变坏	无	不用
	描写行为、变化的结果	站得笔直 瘦得皮包骨	无	必须用“得”
	评价行为的结果	洗得很干净	洗得不干净	必须用“得”
方式补语	评价行为等的方式	跑得快	跑得不快	必须用“得”
	描写行为等的方式	讲得眉飞色舞	无	
实现补语	愿望得以实现	吃上饭了	无	不用
持续补语	行为等的持续或继续	哭起来 说下去	无	不用
目的补语	行为等的目的	来上课 去买菜	无	不用
趋向补语	事物运动的方向	进去 送回来	无	不用
时间补语	事件发生的时间	发生在 1919 年	无	不用
	已经过去的时间	结婚一年多了		
	相差的时间量	提前一天 迟到 30 分钟		
处所方位补语	事件发生的处所	发生在北京	无	不用
	移动的终点或方位	掉在地上 飞向东方		
动量补语	行为等发生的次数	去一次 看一遍	无	不用
	行为等重复的次数	再看一遍 又看了一遍		
时量补语	行为等持续的时间	等了一天		

续表

补语种类	所表示的语法意义	肯定式补语	否定式补语	结构助词
程度补语	程度大	热得很　好极了	无	副词前用“得”
	程度小	热一点　慢一些	无	不用

（二）补语的省略

补语是对动作行为、变化以及性质状态进行补充说明、描写、评价的句法成分，一般不可以省略。不过，在口语中，当对行为主体的行为方式以及行为、变化等的结果进行贬低性或责备性的描写的时候，为了避免使对方或相关的人不愉快，常将相应的描写性方式补语和描写性结果补语省略。例如：

① 看你急得！

这里“急得”后面省略了“坐立不安”之类的描写性方式补语。

② 看把你急得！

这里“急得”后面也是省略了“坐立不安”之类的描写性方式补语。另外“把”的前边省略了主语“这事儿”之类的。

③ 你看你吃得！

这里“吃得”后面省略了“狼吞虎咽”之类的描写性方式补语或“快胖成个猪了”之类的描写性结果补语。

④ 看你的头发乱得！

这里“乱得”后面省略了“像个鸡窝”“像一堆稻草”之类的描写性方式补语。

⑤ 你看她的脸红得。

这里“红得”后面省略了“像煮老了的猪肝”“像煮熟了的虾”之类的描写性方式补语。

（三）补语与宾语的排列次序

当一个及物动词后面既需要出现宾语又需要出现补语的时候，为了突出行为与结果、行为与实现的可能性、行为与次数、行为与持续的时间量、行为与趋向等的联系，人们一般将补语直接放在动词的后面，而将宾语放在补语的后面。如“煮〈熟〉鸡蛋、推〈倒〉围墙、砸〈碎〉玻璃、听〈到〉声音、看〈得见〉大海、写〈不完〉作业、去过〈一次〉北京、去了〈一趟〉

学校、一年开〈一次〉花、我等了〈好几个小时〉飞机”等。但以下几种情况例外：

第一，如果要强调动作行为的次数、持续的时间量等，动量补语要放在宾语的后面，从而让它出现在句末，而句末是听者或读者注意的焦点，这样就能引起听者或读者对动量的充分注意。例如：

① 我已经去过北京〈两次〉了，明年我还要再去北京。

② 我只去过中国〈一次〉。

③ 我平均每天使用电脑〈15 小时〉。

第二，如果宾语是人称代词和指人名词时，补语通常放在宾语的后面。例如：

④ 我等了你〈好几个小时〉。

⑤ 我见过这个人〈两次〉。

⑥ 我等校长〈半天〉了。

第三，如果作补语的数量短语中的量词不是专用动量词，而是借用动量词，人们更习惯于把它放在宾语后。例如：

⑦ 他狠狠地踢了狗〈一脚〉。

⑧ 他打了歹徒〈一棒子〉。

⑨ 一个匪徒上去打了李老汉〈一巴掌〉。

⑩ 她奇怪地看了我〈一眼〉，点了点头。

⑪ 她偷偷看了站在她旁边的老张〈一眼〉，老李也抬头看了他〈一眼〉。

不过，“一眼”有时也放在宾语的后面。例如：

⑫ 他偷偷看了〈一眼〉坐在旁边的省委领导。

第四，在祈使句中，趋向动词“来”“去”充当趋向补语的时候，要放在宾语的后面。例如：

⑬ a. 送感冒药〈来〉。

这是命令句，要求对方把感冒药送过来。试比较：

b. 他送〈来〉感冒药。

这是陈述句，陈述“他把感冒药送来”这件事。

⑭ a. 送感冒药〈去〉。

这是命令句，要求对方把感冒药送过去。试比较：

b. 他送〈去〉感冒药。

这是陈述句，陈述“他把感冒药送去”这件事。

第五，当宾语表示的是处所时，趋向补语“来”“去”一般放在宾语的后面。例如：

⑮ 他回家〈来〉了。

⑯ 他回家〈去〉了。

⑰ 他进屋〈来〉了。

⑱ 他进屋〈去〉了。

以上我们举例说明了汉语的主语、谓语、宾语、定语、状语、补语六种句法成分，其中主语和谓语是句子成分，也是主谓短语的成分，而宾语是动宾短语的成分，定语是定中短语的成分，状语是状中短语的成分，补语是中补短语的成分。除此之外，还有定语和状语所修饰的成分与补语所补充说明的成分，相对于定语、状语和补语来说，这些成分都是中心语。中心语都是由名词、动词、形容词充当的，相对来说，中心语是静止不变的，变的只是定语、状语、补语，而且本书的第四章还要专门谈汉语短语的构成成分，将会涉及各种中心语，所以这里不专门对中心语加以说明。

六、独立语

独立语是不与主语、谓语等句法成分发生句法结构关系（主谓关系、动宾关系、定中关系等），但又是表达上所必需的特殊句子成分。因为独立语不与句法成分发生句法结构关系，因而不属于句法结构成分（主语、谓语、宾语、定语等）。独立语通常放在句首，但有时也放在句中或句末。根据独立语的不同作用，可以把独立语分为四类：插入语、称呼语、感叹语、象声语。下面我们分别加以说明。

（一）插入语

插入语是为了使句子的意思更加严密和完整而在句子中插入的成分，用来表明说话者或作者的语气以及用来补充说明、解释、举例、限定范围等。插入语往往是一些习惯用语。

1. 表示某种语气

如前所述，所谓语气，就是说话者对动作行为、变化等的看法和态度。我们知道，汉语句子的语气主要通过语气副词、语气词和语调来表示。实际上，人们有时也用插入语来表示语气。插入语所表示的语气主要有如下几种：

（1）实事求是的语气

这类插入语用来表示要以实事求是的态度说出自己的观点和情感。常用的有“说实在的”“说真的”“老实说”“说良心话”等。例如：

① 说实在的，我不同意你的看法。

② 说真的，这首歌不好听。

③ 老实说，我还不能直接翻译高尔基的原著，要靠英译本作参考。

④ 说良心话，我干腻啦。

（2）客观公正的语气

这类插入语用来表示要客观公正地说出自己的观点。常用的有“应当说”“可以说”“平心而论”等。例如：

① 应当说，这是一个进步。

② 可以说，人类的生存史，就是一部与自然灾害斗争的历史。

③ 平心而论，这个人还是不错的。

（3）揭示事实的语气

这类插入语用来表示要揭示事实，或指出事物的本质。常用的有“事实上”“实际上”“说白了”等。例如：

① 事实上，无花果不仅开花，而且有的一年还开两次。

② 南腔北调，港腔台调，不可视为标准的普通话。实际上，这是普通话的地方化。

③ 说白了，所谓的影楼，就是照相馆，只是与普通照相馆有些区别，这种区别就是门脸“包装”得豪华、气派。

（4）不容置疑的语气

这类插入语用来表示以不容置疑的语气说出事实。常用的有“毫无疑问”“不用说”“很明显”“不可否认”等。例如：

① 毫无疑问，现在最流行的称呼除了“老板”，就是“老师”了。

② 不用说，这是一种理想。做起来，其实很难。

③ 很明显，他们的意见是正确的。

④ 不可否认，科学已成为技术的基础。

（5）推测的语气

这类插入语用来表示自己的判断、观点带有一定的推测性、主观性，用来委婉地表达自己的判断、观点。常用的有“看样子”“看来”“我想”“我看”“我觉得”等。例如：

① 看样子他不能来了。

② 看来你已经有点入门了。

③ 我想你一定有办法的。

以上三例中的插入语用来委婉地表示自己的判断。

④ 怎么解决这个问题，我看只有实行“一个国家，两种制度”。

⑤ 我觉得，在公共场所说话的声音应该小一点儿。

以上二例中的插入语用来委婉地表示自己的观点。

有时候，在说出自己的观点之后，觉得语气有点强硬，便追加这种插入语来减轻语气。例如：

⑥ 他不能来了，我看。

⑦ 他是一个普普通通的孩子，我觉得，他跟别的孩子没什么两样。

（6）惋惜的语气

这类插入语用来表示对所要叙述的事实感到惋惜。常用的有“可惜的是”“很可惜”“遗憾的是”等。例如：

① 可惜的是，这个愿望至今也没有实现。

② 很可惜，他没留下姓名就离开了。

③ 遗憾的是，他最后的这个愿望没有能够实现。

（7）惊讶的语气

这类插入语用来表示对所发现的事实感到惊讶。常用的有“令人吃惊的是”“令人惊讶的是”等。例如：

① 令人吃惊的是，在长达 11 年的时间里，此事竟无人察觉。

② 令人惊讶的是，复活节岛的居民称自己居住的地方为“世界的肚脐”。

（8）意外的语气

这类插入语用来表示对所发现的事实感到意外。常用的有“没想到”“意外的是”等。例如：

① 没想到8年后的这一天，两个老朋友又重逢了。

② 意外的是，上届比赛的冠军这次只得了第三名。

（9）疑惑的语气

这类插入语用来表示对所发现的事实感到疑惑。常用的有“奇怪的是”“很奇怪”等。例如：

① 奇怪的是，从来不旷课的她今天没来。

② 很奇怪，我第一次来到中国，却没有一点陌生的感觉。

（10）幸运的语气

这类插入语一般用来表示不幸的事件或不利的事件中有幸运的因素。常用的有“幸运的是”等。例如：

① 不过幸运的是，恩里克的伤势不重，不需要进行手术。

② 毛泽东的逝世，使中国、也使全世界失去了人类历史上最伟大的人物之一。使人感到幸运的是，他留下了大量著作和一大批具有献身精神的继承人。

（11）不幸的语气

这类插入语一般用来表示后面所说的事件对当事者或其他人来说是不幸的。常用的有“不幸的是”等。例如：

① 不幸的是他英年早逝，46岁便离开了人间。

② 最近几年，巴西汽车工业发展迅速，汽车大量增加。但不幸的是，交通事故明显增加。

③ 看起来多像个笑话，然而不幸的是确有其事。

以上三例中的插入语有的跟句子主体连在一起，中间没有语音停顿（例①），有的插入句中转折连词后（例②、例③），但都不属于句法结构成分。

（12）赞赏的语气

这类插入语用来表示对所叙述的人物的赞赏。常用的有“可贵的是”等。例如：

① 可贵的是，他们这样做，不是一朝一夕，而是持之以恒。

② 更可贵的是，他们年轻，处处表现出创新精神。

（13）感兴趣的语气

这类插入语用来表示对所叙述的事实感兴趣。常用的有“有意思的是”“有趣的是”等。例如：

① 有意思的是，足球在欧洲出现之前，原始形式的足球已在中国出现。

② 有趣的是，这两颗卫星一个顺行，一个逆行，以完全相反的方向绕着海王星旋转。

（14）特别强调的语气

这类插入语用来强调在某一方面表现更突出或更需要注意的人或事物。常用的有“尤其是”“特别是”等。例如：

① 听到这里，学生们笑了起来，尤其是高年级的学生。

② 业余时间，李梅喜欢看电视，尤其是新闻联播。

③ 要加强对领导干部特别是主要领导干部的监督。

2. 表示论断的依据

这类插入语用来表示自己的论断所依据的经验、规律、道理、标准等。常用的有“根据以往的经验”“一般地说”“按理说”“严格地说”等。例如：

① 根据以往的经验，想说服他并不是一件容易的事。

② 一般地说，平原上能栽种的蔬菜，在高山上都能成活。

以上二例中的插入语表示论断依据的是以往的经验。

③ 一般地说，任何新生事物的产生和发展都不可能是一帆风顺的，必然要有一个曲折的发展过程。

这里的插入语表示自己的论断依据的是一般规律。

④ 按理说，他们探亲应该选择在夏季，可是，夏季正是工作最繁忙的时候，所以只能选择在冬季。

这里的插入语表示自己的论断依据的是一般道理。

⑤ 严格地说，世上没有绝对健康的人。

这里的插入语表示自己的论断依据的是严格的标准。

3. 表示消息的来源

这类插入语用来表示所叙述的消息的来源。常用的有“听说”“据

说”“据报道”“据记载”“据调查”等。例如：

① 听说你要到中国去留学了。

② 据说按摩能够治疗八种疾病。

③ 据报道，1 月 28 日，英国首相布莱尔分别打电话给法国、加拿大、澳大利亚、土耳其和希腊的领导人，与他们就伊拉克问题进行磋商。

④ 据记载，该火山已爆发 20 多次，最早的一次是 1535 年。

⑤ 据调查，上海有 52% 的中小学生、北京有 70% 以上的中小学生不能回家吃午饭。

4. 表示解释

这类插入语表示用更通俗的话对前面所说的内容进行解释。常用的有“这就是说”“也就是说”“换句话说”“也就是”“就是”等。例如：

① 没有任何药物能治愈白内障或完全阻止白内障的进展，这就是说，白内障惟一有效的治疗方法就是手术。

② 由国家经营的邮政企业是进行信件和其他具有信件性质的物品寄递业务的唯一机构。也就是说，除了邮局，任何机构或个人不得经营信件和类似物品的寄递业务。

③ 喀什是维吾尔族人聚居地，汉族仅占当地人口的 10%。换句话说，10 个人里仅有一个汉族人。

④ 汉族的成年礼，早在周朝就有了。男子行加冠礼，也就是戴上帽子；女子行加笄礼，就是把头发盘起来插上簪子。

5. 表示举例

这类插入语用来表示对前面所说的内容进行举例说明。常用的有“例如”“如”“比如”等。例如：

① 长期以来，人们为了保存食物、防止腐败找出了许多办法。例如，新鲜水果用糖或蜜加工成果脯蜜饯……

② 许多蔬果的营养价值，会随着季节的转换发生明显变化。例如，7 月时，西红柿的维生素 C 含量是 1 月时的 2 倍。

值得注意的是，“例如”这个短语本应当是做插入语使用的，后面要加上短暂的停顿（在书面上用逗号或冒号来表示），然后再用完整的句子来说出具体的例子，但也有人把它与表示举例的动词“如”混用，后面用名词性的词语举例。例如：

③ 今天我们所用的木浆主要来自针叶树，例如松树和冷杉树。

其实这里的“例如”应换成“如”。

“例如”也有省略为“如”的，但后面的停顿仍然保留。例如：

④ 有的量词还具有褒贬色彩。如：“两位青年工人协助民警抓住了一伙歹徒。”

在口语或比较通俗的文体中，常用“比如”来作表示举例的插入语。例如：

⑤ 喜欢安静的人不会到茶馆来，他们会到别的地方去，比如去咖啡馆。

6. 表示归纳或概括

这类插入语用来表示对前面所说的内容进行归纳或概括。常用的有“总的说来”“总之”“总而言之”等。例如：

① 关于茶的作用，陆羽在《茶经》、李时珍在《本草纲目》以及《本草备要》中都有详细记载……总的说来，茶叶大概对人体有以下几个方面作用……。

这里插入语“总的说来”用来表示对前面所说的内容（茶的作用）进行归纳。

② 牛顿认为，苹果落地是因为苹果与地球之间有吸引力。这种吸引力不但存在于苹果和地球之间，而且存在于地球与太阳之间，地球与月亮之间……。总之，地球与任何物体之间都存在吸引力，这种吸引力叫作万有引力。

③ 艺术家一定要比别人更真诚，更敏感，更虚心，更勇敢，更坚韧。总而言之，要比任何人都没有缺陷。

以上二例中的插入语“总之”和“总而言之”用来表示对前面所说的内容进行概括。

7. 表示提醒

这类插入语用来引起对方注意。常用的有“你看”“你想”“你说”等。例如：

① 你看，这两块石头多像历史课本上画的，可能是文物吧？

② 你看，差点忘了。这是我介绍他们进难民小学插班的证明。

③ 你想，文不对题，能做出好文章来？

④ 背了包袱走路，你说，多么吃力啊！

以上几例中的插入语“你看”“你想”“你说”表面上看来是让对方看、想、说，实际上是用来引起对方对后面所说的内容的注意。

8. 说明所包括的个体

这类插入语用来说明一个范围内所包括的全部个体或主要个体，以及需要突出强调的个体。一般是用动词“包括”列举出这些个体。例如：

① 人每天从食物中获取的营养，包括蛋白质、脂肪、糖类、维生素、无机盐和水，叫作六大营养要素。

② 广场上矗立一百位自然科学和社会科学界的中华杰出人物塑像，包括詹天佑、李四光、梅兰芳、鲁迅等。

以上二例中的插入语说明的是一个范围内所包括的全部个体或主要个体。

③ 中共中央所有领导人，包括张国焘在内，都同意这个意见。

④ 目前全世界几乎所有的欧洲和太平洋国家（包括澳大利亚、新西兰和东帝汶）及加拿大都已经废除了死刑。

以上二例中的插入语用来说明一个范围内需要突出强调的个体。

（二）呼唤语

呼唤语是在跟对方讲话前对对方的呼唤，用来引起对方的注意。呼唤语由对人的称呼和表示呼唤的感叹词充当。例如：

① 主席，你这么忙还来看我，太感谢你了。

② 老师，我做完了。

③ 老王，这话是你说的，还是老杨说的？

以上三例中的呼唤语是由称呼充当的。这种由称呼充当的呼唤语有时插在一句话的后面。例如：

④ 我希望您不要老把我看作小孩子，妈妈。

这里将呼唤语“妈妈”插在了“我希望您……”这句话的后面，表明这句话是对“妈妈”说的。

⑤ 哎，你瞧我今天买的东西。

⑥ 哎，哎，你睡在这儿干什么？

⑦ 喂，你就是从四川来的刘先生吗？

以上三例中的呼唤语是由感叹词充当的。

⑧ 喂，师傅，您到哪去，我送你一趟好吗？

这里用了由感叹词和称呼充当的两种呼唤语，这是因为用感叹词充当的呼唤语是一种比较随便的呼唤语，后面追加一个正式的呼唤语，可以避免不礼貌的感觉。

（三）感叹语

感叹语是用来表示惋惜、失望、惊讶等情感和赞赏、同意、否定等态度的用语。由感叹词充当。表示应答的用语也由感叹词充当，所以一般也归到感叹语中来。例如：

① 快到村口，只见已围了一大群人，走近一看，哎呀，是毛主席来了！

这里感叹语“哎呀（āiyā）”用来表示惊讶的心情。

② 唉，我知道这回真完了！

这里感叹语“唉（ài）”用来表示惋惜的心情。

③ 咳，看起来啊，这法律还真是无情啊。

这里感叹语“咳（hāi）”用来表示惋惜的心情。

④ 嗯，不错！

这里感叹语“嗯（èn）”用来表示同意对方的说法。

⑤ 欸，这话可不能这么说啊。

这里感叹语“欸（ěi）”用来表示否定。

⑥ 哎，来了！

这里感叹语“哎（āi）”用来表示应答。

由于感叹语所表示的情感、态度等是固定的，所以有时只说出感叹语，而不说出引起这种情感或态度的具体内容。例如：

“他刚刚走。”“哎呀！”

这里感叹语“哎呀（āiyā）”用来表示惋惜的心情，对自己晚来了一点而没能遇到“他”感到惋惜。

（四）拟声语

拟声语也叫象声语，是插在句子前面或插在句中用来模拟事物声音的句子成分，由象声词充当。例如：

① 哗哗哗哗，忽然听到前边清洋江的水响了。

这里用“哗（huā）哗哗哗”模拟不停的流水声。

② 啪啪啪！啪啪啪！突然一阵激烈的敲门声。

这里用“啪（pā）啪啪”模拟激烈的敲门声。

③“啪”，门关上了。

这里用“啪（pā）”模拟门被关上时发出的声音。

④ 咔嚓，从打火机里窜出一束火光。

这里用“咔嚓（kāchā）”模拟用打火机打火时发出的声音。

以上我们说明了现代汉语中常见的独立语。有不少学者认为，呼唤语、感叹语和拟声语可以表达相对完整的意义，不应当看作独立语，而应当看成独立的句子。还有的认为，如果感叹语和拟声语与后面的句子停顿较长（在书面上常用感叹号表示），就应当看成独立的句子。把呼唤语、感叹语和拟声语看成独立的句子比较合理。不过，不管把它们看作什么，都不影响对它们的意义的理解。

第三章　词的结构、分类及用法

如前所述，词是组词造句的时候能够独立运用的最小语法单位。用词组成短语和句子的时候，是有一定规则的，也就是说，哪些词能够跟哪些词组合，哪些词能够充当哪些句法成分，都不是任意的，这都与词本身的用法有关，而词的用法又是由词的语法类别（词类）决定的。为了能够正确地组词造句，我们有必要了解汉语词的语法类别，也就是词类，了解了一个词所属的词类，我们就能正确地使用它。另外，对于汉语学习者来说，要想组词造句，还需要记忆一定量的词。词的结构也是有一定规律的，掌握了汉语词的结构规律，有助于记忆和理解汉语的词，因此，在了解汉语词类和词的用法之前，还需要了解一下汉语词的结构规律。

第一节　词的结构成分

如前所述，汉语词有单纯词和合成词两种。绝大多数汉语词是合成词，是由两个词素合成的，如“天下、地上、大人、小孩、走步、跑步”等。合成词的两个词素是按照一定的语法关系组合在一起的，因此我们可以通过分析合成词的两个词素之间的语法关系，来分析合成词的结构。为了深入地了解合成词的结构，我们有必要先了解一下汉语词的结构成分——词素。

我们把词的结构成分，也就是词的构成成分称为“词素”。在汉语中，只有少量的词是由一个词素构成的，这类词是单纯词，绝大多数词是由两个词素构成的，这类词是合成词。

我们说单纯词是由一个词素构成的，这只是从理论上说的，实际上单纯词是直接通过一定声音与一定的意义相结合的方式造出的，或者是由别的单纯词分化成的。我们不能从语法上分析单纯词的结构。合成词是由两个词素按照一定的语法关系合成的，所以我们可以从语法上分析合成词的结构。

汉语的词素有两种：一种是专门用来构词的，我们姑且称之为“专职词素”；另一种是由词或短语充当的，我们姑且称之为“兼职词素”。下面我们分别举例加以说明。

一、专职词素

专职词素是专门用来构成合成词的词素，它本身不能独立成词，只能作为合成词中的一个词素，所以一般称之为“不成词语素”。

专职词素有两种：一种是与其他词素一起构词的时候位置不固定的，可以放在前面，也可以放在后面，我们称之为“不定位专职词素”；另一种是在构词的时候位置固定的，只能放在前面或只能放在后面，我们称之为“定位专职词素”。

（一）不定位专职词素

不定位专职词素一般是由古代汉语中的单音节单纯词演变成的。有些古代汉语中的单音节单纯词在现代汉语中已经不再作为独立的词使用，只用来构词，成为不定位专职词素。如“人民”的“民”、“目前”的“目”、“牙齿”的“齿”、“语言”中的“语”和“言”，“保卫”中的“保”和“卫”等。下面我们来看看不定位专职词素用来构词的例子：

民—

民歌 民工 民航 民间 民警 民俗 民营 民乐 民宅 民政 民主 民族

—民

人民 市民 贫民 平民 居民 农民 国民 牧民 难民 移民 渔民

目—

目标 目的 目光 目击 目录 目前 目送

—目

头目 耳目 面目 眉目 心目 书目 节目 名目 盲目 注目 项目 科目 篇目 题目 悦目 醒目 过目

语—

语病 语词 语调 语法 语感 语句 语料 语录 语气 语素 语体 语文 语系 语序 语言 语义 语音 语种

—语

暗语 主语 谓语 表语 宾语 定语 状语 补语 成语 词语 短语 耳语 反语 古语 国语 汉语 华语 母语 外语 外国语 英语 俄语 德语 法语 意大利语 口语 书面语 俗语 略语 谜语 评语 熟语 术语 土语 言语 谚语

言—

言论 言谈 言行 言语

文言 方言 引言 发言 失言 名言 导言 序言 语言 宣言 怨言 食言 诺言 留言 格言 流言 预言 断言 常言 婉言 谎言 谣言 寓言 遗言 赠言

眼—

眼眉 眼皮 眼泪 眼药 眼馋

—眼

白眼 红眼 肉眼 花眼 沙眼 眨眼 顺眼

（二）定位专职词素

定位专职词素有两种：一种是在构词的时候用来表示某种附加意义的前缀或后缀，可以称为“词缀词素”；另一种是在构词的时候用来表示人或事物属性的，可以称为“属性词素”。

1. 词缀词素

词缀词素可以简称为“词缀”。有前缀和后缀两种，附着在词根词素的前边或后边[①]。汉语中的前缀词素主要是“第”“老”“阿”三个。汉语中的后缀词素主要有“子”“儿”“头”“性”“者”“家”“化”等（前六个用来构成名词，最后一个“化”用来构成动词）。另外还有一个后缀词素“的”，它是由结构助词“的”演变来的，不过汉语语法学界一般不认为它是一个后缀词素。下面我们分别加以说明。

（1）第

“第”这个前缀用在数词性词素的前面，与数词性词素一起构成序数词，用来表示人或事物的排列顺序。例如：

第一　第二　第三　第一百零八

序数词中的前缀“第”有时可以省略，如“一班”“二班”是“第一班”“第二班”的省略说法，“一年级”“二年级”是“第一年级”“第二年级”的省略说法。

（2）老

“老”这个前缀主要有两个用法：

第一，用在名词性词素的前面，一起构成名词。例如：

老师　老板　老张　老丈人　老公公　老大爷　老虎　老鼠

第二，用在数词性词素的前面，一起构成序数词，用来表示兄弟姐妹的排行。例如：

老二　老三　老四

值得注意的是，兄弟姐妹中年龄最大的不叫“老一”，而叫“老大”。

在名词中，前缀“老”有三种附加的色彩义：一是表示对人尊敬的感情色彩，如“老师”“老板”“老张”“老丈人”“老公公”“老大爷”“老兄”“老弟”等；二是表示对某些动物敬畏的感情色彩，如“老虎”“老鹰”等；三是表示对某些动物厌恶的感情色彩，如“老鼠”“老鸦”等。

（3）儿

“儿”这个后缀可以加在名词性、动词性、形容词性词素的后面，一起构成名词。“儿”加在名词性词素的后面时，它只是在词根词素原有意义的基础上增加了细小或亲切喜爱的附加意义，加在动词性或形容词性词素的后面时，

① 词根词素是一个合成词中表示主要意义的词素，如“老虎”中的“虎”、“瓶子”中的“瓶”。

合成名词，它起的构词作用更大。下面我们分别加以说明。

“儿”加在名词性词素的后面，所构成的词是名词，这种各词有两种附加意义：

第一，表示“细小”的意义。例如：

袋儿　眼儿　口儿

这三个词分别指比较小的袋子、比较小的孔、比较小的开口或裂口。

第二，表示亲切喜爱的感情色彩。例如：

花儿　鸟儿　小刘儿

有时候，后缀“儿”既表示“小”的意义，又表示亲切喜爱的感情色彩，这是因为人们通常喜爱一些小的东西，尤其是喜欢小孩儿和小动物。例如：

小孩儿　小猫儿　小狗儿

“儿”加在动词性或形容词性词素的后面，合成名词。例如：

把儿　盖儿　拍儿　尖儿　黄儿

由于在口语中后缀“儿”与前一个词素合成一个音节，所以在书面上，后缀“儿”经常省略。

值得注意的是，人们有时把一个名词的后缀“儿”换成“子”，表示对该名词所代表的人或事物厌恶的感情色彩。如“老头儿”这个词在某些情况（如妻子称呼丈夫）下带有亲切喜爱的感情色彩，而“老头子”则带有厌恶的感情色彩。

（4）子

“子”这个后缀可以加在名词性、动词性、形容词性词素的后面，一起构成名词。

“子”加用在名词性词素的后面时，一般只是名词的标志，没有词汇意义，整个词的词汇意义都由名词性词素来表示。例如：

孩子　瓶子　勺子　盘子　盒子　袋子　棍子　房子　桌子　椅子　镜子　钉子　金子　银子　竹子　橘子　橙子　裤子　袜子　扇子　兔子　鸭子　猴子　虫子　蚊子

“子”加在动词性词素的后面时，与动词性词素一起构成名词，用来表示从事某种活动的人或具有某种用途的工具。例如：

骗子　锤子　夹子　剪子　推子　梳子　钩子　拍子　盖子　垫子　套

子　刷子

“子”加在形容词性词素的后面时，与形容词性词素一起构成名词，用来表示具有某种性质、状态的人或事物。例如：

傻子　疯子　胖子　聋子　瞎子　秃子　瘸子　尖子

值得注意的是，有时需要强调带后缀“子”的名词所代表的人或事物是同类人或事物中比较细小的，人们（主要是北方人）就将后缀换成“儿”。例如：

绳儿　瓶儿　勺儿　盒儿　袋儿　盖儿　垫儿　钩儿　拍儿　套儿　刷儿

（5）头

“头”这个后缀加在名词、动词、形容词性词素的后面，构成名词。

“头”加在名词性词素后面，所构成的名词表示的是有头有尾的物体，或者块状物体。例如：

木头　舌头　骨头　石头　馒头　锁头

“头”加在动词性词素后面时，有时含有“价值”的意义，并且要发成轻声和儿化。有时只是与动词性词素一起构成名词，没有附加意义。例如：

看头儿　听头儿　玩头儿　念头儿

这里“看头儿（kàn · tour）”是“看的价值”的意思，“听头儿（tīng · tour）”是“听的价值”的意思，“玩头儿（wánr · tour）”是“玩的价值”的意思。至于“念头儿”是“想法”“打算”的意思。

“头”加在形容词性词素后面时，也是一起构成名词，没有附加意义，但可能有比喻意义。例如：

甜头儿　苦头儿

“甜头儿（tián · tour）”用来比喻“好处”“利益”，“头儿”一般发成轻声。“苦头儿”用来比喻“困难”“痛苦”，“头儿”一般不发成轻声。

（6）性

“性”这个后缀加在名词性、动词性、形容词性词素的后面，用来表示某种性质、特点、品质、意义、能力、作用等，所构成的词是名词；或者用来表示具有某种性质、特点、品质、意义、能力、作用等，所构成的词是形容词。有些带“性”后缀的词有时是名词，有时是形容词。例如：

① 必然性：一定会发生的性质（inevitability）。

② 重要性：重要的性质（importance）。

③ 生动性：生动的特点（vividness）

④ 积极性：主动做事情的特点（initiative）。

⑤ 艺术性：艺术的品质（artistry；artistic quality）。

⑥ 创造性：创造的能力（creativeness；creativity）。

⑦ 弹性：反弹的能力。

以上是带“性”后缀的名词的例子。

⑧ 原则性：讲究原则的特点（名词）；带有原则性质的（形容词 of principle）。

⑨ 技术性：技术方面的特点（名词）；带有技术性质的（technical）。

⑩ 恶性：带有能引起严重后果的性质的（malignant）。

⑪ 一次性：带有只能使用一次的特点的（disposable）。

⑫ 历史性：在历史上具有重要意义的（historic）。

⑬ 决定性：对结果的产生起决定作用的（decisive）。

以上是带“性”后缀的形容词或形容词兼名词的例子。

（7）者

“者”这个后缀加在动词性或形容词性词素的后面，一起构成名词，用来表示从事某种活动的人或具有某种属性的人。例如：

劳动者（labourer） 工作者（worker） 生产者（producer） 学习者（learner） 消费者（consumer） 挑战者（challenger） 侵略者（invader） 统治者（ruler） 记者（reporter） 读者（reader）

以上是“者”作后缀与动词性词素构成名词，表示从事某种活动的人的例子。

目击者（witness） 初学者（beginner） 旁观者（onlooker） 反对者（opponent） 支持者（supporter） 幸存者（survivor） 患者（patient） 死者（the dead）

以上是“者”作后缀与动词性词素构成名词，表示具有某种属性的人的例子。

强者（the strong） 弱者（the weak） 老者（the aged）

以上是“者”作后缀与形容词性词素构成名词，表示具有某种属性的人的例子。

“者”有时作后缀与“……主义”构成名词，表示信仰某种思想的人。如“共产主义者”“马克思主义者”“唯物主义者”“唯心主义者”等。

另外还有“前者”和“后者”这两个词，本义是“前面的人”和“后面的人”，人们也用它们来表示前面所提到的并列的人或事物中的前一个和后一个。例如：

① 王磊和罗洗河是两连败，前者输给了崔哲瀚和刘昌赫，后者不敌金成龙和崔哲瀚。

② “讨厌”和“厌恶”，前者的反义词是“喜欢”，后者的反义词是“喜爱”。

（8）家

“家”这个后缀加在动词性或名词性词素的后面，一起构成名词，用来表示在某种活动上或在某种研究上水平很高的人。例如：

画家　作家　作曲家　教育家　革命家　改革家

以上是“家”作后缀与动词性词素构成名词，表示在某种活动上水平很高的人的例子。

艺术家　音乐家　文学家　政治家　思想家　科学家　数学家　语法学家

以上是“家”作后缀与名词性词素构成名词，表示在某种活动上水平很高的人（艺术家、音乐家、文学家、政治家、思想家）或在某种研究上水平很高的人（科学家、数学家、语法学家）的例子。

（9）化

“化”这个后缀加在形容词性词素、名词性词素和动词性词素的后面，一起构成动词，用来表示人或事物发生某种变化，或使人或事物发生某种变化。例如：

恶化　老化　白化　美化　丑化　绿化　净化　简化　软化　深化　强化　规范化　同化

以上是“化”作后缀与形容词性词素构成动词，表示人或事物发生某种变化（恶化、老化、白化）或使人或事物发生某种变化（美化、丑化、绿化、净化、简化、软化、深化、强化、规范化、同化）的例子。

现代化　机械化　大众化　城市化　社会化　国际化　人性化　格式化

以上是“化”作后缀与名词性词素构成动词，表示人或事物发生某种变化的例子。

扩大化　进化　退化　国有化　私有化

以上是“化”作后缀与动词性词素构成动词，表示人或事物发生某种变化的例子。

(10) 的

“的”这个后缀与“者”类似，但主要在口语中使用，有两个作用：

第一，加在动词性词素后面，一起构成名词，用来表示从事某种职业或某种活动的人。例如：

教书的　卖菜的　画画的　开车的　杀猪的　种地的　看大门的　扫街的

用这种后缀构成的名词一般是在非正式场合使用，在正式场合大都有正式的名称。例如：

教书的——教师　画画的——画家　开车的——司机　种地的——农民　看大门的——门卫　扫街的——环卫工

第二，用在某些动词性词素后面，一起构成名词，用来表示具有某种用途的事物。例如：

吃的　喝的　穿的

这类名词的数量很少，而且都是在口语中使用，在书面语中都有相应的词：

吃的——食物　喝的——水和饮料　穿的——衣服

第三，用在某些属性词素后面，一起构成名词，用来表示同类事物中具有某种属性的一类（关于属性词素，详见 111 页“2. 属性词素”）。例如：

急性的　慢性的　大号的　小号的　野生的　天然的　公的　母的　荤的　素的　男的　女的

值得注意的是，绝大多数属性词素所表示的属性是多种事物都具有的，由这种属性词素加上后缀“的”所构成的名词意义非常宽泛，如“急性的”“慢性的”，“大号的”“小号的”，“公的”“母的”，很多疾病都有急性的和慢性的两种，很多物品都有大号的和小号的，几乎所有的动物都有公的和母的两种。这样的词不能脱离上下文独立使用。

只有少数成对的属性词素所表示的属性是一种事物中的两类所具有的，

如“荤”“素”，“男”“女”，由这种属性词素加上后缀“的”所构成的名词意义比较具体。如：“荤的”“素的”，前者指肉类食物，后者指蔬菜类食物；“男的”“女的”，前者指男人，后者指女人。

另外，一般语法书和汉语教材都把由属性词素加后缀“的”构成的名词看成“的”字短语中的一种，我们认为称之为“的”字合成词比较合适。[关于“的”字短语，参见446页“（一）‘的’字短语”。]

2. 属性词素

属性词素是在构词的时候用来表示人或事物属性的词素。属性词素不能独立成词，只用来构词，是专职词素的一种，而且在构词时，只放在前面，属于一种定位专职词素。常见的属性词素有：

慢性 急性 欧式 西式 中式 黑白 彩色 上等 中等 下等 初级 中级 高级 大号 中号 小号 万能 野生 天然 人造 名牌 阴性 阳性 民用 军用 家用 国有 私有 大型 中型 小型 微型 有期 无期 男 女 雄 雌 单 双 金 银 铜

属性词素用来与名词性词素构成名词。例如：

慢性肠炎 急性肠炎 黑白电视机 彩色电视机 初级中学 高级中学 大号鞋 中号鞋 小号鞋 天然纤维 人造纤维 军用飞机 民用飞机 国有企业 私有企业 大型会议 小型会议 微型冰箱 有期徒刑 无期徒刑 男运动员 女运动员 单眼皮 双眼皮 金牌 银牌 铜牌

属性词素与词缀词素不同。属性词素意义比较明确，具有一定的独立性。当含有属性词素的合成词在一句话或一段话中第二次出现的时候，为了避免重复感觉，人们常用代词性后缀“的”代替它后面的中心词素，构成临时性的“的”字合成词，如“黑白的”“大型的”“民用的”等。例如：

① 我们家的电视还是黑白的，别人家的电视已经是彩色的了。

这里“黑白的”意思相当于“黑白电视（机）”，“彩色的”意思相当于“彩色电视（机）”，两个代词性后缀“的”代替的都是前面出现过的“电视”。顺便说一下，可能有的学者觉得“黑白电视（机）”“彩色电视（机）”不是词，而是短语，因为它们比较长。但是，如果“黑白电视（机）”“彩色电视（机）”真的是一个短语，那么“黑白”“彩色”的后面应该能插入定中结构助词“的”，说成“黑白的电视（机）”“彩色的电视（机）”，但“黑白的电视

（机）”“彩色的电视（机）”的意思是不明确的，容易被理解为电视机的外壳是黑白的、彩色的。可见，“黑白电视（机）”“彩色电视（机）”是词，而不是短语。

② 新建企业应当是大型的占多数，还是中小型的占多数？

这里“大型的”意思相当于“大型企业”，“中小型的”意思相当于“中小型企业”，两个代词性后缀“的”代替的都是前面出现过的“企业”。

③ 这家电台没有说明这架飞机是军用还是民用的。

这里“军用”蒙后省略了“的”。“军用的”“民用的”意思相当于“军用飞机”“民用飞机”，代词性后缀“的”代替的是前面出现过的“飞机”。

像“黑白的”“彩色的”，“大型的”“中小型的”，“军用的”“民用的”这种用代词性后缀“的”代替中心词素的临时性合成词看起来很像是短语，其中的属性词素看起来很像是独立的词，又由于它能区别人或事物的类属，因而有些学者把它称为“区别词”。实际上，属性词素并不是一种独立的词。虽然有些属性词素是形容词性质的词素，但它不能作定语，如不能说“* 黑白的电视机”“* 彩色的电视机”“* 初级的中学”“* 高级的中学”“* 有期的徒刑”“* 无期的徒刑”“* 男的运动员”“* 女的运动员”“* 男的人”“* 女的人”“* 单的眼皮”“* 双的眼皮”“* 金的牌”“* 银的牌”，等等，说明它不能独立使用，并不是一种独立的词。

有的学者可能会用“他不男不女”“看见两男两女”“雌多雄少”“生男生女都一样”等来证明“男”“女”“雌”“雄”是独立的词[①]。其实在现代汉语中“男”“女”“雌”“雄”等不能随意独立使用，如不能说“* 我是男”“* 那只兔子是雌”等。“男”“女”“雌”“雄”等只在文言格式的短语中当作独立的词使用，用的是古代汉语中的词义。在古代汉语中，“男”“女”“雌”“雄”等是独立的词，在现代汉语中不再作为独立的词使用，只作为一种专职词素使用。

以上我们举例说明了汉语中的两种专职词素。

二、兼职词素

“兼职词素”是指由词或短语充当的词素。与专职词素不同，词或短语的

① 见黄伯荣、廖序东主编《现代汉语》（增订五版）（下册），高等教育出版社 2011 年版，第 14 页。

主要功能是造句，构词只是它们的次要功能，因而我们把由词或短语充当的词素称为“兼职词素”。

（一）由词充当的词素

从理论上讲，汉语中，除了语气词（如“吧、吗、啊”）和助词（如“的、着、了、过”）等以外，任何一个词在需要的时候都可以作为词素构成合成词，而且无论单纯词还是合成词都可以充当词素。如“火车”中的“火”和“车”都是由单纯词充当的词素，“逻辑学”中的“逻辑”是由音译单纯词充当的词素，“运动会”中的“运动”是由合成词充当的词素，“组合机床”中的“组合”和“机床”都是由合成词充当的词素。

尽管合成词和两个音节以上的单纯词都可以用来构词，但自古以来人们就喜欢用单音节词作词素构成双音节合成词，只有在必要的情况下才用合成词和两个以上音节的单纯词作词素构词，因为这样构成的词不够简洁。当需要用合成词和两个以上音节的单纯词作词素时，人们有时把它省略成单音节词素①。例如：

巨蜥：词素“蜥”是由双音节单纯词“蜥蜴”省略而成的。

驼绒、驼背、羊驼：词素“驼”是由双音节单纯词“骆驼”省略成的。

凤蝶、粉蝶、蝶泳：词素“蝶”是由双音节单纯词“蝴蝶”省略成的。

白蘑、松蘑、香菇、草菇：词素“蘑”和“菇”是由双音节单纯词“蘑菇”省略成的。

以上是由双音节单纯词省略成的单音节词素的例子。

麻油、麻酱：词素“麻”是由名词“芝麻”B 省略成的。

京剧：词素“京”是由名词“北京”省略成的。

宣纸：词素“宣”是由名词“宣州”省略成的。

徽墨：词素“徽”是由名词“徽州”省略成的。

狼毫：指黄鼠狼的尾毛。词素“狼”是由名词“黄鼠狼”省略成的。

以上是由合成词省略成的单音节词素的例子。由于合成词是用两个词素

① 语法学界通常把由合成词和两个音节以上的单纯词省略成的词素叫作“简称词素”。

② “芝麻”本来写作“脂麻”。脂麻的种子跟麻的种子外形相似，而含油脂多，所以古代人称之为“脂麻”。由于后来的人们把油脂说成“油”，不再说成“脂”，人们也就不知道“脂麻”的“脂”是“油脂”的“脂”，而把“脂麻”的“脂”写成“灵芝”的“芝”。

来提示词义的，省略其中的一个词素之后再作词素，有时容易引起人们对词义的误解，如“狼毫毛笔”的“狼”，很多人以为它是“豺狼”的“狼”，而不知道它是“黄鼠狼”的“狼”，而“麻油”“麻酱”也有一些人不知道其实是芝麻油、芝麻酱。因此，人们很少将合成词省略为单音节词素，被省略为单音节词素的合成词大都是地名。

（二）由短语充当的词素

短语都是两个或两个以上音节的，而人们更喜欢双音节的合成词，所以也不常用短语作词素来构词，只有在必要的情况下，才用短语作词素来构词，如“空中小姐”中的“空中”是由方位短语充当的词素，“写字台”中的“写字”是由动宾短语充当的词素，“擀面杖”中的“擀面”也是由动宾短语充当的词素，“热水器”中的“热水”是由定中短语充当的词素。

【补充说明】

值得注意的是，现代汉语语法学界不使用“词素”这个概念，而使用“语素”这个概念。根据黄伯荣、廖序东主编的《现代汉语》（增订五版）① 可知，所谓“语素”，指的是“最小的有音又有义的语言单位”。从音节数量上看，“语素”有单音节的（如“地”“河”“农”“土”“啥”“而”“吗”等）、双音节的（“踌躇”“荒唐”“牢骚”“参差”“尼龙”“维纶”等）、三个或三个以上音节的（“法西斯”“海洛因”“迪斯科”“托拉斯”“巧克力”“哈尔滨”“乌鲁木齐”“奥林匹克”“布尔什维克”等）。从能否独立成词的角度看，有成词“语素”和不成词“语素”。可见，现代汉语语法学界只把单纯词（包括单音节的、双音节的、三个或三个以上音节的）和专职词素看成“语素”，这种看法忽略了合成词和短语也可以充当词素的事实。按照“语素”的说法，“写字台”这个词是由三个“语素”构成的，“彩色电视机”这个词是由五个“语素”构成的。但是，把一个包含三个以上“语素”的合成词拆分成三个以上的“语素”，不能如实反映它的构成方式。实际上，不管一个合成词包含几个“语素”，它都是由两个词素构成的，如“彩色电视机”这个词是由“彩色”和“电视机”两个词素构成的。词素可以由专职词素充当，也可以由单纯词、合成词、短语充当。由此可见，在分析词的结构时，“语素”这个概念

---

① 黄伯荣、廖序东主编:《现代汉语》（增订五版）（上册），高等教育出版社 2011 年版，第 206—207 页。

有严重的不足，它不但不能如实反映包含三个以上“语素”的合成词的构成方式，也不能如实反映合成词和短语也能充当词素的事实，正因为如此，我们不使用“语素”的概念。

第二节 词的结构类型

前面我们举例说明了汉语词的构成成分——词素。词是由词素构成的，有少量的词是由一个词素构成的，这是单纯词，更多的词是由两个词素构成的，这是合成词。单纯词与合成词的构成方式不同。下面我们分别加以说明。

一、单纯词

单纯词是由一定语音和一定意义直接结合在一起而形成的词。从理论上讲，单纯词是由一个词素构成的，所以不能从语法上对单纯词的构成方式进行分析，只能从音节结构上和语音与意义结合的方式上进行分析。从音节结构上看，单纯词有单音节的，还有多音节的。

（一）单音节单纯词

从造词方式上看，汉语中的单音节单纯词有一些是直接由一定声音与一定意义相结合而成的。根据音义结合的方式分析，单音节单纯词主要有三种：

1. 摹声词

汉语中有些词是通过模拟人或动物所发出的声音及各种自然声音的方式造出的。如“呱（gū）”这个词在古代汉语中本来发“gá”这个音，模拟初生婴儿的哭声；“乌”（意思是“乌鸦”）这个词在古代汉语中本来发“á”这个音，是通过模拟乌鸦的叫声来表示乌鸦的名字；“门”这个词是通过模拟开门或关门的时候发出的声音来表示“门”的名称。还有象声词，都是通过摹声的方式造出的，如“嘭”“咚”“轰”等。

2. 引申分化词

有一些单音节单纯词是由原有的单音节单纯词引申分化成的。如

“吓”这个词在古代汉语中大体上发“hà”这个音，模拟的是人在恐吓（吓唬）禽兽或人的时候发出的声音，本来是象声词，引申为动词，意思是恐吓（吓唬），这样“吓”就分化成了两个词。在现代汉语口语中，象声词“吓”发“hè”这个音，动词“吓”在口语中发“xià”这个音，如“吓唬人”“太吓人了”，在书面语中发“hè”这个音，作“恐吓”“恫吓”等合成词的词素，不独立成词。再如，“材”这个词，本义是有用的木头，也就是“木材”，引申指有用的人，也就是“人才”，最初字就写成“木材”的“材”，后来换成了“才”字。又如，古代有一种由专人负责定时敲击报时的用具，叫作“钟”，古代大体发“dóng”这个音，是通过模拟敲钟所发出的声音造出的，而到了明代，从西方引进一种机械报时用具，因为它的功能与中国的钟相似，所以人们也把这种机械报时用具称为“钟”，于是“钟”由一个词分化为两个词。

3. 音译词

有一些单音节单纯词是外国语词的音译，如公制度量衡单位的“米、克、磅、吨”等。

（二）多音节单纯词

汉语的单纯词绝大多数都是单音节的，但也有少量是两个或两个以上音节的，我们称之为多音节单纯词。根据音义结合的方式分析，汉语多音节单纯词有四种，一种是摹声词，一种是单音节分化词，一种是音译词，一种是叠音词。

1. 摹声词

汉语中有些多音节单纯词是通过摹声的方式造出的，如动物名“布谷”“蟋蟀”，象声词“叮当”“叮咚”“咚咚”“叮叮”“当当”“哗哗”“沙沙”等。

2. 连绵词

汉语中有一种双音节单纯词，是由两个没有独立含义的不同音节构成的，习惯上称之为“连绵词”，大都来自古代汉语。例如：

蝙蝠　蝴蝶　蜘蛛　蟑螂　鸳鸯　参差　从容　叮咛　啰嗦　仿佛　吩咐　芙蓉　尴尬　烂漫　伶俐　玲珑　啰嗦　彷徨　枇杷　翩跹　崎岖　忐

忐　逍遥　蒺藜　窟窿

古代汉语的词，尤其是周代中期以前的汉语的词，绝大多数都是单音节单纯词，少量的双音节单纯词有的可能是象声词，有的可能是音译外来词，有的可能是由单音节词演变成的或分化成的，但是究竟哪些是象声词，哪些是音译外来词，哪些是由单音节词演变成的或分化成的，不容易全部考证出来，这里我们仅举两个例子。

有的双音节单纯词本来是单音节单纯词，后来又增加了一个词素，成为合成词，但经过一段时间以后，一般人看不出这个新增加的词素与词的意义的联系，这个新增加的词素就成了一个没有意义的音节，这个合成词也就成了单纯词。如“蝴蝶”最初只说成“蝶”，是单音节单纯词，因为蝴蝶有两个弯曲的触须，像人的胡子，所以后人又给它加了个词素“胡”，说成“胡蝶”，但文字写成“蝴蝶”，后人受文字的影响，不知道“蝴蝶”的“蝴”其实是“胡子”的“胡”，于是便把“蝴蝶”看成了双音节单纯词。

另外，有的双音节单纯词是由单音节复辅音词演变成的。古代汉语中有一些复辅音词，这种词将两个辅音连在一起作声母，在语言传播的过程中，复辅音声母词发生了两种变化，一种是脱落一个声母，一种是变成了双音节词。我们先来说说前一种情况。复辅音声母词脱落一个声母的情况可以从形声字的声符中看出。有一些形声字的声母与它的声符的声母不同，如“洛”“烙”等字的声母是 l，而它们的声符“各”的声母是 g，这是因为“各”字的声母本来是复辅音 gl，后来 l 脱落了，剩下了声母 g，而“洛”“烙”等字的声母 g 脱落了，剩下了声母 l，所以“洛”“烙”等字的声符虽然是“各”，却与“各”的声母不同。而用“各”作声母的“格”字和“各”一样，声母中的 l 脱落了，剩下了声母 g，仍然与“各”的声母相同。

复辅音声母词的另一种变化是给前一个声母加上了韵母，通常是加上与该词的韵母相同的韵母。如“窟窿”这个词是由古代汉语的“孔”分化成的。“孔”最早的发音大体上是 klǒng，后来前一个辅音 k 也带上了韵母 ǒng，这样 klǒng 就变成了 kǒng lǒng，成了双音节词。在现代东北方言中“窟窿”的发音是 kōng long，前一音节变成阴平声，后一音节变成轻声。在普通话中，前一音节的韵母变成了 ū，“窟窿”的发音就变成了 kū long。由此推测，汉语中有些双音节单纯词是由单音节词分化成的。

以上我们简单说明了汉语中的多音节单纯词中的连绵词的形成过程。

3. 音译词

有些汉语多音节单纯词是从中国少数民族语言和外国语言中音译来的，前者如“乌鲁木齐”“齐齐哈尔”“萨其马”等，后者如“咖啡”“可可”“巧克力”“沙发”“坦克”等。

有一些多音节单纯词是古代中国人从古代外国语言中音译来的，如“葡萄”“苜蓿”“狮子”“玻璃”“苹果”等。其中“葡萄”“苜蓿”是古代中亚的大宛国语词的音译，“狮子”“玻璃”是古代波斯国（今伊朗）语词的音译，“苹果”是古代印度语词的音译。

4. 叠音词

叠音词是由同一个音节重叠成的单纯词。有些汉语叠音词是在早期的古代汉语中形成的，如“猩猩”“孜孜”“依依”等，形成的方式不易考证。还有一些汉语叠音词是一些单音节的叠音形式，如“爷爷”“奶奶”“爸爸”“妈妈”“姑姑”“舅舅”“哥哥”“弟弟”“姐姐”“妹妹”等。这种叠音词在书面语中和正式场合使用，它的单音节形式在口语和非正式的场合中使用。

二、合成词

合成词是由两个词素按照一定语法关系合成的词。根据合成词的构成方式，可以将合成词分为复合式和附加式两种。

（一）复合式合成词

复合式合成词是由两个词根词素构成的词。根据两个词素之间的语法关系，可以将复合式合成词分为五种类型：

1. 并列型复合式合成词

并列型复合式合成词是由两个词根词素按照并列关系复合成的词。所谓并列关系，就是两个词素在语法上不存在主谓、动宾、偏正、补充等关系。根据两个词素之间的意义关系，并列型复合式合成词还可以分为三种类型：

(1) 两个词素意义相同

这种复合式合成词由两个意义相同的词素并列而成，词的意义就是这两个词素的共同意义。例如：

宾客 朋友 树木 才能 途径 品质 门户 离别 禁止 变化 改革 改变 更改 治理 粘贴 欢乐 善良 正直 美好 端正 坚强 坚固 光明 干燥 陈旧 孤独 寒冷 腐败 刚才 自从

(2) 两个词素意义相类或相关

这种复合式合成词由两个表示同类或相关的事物、动作行为、性质状态等的词素并列而成。例如：

眉目 耳目 嘴脸 心肝 骨肉 爪牙 领袖 纲领 尺寸 矛盾 春秋 社稷 干戈 花草 花卉 国家 窗户 质量 恭敬 斟酌 干净 推敲

这类合成词大都是用借代或借喻的方式表示词义，如“眉目”，其中的“眉”意思是“眼眉”，“目”的意思是“眼睛”，因为眼眉和眼睛的样子对人的相貌影响最大，所以人们用“眉目”来表示人的相貌。再如“矛盾”，用矛和盾的对立关系来比喻事物间的对立关系。

这种复合式合成词有的是偏义复合词，它虽然由两个词素构成，但其中一个词素的意义是这个词的意义，另一个词素不起表义作用，只起陪衬作用，如“窗户”实际上指的是窗（“户”本指门），“质量”实际上指的是质（“量”本指多少），“干净”实际上指的是净（“干”本指干燥）。

(3) 两个词素意义相反或相对

这种复合式合成词由两个意义相反或相对的词素并列而成。例如：

本末 左右 出入 往来 来往 买卖 始终 消息 开关 呼吸 出没 是非 利害 方圆 反正 横竖 好歹 忘记 动静

这种复合式合成词大都也是以借代或借喻的方式表示词义，如“开关”指用来开关电源的装置，“出入”比喻数量上的误差或事实上的不一致。这种复合式合成词有时也是偏义复合词，如“忘记”指忘，“动静”指动（活动）或由活动所发出的声音。

2. 主谓型复合式合成词

这种复合式合成词是通过由后一词根词素对前一词根词素进行陈述的方

式构成的，这两个词素之间的语法关系与句法结构上的主语与谓语的关系相似，所以我们把这类合成词看成主谓结构的合成词。例如：

地震　霜降　民主　自动　自治　自学　国产　国营　国有　军用　民用　耳鸣　心疼　肉麻　骨折　日食　眼红　眼馋　胆小　月亮　年轻

最早产生的主谓结构的合成词是由主谓短语演变成的。如“地震”最初就是一个主谓短语，意思是“地震动”，相当于现在所说的“发生地震”。例如：

夏，四月甲午，地震。(《春秋·哀公三年》)

这里是说，鲁哀公三年的夏季四月（相当于现在农历的六月）甲午日，发生了地震。这里谓语中心“地震”就是一个主谓短语（前面的“夏，四月甲午”是时间状语）。

3. 动宾型复合式合成词

这种复合式合成词是通过由前一个词根词素表示动作行为，后一个词根词素表示动作行为支配对象的方式构成的，这两个词素之间的语法关系与句法结构上的动词与宾语的关系类似，所以我们把这类合成词看成动宾结构的合成词。例如：

司机　管家　掌柜　司令　举重　美容　理发　保健　消毒　投资　有限　报名　理事　知己

4. 偏正型复合式合成词

这种复合式合成词是由两个具有修饰限定与被修饰限定关系的词素复合成的。根据中心词素（被修饰的词素）的意义类别不同，可以把这种复合式合成词分为定中式和状中式两种。

（1）定中式

这种偏正型复合式合成词是通过在一个名词性词素前加上一个起修饰限定作用的词素的方式构成，这两个词素之间的语法关系与句法结构上的定语与中心语的关系类似，所以我们把这种偏正型复合式合成词看成定中结构的合成词。例如：

大人　小人　烈士　敌人　上帝　毒蛇　蝗虫　白菜　香菜　杨树　柳树　电脑　软件　硬件　菜单　冰箱　火车　飞机　国旗　小说　黄金　白金　乐器　猎枪　今天　昨天　春天　夏天　南风　北风　故乡　长江　黄河

（2）状中式

这种偏正型复合式合成词是通过在一个动词性词素或形容词性词素前加上一个起修饰限定作用的词素的方式构成，这两个词素之间的语法关系与句法结构上的状语与中心语的关系类似，所以我们把这类合成词看成状中结构的合成词。例如：

总理　先生　后生　力争　筛选　展销　缩写　漫谈　复述　火葬　蚕食　响应　轻视　旁观

以上是由一个动词性词素加上一个修饰限定性的词素构成的状中式复合式合成词的例子。

火红　雪白　漆黑　笔直

以上是由一个形容词性词素加上一个修饰限定性的词素构成的状中式复合式合成词的例子。这类合成词的前一个词素起比喻的作用，如“火红”的意思是“像火一样红”，“雪白”的意思是“像雪一样白”，“漆黑”的意思是“像黑油漆一样黑”，“笔直”的意思是“像笔杆一样直”。

5. 补充型复合式合成词

这种复合式合成词是通过由后一个词根词素补充说明前一个词根词素的方式构成的，一般是由前一词素表示动作行为，由后一词素表示动作行为的结果，这两个词素之间的语法关系与句法结构上的中心语与补语的关系类似，所以我们把这类合成词看成补充结构的合成词。例如：

提高　说服　说明　打动　推翻　推动　打倒　立正　纠正　改正　改良改进　促进　更新　合成　推广　延长　扩大　放大　缩小

以上我们从结构类型上说明了复合式合成词的构成方式。

（二）附加式合成词

附加式合成词是由一个词根词素加上词缀词素构成的合成词。根据加前缀与加后缀的不同，可以把附加式合成词分为前加型和后加型两种。

1. 前加型附加式合成词

这是通过在词根词素前加上前缀的方式构成的合成词。汉语的构词前缀主要有“第”“老”“小”“阿”等。例如：

第一 第十 第十一

老虎 老鼠 老鸦 老师 老百姓 老乡 老王 老大 老二

小王 小李 小二 小三

阿姨 阿福

表示兄弟排行的“老大”“老二”等中的“老”是由表示尊敬色彩的前缀“老”演变成的具有排序意义的前缀；表示兄弟排行的“小二”“小三”等中的“小”是由表示亲切喜爱色彩的“小”演变成的具有排序意义的前缀；“阿”主要在南方方言中使用，用在亲属称谓或人名的前面，表示亲切、喜爱的感情色彩。

2. 后加型附加式合成词

这是通过在词根词素后加上后缀的方式构成的合成词。根据所加的后缀不同，可以把这种合成词分成三种：

第一种，名词性、形容词性、动词性词素加后缀“子”“儿”“头”“性”“者”“家”“化”等。前面我们在讲到汉语的词缀词素的时候，举了很多这类合成词的例子（参见 104 页“1. 词缀词素”），这里仅举几个例子：

歌儿 盖儿 黄儿

瓶子 扳子 胖子

石头 苦头 念头

恶性 创造性 积极性

作者 读者 共产主义者

绿化 规范化 扩大化

第二种，名词性词素加量词后缀。例如：

马匹 车辆 船只 枪支 书本 纸张 花朵 人口 房间

这种附加式合成词的后缀已经没有了量词的意义和作用，一般辅助词根词素表示泛指，这样所形成的名词是集体名词，表示的是同类事物的总称，如“车辆”泛指各种车，“书本”泛指各种书。关于集体名词，参见 125 页“2）集体名词”。

第三种，名词性、形容词性、动词性词素加叠音式后缀，这样构成的词属于一种状态形容词（关于状态形容词，参见 176 页“2. 状态形容词”）。例如：

水汪汪 油汪汪 泪汪汪 汗津津

以上是名词性词素加叠音式后缀的例子。

红彤彤　绿油油　懒洋洋　喜洋洋　乱糟糟　孤零零　恶狠狠　干巴巴　血淋淋　臭烘烘　慢腾腾

以上是形容词性词素加叠音式后缀的例子。

笑嘻嘻　乐呵呵　乱哄哄　响当当

以上是动词性词素加叠音式后缀的例子。这种叠音式后缀是由叠音式象声词充当的。

这种合成词所加的重叠式后缀本来是有一定含义的。如“油油”表示像油脂一样有光泽，加在“绿”的后面，形容植物又绿又有光泽；“血淋淋”的后缀“淋淋”表示“往下滴”的意思；“巴巴”表示物体收缩的样子，加在“干”的后面，形容物体干燥收缩的样子；“腾腾”本来指气体缓慢上升的样子，加在“慢”的后面，比喻动作像气体上升一样缓慢；“乱哄哄”的后缀“哄哄”形容很多人同时说话所发出的混乱不清的声音。不过，这样的叠音后缀经过一段时间使用之后，人们可能会逐渐淡忘它们的含义，但是它们的音节重叠还能给人一种形象的感觉。

第三节　词类

如前所述，语法就是构词规则和组词造句的规则。在本章的第一节和第二节中，我们通过说明汉语词的结构成分和词的结构类型，弄清楚了汉语词的构成规则。但毕竟句子是表达思想的基本语法单位，所以我们研究汉语语法的更主要任务是研究组词造句的规则。要研究组词造句的规则，需要研究词的语法功能。词的语法功能就是词与词的组合能力和词充当句法成分的能力。所谓词与词的组合能力，就是一个词能够跟哪些词组合，不能跟哪些词组合。所谓词充当句法成分的能力，就是一个词能充当哪些句法成分，不能充当哪些句法成分。在一种语言中，词的数量是巨大的，为了提纲挈领地说明一种语言中每一个词的语法功能，需要根据词的语法功能将这种语言中全部的词进行分类。根据词的语法功能所划分出的词的类别就是词类。

以往语法学家们将汉语中的词分为实词和虚词两大类。实词是在组词造句时可以单独充当句法成分的词。如前所述，所谓句法成分，就是句子或短语的构成成分，有主语、谓语、宾语、定语、状语、补语、中心语等。汉语的实词主要有名词、动词、形容词、副词、代词、数词、量词、象声词、感叹词九类。

虚词是专门用来表示某种语法意义、辅助其他词语组成短语或造句的词。虚词都是一些没有词汇意义的词，不能单独充当句法成分。根据虚词在组词造句时所起的语法作用，可以把虚词划分为介词、连词、助词和语气词四类。

下面我们具体说明汉语中的各类词及其用法。

一、名词

名词是用来表示人或事物名称的词。由于人可以认识甚至主宰客观世界中的其他事物，同时语言是由人创造和使用的，所以在语言学界，也常把“人”和“事物”两个概念并列起来，很少把“人”包含在“事物”的概念中。

（一）名词的种类

如上所述，名词是用来表示人或事物名称的词。根据名词的意义，也就是根据名词所表示的人或事物的类别，我们把名词分为一般名词和特殊名词两大类。

特殊名词有三种：时间名词、处所名词、方位名词。它们表示的是人和其他事物存在、运动、变化的时间和空间，而时间和空间是独立于人和其他事物之外的特殊事物，同时这三种名词在用法上与其他名词也有所不同，所以我们称之为“特殊名词”。特殊名词以外的词就是一般名词。特殊名词与一般名词在语法功能上有共同之处，也有不同之处。

1. 一般名词

一般名词所表示的事物有两种，一种是作为实体存在的事物，一种是不作为实体存在的事物。表示作为实体存在的事物的名词我们称之为“具体名词”，表示不作为实体存在的事物的名词我们称之为“抽象名词”。

（1）具体名词

具体名词是表示具体事物的名词。具体事物是指作为实体存在的事物，也就是能够被人的视觉、听觉、触觉、嗅觉、味觉直接感觉到的事物，也就是能够被看见、听到、尝到、嗅到、感觉到的事物，包括人、各种动物、各种植物以及各种形态（固体、液体、气体）的物质等。

根据是否表示作为个体存在的事物以及所包括的个体多少，可以将具体名词可以分为四种：个体名词（individual noun）、集体名词（collective noun）、物质名词、专有名词。

1）个体名词

个体名词既可以指一类事物，也可以指一类事物中的个体。例如：

人 男人 女人 朋友 父亲 母亲 丈夫 妻子 工人 教师 学生 学者 专家 工程师 语言学家 顾客 营业员 山 河 星球 狮子 老虎 牛 羊 花 草 树 火车 飞机 电脑 书 文章 诗 词

个体名词可以用由数词与个体量词构成的数量短语来表示数量，如“一个人”“一座山”“一条河”“两只老虎”“三棵树”等。（关于个体量词，参见275页“七、量词”。）

2）集体名词

用来表示同类事物总称的名词叫集体名词，也叫“集合名词”。例如：

人民 人口 群众 听众 观众 马匹 物品 车辆 船只 船舶 河流 词汇 机械 器械 树木 纸张 花朵 房间

集体名词表示的是同类事物的总称，不可以用由数词和个体量词构成的数量短语表示数量，如不可以说“一个人民”“三个词汇”等。但是，有些集合名词没有相应的个体名词，人们也只好将这样的集体名词当个体名词使用，如“一位群众”“一位听众”“一位观众”等，而“群众”“听众”“观众”等中的词素“众”本来是“很多人”的意思，显然“群众”“听众”“观众”等本来不是用来指群众、听众、观众等中的个体的，而是用来指群众、听众、观众等的集体的，但是人们又需要用来指群众、听众、观众等中的个体的词，就只能将“群众、听众、观众”等当个体名词使用。

另外，人们有时也忽略一些集体名词的本来意义，把它当作个体名词使用，如“一条河流”“一棵树木”“一个房间”等，把“河流”“树木”“房间”等当作“河”“树”“屋儿”或“屋子”等的书面语形式。

3）物质名词

物质名词是用来表示那些不是作为个体状态存在的事物的名词，是制造其他物体所用的原材料、化学元素、构成动植物机体和其他物体的物质，以及饮料和某些食品等的名称。例如：

黄金 白银 铁 氢 氧 光 空气 水 火 声音 木头 石头 石油 塑料 肉 蛋白质 脂肪 布 酒 盐 牛奶 面粉

物质名词所代表的物质不是作为一个一个的个体存在的，所以不能用“数词＋个体量词”这种数量短语来表示物质的数量，如不能说“一个黄金”“一个石头”“一个肉”“一个盐”“一个牛奶”等。不过，由于物质名词所代表的物质可以按照不同的形状、重量、体积、面积等进行分割，或者放在容器中，所以可以用分割出的形状、重量、体积、面积作计量量词，或者借用容器名作计量量词（所形成的是借用量词），可以说“一块石头”“一克黄金”“一斤肉”“一袋盐”“一瓶牛奶”等。（关于个体量词、计量量词、借用量词，参见275页“七、量词”。）

4）专有名词

专有名词是用来表示特定的人或事物名称的词，包括表示人名、国名、地名、单位名、组织名、天体名、山川名、书名等的词。例如：

孔子 毛泽东 莎士比亚 中国 北京 北京大学 中华书局 联合国 泰山 珠穆朗玛峰 黄河 宇宙 银河系 太阳 月亮 哈雷彗星 哈勃太空望远镜 《论语》《红楼梦》

由于专有名词表示的是特定的人或事物，是独一无二的人或事物，一般情况下不需要用数量短语来表示数量。

（2）抽象名词

抽象名词是用来表示抽象事物的名词。所谓抽象事物，就是不作为实体存在的不能被人的感官直接感觉到的事物，包括思想观念、情感、政策法规、性质状态、人或事物间的关系等。例如：

语言 文化 文学 艺术 知识 道德 思想 信用 主意 感情 政治 民主 科学 兴趣 水平 方法 技术 方向 高度 长度 幸福 痛苦 关系 矛盾 友谊 事情 情况 内容 意义 意思 规律 条件 机会

抽象名词所代表的是抽象事物，是没有实体的，所以大都不能用“数词＋个体量词”这种数量短语来表示数量，如不能说“一个语言”“一个感情”“一个关系”等。抽象事物一般是可以分类的，所以一般可以用“数词

+分类量词”来表示从一种抽象事物中划分出的不同种类的事物的数量，如“两种语言”“一种感情”“一种思想”“一种痛苦”“两种关系”等。

在否定句中，抽象名词前可以加数量短语“一点”，如“一点关系也没有”“一点水平也没有”“一点信用也没有”。

有些种类的抽象事物含有一定的内容，这种抽象事物随着内容的不同，形成了一个一个的无形的个体，这种抽象事物可以用“数词+个体量词”来表示数量，如“一个主意”“两个方法”“三个意思”“两个规律”“四个条件”“两个机会”等。

2. 特殊名词

特殊名词是表示人类的时间概念和空间概念的名词。时间和空间是其他事物存在、运动、变化的背景因素，因而属于特殊事物，表示时间和空间概念的名词在用法上与一般名词也有所不同。

特殊名词包括时间名词、处所名词和方位名词三种。这三种名词不但在意义上比较特殊，在用法上与一般名词也有所不同。下面我们分别加以说明。

(1) 时间名词

时间名词是用来表示某个特定时间点的名称的词。时间名词可以用来表示事情发生的时间。时间点有大有小，在社会生活中，最大的时间点是“世纪”[①]，如“21世纪”，最小的时间点是钟点，如“8点”“9点20”“10点半”等。小的时间点包含在大的时间点中。时间点越小，所表示的事情发生的时间越具体。下面我们具体说说汉语的时间名词。

1）表示一天内的时间点

从构成成分上看，这种时间名词有两种，一种是由数词充当限定词素的，一种由是非数词充当限定词素的。

---

① 时间点和时间段不同。时间段是从无始无终的时间流上划分出的长短不同的时间单位。按照从长到短的顺序排列，社会生活中常用的时间段依次为：世纪、年、季度、月、旬、星期（周）、日（天）、小时（钟头）、分钟、秒钟、毫秒。时间段词与数词或数量短语配合，用来表示时间的长度，如“一个世纪”“一年”“一个月”“一个星期”“一天”“一个小时”“一分钟”“一秒钟”等。时间点则是按照先后顺序排列出的各个时间段，如“20世纪”“21世纪”“2019年”“2020年”，“1月”“2月”，“30日”“31日”等。另外，人们不用时间段词“天”“小时”“分钟”“秒钟”来构成时间点名词或时间点短语，而用“日（号）”“点”“分”“秒”，如“8日（号）”“8点零8分零8秒”。

第一，由数词充当限定词素的时间名词。目前国际上将一天时间分成24个小时，这样一天就有24个时间点，由24个时间名词来表示：

1点、2点……23点、24点

值得注意的是，因为到了24点前一天就结束了，前一天的24点也是第二天的开始点，所以人们也习惯上从第二天的角度把24点称为“零点”。不过，在日常生活中，人们更习惯使用12小时制，既用“1点”到“12点”来表示凌晨一点到中午12点，也用“1点”到“12点”来表示13点到24点，如果需要区别中午之前的1点到12点和中午之后的1点到12点，需要在“1点”到“12点”的名词前加上“凌晨”“早晨”“上午”“中午”“下午”“晚上”“半夜”等定语，不过这样形成的时间点名称是短语：

凌晨1点……凌晨4点、早晨5点……早晨8点、上午9点……上午11点、中午12点、下午1点……下午7点、晚上8点……晚上11点、半夜12点

另外，由于人们又将一个小时分成60分钟，将1分钟分成60秒，如果事情发生的时间不是整点，还需要说出几点几分，甚至是几分几秒，不过这样形成的时间点名称也是短语。例如：

12点零5分15秒　1点20分零6秒

第二，由非数词充当限定词素的时间名词。这种时间名词表示的是将一天的时间笼统地分成几段所形成的时间点的名称，主要有：

凌晨　早晨　上午　中午　下午　晚上　半夜

人们有时把早晨较早的一段时间（大约5点到7点）称为“清晨”，把下午较晚的一段时间（大约5点到7点）叫“傍晚”。

2）表示一年内的时间点

公历一年为365天，分成12个月，在汉语中用1到12的数字作限定性词素，用“月”作中心词素，构成12个月的名称：

1月、2月、3月……12月

中国的农历也是将一年分为12个月。习惯上，中国人把农历一月叫作“正（zhēng）月”，把十一月叫作“冬月”，把十二月叫作“腊月”。这样一年十二个月的名称就是：

正月、二月、三月……冬月、腊月

汉语中还有表示一年中不同阶段的时间点名词：

年初　年中　年终　年末　年底

这里“年终”“年末”“年底”的意思相同。这几个词所表示的一年的不同阶段都不够具体，也没有统一约定。

3）表示一个月之内的时间点

如前所述，公历一年为365天，分成12个月，其中1月、3月、5月、7月、8月、10月、12月每月有31天，需要用31个时间点名词表示这7个月中的每一天：2月有时是28天，有时是29天，4月、6月、9月、11月都是30天，分别使用28个、29个、30个时间名词表示这几个月的每一天。在汉语中用数字和“日”（口语中用“号”）作词素构成公历一个月之内的时间点名词：

1日（号）、2日（号）、3日（号）……31日（号）

在汉语中，习惯上把公历1月1日叫“元旦”，所以“元旦”也是一个时间名词。

如果要具体表示某月某日，需要把相应的月名词和日名词搭配起来，如“1月1日”“12月31日”，不过这样形成的语言单位是短语。

汉语中还有表示一个月内不同阶段的时间点名词：

月初　月中　月末

这几个词所表示的一个月的不同阶段也不够具体，也没有统一约定。

上旬　中旬　下旬

这三个时间名词指的是公历一个月的三个阶段，4月、6月、9月、11月的上旬、中旬和下旬各10天，1月、3月、5月、7月、8月、10月、12月的下旬是11天，2月的下旬8天或9天。

随着公历的引进，现代中国还引进了“星期”的时间单位，一个星期是七天，这七天在英语中分别叫Sunday（太阳日）、Monday（月亮日）、Tuesday（火星日）、Wednesday（水星日）、Thursday（木星日）、Friday（金星日）、Saturday（土星日）。由于这样的日期不以数字为标志，不容易记忆，于是中国人创造性地用“星期”和“一”到“六”的数字作词素构成合成词，称呼这七天中需要工作的六天（从月亮日到土星日。后来改成一个星期工作五天）：

星期一、星期二……星期六

由于“太阳日”是基督教徒做礼拜的日子，不需要上班，所以这一天又叫“礼拜日”（在汉语口语中还把一个星期称为“一个礼拜”），为了与“星期一……星期六”的名称统一起来，中国人把“礼拜日”称为“星期日”。

中国的农历每月的长度是月亮围绕地球运行的一个周期，平均每个月二十九天多一点，这样需要将一年内的十二个月分成大小月，大月每月有三十天，小月每月二十九天，大月和小月交替循环，分别用“一”到“二十九”或“一”到“三十”的数字和“日”作词素，构成一个月内每一天的名称。不过，中国人习惯上把农历一个月内的前十天分别用“初”与“一”到“十”的数字作词素构词来表示，并且习惯上用汉字的数字来表示，结果就是：

初一、初二、初三……初十

初十以后的每一天都用“十一”到“三十”（大月）或“十一”到“二十九”（小月）的数字来表示，后面通常省略“日”这个词素：

十一、十二、十三……二十九（小月）、三十（大月）

在汉语中，习惯上把腊月最后一天（腊月二十九或三十）的晚上叫作“除夕”。由于现代一般人不知道“夕”是“晚上”的意思，所以也把整个这一天叫“除夕”，而把这一天的晚上叫“除夕夜”。

如果要具体表示某月某日，需要把相应的月名词和日名词搭配起来，如“正月初一”“二月初二”“十月二十一”“腊月三十”等，这样形成的语言单位也是短语。

4）表示当前日和最近日的名称

由于当前日与最近几日很容易知晓和推知，所以往往不需要用数字表示，而只需要用几个具有代词性质的时间名词来表示。主要有：

今天　昨天　前天　大前天

今天　明天　后天　大后天

5）表示太阳年或农历年的名称

为了便于记载历史和规划未来，人类对过去、现在和未来的每一年都赋予了一个名称。在汉语中，特定一年的名称有公历用的和农历用的两种。

第一，公历年的名称。公历的一年是地球环绕太阳运行一周的时间（可以称为“太阳年”），目前世界上通行的历法以传说中的耶稣诞生的那一年为确定太阳年的参照点，那一年在汉语中被称为“公元 1 年”。在日常生活中，人们习惯上省略“公元某年”的“公元”这个词素，如“2019 年”。

至于耶稣诞生那一年之前的每一年，分别称为“公元前 1 年”“公元前 2

年”等，依此类推。如中国古代教育家、思想家孔子出生在公元前551年。

第二，农历年的名称。中国的农历用名为“天干”的十个专用数字分别与名为“地支”的十二个专用数字作词素，交替搭配，形成六十个数字，来表示不同的年，也用来表示不同的月、日等［参见270页“（3）天干和地支类序数词”］，如“甲子年”“乙丑年”等。

第三，帝王、诸侯在位年的名称。中国古代曾广泛使用帝王或诸侯在位的年代表示历史上的某一年，方法是用一个帝王或诸侯的谥号或年号和他在位的年数作词素，构成时间名词。例如：

（鲁）隐公元年　隐公二年　贞观二年　康熙六十一年

这里“隐公”是中国春秋时期（公元前770年至公元前476年）鲁国的一个国君的谥号，“元年”的意思是“第一年”。“贞观”是中国唐代第二个皇帝唐太宗的年号，“康熙”是清朝第四位皇帝的年号。

第四，表示目前所在的年和最近几年的名称。由于目前所在的年和最近几年很容易知晓和推知，所以往往不需要用数字表示，而只需要用几个具有代词性质的时间词来表示。主要有：

今年　去年　前年　大前年

今年　明年　后年　大后年

6）表示大于年的时间点

日常生活中所用的最大自然时间点名词是“年”，而研究历史、规划未来等还需要更大的时间点名词，常用的主要有“世纪”和“时代”两个，一个世纪是一百年，一个时代是一个世纪的十分之一，也就是十年。世纪也是以传说中的耶稣诞生时所在的一百年为参照点，那一百年就是公元一世纪，之前的一百年是公元前一世纪。当一个年代所在的世纪明确的情况下，“年代”可以单独与数词一起作词素使用，表示某个年代，否则要标明在哪个世纪，不过这样形成的是短语。例如：

二十年代　三十年代　二十世纪二十年代　二十世纪三十年代

7）表示模糊的时间点

表示钟点、日、月、年的时间名词因为有序数词性词素表明顺序，能够确切地表示时间点，但是有时时间点只是大概的，不容易借助序数词性词素确切地表示，或者不需要借助序数词性词素确切地表示，在这种情况下，人们以当前的时间点或过去的某个时间点为参照点，说出在当前时间点或过去的某个时间点之前或之后的一个时间点，这样就形成了模糊的时间点名词。这样的时间点名词主要有：

现在 从前 以前 过去 刚才 以后 将来 未来 后来 最后

这些时间名词中，“从前”“过去”“刚才”“以后”“将来”“未来”等所表示的时间点是以“现在”为参照点的，而“以前”有时是以“现在”为参照点，有时以过去的某个时间点为参照点，而“后来”是以“以前”的某个时间点为参照点。同时，“后来”本身也属于过去的一个时间点，“以后”表示的则是未来，不要将“后来”和“以后”混淆。例如：

我妈妈［以前］常常生病，不能工作，［后来］她就练太极剑，已经练了三年了，［现在］她身体好了，可以上班了。［以后］她还要继续练太极剑。

这里“后来”是以“以前”为参照点的，而且也是“现在”之前的一个时间点，只是比“以前”晚一些，“以后”表示的则是“现在”以后的时间，就是未来。

以上我们归纳了汉语中各种常用的时间名词。

（2）处所名词

处所名词是可以表示人或事物存在、运动、变化的处所的名词。例如：

亚洲 中国 上海 北京大学 商店 邮局 车站 机场 学校 图书馆 食堂 操场 教室 候车室 候机室 门口 附近 周围 郊区 广场 国内 国外

处所名词与一般名词不同的是，处所名词可以直接表示处所，如我们可以说“到教室去”“从教室来”“咱们教室见”“在教室看书”，但不可以说“* 到房子去”“* 从房子来”“* 咱们房子见”“* 在房子看书”，因为“房子”是一般名词，不可以直接表示处所。一般名词要加上方位词才可以表示处所，如“到房子里去”“从房子里来”“咱们房子里见”“在房子里看书”等。

（3）方位名词

方位名词一般简称为“方位词”。所谓“方位”，是“方向”和“位置”的合称。方位词是表示方向和相对位置的名称的词。方位词有单纯方位词、合成方位词两种。

1）单纯方位词

单纯方位词是由一个词素构成的方位词，主要有：

东 西 南 北

左 右 上 下 前 后 里 外 内 中

单纯方位词都来源于古代汉语，在古代汉语中都可以单独使用，而在现代汉语中，通常只在书面语中单独使用，而且采取古代汉语的格式。例如：

辽宁省东起鸭绿江，西至山海关，南临黄渤海，北接长白山。

单纯方位词更多是在成语中单独使用。例如：

东张西望 东奔西走 东倒西歪 东拉西扯 东跑西颠 东拼西凑 声东击西 南辕北辙 南来北往 南腔北调 天南地北 走南闯北

单纯方位词绝大多数情况下只作为词素，与其他词素组成合成方位词（详见下面的“合成方位词”部分）。

2）**合成方位词**

合成方位词有两种：一种是由单纯方向词“东”“西”与“南”“北”分别作词素组合成的，有“东南”“东北”“西南”“西北”四个；另一种是由单纯方位词作词素与“边”“面”“方”“头”“以”“之”等词素组合成的。

为了简明起见，我们用一个简单的表格来表示合成方位词：

表 3–1 合成方位词表

	东	西	南	北	左	右	上	下	前	后	里	外	内	中
一边	东边	西边	南边	北边	左边	右边	上边	下边	前边	后边	里边	外边		
一面	东面	西面	南面	北面	左面	右面	上面	下面	前面	后面	里面	外面		
一方	东方	西方	南方	北方										
一头	东头	西头	南头	北头			上头	下头	前头	后头	里头	外头		
以一	以东	以西	以南	以北			以上	以下	以前	以后	以里	以外	以内	
之一	之东	之西	之南	之北			之上	之下	之前	之后		之外	之内	之中

另外还有一个方位名词“中间”，表示左和右、上和下、前和后、南和北、东和西等之间的位置。

（二）名词的用法

各种名词有共同的用法，不同种类的名词之间也有不同的用法。下面我们分别加以说明。

1. 名词可以作主语、宾语、定语和中心语

名词可以在短语或句子中作主语和宾语，这是名词的主要语法功能，如"狗拿耗子"。多数名词还能作定语和中心语，如"(人)的性格""(今天)的作业""(中国)人民""(可爱)的人""(现在)的中国"。

2. 名词有时可以直接作补语

名词通常不可以直接放在动词后作补语，而需要用介词引出。但是，当处所名词作补语的时候，如果与动词所表示的动作行为的关系明确，人们有时将处所介词省略，直接用处所名词作补语。例如：

① 我睡〈沙发〉，你睡〈床〉。

"睡"是不及物动词，是不可以带宾语的，所以"睡"后面的"沙发""床"不是"睡"的宾语。"睡沙发""睡床"是口语中比较随便的说法，是由"睡在沙发上""睡在床上"省略、变化成的，一是省略了处所介词"在"，二是将"沙发""床"直接用作处所名词[①]。我们来看一下比较标准的完整说法：

② 我们可以一个人睡〈在床上〉，另一个人睡〈在沙发上〉。

这里采用了完整的说法，没有说成"睡床""睡沙发"。

汉语中还有一种动宾结构的不及物动词，后面有时也直接用处所名词或处所名词性短语作处所补语。例如：

③ 津版图书亮相〈国际书展〉。

这里"亮相国际书展"是"亮相于国际书展"(意思是"出现在国际书展上")的省略说法，"亮相"的后面省略了处所介词"于"。试比较：

④ 几个月来，抗战主题的图书陆续亮相〈于各大书展和书店〉。

这里补语中的处所介词"于"没有省略。

⑤ 我国地震预报继续领先〈世界〉。

这里"领先世界"是"领先于世界"(意思是"在世界上领先")的省略说法。试比较：

⑥ 在12世纪以前，我国的桥梁建筑技术一直领先〈于世界〉。

---

① 目前学术界有"处所宾语"的说法，按照这种说法，"睡沙发""睡床"中的"沙发""床"是"睡"的处所宾语。

这里补语中的处所介词“于”没有省略。

名词有时也直接作工具补语，如“打棍子”（用棍子打）、“刷油漆”（用油漆刷）、“垫沙子”（用沙子垫）、“照镜子”（用镜子照）。实际上，作工具补语的名词前面省略了工具介词“以”。这种说法是从古代汉语中遗留下来的。在古代汉语中，名词需要用工具介词“以”引出作工具补语，如“祭以酒”（用酒祭祀），而有时将工具介词“以”省略，直接用名词作工具补语，如“祭酒”。现代汉语中已经没有用介宾短语作工具补语的习惯了，但直接用名词作工具补语的习惯保留在口语中了，不过仅限于在不会引起误解的前提下，像“用水洗”就不可以说成“* 洗水”，“用油炸”就不可以说成“* 炸油”，“用车拉”就不可以说成“* 拉车”。不过，汉语语法学界一般不考虑汉语语法的发展演变，把这种工具补语看成工具宾语。

3. 一般名词有时可以直接作状语

汉语的一般名词通常不能直接作状语，如果需要用一般名词作状语，需要用介词引出。但是当一般名词用来表示行为所凭借的工具、手段等时，有时省略凭借介词“用”“通过”等。例如：

[高薪]聘请　[武装]保卫　[车]接[车]送　[火]烧圆明园　[油]炸食品　[水]发木耳　[醋]溜白菜　[婉言]谢绝

以上短语中的名词“高薪”“武装”“车”“火”“油”“水”“醋”“婉言”的前面都省略了介词“用”。

[武力]解决　[电话]联系　[广播]找人

以上短语中的名词“武力”“电话”“广播”的前面省略了介词“通过”。

4. 时间名词、处所名词和方位名词可以直接作状语

汉语时间名词、处所名词和方位名词一般可以直接作时间状语和处所方位状语，不用介词引出。例如：

① 我们[今天]没有修辞学课。

② 我[明天]来上课。

③ 我[春节]回老家。

“春节”是节日名，这里作时间名词使用，指春节的时候。

以上是时间名词直接作状语的例子。

④ 咱们［操场］见。

⑤ 深圳电视台将［现场］直播这台晚会。

以上是处所名词直接作状语的例子。

⑥ 今年春节，我自己动手写了一副对联，［东边］写“翻身感谢共产党”，［西边］写“幸福不忘毛主席”，［上边］写“毛主席万万岁！”

这里方位名词“东边”“西边”“上边”直接作状语。

⑦ 上海市政府决定把这片土地分成南北两部分，［北面］建人民公园，［南面］建人民广场，［中间］建一条人民大道。

这里方位名词“北面”“南面”“中间”也是直接作状语。

以上是方位名词直接作状语的例子。

5. 有些时间名词可以直接作谓语或谓语中心

表示日期的时间名词可以直接作谓语或谓语中心。例如：

① 今天‖5号。

② 今天‖初五。

③ 今天‖星期一。

上面这三个例子都是省略了判断词“是”的判断句，由时间名词直接作谓语。

值得注意的是，在否定判断句中，判断词“是”不可以省略。例如：

④ 今天‖不是5号。

⑤ 今天‖不是初五。

⑥ 今天‖不是星期一。

人们也常在这种表示日期的判断句的末尾加上动态语气词“了”，将它转换成陈述句，表示时间运行到了某一天，用来动态地说明日期。例如：

⑦ 今天‖5号了。

⑧ 今天‖初五了。

⑨ 今天‖星期一了。

表示世纪、年、月、钟点的名词也可以直接作谓语。例如：

⑩ 都21世纪了。

这里省略了主语，“都”是“已经”的意思，“21世纪”的前边省略了动词“到”。

⑪ 现在‖已经2020年了。

这里“2020年”的前边省略了判断词“是”。

⑫ 现在‖12点了。

这里“12点”的前边省略了判断词“是”。

⑬ 现在‖快12点了。

这里“12点”的前边省略了动词“到”。

6. 名词前一般不可以加副词

名词前一般不加副词，因为副词是对动词和形容词性的词语进行修饰限定的词。但是，有些名词偶尔可以活用为动词或形容词，前面就可以加副词，而这都是有一定条件的。例如：

① 我见过许多原来挺好看的女孩儿，上了江湖医生的当，割了双眼皮，弄得人［不］人，鬼［不］鬼。

这里“人不人，鬼不鬼”的意思是：说她是人，又不像人；说她是鬼，又不像鬼。“不”后面的“人”和“鬼”都活用作动词。由于在汉语中常将“人”和“鬼”对立，另外还有“三分像人，七分像鬼”等的俗语，所以“人不人，鬼不鬼”的意思是可以理解的。再如：

② 她打扮得［不］中［不］西，［不］男［不］女，非常让人反感。

这里通过“中”和“西”、“男”和“女”的对立，用“不中不西”和“不男不女”表示“不像中国人，也不像西方人”和“不像男的，也不像女的”的意思。

上面这两个例子中的名词活用是临时性的，不能广泛类推。不过，近些年来，在互联网上出现了一些不正规的名词活用的说法，如“*很男人”“*很女人”“*很中国”“*很淑女”“*非常傻瓜”“*太传统”等名词活用的说法。其实将“男人”“女人”“中国”“傻瓜”等名词活用为形容词的做法不符合语言学原理，因为男人、女人、中国有很多特征，把“男人”“女人”“中国”用作形容词，不能让人准确地理解它们所表示的意义。至于“很淑女”倒不如说成“很优雅”，“非常傻瓜”倒不如说成“非常自动化”“非常智能化”等，或者“操作非常简便”。

另外，有些名词所代表的人或事物具有顺序性，如时间名词、季节名词、节气名词等和表示某一年龄段的人的名词，有时直接作谓语或谓语中心，表示到某个时间、到某个季节、到某个节气、长成某个年龄段的人等意思，前面可以加时间副词。这种情况表面上看起来是副词修饰名词，而实际上这些名词的前面都隐含着一个动词性词语“到”或“长成”等。例如：

③［已经］五月了，但是新型冠状病毒疫情还没有结束，现在还只能在网上上课。

这里“已经五月了”是由“已经到五月了”省略成的。

④ 都［快］十二点了，我还在备课。

这里“快十二点了”是由“快到十二点了”省略成的。

⑤［已经］星期四了，周末又要到了。

这里“已经星期四了”是由“已经到星期四了”省略成的。

⑥ 现在［已经］夏天了。

这里“已经夏天了”是由“已经到夏天了”省略成的。

⑦［都］大小伙子了，还哭呢。

这里“大小伙子了”是由“长成大小伙子了”省略成的。另外，这里的“都”属于时间副词，意思相当于书面语的“已经”。

7. 汉语名词没有数的变化

现代汉语的名词没有数的变化，一个名词无论用来指一类事物中的一个个体还是两个以上的个体，形态都不发生变化。如“一个学生”“两个学生”“一百个学生”，名词“学生”并不随着数量的变化而发生形态上的变化。

汉语中有一个总括助词“们”，加在名词的后面时，表示一群人或事物中的全部个体，如“学生们”“教师们”等。不过，当名词前加上“全体，全”等表示总括一个群体中的全部个体的定语时，名词后不用再加总括助词“们”，如“全体学生”“全校教师”等。

如果名词前有表示数量的定语，名词的后面也不能加总括助词“们”。例如：

① 这个班有（十五个）学生。

② 今天（十五个）学生都来了。

③ 在这堂课上（很多）学生都发言了。

④ 这堂课只有（几个）学生发言了。

⑤ 在这堂课上（这些）学生都发言了。

另外，当名词用来指人或事物的身份或类别时，后面也不加总括助词“们”。例如：

⑥ 这些人都是学生。

这里名词“学生”指的是人的身份，后面不能加总括助词“们”。

⑦ 这些都是我的同学。

这里名词“同学”指的也是人的身份，后面不能加总括助词“们”。

还有，汉语是一种注重意会性的语言，名词在指一个范围内的全部个体时，后面也经常不加总括助词“们”，口语更是如此。例如：

⑧ 这所康复学校的学生都是残疾儿童或少年。

⑨ 因为他文静深沉，不善交际，老师和同学都看不起他。

⑩ 参加夏令营的孩子都是高中二年级的学生。

以上三例中谓语动词前都加上了表示包括一个范围内的全部个体的副词“都”，前面的名词虽然指的是这个范围内的全部个体，而由于语境明确，后面也不需要加总括助词“们”。

8. 名词不能重叠

我们知道，汉语的形容词可以重叠，表示性质状态的程度大，如“大大地丰富了汉语词汇”中的“大大”，意思是“在很大的程度上”。动词也可以重叠，表示动作行为持续的时间长，如“红旗飘飘”中的“飘飘”，意思是“不停地飘”。依此类推，名词如果重叠的话，应该表示人或事物的数量大，但是，名词本身不能表示人或事物的数量，前面需要加上数量形容词、数量短语才可以表示人或事物的数量，所以名词本身不能重叠。

在汉语中，我们可以看见“人人”“家家”等类似于名词重叠的说法，如“保护环境，人人有责”“家家有本难念的经”等，其中“人人”的意思是“每一个人”，“家家”的意思是“每一个人家”，其中的两个“人”、两个“家”的前面都没有数量词，那么“人人”“家家”的“每一个”的意思是怎么来的？我们知道，“人人”“家家”等说法在很早的古代汉语中就已经出现了，熟悉古代汉语语法的人一看就知道“人人”“家家”是“一人一人”“一家一家”的省略形式，是通过“一人”“一家”的反复来表示一个人一个人地反复列举、一家一家地反复列举，从而表示一个范围内的每一个人、每一个家庭的意思。（详见 431 页“2. 数名短语的反复”。）

另外，在口语中，为了获得含蓄或幽默的表达效果，人们有时将一个名词活用为动词，并借用它自身作量词，形成一种“AB 动 AB 量”式的动补短语，这也不属于名词重叠。例如：

① 很多业户出于感激之情，总想给所长“意思意思”。

这里“意思意思”是“意思一下”的意思，也就是“表达一下意思（心意）”。前一个“意思”被活用为动词，意思是“表达意思”，后一个“意思”是借用量词。

② 遇上重大事情你能不“民主民主”吗？

这里“民主民主”的意思是“民主一下”，也就是“实行一下民主”。前一个“民主”被活用为动词，意思是“实行民主”，后一个“民主”是借用量词。

还有，汉语中有“爸爸”“妈妈”“哥哥”“姐姐”“弟弟”“妹妹”“叔叔”等说法，这些都是单音词的音节重叠，仅仅是给单音节词增加一个音节，词的意义不变，与不重叠时的意义相同。一般来说，“爸爸”“妈妈”“哥哥”“姐姐”“妹妹”“叔叔”通常用在正式场合，或者用作儿语（小孩用语），而“爸”“妈”“哥”“姐”“叔”用在非正式场合。另外，“弟弟”在正式场合和非正式场合都使用，“妹妹”在某些方言区则说成“妹子”或“妹”。

以上我们说明了汉语名词的种类及名词的用法。

二、动词

动词是用来表示人或事物的动作行为、存在、变化、消失以及心理活动等的词。

（一）动词的种类

关于动词的不同种类，我们从直觉上最容易感觉到的是，有的动词可以带宾语，有的不可以带宾语。可以带宾语的动词叫“及物动词”，如“吃”“喝”“学”“看”“想”等；不可以带宾语的动词叫“不及物动词”，如“来”“走”“跑”“坐”“咳嗽”“飞”“见面”“工作”“帮忙”等。动词可不可以带宾语，是由动词的意义决定的。动词在其他用法上的区别也是由意义决定的。为了避免重复，我们着重从动词意义的角度对动词进行分类。

根据动词的意义，我们可以把动词分为动作行为动词、存在动词、变化动词、趋向动词、心理动词、助动词、判断动词、形式动词等八类。

1. 动作行为动词

动作行为动词是表示人或动物的动作行为的动词。动作行为动词在动词中占绝大多数。例如：

吃 喝 玩 走 跑 跳 笑 哭 看 听 说 唱 拿 摸 敲 打 买 卖 学习 研究 劳动 选择 批评 评论 表扬

动作行为动词还可以根据意义进一步划分为处置动词、产物动词、交互动词、交接动词等。

（1）处置动词

处置动词是用来表示对人或事物进行某种处置的动词，所表示的动作行为直接作用于一定对象，属于及物动词，因而在组词造句的时候，如果表示的是行为主体的行为，需要带宾语。例如：

吃饭 喝水 看书 学汉语 批评他 买一本书

在处置动词中，有一类肢体动词，是表示肢体的动作行为的动词，如"睁""闭""张""伸""摇""晃""抬""举"等，从肢体的角度看，属于不及物动词，但从主体的角度看，表示的是主体对肢体做出的支配性的动作行为，属于及物动词，可以用表示肢体的名词作宾语。例如：

他眼睛睁着／他睁着眼睛

他眼睛闭着／他闭着眼睛

他嘴张着／他张着嘴

手伸出来／伸出手来

头摇了摇／摇了摇头

头晃着／晃着头

从上面的例子中我们可以看出，肢体动词表示肢体的动作行为时，是不及物动词，表示主体的动作行为时，是及物动词。

在处置动词中，还有一类致使动词，表示的是行为主体使行为对象处于某种状态或发生某种变化的行为。表示行为主体使行为对象处于某种状态的致使动词是由形容词转化成的。例如：

你看看我的帽子正不正 ⟶ 把帽子正一下

门上贴的那个“福”字倒（dào）了 ⟶ 把“福”字倒过来

态度端正 ⟶ 端正态度

社会保障制度完善 ⟶ 完善社会保障制度

知识丰富 ⟶ 丰富知识

敌人孤立 ⟶ 孤立敌人

以上是由形容词转化成的致使动词的例子。

表示行为主体使行为对象发生某种变化的致使动词是由含有变化意义的动词转化成的。我们这里所说的“变化”指的是事物的状态的变化，包括由小到大或由大到小的变化、由动态到静态或由静态到动态的变化等。例如：

不到三个小时面就发了 ⟶ 一过腊八，家家便都忙着发面蒸馒头。

火灭了 ⟶ 水可以灭火。

车开了 ⟶ 快开车

车停了 ⟶ 快停车

这张桌子一碰就摇晃 ⟶ 别摇晃桌子

经济发展了 ⟶ 发展经济

人民生活水平提高了 ⟶ 提高人民生活水平

物价降低了 ⟶ 降低物价

差距缩小了 ⟶ 缩小差距

差距扩大了 ⟶ 扩大差距

以上是由含有变化意义的动词转化成的致使动词的例子。

（2）产物动词

产物动词是表示能够产生某种产物的行为的动词。典型的产物动词有两种，一种是含有“制作”意义的，如“做”“造”“建造”“铸造”“创造”“制造”“制作”“生产”“挖”“刨”“凿”“钻”“捏”“切”等，一种是含有“创作”意义的，如“雕刻”“写”“作”“画”“塑造”“捏造”“编造”“编”等。产物动词要以表示相应产物的名词为宾语，也属于及物动词。另外，产物动词的宾语可以叫作“产物宾语”。不过语法学界大都称之为“结果宾语”。（关于宾语的意义类别，参见37页“4.产物宾语”。）例如：

① 你会做饭吗？

② 胡杨生长较快，它的叶子可作饲料，木材耐水耐腐，是造桥的特质材

料，也可用于造纸和做家具。

③ 现在，全世界每年生产海盐1亿吨。

④ 他喜欢画画。

其他如：

挖洞 挖坑 钻孔 编筐 织毛衣 切土豆丝 包饺子 写文章 作曲

如果需要强调产物动词所表示的行为有了结果（产物形成），需要在动词的后面加上结果补语“出”“成”等，然后加上产物宾语。例如：

⑤ 要建造房屋，脑子里就要先勾画〈出〉房屋的轮廓、画〈出〉图纸。

⑥ 人类已经具备了伟大的能力，把地球建造〈成〉真正的伊甸园。

⑦ 我用了三天业余时间，熬夜写〈成〉了这篇报道。

以上是产物动词的用例。

（3）交互动词

交互动词是用来表示交互性的行为的动词。所谓交互性的行为，就是由双方或多方互相进行的行为。常见的交互动词有“结婚”“交换”“交谈”“谈心”“交流”“讨论”“商量”“谈判”“交涉”“合作”“交往”“见面”“吵架”“打架”“搏斗”“争夺”“分手”“分居”等。如果要说明一方对另一方或另几方做出交互性的行为，需要用对象介词“跟”“和”“与”“同”等引出另一方或另几方。例如：

① 他会［跟你］结婚吗？

② 我明天不能［跟你］见面了。

③ 我愿意［跟你］合作。

④ 老兵不能［跟新兵］吵架，不能向新兵借钱。

以上四例中的交互动词是不及物动词。

⑤ 在世界人权大会召开期间，中国积极阐明自己的立场，［同与会各国］坦诚交换意见。

⑥ 我今天来是想［跟您］商量一件事。

以上二例中的交互动词是及物动词。

交互动词所表示的行为是双方或多方互相做出的，而不是一方对另一方或另几方做出的，所以不能以代表另一方或另几方的词语为宾语，而必须用对象介词把它引出，如不能说“* 结婚你”“* 见面你”“* 合作你”，等等，而必须说成“跟你结婚”“跟你见面”“跟你合作”，等等。（见前面的例句。）

（4）双对象动词

双对象动词是用来表示告知、给与、教授、问询、亏欠等意义的动词。告知类主要有“告”“告诉”“报告”“转告”等，给与类动词主要有“给”“送”“借”“卖”“还”“赔”等，教授类主要有“教”“教授”等，问询类主要有“问”“询问”“请教”等，亏欠类主要有“欠”“该”等。双对象动词同时支配、涉及两个对象，所以在造句的时候要带双宾语。它的支配对象宾语是它的直接宾语，它的指向对象宾语是它的间接宾语。例如：

① 我本来想写一本书，告诉你 我为什么怕你、爱你、离开你。

这里“告诉”属于双对象动词，带了两个宾语，其中“我为什么怕你、爱你、离开你”是“告诉”的支配对象宾语，属于直接宾语，“你”是指向对象宾语，属于间接宾语。

② 我给你 钱。

这里“钱”是“给”的支配对象宾语，“你”是“给”的指向对象宾语。再如：

③ 我送你 一本书，叫《水浒传》。

④ 先卖你 一本好书，辞典之类的，价格低得不能再低，吸收你成为该书俱乐部的成员。

⑤ 昨天他借我 一本书。

⑥ 等我这个月发工资了再还你 钱，好不好？

⑦ 我把她的照相机镜头弄坏了，我赔了她 1200元钱。

⑧ 王老师教我们 英语。

⑨ 我要问你 一个问题。

⑩ 我欠他 一百元钱。

【补充说明】

在比较正式的场合，给与类动词（除了“给”以外）和教授类动词的后面通常要加上表示交付对象的介词“给”，用来引出交付对象宾语。如：

⑪ 1946年，在毛岸英回国前夕，斯大林接见了他，送〈给〉他 一支手枪。

⑫ 我借〈给〉了她 一支笔。

⑬ 一九五四年，甘肃省安西县农民卖〈给〉国家 粮食一千一百二十八万斤。

⑭ 李老师不仅教〈给〉学生 文化知识，还教学生 如何做人。

这里前一句用“给”引出“教”的交付对象宾语，后一句没有用“给”引出“教”的交付对象宾语，因为后一句“教”的直接宾语“如何做人”是动词性短语，表示的是一种行为，不是一种事物，不能给与别人。

2. 存在动词

存在动词是表示人或事物是否在某处存在的动词。这类动词很少，主要有“有”“存在”，否定形式是“没有”“无”等。例如：

① 院子里有一棵树。

② 山下小路上有一个人。

在汉语语法学上，把“处所＋有＋人或物”这种句式叫“存在句”。这种句式专门用来表示某个处所存在着人或事物。

“存在句”的否定形式是将存在动词“有”换成“没”或“没有”。例如：

③ 屋里没人。/屋里没有人。

在书面语中，还有一个存在动词“无”，来自古代汉语，意义和用法与“没”相同，通常只用在来自古代汉语的谚语、成语中。例如：

④ 世上无难事，只怕有心人。

⑤ 此地无银三百两。

在现代汉语书面语中，常用“存在着”代替存在动词“有”，用“不存在”代替存在动词“没有”。例如：

⑥ 中国是发展中国家，同样也存在着人口老龄化的问题。

⑦ 世界上只存在着两种人：男人与女人。

以上二例中的“存在着”都可以换成“有”。

⑧ 原始社会中，不存在法律。

这里的“不存在”都可以换成“没有”。

3. 变化动词

变化动词是表示人或事物出现、变化、消失等意义的动词（出现和消失属于广义上的变化）。这类动词的数量也不多。下面我们分别加以说明。

（1）表示出现

这类动词用来表示人或事物从无到有的变化，主要有“出”“出现”“发生”等。例如：

① 不可思议的事出现了。

② 我担心的事终于发生了。

③ 出事了。

④ 同年 12 月 12 日，发生了西安事变。

值得注意的是，变化动词不仅可以放在主语的后面（如例①、例②），还可以放在主语的前边（如例③、例④）。变化动词放在主语后面的陈述句属于普通陈述句，变化动词放在主语前边的陈述句是一种特殊的陈述句，是把人或事物的出现当作一个事件来陈述，这种句子属于“事件句”的一种（关于事件句，参见 513 页“五、事件句”）。

（2）表示变化

这类动词用来表示人或事物的形态变化，如“变、变化、长（zhǎng）、生长、发展、演变、死、活、瘸、崴（wǎi）、瞎、病、塌、断、裂、醒、醉、毕业”等。例如：

① 听了这个消息，她的脸色变了。

② 他的个子长了。

③ 几天之后蔡桓公就死了。

④ 他眼睛瞎了。

以上四例的谓语动词都是变化动词，句子的语序是主谓语序。有时候，人们用“变化动词”加上主语，构成主谓倒置的主谓短语，作句子的谓语。例如：

⑤ 他变了脸色。

⑥ 他死了父亲。

⑦ 他瞎了眼睛。

⑧ 他长个了。

这种用主谓倒置的主谓短语作谓语所形成的句式，是通过主语所领有的人或事物等的变化来表示主语的变化。如例⑦是说“他”成了眼睛瞎的人（盲人），强调的是“他”的变化；例④是说“他”的眼睛瞎了，强调的是“他”眼睛的变化。例④这种句式也是特殊陈述句的一种，我们称之为“变化句”（关于“变化句”，参见 517 页“六、变化句”）。

（3）表示消失

这类动词用来表示人或事物的消失。事物从有到无，与从无到有一样，都是一种变化。常见的消失动词有“没”“没有”“消失”“失踪”“掉”“落”等。例如：

① 我的钱包没了。

② 现在，这种现象都没有了。

③ 如今这种现象逐渐消失了。

④ 他的两颗牙掉了。

⑤ 树叶落了。

⑥ 11日，又一个居民向警察局报告，他的女儿卡塔琳失踪了。

以上六例的谓语动词都是表示人或事物消失的变化动词，句子的语序是主谓语序。人们有时也用“消失动词”加上主语，构成主谓倒置的主谓短语，作句子的谓语，通过主语所领有的人或事物等的变化来表示主语的变化，如“他掉了两颗牙”，是通过牙齿的掉落表示“他”的变化（受伤了、衰老了等）。再如“树落了叶”，是通过树叶掉落来表现树的变化（凋谢了）。这样的主谓句也是变化句。

4. 趋向动词

趋向动词是表示物体向一定方向移动的动词。有单纯趋向动词和合成趋向动词两种。

（1）单纯趋向动词

单纯趋向动词主要有：

上　下　进　出　来　去　回　过　起

下面我们具体说说这些单纯趋向动词的意义。

上、下

趋向动词“上”表示物体从低处向高处运动，有“走上”“登上”等意思，如“上山”“上楼”“上车”等。“下”与“上”所表示的行为方向相反，如“下山”“下楼”“下车”等。

进、出

“进”表示物体从外面移动到里面，如“进门”“进屋”“进站”等。“出”

所表示的行为方向与“进”相反，如“出门”“出屋”“出站”等。

来、去

别人向自己所在的地方前进是“来”，自己向别人所在的地方前进是“去”，离开自己所在的地方向某个地方前进，也是“去”。例如：

① A：你什么时候到我这儿来？　B：我马上就到你那儿去。

这里 A 问 B 什么时候到自己这儿来，B 回答马上就到他那去。

② 我要去中国了。

这里说话者要离开自己的国家前往中国，所以用“去”。

回

“回”表示物体向出发点前进，返回出发点。例如：

快去快回。

过

“过”表示物体从一边移动到另一边。如“过河”“过马路”等。

起

“起”表示物体从低处向高处移动。在这个意义上，“起”只作趋向补语，如“抬起”“拿起”“飞起”等。

（2）合成趋向动词

语法学界所说的合成趋向动词其实是用趋向动词“来”和“去”作趋向动词“上”“下”“进”“出”“回”“过”的补语和用趋向动词“来”作趋向动词“起”的补语所构成的趋向动词短语，属于一种动补短语，只是汉语语法学界都把趋向动词短语看成合成趋向动词。为了便于读者查阅，本书将趋向动词短语放在“合成趋向动词”的题目下。主要有：

上来　上去　下来　下去　进来　进去　出来　出去　回来　回去　过来　过去　起来

由于趋向动词“上”“下”“进”“出”“回”“过”只表示物体向上、下、里、外、出发点、对面等方向移动，但不表示观察者在什么位置，是在移动的起点还是终点，而在很多情况下，观察者需要表明自己所在的位置，趋向动词“来”和“去”能表明观察者所在的位置，于是人们又在这几个趋向动词的后面加上“来”或“去”作趋向补语。下面我们来看看具体用例：

① A：你怎么还不上〈来〉？

这里A用趋向动词“来”作“上”的补语，说明A在上面。

B：我马上上〈去〉。

这里B用趋向动词“去”作“上”的补语，说明B在下面。

② A：你怎么还不下〈来〉？

这里A用趋向动词“来”作“下”的补语，说明A在下面。

B：我马上下〈去〉。

这里B用趋向动词“去”作“下”的补语，说明B在上面。

③ A：你怎么还不进〈来〉？

这里A用趋向动词“来”作“进”的补语，说明A在里面。

B：我马上进〈去〉。

这里B用趋向动词“去”作“进”的补语，说明B在外面。

④ A：你怎么还不出〈来〉？

这里A用趋向动词“来”作“出”的补语，说明A在外面。

B：我马上出〈去〉。

这里B用趋向动词“去”作“出”的补语，说明B在里面。

⑤ A：你怎么还不回〈来〉？

这里A用趋向动词“来”作“回”的补语，说明A在B的出发点（例如家里）。

B：我马上回〈去〉。

这里B用趋向动词“去”作“回”的补语，说明B在外面（如工作单位）。

⑥ A：你怎么还不过〈来〉？

这里A用趋向动词“来”作“过”的补语，说明A在B的对面（如在马路的一边）。

B：我马上过〈去〉。

这里B用趋向动词“去”作“过”的补语，说明B在A的对面（在马路的另一边）。

由于“上来”“上去”“进来”“进去”等属于动补短语，所以中间可以插入否定副词“不”，如“上不来”“上不去”“进不来”“进不去”等，还可以插入宾语，如“上楼来”“进屋去”“过这边来”等。

趋向动词“起”表示物体从低的位置向高的位置移动，很少单独使用，通常用趋向动词“来”作趋向补语，说成“起来”。“起来”有两个主要用途：一是作趋向补语和持续补语，详见64页“(一)补语的类别”；二是表示从躺着的状态变成站着的状态，或者从坐着的状态变成站着的状态。例如：

⑦ 他每天早晨五点就起〈来〉做饭。

⑧ 她仍然坐在椅子上没有起〈来〉。

以上二例中的“起来”分别表示从躺着的状态站立起来和从坐着的状态站立起来。

如果要表示不能起来，要在“起来”的中间加上否定副词“不”。例如：

⑨ 我晚上不愿意睡，早晨起〈不来〉。

⑩ 行军时，不停地走，不敢坐，坐下就起〈不来〉了。

有时为了明确地表示从躺着的状态变成坐着的状态，或从坐着、蹲着的状态变成站立的状态，要用“坐”“站”作谓语动词，后面加上“起来”作补语，说成“坐起来”“站起来”，而不是笼统地说成“起来”。例如：

⑪ 手术结束后，她突然从床上坐了〈起来〉，高兴地喊：“我能坐〈起来〉了！”

⑫ 坐在最后一排的一名女生站〈起来〉提问。

5. 心理动词

心理动词是用来表示认知活动和情感活动的动词。认知活动和情感活动都属于人的心理活动，所以我们把它们统称为“心理动词”。心理动词所表示的认知活动和情感活动的内容比较复杂，种类很多，大体上可以分为认知类心理动词和情感类心理动词两种。

(1) 认知类心理动词

认知类心理动词用来表示对事物的认识、了解的情况。主要有：

了解　熟悉　理解　懂　懂得

(2) 情感类心理动词

情感类心理动词是用来表示对事物的肯定或否定的反应和态度的动词。情感类心理动词主要有：

爱 恨 喜欢 讨厌 厌恶 爱好 爱惜 珍惜 惦记 羡慕 嫉妒 想 想念 怀念 怕 害怕 担心 放心 感谢 感激 热爱 希望 盼望 佩服 欣赏 鄙视 注意 留心 重视 看重 器重 满意 在意 在乎 计较 关心 照顾 同情 体谅 体贴 心疼 拥护 赞成 反对 支持 欢迎 尊敬 尊重 相信 信任 迷信 怀疑 后悔

认知类心理动词和情感类心理动词的语法功能是相同的，如前面都可以加程度副词，如“非常了解”“非常熟悉”“非常喜欢”“非常讨厌”等。

6. 助动词

助动词是用来辅助其他动词准确地表达思想感情的词，所以称之为“助动词”。这类动词有不少是用来表示动作行为、事件等发生的可能性和意愿的，所以学术界也称之为“能愿动词”。助动词其实是用来表示动作行为、变化等发生的前提条件的，所以也可以称之为“前提动词”。

在现代汉语中，助动词主要有“能”“能够”“会”“可能”“愿意”“肯”“可以”“敢”“应该”“应当”“该”“得”“要”“舍得”“想”等。这类动词有一个共同的用法，就是用来修饰其他动词，作状语。根据助动词意义上的差异，可以把助动词分成如下几类：

（1）表示有做某事的能力

这类助动词主要有“能”“能够“可以”等。其中“能够”一般用于书面语。例如：

① 他［能］用一只手举起一百斤重的杠铃。

② 它会飞，［能］在空中飞翔。

这里“会”也是助动词，表示具有做某事的技术。“会飞”就是具有飞的技术，而“能在空中飞翔”则表示有在空中飞翔的能力。

③ 老子说，［能够］战胜别人只是有力量的表现，而［能够］战胜自己才是真正的强者。

④ 他［可以］在十分钟内完成这个任务。

这里“可以”是“能、能够”的意思。

（2）表示具有某种功能、用途

这类助动词主要是“能”“可”“可以”等，其中“可”属于书面语。例如：

① 针灸为什么［能］治病？现代科学还没有定论。

② 北斗七星不仅［能］帮助人们判断方向，而且［能］指示不同的季节。

③［能］吃的石头——石盐。

④ 南瓜的果实［可］做蔬菜，种子［可以］吃。

这里“可”和“可以”也是“能”的意思。

（3）表示有发生某事的可能性

这种助动词用来表示对事情发生的可能性的推测，主要有“能”“可能”“会”等。例如：

① 同乡、同学、同事几十年不见面，［能］不想吗？

② 天这么晚，他［不能］来了。

③ 看她的气质，她［可能］是个教师。

这里的“可能”可以替换成语气副词“大概”，但“可能”属于助动词，所以前面还可以加程度副词，如：

④ 离开了正确的科学理论的指导，个人的实践［很可能］是盲目的。

南方人喜欢用“会”来表示可能性。例如：

⑤“［不会］有大雨了！”那农场场长说：“气象台有预报！”

这里“不会”是“不能”的意思。

在书面语中，也常把“可能”和“会”并列连用。例如：

⑥ 这对于少年时期的孩子们来说，［可能会］有一定潜在的心理损害。

这里“可能”和“会”都是表示可能性的助动词，并列连用。

（4）表示对数量的估计

这种助动词用来表示对人或事物数量的估计，主要有“能”“可能”等。例如：

① 这个游行队伍［能］有一千多人。

② 一年纯收入［能］有 20 万元。

③ 利比亚的石油总储量［可能］有 1000 多亿桶。

以上二例中的“能”“可能”表示对人或事物数量的估计，可以替换为“估计”“大约”，但“估计”“大约”比“能”“可能”的语气更肯定一些，也就是“估计”“大约”所表示的估计的可靠性比“能”“可能”大一些。

（5）表示具有做某事的技能

这种助动词主要是“会”。例如：

① 孩子出生后他就去打工了，回来时孩子［会］走路了，再回来时孩子［会］叫“爸爸”了。

② 你［会］唱歌、跳舞吗？

③ 我［不会］说广东话。

值得注意的是，“会”指的是从不具有某种技能到具有某种技能的变化，如果已经具有某种技能而因伤病等失去，伤病痊愈后，该技能又恢复了，在这种情况下，要用助动词“能”表示技能的恢复，而不是“会”。例如：

④ 我的腿恢复得很好，现在不拄拐杖也［能］走路了。

另外，由于动词“说”“唱”与它们的宾语（语言、歌曲等）的搭配是固定的，因此当助动词“会”修饰“说”“唱”等动词的时候，“说”“唱”等常省略，在这种情况下，人们觉得“会”是个动词。例如：

⑤ 他［会］汉语。

这里“会”的后面省略了动词“说”。

⑥ 这首歌你［会］吗？

这里“会”的后面省略了动词“唱”。

⑦ a. 这首歌一学就会。

这里不但省略了动词“唱”，还将“学”的宾语“这首歌”移到了句首。它的原型是：

b. 一学这首歌就会唱。

将这个原型中的宾语“这首歌”移到句首，并省略助动词“会”后面的动词“唱”，就成了例⑦a这种句式。至于之所以将宾语“这首歌”移到句首，是为了让宾语“这首歌”作话题（参见518页“七、宾语话题句”）。

（6）表示具有做某事的特长

在口语中这种助动词主要是“能”和“会”，在书面语中则常用“善于”“擅长”等。例如：

① 航天科技队伍是一支特别［能］吃苦、特别［能］战斗、特别［能］攻关、特别［能］奉献的队伍。

②［能］说［会］道、［能］唱［会］跳、［能］写［会］画——这是湖

南第一师范学院培养乡村教师的标准。

这里“能”与“会”意义相同，都是“善于”“擅长”的意思。

③ 军舰鸟胸肌发达，[善于] 飞翔，素有“飞行冠军”之称。

④ 白熊不仅 [擅长] 游泳，还 [善于] 在陆地上奔跑。

（7）表示有做某事的办法

这种助动词主要是“能”和“可以”，大都用在否定句中。例如：

① 有人问赫拉克利特：“过去的事情 [能] 否更改？”赫拉克利特回答：“人 [不能] 两次踏进同一条河流。”

这里“能”是“有办法”的意思，“不能”是“没有办法”的意思。

② 历史 [不能] 改变，但历史书 [可以] 改写。

这里“不能”是“没有办法”的意思，“可以”是“有办法”的意思。以下二例依此类推：

③ 内心再也 [不能] 平静。

④ 我 [不能] 确切知道他伤心的程度。

（8）表示有做某事的机会或运气

这种助动词主要是“能”或“能够”和“可以”。例如：

① 不论走到哪里，总 [能] 看到新疆的电视节目，因为新疆电视台的节目送上了亚洲一号卫星。

这里“能看到新疆的电视节目”是“有机会看到新疆的电视节目”的意思。

② 孩子干家务活既 [能] 体会到劳动的乐趣，又 [可以] 赚到可观的零花钱。

这里“能”和“可以”也是“有机会”的意思。

③ 我们 [能够] 来到这个世界上，本身就是一种幸运。

这里“能够”也是“有机会”的意思。

④ 我每次出去旅游都 [能] 遇上好天气。

这里“能遇上好天气”的意思是“有遇上好天气的运气”。

（9）表示做某事具有可行性

所谓做某事具有可行性，就是做某事能够达到某种目的、会有好结果、不违背对方的意愿等。这种助动词主要是“能”“可以”“可”等。例如：

① 为了减少消耗，我尽量多在床上躺着，这样［可以］少吃些。

这里是说尽量多在床上躺着能够达到少吃一些的目的。

② 爱情是要讲究缘分的，［不可以］刻意地追求。

这里“不可以刻意地追求”是说，刻意地追求是达不到目的的。

③ 这件事［不能］让别人知道。

这里“不能让别人知道”是说，如果让别人知道会有不好的结果。

④ 受到严重污染的土地上的植物不但［不能］食用，也［不能］作饲料或肥料。

这里“不能食用”和“不能作饲料或肥料”是说，如果食用或作饲料、肥料会出现不良结果（如中毒等）。

⑤ 我［可以］进来吗?

这句话的字面意思是：“我进来不违背您的意愿吧?”用来委婉地请求对方的允许。

（10）表示做某事具有合理性或正确性

所谓具有合理性或正确性，就是说做某件事是合理的、正确的。这类助动词主要有“应该”“应”“该”“应当”“能”“可以”等。在这个意义上，“能”和“可以”一般只在否定句或疑问句中使用。例如：

① 科学家［不应］只顾研究，还［应当］肩负起对社会的责任。

这里是说，科学家只顾研究是不合理的，同时负起对社会的责任才是合理的。

② 中国［应该］走社会主义的道路。

这里是说，中国走社会主义道路是正确的。

③ 你走之前，［该］跟大家打个招呼。

这里是说，跟大家打个招呼是正确的做法。

④ 发展工业［不能］以破坏环境为代价。

这里“不能”的意思相当于“不应该”。

⑤ 大片荒沙变成万顷绿洲，这［不能］不说是一个人间奇迹。

这里“不能不”的意思相当于“应该”，但比“应该”的语气委婉。

（11）表示做某事是符合或不符合规定的

这类助动词主要是“能”“可以”“不得”等，一般在否定句或疑问句中使用。例如：

① 法律规定公务员［不能］接受20欧元（约合人民币195元）左右的礼品。

“能”可以用来表示做某事是符合规定的，“不能”则表示做某事（这里指公务员接受20欧元左右的礼品）是不符合规定的。

② 你年岁不小了，参加青年团是［可以］的。

这里是说，“你”参加青年团是符合规定的。

③ 车厢里［不可以］随便吸烟。

这里是说，在车厢里随便吸烟是不符合规定的。

④ 升国旗必须升到杆顶，降旗时国旗［不得］落地。

这里“不得”是“不可以”的意思，但它属于书面语，所以使人觉得比“不可以”的语气更重。

（12）表示做某事是有意义的

这种助动词主要是“值得”。例如：

①《人到中年》这部电影［值得］一看。

这里是说，看一下《人到中年》这部电影是有意义的。

② 邓小平在太行山的这段历史，无疑是一段［值得］回忆、［值得］纪念、［值得］大书特书的历史。

这里是说，回忆、纪念、大书特书（正式、详细地记载）邓小平在太行山的这段历史是有意义的。

③ 作为罪人，他们［不值得］同情。

这里是说，“他们”是罪人，同情“他们”是没有意义的。

（13）表示有做某事的打算

这种助动词主要是“想”“要”“想要”。例如：

① 他并［不想］当下届总统，他打算三年后退休。

这里“不想”是“不打算”的意思。

② 我［要］去长城、故宫、王府井大街，我还［想］去上海、西安和云南。

这里“要”与“想”的意思相同。

③ 我［想要］学好书法、舞蹈，以后当汉语教师。

这里是说，“我”有学好书法、舞蹈，以后当汉语老师的打算。

（14）表示有做某事的意愿

这类助动词主要有“愿意”“想”“要”“甘心”“肯”。例如：

① 老王平易近人，群众都［愿意］同他讲心里话。

② 我得到银牌很高兴，但我更［想］要金牌。

这里“想”是“愿意”的意思，而不是“打算”的意思。

③ 你［能］让我们住在你的房子里吗?

这里“能”是“愿意”的意思，用在表示委婉请求的疑问句中。

④ 当然，人类也决［不甘心］做大自然的奴隶。

这里“不甘心”是“不愿意”的意思。

⑤ 只要有恒心、［肯］努力，做任何事情都能成功。

这里“肯”是“愿意”的意思。

（15）表示有做某事的决心

这类助动词主要有“忍心”“舍得”。例如：

① 我［不忍心］叫醒她。她太累了，让她多睡一会儿。

这里“不忍心”是“由于疼爱而不能下决心”的意思。

② 为了培养孩子，许多家长不仅［舍得］花钱，也［舍得］花时间。

这里“舍得”是“由于不吝惜而能下决心”的意思。

③ 虽然这台电脑已经很旧了，但是还能用，我就［没］［舍得］扔。

这里“没舍得”是“由于珍惜而没能下决心”的意思。

（16）表示有做某事的胆量

这类助动词主要是“敢”“敢于”。例如：

① 他喜欢我的一个同事，但一直没［敢］向她表白。

② 你［敢］［不敢］从这儿跳下去?

③ 马寅初正是这样一位［敢于］直言、坚持真理的知识分子。

以上我们举例说明了常见的助动词。

如前所述，助动词实际上是用来表示动作行为、变化等实现的前提条件的，而动作行为、变化等实现的前提条件有主观的和客观的两种，所以助动词也有相应的两种：主观助动词和客观助动词。用来表示能力或技能、意愿、胆量等的助动词是主观助动词，而用来表示可能性、机会或运气、条件、必要性、意义、合理性、合法性等的助动词是客观助动词。

有的助动词既可以用来表示主观条件允许，又可以用来表示客观条件允许，如“能”有时表示有做某事的能力，如“能在空中飞翔”，有时表示有做某事的机会，如“在外国也能看到中国的电视节目”。

7. 判断动词

判断动词是用来表示判断的词。在现代汉语中，判断动词主要是“是”，在书面语中有时也使用“为”。例如：

① 鲁迅是20世纪中国最伟大的作家。

② 一万三千多年以前，织女星曾经是北极星。

③ 娃娃鱼不是鱼，而是产于中国的世界上最大的两栖动物。

④ 北京市总面积为16,800平方公里。

8. 形式动词

形式动词又叫“虚义动词”“先导动词”，是汉语书面语中的几个特殊动词，这种动词属于及物动词，以动词或动词性短语为宾语，主要有“进行”“加以”“予以”等几个。例如：

① 把劳动作为对罪犯进行改造的一种手段，是世界许多国家通常的做法。

② 对这样的人要进行教育、批评，对他们的行为要坚决加以制止。

③ 这一问题应引起各级政府重视，设法予以解决。

从以上的例子中可以看出，形式动词的作用是突出动词的处置意义，所在的句子通常是用对象介词“对”引出处置的对象，然后用“进行”“加以”“予以”加上处置动词，表示如何对该对象进行处置。有时处置对象可以承前省略，不用对象介词“对”引出，如上面的例③，“设法予以解决”的前面省略了“对这一问题”。

【补充说明】

第一，形式动词虽然可以用动词作宾语，但它要求作宾语的动词按照名词的用法使用，前面不可以加状语，后面不可以带补语。例如：

④ 新中国成立后，党和政府对封建迷信进行了（严厉）的打击。

我们知道，“严厉”还可以作状语，如“[严厉]地打击刑事犯罪活动”，但形式动词“进行”后面的动词是按照名词的用法使用的，因而这里“打击”前面的定中结构助词“的”不可以换成状中结构助词“地”。再如：

⑤《红楼梦》为我们塑造了众多富有才华的女子形象，并对之进行（热情）的歌颂。

这里动词“歌颂”前面的结构助词“的”也不可以换成结构助词“地”。

另外，动词一般可以带动量补语，如“研究〈一下〉”“学习〈一次〉”“分析〈分析〉”[①]，但形式动词要求作宾语的动词按照名词的用法使用，后面不可以带补语，所以不能说“* 进行研究一下”“* 进行学习一次”“* 进行分析分析”等。如果需要表示行为进行的次数，动量补语要放在“进行”的后面，如“进行〈一下〉研究”“进行〈一次〉学习”“进行〈一下〉分析”等，只是形式动词属于书面语词，而“一下”带有口语色彩，将“一下”放在形式动词的后面，风格上不够协调，所以这样说的也比较少见。

第二，形式动词其实是用处置动词作宾语，表示对处置的对象进行相应的处置，处置对象需要先用处置介词“对”引出，放在形式动词的前边，如“[对罪犯] 进行改造”“[对学生] 进行教育”“[对这种行为] 加以制止”等。如果将处置对象放在处置动词的后面，动词的前边不可以加形式动词，因为处置动词可以直接带宾语，如不能说“* 进行改造罪犯”“* 进行教育学生”“* 加以制止这种行为”等。

9. 泛义动词

泛义动词是汉语中意义比较宽泛的一类动词，主要在没有合适的动词的情况下使用。常用的汉语泛义动词主要有“弄”“搞”“来”这三个。

（1）弄

泛义动词“弄”来自山东、河北等地的方言，相当于东北方言中的“整”。在普通话中，“弄”大都用在书面语里（普通话不使用“整”）。例如：

① 他每天下班回家，扫地、洗衣、弄菜、做饭，忙个不停。

这里“弄菜”的“弄”可以替换为“做”，但“做菜”容易被理解为直接把做菜的原料做成菜，而“弄菜”还可以包括洗菜、择（zhái）菜、切菜等

---

① “分析分析”就是“分析一下”，后一个“分析”属于借用量词，前面省略了数词“一”，所以后一个“分析”实际上属于动量补语。参见 438 页“2. 数量短语的反复”部分。

一些做菜前的准备工作。

② 在海沙滩上栽果树，要挖坑换土，可是海滩上全是一片粉沙，到哪里去弄土？

这里“弄”表示的是“设法得到”的意思，汉语中没有相应的动词，所以用“弄”来代替。

③ 不准动，谁弄坏了机器谁负责！

这里“弄”表示的是“因操作不当而损坏”的意思，汉语中没有相应的动词，所以用“弄”来代替。

有时人们看到了行为的结果，但不知道造成这种结果的行为是什么，也可以用“弄”来表示。例如：

④ 他们几个故意破坏班里的电视教学设备，弄〈断〉了保险丝，弄〈坏〉了电源开关。

这里的两个“弄”表示的是使“保险丝”折断和使“电源开关”损坏的行为。

（2）搞

泛义动词“弄”来自湖北、四川等地的方言，在这些方言区很常用，普通话里主要在书面语中使用，它不如“弄”常用，但有“弄”不具备的意义：

第一，表示从事某种工作的意义。

① 知识分子多数是搞理论、搞教育、搞学术、搞文艺、搞新闻的。

这里“搞理论、搞教育、搞学术、搞文艺、搞新闻”的意思是“从事理论工作、从事教育工作、从事学术研究、从事文艺工作、从事新闻工作”。

第二，表示某些不易说清的动作行为。有的动作行为难以用一个动词确切地概括，在这种情况下，人们有时用“搞”来表示它。在这种用法上，“搞”的意义比“弄”更宽泛，有时不能替换成“弄”。例如：

② 我在美国呆了那么久，也没有搞〈清楚〉到底什么是美国梦。

这里“搞清楚”的意思是“通过一定的途径使自己清楚地知道”。也可以说成“弄清楚”。

③ 搞厂庆，唱厂歌，使职工在厂有自豪感。

这里“搞厂庆”指的是举办厂庆以及举办厂庆前的筹备活动。

④ 你二十多岁了，该搞对象了。

这里“搞对象”是“通过一定方法（如通过自己寻找并追求、通过别人介绍等）得到恋爱对象”的意思。

（3）来

泛义动词“来”有四个比较特殊的意义和用法：

第一，表示自己要做某事。通常用在说完就做的场合，有时也顺便征求一下对方的意见。例如：

① 我来介绍一下。这是我的同学玛丽。

② 我来考考你们，外向型经济究竟包括哪些内容？

③“我问你，世上这么多女人，你为什么偏偏会看上我、喜欢我？”“好吧。我来回答你……”

④ 让我来介绍一下，这是新来的人。他们是在一个月以前从中国来的。

以上四例中的“来”只是用来提示对方自己要做某事，并且说完就做。例④中的“来”虽然用在祈使句中，但还是说完就做，祈使句的使用只是一种礼貌。

⑤ 我想露一手，便对他说：“我来做道菜，怎么样？”

⑥ 我来听一下，行吗？

以上二例中的“来”用在征求对方意见的句子中，在这种情况下就不是说完就做了。

这种意义的“来”是由“到来”的意义演变成的。有时我们看见一个人来了，往往问他来干什么。例如：

⑦“你来〈干什么〉？”“我来〈拿行李〉。”

人们很容易把“我来拿行李”理解为“我要拿行李”，把其中的“来”理解为“要做某事”的意思，人们这样理解了，也这样用了，于是“来”就有了表示“要做某事”的意思。这种现象在“语法化”学说中叫作“重新分析”。

第二，表示要提供帮助、教导、服务等。

这种用法其实也是用来表示自己要做某事，只是后面的动词是帮助、教导、服务类的动词，给人的感觉是表示要提供帮助、教导、服务等。例如：

⑧ 我来帮你做饭。

⑨ 我来教你包饺子。

⑩ 郝教授听说后，满怀信心地说："我来辅导你学英语。"

⑪ 她发现丈夫拿着勺子的手在发抖，赶紧说："我来喂你吧。"一向好强的丈夫点了点头。

第三，表示负责做某事。这种用法是由表示自己要做某事的用法引申出来的。在一件事情需要分工合作的情况下使用"来"，表示由某人做某事，就有了表示负责做某事的意义。例如：

⑫ 你来问，我来回答。

这个句子等于说：你负责问，我负责回答。

⑬ 我来拿这个，你来拿那个。

这个句子等于说：我负责拿这个，你负责拿那个。

⑭ 您放心，这事我来办。

这里是说，"我"负责办"这事"。因为"这事"是已知信息，所以从"办"的后面移到了句首。

在这种用法下，有时还用承担者介词"由"引出"来做某事"的人。（关于承担者介词，参见312页"17. 承担者介词"。）例如：

⑮ 人民币能否成为世界货币，这个问题不应该［由我］来回答，而且现在还言之过早。

⑯ 烹调手艺很好，他说［由他］来做菜。

第四，在特定的语境中代替意义具体的动词。

在特定的语境中，如果应该使用的意义具体的动词是不言而喻的，人们有时用"来"代替它，尤其是在要求别人做事的时候。例如：

⑰ 唱得真好听，再来一个。

这里的"来"代替的是动词"唱"。

⑱ 弹得太好了，再来一段。

这里的"来"代替的是动词"弹"。

⑲ 你拿那个，这个我自己来。

这里的"来"代替的是动词"拿"。

"来"的这种用法与饭店等服务行业有关。在饭店中，服务员常用"来"表示将顾客要的食品、饮料等准备好并拿来的意思。例如：

⑳ "菜来了！"服务员喊道。

㉑ 小姐，茶来了！

以上二例中的“来了”表示菜或饮料已经准备好并送来的意思。顾客也借用这个“来”表示将食品、饮料等准备好并送来的意思。例如：

㉒ 这个菜太好吃了，再来一盘！

㉓ 茶太好喝了，再来一碗！

以上二例中顾客用“来”表示要求服务员将食品、饮料等准备好并送来的意思，但也可以理解为“要”“吃”“喝”等意思。于是人们又根据这种理解，用“来”代替“要”“吃”“喝”等动词，甚至还进一步扩展，用来代替其他意义具体的动词。

另外，由于当顾客用“来”表示要求服务员将食品、饮料等准备好并送来的意思时，服务员会把它理解为“要”“吃”“喝”等意思，同时由于“来”的意义比较模糊，听起来比说“要”“吃”“喝”等更有礼貌，于是服务员便用“来什么”问顾客要吃什么、喝什么等。例如：

㉔ 服务员：“请问，几位来点什么？”陆雨平：“来一壶茶，再来一些点心。”

这里服务员和陆雨平说的“来”都是“要”意思。

（二）动词的用法

动词的种类很多，不同种类的动词有共同的用法，也有不同的用法。

1. 动词大都可以作谓语

除了助动词以外，动词可以在句子或短语中作谓语（包括谓语中心），对主语进行陈述，这是动词的主要用法。例如：

① 他‖来了。

这里动词“来”作谓语。

② 我‖［刚］来。

这里动词“来”作谓语中心。

③ 他‖写了一篇文章。

这里动词“写”作谓语中心。

2. 动词大都可以作主语、宾语

除了助动词以外，动词的主要语法功能是作谓语或谓语中心，在需要的时候也可以作主语或主语中心、宾语或宾语中心。作主语或主语中心、宾语或宾语中心，这是动词的借代用法。我们知道，主语表示的是需要陈述的人或事物，宾语表示的是动作行为支配或涉及的人或事物，而动词表示的是人或事物的动作行为、变化等，用动词作主语和宾语，实际上是用动词来表示人或事物，也就是借用动词来表示名词性的意义。例如：

① 游泳‖是一种非常好的健身运动。

② 他‖喜欢游泳。

以上二例中的“游泳”指的都是“游泳”这种运动，在句中分别作主语和宾语。

③ 学习‖是一个吸收知识、思考问题、运用知识的过程。

这里“学习”作主语，指的是“学习”这种活动。

④ 他‖受到了（鲁迅先生）的（严厉）批评。

这里“批评”作宾语中心，指的是“批评”这种处置行为。

⑤ 结婚‖是人生中一件大事。

这里“结婚”作主语，指的是“结婚”这种事情。

⑥（新春）的到来,‖总是给人们带来美好的憧憬。

这里“到来”作主语中心，指的是“到来”这种事情。

⑦ 我们非常重视中国游客，期待（中国游客）的到来。

这里“到来”作宾语中心，指的也是“到来”这种事情。

在词有形态变化的语言中，动词大都不可以直接作主语和宾语，一般需要在形态上加以变化，把动词变成名词。如在英语中，一般要在动词上加后缀“-ing”构成动名词（带有动词的语法特征的名词），或加后缀“-ion”“-age”等，构成名词，然后才可以作主语和宾语。如将“swim”（游泳。动词）变为“swimming”（游泳。名词），将“read”（读；阅读。动词）变为“reading”（阅读。名词），将“learn”（学习。动词）变为“learning”（学习。名词），将“complete”（完成。动词）变为“completion”（完成。名词），将“marry”（结婚。动词）变为“marriage”（结婚。名词）等。例如：

Eating is an important thing. 吃是一件重要的事情。

Reading is necessary for you to expand you knowledge. 阅读对于扩展知识很有必要。

在汉语中，动词一般不需要变化就可以直接用来表示人或事物，在句子或短语中作主语或主语中心、宾语或宾语中心，让听者或读者根据语境去领会它实际上所表示的意义。用动词作主语或主语中心、宾语或宾语中心的时候，表示的是以动作行为等为内容的活动或事情。如前所述，当人们用动词作主语或主语中心、宾语或宾语中心的时候，只是借用它来表示名词性的意义，这是一种借代用法，动词本身并没有转化为名词，因而在需要的时候还可以在它的前面加上状语。例如：

⑧［在河里］游泳‖是相当危险的。

这里在作主语的“游泳”前加上了状语“在河里”，表明“游泳”作主语（主语中心）时，仍然是动词。

⑨ 他‖喜欢［在大海中］游泳，从不在游泳池游泳。

这里在作宾语的“游泳”前加上了状语“在大海中”，表明“游泳”作宾语（宾语中心）时，仍然是动词。

⑩［充分］地学习‖是一种极有效的方法，能使人们摆脱迷信。

这里在作主语的“学习”前加上了状语“充分”，表明“学习”作主语（主语中心）时，仍然是动词。

⑪ 学生欢迎网上教学，喜欢［自主］学习。

这里在作宾语的“学习”前加上了状语“自主”，表明“学习”作宾语（宾语中心）时，仍然是动词。

3. 有些动词可以作定语

能够单独作定语的动词是很少的，主要是一些不及物动词，及物动词不能直接作定语，必须带宾语才能作定语，而及物动词带上了宾语就是动宾短语了。

动词（不及物动词）作定语主要表示人或事物所处的状态、正在进行的活动、经常进行的活动，以及人或事物发生的变化。

（1）表示人或事物所处的状态

不及物动词可以作定语，表示人或事物所处的静态或动态。例如：

① 一旦遇到紧急情况，司机急刹车或车子急拐弯时，车上（站）的人极有可能摔下来。

这里“站的人”的意思是“处于站着的状态的人”。再如：

② 车里（坐）的人是谁？

③ 地上（躺）的人一动也不动。

④ 大街上（跑）的出租车不再冒黑烟。

这里“跑的出租车”的意思是“处于跑的状态的出租车”。

动词作定语表示人或事物所处的状态时，经常在后面加上持续体助词“着”。例如：

⑤ 车上非常拥挤，（站着）的人比（坐着）的人还多。

（2）表示人或事物发生的变化

有些变化动词可以直接作定语，用来表示人或事物发生的变化。例如：

① 村里年年闹瘟疫，（死）的人很多。

② 两天过去了，仍然没有找到（失踪）的人员。

4. 大多数动词后面可以加动态助词

汉语中除了助动词以外，动词的后面一般都可以加动态助词“着”“了”“过”，表示动作行为正在进行、已经发生、曾经发生等语法意义。如“看着”“看了”“看过”，“走着”“走了”“走过”等。

5. 有些动词可以重叠

有些动作行为动词可以重叠。单音节动词的重叠方式是连续说两遍，可以用字母表示为“AA”，如“闪闪”“飘飘”；双音节动词的重叠方式是两个音节分别连续说两遍，可以用字母表示为“AABB”，如“唠唠叨叨”“比比划划”。不过，单音节动词极少单独重叠，往往是两个意义相同或相近、相反、相关的动词并列重叠，如“哭哭啼啼”“挑挑拣拣”“蹦蹦跳跳”“断断续续”“走走停停”“说说笑笑”“吃吃喝喝”。

（1）动词重叠的语法意义

动词重叠的主要语法意义是表示动作行为持续的时间长和动作行为的反复。

1）表示动作行为持续的时间长

动词重叠的作用之一是通过将动词的音节增加一倍来象征动作行为持续的时间长，意义相当于“不停（不断）地 V”。单音节动词重叠以后，成为两个音节，还是不够长，所以单音节动词很少单独重叠，大都是将两个意义相同或相近、相关、相反的动词并列重叠。有的动词本身就是双音节的，这样重叠以后变成四个音节，有了足够的长度。例如：

① 赛车道上车轮滚滚，你追我赶。

② 主席台正中的国徽，在阳光照射下，金光闪闪。

③ 在风中，她长发飘飘，妩媚动人。

以上三例中的“滚滚”“闪闪”“飘飘”是“不停地滚动”“不停地闪耀”“不停地飘荡”的意思。

④ 奶奶说，你爸像你这么大的时候，每天放学回来总是哭哭啼啼。

这里“哭”和“啼”是同义词，其中“啼”属于古语词，在现代汉语中不单独使用。“哭哭啼啼”是“不停地哭”的意思。

⑤ 父母怕孩子学坏了，千叮咛、万嘱咐，整天唠唠叨叨，孩子因而心烦且反感。

这里“唠唠叨叨”是“不停地唠叨”的意思。“唠叨”本身就是“不停地说话”的意思，将“唠叨”重叠，更能突出说话多的意思。

⑥ 小孩子们挤在门口不眨眼地往里看，比比划划地议论。

这里“比比划划”是“不停地比划”的意思。

⑦ 孩子们说说笑笑、蹦蹦跳跳地上学去了。

这里“说说笑笑”“蹦蹦跳跳”是“不停地说笑”“不停地蹦跳”的意思。“说”和“笑”这两个动词意义相关，“蹦”和“跳”这两个动词意义相同。“蹦”和“跳”的意义本来有区别，“蹦”指的是往上跳、原地跳，“跳”指的是往前跳，不过现在一般不注意这两个词的区别。

⑧ 网吧里进进出出的都是年轻人。

这里“进进出出”是不断地（有人）进去、不断地（有人）出来的意思。

2）表示动作行为的反复

表示动作行为的反复，也就是动作行为多次重复，意义相当于“反复地V”。这是动词重叠的另一个作用。它是通过动词音节的重叠象征动作行为的反复。例如：

① 有一部分大学毕业生择业时不考虑自身能力，挑挑拣拣，常常高不成低不就。

这里“挑挑拣拣”是“反复挑拣”的意思（“挑拣”是由“挑”和“拣”

两个同义词作词素并列成的合成词，意思是“选择”）。

② 夜间搬家更容易造成磕磕碰碰，很容易损坏家具和家电。

这里“磕磕碰碰”是“反复磕碰”的意思（“磕碰”是由“磕”和“碰”两个近义词作词素并列成的合成词，意思是“碰撞”“撞击”）。

③ 这一夜我睡睡醒醒了好多次，最后好不容易彻底睡着了，闹钟却响了。

这里“睡睡醒醒”是“反复睡着，反复醒来”的意思，也就是睡一会儿，醒一会儿。

④ 我们走走停停，停停走走，在滨海公路上玩了4个小时。

这里“走走停停，停停走走”是“反复地走，反复地停，反复地停，反复地走”的意思，也就是“走一会儿，停一会儿，停一会儿，走一会儿”的意思。

⑤ 这座教学楼断断续续地建了两年多。

这里“断断续续”是“反复中断，反复继续”的意思，也就是“中断一段时间，继续一段时间”的意思。

（2）动词重叠的表达功能

动词重叠的表达功能（语用功能）主要有两个，一个是生动形象地描写人或事物的动态，另一个是表示对一种行为的厌恶。

1）生动形象地描写人或事物的动态

从以上的例子中我们可以看出，动词重叠所表示的语法意义可以用“不停地V”“反复地V”“V_1一会儿，V_2一会儿”“V_1一段时间，V_2一段时间”等短语来代替，而人们之所以要使用它，是因为音节的重叠能给人以一种形象感，适合于用来描写动作行为的状态，而“不停地V”“反复地V”“V_1一会儿，V_2一会儿”“V_1一段时间，V_2一段时间”等短语只是对动作行为的单纯的说明，而不是形象的描写。

2）表示对一种行为的厌恶

动词重叠本来可以表示动作行为持续的时间长，而由于人们对某些持续不断的行为容易产生厌烦情绪，所以人们有时也用动词重叠来表示厌恶的语气。例如：

① 两个人鬼鬼祟祟，搂搂抱抱，不会有好事情。

这里“搂抱”的重叠流露出了对搂抱行为的厌恶情绪。另外，这里“鬼鬼祟祟”是形容词“鬼祟”的重叠，用来描写那两个人的行为非常不光明正大的样子。

② 咱别在街上拉拉扯扯，让人笑话。

这里“拉扯”的重叠流露出了对拉扯行为的厌恶情绪。

③ 有的干部整天吃吃喝喝，就是不替百姓办事。

这里“吃喝”的重叠流露出了对吃喝行为的厌恶情绪。

以上我们举例说明了汉语动词重叠的语法意义和表达功能。值得注意的是，汉语中还有一种类似于动词重叠的说法，如“看看”“听听”“咳嗽咳嗽”等，它可以用“V 一下”来代替，如“看一下”“听一下”“咳嗽一下”等，基本语法意义是表示动作行为的次数少（一次或几次）或持续的时间短。这种说法之所以能用“V 一下”来代替，显然前一个或前两个音节是一个动词，后一个或后两个音节是一个量词，是借用前面的动词形成的量词，同时它的前面省略了数词“一”。为了表述方便，我们借用英文字母把这种类似于动词重叠的说法表示为“$A_{动}A_{量}$”“$AB_{动}AB_{量}$”，它是“$A_{动}$一$A_{量}$”“$AB_{动}$一$AB_{量}$”短语的省略形式，如“看看”是“看一看”的省略形式，“咳嗽咳嗽”是“咳嗽一咳嗽”的省略形式，它本身实际上是一个动补短语，目前的汉语语法学界却把它也看成动词重叠，这样不利于准确地认识这两种不同的语法手段，更不利于汉语学习者正确地掌握这两种不同的语法手段。这种“$A_{动}A_{量}$”和“$AB_{动}AB_{量}$”的说法比动词重叠更常用，甚至成了汉语中不可缺少的一种语法手段，因此我们需要单独对其进行说明。为了表述便利，我们把这种语法手段称为“动词的类重叠”，把它作为动词的一种用法加以说明。详见下面的“6. 动词的‘类重叠’用法”。

6. 动词的“类重叠”用法

如前所述，汉语动词有一种看起来像是重叠的用法，可以借用英语字母表示为“$A_{动}A_{量}$”“$AB_{动}AB_{量}$”，实际上是“$A_{动}$一$A_{量}$”“$AB_{动}$一$AB_{量}$”短语的省略形式。为了表述便利，我们把“$A_{动}A_{量}$”“$AB_{动}AB_{量}$”短语称为“动词类重叠”。“动词类重叠”是汉语中的一种常用语法手段，它有特定的语法意义和表达功能。下面我们具体加以说明。

（1）语法意义

由于动词类重叠“$A_{动}A_{量}$”“$AB_{动}AB_{量}$”是“$A_{动}$一$A_{量}$”“$AB_{动}$一$AB_{量}$”

短语的省略形式，而“$A_{动}$一$A_{量}$”“$AB_{动}$一$AB_{量}$”短语的意义相当于“V一下”，因而动词类重叠的基本语法意义是表示动作行为的次数少（一下或几下），由此又引申出其他两种语法意义。

1）**表示动作行为的次数少**

“$A_{动}$一$A_{量}$”“$AB_{动}$一$AB_{量}$”短语虽然相当于动补短语“V一下”，当它实际上所表示的动作行为的次数是不确定的，不一定正好是一次，也可能是两次、三次等，总的说来是表示动作进行的次数少。例如：

① 在一个绘画班上，记者问一个四五岁的小男孩：“你喜欢画画吗？”小男孩点点头，又摇摇头。

这里“点点头”和“摇摇头”可以理解为“点一下头”和“摇一下头”。

② 如果感到幸福你就拍拍手；如果感到幸福你就跺跺脚。

这里“拍拍手”和“跺跺脚”可以理解为“拍一下手”和“跺一下脚”，但实际上也可以是拍两下三下、跺两下三下。这是一首歌的歌词，在表演唱的时候，为了跟歌曲的节奏相配合，一般是拍两下手、跺两下脚。

③ 在网上买东西非常方便，只需动动手指，东西就会送到家。

这里“动动手指”可以理解为“动几下手指”。

2）**表示动作行为持续的时间短**

“$A_{动}A_{量}$”“$AB_{动}AB_{量}$”短语本来相当于动补短语“V一下”，所表示的动作行为都是做一次所需时间比较短的，如果把其中的动词替换为表示做一次所需的时间可长可短的动词，就可以表示动作行为持续的时间短的语法意义。例如：

① 学习时间长了，到户外走一走，活动活动，也是恢复精力的好办法。

“走”和“活动”持续的时间可长可短，而这里说“走一走”，意思是“走一会儿”，“活动活动”，意思是“活动一会儿”。“走一走”可以省略为“走走”，但因为前面的“到户外”是三个音节，而“走一走”也是三个音节，读起来感觉比较和谐，如果换成“走走”，感觉就不够和谐。

② 他每天会会客，聊聊天，散散步，睡睡午觉，看看书，写点文章，日进三餐，倒也挺好打发。

这里“会会客，聊聊天，散散步，睡睡午觉，看看书”是“会一下客，聊一会儿天，散一会儿步，睡一会儿午觉，看一会儿书”的意思，既表示活动持续的时间短的语法意义，又表示轻松随意的语气，这是“$A_{动}A_{量}$”“$AB_{动}$

$AB_{量}$”短语的表达功能。参见下文“（2）表达功能”。

③ 树还小咧，叫它再长长。

这里“长长”是“长一段时间”的意思。

3）**表示移动或升降的幅度较小**

“$A_{动}A_{量}$”“$AB_{动}AB_{量}$”短语本来相当于动补短语“V 一下”，如果把其中的动词替换为表示水平或垂直移动的动词，就可以表示移动或升降的幅度较小的意义。例如：

① 如果你觉得离电视远，就把椅子往前挪挪，如果你觉得离电视近，就把椅子往后挪挪。

这里“挪挪”是“挪一下”的意思，表示挪动的幅度小，等于说“挪一点儿”。

② 再往前走走，也许公交车站就在前边。

这里“走走”是“走一下”的意思，表示走动的幅度小，等于说“走一点儿”。

③ 应该想办法提高提高产品质量。

这里“提高提高”的意思是“提高一下、提高一点儿”。

以上我们举例说明了“动词类重叠”的语法意义。从这些例子当中，我们可以看出，“动词类重叠”大都不是单纯用来表示动作行为的次数少、持续的时间短、移动或升降的幅度较小等语法意义，还有它特有的表达功能，主要是表示某些语气。下面我们具体归纳一下。

（2）表达功能

“动词类重叠”的基本语法意义是动作行为的次数少、持续的时间短，人们常用它来表示动作行为是轻松随意的、尝试性的等语气，也用来表示谦虚的语气，以及用来减轻命令、请求的语气。

1）**表示轻松、随意的语气**

由于“动词类重叠”可以用来表示动作行为进行的次数少和持续的时间短的意义，而人通常对进行的次数少和持续的时间短的事情感到轻松、随意，于是人们又根据这一点，用“动词类重叠”用法来表示轻松随意的语气。例如：

① 她的工作是给户主做早晚两顿饭，洗洗衣服，收拾一下房间。

这里“洗洗衣服”的意思是“洗一下衣服”，一方面表示洗衣服的次数少，可能是一天洗一次或几天洗一次，同时还带有轻松的语气，表示洗衣服的工作不累。另外，这里的“收拾一下”的意思与“收拾收拾”相当，但作者没有使用“收拾收拾”，因为“收拾收拾”比“收拾一下”显得更轻松，而作者并不想把“她”收拾房间的工作说得太轻松。还有，作者没有将“给户主做早晚两顿饭”说成“给户主做做饭”，因为给户主做饭不是轻松、随意的工作。

② 常回家看看，哪怕给妈妈刷刷筷子，洗洗碗，哪怕给爸爸捶捶后背，揉揉肩。

这里“刷刷筷子”“洗洗碗”“捶捶后背”“揉揉肩”一方面表示这些事持续的时间都不长，另一方面表示这些事都是比较轻松容易的事。

③ 唱唱歌、跳跳舞、听听戏、聊聊天，会给生活增添许多乐趣。

这里“唱唱歌”“跳跳舞”“听听戏”“聊聊天”一方面表示唱歌、跳舞、听戏、聊天的时间都不太长，另一方面表示轻松随意的语气，因为这些都是休闲活动。

④ 我不买什么，只是随便看看。

这里“看看”一方面表示看的时间不长，更主要用来表示随意的语气。

从上面的例子中我们可以看出，当“动词类重叠”用法用来表示轻松随意的语气时，语法意义（动作行为的次数少、时间短等）是次要的，语气是主要的。

2）表示动作行为是尝试性的

由于“动词类重叠”可以用来表示轻松随意的语气，而尝试性的动作行为也带有一定的随意性，于是人们根据这一点，用“动词类重叠”来表示“尝试”的语气。例如：

① 叫她生生孩子，就知道做母亲的甘苦了。

这里“生生孩子”是“生一下孩子”的意思，同时带有“尝试”的语气，所以这里“生生孩子”的确切意思是“生一次孩子试试”。再如：

② 你先拿回去用用，不行的话你再给我拿回来。

这里“用用”的意思是“用一下试试”。

③ 你咳嗽咳嗽，没准能咳嗽出来。

这里“咳嗽咳嗽”的意思是“咳嗽一下试试”。

值得注意的是，尽管“动词类重叠”可以用来表示“尝试”的语气，但毕竟它是隐含着的、不明显的，有时为了突出句子的“尝试”语气，还要在

“动词类重叠”的后面加上尝试助词“试试”或“看”。例如：

④ 如果你对中国菜有兴趣的话，可以做做试试。

这里“做做试试”的意思是“做一下试试”。在“做做”的后面加上尝试助词“试试”，直接表明了“尝试”的语气。再如：

⑤ 女儿出差回来，给我买回一块手表，说是新产品，让我戴戴试试。

这里“戴戴试试”是“戴一段时间试试”的意思。

⑥ 刚才老师讲了什么问题？你说说看。

这里“说说看”的意思是“说一下试试”。

需要指出的是，尝试助词“看”和“试试”都能表示“尝试”的语气，只是“看”能显得更随意一些。

3）**表示谦虚的语气**

由于“动词类重叠”可以用来表示“尝试”的语气，所以用它来表示自己要做某事可以显得比较谦虚，因此，人们常用“动词类重叠”来表示谦虚的语气。例如：

① 我想研究研究汉语语法。

这里“研究研究汉语语法”的意思是“研究一下汉语语法”，但比“研究一下汉语语法”显得谦虚一些，比“研究汉语语法”显得更谦虚。

② 下面我就讲讲中华文明的几个基本特点。

这里“讲讲”的意思是“讲一下”，带有谦虚的语气。

4）**减轻命令、请求等语气**

由于“动词类重叠”可以用来表示动作行为的次数少、持续的时间短的语法意义，讲汉语的人们常把它用在祈使句中，用来减轻命令、请求等语气。例如：

① 你赶紧洗洗脸、刮刮胡子。

这里用“洗洗脸、刮刮胡子”来命令对方洗脸、刮胡子，比用“洗脸”“刮胡子”语气柔和。

② 掀起你的盖头来，让我看看你的脸。

③ 请你们帮我想想主意，我该怎么办？

④ 请大家帮帮忙！

这三例分别用“看看”“想想”“帮帮”来减轻请求的语气。

以上我们举例说明了“动词类重叠”的语法意义和表达功能。

如前所述，“动词类重叠”与动词重叠是不同的语法手段，二者不但语法意义和表达功能不同，在语音形式上也不同。“动词类重叠”的后一音节发成轻声，如“让我看看”，后一个“看”要发成轻声 kan；而动词重叠的两个音节轻重相同，如“蝴蝶飞飞”，两个“飞”都不发成轻声。

7. 多数动词可以借用为动量词

汉语动词除了助动词、存在动词、判断动词“是”等以外，一般都可以借用为动量词，与数词“一”构成动量短语，作自身的动量补语，从而形成“$A_{动}$一$A_{量}$”或“$AB_{动}$一$AB_{量}$”式的动补短语。如“看一看”，意思相当于“看一下”；“引见一引见”（见《西游记》第八回），意思相当于“引见一下”。这种动补短语中的数词“一”常常省略，而当动词是双音节动词的时候，自清代开始，后面的数词“一”一律省略，从而形成了“$A_{动}A_{量}$”和“$AB_{动}AB_{量}$”这两种貌似动词重叠的动补短语，如“看看”“听听”“说说”“溜达溜达”“休息休息”“研究研究”等，能够用来表示动作行为的次数少、持续的时间短等意义。详见 169 页“6. 动词的‘类重叠’用法”。

8. 心理动词和部分助动词前可以加程度副词

由于心理动词所表示的心理状态、心理活动和部分助动词所表示的能力、技能、意愿等具有程度性，所以前面还可以加程度副词。例如：

① 我对他［非常］了解。

② 她在中国工作过两年半，对中国的情况［比较］熟悉。

③ 他［非常］喜欢吃中国菜。

以上是心理动词前加程度副词的例子。

④ 他是一个［非常］会照顾自己的人。

⑤ 他说他想念我舅舅，［很］想见到他。

⑥ 中国人［非常］愿意与俄罗斯人交往。

以上是助动词前加程度副词的例子。

9. 趋向动词经常作补语

趋向动词可以独立作谓语或谓语中心，表示向某个方向运动，如“上楼”“下楼”等，但更经常作其他动词的补语，表示其他行为的主体或对象移动的方向，如“拿〔出〕”“走〔进〕”“出〔来〕”“出〔去〕”“进〔来〕”“进

[去]”等（参见69页“2.趋向补语”）。

三、形容词

形容词是用来表示人或事物的性质、状态的词。由于形容词和动词在句子或短语中经常作谓语或谓语中心，学者们把形容词与动词统称为“谓词”。下面我们说说形容词的种类和用法。

（一）形容词的种类

从意义上看，形容词有性质形容词和状态形容词两种。

1. 性质形容词

所谓性质，就是一个人或事物区别于其他人或事物的根本特征。性质是人或事物的内在属性，是通过判断、推理等逻辑思维手段所认识到的属性，而不是通过人的感官所感觉到的属性。例如：

好 坏 善良 狠毒 仁慈 残忍 伟大 渺小 优秀 杰出 低劣 平庸 认真 草率 马虎 生动 呆板 精明 聪明 愚蠢 真 假 真实 虚假 真诚 虚伪 对 错 正确 错误 重要 发达 先进 落后

另外还有一种形容词，用来表示人或事物的状态，也就是人或事物的外部特征，主要有视觉特征、听觉特征、触觉特征、味觉特征、嗅觉特征、情感状态及表情特征等。例如：

大 小 长 短 高 低 矮 粗 细 多 少 美 丑 美丽 漂亮 丑陋 黑 白 动听 悦耳 刺耳 嘈杂 软 硬 粘 冷 热 苦 辣 酸 甜 香 臭 高兴 悲伤 得意 激动

这类形容词表示的是人或事物的状态，而人或事物的状态是通过人的感官所能直接感觉到的，与人或事物的性质不同，所以从意义上说，这种形容词属于状态形容词，与性质形容词本属于两类不同的形容词，但从语法上看，这两类形容词的用法没有区别，而语法学上划分词类的目的是为了便于分析句法结构，因而语法学界把这两类形容词统称为“性质形容词”。

另外还有两种在形式和用法上与上述的性质形容词不同的形容词，一种是带有比方性词素的，如“雪白”（意思是“像雪一样白”）、“漆黑”（意思是

“像黑油漆一样黑”）等，一种是带有描写性后缀的，如“绿油油”（既绿又有光泽）、“冷冰冰”（冷得像冰一样）等。这两种状态形容词用来对人或事物的状态进行描写，而性质形容词用来对人或事物的性质状态进行说明。

2. 状态形容词

状态形容词是用来对人或事物的状态进行描写的形容词。

如上所述，所谓状态，就是人或事物的外部特征，主要有视觉特征、听觉特征、触觉特征、味觉特征、嗅觉特征、心理状态及表情特征等。事物的状态是通过人的感官所能直接感觉到的特征。从结构上看，状态形容词有两种：

（1）带比方性词素的状态形容词

这种状态形容词是由一个单音节形容词作中心词素，前面加上一个比方性的词素，对该形容词性词素所表示的状态进行具体描写，从而构成一种具有描写作用的状态形容词。例如：

雪白　漆黑　乌黑　粉红　草绿　墨绿　碧绿　血红　枣红　橘红　金黄　橘黄　橙黄　杏黄　蜡黄　铁青　冰冷　冰凉　火热　滚热　滚烫　溜圆　笔直　飞快　死沉　稀烂　稀软　喷香

这种状态形容词可以作定语和补语，有的可以作状语。我们来看看具体用例：

①（粉红）的大萝卜，（雪白）的菜花，（嫩绿）的黄瓜，连土豆都是表皮光亮亮的。

这里“粉红”的意思是像脸上涂的粉那样的红色，即浅红色，“雪白”的意思是像雪那样白，“嫩绿”的意思是像新长出的植物或植物新长出的叶子那样的浅绿色。另外，这里的“光亮亮”也是一种状态形容词，是单音节形容词加描写性叠音后缀式的状态形容词（详见下文）。

② 他瘦骨嶙峋，面色惨白，以前（乌黑）的头发全都变白了。

这里“乌黑”的意思是“像乌鸦那样黑”。

③ 伴着阵阵呐喊，小伙子们将龙舟划得〈飞快〉。

这里“飞快”作补语，意思是“像飞一样快”。

④ 他回来时，手脚冻得〈冰凉冰凉的〉。

“冰凉”的意思是“像冰一样凉”。这里将“冰凉”作补语，连续说两遍，这是反复用法，既可以起强调作用，又可以增强表达上的形象性。另外，“冰凉冰凉”后面的“的”属于描写助词。

⑤ 于是我又［飞快］地去追赶他，但没追上。

这里状态形容词“飞快”作状语。

（2）带叠音或衬音后缀的状态形容词

由一个单音节形容词作词根词素，后面加上一个描写性的叠音或衬音后缀，对词根词素所表示的状态进行补充性的具体描写，从而构成一种具有描写作用的状态形容词。例如：

慢腾腾　乱糟糟　乱哄哄　静悄悄　红彤彤　绿油油　黑乎乎　亮晶晶
亮堂堂　赤裸裸　恶狠狠　懒洋洋　湿淋淋　冷冰冰　黏糊糊　香喷喷
甜滋滋　酸溜溜　孤零零　沉甸甸　水灵灵　水汪汪　泪汪汪　血淋淋
汗津津　毛茸茸　雾蒙蒙

以上是带叠音后缀的状态形容词的例子。

黑不溜秋　黑咕隆咚　灰不溜丢　白不呲咧　花不棱登　滑不唧溜　酸不溜丢　苦了吧唧　脏不拉叽　傻里呱叽　湿里呱叽

以上是带衬音后缀的状态形容词的例子。这种状态形容词的第一个音节是词根词素，后面的三个音节是词缀词素，具体含义不详，可能是元、明、清时期从少数民族（如蒙古族、满族）语言中借来的，作用是把性质形容词变成状态形容词。

状态形容词可以作状语、定语和补语。例如：

① 某些外国人说我们中国人习惯于［慢腾腾］地谈话，［慢腾腾］地走路，［慢腾腾］地办事情。

② 一年半以前，你到这里来的时候，只能看见一座（孤零零）的大工厂。

③ 他们被太阳晒得〈黑不溜秋〉的。

（二）形容词的用法

如前所述，形容词是用来表示人或事物的性质、状态的词。形容词的最主要用法是作定语，其次是作谓语或谓语中心。有些形容词还有比较特殊的用法。下面我们具体加以说明。

1. 形容词常作定语

形容词常作定语，用来对人或事物的性质、状态进行说明或描写。例如：

① 他常年穿（旧）衣服，很少买（新）衣服。

② 女孩一般喜欢留（长）头发，但是她喜欢留（短）头发。

③ 常言道:（红）花还得（绿）叶配。

以上是形容词作定语，表示对人或事物的性质、状态进行说明的例子。

④ 他是一个（好）人。

⑤ 他是一个（善良）的人。

⑥ 这是一个（伟大）的发明。

以上是形容词作定语，表示对人或事物的性质作评价性的说明的例子。

⑦（雪白）的云朵静静地飘浮在空中。

⑧（乌黑）的头发与（雪白）的睡衣形成了鲜明的对比。

以上是形容词作定语，表示对人或事物进行描写的例子。

【补充说明】

第一，单音节形容词作定语的时候，如果中心语表示的是具体的事物，后面一般不需要加结构助词“的”，但是当需要强调定语的时候，或者前面有程度副词的时候，后面要加结构助词“的”。例如：

⑨（新）的一年要有新的气色，（新）的心态，（新）的工作，（新）的房子，还要有（新）的衣服。

这里“工作”“房子”“衣服”都是具体的事物，前面的定语后本来不需要加结构助词“的”，说成“新工作”“新房子”“新衣服”就可以，但这里强调一切都是新的，所以在定语“新”的后面都加上了结构助词“的”。

⑩ 会场里面红色覆盖了一切:（红）的旗、（红）的幕布、（红）的主席台、（红）的桌子上摆着（红）的花，一切象征着工人阶级的胜利和光明。

这里“旗”“幕布”“主席台”“桌子”“花”也都是具体的事物，前面的定语后本来不需要加结构助词“的”，说成“红旗”“红幕布”“红主席台”“红桌子”“红花”就可以，但这里强调一切都是红的，所以在定语“红”的后面都加上了结构助词“的”。

以上是为了强调定语而在单音节形容词后面加上结构助词的例子。

⑪ 当时我穿着一双（[很]新）的鞋，鞋帮很硬，把我的脚后跟都磨破了。

⑫ 他挑了一个（[很]大）的苹果吃了。

⑬ 夏至是每年（[最]长）的一天。

以上是单音节形容词前面加上程度副词以后作定语而后面加上结构助词的例子。

第二，双音节性质形容词作定语、状态形容词作定语时，后面一般要加结构助词“的”。例如：

⑭ 您现在有一个（幸福）的家庭，（美丽）的妻子，非常羡慕，请您谈谈您的幸福生活。

⑮ 这里有（湛蓝）的天空，（雪白）的云彩，（明媚）的阳光，（清新）的空气。

这里“雪白”是状态形容词，“湛蓝”“明媚”“清新”是性质形容词。

⑯ 在（漆黑）的夜晚，猫头鹰能准确无误地捕捉到老鼠。

⑰ 我买了一棵（水灵灵）的大白菜和一些（绿油油）的菠菜。

需要指出的是，当两个或两个以上状态形容词并列作定语的时候，通常只在后一个或最后一个状态形容词的后面加上描写助词“的”。例如：

⑱ 现在人们一年四季都能买到（绿油油）、（水灵灵）的新鲜蔬菜。

这里前一个状态形容词后省略了描写助词“的”。

⑲ 人们吃着（红溜溜）、（水灵灵）、（甜丝丝）的荔枝，笑意荡在心田，幸福写在脸上。

这里前两个状态形容词后都省略了描写助词“的”。

2. 形容词常作谓语

形容词也常作谓语（包括谓语中心），用来对人或事物的性质状态进行说明或描写。例如：

① 这个人善良。

这里形容词“善良”作谓语，表示对“这个人”的评价性的说明。

② 这本书好，那本书不好。

这里前一个分句中形容词“好”作谓语，表示对“这本书”的评价性的说明；后一个分句中形容词“好”与否定副词“不”组成状中短语，作谓语，表示对“那本书”的评价性的说明，这个“好”属于谓语中心。

③ 火锅里，菠菜碧绿，粉丝雪白。

这里分别用状态形容词“碧绿”“雪白”作谓语，表示对“菠菜”“粉丝”的颜色的描写（“碧绿”的意思是“像绿宝石那样绿”）。

【补充说明】

带叠音后缀的状态形容词作谓语的时候，后面要加描写助词“的”。例如：

④ 大地覆盖着新生的青草，树上的嫩叶绿油油的。

⑤ 在明亮的阳光照耀下，师生们的脸红彤彤的。

⑥ 天上雾蒙蒙的，连星星也看不见。

以上是状态形容词作谓语后面加描写助词“的”的例子。

需要指出的是，作谓语的状态形容词后的助词“的”看起来像是结构助词，但后面不能再添加中心语，说明它不是结构助词，它是由结构助词“的”演变成的描写助词［关于描写助词，参见 346 页“（七）描写助词”部分］。

3. 多数形容词可以作状语

多数单音节形容词和双音节性质形容词可以作状语。单音节形容词和双音节性质形容词以及状态形容词作状语的时候，情况稍有不同，下面我们分开说明。

（1）单音节形容词作状语

能作状语的单音节形容词很少，主要是一些能够表示动作行为的方式、时间早晚、动量大小的形容词。例如：

① ［快］走和［慢］跑，都是减肥的好方法。

这里“快”“慢”作状语，意思是“用快的速度”“用慢的速度”。

② 有什么话，你就［直］说了吧。

这里形容词“直”作状语，意思是直接、不转弯抹角。

③ 工作完得早，［早］走；完得晚，［晚］走。

这里“早走”“晚走”中的“早”“晚”是状语，意思是“在较早的时间”“在较晚的时间”。“完得早”“完得晚”中的“早”“晚”是补语，表示对“完”的时间的评价性说明。

④ 美国人也在改变饮食习惯：他们开始［多］吃土豆，［少］吃肉；［少］喝啤酒，［多］喝水。

这里形容词“多”和“少”作状语，表示行为支配的对象多（吃的土豆多、吃的肉少、喝的啤酒少、喝的水多）。

⑤ 医生嘱咐他［多］休息、［多］运动。

这里形容词“多”作状语，表示动作行为持续的时间长。

作状语的单音节形容词的前面也经常加上不定数量短语“（一）点儿”作补语，然后一起作状语。例如：

⑥ ［快点儿］走，要迟到了。

这里在形容词“快”的后面加上了数量短语“点儿”（“一点儿”的省略形式），组成中补短语作状语，意思是“用比现在的速度快一点的速度”。

⑦ 请［慢一点儿］说，我听不懂。

这里要求对方用比原来的速度慢一点的速度说。

（2）双音节形容词作状语

能作状语的双音节形容词很多，主要是一些能够表示动作行为的情态等的形容词。例如：

⑧ 他［认真］备课、［认真］讲课、［认真］批改作业、［认真］辅导学生，是一个好老师。

这里形容词“认真”作状语，意思是“用认真的态度”。

⑨ 请［仔细］阅读《考试说明》。

这里形容词“仔细”作状语，意思是“用仔细的态度”。

⑩ 他［积极］参加学校组织的各项活动。

这里形容词“积极”作状语，意思是“用积极的态度”。

【补充说明】

双音节形容词作状语时，在下面的三种情况下后面需要加上结构助词“地”：

第一，强调动作行为的方式时。

表示动作行为的方式的双音节性质形容词可以直接作状语，有时为了强调动作行为的方式，会在作状语的形容词后面加上结构助词“地”。例如：

⑪ 她每上一节课，都［认真］地听讲，［认真］地做笔记。

⑫ 我［仔细］地观察这些海鸥，发现它们的羽毛无比光滑。

⑬ 我一定要更加［努力］地学习汉语，毕业以后当一名汉语教师。

以上三例中作状语的双音节性质形容词后面的结构助词“地”都可以去掉，而之所以要加上去，是为了强调动作行为的方式。

第二，表示情态的性质形容词作状语时。

表示情态的性质形容词作状语时，表示的是伴随着某种动作行为的情态，后面通常需要加上结构助词“地”，这是因为这种形容词更经常做谓语，作状语时后面如果不加结构助词“地”，会影响听者或读者的理解。例如：

⑭ 大家［高兴］地欢呼起来。

⑮ 他［悲伤］地摇摇头。

⑯ 他［激动］地与在场的教师们握手。

⑰ 他［烦躁］地在房间里踱来踱去。

⑱ 医生点名后，一位妇女［胆怯］地走了进来。

以上五例中的情态状语后面的结构助词“地”都不能去掉，否则状语与中心语的意义关系就不够明确。

第三，状态形容词作状语时。

用状态形容词作状语就是要突出动作行为的方式或伴随着动作行为的情态，而后面加上结构助词“地”更有助于突出状语，因此用状态形容词作状语的时候，后面经常加结构助词“地”。例如：

⑲ 火车［飞快］地前进，但我们还觉得它走得太慢了。

⑳ 大家［静悄悄］地听着。

㉑“闭上你的臭嘴，没人把你当哑巴卖了！”孙豹［恶狠狠］地低声说着。

㉒ 他［孤零零］地站在那里，身后空无一人。

另外，汉语用形容词作状语时，只是借用形容词来表示副词性的意义，同时还保留着形容词的用法，如前面可以加程度副词，如“很快地走”“很深入地研究”“非常仔细地看”“非常认真地学习”等。这一点与那些有形态变化的语言很不相同。例如，在英语中，大多数形容词要在形态上转化为副词，才可以用来作状语，通常是在形容词后加后缀“-ly”，如将“quick”（快，形容词）变为“quickly”（快，副词），将“gradual”（逐渐，形容词）变为“gradually”（逐渐，副词）。

4. 有些形容词可以作补语

当意义合适的时候，形容词可以作结果补语、方式补语。性质形容词和状态形容词作补语的时候作用有所不同。

（1）性质形容词可以作说明性结果补语

性质形容词作说明性结果补语时，前面的动词后不需要加结构助词“得”。例如：

① 把病人用过的被褥、衣物等，用消毒液浸泡 1 个小时，洗〈净〉后在太阳下晒〈干〉。

② 恭喜你，答〈对〉了。

③ 抱孩子之前，一定要先把手洗〈干净〉。

④ 我没听〈明白〉他的意思。

以上是性质形容词作说明性结果补语的例子。

（2）性质形容词可以作评价性结果补语

性质形容词作评价性结果补语时，前面要加上结构助词“得”，有时还要加上程度副词、语气副词等；如果是否定性的评价，前面要加上否定副词“不”。例如：

① 你说得〈对〉。

② 用切菜机切菜，切得〈均匀〉，用洗菜机洗菜，洗得〈干净〉。

③ 他讲得〈非常明白〉。

④ 她长得〈很漂亮〉。

⑤ 你汉语说得〈真好〉。

⑥ 我英语说得〈不好〉。

以上是性质形容词作评价性结果补语的例子。

（3）性质形容词可以作评价性方式补语

性质形容词作评价性方式补语时，前面要加上结构助词“得”，而且多数情况下要加程度副词；如果是否定性的评价，前面要加上否定副词“不”。例如：

① 他汉语说得〈非常流利〉。

② 他看得〈很仔细〉。

③ 他跑得〈非常快〉。

④ 他讲得〈非常明白〉。

⑤ 她表演得〈很生动〉。

⑥ 我英语说得〈不流利〉。

以上是性质形容词作评价性方式补语的例子。

（4）状态形容词可以作描写性结果补语

状态形容词作描写性结果补语时，前面要加上结构助词“得”。例如：

① 她虽然年纪大了，还是喜欢打扮，一头灰白的头发染得〈漆黑〉，脸上擦得〈雪白〉。

② 大熊猫长得〈胖乎乎〉、〈圆滚滚〉的，像可爱的小孩子。

这里动词“长”有两个结果补语，二者是并列关系。

③ 菜地里的菠菜长得〈绿油油〉的。

以上是状态形容词作描写性结果补语的例子。

（5）状态形容词可以作描写性方式补语

状态形容词作描写性方式补语时，前面要加上结构助词“得”。例如：

① 他跑得〈飞快〉。

② 她走得〈慢吞吞〉的。

这里“慢吞吞”是由“慢腾腾”发音演变成的。

③ 在比赛中，他们仍然像过去一样，踢得〈慢慢腾腾〉。

这里“慢慢腾腾”是由“慢腾腾”重叠成的（将词根词素“慢”重叠）。

以上是状态形容词作描写性方式补语的例子。

5. 状态形容词前一般不加否定副词“不”

状态形容词表示的是事物的突出特征，用来对人或事物的某种突出特征进行描写，而且只有当人或事物具有某种突出特征时，才用状态形容词进行描写，如“庄稼绿油油”“皮肤雪白”“手脚冰凉”等。当人或事物不具有某种突出特征时，就不用状态形容词来描写，因而通常不需要对状态形容词进行否定，所以状态形容词前通常不加否定副词“不”，人们通常不会说“* 庄稼不绿油油”“* 皮肤不雪白”“* 手脚不冰凉”之类的。

6. 多数形容词前可以加程度副词

形容词是用来表示人或事物的性质、状态的词，而由于事物的性质、状态往往有程度上的差别，所以当人们用形容词来对人或事物的性质、状态进行评价性的说明的时候，往往在形容词前加上程度副词“最”“很”“非常”“比较”等，来说明人或事物的性质、状态所达到的程度。例如：

① 织布鸟是动物中［最］优秀的纺织工。

②《孔子》用舞剧的形式讲中国的故事，是一次［非常］生动的中美文化交流。

③ 老鼠是［非常］聪明的动物。

④ 这座山上有一棵［非常］高的古老的松树，人们称之为“万年松”。

值得注意的是，状态形容词是对人或事物的某种突出特征的描写，如“绿油油”“暖烘烘”“喜洋洋”等，本身就表示了很高的程度，因而不需要另加程度副词来表示程度大。

7. 有些形容词可以转化为动词

汉语中有些动词是由形容词转化成的，无论是在词汇意义上，还是在语法功能上，都变成了动词。能够转化为动词的形容词一般都是一些意义比较具体的性质形容词。所谓意义具体，就是所表示的性质、状态是感觉器官所能直接感觉到的，如正、歪、斜、横、竖、凉、热等，是眼睛看得见的、耳朵听得见的、手摸得到的等。那些意义比较具体的性质形容词都已转化成了动词。例如：

① 这样说着的时候，也常常会很用力地正一正他的黄帽子。

“正”本是形容词，有“端正”“不歪斜”的意思，引申作动词，指调整物体的位置，使之变得端正、不歪斜，这里的“正”用的就是这个意义。另外，“正一正”就是“正一下”的意思，后一个“正”是借用动量词，是借用动词“正”自身而形成的量词。

② 说到这里，他出神地歪着头想了想。

“歪”本是形容词，有“不正”“歪斜”的意思，引申作动词，指调整物体的位置，使端正的物体变得歪斜，这里的“歪”用的就是这个意义。

③ 用手机照相的时候，如果没有特殊需要，应该把手机横过来。

“横”本是形容词，指物体跟地面或某个平面平行，引申作动词，指改变跟地面或某个平面不平行的物体的方向，让它与地面或该平面平行。这里的“横”用的就是这个意义。

④ 从二院出来的病人，提起护士，没有不竖大拇指的。

“竖”本是形容词，指物体跟地面或某个平面垂直，引申作动词，指改变跟地面或某个平面不垂直的物体的方向，让它与地面或该平面垂直。这里的“竖”用的就是这个意义。

⑤ 室内有取暖和降温设备，还有电炉可以烧水热饭。

“热”本是形容词，指物体的温度高，引申指对物体进行加热，使它变热，这里的“热”用的就是这个意义。

以上都是形容词转化为动词的例子。一个形容词转化为动词之后，就分化为两个词，这种现象属于词的分化，但学者们往往把这种词的分化现象称为“词的兼类”，这是静止地观察语言现象所得出的结论。

8. 有些形容词有使动用法

人们常常把一些意义抽象的形容词，如“端正”“孤立”“壮大”“纯洁”“坚定”“健全”“繁荣”“密切”等，用作带有“致使”意义的动词，意思相当于“使……A”，这种用法相当于古代汉语语法学上所说的“形容词的使动用法”，我们把这种用法的形容词称为“使动形容词”。例如：

① 对于酒，每个人都应该端正态度，正确对待。

“端正”本是形容词，有“正确”的意思，常被用来表示“使……端正”的意思，这里用的就是这个意思。

② 只有壮大人民革命力量，最大限度地削弱和孤立敌人，才有人民的胜利。

“壮大”本来是形容词，常被用来表示“使……壮大”的意思，这里用的就是这个意思。“孤立”本来也是形容词，有“得不到支持和帮助”的意思，常被用来表示“使……孤立”的意思，这里用的就是这个意思。

③ 面对困难和矛盾，首先要坚定信心。

“坚定”本是形容词，有“不动摇”的意思，人们常常把它用为动词，用来表示“使……坚定”的意思，这里用的就是这个意思。

值得注意的是，形容词的使动用法只是形容词的临时用法，它并不能使形容词产生新的词汇意义，因为它只能表示使事物变得怎么样，不能表示通过什么手段使它变化，也正因为如此，人们仍然把它看作形容词，在需要的时候，还在它的前面加上程度副词。试比较：

④ 让我们［更加］坚定信心，继续为维护和巩固世界和平而努力。

这里“更加坚定”是“使……更加坚定”的意思，在“坚定”的前面加上了程度副词“更加”，说明人们用“坚定”来表示“使……坚定”的意思时，只是让“坚定”临时具有动词的语法功能、表示动词性的意义，并没有把它变成动词。不过，由于一些形容词的使动用法反复使用，就容易使人感觉到它们已经转化成了动词，因而很多学者都认为“使动形容词”是形容词兼动词。

有时人们为了突出形容词所表示的人或事物的性质状态，不采用使动用法，而是让它作动宾短语“使……”的补语。例如：

⑤ 对外开放使中资保险企业〈[更加]壮大〉。

这里“使中资保险企业〈[更加]壮大〉”的意思与“更加壮大中资保险企业”相同，说明形容词“壮大”带宾语表示“使……壮大”的意思时，它仍然是形容词，表示“使……壮大”的意思是它的临时用法。

⑥《统计家》周刊说：“英国的策略应该是不惜一切代价使法国〈孤立〉。”

这里“使法国〈孤立〉”的意思与“孤立法国”相同，说明形容词“孤立”带宾语表示“使……孤立”的意思时，它仍然是形容词，表示“使……孤立”的意思是它的临时用法。

以上事实表明，当形容词用来表示“使……A”的意义时，它仍然属于形容词，没有变成动词。

9. 形容词可以用来表示“变化”的意义

当需要的时候，几乎所有的汉语形容词都可以用来表示“变 A”“变得 A”的意义。不过，形容词表示“变化”的意义时，并没有转化为动词，仍然是形容词，这是形容词的一种借代用法。例如：

① a. 她脸红了，我觉得我的脸也发烧了。

这里“红”是“变红”的意思。试比较：

b. 他一眼瞥见那个姑娘，脸一下子变红了。

这里用形容词“红”作动词“变”的补语，这是形容词的本来用法之一。

② a. 他们今天[已经]孤立，明天必将[更加]孤立。

这里“已经孤立”是“已经变得孤立”的意思，“更加孤立”是“变得更加孤立”的意思。试比较：

b. 这样下去，它将变得与本地区的发展潮流格格不入，变得〈[更加]孤立〉。

这里用“更加孤立”作动词“变”的补语，“孤立”仍然保持着形容词的用法。

10. 性质形容词可以重叠

多数性质形容词都可以重叠，这是通过音节的重叠来获得一种形象性，让它起状态形容词的作用，作描写性定语、谓语、状语、补语。单音节形容词重叠与双音节形容词重叠的语法功能相同，只是在后面是否加结构助词或描写助词的方面有所不同。下面我们将单音节形容词重叠与双音节形容词重叠分开来说明。

（1）单音节形容词的重叠

单音节形容词的重叠方式是将整个音节重复一遍，使它成为两个音节，两个音节的发音轻重相同，可以用英文字母表示为“AA”。形容词重叠后，可以作定语、谓语、状语、补语，表示人或事物的状态所达到的程度大，用来对人或事物的状态进行描写，起的是状态形容词的作用。

1）作定语

单音节形容词的重叠形式作定语时，后面需要加上结构助词“的”。这种定语属于描写性定语。例如：

① 她哭得更伤心了，泪珠从（长长）的睫毛上滴下来。

这里“长长”是“很长”的意思，用来作描写性定语。再如：

② 他把（红红）的苹果、（大大）的苹果都发给了小朋友，给自己留下了一个又青又小的。

这里“红红”“大大”都是单音节形容词的重叠形式，作描写性定语。“又青又小”是由两个单音节形容词借助并列连词“又”组成的并列短语，作说明性定语，后面的中心语“苹果”承前省略了。

③ 恐龙躯体庞大，长可达30米，（长长）的脖子上长着（小小）的头，真是“四肢发达，头脑简单”的怪物。

以上是单音节形容词的重叠形式作定语的例子。

2）作谓语

单音节形容词的重叠形式作谓语时，后面需要加上描写助词“的”。这种谓语属于描写性谓语。例如：

① 我爱吃张姨做的鱼，香香的，甜甜的。

这里“香香”和“甜甜”是两个并列的谓语，主语都是“张姨做的鱼”，承前省略了，属于描写性谓语，后面的“的”都是描写助词。

② 长征途中的红军战士头发乱乱的，胡子长长的，眼窝深深的，脸色黄黄的，拄着棍子还摇摇晃晃。

这里“头发乱乱”“胡子长长”“眼窝深深”“脸色黄黄”都是主谓短语，谓语都是形容词的重叠式，属于描写性谓语，后面的“的”都是描写助词，整个短语也是形容词性的，具有描写作用，共同作主语“长征途中的红军战士”的谓语。

以上是单音节形容词的重叠形式作谓语（包括主谓短语中的谓语）的例子。

3）**作状语**

单音节形容词的重叠形式作状语时，后面可以不加结构助词“地”，但有时为了强调状语，后面加上结构助词“地”。这种状语属于描写性状语。例如：

① 可能要变天了，[快快] 走吧！

这里“快快”的意思是“用很快的速度”，是描写性状语。如果不重叠，说成“快”，就成了说明性状语。

② 他严肃地说：“该办的事不用送礼也能办，不能办的送礼再多也没用。”这个人很尴尬，只好收起钱 [快快] 地走了。

这里在状语“快快”的后面加上了助词“地”，对状语“快快”进行强调。再如：

③ 我们俩 [慢慢] 地走，[慢慢] 地聊，感觉很投缘。

④ 两个孩子跑上领奖台，欣喜地接过奖杯，[高高] 地举过头顶。

这里“高高”的意思是“在很高的高度上”。

⑤ 外来词的借用，[大大] 地丰富和充实了汉语的词汇库，增强了汉语的表达能力。

这里“大大”的意思是“在很大的程度上”。

⑥ 数以千计的民众冒着严寒，[早早] 来到闹市区，等候游行的开始。

这里“早早”的意思是“很早”。

⑦ 那天早晨，我 [早早] 地来到了考场。

这里“早早”的意思与上一例相同。

以上是单音节形容词的重叠形式作状语的例子。

4）**作补语**

单音节形容词的重叠形式作补语时，后面需要加上描写助词“的”。这种补语属于描写性补语。例如：

① 他加大油门，来个急拐弯，一下把我甩得〈远远〉的。

② 她眉毛挑得〈高高〉的，眼睛瞪得〈圆圆〉的。

③ 我们有事都找他，总能给我们办得〈好好〉的。

以上是单音节形容词的重叠形式作补语的例子。

【补充说明】

第一，有一种短语，看起来像是两个意义相反的形容词并列重叠，用来表示程度大小不等的意思。例如：

① 在银河系里，（大大小小）的恒星有一千多亿颗。

这里“大大小小”看起来像是并列短语“大小”的重叠，其实是由“大的大，小的小”这两个并列句紧缩成的，意思相当于“大小不等”。

② 路面高高低低，崎岖难走。

这里“高高低低”是由“高的高，低的低”这两个并列句紧缩成的，意思是“有的地方高，有的地方低”，也就是高低不平的意思。

第二，在口语中，有些单音节形容词重叠后，第二个音节发成阴平声（一声），并儿化，如“慢慢儿（màn mānr）”“好好儿（hǎo hāor）”“远远儿（yuǎn yuānr）”“早早儿（zǎo zāor）”等。

（2）双音节形容词的重叠

双音节形容词的重叠方式是每个音节连续说两遍，如“清清楚楚”“漂漂亮亮”“实实在在”“大大方方”“干干净净”等。双音节形容词重叠形式的语法功能与单音节形容词重叠形式的相同，也可以作谓语、定语、补语、状语。

1）作定语

双音节形容词的重叠形式作定语时，后面也需要加上结构助词“的”，属于描写性定语。例如：

① 走进农民家中，看见的是（规规矩矩）的家、（清清爽爽）的屋，（干干净净）的地。

这里“规规矩矩”是“非常规矩”的意思，“清清爽爽”是“非常清爽”的意思，“干干净净”是“非常干净”的意思，属于描写性定语。再如：

② 这种玩具的蓝色包装盒上有一个（高高兴兴）的小孩，在朝着顾客微笑。

以上是双音节形容词的重叠形式作定语的例子。

2）**作谓语**

双音节形容词的重叠形式作谓语时，属于描写性谓语，后面可以加描写助词“的”，也可以不加。例如：

① 门前堆粪、修猪圈的旧习俗没有了，农家小院干干净净。

这里“干干净净”是“非常干净”的意思，属于描写性谓语。再如：

② 事实清清楚楚，不容抵赖。

③ 屋子里收拾得很干净，孩子也干干净净的。

以上是双音节形容词的重叠形式作谓语的例子。

3）**作状语**

双音节形容词的重叠形式作状语时，后面要加上结构助词“地”。例如：

① 突然，一只鸟儿落到他们的餐桌上，［大大方方］地衔起一块面包飞走了。

② 这个菜店挂着一块黑板，上面用白字［清清楚楚］地写着各种蔬菜的品名和价格。

以上是双音节形容词的重叠形式作状语的例子。

4）**作补语**

双音节形容词的重叠形式作补语时，后面可以加描写助词“的”，也可以不加。例如：

① 如果把镜头推近，连药品的说明书都可看得〈清清楚楚〉。

② 尤其是女孩子，穿得〈漂漂亮亮〉、打扮得〈大大方方〉，谁都说好。

③ 书架上的书摆得〈整整齐齐〉的。

④ 每次吃饭以前，他总是把两只小手洗得〈干干净净〉的，平放在桌子上让妈妈检查。

以上是双音节形容词的重叠形式作补语的例子。

【补充说明】

第一，双音节偏正式状态形容词本来就可以表示人或事物的某种状态达到了很大程度，如“雪白”“漆黑”等，因而没有重叠的必要，但人们有时把这种状态形容词整体连说两遍，如“雪白雪白”“漆黑漆黑”“冰凉冰凉”等，用来强调事物的状态，这不属于重叠，而属于反复用法。例如：

① 在那座小山上，我看见了一只（雪白雪白）的松鼠。

② 闪电不断地划破（漆黑漆黑）的夜空。

③ 手脚冻得〈冰凉冰凉〉的。

以上三例是偏正式状态形容词反复的例子。

第二，在口语中，双音节性质形容词还有一种嵌音重叠式，就是用“里”（li）代替重叠的第二音节，如“糊里糊涂”“马里马虎”“啰里啰唆”“土里土气”“小里小气”等。这种重叠方式只适用于带有贬义的形容词，起强调作用。

四、副词

副词是用来修饰、限定动词和形容词性词语，表示动作行为、变化等发生的时间、频率、处所、范围、方式，心理活动和性质状态所达到的程度，以及对动作行为、变化等的看法和态度的词。

（一）副词的种类

根据副词的意义可以把副词分为时间副词、频率副词、处所副词、范围副词、方式副词、程度副词、语气副词等。这些意义其实并不都属于同一个范畴，有的相互之间差别还相当大，但从语法作用的角度讲，表示这些意义的词都是用来修饰或限定动词和形容词的，所以在汉语语法学上把它们归为一类，统称之为“副词”。

1. 时间副词

时间副词是表示有关动作行为、变化等的时间的副词。主要有“新”“刚”“刚刚”“马上”“立刻”“立即”“顿时”“终于”“早晚”“从来”“一直”“始终”“一向”“向来”“永远”等。下面我们分别加以说明。

（1）新

时间副词“新”表示事情发生的时间距离目前的时间很短，但具体长度没有约定。例如：

① 他是［新］来的。

这里“新来”是“不久前来”的意思。再如：

② 这件衣服是你［新］买的吧？

③ 这座立交桥是［新］建的。

（2）刚、刚刚

“刚”也是表示事情发生的时间距离目前的时间很短，大约从几秒钟到几分钟。“刚刚”是“刚”的重叠，更强调事情发生的时间距离目前的时间很短。例如：

① 他［刚］走，你要是早来一会儿就好了。

② 他［刚刚］走，你要是早来一会儿就好了。

“刚”还有一个引申用法，表示动作行为发生不久以后。例如：

③［刚］吃完饭就运动，对身体不好。

这里“刚吃完饭”的意思是“吃完饭后不久”。

④ 我［刚］睡着就被他吵醒了。

这里“刚睡着”的意思是“睡着后不久”。

值得注意的是，时间副词“新”也能表示事情发生的时间距离目前的时间很短，但“新”和“刚”在意义上有区别。“新”不但表示动作行为在不久前发生，还表示动作行为的主体或对象对于所在的环境或对于观察者来说，是以前没有的，是“新”的。如：“他是新来的。”这里“新”不但表示“他”来这里不久，还表示以前他不是这里的人；而如果说成“刚来的”，则只表示“他”不久前（如几分钟以前）来的，不表示“他”以前不是这里的人。再如：“这件衣服是你新买的吧。”这里“新”不仅表示“这件衣服”是“你”不久前买的，还表示以前“你”没有“这件衣服”，“我”据此判断“你”是不久前买的，但不一定是刚买的；而如果说成“刚买的”，则只表示“这件衣服”是“你”不久（如几分钟）前买的。

（3）马上、立刻、立即、顿时

这四个时间副词的意义基本相同，都表示在前一件事情发生后或说完话后很短的时间内。其中“马上”带有口语色彩，“立刻”“立即”“顿时”带有书面语色彩，其中“立即”和“顿时”的书面语色彩更浓。例如：

①“你什么时候走？”“［马上］就走。”

② 我说我要看那本书，他［马上］就给我送来了。

③ 不能再等了，我们必须［立刻］出发。

④ 他发现一位老人上来了，［立即］给她让座。

⑤ 表决结果刚一宣布，整个会场［顿时］响起热烈的掌声。

有一点值得注意，“顿时”只在陈述过去发生的事情时使用，所以例①、例②和例③中的“马上”和“立刻”不能换成“顿时”。另外，“顿时”所表示的两件事间隔的时间很短，所以例④中的“立即”也不能换成“顿时”，但用“顿时”的地方都可以换成“马上”“立刻”“立即”。

（4）一向、向来、历来、从来

这四个时间副词都有“从过去到现在”的意思，通常在说明人的思想主张、习惯、身体状况等的时候使用。“一向”“向来”“历来”属于书面语，“从来”在书面语和口语中都使用。例如：

① 她［一向］身体不好，常常闹病。

② 中国人民［一向］主张各国人民友好往来与和平共处。

③ 两位老人［向来］身体健康，很少打针吃药。

④ 我们的政府［向来］主张在平等互利的基础上，同任何国家发展正常的通商贸易关系。

⑤ 中国人［历来］主张“世界大同，天下一家”。

⑥ 中国［从来］主张以协商方式解决国际争端。

（5）一直、始终

“一直”和“始终”是从开始到结束的意思，用在表示动作行为、状态等在一段较长的时间内保持不变的句子中。其中“一直”在口语和书面语中都是用，“始终”在书面语中使用。例如：

① 这几天我［一直］在家里看书，没出门。

② 长期以来，人们［一直］认为杜康是中国最先酿酒的人。

“长期以来”的意思是“从很久以前到现在”。大约在2000年的时候，互联网上出现了“* 一直以来”这个错误的说法，它是将“长期以来”这个短语中的“长期”错误地替换成了“一直”，而由于现在的人们在语言的使用上有追求新颖的习惯，而且很多人不知道这种说法是错误的，也都跟着这样说，使得这一错误的说法泛滥开来。这种错误的说法混入汉语中，会影响汉语的科学性和严谨性，我们汉语教师应该建议汉语学习者不要使用这种错误的说法。

③ 几十年来，他［始终］关心着中国的发展。

这里是说，几十年来（从几十年前到现在），“他”对中国发展的关心一直保持着。

（6）早晚、迟早

时间副词“早晚”和“迟早”的意思是“在将来的较早或较晚时间”的意思，在表示预计某种情况将来一定会发生的时候使用。“迟早”一般在书面语中使用。例如：

① 中国［早晚］会统一。

② 坏人［早晚］得完蛋。

③ 经营要讲道德、讲信誉，不讲信用，［早晚］要吃亏。

④ 事情［迟早］会水落石出。

（7）终于

这个时间副词在说明一个过程的最后结果时使用。例如：

① 我等了 1 个多小时［终于］见到了医生。

② 我用了三年多的时间，［终于］写完了这本书。

③ 在丈夫的鼓励下她［终于］下了决心学习汉语。

（8）永远

这个时间副词表示从过去到未来的无限长的时间里。例如：

①“哲学是什么”这个问题我看是没有标准答案的，你［永远］也得不到标准答案。

② 历史上的这一天我们［永远］不能忘记。

③ 没有一个人［永远］走运，没有一个人［永远］倒霉。

2. 动态副词

这种副词用来表示动作行为、变化等在某个时间的进行情况。主要有如下几种：

（1）进行体副词

进行体副词主要有“在”“正”“正在”。其中“在”表示在某个时间点行为在进行，“正”表示一种行为发生的时候另一种行为正在进行，“正在”和“正”的意义相同。谓语动词前用了“正”以后，句末一般需要加上进行体语气词“呢”；用了“在”或“正在”以后，句末可以加进行体语气词“呢”，也可以不加（关于进行体语气词“呢”，参见 357 页“3. 呢”）。例如：

① A：你［在］干什么？　B：我［在］看书。/ 我［在］看书呢。

② 他给他打电话的时候，我［正在］睡觉。/ 我［正在］睡觉呢。

③ 他给他打电话的时候，我［正］睡觉呢。

如果不是要表示一种行为发生的时候另一种行为正在进行，而表示一种行为在某个时间正在进行，不用进行体副词“正”“正在”，而用进行体副词“在”或进行体语气词“呢”：

④ A：你干什么呢？　B：看书呢。

⑤ A：你在干什么？　B：我在看书。

【补充说明】

“在”与“正”“正在”在意义上有点区别。“正”和“正在”着重强调一件事情发生的时候另一件事正在进行，强调两件事情在时间上的巧合。

（2）发生体副词

发生体副词主要是“已经”和“已”，用来表示动作行为、变化等在现在之前或过去的某个时间之前发生。例如：

① 本学期的教学工作［已经］完成。

② 飞机起飞前的检查工作［已］完成。

这里“已”和“已经”的意义完全相同，只是“已”的书面语色彩更浓，在口语中一般是不使用的。

值得注意的是，时间副词“已经”的语法意义与动态语气词“了”所表示的语法意义相同，但句子中用了“已经”以后，人们往往还习惯性地在句末加上“了”（关于动态语气词“了”，参见 370 页“1. 动态语气词‘了’”）。例如：

③ 这个任务［已经］完成了。

这里谓语动词前用了“已经”，句末还加上了动态语气词“了”。

④ 现在枫叶［已经］红了。

这里“红”是“变红”的意思，“已经”表示这种变化发生了，后面本来不需要加动态语气词“了”，也习惯性地加上了。不过，“红”是单音节词，“已经”是双音节词，“红”的后面如果不加“了”，只说成“已经红”，在韵律上感觉不和谐，所以这个“了”非加不可。如果说成“已红”，后面不加

“了”，韵律也是和谐的，但是“已红”书面语色彩太浓，用在这里不合适。从另一个角度说，既然“红”的后面加上了“了”，前面的“已经”就没有必要加了，不过二者同时使用能起强调作用，还能使整个句子既带有一定的书面语色彩，又带有一点口语色彩，例 ③ 和例 ④ 的语气词“了”就是为了获得这种表达效果加上的。

（3）经历体副词

经历体副词主要是“曾经”和“曾”，用来表示过去有某种经历。例如：

① 我以前虽然也［曾经］失败，但总是立即找到失败的原因，只有这一次败得莫名其妙。

这里“曾经失败”的意思是“有失败的经历”。

② 这里［曾经］发生地震。

这里“曾经发生地震”的意思是“有发生地震的经历”。

③ 1908 年这里［曾］发生地震。

值得注意的是，经历体副词“曾经”和“曾”的语法意义就是经历体助词“过”所表示的语法意义，但人们在动词前用了“曾经”或“曾”之后，后面还常常习惯性地加上经历体助词“过”（关于经历体助词“过”，参见 341 页“4. 经历体助词‘过’”）。例如：

④ 这里［曾经］发生过一次地震。

⑤ 据历史记载，东汉时期这里［曾］发生过一次大地震。

（4）将来体副词

将来体副词主要有“将”“要”“将要”三个，表示动作行为、变化等在未来发生。其中“将”和“将要”在书面语中使用，“要”在口语中使用。例如：

① 今后几年，我们［将］做好以下工作：第一……

② 日本青年访华团［将］对我国进行二十三天的友好访问。

将来体副词“要”用来表示动作行为、变化等在不久的未来发生，有时前边还加上形容词“快”，强调事情不久以后（比如几分钟以后）发生。例如：

③［要］下雨了。

④ 快［要］下课了他才来。

“将要”是由“将”和“要”组合成的，所以书面语色彩比“将”弱一些。例如：

⑤ 当他转身［将要］上飞机的时候，看到东方升起一轮巨大的红日。

⑥ 龟背湿润的时候，说明天［将要］下雨。

3. 频率副词

频率副词是表示动作行为、变化等发生的频率的副词。主要有“常”“常常”“经常”“总”“总是”“老”“老是”“有时”“有时候”“偶尔”“很少”等。下面我们分别加以说明。

（1）常、常常、经常、总、总是、老、老是

这几个频率副词都用来表示动作行为、变化等发生的频率高，其中“常”“常常”“经常”具有书面语色彩，“总”“总是”“老”“老是”具有口语色彩。例如：

① 这个公园过去我［常］来，现在变化真大，环境很美。

② 我［经常］来这儿散步。

③ 像许多北京的市民一样，这些天我［常常］来天安门广场。

以上是“常”“常常”“经常”的用例。

“总”“总是”“老”“老是”不但具有口语色彩，在说明不喜欢的行为时，带有厌烦的语气，意思相当于“一次又一次地”。例如：

④ 以前我［总］去那个公园散步。

⑤ 他以前［总是］迟到。

⑥ 你怎么［老］迟到？

⑦ 他［老是］迟到。

⑧ 小燕子提醒大为说：“别［总］说‘亲爱的’，好不好？我听着，总觉得别扭。”

这里“总觉得别扭”的“总”不是频率副词，而是时间副词，意思相当于“一直”。“总”“总是”“老”“老是”都可以用来表示“一直”的意思。例如：

⑨ 他［总是］不知疲倦，［总］觉得时间不够用。

这里“总是”和“总”的意思不是“一次又一次地”，而是“一直”的意思。

⑩ 开始时，我害怕写作文，［老是］不知道怎么写，［老］写不好。

这里“老是”和“老”也是“一直”的意思。

（2）有时、有时候、偶尔、很少

这几个频率副词都用来表示动作行为、变化等发生的频率高低。另外，“偶尔”书面语色彩强，“有时候”口语色彩强。

“有时”和“有时候”的本来意思是“有些时候”，常用来表示一种情况不经常发生，只是在个别时候会发生，意思相当于“偶尔”。例如：

① 学生问的问题老师［有时］也回答不上来。

② “你脾气真好。”“不，我［有时候］也发脾气。”

如果两个或两个以上的并列句中都使用“有时”或“有时候”，“有时”或“有时候”只表示在不同的时间里，属于时间副词。例如：

③ 我们看到的月亮，［有时］像弯弯的眉毛，［有时］又像圆圆的银盘。

④ 我［有时候］坐公共汽车回家，［有时候］坐出租车回家。

“偶尔”与“有时”和“有时候”意思相同，通常只在书面语中使用。例如：

⑤ 平时金丝猴主要生活在树上，［偶尔］也下地活动。

“很少”所表示的频率比“有时”“有时候”“偶尔”更低。例如：

⑥ 她身体不大好，［很少］出门。

4. 重复副词

这种副词用来表示对动作行为进行重复。主要有“还”“再”“又”等。下面我们分别加以说明。

（1）再

“再”用来表示将要对已经做出的动作行为进行重复，是要对已经做出但未达到预期目的或尚未尽兴的动作行为进行重复。例如：

① 我今天去找他他不在家，明天我［再］去一次。

② 我没听清楚，你［再］说一遍。

以上二例中的“再”表示对已经做出但未达到预期目的的动作行为进行重复。

③ 那个地方空气太好了，下星期我［再］去一次。

④ 我想［再］吃一次你做的菜。

以上二例中的“再”表示对已经做出但尚未尽兴的动作行为进行重复。

值得注意的是，“再”有时不表示对动作行为进行重复，而是表示改变动作行为的时间的语气，是语气副词。例如：

⑤ 天快黑了，来回有二十里路，又在大山里，都劝她明天［再］去。

这里“明天再去”的意思是把“去”的时间改成“明天”，而不要“现在”就去。

⑥ 写完作业［再］出去玩吧。

这里“再”的意思是把出去玩的时间改成写完作业以后，而不要“现在”就出去玩。

以上二例中的“再”都是语气副词，表示改变做事的时间的语气，不是重复副词。

（2）还

“还”也用来表示将要对已经发生的动作行为进行重复，但它用来表示将要对已经完成或已经尽兴的动作行为进行重复。这一点与“再”不同。例如：

① 她问：“你喜欢不喜欢这个地方？”我说：“喜欢，很喜欢。”她又问：“下星期你［还］来吗？”我回答说：“下星期六我［还］来。你呢？”

② 那个地方空气太好了，下次我［还］去。

以上二例中的“还”都用来表示对已经完成而且已经尽兴的行为进行重复，都不可以换成“再”。

③ “我想［再］吃一个橘子。”“［还］吃啊？你都吃几个了？”

这里前一个人觉得吃橘子还没尽兴，所以说想再吃一个，而后一个人觉得他吃得太多，应该已经尽兴了，所以反问他“还吃啊？”从这里我们可以清楚地看出“再”与“还”的区别。

（3）又

“又”也用来表示对动作行为、变化的重复，但与“再”“还”不同，它表示已经对动作行为进行重复，而不是将要进行重复。例如：

① 他以为我没听清楚，［又］说了一遍。

② 昨天天阴，照相效果不好，今天我［又］去照了一次。

③ 刚才他［又］吃了两个橘子。

④ 厨房的灯［又］坏了。

以上四例中的“又”表示已经对动作行为进行重复，而不是将要进行重复。

5. 持续副词

表示人或事物持续存在，动作行为持续进行，状态没有变化，以及计划、习惯等没有改变等。这类副词主要有“还”和“仍然”两个，其中“还”主要在口语中使用，“仍然”在书面语中使用。例如：

① 我从门镜一看，他［还］在门外，没走。

② 困难问题［仍然］存在。

以上二例中的“还”和“仍然”表示人或事物持续存在于某处，没有离开或消失。

③ 都后半夜了，他［还］在写书呢。

④ 这座建筑至今屹立于小白楼地区，并且［仍然］经营西餐。

以上二例中的“还”和“仍然”表示动作行为持续进行，没有停止或改变。

⑤ 都五十多岁了，他看起来［还］那么年轻。

⑥ 都后半夜了，他［还］没睡觉呢。

以上二例中的“还”表示状态没有改变。

持续副词“还”有一个引申用法，表示计划、习惯等没有改变。例如：

⑦ 下雨了，你［还］出去散步吗？

这里“你还出去散步”的意思是“你出去散步的计划没有改变”。

⑧ 你［还］骂不骂人了？

这里“还骂不骂人”的意思是“骂人的习惯改不改或改没改”。

6. 处所副词

处所副词是表示动作行为、变化等发生的处所的副词。因为动作行为、变化等发生的处所一般用处所名词或处所名词性短语来表示，所以处所副词的数量是很少的，主要有“处处”“到处”“四处”“随处”等几个，意思是每一个地方、任何地方。其中“到处”在口语和书面语中都使用，“处处”“四处”“随处”在书面语中使用，“随处”的书面语色彩最浓。例如：

① 每逢假日，小镇［处处］人山人海。

② 当记者最重要的是要不怕困难，［到处］走，了解真实情况。

③ 他的孩子丢了，他［四处］寻找，还在报纸上登了寻人启事

④ 自 4 月 6 日电影节开幕以来，在北京各大高校［随处］可以看到、听

到学生们讨论有关电影的话题。

7. 范围副词

范围副词是表示动作行为、变化等涉及的范围的副词。主要有“都”“全”“全都”“共”“一共”“总共”“统共”“仅”“仅仅”“只”“光”“一律”“另外”“另”等。下面我们分别加以说明。

（1）都、全、全都

这三个范围副词意义相同，表示包括一个范围内的全部个体。

① 该来的［都］来了。

② 不该来的人［全］来了，该来的反而没有来……

有时人们还把“全”和“都”并列连用，比单用“全”和“都”更强调没有例外。例如：

③ 怎么该来的，不该来的，［全都］来了？

（2）共、一共、总共、统共

这四个范围副词表示将一个范围内的全部个体的数量合起来。其中“共”是书面语词，“一共”在口语和书面语中都使用，“总共”和“统共”与“共”和“一共”意义相同，但不太常用，尤其是“统共”。例如：

① 有关部门领导、专家、学者［共］60 多人出席了会议。

② 在这次电影节上［一共］放映了十七个国家的九十九部电影。

③ 今年［一共］有 8 名亚美尼亚大学生参加了亚美尼亚地区的汉语桥比赛。

④［总共］有 1200 多名华侨、华人和中国留学生出席了这次联欢会。

⑤ 从我家到学校［统共］只有一公里路，上下班不用坐车。

（3）仅、仅仅、只、光

这四个范围副词都表示动作行为只支配或涉及一个范围内的部分个体，其中“仅”“仅仅”“只”在书面语中使用，“光”在口语中使用。例如：

① 学校［仅］向学生传授知识是不够的，还应对学生进行思想品德教育。

② 学校不应［仅仅］鼓励教师写论文，还应该鼓励教师写专著。

③ 食草动物［只］吃植物性食物，不吃动物性食物。

④ 为什么［光］吃面不喝汤呢？

值得注意的是，“仅”“仅仅”“只”还经常作语气副词用，用来强调数量少、时间短等。例如：

⑤ 他［仅］用3年时间学完了4年的大学课程，并以优异成绩毕业。

⑥ 他［仅仅］用了五百多天时间就学完了大学的主要课程。

⑦ 今天我［只］吃了一顿饭。

（4）一律

“一律”和“一概”都表示在一个范围内没有例外的意思，其中“一律”常在说明法律、规定等问题的时候使用。例如：

① 中华人民共和国各民族［一律］平等。

② 以前男教师60岁退休，女教师55岁退休，现在［一律］60岁退休（但女教师可以申请55岁退休）。

③ 大家只知道此人姓谢，其他情况［一概］不清楚。

（5）另外、另

范围副词“另外”和“另”指前面所说的人或事物所属范围之外的范围。其中“另外”在口语和书面语中都使用，“另”只在书面语中或正式场合使用。例如：

① 此次竞赛共收到有效答卷2万余份，从中评出特等奖1名，一等奖3名，二等奖5名，三等奖8名，纪念奖100名。［另外］有10个单位获得组织奖。

这里“另外”指获得竞赛奖以外的范围。

② 自2002年1月至5月共有25个国家的700多万华人小学生参赛，共有3000余篇作文获奖，其中特等奖10人，一等奖300人，二等奖800人，三等奖2000人，［另］有100个单位获组织奖。

这里“另外”指获得作文奖以外的范围。

③ 这个办法不行，我们得［另外］想个办法。

④ 旁边的同志都说，这样渡江太危险，应［另］想办法。

8. 方式副词

方式副词是表示动作行为、变化等的方法和形式的副词。主要有“亲自”“特意”“特地”“专门”“互相”“单独”“大力”“极力”“尽量”“赶紧”“赶快”“赶忙”“连忙”“悄悄”“暗暗”“偷偷”“接连”“一连”“连续”“陆续”“突然”“忽然”“猛然”“公然”等。下面我们分别加以说明。

（1）亲自

“亲自”表示自己做事情，而不是让别人代替或听别人介绍等。例如：

① 他既没有［亲自］参加会议，也没有派人出席，对会议的内容一无所知。

② 他这次来访是为了［亲自］看一看中国的改革情况。

（2）特意、特地、专门

这三个副词表示为了一个特定的目的或特定的对象而做某事。其中“特意”和“特地”属于书面语，“特地”书面语色彩更强，而“专门”有口语色彩。例如：

① 我听说你有病了，［特意］来看你。

这里“特意来看你”的意思是“只为了看你才来的”。

② 令他们感到特别温暖的是，学校［特地］为中国学生准备了春节宴会，市长亲自前来祝贺。

这里“特地为中国学生准备”的意思是“只为中国学生准备”。

③ 我是［专门］来看望你的。

这里是说，“我”只为看望“你”才来的（不是做别的事顺便来的）。

（3）互相

“互相”表示双方对对方做相同的行为。例如：

① 各民族要［互相］尊重、［互相］帮助、［互相］学习。

“互相”有时也说成“相互”，而“相互”有很浓的书面语色彩。例如：

② 大家要［相互］尊重、［相互］学习、［相互］关心、［相互］帮助。

（4）单独

“单独”表示不跟别人一起做某事，或只对一个特定对象做某事。例如：

① 我喜欢［单独］旅游。

② 我想［单独］跟你谈谈。

（5）大力、极力

“大力”表示用很大的力量做事，“极力”表示用全部力量做某事。例如：

① 要［大力］发展食品加工业、养殖业，发展商品生产。

② 我其实也舍不得离开她，见她［极力］挽留我，便留了下来。

（6）尽量

“尽量”表示努力达到最大限度，在这个意义上，有时也说“尽可能”。例如：

① 夫妻之间还应该［尽量］避免为生活小事争吵。

② 白天要［尽量］利用自然光看书学习。

③ 在主人家吃饭，客人应［尽量］多吃一些。

以上三例中的“尽量”都可以替换为“尽可能”。

（7）赶紧、赶快、赶忙、连忙

“赶紧、赶快、赶忙、连忙”都表示要立刻做事情，不拖延。例如：

①［赶紧］走，要不就迟到了。

②［赶快］走，要不就迟到了。

以上二例中的“赶紧”和“赶快”意思相同，都表示抓紧时间做还没做的事。不过，“赶紧”也可以用来陈述已经发生的事情，“赶快”不可以。例如：

③ 许清清终于坚持不住晕倒在地，非洲组的三位选手［赶紧］上前，和工作人员一起将她抬上救护车。

这里“赶紧上前”陈述的是过去发生的事情，不可以替换为“赶快”。

“赶忙”和“连忙”只在陈述过去发生的事情时使用。例如：

④ 一支结婚的队伍正准备在路口放爆竹，旁边打扫卫生的清洁工人［赶忙］上前劝阻。

⑤ 有一天，一个运输工人受伤了，专家［连忙］乘车赶到现场。

以上二例中的“赶忙”和“连忙”不可以替换为“赶快”。

（8）悄悄、暗暗、偷偷

“悄悄”“暗暗”“偷偷”都表示静静地、秘密地做事情，不让别人注意或知道。例如：

① 已经上课了，两个迟到的学生［悄悄］地走了进来。

② 看了汉语桥比赛选手们的精彩表演，我［暗暗］下定决心：一定要更加努力学习汉语，明年我也参加汉语桥比赛。

③ 正如巴尔扎克所说:“真正的学者真正了不起的地方，是［暗暗］做了许多伟大的工作而生前并未因此出名。”

④ 有的孩子还［偷偷］买烟抽、进饭馆吃饭，有些甚至玩赌博游戏。

“悄悄”“暗暗”“偷偷”这三个方式副词是有区别的。“悄悄”强调的是动作行为不发出声音，尽量不引起别人的注意，而“暗暗”强调的是秘密地做事情，不让别人知道，所以二者不能互相代替。“暗暗”还可以表示不动声色地进行心理活动，“悄悄”没有这个作用。“偷偷”也是强调秘密地做事情，不让别人知道，但所做的事情是不合法或不合规定的，或者是被别人知道会有不好的结果的，所以不可以与“悄悄”“暗暗”互相替换。

（9）接连、一连、连续

“接连”“连续”“一连”都表示动作行为持续的时间长，或事情一个接着一个地发生，其中“一连”有一定的口语色彩。例如:

① 淮河沿岸从六月二十三日起，［接连］下了三天雨。

② 美国总统布什从 8 月 6 日起［接连］3 天就南斯拉夫危机发表谈话。

③ 春节前夕，三明市洋溪公社［连续］下了三天大雪。

④［一连］下了三天雨。

⑤ 今天［一连］参加了好几个会。

以上五例中的“接连”“连续”“一连”可以互相替换。

（10）陆续

“陆续”是“不同时也不很连贯”的意思，这个意义也可以说成“先后”。例如:

① 参加会议的学生［陆续］来到了会场。

② 本刊将［陆续］刊登中国文化知识和汉语语法知识方面的文章。

值得注意的是，“陆续”表示同一种行为在总体上是连续发生的，但有时中断，而“连续”是没有中断的意思，所以“陆续”与“连续”不能互相代替。如上面例②中的“陆续刊登”是说不是很连贯地刊登，可能会有中断，比如第一期刊登，第二期不刊登，然后后面的某一期又刊登了，也可能先连续刊登，后来又中断了，等等，如果改成“连续刊登”就是每一期都刊登。

（11）突然、忽然、猛然

这三个副词都强调动作行为、变化发生得快，其中“突然”和“忽然”

还强调动作行为、变化出乎意料，但“忽然”只在书面语中使用。“猛然”不强调动作行为、变化出乎意料，只强调动作行为、变化发生得快，而且力度大。例如：

① 有一天，一群大雁从天上飞过，其中的一只［突然］掉了下来。

② 电梯门刚打开，［突然］窜出一只猫，吓了我一跳。

③［忽然］一个三岁多的小女孩跑了过来，抱住老人的腿说：“奶奶！你别走，我不让你走！”

④ 一天我路过一个院子，正要往里边看，一只大狗［忽然］凶猛地叫了起来。

⑤ 我看了一个视频，是一只母狗的主人要把一只狗崽送人，狗妈妈依依不舍地亲了小狗一会儿，然后［猛然］转身走了。当然，这个视频是剪接成的，却很感动人。

这里“猛然”只强调“狗妈妈”转身的动作力度大而且快，表现出“狗妈妈”是下了决心的，是有理智的，如果换成“突然”或“忽然”，则强调“我”没想到“狗妈妈”会转身离开。

（12）公然

“公然”表示公开地而且没有顾忌地做事情，通常指做坏事。例如：

① 他们［公然］篡改历史，掩盖侵略者的罪行。

② 他不仅贬低而且［公然］反对科学。

9. 程度副词

程度副词是用来表示某种性质状态、心理活动等所达到的程度的副词。主要有：“最”“顶”“很”“非常”“特别”“极”“极其”“十分”“格外”“分外”“尤其”“太”“过于”，表示程度大；“有点儿”“稍”“稍微”“略微”，表示程度小；“比较”“挺”，表示程度稍大于中等；“更”“更加”“尤其”，表示与比较的对象相比程度大或小；“越”，动态地表示程度的增大或缩小。下面我们分别加以说明。

（1）最、顶

“最”和“顶”表示程度达到最大。其中“顶”只在口语中使用。例如：

① 家畜是人类［最］好的朋友。

② 不会游泳的人［最］怕掉进水里。

③ 西安市的一家最大“超市”，平时日销售额［顶］多3万多元，春节前几天却突然增至40多万元。

这里“顶多”是“最多”的意思。“顶多”的口语色彩浓。

（2）很、非常、特别、极（极其）

“很”“非常”“特别”“极”这四个程度副词表示程度大。其中“很”只在书面语或正式场合使用；“非常”在书面语和口语中都可以使用；“特别”在口语中使用；“极”在普通话的书面语中使用（在东北方言中很常用，但发音是 zéi）。例如：

① 那里的空气［很/非常/特别/极］好。

“极其”和“极”的意思相同，但只在书面语中使用。例如：

② 我国是历史悠久的文明古国，许多城市拥有大量的、［极其］宝贵的文化遗产。

（3）十分

“十分”表示的程度比“很”“非常”大一些，只在书面语中使用，如果要替换成“非常”的话，相当于“非常”的反复（连续说两遍）。例如：

① 手术做得［十分］成功，病人得救了。

这里“十分成功”的意思相当于“非常非常成功”。再如：

② 毛泽东主席的《在延安文艺座谈会上的讲话》是一个［十分］重要、［十分］锐利的思想武器。

③ 他老人家身体［非常非常］健康。

这里“非常非常”相当与“十分”。

（4）格外、分外

“格外”“分外”表示比平时或一般的程度大很多。例如：

① 星期日公园里的游人［格外］多。

这里是说，星期日公园里的游人比平时（星期一到星期五这五天）多很多。

② 为了欢迎我这个中国客人，他［分外］亲切地唱了两首中国民歌。

这里是说，“他”唱这两首中国民歌比唱一般的歌亲切得多。

（5）尤其

“尤其”表示在全体中或与同类的人或事物相比更突出。

① 三个舞蹈中，《艰苦岁月》[尤其]感人。

这里是说，这三个舞蹈都感人，其中《艰苦岁月》感人的程度更突出。

② 创业艰难，农民创业[尤其]艰难。

对任何人来说，创业都是艰难的，而对农民来说艰难的程度更突出。

另外还有“尤其是……”的说法，用来强调在某一方面表现更突出或更需要注意的人或事物，在句子中作插入语。例如：

③ 我国过去在社会科学方面，[尤其]是在经济学方面，始终是欧美的学生。

④ 祖国经过40多年的建设，[尤其]是10多年的改革开放，取得了世人瞩目的成就。

（6）太、过于

“太”的基本意义是程度很大，达到了不应有的程度。例如：

① 今天[太]晚了，叔叔也[太]累了，明天再请他讲吧！

② 这双鞋[太]大，那双鞋[太]小，都不合适。

值得注意的是，由于“太”的基本意义是达到了不应有的程度，所以不用来表示人或事物的优点所达到的程度大，如一般不说“* 你太好”“* 你太聪明”“* 天气太暖和”等，但如果句末加上语气词“了”就可以了，因为“了”可以表示“没想到”的语气。例如：

③ 她感激地说：“你[太]好了。”

“你太好了”的意思是“没想到你这么好”，是对“你”的赞扬和感激。

④ 你[太]聪明了。

这句的意思是“没想到你这么聪明”，是对“你”的赞扬。

⑤ 这里的冬天[太]暖和了。

这句的意思是“没想到这里的冬天这么暖和”。

当“太”用来表示人或事物的优点所达到的程度大时，如果句末不加语气词“了”，是把它当作缺点来看的。例如：

⑥ 有人说我[太]死板，[太]认真，[太]不讲情面。

这里把“太认真”与“太死板”“太不讲情面”这两个缺点并列，显然是把“认真”当作缺点来看待的，所以当我们要赞扬别人的优点时，后面一定要加上语气词“了”，表示没有想到对方的优点达到了这么大的程度，从而表示对对方的赞扬（关于语气词“了”的用法，参见 370 页“1. 动态语气词‘了’”）。

“过于”也用来表示达到了不应有的程度，仅在书面语中使用，一般用在双音节词语前。例如：

⑦ 这种现象是［过于］紧张、唾液分泌［太］多所致。

这里“过于紧张”与“太紧张”意义相同。后面的“多”是单音节词，前面不宜加“过于”。

（7）比较、挺

“比较”和“挺”都表示程度稍大于中等，比“很”的程度差一些。另外，“比较”带有书面语色彩，“挺”带有口语色彩。例如：

① 参与评价的职工认为本单位领导工作态度“很好”“好”和“［比较］好”的占到了 90.17%。

② 客户对各项工作的评价均在 3—4 分之间，也就是在“一般”和“［比较］好”之间。

③ 把游戏的形式引入教学中，效果也［挺］好。

④ 这首歌她唱得［挺］好。

（8）稍、稍微、略微、有点儿

这四个程度副词都表示程度小。其中“稍”“略微”在书面语中使用，“稍微”在口语和书面语中都使用，“有点儿”在口语中使用。另外，“有点儿”所修饰的一般是不如意的性质状态。例如：

① 这种雾凇结构较松散，［稍］有震动就会脱落。

② 虽然这种鞋［稍］好一些，但是远远不如马拉松专用鞋。

③ 今天比昨天［稍微］暖和一点。

④ 金腰燕体形跟家燕相似，但［略微］大一些。

⑤ 今天［有点］冷，你多穿点啊。

⑥ 他今天［有点］不高兴。

有时人们还在“有点”的前面加上“稍微”，进一步强调程度小。例如：

⑦ 有的顾客看中了某一件衣服，但领子或袖口［稍微有点］不合适，他

们可以根据顾客的要求帮助修改，不收加工费。

（9）更、更加

这两个程度副词意义相同，其中“更”在口语和书面语中都使用，“更加”只在书面语中使用，表示双方相比，一方的程度比另一方的程度大。例如：

① 这个苹果比那个苹果［更］大。

② 这本书比那本书写得［更］好。

③ 我现在［更］喜欢汉语了。

值得注意的是，在比较句中，表示比较结果的形容词前加不加程度副词“更”，意义有所不同，加上程度副词“更”，表示比较的双方都具有该形容词所表示的性质状态，如例①的意思是说，这个苹果和那个苹果都大，只是这个苹果比那个苹果大。如果去掉“更”，则只表示这个苹果大，那个苹果小，不表示那个苹果也大。例③的意思是说，“我”以前就喜欢汉语，只是现在比以前喜欢的程度大。如果去掉“更”，则表示“我”以前不喜欢汉语。另外，例③中“现在”的后面实际上省略了“比以前”这个表示比较对象的介宾短语。

下面我们再来看看“更加”的用例：

① 今天的香港比以前［更加］繁荣了。

② 这次访问之后，我［更加］热爱中国。

③ 让我们积极行动起来，把祖国的山河打扮得［更加］美丽。

（10）越

“越”是一个动态程度副词，表示性质状态的程度随着其他因素的变化而变化。主要有如下三种情况：

第一，表示随着行为、变化的持续，性质状态的程度也增大或缩小。

① 雨［越］下［越］大了。

这里是说，随着下雨的持续，雨量不断变大。

② 张学良［越］想［越］不安，［越］想［越］苦闷，自己走的是一条绝路、死路啊！

这里是说，随着“想”的持续，张学良不安、苦闷的程度不断增大。

第二，随着时间的变化，性质状态的程度也增大或缩小。例如：

③ 天［越］来［越］热了，山上的雪越来越少了。

这里是说，随着时间一天一天地过去，天气不断变热，山上的雪不断变少。

④ 现在会说汉语的人［越］来［越］多了。

这里是说，随着时间的过去，会说汉语的人也在不断增多。

第三，一方性质状态的程度变化，另一方也随着变化。

⑤ 列车跑得［越］快，空气对它的阻力［越］大。

这里是说，随着列车的速度不断加大，空气对列车的阻力也不断加大。

⑥ 温度［越］高，分子的运动［越］快；温度［越］低，分子的运动［越］慢。

这里是说，随着温度的增高，分子运动的速度不断变快，而随着温度的降低，分子运动的速度不断变慢。

10. 否定副词

否定副词是用在动词性词语（包括助动词）、形容词性词语的前边，对动作行为、动作行为的前提、事物的性质状态等进行否定，或表示劝阻、禁止等意义。常用的否定副词主要有“不”“没”“没有”“别”“不要”等。

(1) 不

否定副词“不”用在动词性词语、助动词、形容词性词语的前边，对动作行为、动作行为的前提、事物的性质状态等进行否定。下面我们具体举例说明。

第一，用在动词性词语前，否定将要做某事。例如：

①“我明天去旅游，你去［不］去？”“我［不］去。”

这里“去”表示将要去旅游，“不去”表示将不去旅游。

② 他拿着一些点心问我：“你吃［不］吃？”

这里“吃”表示将要吃，“不吃”表示将不吃。

③ 今天我们［不］上课。

这里“不上课”表示没有“上课”的安排，将不上课。

第二，用在助动词前边，表示否定有做某事的前提（能力、技能、可能性、意愿、可行性、功能或用途，等等）。例如：

① 他的腿受伤了，[不] 能走路了。

② 我 [不] 会说俄语。

③ 我看今天 [不] 能下雨。

④ “你想 [不] 想参加汉语桥比赛?”“想参加。”

⑤ 这种鱼有毒，[不] 能吃。

⑥ 保健食品是 [不] 能治病的。

第三，用在判断动词的前边，表示否定的判断。例如：

① 他 [不] 是北京人。

② 明天 [不] 是星期日。

第四，用在形容词性词语的前边，否定事物具有某种性质状态。例如：

① 这样说 [不] 对。

② 她 [不] 漂亮。

（2）没、没有

否定副词“没”或“没有”用在动词性词语或形容词性词语前边，否定动作行为、变化已经发生。在某些方言区（如东北方言区），只用“没”，在某些方言区和普通话书面语中，经常用“没有”。“没”或“没有”所表示的语法意义与动态语气词“了”相反，所以属于否定性的动态副词。下面我们具体举例说明。

第一，用在动词性词语前边，否定动作行为、变化已经发生，与动态语气词“了”所表示的语法意义相反。

① 我昨天 [没] 去旅游。⇌ 我昨天去旅游了。

② 我 [没] 写作业。⇌ 我写作业了。

③ 他栽的那棵树 [没] 活。⇌ 他栽的那棵树活了。

值得注意的是，“没”和“不”不同，“没”用来否定过去已经做出某种动作行为，“不”用来否定将要做出某种动作行为，如：“我不去旅游。”这是说“我”将不去旅游。在书面语中和某些方言中，也常用“没有”代替“没”。例如：

④ 我昨天 [没有] 去旅游。

⑤ 我 [没有] 写作业。

第二，用在形容词性词语前，否定变化已经发生。

① “怎么不开灯？灯又坏了吗？”“[没]坏，停电了。”

② 病[没]好他就上班了。

③ 医生见他的伤口[没有]好，不允许他出院。

（3）别、不要

这两个否定副词用来表示禁止或劝阻。其中“不要”带有书面语色彩。例如：

① 这么晚了，[别]走了。

② 你[别]骗我。

③ 你[不要]伤心。

以上是“别”“不要”用在动词性词语前的例子。

当“别”“不要”用在形容词性词语前时，形容词性词语用的是动词性的意义。例如：

④[别]客气。

这里“客气”是说客气话或做客气的事的意思。

⑤[不要]太自私。

这里“太自私”是用太自私的态度做事情的意思。

11. 语气副词

语气副词是表示各种语气的副词。所谓语气，就是说话人对动作行为、变化等的看法和态度。根据所表示的语气不同，语气副词可以分为三十多种。下面我们分别举例加以说明。

（1）断定的语气

这类语气副词主要有“肯定”“一定”“必定”“必然”“必”“绝对”“绝”等。其中“必”“绝”带有很强的书面语色彩，“必定”“必然”也带有书面语色彩。

1）肯定、一定、必定、必然、必

这五个语气副词都是“肯定”“毫无疑问”的意思。其中“肯定”常在口语中使用，“一定”在口语和书面语中都使用，而“必定”“必然”“必”只在书面语中使用，“必”的书面语色彩最浓。例如：

① 禽流感病毒[肯定]会对人类健康造成影响。

② 你[一定]能通过 HSK 5 级考试。

③ 美国黑人的正义斗争［一定］胜利。

④ 正义的事业［必定］胜利。

“必然”是由形容词转化成的副词，本来的意思是“必定这样”，转化成副词以后，意思等于“必定”。例如：

⑤ 正义事业［必然］胜利。

“必”是“必然”“必定”在古代汉语中的说法，还保留在一些从古代汉语中流传下来的固定短语或句子中。例如：

⑥ 二虎相斗，［必］有一伤。

这里是说，如果两只老虎争斗，一定有一只受伤。

在现代汉语书面语中使用“必”时，书面语色彩非常浓，给人的感觉很正式、很严肃。例如：

⑦ 正义［必］胜！和平［必］胜！人民［必］胜！

2）**绝对、绝**

语气副词“绝对”的意思是“完全没有疑问”，比“肯定”“一定”“必定”等的断定语气更强。例如：

① 你的条件非常好，［绝对］能找到满意的对象。

② 凭他的成绩，是［绝对］考不上这所大学的。

“绝”是“绝对”在古代汉语中的说法，只在现代汉语书面语中使用。例如：

③ 谁在人民面前犯了罪，人民也［绝］不会饶恕他。

（2）确认的语气

这类语气副词主要有“确实”“确”“的确”“真”“是”“就是”“当然”等。下面我们分别加以说明。

1）**确实、确、的确、真、是、就是**

这六个语气副词意义相同，用来强调某种情况的真实性。其中“确实”在书面语和口语中都使用，“确”和“的确”在书面语中使用，尤其是“确”，书面语色彩非常浓。“真”“是”“就是”在口语中使用，“就是”比“是”语气更重。例如：

① 真空［确实］存在，空气［确］有重量。

② 是的，这种现象［的确］存在。

③ 我［真］去了。

④“这叫‘君子兰’吧？”“对，［是］叫‘君子兰’。”

⑤ 改革开放［就是］好！谁敢说不好？

2）当然

语气副词“当然”用来确认事实。当对方对一个事实表示怀疑或不了解的时候，说话人常用“当然”来表示确认事实，表示事实是毫无疑问的。有时也用来强调某种情况是理所当然的。例如：

①“听说露西要去中国了，真的吗？”“［当然］是真的。她已经被中国的一个大学录取了。”

②“这个活动我也可以参加吗？”“［当然］可以。”

③ 他问我：“这里的条件跟北京比怎么样？”我说：“［当然］不如北京啦！”

④ 你又没去过外国，你［当然］不了解外国！

这里意思是说，“你”没去过外国，所以“你”不了解外国，这是理所当然的。

有人仿照英语的习惯，省略“当然”后面的中心语。例如：

⑤“你们也参加游行？”“［当然］。”

这里“当然”的后面省略了中心语“参加”。

“当然”有时还用作插入语，用来表示对前面所陈述事实的转折性的补充说明，来使对方全面了解事实。例如：

⑥ 按照西方人的规矩，客人点的菜不应该比主人点的菜贵。当然，也没有必要点太便宜的菜。价格跟主人的相同或略低都可以。

⑦ 总之，这是一本非常好的书。当然，这本书也不是没有一点问题的。

（3）彻底否定的语气

这类语气副词常用的只有“根本”这一个，用在否定句中，用来加强否定语气，使整个句子带有彻底否定的语气。例如：

① 我们上的都是大课，教课老师［根本］不认识学生。

② 你怎么知道的？当时你［根本］不在家。

③ 他从七八岁就给地主干活，十四岁进工厂给资本家干活，［根本］没上过学。

④ 在山区，长筒丝袜、高档香水等［根本］没人买。

⑤ 原以为大陆的小朋友与台湾的小朋友长得不一样，现在一看［根本］没什么不同。

以上五例中的“根本”有的似乎可以理解为“完全”，如例①；有的似乎可以理解为“从来”，如例③。但实际上它既不是程度副词，也不是时间副词，而仅仅是用来加强否定语气而已，从例②就可以看出这一点。

（4）反问的语气

这类语气副词主要有“难道”“何必”等。

1）**难道**

“难道”只表示反问语气，本身没有什么含义，去掉了也不影响意义的表达，只是反问的语气减弱了。例如：

① 这道理你［难道］不懂？

②［难道］天上真的会掉下馅饼来？

2）**何必**

“何必”来自古代汉语，是由疑问代词“何”（意思是“为什么”）和语气副词“必”（意思是“一定要”）组合成的。例如：

① 父母开始很惊讶，说有很多工作可以选择，［何必］去扫大街呢！

② 有的人说写文章的人太啰唆：既然是“中年妇女”，前面［何必］再加上“四十多岁”？

（5）追问的语气

这类语气副词主要有“究竟”“到底”等，基本用法是表示要求对方确切地回答自己的问题的语气。

1）**究竟**

“究竟”主要在书面语中使用，在小说等文学作品的对话里有时也使用。例如：

① 薛冰板起脸，道：“你说，你［究竟］是来找谁的？”

② 柳青青道：“他［究竟］是谁？”

在书面语中，也常用“究竟”提出作者自己或别人要讨论或解答的问题，从而引起读者的注意；或者用“究竟”提出作者自己或别人思考的问题，等等。例如：

③ 地球上新的一天［究竟］应该从哪里开始，到哪里结束呢？关于这个

问题，历史上曾有不少争论……

④ 她在想：这个人［究竟］是谁呢？

2）**到底**

“到底”主要在口语中使用，在书面语中有时也使用，用法与“究竟”相同。例如：

①“喂，你［到底］去不去看电影啊？”“去。马上就走。”

② 这位好心人［到底］是谁？

③ 当时我很好奇，这个人［到底］是谁？

（6）推测的语气

这类语气副词用来表示对情况或数量、时间、年龄等进行推测。主要有“也许”“或许”“大概”“大约”“恐怕”“难道”等。

1）**也许、或许**

这两个副词主要用来表示对情况的推测，并且都具有书面语色彩，“或许”的书面语色彩更浓一些。例如：

① 他［也许］不来了。

② 你［也许］认为，地球上到处是水，水并不宝贵，但是……

③ 有一幅画，画的是在一个教室里，学生们在写作业，另外两个学生却在后面站着，［或许］他们没有完成作业，［或许］他们上课时手里玩东西，［或许］他们发生了口角——总之，被老师罚站了。

值得注意的是，在口语中一般不用语气副词“也许”“或许”来表示对情况的推测，一般使用助动词“可能”。另外，“可能”属于助动词，前面可以加程度副词，可以更精确地表示自己的推测可靠性有多大，如“很可能”“不太可能”等，“也许”“或许”本身是副词，前边不可以加程度副词。

2）**大概、大约**

这两个语气副词都可以表示对数量、时间、年龄等进行推测。在这种用法上，“大约”更常用一些。例如：

① 据有关部门统计，我国每年新产生的词语［大概］有1000多个。

② 我今晚［大概］九点钟才能回来。

③ 这个男青年身高1.75米左右，［大约］30岁，身材比较瘦。

④ 据有关资料统计，目前全球吸烟者［大约］有10亿—12亿，约占全

球人口的 20%。

⑤［大约］凌晨四点，我被楼下的狗叫声吵醒了。

值得注意的是，“大概”还可以用来表示对情况的推测，跟“也许”“可能”的作用相同。例如：

⑥ 我不太喜欢他，他［大概］也不喜欢我。

⑦ 如果一个人叫“京生”，他［很可能］出生在北京；如果叫“沪生”，他［大概］生在上海。

这里前一个分句中用“很可能”表示对情况的推测，后一分句中用“大概”表示对情况的推测。“很可能”表示自己的推测可靠性很大，但为了避免重复的感觉，后面使用了“大概”，其实如果一个人叫“沪生”，他生在上海的可能性更大，因为“沪”除了上海市的简称以外，没有别的意义。

3）**恐怕**

“恐怕”主要用来表示对不好的可能性的推测。例如：

① 现在这么晚了，［恐怕］没有公交车了，咱得打车回去。

② 我看这件事［恐怕］没这么简单吧？

③ 我感冒了，明天［恐怕］不能去上课了。

4）**难道**

“难道”本来是表示反问语气的语气副词，它有一种引申用法，用来表示一种很不确定的推测语气。例如：

① 她摁了一下门铃，里面传出了门铃的声音，但没人出来开门。她想：“［难道］他不在家？”

② 他已经两个星期没跟我联系了，［难道］他不再爱我了吗？

（7）决心坚定的语气

这类语气副词主要是“一定”。例如：

① 同志们指出的缺点，我［一定］改正；提出的希望，我［一定］努力去做。

② 他暗下决心，不管遇到什么困难，［一定］要亲手把凶手送上审判席。

这里语气副词“一定”和助动词“要”连用，这是表示决心的习惯说法。

在书面语的一些固定短语中，用“必”表示“一定”的意思。例如：

③ 您说吧，我这儿有问［必］答。

这里“必”是“一定”的意思。

（8）态度坚决的语气

这类语气副词表示自己的态度不因为情况的变化而变化。主要有“反正”等，在口语中使用。例如：

① 不管你们信不信，［反正］我不信。

② 谁愿意去谁去，［反正］我不去。

“反正”还有一个引申用法，就是用来引出一个不可否认的事实，然后说出根据这个事实作出的决定或得出的结论。例如：

③［反正］你的脚受伤了，领导也知道，迟到一点没关系。

④［反正］晚上没事干，出去来活动活动。

不过更多情况下是先说出一个决定或结论，然后用“反正”引出作出这个决定或得出这个结论所根据的事实，表示自己是考虑了这个事实才作出的决定或得出的结论。例如：

⑤ 晚点睡不要紧，［反正］明天也不上班。

⑥ 这个笛子给你吧，［反正］我也不会吹。

⑦ 没有车不要紧，咱们走去，［反正］也不太远。

（9）不出所料或所说的语气

这类语气副词用来表示事情发展变化的结果跟预料的或事先说的一样。主要是“果然”，主要在书面语中使用。例如：

① 我猜他一定会来的，今天他［果然］来了。

② 第二天［果然］下了大雨。

③ 黄山的美景［果然］名不虚传。

（10）表示补充新信息的语气

这类语气副词用在动词性词语前，表示补充前面没有提到的信息，以及自己或对方未知的信息。这类语气副词只有“还”这一个。例如：

① 我喜欢书法，［还］喜欢京剧。

② 我喜欢汉语，喜欢汉字，［还］喜欢中国菜。

以上二例中的语气副词“还”表示补充前面没有提到的信息。

③ 你除了喜欢汉语，［还］喜欢什么？

④ 大家［还］有问题吗？

这里语气副词“还”用在疑问句中，整个句子表示要求对方补充前面没有提到的信息。

⑤ 没想到，她除了会说汉语，[还] 会说俄语、英语、法语。

这一例中的语气副词“还”表示补充自己不知道的信息。

⑥ 我不但会写汉语拼音，[还] 会写汉字呢。

⑦ 张教授 [还] 是个书法家呢！

⑧ 他 [还] 画过油画呢！

以上三例中的语气副词“还”表示补充对方不知道的信息。

（11）强调对方未知或忽视的事实

语气副词“还”本来可以用来表示补充前面没有提到的或对方未知的信息，人们又根据这一点，将“还”的用法进行了扩展，把它用在比较句中，放在表示比较结果的谓语中心前，用来强调对方未知或忽视的事实，整个句子含有否定比较对象的性质状态程度大的语气。例如：

① 他女朋友长得比他 [还] 高。

这里语气副词“还”用来表示强调对方未知的事实：他女朋友长得比他高。整个句子的意思是：跟他女朋友比，他长得不算高。

② A：她长得太矮了。　B：她姐比她 [还] 矮。

这里“B”的意思是：跟她姐比，她不算矮。

③ 有个苏联选手个子比你 [还] 小，只有 1 米 68。

这句的意思是：跟那个苏联选手比，你个子不算小。

④ 苏娜汉语说得比我 [还] 好。

这句的意思是：跟苏娜比，我汉语说得不算好。

⑤ 今天比昨天 [还] 热。

这句的意思是：跟“今天”比，“昨天”不算热，从而表明“今天”更热。

【补充说明】

语气副词“还”在比较句中用来表示强调对方未知或忽视的事实时，看起来像程度副词“更”，但它实际上不是程度副词，所以我们可以在非比较句中说“她更矮”，但不可以说“* 她还矮”。另外，比较句的谓语中心前如果加上了“还”，后面还可以加数量补语，但如果加上了程度副词“更”，后面不可以加数量补语。例如：

⑥ 她姐比她 [还] 矮〈两公分〉。

⑦ * 她姐比她更矮两公分。

比较句的谓语中心前加上了程度副词“更”，后面之所以不可以加数量补语，是因为比较句的谓语是对主语的评价性的说明，说出比较结果以后，评价性的说明就已经结束，所以后边不可以再加数量补语。

另外，谓语中心前加语气副词“还”的比较句与加程度副词“更”的比较句意思也有所不同。例如：

⑧ a. 他弟弟比他［还］高。

b. 他弟弟比他［更］高。

这里例⑧a是说，跟“他”弟弟比，“他”不算高，其实是否定“他”高；而例⑧b是肯定两个人都高，只是“他”弟弟比“他”高。

（12）意外的语气

这类语气副词用来表示对所发现的情况感到意外的语气，意思相当于“没想到”。主要有“竟然”“竟”“居然”“还”等。前三个都在书面语中使用，其中“居然”的书面语色彩最浓，其次是“竟”，而“竟然”最常用，“还”在口语中使用。例如：

① 当他拿起屠刀想要宰杀一只羊时，那只羊［竟然］前腿跪了下来，滴出了眼泪。

② 一个生产粮食的地方，人们［竟然］吃不饱饭。

③ 这一天父亲格外高兴，他从来滴酒不沾，那天［竟然］喝了一小杯白酒。

④ 他今天表现出色，出场6次，［竟］6次打破这个项目的世界纪录。

⑤ 今天早晨，一觉醒来的济南市民惊奇地发现：天上［竟］下起了大雪。

上面例④、例⑤中的“竟”都可以替换为“竟然”。

⑥ 上千年的古莲子［居然］会发芽，这是中国科学工作者发现的奇迹。

⑦ 车行不久，天空［居然］下起了大雨，这在这个沙漠之地，实属少见。

以上二例中的“居然”都可以替换为“竟然”。

⑧ 没想到他［还］真来了。

⑨ 你［还］真有两下子。

⑩ 我一个月的工资［还］没有他一天的收入多呢。

以上三例中的语气副词“还”相当于“竟然”，表示意外的语气。

⑪ 没想到中国［还］有这么美的地方。

这里语气副词“还”所表示的语气与句首的插入语“没想到”相同，都是意外的语气。

表示意外语气的语气副词“还”也用在反问句中，表示对方的看法、问题等既出乎意料又不符合情理的语气。例如：

⑫ 这［还］用问？

⑬ 这［还］用说？

⑭ 从银行里取出的钱［还］能有假的？

（13）相反的语气

表示事情发展变化的结果跟某人预料或预期的相反，或跟通常情况相反。主要有“反倒”“反而”等。其中“反倒”带有口语色彩，“反而”带有书面语色彩。例如：

① 他说：“我有心脏病，在家总想睡觉，什么也干不了。可爬完山［反倒］有精神了。”

这里“反倒”表示爬完山有精神了，这跟他预料的相反（本来以为爬完山更没有精神了）。

② 一天，一个在餐厅中吃饭的人用随身携带的画笔，蘸着餐桌上的酱油、番茄酱等调味料，在一张餐巾纸上画起画来。餐厅的老板不但没有制止他，［反倒］站在他身后，专心地看着他画画。

这里“反倒”表示老板站在“他”身后看“他”画画的做法跟通常的做法相反（通常会制止人们用餐厅里的物品做与吃饭无关的事情）。

③ 经多家医院诊治，他的病情［反而］越来越重。

这里“反而”表示病情越来越严重这个结果与“他”预期的结果（病情消除或减轻）相反。

④ 大声喊道：“站住！我们是公安局的！”那俩人听见喊声，不仅没有停下，［反而］越跑越快。

这里“反而”表示“那俩人”越跑越快这个结果与警察预期的结果（“那俩人”停下来）相反。

（14）不顾要求的语气

这类语气副词用来表示不顾他人或组织的要求（劝阻、禁止等）而做事的语气。主要是“偏”或“偏偏”，其中“偏”比“偏偏”更常用。例如：

① 你不让我玩，我［偏］要玩。

② 我不让你去，你［偏］去。

③ 学校规定学生们上课不要玩手机，可是有的学生上课［偏偏］玩手机。

（15）不顾事实的语气

这类语气副词用来表示不顾忌或不尊重事实地说话、做事的语气。主要是“偏”“偏偏”，其中“偏”比“偏偏”更常用。例如：

① 明知山有虎，［偏］向虎山行。

这里“明知”的意思是“清楚地知道”。

② 顾客进店后往往要等几十分钟才能吃上包子，而为了多揽顾客，服务员［偏］说马上就好。

③ 看他的神气明明是他认识那个人，却［偏偏］说他不认识。

（16）不如意的语气

这类语气副词主要用来表示事情的发生或结果不符合自己愿望的语气。这类语气副词很少，主要是“偏偏”。“偏偏”的这种用法是由表示不顾要求的语气引申出来的。例如：

① 但不幸的事情［偏偏］发生了。

② 无论怎样的长寿，也总是有应当赶上而［偏偏］没有赶上的事。那就是遗憾。

③ 好不容易等到了星期六，却［偏偏］赶上下雨。

（17）事实不容否认的语气

这类语气副词用来表示是事实，很清楚的，不容否认的。主要是“明明”。例如：

①［明明］是他拿去，他却不承认。

② 那［明明］是一只下过鸡蛋的母鸡，后来却变成了会啼鸣的公鸡。

③ 有的人喜欢用“洋词”，［明明］有意译的“公共汽车”，却用音译的“巴士”。

（18）应该例外的语气

这类语气副词用在句中需要强调的成分前，表示该成分所代表的人或事物在某一方面应该例外的语气。这类语气副词只有“连”这一个，常与语气副词“也”“都”等配合使用，使整个句子带上一种不太可能发生的事发生了、不该发生的事发生了等语气。例如：

① 战争胜利之后，就连斯大林也称赞彭德怀是“当代军事家”。

这里用语气副词“连”强调“斯大林”在“称赞彭德怀是‘当代军事家’”方面应该例外。后面的“也”也是语气副词，表示应该例外却没有例外的语气。整个句子是说，“斯大林称赞彭德怀是当代军事家”这个不太可能发生的事发生了（因为斯大林本人就是一位军事家），从而突出彭德怀的军事才能。

② 他们有时连［星期天］也照常上班。

这里用语气副词“连”强调“星期天”应该例外（应该不上班）。后面的“也”也是语气副词，也是表示应该例外却没有例外的语气。整个句子是说，“星期天”这个应该不上班的日子也上班了。

③ 长假结束了，上班第一天的早上，听到闹钟一响，我连死的心都有了。

这里用语气副词“连”强调“死的心”应该例外（不应该有）。后面的“都”也是语气副词，表示应该例外却没有例外的语气，从而突出自己非常不想上班的心情。另外，“死的心”本来是“有”的宾语，为了强调“有了死的心”而把它提到了“有”的前边。还有，当宾语前置的时候，习惯上用语气副词“都”强调谓语动词，而不用“也”，所以这里说“连死的心都有了”。

以上是语气副词“连”用在肯定句中的例子。

④ 他满以为这突然的枪响会把贺龙吓个半死，可是年仅七岁的贺龙连眼睛都没眨一下。

这里语气副词“连”强调“没眨一下眼睛”应该例外。后面的“都”也是语气副词，表示应该例外却没有例外的语气，从而突出贺龙非常胆大。另外，“眼睛”本来是“眨”的宾语，为了强调“没眨一下眼睛”而把它移到了“没眨一下”的前边。

⑤ 亏你还是骨科医生，连自己老婆的病都治不好，真笨！

这里语气副词“连”强调“治不好自己老婆的病”应该例外，后面的语气副词“都”表示应该例外却没有例外的语气，从而突出“你”真笨。另外“自己老婆的病”本来是“治不好”的宾语，为了强调“治不好”而把它移到了“治不好”的前边。

以上是语气副词“连”用在否定句中的例子。

（19）没有例外的语气

这类语气副词主要是“都”和“也”，用在谓语中心前，表示没有例外的语气。其中，“都”强调一个范围内的全部个体在某一方面没有例外，一般用在肯定句中；“也”强调一个范围内的每一个个体在某一方面没有例外，一般用在否定句中。例如：

① 谁［都］喜欢他。

这里“谁”是“任何人”的意思。这个句子强调全部跟他接触的人都喜欢他，没有例外。

② 谁［也］不喜欢他。

这个句子强调每一个跟他接触的人都不喜欢他，没有例外。

这种用法的语气副词“都”“也”常与语气副词“连”配合使用。语气副词“连”用在句中需要强调的成分前，表示该成分所代表的人或事物在某一方面应该例外的语气。以下是《新实用汉语课本》第三册第35课课文中的句子[①]：

③ 这儿连空气［都］有辣味儿。

这里“连”表示空气在有辣味儿方面应该例外的语气，“都”表示没有例外的语气。整个句子的意思是：空气不应该有辣味儿却有了，表示自己对辣味儿非常敏感。

④ 他连吃药、喝水［都］要别人帮助，病得不轻。

这里“连”表示在“他”需要别人帮助方面，吃药、喝水应该例外的语气，“都”表示没有例外的语气。整个句子的意思是：“他”吃药、喝水不应该需要别人帮助却需要了，从而显示“他”病得非常严重。

⑤ 你晕得连可乐［也］不想喝了。

这句的意思是：在“你”不想喝的东西中不应该包括可乐却包括了，从而说明“你”晕船严重。

⑥ 我连他姓什么［也］不知道。

这句的意思是：在“我”不知道的情况中不应该包括“他”姓什么却包括了，从而说明“我”对“他”完全不了解。

---

① 刘珣主编：《新实用汉语课本》第三册，北京语言大学出版社2003年版，第136页。

（20）唯一的语气

这类语气副词主要是“只有”和“就”，用在句中需要强调的成分前，强调行为主体、对象、时间等的唯一性，其中“只有”一般用在书面语中，“就”一般用在口语中。例如：

① 就老王不会跳舞。

这里用“就”强调“老王”的唯一性。整个句子是说，“老王”是唯一不会跳舞的人。

② 只有社会主义才能救中国。

这里用“只有”强调“社会主义”的唯一性，后面的“才”也是语气副词，也是强调“社会主义”的唯一性。整个句子是说，社会主义是唯一能救中国的制度。

③ 我只有星期日不上班。

这里是说，“我”每星期唯一不上班的一天是星期日。

【补充说明】

强调唯一性的语气副词“只有”又引申为条件连词，表示唯一不可缺少的条件，为了简便起见，我们称之为“必备条件”。必备条件连词“只有”通常也是与语气副词“才”配合使用。例如：

④ 只有经常保持乐观情绪，才能健康长寿。

这里用“只有”引出“健康长寿”的必备条件“经常保持乐观情绪”。这个句子是由两个句子复合成的，属于复句，是必备条件型的条件关系复句。关于必备条件型的条件关系复句，参见551页“2. 必备条件型”。

（21）强调理由的语气

这类语气副词用来强调得出某个结论或做出某个决定所依据的最不能忽略的理由。这类语气副词也很少，主要是“毕竟”。例如：

① 我们［毕竟］是学生，对我们来说，学习是最重要的。

② ［毕竟］我还年轻，我要趁着年轻多做些事情。

以上二例都是先用“毕竟”强调最不能忽略的理由，然后说出由此得出的结论。有时也可以先说结论，然后强调最不能忽略的理由。例如：

③ 对她来说，今天的教训肯定会记一辈子，但是没有人埋怨她，她［毕竟］还是个半大的孩子。

（22）揭示真相的语气

这类语气副词用来表示要说明人或事物的真实情况。主要有“其实”“实际上”“事实上”等。其中“其实”在口语中和书面语中都使用，“实际上”和“事实上”在书面语中使用。例如：

① 骗子有时看上去好像很聪明，［其实］是最愚蠢的。

② “黄鼠狼偷鸡”，老少皆知。［其实］，这是一种误解。

③ 它虽然被称为“水星”，［实际上］它连一滴水也没有。

④［事实上］，中国已经采取了一系列措施解决中国水资源短缺的问题。

（23）解释原因的语气

这类语气副词用来表示要说明事情发生的原因。只有“原来”这一个。例如：

① 敬老院里不断爆发出阵阵笑声和掌声，吸引不少路人驻足观望。这是怎么回事呢？［原来］今天乡村干部、群众欢聚一堂……

这里先用“这是怎么回事呢”来询问敬老院里不断爆发出阵阵笑声和掌声的原因，用来引起读者注意，然后用语气副词“原来”表示要解释原因。

② 她为什么哭呢？［原来］她买的是六点钟一班的船票。但是来迟了，船已开出，船票也失效了。

这里用语气副词“原来”表示要解释“她”哭的原因。

（24）弄清原因的语气

这类语气副词用来表示弄清了事情发生的原因，不再感到奇怪。主要有“难怪”“怪不得”“怨不得”等。其中“难怪”在书面语中使用，“怪不得”在口语和书面语中都使用，“怨不得”在口语中使用。例如：

① 原来，皮埃尔曾在中国呆了10年，还娶了个中国妻子，［难怪］他汉语讲得那么流利，而且对中国那么熟悉。

这里语气副词“难怪”用来表示弄清了“他汉语讲得那么流利，而且对中国那么熟悉”的原因，不再感到奇怪。以下依此类推：

②［难怪］她特别珍惜这张照片，原来这张照片的背后有一段难忘的往事。

③ “你是大学生啊？学什么专业？”“学桥梁建筑。”“噢，［怪不得］你对修立交桥感兴趣。”

④［怪不得］这里的人家都不用太阳能热水器，原来这里常阴天，尤其是冬天，很少有太阳。

⑤［怨不得］你钢琴弹得这么好，4 岁就开始学弹钢琴了。

（25）表示结论是经过比较得出的语气

这类语气副词用来表示自己的结论是经过比较得出的。主要有“还”“还是”这两个。其中“还”用在否定句中，“还是”用在肯定句中。例如：

① 要早知道这么没意思，［还］不如不来。

② 这事如果让她知道，她一定会伤心，［还］不如不告诉她。

③ 这么活着［还］不如不活。

以上三例中的语气副词“还”分别表示“不如不来”“不如不告诉她”“不如不活”是经过比较得出的结论。

④ 这件事［还是］不告诉她好。

这里是说，“这件事不告诉她好”是“我”经过权衡利弊得出的结论。

⑤ 姜［还是］老的辣。

这个句子是由“还是老的姜辣”转换成的，意思是说，经过对比可知，老的姜比嫩的姜辣。［参见 521 页“（一）主语中心语话题句”］。

⑥［还是］这里暖和。

以上例④、例⑤、例⑥中的语气副词“还是”分别表示“不告诉她好”“老的辣”“这里暖和”是经过比较得出的结论。

（26）巧合的语气

这类语气副词用来表示两件事情或两个事物在时间、数量等方面偶然相同或存在某种联系，或者两个相同或有联系的事物偶然互相遇到，等等。主要有“正好”“正”“恰好”“正巧”等。其中“正好”和“正”在口语和书面语中都使用，“恰好”和“正巧”主要在书面语中使用。例如：

① 出发那天，［正好］是她 14 岁生日。

这句话的意思是：“她”出发的那一天和“她”的生日是同一天，这是一个巧合。所谓巧合，就是两个人或事物没有经过特意安排而相同、相遇等。

② 今年高考［正］赶上双休日和端午节放假。

这句话的意思是：“今年”高考遇上了双休日和端午节放假，这是一个巧合。

③ 高明是个小城，全市面积960平方公里，[恰好]是全国面积的万分之一。

这句话的意思是：高明这个小城的面积是全国面积的一万分之一，这是一个巧合。

④ 我发现围着这张桌子吃饭的四个人[正巧]都是左撇子。

这句话的意思是：四个左撇子的人在同一张桌子周围吃饭，这是一个巧合。

（27）幸运的语气

这类语气副词用来表示由于一件事情发生或没有发生、一种情况存在或不存在，避免了不幸事情的发生，这对当事人来说，是幸运的。这类语气副词主要有“多亏”“幸亏”等。其中“多亏”主要在口语中使用，“幸亏”主要在书面语中使用。例如：

①[多亏]你提醒我，不然我彻底忘了。

这句话的意思是：由于你提醒我，我才没忘这件事，这对我来说是幸运的。

②[多亏]你们及时把他送来了，再晚一点，就有生命危险了。

这句话的意思是：由于“你们”及时把“他”送来了（“他”才没有生命危险），这对“他”来说是幸运的。再如：

③[幸亏]发生火灾时，楼上家里没人，不然后果不堪设想。

④ 歹徒把一颗手雷扔了过来，手雷冒着烟滚动了一下，[幸亏]没有爆炸。

（28）嘱咐的语气

这类语气副词用来表示嘱咐对方按照自己的要求做事的语气，主要有“千万”“可”“一定”“务必”等。

1）千万

“千万”的意思是“一定”，在口语中使用，可以用来表示嘱咐对方要做某事的语气，但大都用来表示嘱咐对方不要做某事的语气。例如：

① 她临走时嘱咐他说：“[千万]要按时吃药，保证休息。过几天我再来看你。”

② 奶奶用尽了最后的力气把她推到一棵树上，并告诉她紧紧抱着树，

［千万］别睡觉，［千万］别往下看。

2）**可**

“可”的意思是“一定”，在口语中使用，用来嘱咐对方做或不做某事的语气，比“千万”的语气柔和。例如：

① 小沈，你［可］要冷静点……

② 丁市长你［可］要吃好休息好，不然会累垮身体呀！

③ 咱们的事，就你我知道，你［可］不能跟别人说。

④ 老黄，你［可］不要光低头拉车，不抬头看路啊！

“可”也用在劝说句中，用来加强劝说的语气。例如：

⑤ 马大为说：“我想出去看看。”小燕子说：“你［可］别出去。刮风了，外边有点儿凉。”

这里马大为要出去，小燕子劝阻他，使用了表示嘱咐语气的副词“可”，来加强劝说的语气。

3）**一定、务必**

“一定”“务必”用来嘱咐对方要决心坚定地按照自己的嘱咐去做的语气。其中“一定”主要在书面语中或者在正式场合的口语中使用，“务必”只在书面语中使用。例如：

① 你们［一定］要保密。

② 抽烟对自己的健康和对别人的健康都不利，青少年［一定］不要抽烟。

③ ［务必］保持谦虚谨慎、不骄不躁的作风，［务必］保持艰苦奋斗的作风。

（29）委婉的语气

这类语气副词主要有“不妨”“未免”“未必”等。其中“不妨”用来表示委婉的建议，“未免”用来表示委婉的评论，“未必”用来表示委婉的否定。例如：

① 如果你平时太忙，抽不出时间上课，［不妨］试一下“在线辅导”。

这里“不妨”的意思相当于“可以”，用来表示委婉的建议。

② 然而，布什的这番话［未免］有些夸大其词。

③ 虽然我们掀起了全民学英语的热潮，但是要求所有市民都能用英语会话［未免］太苛刻，也太不现实。

以上两例中的“未免”表示委婉的评论。

④ 人工合成胰岛素在相当长的时间内，[未必]会实现。

这里“未必”是“不一定”的意思，表示委婉的否定。

⑤ 可是扫人兴的话[未必]不是实话，而实话往往使人扫兴。

这里“未必不是”是“不一定不是”的意思，属于双重否定，其意义相当于“有可能是”，表示委婉的肯定。

（30）表示恭敬的语气

这类语气副词主要是“请”，用在请求句、命令句、劝阻句、禁止句等祈使句中，并且用在正式的场合，属于礼貌用语。例如：

① [请]你谈谈对王朔小说的看法。

这是“请”用在请求句中的例子。

② [请]你们俩先出去一下。

③ [请]进！

以上二例是“请”用在命令句中的例子。

④ 先生，[请]不要在店里抽烟。

这是“请”用在劝阻句中的例子。

⑤ [请]勿吸烟。

⑥ [请]勿进入。

以上二例是“请”用在禁止句中的例子。这种禁止句通常用作告示。

值得注意的是，语气副词“请”是由动词“请”演变来的。当“请”作语气副词的时候，可以去掉，不影响意思的表达，但句子的口气会变得强硬[①]。当“请”作动词的时候，不可以去掉，否则句子的意思会变得不明确。例如：

⑦ 我们想请你帮个忙。

这是个陈述句，用来陈述自己的愿望，这里的“请”是动词，不可以去掉。

（31）不得不如此的语气

这类语气副词用来表示没有别的办法，不得不如此的语气。主要有“只

① 口气是指说话时所表现出的气势，也叫“语气”。有时为了跟语法学上所说的“语气”（说话人对动作行为、变化等的看法和态度等）相区别，我们使用“口气”的名称。

好”“只能”等。例如：

① 猪的皮肤上汗腺不多，所以大热天时为了散热，猪喜欢泡在水里，只是因为找不到干净的水，[只好]泡在泥水中。

② 没有别的办法了，[只能]这样了。

③ 家里只有一张床，儿子远道而来也[只能]让他睡地铺。

(32)一定要如此的语气

这类语气副词用来表示按照规定、规律等，一定要这样做的语气。这类语气副词也很少，主要是“必须”。例如：

① 升国旗[必须]升到杆顶，降旗时国旗不得落地。

这里“必须”表示“按照规定一定要”的意思。后面的“不得”意思是“不可以”。

② 人类为了生存和发展，[必须]连续不断地生产，这就叫再生产。

以上是“必须”用在陈述句中的例子。“必须”还常用在命令句中，用来加强命令的语气。例如：

③ 你[必须]去！

(33)勉强同意的语气

这类语气副词用来表示不太情愿地同意对方的意见或对方的要求的语气。这类语气副词也很少，主要是“就”。例如：

①“那[就]这样吧”，斯大林同意了，可仍忍不住心头的愤恨。

②“你把记账本拿出来看看！”“记了几笔账，没什么看头。”“怎么？不让看吗？”“好吧，你要看[就]看吧！”

(34)勉强接受的语气

这类语气副词用来表示虽然对一种办法、一种情况等不太满意，但因为没有更好的选择，只能接受的语气。这类语气副词也很少，主要是“就”。例如：

① 他无可奈何地笑了笑，说：“没办法，[就]这样吧！”

② 他想离舞台近一点坐，但前面已经没有空座了，于是说：“算了！远[就]远点吧。”

③ 孩子累[就]累吧，小时候吃点苦，长大了才能有出息。

（35）表示大体达到评价的标准的语气

这类语气副词用在对主语进行评价性说明的谓语中，用在谓语中心前，表示主语大体达到了评价的标准。例如：

① 他的成绩［还］可以。

这里“还可以”的意思是：大体上达到了“可以（好）”的标准。

② A：你最近怎么样？　B：［还］行。

③ 这个电影［还］行。

以上二例中的“还行”的意思是：大体上达到了“行（好）”的标准。

（36）不在意的语气

这类语气副词用来表示对某种既成的事实不在意的语气。这类语气副词也很少，主要是“就”，是由表示将就的语气的用法引申成的。例如：

① 比剑［就］比剑，有什么了不起！

② 他不小心把他的手机摔坏了，他说：“坏［就］坏了吧，我再买个新的。”

以上二例中的“就”表示自己不在意。

③ 丢［就］丢了吧，以后小心点就是了。

这里“就”表示劝对方不要在意的语气，用来安慰对方。

（37）夸张的语气

这类语气副词主要是“活”和“简直”。其中“活”主要用在口语中，“简直”主要用在书面语中。这类语气副词的意思与程度副词“几乎”相同，但带有夸张的语气。例如：

① 那些候车的人，多半低着头，［活］像一只只打盹儿的鸡。

② 看着眼前这一切，他［简直］不敢相信自己的眼睛。

③ 他画的虾［简直］像真的一样。

（38）表示动作行为、变化等发生或结束得快的语气

这类语气副词主要是“就”，是由条件连词“就”演变成的。例如：

① 他怎么这么快［就］变了？

② 稍等一下，我马上［就］到。

③ 春节眼看［就］要到了。

④ 一个半月的假期很快［就］结束了。

（39）表示动作行为、变化等发生或结束得早的语气

这类语气副词主要是“就”，也是由承接连词“就”演变成的。例如：

① 中国人早在七千年前［就］已经开始种植水稻了。

② 他 1981 年出生在上海，三岁［就］开始学钢琴。

③ 你怎么这么早［就］起来了？

④ 今天下午的会三点钟［就］结束了。

以上我们举例说明了汉语中各种常见的副词。

（二）副词的用法

前面我们归纳了汉语副词的种类，并举例说明了每个副词的意义，这里我们再来归纳一下各种副词的共同用法和某些副词的个别用法。

1. 副词都可以作状语

各种副词的共同作用是修饰、限定动词性词语和形容词性词语，也就是作状语。我们在说明汉语副词的种类时举了很多例子，这里就不再举例了。

2. 个别副词可以单说

副词是专门用来修饰、限定动词性词语和形容词性词语的词，是不可以脱离中心语而单独使用的，不过，在口语中，为了简便起见，人们有时将中心语省略，只说出副词，便形成了副词单说的情况。例如：

①“你抽烟吗？”银行经理发问。“不。”“你喝酒吗？”“不。”

这里答话中的两个“不”的后面分别省略了中心语“抽烟”“喝酒”。

② 接着，我找来一根枯枝插在花瓶里，又问：“这个美不美？”“不。”

这里答话中的“不”的后面省略了中心语“美”。

③“你受伤没有？”“没有。”

这里答话中“没有”的后面省略了中心语“受伤”。

④ 牟思萱望着林雪寒说：“这么说，有人一直在盯着你？”林雪寒说：“也许吧。”

这里答话中“也许”的后面省略了中心语“有人一直在盯着我”。

⑤ 做保健服务，挣不了多少钱，还整天辛苦劳累，何必呢？

这里“何必”的后面省略了中心语“做保健服务”。

⑥ 我马上送他到医院，马上。

这里后一个“马上”的后面省略了中心语“送他到医院”。

3. 有的程度副词可以作补语

能作补语的副词很少，只有“很”。例如：

① 那一天我难过〈极〉了，心里乱得〈很〉。

这里程度副词“很”作形容词“乱”的补语。“很”作补语时，前面要加上结构助词“得”。另外，这里前一句中的“极”也是作补语的，但与“很”不同，“极”是动词，意思是“达到极点”，作补语的时候，前面不需要加结构助词“得”，但后面必须加动态语气词“了”。再如：

② 我难过〈极〉了，沮丧〈极〉了，绝望〈极〉了。

动词“极”来自古代汉语，在现代汉语中只作补语用，只有在来自古代汉语的短语中才作谓语，如“罪大恶极”（意思是“罪恶大，罪恶达到极点”，也就是罪恶大到了极点）。“极”又由动词引申为副词，但只作状语，如“极好”“极少”等，作补语的“极”是动词，因而后面需要加动态语气词“了”。

另外，在口语中，与“极”意思和用法相近的是动词“透”，作补语时，后面也要加动态语气词“了”，如“坏透了”“糟透了”等。

4. 副词不能作定语

副词的主要功能是修饰限定动词性词语和形容词性词语，也就是作状语，不作定语，但有人错误地把时间副词“曾经”当时间名词“过去”“以往”“以前”“从前”“当年”“那时候”等来使用，作定语，如“* 曾经的梦想”（应该是“过去的梦想”）、“* 曾经的辉煌”（应该是“过去的辉煌”）、“* 曾经的繁荣”（应该是“过去的繁荣”“以往的繁荣”等）、“* 曾经的同事”（应该是“以前的同事”）、“* 曾经的你”（应该是“过去的你”“从前的你”“当年的你”等）、“* 曾经的我”（应该是“过去的我”“从前的我”“当年的我”等），等等。这种错误的用法就像“* 一直以来”（应该是“长期以来”）一样，应该是不允许的，否则会影响汉语的科学性、严谨性。

5. 有的副词可以起关联作用

有的副词用在两个在语法上相互关联的动词性或形容词性词语的中间，

或者用在两个在语法上相互关联的句子的中间，表明它们之间的某种逻辑关系。例如：

① 家里有困难，你能回来就回来，不能回来我就另想办法。

这里“就”表明“能回来”和“回来”之间、“不能回来”和“另想办法”之间是客观条件和主观措施的关系（属于一种条件和结果的关系）。

② 我们不用使足全力也可以赢。

这里“也”表示在不同条件下可以产生相同的结果，由此可知，这个句子的前面还省略了一个句子：“我们使足全力可以赢”。

③ 这些人是干什么的，他们怎么会睡在又潮又湿的草地上？

这里的两个“又”表明“潮”和“湿”是并列关系，是“草地”同时具有的两种性质。

④ 气球越升越高，越飘越远。

这里“越……越……”表示随着行为的持续，结果也不断变化。另外还有一个“越来越 A”的说法，如“越来越好”“越来越胖”等，表示随着时间的变化，性质状态的程度不断变化。

那些有关联作用的副词在复句中常与连词配合使用，构成各种不同意义关系的复句，如“不但……还……”“只有……才……”“既然……就……”“除非……才……”“如果……就……”“即使……也……”“虽然……却……”“不论……都……”等（详见 537 页“第六章　汉语复句”）。

五、代词

代词就是具有代替或指示作用的词。代词在句子或短语中，用来代替人或事物的名称、动作行为、性质状态以及人或事物的数量、动作行为的方式、性质状态的程度等，在这些情况下，代词的语法功能分别相当于名词、动词、形容词、数词、副词。

下面我们先通过一个简单的表格把全部常用的汉语代词列出，然后我们再逐一加以说明。

表 3-2　现代汉语代词一览表

<table>
<tr><th colspan="3">语法功能</th><th colspan="6">意义类别</th></tr>
<tr><td>代替的词类</td><td colspan="2">相当的词类</td><td colspan="3">人称代词</td><td colspan="2">指示代词</td><td>疑问代词</td></tr>
<tr><td rowspan="10">名词</td><td colspan="2" rowspan="8">一般名词</td><td></td><td>单数</td><td>复数</td><td>近指</td><td>远指</td><td></td></tr>
<tr><td>第一人称</td><td>我</td><td>我们、咱、咱们</td><td rowspan="7">这、这些</td><td rowspan="7">那、那些</td><td rowspan="7">谁、什么、哪</td></tr>
<tr><td>第二人称</td><td>你、您</td><td>你们</td></tr>
<tr><td>第三人称</td><td>他、她、它</td><td>他（她它）们</td></tr>
<tr><td>反身代词</td><td>自己、自个儿</td><td></td></tr>
<tr><td>旁指代词</td><td>别人、人家</td><td></td></tr>
<tr><td>总括代词</td><td>大家、大伙（儿）</td><td></td></tr>
<tr><td>双方代词</td><td>彼此</td><td></td></tr>
<tr><td rowspan="2">特殊名词</td><td>处所名词</td><td></td><td></td><td></td><td>这儿、这里</td><td>那儿、那里</td><td>哪儿、哪里</td></tr>
<tr><td>时间名词</td><td></td><td></td><td></td><td>这会儿</td><td>那会儿</td><td>多会儿</td></tr>
<tr><td>数词</td><td colspan="2"></td><td></td><td></td><td></td><td></td><td></td><td>几、多少</td></tr>
<tr><td>动词</td><td colspan="2"></td><td></td><td></td><td></td><td>这样</td><td>那样</td><td>怎样、怎么</td></tr>
<tr><td>形容词</td><td colspan="2"></td><td></td><td></td><td></td><td>这么样</td><td>那么样</td><td>怎么样</td></tr>
<tr><td>副词</td><td colspan="2"></td><td></td><td></td><td></td><td>这么</td><td>那么</td><td>多、多么</td></tr>
</table>

（一）代词的种类

根据代词的语法意义不同，可以把代词分为人称代词、指示代词、疑问代词、反身代词、旁指代词、总括代词、双方代词等。

1. 人称代词

人称代词是用来代替人或事物名称的代词，主要有第一人称代词、第二人称代词和第三人称代词三种，另外还有反身代词、旁指代词、总括代词和双方代词。

（1）第一、第二、第三人称代词

现代汉语第一人称代词是“我”（单数）、“我们”（复数）、“咱”（复数）或“咱们”（复数）。其中“我”和“我们”在书面语和口语中都使用，“咱”

或“咱们”在口语中使用。在北方话的口语中，“咱”或“咱们”包括说话人和对方，而“我们”不包括对方。

第二人称代词是“你”（单数）、“您”（尊称）、“你们”（复数）。其中“您”也是第二人称代词的单数形式，但没有复数形式。

第三人称代词单数在口语中都说成“tā”，但在书面语中写成“他”（表示男性）、“她”（表示女性）、“它”（表示人类以外的各种事物）三个字，第三人称代词的复数形式在书面语中写作“他们”（表示男性，或者男性和女性的混合体）、“她们”（表示女性）、“它们”（表示两个以上的人类以外的事物）。

人称代词在句子或短语中可以作主语、宾语、定语等。例如：

① 他问我：“你叫什么名字？”

② 我问他叫什么名字，他说他叫大为。

③ 我认识（他们）老师。

④ 我们走了，咱们下次再见。

这里“我们”指说话人这一方，不包括对方，而“咱们”包括对方。

⑤ 她叫苏娜，非常聪明，汉语学得非常好。

⑥ 龙梅和玉荣两姐妹，一个十一岁、一个九岁，不顾自己的安全，同暴风雪搏斗，保护（她们）所看管的羊群。一天一夜以后，人们找到了她们。

⑦ 猫头鹰被称为“捕鼠能手”，它在一个夏季可捕食1000只田鼠。

⑧ 天空中的星斗密密麻麻，数也数不清，怎么去辨认它们呢？

（2）反身代词

反身代词是用来指某人或某事物本身的代词，与“别人”相对。现代汉语反身代词主要是“自己”，在北方口语中说成“自个儿（gěr）”。

反身代词是作代词或名词的同位语用的，但是当代词是不言而喻的时候，代词常省略。例如：

① 这些都是我自己想出来的。

这里“自己”是“我”的同位语。“我自己想出来的”用来强调是“我”一个人想出来的，没有别人的帮助或启发。

② 鲁迅爱说笑话，常常是自己不笑，引得别人哈哈大笑。

③ 焦裕禄忘我地工作，严格要求自己，从不要一点特殊照顾。

以上二例中的“自己”是由“他自己”省略成的。

④ 我简直不敢相信（自己）的眼睛。

这里的“自己”是由“我自己”省略成的。

值得注意的是，汉语中的反身代词“自己”有时作状语，表示人或事物独立地或不依靠外力做事情或发生变化。例如：

⑤ 我［自己］去吧，不麻烦你了。

这里“自己”作状语。“自己去”的意思是自己独立去，不用别人陪伴。

⑥ 不知道石碑是［自己］倒下的，还是被别人推倒的。

这里“自己”作状语。“自己倒下”的意思是在没有外力的作用下倒下。

（3）旁指代词

旁指代词是用来指说话人自己或某人以外的人的代词，与“自己”相对。现代汉语旁指代词主要是“别人”和“人家”，其中“别人”在口语和书面语中都使用，“人家”主要在口语中使用。例如：

① 我不喜欢欺负别人，也不喜欢被人欺负。

这里前一句中的“别人”指“我”以外的人，后一句中的“人”意思也是“别人”，属于名词的特指用法。

②“我不懂得吃西餐的礼仪。”“没事，到时候你看别人怎么吃，你就怎么吃。”

这里“别人”指“你”以外的人。

③“听说你这房子要卖，是吗？要卖就卖给我，人家给多少钱我给多少钱。”“不行，已经有人要买了，我已经拿了（人家）定金了。”

这里前一个“人家”指“我”以外的人，后一个“人家”指交了定金的那个人。用来指特定的某个人或某些人，而不是泛指某人以外的人，这是“人家”的另一个用法。

（4）总括代词

总括代词是用来指一个范围内的全部个体的代词。现代汉语总括代词主要是“大家”和“大伙（儿）”，其中“大家”用在比较正式的场合，“大伙（儿）”用在比较随便的场合。例如：

① 请大家安静一下！

这里“大家”指说话人自己以外的所有的人。

② 你把大家叫来，咱们开个会。

这里“大家”指对话双方以外的所有的人，而“咱们”则指包括自己在内的所有的人。

值得注意的是，由于“大家”可以包括说话人，也可以不包括，因此，说话人有时在“大家”的前面加上人称代词“你们”或“我们”，构成同位短语，来表明是否包括说话人自己。例如：

③ 感谢你们大家。照个相可以，不要祝寿。

这里在“大家”前加上了“你们”，构成同位短语，表明这里说的“大家”不包括说话人。

④ 今天，我们大家欢聚一堂，共度新年。

这里在“大家”前加上了“我们”，构成同位短语，表明这里说的“大家”包括说话人自己。

⑤ 你家的困难，政府会想办法帮助解决的，大伙儿也会帮助你的。

这里“大伙儿”指包括说话人自己在内的所有的人（但不包括对方）。

⑥ 马师傅，多亏了你发现及时，是你救了（我们大伙儿）的命！

这里在“大伙儿”前加上了“我们”，构成同位短语，表示“大伙儿”不包括“马师傅”。

（5）双方代词

双方代词是用来指代处于某种关系中的双方的代词。现代汉语双方代词主要是“彼此”，意思相当于“双方”，一般在书面语中使用。例如：

① 双方必须找出一个［彼此］都能接受的解决办法。

这里前边用“双方”，后面用“彼此”，二者意义相同。

② 传统的友谊始终把这两个国家连在一起，真诚相待，［彼此］信任。

这里“彼此”的后面没有使用方式副词“互相”，容易使人觉得“彼此”是“互相”的意思，其实“彼此”只是人称代词，意思相当于“双方”。

2. 指示代词

指示代词是用来指示和区别人或事物的代词。主要有近指代词和远指代词两类，另外还有逐指代词、不定指代词、旁指代词等。

（1）近指、远指代词

近指代词主要有“这”“这些”“这里”“这儿”“这样”“这么”等。远指代词主要有“那”“那些”“那里”“那儿”“那样”“那么”等。下面我们分别举例加以说明。

1）这、那

“这”指示较近的人或事物，“那”指示较远的人或事物。二者通常指单个的人或事物。一般作主语和定语。例如：

① 我国人民自古就有过春节前打扫室内卫生的习惯。这是一个好的传统。

② 她被书架上的一张照片吸引住了，那是林徽因和她父亲的合影。

以上是“这”“那”作主语的例子。

③ 我说：“湿毛巾，擦擦脸。”他说：“我没（这）习惯。”

④ 一个同事说：“今天是情人节，你爱人一定会给你买花吧？”我说：“他没（那）习惯。”

以上是“这”“那”作定语的例子，后面的名词不带数量定语。不过，在多数情况下，“这”“那”作定语时，后面的名词性词语前大都要加上数量短语。例如：

⑤（这）（两个）人我认识，（那）（两个）人我不认识。

另外，如果“这”“那”后面的数词是“一”，“这”“那”就经常与“一”拼读成一个音节，分别说成 zhèi、nài 或 nèi。例如：

⑥（这个）人我认识，（那个）人我不认识。

不过，在朗读文章等的时候，通常把这种情况下的“这”“那”读成 zhè、nà。把量词前的“这”“那”读成 zhè、nà，等于省略了量词前的数词“一”，而不是与“一”拼读成了一个音节。

需要指出的是，尽管“这个”“那个”是“这一个”“那一个”的省略形式，但人们通常不用它们来强调人或事物的数量，因而“这个”“那个”通常只起指示代词的作用，所以一般都把“这个”“那个”看成指示代词。

有时在上下两个并列句中分别用“这”“那”作主语或宾语，合起来指代一个范围内的全部事物，或一个人或事物的各个方面。例如：

⑦ 她总说我这也不好那也不好，很明显她是不喜欢我。

这里“这”“那”的意思是这一方面、那一方面，实际上指的是各个方面。

⑧ 她胆小，一天到晚总是怕这怕那的。

这里“这”“那”合起来指任何事物。

值得注意的是，“这”有时指当前的时间或当时的时间，意思是“现在”或“这时候”。这是口语中的用法。例如：

⑨“你什么时候走?”“我［这］就走。”

这里“这”的意思相当于“现在”。

⑩ 我一心想要把这件喜事告诉姐姐和妹妹。可是我跑回家时，她们一个也不在。我［这］才想起来姐姐去练习团体操，妹妹去排演文艺节目了。

这里“这”的意思相当于“这时候”。

2）**这些、那些**

“这些”指示较近的较多的人或事物，“那些”指示较远的较多的人或事物。分别是“这”和“那”的复数形式。例如：

①（这些）人都是群众演员，没地方住，就睡在了草地上。

② 以前有些外国朋友认为，中国法律不够健全，办事效率低，服务质量差，这些都是事实。

③ 有一个十几岁的小孩子问交通警察：“商店在什么地方?”警察顺手往南一指说：“你看，那些都是商店。”

④ 我开始爱上了那种生活，爱上了（那些）人。

3）**这里、那里；这儿，那儿**

“这里”“这儿”指示较近的处所，“那里”“那儿”指示较远的处所。其中“这儿”和“那儿”在口语中使用。例如：

① 岛上还竖着这样一块牌子：“这里是鸟的世界，您是鸟的客人”。

② 那里是我们的故乡，我们曾是（那里）的主人。

③ 我在这儿。

④ 他在那儿。

⑤（这儿）的人都非常友好。

⑥ 她到了香港后，（那儿）的人都说她像外国人。

4）**这样、那样；这么、那么**

“这样”“这么”指示较近的行为方式、性质状态的程度等；“那样”“那么”指示较远的行为方式、性质状态的程度等。指示行为方式时，“这样”“那样”用得比较多；指示性质状态的程度时，“这么”“那么”用得比较多。例如：

① 你看［这样］说行不行？

这里“这样”指代“说”的方式和内容。

② 你看［这样］行不行——这些东西就算是我借给你的，你以后有了办法还给我，不行吗？

这里“这样”的后面省略了中心语“做”，指代“做”的方式。

③ 你开车可千万不要像以前［那么］快了，［那样］太不安全啦。

这里“那么”指代“快”的程度，“那样”指代开车的方式（用那么快的速度开车，后面省略了“开车”）。

④ 说得难听点，我也怕死，我还不想［这么］早离开人世。

⑤ 这孩子怎么［这么］不听话？

⑥“我的手机摔了好几次了。”“是吗？你怎么［那么］不小心啊？”

以上三例中的“这么”“那么”指代性质状态的程度。

（2）逐指代词

逐指代词主要有“每”和“各”两个，用来指一个范围内以一定数量（最少为一个）为单位的个体。

1）每

“每”用来指示全体中以任意数量为单位的个体，需要与数词或数量短语配合使用，如“每一年”“每两年”“每一个人”“每两个人”等。下面我们看看实际用例：

① 他表示，（每）一个企业，（每）一个人，都会在“一带一路”建设事业中获得成功。

② 缺铁性贫血在我国占有极高的比率。差不多（每）十个人中就有一个人患有缺铁性贫血。

③ 我们（每）一年、（每）两年或者（每）三年举行一次全国性的评奖活动，都是一次文学工作的检阅。

④ 1981 年，城市（每）100 个家庭平均只有一台彩电，但到 1990 年已增加到 59 台。

值得注意的是，由于数名短语或数量短语中的数词“一”经常省略，“每”就经常直接出现在名词性词语前或量词前。例如：

⑤ 现在世界上（每）年增加7500万人，（每）天增加20万人，（每）秒增加2.5人。

这里“年”“天”“秒”的前面都省略了数词“一”。

⑥ 乔尼想跑去把这个消息告诉（每）个人。

这里量词“个”的前面省略了数词“一”。

2）各

“各”用来指全体中以“一”为单位的个体，直接加在名词或量词前，意思相当于“每一个”或“每一个人”，用来强调全体中的每一个个体（都没有例外）。例如：

① 中华民族的科学、艺术、体育、医学、建筑、饮食等［各种］优秀文化，都得到了广泛的传播。

这里“各种”是“每一种”的意思。

② 火把节一般持续3天。第一天，［各］家［各］户打扫房屋，清洗炊具，杀鸡宰羊筹办丰盛的节日晚餐。

这里“各家”和“各户”意思相同，都是“每一家”的意思。

③ 我们要向所有参加大桥策划、设计、施工、命名等环节的［各］个单位、［各］位同事、［各］位工友表示衷心感谢。

这里“各个”是“每一个”的意思，“各位”是“每一位”的意思。

值得注意的是，虽然“每”和“各”都属于分指代词，但二者不仅用法不同，所出现的语境也不同。一般说来，当强调全体中的不同个体在某一方面都没有例外的时候用“每”，如“每”的用例①；当需要强调在某件事情上，对不同个体都没有遗漏的时候，也用“每”，如“每”的用例⑥。

当强调在某件事情上不同的个体分别行动时用“各”，如“各”的用例②，强调各个人家分别打扫房屋等。当强调对不同个体分别进行某种活动时，也用“各”，如“各”的用例③，强调对每一个单位、每一个同事、每一个工友分别表示感谢，能够充分表达一种诚意，而如果换成“每”，说成“每个单位”“每位同事”“每位工友”，则强调的是对每一个单位、每一个同事、每一个工友没有例外或没有遗漏地表示感谢，这样不符合讲话者的意图。

另外，“各”可以直接作主语，意思是“每一个人”。例如：

④ 他们各自都怀着无比激动的心情，各回（各）家去了。

这里“各回各家”的意思是“每一个人分别回每一个人的家”，也就是

“每个人分别回自己的家”。另外，前面的“各自”的意思是“每个人自己”，也就是“每一个人”。

⑤ 各就（各）位，预备……

“各就各位”的意思是“每一个人分别到每一个人的位置上去”（这里“位”在运动会中指运动员被分配的跑道），也就是“每一个人分别到自己的位置上去”。

（3）不定指代词

这种代词用来指示非特定的或不便明说的人或事物。这类代词只有“某”这一个。“某”有两种用法：一是与数词或数量短语配合作定语，但数词“一”常省略，“某”直接出现在名词或量词前；二是用在姓氏后，代替人的名字。例如：

① 我们代表的是全体人民的利益，还是代表（某）一个人、（某）一部分人的利益？

② 智力不是（某）一种能力的表现，而是多种能力的综合表现。

③ 货主常以“从（某）国家进口”的名义来欺骗消费者，给消费者造成极大的损害。

这里“某国家”是“某一个国家”的省略形式。

④（某）人向他借了一笔钱，到期后不还。

这里“某人”是“某一个人”的省略形式。

⑤（某）种昆虫没有了，捕食这种昆虫的鸟类将会饿死。

这里“某种”是“某一种”的省略形式。

以上是“某”作定语的例子。

⑥ 在本案中，王某是出租人，刘某是承租人。

⑦ 当日晚，决定对王某某立案侦查。

以上是“某”代替人名的例子。一般说来，如果人名是一个音节的，就用一个“某”来代替，是两个音节的，就用两个“某”代替。

（4）旁指代词

旁指代词是用来指示某个或某些人或事物以外的人或事物的代词。现代汉语旁指代词有“别的”“其他”“其余”“另外”“另”等几个。

1）别的、其他

“别的”和“其他”意义和用法相同，用来指示某个或某些人或事物以外的人或事物。其中“别的”带有口语色彩，“其他”带有书面语色彩。可以作主语、宾语和定语。例如：

① 台湾和大陆主要是政治制度不一样，别的都一样。

这里“别的”作主语，指政治制度以外的所有的方面。

② 我只要一双凉鞋，我不要别的。

这里“别的”作宾语，指一双凉鞋以外的任何东西。

③ 有的领导干部认为只有自己、只有自己领导的部门、只有自己领导的地区工作做得好，不承认别人、（别的）部门、（别的）地区做得也好甚至做得更好。

这里“别的”作定语。“别的部门”“别的地区”指“自己”领导的部门、领导的地区以外的部门和地区。

④ 不要只顾重点，而不顾其他。

这里“其他”作宾语。

⑤ 杜鹃总是把自己的蛋下在（其他）鸟类的窝里，由这些鸟代劳孵化。

这里“其他”作定语。

以上二例中的“其他”意思都相当于“别的”，并且可以换成“别的”。

⑥ 这四个人有一个在外地，其他都在北京。

这里“其他”作主语。这个“其他”不可以换成“别的”，因为“别的”不用来指人，可以换成“别人”。

2）其余

“其余”的本来意思是“剩下的”，用作旁指代词时，从剩余数量的角度指示一个范围内某个或某些人或事物以外的人或事物。例如：

① 他的六个孩子中，除了老大错过了考大学的机会，（其余）五个都考上了大学。

② 在 1995 年至 1997 年间，除了土特产行业外，（其余）11 个行业出口增长幅度下降都在 60% 以上。

以上二例中的“其余”与介词“除了”搭配使用，这是它的典型用法。这种用法的“其余”都可以换成“其他”，但不能换成“别的”，因为“别的”后面不能出现数量短语，否则容易引起误解。

③ 做课堂练习的时候，老师让一个学生在黑板上做，（其余）学生在自己的笔记本上做。

这里的“其余”可以换成“别的”和“其他”。

3）**另外、另**

“另外”和“另”的意思相同，用来指示前面所说的人或事物以外的人或事物。“另外”在口语和书面语中都使用，“另”在书面语中或正式场合使用。“另外”和“另”在句子中只作定语，不作主语和宾语。例如：

① 三个古墓紧紧地挨在一起，其中两个南北方向，（另外）一个东西方向。

② 这个老人的话刚说完，（另外）的三个老人立刻都冲了过来。

③ 一个人只有实际上变成（另外）一个人，才有可能理解（另外）一个人和用（另外）一个人的眼光看待世界。

这里“另外一个人”指的是“一个人”以外的一个人，就是与前面所说的那个人不同的一个人。

“另”与“另外”意思相同，但“另”属于古语词，保持着古代汉语中的用法，后面不用结构助词“的”。例如：

④ 这两个星座在天球两边遥遥相对，一个升起时，（另）一个就落下。

⑤ 这时，（另）几个同学也凑了过来。

值得注意的是，“另外”和“另”后面常出现数量短语，这种用法的“另外”和“另”不能换成“别的”。这种用法的“另外”也不能换成“其余”，因为“其余”的本来意义是“剩下的”，最适合用来表示对一个范围内的人或事物进行不同的安排（如“其余”的用例③）。

3. 疑问代词

疑问代词是用来提出疑问的代词。主要有“谁”“什么”“哪儿”“哪里”“怎么”“怎样”“怎么样”“几”“多少”“多”“多么”等。

（1）谁

疑问代词“谁”主要有三个用法：

第一，询问人。主要用来询问人的身份、询问行为主体或对象、询问人或事物的领有者，等等。例如：

① 谁知道这个人是谁？

这里前一个“谁”询问行为主体，后一个“谁”询问人的身份。

② 这是谁说的？

这里“谁”询问行为主体（说“这”话的人）。

③ 这是（谁）的书？

这里“谁”询问事物的领有者。

第二，指任意的一个人。“谁”有时用来指任意的一个人，而不是用来提问。这是任指用法，例如：

① 谁停止不前，谁就是时代的累赘，生活中多余的人。

② 这种石板目前只剩下 25 块，上面的文字谁也看不懂。

以上二例中的“谁”指任意的一个人，相当于“任何人”。

第三，指代不能确定或不便于明说的人。这是“谁”的虚指用法，用来指代不能确定、不便于明说或没有必要明说的人，相当于“哪一个人”。例如：

① 我好像听谁说过这个问题。

这里“谁”指不能确定的一个人。

由于中国人的姓名有不少是两个字的，所以也常用“谁谁”来指代不能确定、不便于明说或没有必要明说的人。例如：

② 经常听到有人议论，谁谁当了什么官，谁谁该当什么官，谁谁这次没当上什么官，谁谁过了年龄当不了官，谁谁有可能接任什么官……

这里“谁谁”用来代替人的姓名，意思相当于“某人”，指不便于明说的人。当代中国三个字姓名的人多，如果不是为了简洁，一般用“谁谁谁”代替人的名字。例如：

③ 他像运筹帷幄的将军似的调兵遣将：谁谁谁去北边那条路，谁谁谁去南边那条路，谁谁谁去镇南堡，谁谁谁朝东北方向追。

（2）什么

疑问代词“什么”主要有三种用法：

第一，询问事物。主要用来询问事物的类别、内容、事情发生的原因、人的身份等。例如：

① 什么是“多媒体时代”？

② 你喜欢什么？

③ 这是什么？

④ 这是（什么）东西？

⑤ 你为什么不喜欢他？

⑥ 那个小伙子是（什么）人？

第二，指任意的一种事物。“什么”有时用来指任意的一种事物，而不是用来提问。这是“什么”的任指用法。例如：

① 我什么也不想吃。

这里“什么也不想吃”是由“不想吃什么”转换成的，其中的“什么”相当于“任何东西”。

② 我（什么）时候都忘不了你。

这里“什么时候”相当于“任何时候”。

第三，指代不能确定的事物。“什么”有时用来指代不能确定的事物。这是一种虚指用法。例如：

① 她知道，他正闷闷不乐地想着什么。

这里“什么”指代“他”想的内容，但具体内容“她”不知道。再如：

② 他发现四个军官模样的人拿着望远镜，指手划脚地说着什么。

（3）哪儿、哪里

“哪儿”或“哪里”主要有三个用法：

第一，询问处所。“哪儿”或“哪里”主要用来询问动作行为等发生的处所，人或事物存在的处所，人或事物来自或前往的处所，等等。其中“哪儿”在口语中使用，“哪里”在书面语和正式场合使用。例如：

① 你在哪儿学的汉语？

② 你在哪里学的汉语？

③ 他在哪儿？

④ 他在哪里？

⑤ 你从哪儿来？

⑥ 你从哪里来？

⑦ 你到哪儿去？

⑧ 你到哪里去？

⑨ 你是（哪儿）的人？

⑩ 你是（哪里）的人？

第二，指任意的一个地方。“哪儿”或“哪里”有时用来指任意的一个地方，而不是用来提问。这是“哪儿”或“哪里”的任指用法。例如：

① 昨天我哪儿也没去。

② 我哪里也不去了，就在这里养老。

以上二例中的“哪儿”“哪里”相当于“任何地方”。

③ 事业在哪里，家就在哪里。

这里前一个“哪里”指任意的一个地方，后一个“哪里”指代前一个“哪里”所指的地方。

第三，指代不能确定的处所。“哪儿”或“哪里”有时用来指代不能确定的处所。这是“哪儿”或“哪里”的虚指用法。例如：

① 我好像在哪儿见过他。

② 这个人我好像在哪里见过。

以上二例中的“哪儿”“哪里”指代不能确定的一个地方。

（4）怎么

疑问代词“怎么”用法比较多，主要有询问事情发生的原因、做事的方法、性质状态的程度，等等。下面我们具体加以说明。

1）询问事情发生的原因

这是疑问代词“怎么”的主要用法。例如：

① 你［怎么］来了？

这里“怎么”用来询问“你”来的原因。

② 你［怎么］知道我是老师呢？

这里“怎么”用来询问“你”知道“我”是老师的原因。再如：

③ 你［怎么］这么早就回来啦？

④ 你［怎么］一个人在这儿？

⑤“你［怎么］不上学？”“学校很远，妈妈没时间接送我。”

这里前一句询问“你”不上学的原因。

⑥ 你昨天［怎么］没来呀？

这里询问“你昨天没来”的原因。

⑦ 这个房间［怎么］这么冷啊？

这里询问“这个房间这么冷”的原因。

疑问代词“怎么”在询问事情发生的原因的时候，带有疑惑、惊讶的语气，如果换成询问原因的介词短语“为什么”，就没有了疑惑、惊讶的语气。另外，用“怎么”来询问事情发生的原因，口气也比较柔和。

人们有时用“这是怎么一回事”来询问事情发生的原因，也带有疑惑、惊讶的语气。不过，有时作者或说话者先用“这是怎么一回事”提出疑问，用来引起读者或对方的注意，接着解释事情发生的原因。例如：

⑧ 我国不少地方老鼠成灾。这是怎么一回事呢？主要原因之一是……

这里第二个句子询问“我国不少地方老鼠成灾”的原因，如果用“怎么”来询问，要说成：

老鼠［怎么］成灾的呢？

⑨ 工厂给学校发奖金，这是怎么回事呢？原来，在 1984 年全国电视机产品评比中……

这里“这是怎么回事呢”是由“这是怎么一回事”省略成的，询问“工厂给学校发奖金”的原因。后面的“原来”是语气副词，表示要揭示原因。如果用“怎么”来询问“工厂给学校发奖金”的原因，要说成：

工厂［怎么］给学校发奖金呢？

⑩ 病人躺在那儿快一个钟头了，还没有人去检查，怎么回事？

这里“怎么回事”是由“这是怎么回事”省略成的，询问没人给病人做检查的原因，如果用“怎么”来询问，要说成：

［怎么］还没有人去检查？

2）**询问人或事物的状态不正常的原因**

疑问代词“怎么”本来用来询问事情发生的原因，人们根据这一点对它的用法进行了扩展，用它来询问人或事物的状态不正常的原因。在这种用法上，要与动态语气词“了”配合使用。例如：

① 有一次，他不停地咳嗽，母亲问：“你怎么了？”

这里“他”母亲发现“他”不停地咳嗽，问“他”咳嗽的原因。

② 她看见一个小女孩站在路边哭，便关切地问：“小姑娘，你怎么了？”

这里“她”问那个小姑娘哭的原因。

③ 你的腿怎么了？

这里说话人看见对方走路时腿的姿势不正常，就问他原因。

④ 今年南方发大水，北方高温，这气候怎么了？

这里问“今年”气候不正常的原因。

3）**询问做事的方法**

疑问代词“怎么”本来是用来询问事情发生的原因的。有时，人们在询问一个事情发生的原因的时候，又像是在问做事情的方法。在这种情况下，人们又将“怎么”的用法进行了扩展，用来询问做事情的方法。例如：

① 你［怎么］认识他？

这里用疑问代词“怎么”来问“你”认识“他”的原因，同时表示对“你”认识“他”这件事感到惊奇，但是这样又能使人觉得是在问“你”通过什么方法、途径认识“他”的。人们这样理解“怎么”，又这样使用“怎么”，于是“怎么”又有了询问做事方法的意思[①]。例如：

② 你［怎么］认识他的？

这里用疑问代词“怎么”来询问“你”认识“他”的方法，为了与询问“你”认识“他”的原因相区别，又在动宾短语“认识他”的后面加上了动态助词“的”。

③ 我该［怎么］办呢？

这里“怎么”用来询问“我”该采取的办法。

④ 这个问题［怎么］解决？

这里“怎么”用来询问解决“这个问题”的办法。

值得注意的是，当人们问用什么办法做一件事的时候，有这样的说法：

⑤“这事该（怎么）个办法？”“这事不难办，不过就告诉了你，你也办不到。”

这里的疑问句是由“这事该用怎么个办法办”省略成的，询问做事情的具体方法，而由于“怎么个办法”的前面省略了动词“用”、后面省略了动词“办”，“办法”的动词性词素“办”就被理解为动词，于是人们又由此类推，把“办”换成别的动词，就形成了“怎么个V法”这种询问做事情方法的句式[②]。例如：

⑥“我们应该略微提高点生活质量，改善改善生活。”“好好好！那你说，

① 像这种对一个词的意义产生新的理解而使它产生新的语法意义的现象，在“语法化”学说中叫“重新分析”。

② 这种现象也属于重新分析。

（怎么）个提高法？（怎么）个改善法？”

这里“怎么个提高法？怎么个改善法？”是由“怎么个办法？”类推成的[①]，表达的意思是“怎么提高？怎么改善？”

4）询问性质状态的具体表现

人们有时用“怎么个A法”来询问性质状态的具体表现，这是由“怎么个V法”这种询问做事情方法的句式类推成的。例如：

① 都说这电影好，可我看不出（怎么）个好法。

这里“怎么个好法”指的是好的具体表现，意思相当于“好在哪里”。

② 人类给自己定义是“有智慧的高等动物”，显然是说人类比其他动物聪明。（怎么）个聪明法呢？一个例子是“使用工具”。

这里“怎么个聪明法”的意思是聪明的具体表现，后面说的“使用工具”就是聪明的具体表现之一。

5）询问人或事物的性质状态

疑问代词“怎么”本来可以用来询问做事情的方法，如：“怎么办？”这种用法的“怎么”又被用作“办法”的定语，如：“到底是怎么一个办法？”于是“怎么”又有了“什么样”的意义，然后人们又对这种用法进行了类推，用来询问人或事物的性质状态。例如：

① 他是（怎么）一个人？

② 他是（怎么）个人？

以上二例用来询问“他”是什么样的一个人，也就是“他”的性格怎么样、品德修养怎么样、为人处世的态度怎么样，等等。

③ 那么，这三个人究竟是（怎么）个关系呢？

这里“怎么”用来询问这三个人的关系的性质。

④ 我也不知道，这是（怎么）一个现象。

这里“怎么”用来询问“这一个”现象的性质。

⑤ 你家里到底是（怎么）个情况呢？

这里“怎么”用来询问“你”家里的情况的状态（是穷，还是富）。

6）表示性质状态、心理活动等的程度比较高

人们常用“怎么”来指性质状态、心理活动等达到的程度比较高，但

---

① 类推和重新分析一样，也是一种语法化手段。

只用在否定句中，说成“不怎么A”“不怎么V”。“不怎么A”“不怎么V”的意思相当于“不太A”“不太V”，表示性质状态、心理活动等达到的程度比较低。“怎么”的这种用法是由询问性质状态具体表现的用法引申出来的。例如：

① “今天冷不冷？”“不［怎么］冷。”

② “这种水果好不好吃？”“不［怎么］好吃。”

③ 他这个人不坏，但也不［怎么］好。

以上是“不怎么A”的用例。

④ 说真的，我不［怎么］喜欢这个地方。

⑤ “你害怕吗？”“不［怎么］害怕。”

⑥ “你不相信他的话吗？”“不［怎么］相信。”

以上是“不怎么V”的用例。

7）表示动作行为的频率比较高

“怎么”也常用来指动作行为的频率比较高，但也只用在否定句中，说成“不怎么V”，意思相当于“不经常V”“很少V”，表示动作行为的频率比较低。“怎么”的这种用法是由表示性质状态、心理活动等的程度比较高的用法引申出来的。例如：

① 电影散场时，记者在影院门口采访观众对这个电影的看法。记者要采访一位少妇，她却不耐烦地说：“平时我不［怎么］看电影，我说不好。我还有事，你问别人吧。”

② 以前别人告诉我，中国人很严肃，不［怎么］笑，我发现根本不是这样。

③ 现在母亲因为身体原因不［怎么］出门了。

④ 体育锻炼报告显示，偶尔锻炼和不［怎么］锻炼的人认为，没时间占第一位，没兴趣占第二位，惰性是第三位。

以上四例中的“不怎么看电影”“不怎么笑”“不怎么出门”“不怎么锻炼”是“很少看电影”“很少笑”“很少出门”“很少锻炼”的意思。尤其是例④，清楚地显示“不怎么V”比“偶尔V”的频率还小。

值得注意的是，由于“不怎么V”表示动作行为的频率低，而动作行为的频率低，所支配的对象的数量往往也比较少。因此，人们有时也用“不怎么V”来表示支配的对象数量很少的意思。例如：

⑤ 现在大学生都不［怎么］买书。

⑥ 这里恰恰是常年不［怎么］下雨。

⑦ 指着蓝天下的烟囱说："以前关着门窗都能闻到味，现在大烟囱不［怎么］冒烟了，我们街坊邻里都感觉环境比前些年好多了。"

以上三例中的"不怎么买书""不怎么下雨""不怎么冒烟"表示"很少买书""很少下雨""很少冒烟"的意思，但同时也可以理解为"书买得很少""雨下得很少""烟冒得很少"。在这种现象的启发下，人们有时专门用"不怎么 V"表示支配的对象数量很少的意思[①]。

⑧ 他喜欢吃土豆，而我不爱吃。他一做土豆，我就不［怎么］吃。

⑨ 现在上海的超市里也有韩国泡菜。但我不［怎么］买来吃，偶尔买来了也不［怎么］吃。

⑩ 有的行业不［怎么］赚钱，甚至还要赔钱。

⑪ 李幼斌说："这个剧不［怎么］涉及家庭生活。"

以上四例中的"不怎么吃""不怎么赚钱""不怎么涉及家庭生活"只能理解为"吃得很少""赚钱很少""家庭生活涉及得很少"。

8）指任意的一种方法

疑问代词"怎么"本来可以用来询问做事情的方法，人们又对这一用法进行了扩展，用来指任意的一种方法。这是"怎么"的任指用法。例如：

① 有时果酱瓶的铁盖子［怎么］也拧不开，如果将瓶子倒过来放在热水里浸泡一会，就很容易拧开。

这里"怎么"作状语，意思是"用任何方法"。另外，"怎么"的后面省略了动词"拧"。

② 你愿意［怎么］办就［怎么］办吧。

这里"怎么办"是"用任何方法办"的意思。

9）指不确定的方法、程度等

"怎么"有时用来指不便于明确地说出或不需要明确地说出的方法、程度，等等。这是"怎么"的虚指用法。例如：

① 1976 年春天，他买了一本《新华字典》，天天看，天天背。后来，只要你随便说出一个字，他就能说出这个字在多少页、［怎么］念、［怎么］写、

① 这也是一种重新分析现象。

什么意思。

这里的两个“怎么”指代不需要明确地说出的方法。另外，“多少页”中的“多少”也是虚指用法，指代不需要明确地说出的页数；“什么意思”中的“什么”也是虚指用法，指代不需要明确地说出的意思。

② 他喜欢议论别人，经常说这个人［怎么］［怎么］好，那个人［怎么］［怎么］不好。

这里的四个“怎么”都是指不需要明确地说出的“好”和“不好”的程度。另外，前两个“怎么”和后两个“怎么”都是“怎么”的反复，表示议论的内容比较多。

③ 我不知道［怎么］一照相就不好看，所以都很少照相。

这里“怎么”指代不能确定的原因。

（5）怎么样、怎样

疑问代词“怎么样、怎样”可以用来询问人或事物的具体情况、人或事物的性质、做事的方法、行为、变化的过程等。其中“怎样”是“怎么样”的省略形式。下面我们具体说说“怎么样”“怎样”的用法。

1）询问人或事物的具体情况

① 情况怎么样了？

② 你现在身体怎么样？

③ 喜子，饭准备得〈怎么样〉了？

④ 你身体怎样？

⑤ 你们好！现在感觉〈怎样〉？

以上五例中的“怎么样”“怎样”用来询问人或事物的具体情况。在这个用法上，“怎么样”更常用。

2）询问人或事物的性质

这种用法的“怎么样”“怎样”主要用来询问人或事物好不好、有什么特点。例如：

① 这究竟是（怎么样）的一个民族呢？

② 你觉得这个人怎么样？

③ 日子过得〈怎么样〉？

④ 日子过得〈怎样〉？

⑤ 这部小说的作者是（怎样）的人？

以上五例中的“怎么样”“怎样”用来询问人或事物的性质。

3）**询问行为的方式**

在这个用法上，“怎样”比“怎么样”常用，通常在书面语中使用。例如：

① 当前存在些什么问题，准备［怎么样］解决？

②［怎样］解决这个问题？

以上二例中的“怎么样”“怎样”用来询问行为的方式，都可以换成“怎么”，只是“怎样”“怎么样”的书面语色彩浓。

4）**询问行为、变化的过程**

这种用法是由询问行为的方式的用法扩展成的。在这个用法上，“怎样”比“怎么样”常用。例如：

① 绚丽多彩的生物世界，它是［怎么样］产生的？

② 这一理论为什么会产生，是［怎样］产生的？

③ 这部小说是［怎样］写成的？

④ 您那句通俗而形象的话，是［怎样］想出来的？

5）**询问对方的意见**

这是由询问人或事物的性质的用法扩展成的，意思相当于“好不好”“行不行”。在这个用法上，“怎么样”更常用。例如：

① 咱们到美国去玩一趟，你看怎么样？

② 咱们到外面去走走，你看怎样？

以上二例中的“你看”是插入语。

③ 咱们办个村养鸡场，你当场长，怎么样？

以上三例中的“怎么样”“怎样”都是用来询问对方的意见的。

（6）几、多少

这两个疑问代词用来询问人或事物的数量。当人或事物的数量比较少，尤其是不超过十个的时候，用“几”来询问。如果数量较多，或者数量不明确的时候，用“多少”来询问。例如：

① 你一个星期上（几）天课？

② 你有（几）个孩子？

③ 你一年看（几）次电影？

以上是“几”的用例。

值得注意的是，“几”有时不是疑问代词，而是约数词，表示一到九的不确定的数目。详见 269 页“1. 基数词”。

④ 你一个星期上（多少）节课？

⑤ 你们班有（多少）个学生？

⑥ 我告诉过你（多少）次了？你怎么还迟到啊？

以上是“多少”的用例。

(7) 多、多么

“多”“多么”有疑问代词的用法，用来询问性质状态所达到的程度。由此引申为表示程度较大的程度副词，还引申为任指代词，指代任意的一种程度。下面具体加以说明。

1）询问性质状态所达到的程度

在这种意义上，“多”在口语和书面语中都使用，“多么”只在书面语中使用。例如：

① 从这里到千佛洞有［多］远？

② 宇宙到底有［多］大？

③ 人的寿命究竟有［多］长？

④ 人能跑［多］快？能跳［多］高？能举［多］重？

以上是疑问代词“多”的用例。

⑤ 你知道你这种做法影响有［多么］大、［多么］坏，后果又［多么］严重吗？

以上是疑问代词“多么”的用例。

2）表示性质状态所达到的程度大

这种意义的“多”“多么”有如下三种用法：

第一，用在感叹句中，带有感叹语气。其中“多”主要在口语中使用，“多么”主要在书面语中使用。例如：

① 你看，质量［多］好！

② 现在的孩子们［多］幸福，［多］快乐！

③ 说得［多么］好啊！

④ 宁静的生活是［多么］难得，和平是［多么］宝贵！

⑤ 看，当妈妈［多］不容易。

⑥ 文艺创作是［多么］（不容易）的事呀！

第二，用在非感叹句中。例如：

①“你家离学校远吗?”“没［多］远。”

这里“没多远”是“不太远”的意思。

② 说实话，这里跟三年前基本一个样，没［多］大变化。

这里“没多大变化”是“变化不太大”的意思。

第三，指代任意的一种程度。

“多”和“多么”常用来指代性质状态所达到的任意的一种程度。这是“多”和“多么”的任指用法，是由表示性质状态程度大的用法扩展成的。例如：

① 他不管［多］忙，每天都挤出一个小时时间来锻炼身体。

② 不管［多］大的困难，他们都有办法克服。

③ 你要是请他做一件事，不管［多么］困难，他都能给你做好。

以上三例中的“多忙”“多大”“多么困难”的意思相当于“忙到什么程度”“大到什么程度”“困难到什么程度”。

以上我们举例说明了汉语中各种常用的代词。

（二）代词的用法

以上我们说明了汉语中各种常用的代词，从具体的用例中可以看出各种代词的用法。这里我们再谈谈有些代词比较特殊的用法。

1.“我们”和“咱”或“咱们”用法有区别

“我们”和“咱”或“咱们”都是第一人称代词的复数形式，但在用法上有区别。在口语中，“我们”通常指说话人一方，而“咱们”则包括说话人和听话人双方。例如：

① 到（我们）那儿去吧，咱们一起干。

这里“我们”指说话人自己这一方，而“咱们”包括说话人和听话人双方。

由于“咱”或“咱们”带有北方方言色彩，所以在书面语中，通常用“我们”来表示包括双方的意义，而不用“咱”或“咱们”来表示。例如：

② 月球本身不会发光，我们看见的月光是它所反射的太阳光。

这里“我们”既包括作者自己，也包括读者。

③ 礼貌待人是（我们中华民族）的优良传统。

这里“我们”指包括作者和读者在内的全部中华民族的人。按照北方方言的习惯，以上二例中的“我们”都要说成“咱们”。

2.“我”有时用来代替“我们”

在古代汉语中，人称代词没有单数与复数的区别，而在现代汉语书面语中，常仿照古代汉语的习惯，用“我”代替“我们”，作定语，表示个人与国家、组织等的领属关系，从而获得一种正式的表达效果。例如：

① 在外交方面，（我）国也打开了新的局面。

② 彭总是（我）党、（我）军著名的革命家、军事家。

③ 过去，（我）校图书馆的各个阅览室都有人民日报、光明日报等，我们读报十分方便。

④（我）厂产品曾荣获部、省、市优质产品称号。

⑤（我）省是一个多民族聚居的地区。

以上五例中的“我”都相当于“我们”。

3.“我”有时用来代替“我国”

在新闻报道等文体中，常仿照古代汉语习惯，用“我”来代替“我国”。例如：

①（我）驻墨使馆举行春节招待会。

② 杨主席看望（我）在乌拉圭人员。

③ 在国界（我）侧发现非法越境人员或可疑人、可疑物，应立即报告或送交就近公安边防机关或边防部队处理。

以上三例中的“我”都相当于“我国”。

4.“我们”有时用来代替“我”

在学术论文、著作等文体中，作者常用“我们”代替“我”，表示谦虚。例如：

① 我们认为，学生在每章每节讲过之后，应及时复习，这样既可以减少复习的时间，又可以增进学习的效果。

② 我们认为，无意识具有先天本能性的一面。

以上二例中的“我们”实际上指作者自己。

5.“您”没有复数形式

“您”是第二人称代词的尊称形式，它来自近代汉语口语，实际上是“你们”二字的合音。约在北宋时期，北方人在口语中将“你们”的两个音节说成“nǐm”，将“们”的韵母“en”脱落，后来又将“nǐm”的“m”发成了“n”，于是“nǐm”又变成了“nín”（在现代东北方言中，说成“nǐn”，仍然是上声，但没有表示尊敬的意思）。在宋元话本中，把“nǐm”写作“您”。因为“nǐm”是“你们”两个音节的合音，最初的意思也相当于“你们”，属于第二人称代词的复数形式。例如：

① 是夜月光皎洁，撞着一阵军马，约三百余人，将朱温四人喝住，问道：“您是谁人？要从那里去？”（宋·无名氏《五代史平话》）

这里“您”指朱温他们四个人，显然是相当于“你们”。

② 王问：“您三人兵少，如何保驾？”三人曰：“乞我王免虑。”（《七国春秋平话》）

这里用“您”作“三人”的同位语，显然是相当于“你们”。

大约到了清朝，在北京一代，“您”成了第二人称代词单数的尊称形式，但后面仍然不加复数助词“们”，而说成“您二位”“您三位”“您几位”等。例如：

③ 孟老师，向先生，您二位要肯帮忙，我可就有了主心骨儿喽！

④ 让您三位师傅受屈啦。

⑤ 茶来了！您几位请慢用。

由于现代汉语中只有单数形式的尊称代词“您”，而没有复数形式的尊称代词，而人们实际上又需要复数形式的尊称代词，于是有人将“您”加上复数助词“们”，作为复数形式的尊称代词，不过这种说法不符合传统习惯。

6.“我”“你”“他”有虚指用法

“我”“你”“他”本来分别是第一人称、第二人称、第三人称代词，但人们有时将“你”与“我”，“你”与“他”，或“我”“你”“他”对举，用来指一个范围内的不同人，这是“我”“你”“他”的虚指用法。例如：

① 客车为了争乘客，经常你追我赶，每次坐车都提心吊胆的。

这里“你”和“我”不是指读者和作者，而是指互相追赶的一方和另一方。“你追我赶”是说一方追上另一方，另一方又追赶超过它的那一方。

② 我们不敢说笑，你看我，我看你，用目光交流。

这里“你”和“我”指互相看的两个人。“你看我，我看你”是“大家都互相看”的意思。

③ 大家你一言，我一语地议论开了。

这里“你”“我”指的是“大家”中的不同的人。“你一言，我一语”是一个惯用语，意思是“每个人都说话”。

④ 从全局来说，资金并非无限的，你占了，他就少了。

这里“你”的意思相当于“某个人”，“他”的意思相当于“其他人”“别人”。“你占了，他就少了”的意思是“有的人占了，别人就少了”。

⑤ 他自己带头捐出 100 元，官兵们纷纷响应，你 50 元，他 30 元，一下子就捐了 4000 多元。

这里“你 50 元”和“他 30 元”中的“你”和“他”指“官兵们”中的不同的人，都相当于“有的人”，另外后面省略了动词“捐”。

7.“人家”有时活用为第一人称或第三人称代词

旁指代词“人家”本来指自己或某人以外的人，意思相当于“别人”，有时活用为第三人称代词，指对话双方以外的某个人或某些人，有时又活用为第一人称代词，指说话人自己。例如：

① 黄敬严肃地批评她说：“你既然不爱人家，却跟人家结婚，这不是在玩弄别人的感情吗？”

这里“人家”活用为第三人称，指“她”的丈夫。另外，这里“你既然不爱人家”的后面省略了一句话：“就不应该跟人家结婚”。

② 你师傅待你真好，你将来有出头之日，可别忘了人家。

这里“人家”活用为第三人称，指“你”师傅。

以上二例都是说话人向对方指出对待某人应采取的正确态度，本应该用第三人称代词“他”指代某人，却用“人家”来代替，这是因为“人家”本来可以指对话双方以外的任何人，用“人家”来代替“他”仿佛是在说，对待包括“他”在内的所有这类人都应该采取这样的态度，这样能让自己的观点带有普遍性，从而增强自己观点的说服力。

③ 有一位老作家，写了一篇八千字的文章，被我们的编辑删掉了六千字，只剩下两千字登了出来，他气愤地大叫道："以后叫人家怎么写文章！"

这里"人家"活用为第一人称。这是在责备对方对自己的做法，之所以用"人家"来代替"我"，是因为"人家"本来指对话双方以外的人，在责备对方的时候用来代替"我"，可以给双方的关系带上一种隔阂感，同时也可以给自己的观点带上一种普遍性，从而增强责备的力度。

在家庭中，女孩儿责备自己的父母、恋人等对自己的态度时，也常用"人家"代替"我"，表面上是要给父女或母女、恋人等关系带上一种隔阂感，实际上用来撒娇。例如：

④ 玉菡撒娇说："爹，人家说过了嘛，一辈子都不出嫁，一辈子都守着爹！"

这里"人家"是"玉菡"的自称，用来代替"我"。

由于"人家"可以指某人以外的人，在将某人与另一个人或另外一些人进行对比的时候，在另一个人或另外的一些人的名字、名称前加上"人家"，可以增强对比的语气。例如：

⑤ 你看人家王先生，多有钱。

这里"人家"活用为第三人称，相当于"他"，后面紧接着说出"人家"所指的人——"王先生"，用来突出"你"和"王先生"的对比。

⑥ 人家天津人、杭州人能做的，我们为什么不能做？

这里"人家"也是活用为第三人称，相当于"他们"，后面紧接着说出"人家"所指的人——天津人、杭州人，用来突出"我们"与"他们"的对比。

8. 指示代词的虚指用法

指示代词"这"和"那"、"这里"和"那里"本来分别用于指示某个特定的较近和较远的人或事物、较近和较远的处所，但有时在口语中对举使用，合起来表示一个范围内的很多事物、很多方面、很多地方等，这是指示代词的虚指用法。例如：

① 他太挑食了，这也不吃，那也不吃。

这里"这"和"那"合起来指很多种食物。"这也不吃，那也不吃"的意思相当于"很多东西都不吃"。

② 他很不自信，认为自己［这］也不行［那］也不行。

这里"这"和"那"合起来指很多方面。"这也不行那也不行"的意思相当于“很多方面都不行”。

③ 在这个小城里，我们这里走走，那里看看。

这里“这里”和“那里”合起来指很多地方。“这里走走，那里看看”的意思相当于“到处走走，到处看看”。

9. 疑问代词的任指用法

前面我们在举例说明疑问代词“谁”“什么”“哪儿”“哪里”“怎么”“多”“多么”的时候，已经介绍了它们的任指用法。这里我们再集中说一下。这几个疑问代词经常用在复句（包括紧缩复句）中用作任指代词，指任意的一个人、任意的一个事物、任意的一个地方、任意的一个方面、任意的一种方式、任意的一种程度等。例如：

① 无论谁胜谁败，得益的还是消费者。

这里“谁”指任意的一个人，意思相当于“哪一个人”。

② 无论什么人、无论什么时候，偏离了这个方向，都必然要犯错误。

这里“什么人”指任意的一个人，意思相当于“哪一个人”；“什么时候”指任意的一个时候，意思相当于“哪一个时候”。

③ 他一向以为自己了不起，无论什么，都挑最好的。

这里“什么”指任意的一个东西，意思相当于“哪一种东西”。

④ 不管走到哪儿，你都看得到这种书店。

⑤ 中国人不管走到哪里，都忘不了祖国，忘不了家乡。

以上二例中的“哪儿”和“哪里”指任意的一个地方，意思相当于“哪一个地方”。

⑥ 我建议：今后大家不管怎么忙，一天至少读书一小时。

这里“怎么”指任意的一种程度。“不管怎么忙”的意思相当于“不管忙到什么程度”。

⑦ 为了保证全区下水道的畅通，不管多苦、多累、多脏、多险，他都尽最大努力去做。

这里“多”指任意的一种程度，和上一例中的“怎么”意思相同。“多苦”的意思是“苦到什么程度”，“多累”的意思是“累到什么程度”，“多脏”的意思是“脏到什么程度”，“多险”的意思是“险（危险）到什么程度”。

⑧ 任何一种文化无论多么发达，都只是人类的一种生活方式。

这里的“多么”指任意的一种程度。“多么发达”的意思是“发达到什么程度”。

以上是疑问代词在任意条件复句中表示任指的例子。

在任意条件的紧缩复句中，不作定语的任指代词意思相当于“任何人”“任何东西”“任何地方”等。例如：

⑨ 这种石板目前只剩下 25 块，上面的文字谁也看不懂。

这里的“谁”指任意的一个人，意思相当于“任何人”。

⑩ 稍有生活常识的人都知道，鸡在夜里是什么也看不见的。

这里的“什么”指任意的一种东西，意思相当于“任何东西”。

⑪ 不能简单地说，社会主义国家什么都好，非社会主义国家什么都不好。

这里的“什么”意思相当于“任何方面”。

⑫ 我哪儿也不想去。

这里的“哪儿”意思相当于“任何地方”。

⑬ 瓶盖太紧，我怎么也拧不开。

这里的“怎么”指任意的一种方法，意思相当于“用任何方法”。“怎么”的后面蒙后省略了动词“拧”。

以上是疑问代词用在任意条件紧缩复句中表示任指的例子。

任指代词还可以用在充分条件复句中。在充分条件复句中，任指代词不能简单地替换为“任何人”“任何地方”“任何方面”“任何地方”等。例如：

⑭ 您以为谁想借银行的钱谁就能借到？

这里的“谁”是“哪一个人”的意思，指任意的一个人。

⑮ 你什么时候挣够了钱，什么时候再买汽车。

这里的“什么时候”是“哪一个时候”的意思，指任意的一个时间。

⑯ 只要哪里需要我，我就到哪里去。

这里的“哪里”是“哪一个地方”的意思，指任意的一个地方。

⑰ 有什么问题就解决什么问题，该怎么解决就怎么解决。

这是两个并列的充分条件紧缩复句，其中的“什么问题”是“哪一个问题”的意思，“怎么”是“用哪一种方法”的意思。

⑱ 你使劲跺脚，有多大劲儿使多大劲儿。

这里“有多大劲儿使多大劲儿”是一个充分条件紧缩复句，意思是“使出全部的劲儿”，其中的“多大劲儿”指任意大的劲儿。

⑲ 现在可以通过互联网办公，要多方便有多方便。

这里“要多方便有多方便”是一个充分条件紧缩复句，意思是“要方便到什么程度就能方便到什么程度”，也就是“方便极了”，其中的“多方便”指任意的一种方便的程度。

10. 疑问代词的虚指用法

前面我们在举例说明疑问代词“谁”“什么”“哪儿”“哪里”“怎么”的时候，已经介绍了它们的虚指用法。这里我们再集中说一下。人们经常将疑问代词“谁”“什么”“哪”“哪儿”“怎么”等用在陈述句中，指代不能确定或不想明说的人或事物、处所、方式等，而不用于提出疑问。例如：

① 他眼珠不动地看着远方，心里在想着什么。

这里“什么”指对方所想的事情，意思相当于“某件事”“某个问题”等，具体是什么事别人不知道，所以用“什么”来代替。

② 我好像在哪儿见过他。

这里“哪儿”指自己忘记了的某个地方。

③ 等哪天有时间咱们再去一次。

这里“哪天”指不能确定的某一天。

④ 不记得谁讲过这样一句话：时间就是生命。

这里“谁”指自己忘记了的某个人。

⑤ 他爸爸常说：“你看人家谁谁谁学习多好”。

这里“谁谁谁”相当于“某某某”，指的是不想明说的一个人，“谁谁谁”代替的是这个人的姓名。

⑥ 我把我怎么下错了车，又怎么回来的，都告诉了她。

这里两个“怎么”都是虚指用法，用来代替不想具体说明的下错车和回来的过程。

⑦ 每年都有好多人骂春节晚会怎么怎么不好，如果让他办，他也办不好。

这里“怎么怎么”是“怎么”的反复，而且是虚指用法，用来代替“骂春节晚会”的人说话的具体内容。“怎么”的反复表示“骂春节晚会”的人说的话很多。

11."什么"常用作不完全列举助词

"什么"在口语中常被用来表示不完全列举，也就是举例性的列举。这种用法的"什么"属于助词，我们姑且称之为"不完全列举助词"。这种用法的"什么"可以放在所列举的项目的前面，表示将要举例性地列举；也可以放在所列举的项目的后面，同时后面要加结构助词"的"，表示前面是举例性的列举，意思相当于"……之类的"。例如：

① 汉语中有一些音译的外来词，像什么葡萄、石榴、菠萝、苹果、玻璃、吉普、幽默、摩托、沙发之类的。

这里"像什么……之类的"是表示不完全列举的完整说法，其中"像"的意思相当于"如""例如"，"之类的"的意思是"这一类东西"，"什么"是助词，表示将要举例性地列举。"像"和"之类的"也常省略。例如：

② 在西双版纳这个天然植物园里，水果种类很多，什么芒果、香蕉、芭蕉、菠萝、木瓜、橘子、李子、桃、杏……怎么也数不完。

这里"什么"是由"像什么……之类的"省略成的，表示将要举例性地列举。另外，这里"数不完"的"数"是"列举"的意思。

以上是"什么"放在所列举的项目的前面表示将要举例性地列举的例子。

③ 找对象，人品应放在首位，至于长相、家境、文凭、地位、金钱什么的，并不重要。

这里"什么"表示举例性的列举，相当于"……之类"。

以上我们举例说明了汉语中的各种代词及其用法。

六、数词

数词是用来表示人或事物的数量与度量，动作行为与变化的次数及持续的时间，人或事物的排列次序等的词。在现代汉语中，数词通常要与量词配合起来表示人或事物的数量、度量和动作行为、变化等的次数及持续的时间，与前缀"第"配合表示人或事物的排列次序。

（一）数词的种类

根据意义和用法，可以把数词分为基数词和序数词两种。

1. 基数词

基数词是用来表示人或事物的数量与度量，动作行为与变化的次数及持续的时间等的数词。有系数词和位数词两种。另外还有一种模糊地表示数目的基数词，这是约数词（概数词）。下面我们分别举例加以说明。

（1）系数词和位数词

人类在计数上普遍使用十进制。在十进位制中，系数词有九个：一、二、三、四、五、六、七、八、九。用阿拉伯数字分别表示为：1、2、3、4、5、6、7、8、9。

至于位数词，不同的语言有所不同。汉语常用的位数词有：十、百、千、万、亿。在“万”以前，上一位数都是下一位数的十倍，而“亿”则是“万”的一万倍。在英语等印欧语系的语言中，没有“万”和“亿”这两个位数词，“千”的上一位数是“million”，是“千”的一千倍，相当于汉语的“百万”；“百万”的上一位数是“billion”，是“百万”的一百倍，相当于汉语中的“十亿”。

汉语中还有一个位数词“兆”，曾经用来指万亿，现在用来指百万，与英语的“million”相对应，主要在计算机系统中使用。

按照十进位制的规则，用系数词和位数词作词素，便可构成数量无限的复合基数词，可以表示无限多的数目，如“十”（10）、“十一”（11）、“二十”（20）、“三十一”（31）、“九百六十万”（9,600,000）、“十三亿九千五百三十八万”（1,395,380,000）等。

（2）约数词（概数词）

有时人或事物的数量不能确切地说出，或不必确切地说出，因而语言中需要有约数词。约数词也叫“概数词”。汉语的约数词主要有如下三种：

1）几

“几”用来表示大于一小于十的不定数目，如“几个”。“几”属于单纯约数词。

值得注意的是，一般情况下，“几”所表示的数目在人们的心目中是比较小的数目，但有时为了强调“几个”也是较大的数目，就在“几”的前面加上语气副词“好”。例如：

① “您可以做我的导师吗？”“不行，我已经收了［好］几个学生了。”

② 新年已经过去［好］几天了，街上还是那么热闹。

③ 过了一个年，我胖了［好］几斤。

2）由“几”与位数词组合构成的

约数词“几”常与位数词组合，构成复合约数词，如“几十”“几百”“几千”等；或者由“十”到“九十”的基数词加上约数词“几”构成，如“十几”“二十几”“三十几”“九十几”等；或者由“一百”以上的基数词加上下一位的约数词构成，如“一百几十”“一千几百”“一万几千”等；或者由“一百”以上的基数词加上“零”之后再加上“几”或加上由“几”构成的复合约数词构成，如“一百零几”“一百几十”“一千零几”“一千零几十”“一千几百”等。

3）由基数词加约数助词构成的

由基数词加约数助词“多”“来”“左右”等也能表示约数，其中“多”表示略多于前面的数词所表示的数量，如“十多个”；“来”表示接近前面的数词所表示的数量，如“一百来个”（就是将近一百个）；“左右”表示略微多于或少于前面的数词所表示的数量，如“十个左右”“一百个左右”“一千个左右”。

值得注意的是，如果数量短语的后面还有名词，“左右”要放在名词后，如“二里地左右”“有十个人左右”。

2. 序数词

序数词是用来表示人或事物排列次序的数词。现代汉语中常用的序数词有：

（1）由前缀加上基数词构成的

用特定的前缀“第”“初”等加上基数词构成的是专用序数词，如“第一”“第二”“第三”……，“初一”“初二”……“初十”（用以表示农历每月的前十天）等。

（2）与基数词同形的

这种序数词多用于表示团体组织的编制单位，如“一连”“二连”“三连”，“一班”“二班”“三班”，“一年级”“二年级”“三年级”等。

（3）天干和地支类的

“天干”和“地支”主要在传统历法中使用，其中天干是十个序数词，分别为“甲、乙、丙、丁、戊、己、庚、辛、壬、癸”，地支是十二个序数词，分别为“子、丑、寅、卯、辰、巳、午、未、申、酉、戌、亥”。

十个“天干”最初用来表示日的次序，十天一个轮回；十二个“地支”用来表示一年的12个月和一天的12个时辰的顺序。后来将十个“天干”与十二个“地支”组合起来，组成六十组复合序数词，称为“六十甲子”，也叫“干支”，用来表示年、月、日的次序，如“甲子年”“乙丑月”“丙寅日”等。为了便于查阅，我们把“六十甲子”表附在下边：

表3-3 “六十甲子”表

甲子	乙丑	丙寅	丁卯	戊辰	己巳	庚午	辛未	壬申	癸酉
甲戌	乙亥	丙子	丁丑	戊寅	己卯	庚辰	辛巳	壬午	癸未
甲申	乙酉	丙戌	丁亥	戊子	己丑	庚寅	辛卯	壬辰	癸巳
甲午	乙未	丙申	丁酉	戊戌	己亥	庚子	辛丑	壬寅	癸卯
甲辰	乙巳	丙午	丁未	戊申	己酉	庚戌	辛亥	壬子	癸丑
甲寅	乙卯	丙辰	丁巳	戊午	己未	庚申	辛酉	壬戌	癸亥

说明：本“六十甲子”表从左到右、从上到下循环排列。表中相当于“第一”的是“甲子”，相当于“第十”的是“癸酉”，相当于“第十一”的是“甲戌”，相当于“第六十”的是“癸亥”。

3. 分数词

分数词是用来表示分数的词。把一个事物平均分成若干份，表示这样的一份或几份的数叫“分数”。现代汉语中分数词都是合成词，标准格式是“几分之几”，如“三分之一”（1/3）、“四分之三”（3/4）、“十分之九”（9/10）等。另外，当分数的分母是“一百”“一千”“一万”“一百万”“一千万”等时，通常省略系数词“一”，如“百分之一”“千分之一”“万分之一”“百万分之一”“千万分之一”等。

人们有时也用特殊量词“成”代表十分之一，由“一”到“十”的基数词加上量词“成”构成特殊数量短语，用来代替分数词，如用“一成”代替“十分之一”，用“九成”代替“十分之九”，用“十成”代替“十分之十”（但实际上一般不说“十分之十”，而说“百分之百”）。

（二）数词的用法

在数学计算中，数词可以不带量词或名词，直接作句法成分，如“一加二等于三”“九九八十一”“三等于二加一”等。但在一般情况下，数词通常要与量词或前缀“第”等组成数量短语或序数词，作定语、状语、补语等句法成分，如“三个人”“五只羊”“二斤苹果”“第一天”“一棍子打死”“去一次”等。关于数词的用法，还需要作几点补充说明：

1. 数词“一”经常省略

数词“一”在下面三种情况下经常省略：

第一，当“一”在指示代词“这”“那”与量词之间，以及在疑问代词“哪”与量词之间的时候，经常省略。例如：

这（一）个人　这（一）辆车　这（一）本书

那（一）个人　那（一）辆车　那（一）本书

哪（一）个人　哪（一）辆车　哪（一）本书

由于数词“一”的省略，指示代词、疑问代词和量词就直接结合在一起，形成一种特殊的短语，如“这个”“那个”“哪个”，学者们称之为“指量短语”。

第二，在“一＋量词”短语和“一＋量词”短语的反复中，“一”也经常省略。例如：

① 忽然，我觉得旁边有个人，回头一看，是肯特！

这里“有个”是“有一个”的省略说法，量词“个”的前面省略了数词“一”。

② 我还有件事要办。

这里“有件”是“有一件”的省略说法，量词“件”的前面省略了数词“一”。

③ 欢迎你们到中国去看看。

这里“看看”是“看一看”的省略说法，后一个“看”是借用动词“看”而成的借用动量词，前面的数词“一”省略了。

以上是“一”在“一＋量词”短语中省略的例子。

④ 夏令营结束后，孩子们个个健康、活泼，工作人员中却病倒了6个，有的人累瘦了。

这里“个个”是“一个一个”的省略形式，是通过一个一个地反复列举来表示“每一个”的意思。

⑤ 一项项各类世界级的大奖，挂在中国人脖子上；一个个世界纪录，包括吉尼斯世界纪录，被中国人刷新。

这里“一项项”“一个个”是“一项一项”“一个一个”的省略形式，后一个“项”“个”的前面省略了数词“一”。

以上是“一”在“一＋量词”短语重叠中省略的例子。

第三，在“一＋名词”短语的重叠中，“一”有时也省略。例如：

① 早上，辅导员老师经常到学生宿舍去检查，保证学生们个个上操场，人人都锻炼。

这里“人人”是“一人一人”的省略形式，是通过一个人一个人地反复列举来表示“每个人”的意思。

② 现在已经是后半夜了，家家都熄灯睡觉了。

这里“家家”是“一家一家”的省略形式，是通过一个家一个家地反复列举来表示“每个家”的意思。

需要指出的是，“人人”“家家”这种“一＋名词”短语的重叠形式早在上古汉语中就已经出现了。在上古汉语中，数词可以直接加在名词前，而名词前的数词“一”经常省略，“人人”“家家”这种短语就是直接根据这种习惯构成的，两个“人”“家”前面的数词“一”直接省略了。

2. 数词“两”有时用来代替“二”

“两”在古代汉语中，最初是量词，用作成对事物（如鞋）的计算单位，引申用作数词，用来表示成对的人或事物的数量，用来代替数词“二”（如“两肩”），再扩展为用来表示不成对的两个人或两件事物，用来代替数词“二”。不过，复合基数词的个位数（如“十二”“二百一十二”）、序数词（如“第二”“第十二”）、分数（如“二分之一”）和小数（如“一点二”），都只用“二”，不用“两”。

“两”在以下三种情况下用来代替“二”：

第一，当需要表示“二”的数量并需要使用物量词、时间量词、动量词的时候，用“两”代替“二”。例如：

两个人　两只蝴蝶　两条鱼　两双袜子　两碗饭　两瓶水

两天　两年　两星期

去两次　看两遍　看过两回

第二，在计量量词（度量衡单位词）的前边，除了“两”以外（如“二两酒”），“二”和“两”都可以使用，如“二米”“两米”，“二尺”“两尺”，“二寸”“两寸”，“二升”“两升”，“二斤”“两斤”等。

第三，在位数词的前边，除了“十”以外（如“二十”），“二”和“两”都可以使用，如“二百”“两百”（但在有些地区，习惯上只说“二百”，不说“两百”，如“二百二十伏电压”“二百个人”），“二千”“两千”，“二万”“两万”（但在有些地区，习惯上说“两千”“两万”，不说“二千”“二万”，如“两千二百个人”“两万两千人”“两万五千里”）。

3.“俩”和“仨”的后面不能加量词

“俩（liǎ）”是“两个”的合音，所以“俩”就等于数量短语“两个”，如“俩鸡蛋”，就等于“两个鸡蛋”。“仨（sā）”是“三个”的合音，所以“仨”就等于数量短语“三个”，如“仨鸡蛋”就等于“三个鸡蛋”。因此，“俩”和“仨”的后面不能再加量词“个”，当然也不可以再加其他量词。

4. 数词有时与名词和动词直接结合

在现代汉语中，数词通常需要与量词组成数量短语，加在名词或动词的前边，表示人或事物的数量、动作行为的次数等，但在古代汉语中，量词极少，数词通常与名词或动词直接结合，如“三人”“三思而行”“百战百胜”等，有些这样形成的短语或句子还保留在现代汉语中。另外，有时为了获得简洁而正式的表达效果，人们也仿照古代汉语语法，将数词与名词或动词直接结合。例如：

① 夫妇二人一起着手创办孤儿院。

这里“夫妇二人”相当于“夫妻两个人”，数词“二”与名词“人”直接结合，中间没有使用量词“个”。

② 李鹏总理应邀赴摩洛哥、墨西哥、秘鲁、加拿大和马耳他五国访问。

这里数词“五”与名词“国”直接结合，表示“五个国家”的意思，中间没有使用量词“个”。

③ 有16个省受灾，其中最严重的是安徽、江西、江苏、湖北、湖南五省。

这里数词“五”与名词“省”直接结合，表示“五个省”的意思，中间没有使用量词“个”。

以上是数词与名词直接结合表示人或事物数量的例子。

④ 她们在王德显的带领下曾三上高原，进行了有针对性的训练。

⑤ 他四上北京，三下武汉，争来了建设槽渔滩水利枢纽工程的批文。

以上二例仿照古代汉语语法将数词与动词直接结合，中间不使用动量词“次”。另外，其中的“上”和“下”都是“到……去”的意思，“上”指到北方去，“下”指到南方去。

以上是数词与动词直接结合表示动作行为次数的例子。

另外，人们也常常用基数词代替序数词，这样也形成了数词与名词直接结合的现象。例如：

⑥ 我们年级有四个班。我是一班的，不过也常跟二班、三班、四班的同学来往。

这里“一班”“二班”“三班”“四班”是“第一班”“第二班”“第三班”“第四班”的意思。

⑦ 爱新觉罗·溥任兄弟四人，大哥溥仪、二哥溥杰、三哥溥倛，溥任排行第四。

这里“二”“三”相当于“第二”“第三”，表示兄弟之间的排列次序，而“大”是用来代替数词“一”的，表示“第一”的意思。

⑧ 从一年级到六年级，每门学科的内容逐步扩大和加深。

这里“一年级”“六年级”是“第一年级”“第六年级”的意思。

以上是数词与名词直接结合表示人或事物排列次序的例子。

七、量词

量词是用来表示人、事物或动作行为等的计算单位的词。表示人或事物计算单位的词可以统称为“物量词”，也叫“名量词”，表示动作行为等的计算单位的词可以称为“动量词”。另外还有一个表示倍数的量词“倍”，可以称之为“倍数量词”。在现代汉语中，物量词和动量词用来配合数词表示人或事物的数量、动作行为等的次数及所持续的时间量等。

（一）量词的种类

现代汉语量词有物量词、动量词和倍数量词三种。我们先用一个简单的树状图把汉语中各种物量词和动量词归纳一下，然后分别加以说明。

- 量词
  - 物量词
    - 专用
      - 个体：个、只、头、块、条、棵、根、张、辆、间
      - 集体：双、对、副、套、堆、批、群、帮、捆、串
      - 计量：尺、寸、米、斤、两、公斤、克、升、亩、元
    - 借用
      - 借名词：杯、碗、盘、盒、箱、车、块、片、条、滴、堆
      - 借动词：挑、捧、包、捆、封、挂、发
  - 动量词
    - 专用
      - 动量：次、回、趟、遍、下、顿、通、场、番
      - 时量：年、天、小时、分、秒
    - 借用
      - 借名词：看一眼、踢一脚、打一拳、砍一刀
      - 借动词：看一看 、走一走、摸一摸

1. 物量词

物量词又叫作“名量词”，是表示人或事物计算单位的量词。有专用物量词和借用物量词两种。

（1）专用物量词

专用物量词是专门用来表示人或事物计算单位的量词。有个体量词、集体量词和计量量词三种。

1）个体量词

个体量词是用作个体事物计算单位的量词。所谓个体事物，就是可以作为个体存在、可以逐个计数的人或事物，如“人”“狗”“书”等。常见的个体量词有“个”“只”“头”“条”“块”“匹”“棵”“根”“颗”“把”“朵”“张”“本”“间”“件”“节”“粒”“篇”“首”“台”“辆”“架”等。例如：

一个人／孩子／学生／老师／画家／字／鸡蛋／菜／土豆／苹果／橘子／橙子／面包／馒头／包子／饺子／水壶／水杯／饭碗／盘子／瓶子／城市／国家／地区／花园／公园／动物园／植物园／饭店／宾馆／家／房间／方向／办法／问题／故事／工厂／公司／月／星期／小时／时代

一只鞋／眼睛／鸟／麻雀／乌鸦／喜鹊／燕子／鸽子／鸡／鸭子／鹅／蜜蜂／蝴蝶／苍蝇／老虎／狮子／狐狸／猴子／老鼠／猫／狗／羊

一头猪／牛／大蒜

一条鱼／蛇／裤子／手巾／线／河／路／街／腿

一块糖／肉／饼干／月饼／石头／地／玻璃／砖／香皂

一棵树 / 葱 / 白菜 / 草 / 苗

一根头发 / 筷子 / 棍子 / 黄瓜 / 香蕉

一匹马

一颗心 / 牙 / 星星 / 炸弹

一把刀 / 钥匙 / 伞 / 笤帚 / 扫帚 / 米

一朵花 / 白云

一张纸 / 照片 / 桌子 / 床 / 票 / 嘴

一本书 / 词典 / 杂志

一件事 / 衣服 / 家具 / 电器

一节课 / 电池 / 车厢

一粒米 / 花生 / 沙子

一篇文章

一首诗

一台机器 / 电视 / 电脑 / 冰箱 / 洗衣机

一辆车

一间房子

一架飞机

在上述的个体量词中，“个”的使用范围最广，在口语中人们甚至用“个”代替“只”“台”等。另外值得注意的是，有些量词反映了不同事物的不同形状，不能互相替代，如“条”用作线条状物体的量词，“张”用作平面状的物体或有一个平面的物体的量词，“块”用作块状物体的量词，“粒”用作较小的球状或接近球状的物体的量词，“根”用作有头有尾的条状物的量词，“棵”用作带根的物体（主要是植物）的量词，等等，这样的量词不能用“个”来代替。

2）**集体量词**

集体量词就是用作由两个或两个以上的个体组成一个整体的人或事物的计算单位的词。常见的集体量词主要有“双”“对”“副”“套”“群”“帮”等。例如：

一双手 / 脚 / 眼睛 / 鞋 / 袜子 / 筷子

一对夫妻 / 鸳鸯 / 蝴蝶

一副手套 / 对联 / 眼镜

一套衣服／家具／沙发

一帮人

一群人／羊／鱼／鸟／麻雀／鸽子／乌鸦／狼／蜜蜂／蚂蚁

3）**计量量词**

计量量词也叫“度量衡量词”，包括长度量词、重量量词、面积量词、容积体积量词、货币量词、时间量词等。计量量词具有很强的人为性，因此也有人称之为“人为量词”“人工量词”，而把个体量词、集体量词等称为“自然量词”或“天然量词”。

长度量词：丈　尺　寸　分　厘　里　公里　米　厘米　毫米　英尺　英寸

重量量词：斤　两　钱　公斤　克　吨　磅

面积量词：亩　顷　平方尺　平方丈　平方米

容积体积量词：石　斗　升　公升　毫升　立方米

货币量词：元　角　分

需要说明的是，“石”“斗”“升”是中国传统的容积单位，“公升”和“毫升”是公制容量单位，“公升”也常简称为“升”。由于传统容量单位的“升”基本上已不再使用，所以现在所说的“升”通常指公升。另外，“公斤”和“克”是公制重量单位。由于“公斤”数值较大，“克”的数值又过于琐碎，在日常生活中使用不便，所以中国多数地区的人民平时仍然在使用“斤”和“两”。另外，有的地区为了将“斤”与“公斤”相区别，把“斤”称为“小斤”。

（2）借用物量词

借用物量词是借用物质的容器的名称、物质的包装的名称和以之为对象的动作行为充当的量词。

借用容器、包装的名称的：

一杯水　一碗饭　一车货　一桌酒席　一箱衣服　一床被　一肚子气　一盒月饼　一包香烟

借用动作行为的：

一挑水　一捧土　一包糖　一捆大葱　一封信　一挂鞭炮　一发炮弹

2. 动量词

动量词是用来表示动作行为、变化等发生的次数和持续或间隔的时间的量词。有专用动量词和借用动量词两种。

（1）专用动量词

专用动量词是专门用来表示动作行为、变化等发生的次数和持续或间隔的时间的量词。

1）**表示发生的次数**

常见的表示次数的专用动量词有“次”“回”“趟”“遍”“顿”“阵”“场（cháng）”“下”等。例如：

次、回

“次”和“回”所表示的意义相同，都是单纯表示动作行为等发生的次数，只是“次”主要用在书面语中，“回”主要用在口语中。例如：

① 每周看一次电影是许多美国人生活中不可缺少的内容。

② 我们孔子学院每年举行一次夏令营活动。

③ 陕西省各地从 2 月中旬到现在，先后降了四次雨雪。

④ 我从小长这么大，我父亲没带我游过一回公园、逛过一回商店、看过一回电影。

⑤ 我只去过一回扬州，却记住了好几个扬州人。

趟

“趟”专门用来表示到某地去的次数，并且强调往返的过程。例如：

① 以前我们从村里到镇上去赶集，要走 20 多里山路，来回一趟要走一天。

② 1988 年，我去了一趟深圳。

遍

“遍”强调从头到尾的完整过程。例如：

① 我们先听一遍课文的录音，然后学习生词。

② 2016 年，网上流行一句话：“重要的事情说三遍。”

顿

“顿”也是强调从头到尾的完整过程，通常只用来表示吃饭和打、骂、批评的次数。例如：

① 我一天吃两顿饭。

② 我因为天天玩电脑游戏，影响了学习，被我爸爸打了一顿。

③ 老师把他叫到办公室，狠狠地批评了他一顿。

阵

“阵”用来表示一小段时间。例如：

① 辛辛苦苦挣的钱被人抢了，他很心疼，哭了一阵，然后到派出所报了案。

② 刚才下了一阵雨。

场

“场”（cháng）强调动作行为等持续的时间比较长。例如：

① 听到这个不幸消息，她大哭了一场。

② 昨天下了一场雨。那场雨下了好几阵。

下

“下”用来表示动作的次数，将一个动作做一次就是一下，通常用来表示持续时间比较短的动作的次数。这是量词“下”的基本用法。例如：

① 办公室的门关着。他“当当当”敲了三下，里面没有人回应。

② 有一个人在挨打的时候用手挡了一下，结果被连打了好几下。

③ 我看这个小狗非常可爱，就摸了一下它的头。

量词“下”还有两个引申用法：

第一，“下”本来是用来表示持续时间比较短的动作的次数的量词，由于这样的动作做一下所需的时间比较短，因而人们用数量短语“一下”作动词的补语，表示动作行为持续的比较短的时间，意思相当于“一会儿”“一小会儿”。例如：

① 我现在只想好好休息一下。

这里用“一下”作“休息”的动量补语，表示休息的时间比较短，如果不加这个补语，“休息”的行为就没有了时间限制，会使人觉得要休息较长时间。

第二，由于“一下”可以表示动作行为持续的时间比较短的意思，把它用在祈使句中，就可以减轻祈使语气。祈使句中的“一下”有时相当于“一次”的意思，有时相当于“一小会儿”的意思。例如：

② 老王，你来一下。

这里用“一下”作“来”的补语，表示让“老王”来一次，而且只需停留一小会儿，从而减轻了命令的语气。再如：

③ 让我看一下。

这里用“一下”作“看”的补语，表示很短的时间，从而减轻了请求语气。

④ 我刚上了出租车，司机就下去了，一边下一边说："稍等一下。"然后就到路边的售货亭买了一瓶水。

这里用"一下"作"等"的补语，也是表示很短的时间，从而减轻了请求语气。

2）**表示持续或间隔的时间**

这类动量词也就是时间量词，有"年""天""夜""小时""分钟（分）""秒钟（秒）"等，与数词一起来表示动作行为、变化等持续或间隔的时间。例如：

① 因家境贫寒，贺龙只读了几年书。

② 这场大雨已经整整下了三天三夜。

③ 试播阶段，每天播音八小时三十分。

④ 地震引起的海水震动，一般只持续几秒钟。

⑤ 在一九六九年底至一九七〇年初一个多月时间里，周总理几乎隔三四天就要乘车外出视察一次。

这里"在一九六九年底至一九七〇年初一个多月时间里"属于时间状语。

需要说明的是，"年""天""夜"都是由时间名词转化成的时间量词，前面直接加数词，不可以也不需要再加别的量词，但时间名词"月"没有转化为时间量词，仍然是时间名词，前面不可以直接加数词，还需要加上量词"个"。例如：

就这样，在越来越深的雪地里，走了将近一个月。

"小时"也是时间名词，有时也当时间量词使用，前面可以直接加数词（如例③）来表示时间量，但在口语中只作时间名词使用，数词后面还需要加上量词"个"来表示时间量。例如：

⑥ 昨晚我才睡了三个小时。

"星期"有时也可以当时间量词使用，前面直接加数词来表示时间量，但在口语中只把它用作时间名词，数词后面也需要加上量词"个"来表示时间量。例如：

⑦ 从医院出来后，我在一个好朋友家住了两星期。

⑧ 1998 年我和夫人在北京住了两个星期。

（2）借用动量词

借用动量词是借用动作行为的器官或肢体、工具、对象的名称以及动作行为动词本身形成的量词。

1）**借用器官或肢体名称的动量词**

这是借用动作行为的器官或肢体的名称充当的动量词。例如：

看一眼　踢一脚　打两拳　喊一嗓子

上面四例中的“眼”“脚”“拳”“嗓子”都是借用动量词，相当于“下”。这种借用器官或肢体名称而形成的动量词不但能表示动作行为的次数，还能表示做出动作行为的器官或肢体，传达信息的效率高。

有些动作行为是用特定的器官或肢体做出的，因而动作行为的器官或肢体是不言而喻的，在这种情况下，这种借用动量词就可以换成专用动量词“下”，如“看一下”“踢一下”“喊了一下”。如果不是这种情况一般不能替换。例如：

可是当我转过身准备走的时候，有一个人朝我脸上打了一拳。

如果把这句话中的“拳”换成“下”，就不能明确地表示是用手掌打，还是用拳头打，是空手打，还是用器械打，所以这个借用量词是非常必要的。从这里我们也可以看出这种借用动量词产生的原因。

2）**借用工具名称的动量词**

这是借用行为的工具名称充当的动量词。例如：

砍一刀　打一枪　抽一鞭子

这种借用工具名称而形成的动量词不但能表示动作行为的次数，还能表示动作行为的工具。这种借用动量词有时能换成专用动量词“下”，有时不能。例如：

他左腿上有一块明显的伤疤，他说那是当年抓蒋介石时被打了一枪。

这里的借用量词“枪”不能换成“下”，否则不能明确地表示是用什么打的。

3）**借用对象名称的动量词**

这是借用行为对象的名称充当的动量词。例如：

唱一曲　喊一声　转一圈

因为唱的对象是曲，喊的对象是声（声音），转的对象是圈，所以人们便借用“曲”“声”“圈”作表示“唱”的数量、“喊”的数量、“转”的数量的量词。

4）借用动词本身的动量词

多数汉语动词可以借用自身作动量词，与数词“一”组成数量短语作动词的动量补语。例如：

走一走　玩一玩　挪一挪　看一看　摸一摸　说一说　尝一尝

为了简洁起见，我们借用英文字母把这种“动词＋一＋借用动量词”式的短语表示为“$A_{动}$一$A_{量}$”。

“$A_{动}$一$A_{量}$”式短语中的数词“一”经常省略，使得动词与借用动量词连在一起，形成一种“$A_{动}A_{量}$”式的短语，如“走走”“玩玩”“看看”“摸摸”等，这种短语看起来像是动词的重叠，因而许多学者把它看成了动词重叠现象。

“$A_{动}$一$A_{量}$”和“$A_{动}A_{量}$”式的短语能够表示动作行为的次数少、持续的时间短暂等意义，以及轻松随意、尝试等语气。关于这两种短语，详见169页“6. 动词的‘类重叠’用法”。

（3）倍数量词

倍数量词是用来表示倍数的量词。汉语把与一个数相等的数称作“倍”，并将“倍”与不同的数词相配合，组成倍数短语（属于数量短语的一种），用来表示不同的倍数，如“一倍”“二倍”“一百倍”等。例如：

① 在过去的近半个世纪里，英国国民的平均收入提高了3倍。

② 自上世纪60年代以来，世界人口增加了一倍。①

③ 50年过去了，北京城区面积扩大了10倍，达到1000多平方公里。

以上我们举例说明了汉语中各种常用的量词。

（二）量词的用法

量词是用来表示人、事物或动作行为的计算单位的词，主要有物量词、动量词和倍数量词等三种。量词要放在数词的后面，与数词组成数量短语，充当定语、状语和补语等句法成分，如“（一条）鱼”“[一拳]打倒”“打〈一下〉”等。关于量词的用法，还需要做如下补充说明：

1. 名词、动词要求与特定的量词搭配

汉语不同的名词和动词通常要求与特定的量词搭配使用，也就是学者们

① 选自新华社2004年4月新闻报道，“上世纪”指20世纪。

所说的“名词、动词对量词具有选择性”。主要有如下几种情况：

第一，当名词所表示的事物是较粗的条状物或较长的条状物的时候，要求与量词“条”搭配使用，如“一条鱼”“一条河”“一条路”“一条腿”“一条裤子”“一条船”“一条绳子”“一条线”等；

第二，当名词所表示的事物是较细的条状物或较短的条状物的时候，要求与量词“根”搭配使用，如“一根棍子”“一根筷子”“一根铁丝”“一根弦”“一根铁管”“一根针”“一根手指头”“一根面条”“一根黄瓜”“一根头发”“一根绳子（比较短）”“一根线（比较短）”等；

第三，当名词所表示的事物是块状物的时候，要求与量词“块”搭配使用，如“一块石头”“一块砖”“一块豆腐”等。

2. 量词不可以重叠

由于量词要与数词组成数量短语来表示人或事物的数量、动作行为的次数等，如“一个”“两下”“三次”等，所以量词不可以脱离数词孤立地重叠，那种看起来像是量词重叠的形式，其实是“一＋量词”短语反复的省略形式，如“个个”“一个个”是“一个一个”的省略形式，“条条”“一条条”是“一条一条”的省略形式，“只只”“一只只”是“一只一只”的省略形式，而“一个一个”“一条一条”“一只一只”是数量短语“一个”“一条”“一只”的反复。“一＋量词”短语的反复及其省略形式能够表示几种不同的语法意义，详见438页“2. 数量短语的反复”。

八、感叹词

感叹词也叫“叹词”，是用来表示感叹、惊讶、同意、醒悟、嘱咐以及呼唤、应答等意义的词。

（一）感叹词的种类

根据感叹词的意义，可以把感叹词分为表示情感的、态度的、呼唤的、应答的等四种。不同种类的感叹词之间意义差别很大，但语法特征相同，一般都是不作句法成分，独立成句，所以都归为一类。下面我们分类加以说明。

1. 表示情感的感叹词

这类感叹词是用来表示惋惜、失望、无可奈何、感慨、后悔、哀伤、惊讶、疑惑、醒悟、着急等情感的。主要有“咳”“啊”“唉”“哟”“呸”“咦”“哎呀”“哎哟”等。例如：

① 唉，煮熟的鸭子就这么飞了。

这里用“唉”（ài）表示惋惜的心情，紧接着后面说明了惋惜的原因。

② 照相的时候我太激动了，手抖得厉害，还忘了开闪光灯，咳！

这里用“咳”（hāi）附带表示惋惜的心情，因为前面已经把引起惋惜心情的原因说清楚了，所以“咳”所表达的心情就比较明确。表示这种情感的“咳”在字典词典中标注为一声，但实际发音接近四声（hài），下面的“唉（āi）”也是接近四声。

③ 唉，对这样的人真没办法！

这里用“唉”（āi）表示无可奈何的心情。

④ 郭建英看看他，叹了一口气：“唉！一言难尽啊……”

这里用“唉”（āi）表示感慨。

⑤ 咳，我太不幸了！天呀，让我死了吧！让我早些死了吧！

这里用“咳”表示悲伤的心情。

⑥ 咳！就怪我不小心啊！

这里用“咳”表示悔恨的心情。

⑦ 咳！原来你在这里！

这里用“咳”表示惊喜的心情。

⑧ 哎呀，怪了，怎么不疼了？

这里用“哎呀”（āi yā）表示惊讶的心情。

⑨ 哎呀，不好，快跑！

这里用“哎呀”表示又惊讶又恐惧的心情。

⑩ 唉，孙厂长哪儿去了？

这里用“唉”（éi）表示又惊讶又疑惑的心情。

⑪ 咦！防盗门怎么会是开着的？是不是被撬了？

这里用“咦”（yí）表示又惊讶又疑惑的心情，比“唉”的语气重。

⑫ 啊，这么快就出版了！是你翻译的？

这里“啊”（ā）表示惊讶的心情。表示这种情感的“啊”在字典词典中都标注为一声，但实际上人们一般都发成二声（á）。

⑬ 啊！原来是这么回事！

这里“啊”（ǎ）表示惊讶兼醒悟的心情。表示这种情感的“啊”在字典词典中都标注为三声，但实际发音接近二声，只是比较曲折。

⑭ 哟，这不是蒋处长吗？请进请进！

这里“哟”（yō）表示轻度惊讶的心情。“哟”在字典词典中统一注为一声，但实际发音接近四声。

⑮ 哎呀，他怎么还不来呀，车都快开了。

这里用“哎呀”表示着急的心情。

⑯ 哎哟！哎哟！疼死了！

这里用“哎哟”表示由身体部位疼痛所引起的痛苦的心情。

2. 表示态度的感叹词

这类感叹词是用来表示赞赏、同意、否定、鄙视、埋怨、不满、不在意、追问、嘱咐等态度的，同时带有一定的感情色彩。主要有“啊”“嗯”“哼”“呸”“欸”“喂”等。例如：

① 啊，这儿的景色太美了！

这里用“啊”（ā）表示赞赏。表示这种情感的“啊”在字典词典中都标注为一声，但实际发音更接近四声（à）。

② 啊，好，无所谓啦。

这里用“啊”（à）表示同意。

③ 嗯，好，好，你快去吧！

这里用“嗯”（ǹg）表示同意。

④ 呸，不要脸的东西！

这里用“呸”（pēi）表示鄙视。“呸”在字典词典中都标注为一声，但实际发音更接近四声（pèi）。

⑤ 哼！不就是靠他妈妈的钱吗？自己有本事，自己去赚啊！

这里用“哼”（hng）表示鄙视。“哼”在字典词典中都标注为轻声，但实际发音更接近四声。

⑥ 欸，这么说就不对了。

这里用“欸”（ěi）表示否定。“欸”在字典、词典中统一注为上声，但实际发音接近二声，只是比较曲折。

⑦ 她的母亲问她：“你不觉得这很土气吗？”她说：“嗳，这你就不懂了。”

这里用“嗳”（ǎi）表示否定。

⑧ 哎呀！您这是干什么？

这里用“哎呀”表示埋怨。

⑨ 哼，什么警察！该管的事不管，不该管的事偏管。

这里用“哼”表示不满。

⑩ 咳！没关系，我这个人反正不拘小节，乱点乱点吧！

这里用“咳”（hāi）表示不在意。

⑪ 我问你呢，听见没有？嗯？

这里用“嗯”（ńg）表示追问。

⑫ 怎么啦？啊？这鸡怎么啦？

这里“啊”（á）既表示惊讶的心情，又表示追问。

⑬ 大成啊，你可别忘了我那儿还是你的家，你要常来看大妈，啊！

这里用“啊”（á）表示嘱咐。

3. 表示呼唤的感叹词

这类感叹词主要是“喂”（wèi）、“嘿”（hēi），表示呼唤对方，以引起注意。例如：

① 他沉住气，向敌人喊话：“喂！缴枪不杀，八路军优待俘虏！”

② 我在离他五六步远的地方站住了。“喂！给你的。”

③ 喂！里面有人吗？

以上三例用“喂”表示呼唤。

④ 嘿，你听见没有？

这里用“嘿”表示呼唤。另外，尽管字典词典上把“嘿”标注为一声，而实际发音接近四声（hèi）。

4. 表示应答的感叹词

这类感叹词主要是“唉”（āi），表示呼应对方的呼唤。例如：

①“大为！”“唉，我在这儿。”

②“大为!”“唉!”

以上二例用“唉”表示呼应。

（二）感叹词的用法

如前所述，感叹词一般不作句法成分，都独立成句。例如：

① 咦，他怎么来了？

这里“咦”独立成句，表示疑惑的心情，后一句具体说出疑惑的内容。

② 哎呀，不好了！

这里“哎呀”独立成句，表示惊讶的心情，后一句也只是笼统地说出惊讶的原因——发生了意外情况。

③ 感激之情由来已久，可报答机会难寻。咳！

这里“咳”独立成句，表示伤心和遗憾的心情。

④“哎！”她红着脸，应了一声。

这里“哎”独立成句，表示应答。

⑤“这百合是你种的？”“嗯。”朱莲香点点头，眼泪也禁不住流了下来。

这里“嗯”独立成句，相当于“对”，表示肯定的回答。

九、象声词

象声词又叫“拟声词”，是用来模拟各种自然声音的词，如“啪”“当”“叮当”“咚”“咕咚”“嗖”“扑通”“咣”“轰隆”“呼呼”“哗”“哗哗”“哗啦”“叽叽喳喳”“咔嚓”“噼里啪啦”“叽里咕噜”“咕噜”等。

（一）常用的象声词

这里我们着重说说常用的象声词所模拟的各种声音。

1. 哇

“哇”（wā）用来模拟很大的哭声、呕吐声等。例如：

① 谈着谈着，小叶“哇”的一声哭了。

② 兵兵哭闹了半天，刚把药咽下去，一声咳嗽，便“哇”一声全吐了。

③ 两个未成年的孩子吓得哇哇直哭。

2. 嗷、嗷嗷

“嗷”（áo）、“嗷嗷”（áo' áo）用来模拟痛苦的哭声、人或动物的叫喊声以及风声等。例如：

① 我不小心踩着了狗爪子，狗“嗷”地叫了一声。

② 她身体不好，生了孩子没有奶水，孩子饿得嗷嗷叫。

③ 一入冬，西北风嗷嗷叫。

3. 嗡

“嗡”（wēng）用来形容昆虫飞的时候发出的声音，以及物体震动时发出的声音等。例如：

① 听了他的话，我的脑袋“嗡”地响了一下。

这里“嗡”用来模拟突然听到一个不幸的消息或者一句非常令人气愤的话时脑子里突然出现的声音，是血压猛然升高的结果。

② 我刚一开窗户，一只大苍蝇嗡嗡嗡地飞了进来。

③ 突然，四周灯也亮了。“来电了！”发动机又嗡嗡地响起来了。

4. 啪

“啪”（pā）用来模拟拍手的声音、拍打物体的声音、物体掉在地上的声音等。例如：

① 歌手刚唱完，听众们就啪啪啪地鼓掌起来。

② 她“啪”地一巴掌打在他的脸上。

③ 只听“啪”的一声，一本书掉在了地上。

5. 当

“当”（dāng）用来模拟金属撞击物体发出的声音。例如：

① 他一不小心，水果刀“当”的一声掉在了地上。

② 每天早晨，我都在教堂“当当当”的钟声中醒来。

6. 叮当

“叮当”（dīngdāng）用来模拟金属、瓷器等被撞击发出的声音。也说成“叮叮当当”。例如：

① 远处传来了叮当叮当的驼铃声。

② 骆驼脖子上的铃铛叮叮当当地响，老远就能听见。

③ 他愤怒地拍了一下桌子，震得盘子和碗叮当响。

7. 咚

“咚”（dōng）用来模拟敲鼓的声音、沉重的敲门声、沉重的脚步声、心跳声等。例如：

① 爵士鼓本来是“当当当”地响，并不沉重，但如果在踏击低音鼓的同时弹电贝司，低音鼓听起来就是“咚咚咚”的响了，低沉有力。

② 他刚弹了一会儿钢琴，就听见有人“咚咚咚”地敲门。

③ 我听到了“咚咚咚”上楼的脚步声，以为是我爱人回来了，从门镜一看，是我对门的邻居。

④ 我第一次上讲台的时候，非常紧张，心咚咚地跳。

8. 咕咚

“咕咚”（gūdōng）用来模拟沉重物体落到地上、水里等发出的声音，以及大口喝水、喝酒等并快速咽下去发出的声音。例如：

① 他走着走着，脚下一滑，“咕咚”一声摔倒在地上。

② 他太渴了，打开一瓶水，咕咚咕咚地一口气喝了大半瓶。

③ 一只熟透了的木瓜，被风一吹，从树上掉下来，“咕咚”一声，正好掉进湖里。

9. 嗖

“嗖”（sōu）用来模拟一阵阵凉风、冷风很快地刮过的声音，又用来模拟物体快速移动的声音。例如：

① 晚上，他打开阳台门，站在阳台上，冷风嗖嗖地刮来，他赶紧回屋加了一件衣服。

② 他捡起一块鹅卵石，“嗖”地一下扔进海里。

③ 有一个年轻人骑着自行车从我的身边“嗖”地一下过去了，把我吓了一跳。

“嗖”也用作形容词“凉”“热”的后缀，说成“凉嗖嗖”“冷嗖嗖”，形容像被凉风、冷风吹的那样凉、那样冷。

④ 隧道里面凉飕飕的。

⑤ 今天阴天，虽然没有风，但也冷飕飕的。

10. 扑通

“扑通”（pūtōng）用来模拟较重的物体落在地面或水里发出的声音。例如：

① 他头一晕，“扑通”一声倒在了地上。

这里用“扑通”来模拟人倒在地上发出的声音。“扑通”所模拟的声音比较沉重，但没有“咕咚”沉重。

② 他“扑通”一声跳进河里，把掉进河里的小孩救了上来。

11. 咣

“咣”（guāng）用来模拟沉重物体撞击其他物体发出的声音。例如：

①“咣”的一声，卧室的门被风吹得关上了，吓了我一跳。

② 正在上课的时候，一个女同学推开教室的门，咣咣咣咣地走了进来。

12. 轰隆

“轰隆”（hōnglōng）用来模拟雷声、爆炸声、沉重的机器声等。也说成“轰隆隆”“轰轰隆隆”。例如：

① 一道闪电从空中划过，紧接着传来轰隆隆的雷声。

② 只听“轰隆”一声巨响，四颗手榴弹同时在敌群中爆炸了。

13. 呼呼

“呼呼”（hūhū）用来模拟风声、打鼾声等。例如：

① 雨停了，接着又呼呼地刮起了大风。

② 他刚躺在床上，就呼呼地睡着了。

14. 哗、哗哗

“哗”（huā）、“哗哗”（huāhuā）用来模拟水量很大的流水声、下雨声等。例如：

① 刚打开水龙头，水“哗”地一下流了出来。

② 出发时，天空还是晴朗的，走出不远，就突然哗哗下起雨来。

15. 哗啦

“哗啦”（huālā）用来模拟水量不大的流水声、较脆物品的震动声或破碎声等。例如：

① 我听见卫生间里传来了哗啦哗啦的流水声，到卫生间一看，原来是电热水器漏水了。

② 他在院门口下了车，推着往里走，老远就听见哗啦哗啦的麻将声。

③ 他不小心把一个盘子碰掉在了地上，“哗啦”一声摔碎了。

16. 叽叽喳喳

“叽叽喳喳”（jī · jizhāzhā）用来形容一群鸟的叫声，也用来形容一群人尤其是一群小孩的不太大的说话声。例如：

① 夏天天亮得早，四点多钟外面的小鸟就叽叽喳喳地叫了起来。

② 听到这个消息，同学们兴奋了，叽叽喳喳地议论起来。

17. 咔嚓

“咔嚓”（kāchā）用来模拟物体断裂的声音，也用来模拟照相机快门发出的声音。例如：

① 我们走着走着，突然听见“咔嚓”一声，原来是路边的一根树枝被雪压断了，晶莹的白雪飞舞着散落下来。

② 我们想在冰面上合影，可是刚来到冰面上，就听见“咔嚓”“咔嚓”的声音，我们赶紧退了出来。

③ 摄影师“咔嚓”一声按下快门，记录下这一美好的瞬间。

18. 噼里啪啦

“噼里啪啦”（pī · lipālā）用来形容连续不断的不沉闷的爆炸声或敲击声等。例如：

① 我们正在聊天的时候，外面“噼里啪啦”响起了鞭炮声，我告诉他这是有人在办婚礼。

② 已经半夜了，他还在“噼里啪啦”地打字。

19. 叽里咕噜、咕噜

“叽里咕噜”（jī · ligūlū）用来模拟不清楚或听不懂的说话声，也用来形容物体滚动发出的声音以及胃肠蠕动发出的声音。例如：

① 有两个外国人站在路边上叽里咕噜地说话。

② 走着走着，塑料袋漏了，里面的苹果叽里咕噜地掉在地上。

③ 他肚子饿得叽里咕噜地响。

如果说话的声音较少，或者物体滚动、胃肠蠕动的声音不是很快，一般用“咕噜”来模拟。例如：

④ 那两个外国人咕噜咕噜地说了几句话，就走了。

⑤ 他打开一瓶水，咕噜咕噜地喝了起来。

⑥ 他肚子饿得咕噜咕噜地响。

（二）象声词的用法

象声词可以作定语、状语、谓语或谓语中心、补语等句法成分，也可以独立成句。下面我们分别举例加以说明。

1. 作定语

象声词作定语时，中心语一般是“一声”“……声”等，在书面语中一般要加上引号，后面要加上结构助词“的”。例如：

① 烟灰缸掉在地上，（“叭”）的一声摔得粉碎。

②（“当啷”）一声，在走调的二胡琴声中，一枚硬币落入铁盒。

③ 不时飘逸而至的（“叮当”“叮当”）的牛铃声，划破山野的静谧。

以上三例中的象声词作定语。

2. 作状语

象声词做状语的时候，一般是通过动作行为所发出的声音来描写动作行为的方式，并且需要根据朗读时的节奏感决定后面加或不加结构助词“地”。例如：

① 杨乃廷一听，火冒三丈，［“叭”］地给了伍敏一记耳光。

这里用象声词“叭”来表示杨乃廷用很大力气打耳光。

② 他打开一瓶啤酒，仰起脖子，张开大嘴，［“咕噜”“咕噜”］地一口气就灌了下去。

这里用象声词“咕噜”“咕噜”表示一口接一口地不停地喝啤酒。

③ 一声风笛长鸣，“辽东半岛号”［轰隆隆］地驶出沈阳北站。

这里用象声词“轰隆隆”表示沉重的火车用很大的力量启动。

④ 他实在太困了，躺在床上就［呼呼］地睡着了。

这里用象声词“呼呼”来表示“他”睡得深沉。

3. 作谓语或谓语中心

象声词作谓语或谓语中心的时候，实际上是把象声词活用作动词。例如：

① 中村接着又咕噜了几句日本话。

这里象声词“咕噜”活用作动词，作谓语中心，意思是“咕噜咕噜地说”，表示对方说话的速度快而且听不懂他所说的内容。

② 这一夜，雷声隆隆。

这里象声词“隆隆”活用作动词，作谓语，意思是“隆隆地响”，形容持续时间较长的雷声。

③ 还有那两只蝴蝶采花蜜，一群蜜蜂嗡嗡嗡。

这里象声词“嗡嗡嗡”活用作动词，作谓语，意思是“嗡嗡嗡地飞”。

4. 作补语

象声词作补语的时候，属于描写性方式补语，后面要加上描写助词“的”。例如：

① 掀开锅盖一看，水已经开得〈哗哗〉的了。

这里“开得哗哗的”等于说“哗哗地开”，表示水沸腾的幅度很大。

② 这孩子把两只脚架在墙上，睡得〈呼呼〉的。

这里“睡得呼呼的”等于说“呼呼地睡”，表示睡得非常深沉。

5. 独立成句

象声词独立成句的时候，是单纯地模拟人或事物发出的声音。例如：

①“哇！——哇！”小生命的第一声啼哭，凝着家庭的幸福，祖国的未来。

这里两个“哇”独立成句，前一个模拟刚出生的婴儿的第一个哭声，后一个“哇”模拟婴儿随后发出的较长的哭声。

② 轰隆隆，一阵巨响，候车室全部倒塌下来。

这里“轰隆隆”独立成句，用来模拟候车室倒塌发出的巨大声音。

以上我们说明了汉语中的各种实词及其用法。下面我们再说说汉语中的各种虚词及其用法。

虚词是用来表示某种语法意义、辅助其他词语组词造句的词。根据虚词在组词造句时所起的语法作用，可以把虚词划分为介词、连词、助词和语气词四种。

十、介词

介词是用来引出动作行为、变化等的时间、处所及方位、范围、工具、材料、手段、方式、原因、主动者、所涉及的对象等的词。下面我们来谈谈介词的种类及其用法。

（一）介词的种类

如上所述，介词是用来引出动作行为、变化等的时间、处所及方位、范围、工具、材料、手段、方式、原因、主动者、所涉及的对象等的词，相应地，介词可以分为处所及方位介词、范围介词、时间介词、工具介词、材料介词、充当者介词、交换物介词、替代物介词、凭借物介词、方式介词、依据介词、原因介词、目的介词、对象介词、主动者介词、受害者与受益者介词，等等。

1. 处所及方位介词

这类介词用来引出动作行为、变化等发生的地点或方位、起始的地点或方位、目的地或趋向等。常见的处所及方位介词主要有“在”“于”“从”“自”“由”“打”“向”“朝”“往”“沿”“沿着”“顺”“顺着”等。

(1) 引出动作行为等发生的处所或方位

这类介词主要是“在”和“于”。其中“在”在口语和书面语中都使用，“于”属于古语词，只在书面语中使用。例如：

① 张克洪擅长画梅，[在家乡]被称为“梅花张”。

② [在城市中和乡村中]，人们争先恐后地参加各种义务劳动。

③ [在这个位于欧洲大陆的国家]，游客们[在南部]滑雪，[在中部]徒步旅行，[在北部]观海，[在东边与西边]游览古迹。

这里“南部”“中部”“北部”“东边”“西边”都是用来表示处所的方位

名词。方位名词所表示的只是大致的处所。

④ 中国的铁矿储量也相当可观，主要分布〈于辽宁鞍山、河北迁安和宣化、长江中下游、四川攀枝花等地〉。

这里“于”可以换成“在”。不过，在现代汉语中，由“于”加处所名词性词语所构成的介宾短语通常只作处所补语，不作处所状语，所以例①、例②、例③中的“在”都不可以换成“于”。

（2）引出物体移动的起始处所或起始方向

这类介词主要是“从”“自”“由”等。其中“从”在口语和书面语中都使用，“自”和“由”在书面语中使用。例如：

① 日月星辰东升西落，它们[从哪里]来，又到哪里去了呢？

这里介词“从”用来引出日月星辰移动的起始处所（疑问代词“哪里”表示的是未知的处所）。第三句中的“到”不是介词，是动词。

② 解放军[从东、南、北三面]进入四川。

这里“三面”是“东、南、北”的同位语，对“东、南、北”进行补充说明，合在一起形成同位短语，表示解放军进入四川的三个起始方向，由介词“从”引出。

③ 太阳的自转方向也和地球一样，[自西][向东]旋转，因此[从地球上]看去，太阳黑子在日面上是[自东][向西]移动的。

这里前一个“自”用来引出太阳旋转的起始方向，后一个“自”用来引出太阳黑子移动的起始方向；前一个“向”用来引出太阳旋转的方向，后一个“向”用来引出太阳黑子移动的方向。介词“从”用来引出观察太阳的处所。当观察者与观察对象不在同一个处所的时候，一般用“从”引出观察者所在的处所，而不用“在”。

④ 朝鲜人民军协奏团今天上午[由杭州]乘专车来到上海。

这里介词“由”用来引出来上海的起始处所。这里用“由”引出起始处所而不用“从”，是因为“由”属于书面语，给人很正式的感觉。这个“由”也不适合换成“自”，因为“自”习惯上用来引出起始方位，用“由”引出起始处所。

（3）引出物体移动经过的处所

这类介词主要是“从”。例如：

① 天气预报说：有一股台风将从这里经过。

② 我常从这儿路过，经常看到你们。我觉得你们确实辛苦。

（4）引出物体移动的目的地或方向

这类介词主要是“向”和“往”。其中“向”主要在书面语中使用，“往”在书面语和口语中都使用。例如：

① 欢迎仪式后，两国元首一同向总统府走去。

② 进入70年代后，中国象棋开始走出亚洲，走向世界。

这里“走向世界”是古代汉语的说法，意思是“向世界走去”，但比“向世界走去”正式得多。

③ 会议在一片掌声中结束了，人们高高兴兴地往家走。

④ 轮船在海面上急速驶行，从香港开往台湾。

这里“开往台湾”的意思是“往台湾开”，这是来自古代汉语的说法，在现代汉语书面语中使用，显得非常正式。

⑤ 我一边观赏茁壮的枣树，一边沿黄河岸向南走去。

⑥ 我们一步一步地往上爬吧。

2. 范围介词

范围介词是用来引出与人或事物、动作行为等有关的范围的介词。这类介词主要是“在”“于”“除（了）”“关于”“就”等。

（1）引出人或事物所在的范围

这种介词主要是“在”。例如：

① 在这7名宇航员中，最引人注目的是中学教师出身的麦考利夫。

这里介词“在”引出的是最引人注目的人所在的范围。

② 各方言之间的差异表现在语音、词汇、语法三个方面。

这里介词“在”引出的是各方言之间的差异所在的范围。

③ 方言的语法差异一般表现在词序上。

这里介词“在”引出的是方言的语法差异所在的范围。

（2）引出行为、事件等发生的范围

这种介词主要是“在”。例如：

① 为了办好“我们的节日”主题活动，我们应该在深化节日主题上下功夫，在突出文化内涵上下功夫，在吸引群众广泛参与上下功夫，在扩大社会

影响上下功夫。

这里“在”引出的是“下功夫”这种行为发生的范围。

② 文艺复兴在文学、艺术、政治思想方面取得了辉煌成就。

这里“在”引出的是“文艺复兴取得了辉煌成就”这个事件发生的范围。

（3）引出事物所应用的范围

① 他把精力、时间都用在学习和工作上了。

② 目前，利用石棉制成的产品近3000种，广泛用于汽车、拖拉机、化工、电器设备方面。

这里用介词“于”引出利用石棉制成的产品所应用的范围。“于”属于古语词，具有很强的书面语色彩。

（4）引出排除的对象

这种介词主要是“除”和“除了”，用来表示把某个对象排除在某个范围之外。“除”书面语色彩浓，“除了”口语色彩浓。例如：

① 去开会的时候，除了纸笔之外，大家什么也不用带。

这里用介词“除了”把“纸笔”排除在“不带”的东西范围之外，从而从反面说明大家只带纸笔。“之外”起的是范围助词的作用，可以不用。下面的例句中的“以外”“外”与“之外”的作用相同。

② 班里除了他以外都是20多岁的大学生。

这里用介词“除了”把“他”排除在“20多岁的大学生”的范围之外，表示只有“他”不是二十多岁。

③ 在少数民族中，除了回族、满族使用汉语以外，有53个民族使用本民族的语言。

这里用介词“除了”把“回族、满族使用汉语”排除在“使用本民族的语言”的范围之外，从而从反面说明在55个少数民族中，只有回族和满族不使用本民族的语言。

④ 昨黑夜除了我，谁都没睡好。

这里用介词“除了”把“我”排除在“没睡好”的范围之外，从而从反面说明只有“我”自己睡好了。

⑤ 唢呐音色高亢明亮，除用于合奏、独奏外，也用于戏曲、歌舞伴奏。

这里用介词“除”把“用于合奏、独奏”排除在一般人所未知的唢呐用途（戏曲、歌舞伴奏）之外，然后补充说明一般人所未知的唢呐用途。另外，这里“用于”的“于”也属于范围介词，相当于“在”。

⑥ 她除了会说汉语，还会说英语、俄语。

这里用介词“除了”把“会说汉语”排除在对方所未知的“她”会说的语言之外，然后补充对方所未知的“她”会说的语言。

（5）引出事物所属的范围

这种介词主要是“关于”。“关于”用来引出某个问题、讲话的内容、文章的内容等所属的范围或所存在的范围。“关于……”的意思是“(在)……方面”“在……上”，但是更正式，在非常正式的场合使用。例如：

① 关于反冒进的问题，我看以后不需要谈很多了。

这里“关于反冒进”表示的是问题所属的范围——“反冒进”方面。

② 关于孔子对中国及其教育的影响程度，我没有发言权。

这里“关于孔子对中国及其教育的影响程度”的后面省略了中心语“问题”，表示的是问题所属的范围——“孔子对中国及其教育的影响程度”方面。

③ 毛泽东同志在会上做了关于工作方法问题的重要讲话。

这里“关于工作方法问题”表示的是讲话的内容所属的范围——“工作方法问题”方面。

④ 他曾在报上发表过多篇关于教育事业的文章。

这里“关于教育事业”表示的是文章内容所属的范围——“教育事业”方面。

⑤ 井冈山地区流传着许多的关于毛主席的故事和传说。

这里“关于毛主席”表示的是故事和传说所属的范围——“毛主席（的事迹）”方面。

⑥ 关于这个问题，目前有几种不同的看法。

这里“关于这个问题”的意思是“在这个问题上”，表示的是几种不同的看法所存在的范围。

3. 时间介词

时间介词主要用来引出动作行为、变化等发生的时间、起始的时间、结束或截止的时间等。现代汉语中的时间介词主要有“在”“于”“当”“从”“自”“自从”“到”等。时间介词是由处所及方位介词转化成的，因而除了“自从”以外，都与相应的处所及方位介词同形（“自从”是由“自”和“从”复合成的，只用来引出时间，不用来引出处所及方位）。下面我们具体加以说明。

（1）引出行为、事件等发生的时间

这种时间介词主要是“在”和“于”，用来引出动作行为、事件等发生的时间，在句子中作补语，有时也作状语。其中“于”只在书面语中使用。例如：

①“五四”运动发生〈在1919年5月4日〉。

② 这种巨大的食草恐龙重约20吨，高度为23米左右，生活〈于1.35亿年前〉。

以上是时间介词“在”和“于”引出事件、行为发生的时间作补语的例子。

③ 经济学家马寅初［在1957年］发表了《新人口论》一文。

④ 卢沟桥［于1192年］建成。

以上是时间介词“在”和“于”引出行为、事件发生的时间作状语的例子。

（2）引出作为时间背景的事件

这种介词主要是“当”，通常用来引出一个事件，作为另一个事件发生的时间背景，而不是具体时间。例如：

①［当他走近洞口的时候］，一群鸟从洞里飞了出来。

②［当人们都已经入睡的时候］，他还在忙着写书。

值得注意的是，虽然这种用法的“当”意思相当于“在”，但是“当”只用来引出作为另一个事件发生的时间背景的事件，不用来引出具体的时间，所以用来引出具体时间的“在”不能换成“当”，如“在1931年9月18日”“在过去”中的“在”都不能换成“当”。

（3）引出行为的起始时间

这种介词主要有“从”“自”“自从”“打”“自打”，可以用来引出行为等的起始时间。其中“自”“自从”只在书面语中使用，“自”的书面语色彩浓；“打”通常只在口语中使用，并且带有一定的方言性质。例如：

① 我从早晨到现在一点东西也没吃。

这里“从”引出的是起始的时间，“到”引出的是截止的时间。

② 蝎子以前是没人吃的，但是从八十年代开始有些人就把它们当成了美味佳肴端到餐桌上来了。

这里“从八十年代”的后面加上了动词“开始”，更清楚地表明“从”引出的是起始的时间。

③ 他从 1992 年以来 10 次访问中国。

这里在“从 1992 年”的后面加上了“以来”（意思是“到现在”），清楚地表明“从”引出的是起始的时间。

④ 自 1600 年以来，在总共 4226 种哺乳动物中，已有 36 种灭绝。

这里用“自”引出起始的时间。

⑤ 自从我们 2003 年 7 月会晤以来，中英合作取得了重要进展。

这里用“自从”引出起始的时间，不过起始的时间不是“2003 年 7 月”，而是“我们 2003 年 7 月会晤”的时间（7 月某日）。“自从”是由“自”和“从”两个同义介词作词素复合成的时间介词。

⑥ 打那以后，我们成了朋友。

这里时间介词“打”相当于“从”，引出开始的时间“那”（意思是“那个时候”）。

⑦ 自打从雅典回来，刘翔就没闲着。

这里时间介词“自打”相当于“自从”，引出开始的时间（“从雅典回来”的时候）。

（4）引出停止的时间、截止的时间

在汉语中，用来引出行为、事件等停止的时间和计算数量的截止时间的词是“到”，而“到”是有介词性质的动词。这种用法的“到”是由“到达”的意思引申成的。例如：

① 用电脑写书速度快，但写一本书也需要好几年时间，我每天都要写到后半夜两三点钟。

② 我爱人 6 点就把晚饭做好了，可是一直等到 10 点半，我才回来。

③ 这场大雪从 2 月 15 日凌晨开始，一直下到 17 日中午才停止。

这里用介词“从”引出开始的时间，用“到”引出停止的时间。

以上是用“到”引出行为、事件等停止的时间的例子。

④ 从 1971 年到 1980 年，10 年只生产了 3 万余台彩电。

这里用“从”引出开始的时间，用“到”引出截止的时间。

⑤ 自1960年到1970年，10年间美国大学人数翻了三番。

这里用“自”引出开始的时间，用“到”引出截止的时间。

⑥ 到2020年，1990年出生的人就已经三十岁了。

这里“到”用来引出计算岁数截止的时间（岁数也是一种数量）。

在口语中，也常用“等到”引出截止的时间，表示距离截止时间还有一段较长的时间。例如：

⑦ 我从24岁跟着老师编《辞海》，到今年82岁还在编。等到2019年第七版出版，就是整整60年。

这里用“从”引出开始的时间（24岁那一年），用“到”引出目前截止的时间，用“等到”引出未来的截止时间。

以上是用“到”引出计算数量的截止时间的例子。

需要指出的是，这种用法的“到”是动词，所以前面可以加否定副词“不”。例如：

⑧“你的问题什么时候才能解决呢？我恐怕等不到那个时候了。”她最终没有等到那一天。

这里用“到”引出等待的截止时间，前一个“到”的前面加上了否定副词“不”，表明用来引出截止时间的“到”是动词，不是介词。

4. 工具介词

这是用来引出动作行为所使用的工具或肢体的介词（肢体不是工具，但为了简洁起见，我们把肢体看成一种广义上的工具）。现代汉语工具介词主要是“用”和“拿”。其中“拿”主要在口语中使用。例如：

① 这是因为文化的差异，好比中国人用筷子吃饭，西方人用刀叉吃饭。

② 学员们将学习用毛笔写汉字，用汉语演唱中国民歌等。

③ 应该学会用自己的话来写文章。

④ 过去牧民们拿剪子剪羊毛，现在他们用电剪子，一天一个人可以剪一百多只羊的羊毛。

这里先用“拿”引出工具，然后又用“用”引出工具。

以上是工具介词用来引出动作行为的工具的例子。

⑤ 她拿手摸我的额头，看我发没发烧。

⑥ 泰拳不仅可以用拳头，也可以用脚、肘和膝击打对手。

以上是工具介词用来引出动作行为的肢体的例子。

5. 材料介词

这类介词用来引出制造某种物品所使用的材料。主要是“用”和“拿”。其中“拿”主要在口语中使用。例如：

① 桌子是用木材做成的，铝勺是用铝制造的。木材、铝这些组成物体的材料叫作物质。

② 笛子是用竹子做成的，也有用木头和金属做成的。

③ 南方人一般用竹叶包粽子，北方人一般用芦苇叶包粽子。

④ 他说：“我们拿山药造酒精。”

6. 充当者介词

所谓“充当者”，指的是用来充当某种人或事物的人或事物。现代汉语中常用的充当者介词主要是“用”和“拿”。其中“拿”主要在口语中使用。例如：

① 大猩猩用树叶充当雨伞。

② 古时候，英国人用女皇的脚长当标准，这就是英尺（foot，脚）。

③ 相传夏朝时王亥驾着牛车，用帛和牛当货币，在部落间做买卖。

④ 这些人类遗骸是古代拿活人做祭品的有力证据。

⑤ 他们用木板做成最简单的滑雪板，拿两根短棍当滑雪杖，练习滑雪。

7. 交换物介词

所谓“交换物”，指的是用来交换某人或事物的人或事物。用来引出交换物的介词主要有“用”“以”“拿”等。其中“以”属于书面语词，“拿”属于口语词。例如：

① 还有些国家，经常用食盐交换货物。

② 恐怖分子要求用这些人质交换同等数目的被俘人员。

③ 他通过以旧换新的方式买了一台新电视机。

④ 年轻的时候拿健康换钱，老了的时候，得拿钱换健康。

8. 替代物介词

所谓“替代物”，指的是用来替代某人或事物的人或事物。用来引出替代物的介词主要有“用”“以”“拿”等。其中“以”属于书面语词，“拿”属于口语词。例如：

① 用食盐代替洗涤剂浸泡清洗蔬菜瓜果，有利于健康。

② 主教练郎平及时用丁霞和龚翔宇换下了张常宁和魏秋月。

③ 威尼斯也是一个以船代车的城市。

④ 传统茶叶蛋都是用红茶煮的，如果拿绿茶代替红茶煮鸡蛋，更有利于身体健康。

9. 凭借物介词

这类介词用来引出动作行为所凭借的事物，如能力、资历、身份、名义、财力、物力、权利、势力及各种优势等。主要有“凭”“凭借”“靠”“仗着”等。其中，“凭借”书面语色彩浓，其次是“凭”；“仗着”口语色彩浓，其次是“靠”。例如：

① 如果他不当村干部，而是能凭头脑、凭文化、凭能力、凭信誉、凭辛苦做生意，一定能富裕起来。

② 凭他当时的身份和声望，完全有能力给他的子女安排好的工作，但他没有这样做。

③ 这 11 位女子都是凭借个人的智慧、能力、血汗和泪水努力地工作而成功的。

④ 人类吃、穿、住、行所需要的东西，要靠劳动来创造。

⑤ 我们这些出身于普通家庭的人只能靠劳动、靠知识改变命运。

⑥ 他们仗着父亲的权势胡作非为。

⑦ 几名男子仗着人多势众将小王打了一顿。

这里“人多势众”的意思是“人多势众的优势”。

10. 方式介词

这类介词用来引出动作行为所采取的方法和形式。主要有“用”“通过”“靠”等，其中“通过”的书面语色彩强，“靠”带有口语色彩。例如：

① 凡属于思想性质的问题，凡属于人民内部的争论问题，只能用民主的方法去解决，只能用讨论的方法、批评的方法、说服教育的方法去解决……

② 多年来，该组织用暗杀、绑架和爆炸等手段夺走了近千人的生命。

这里“手段”也是“方法”的意思。“手段”有时特指邪恶的、不正当的方法，这里就是如此。

③ 长期被当作废物的稻壳，通过化学方法处理，变成了有用的东西。

④ 她只要求我不要做坏事，或者不要用错误的方式做事。

这里“方式”是“方法和形式”的意思，属于书面语词。

⑤ 青虾一生中要蜕13—15次皮，它的生长发育就是靠蜕皮来完成的。

这里“蜕皮”是“蜕皮的方法”的意思。

11. 依据介词

这类介词用来引出行为所根据的事物、情况、理论、原则、法规、意见、命令等。主要有“根据”“依据”“按照”“按”等。

（1）引出行为的基础或前提

这种介词主要是“根据”“依据”，用来引出作为行为基础或前提的事物、情况、理论、原则、法规等。二者都属于书面语词，其中“依据”的书面语色彩更浓。例如：

① 电影《红日》是根据吴强的同名小说改编成的。

② 达尔文的表兄高尔顿依据融合理论，创立了生物统计遗传学。

以上二例中的“根据”“依据”用来引出作为行为基础的事物、理论。

③ 中央人民政府根据西藏的历史和现实情况，决定也采取和平解放的方针。

④ 科威特认为，中国是在根据联合国宪章原则以及《联合国海洋法公约》，通过同有关国家磋商处理南海问题。

以上二例中的“根据”用来引出作为行为基础的情况、法规。

（2）引出行为的指导思想等

这种介词主要是“按照”“按”，用来引出作为行为指导思想的法规、政策、原则、标准、规律、指导思想、习惯等。二者都属于书面语词，其中“按”的书面语色彩更浓。例如：

① 按照中国法律规定，未满十八周岁的人为未成年人，已满十八周岁的为成年人。

② 中国广告协会按照国家有关方针、政策和法规，对全国广告行业进行指导、协调、服务、监督工作。

③ 不同社会制度的国家必须按照和平共处五项原则，相互尊重主权和领土完整，互不侵犯和互不干涉内政。

④ 按照世界银行的标准，中国已经成为中等收入国家。

⑤ 马克思说，人类是按照美的规律创造世界的。

⑥ 今年以来，按照中共中央和国务院的要求，各地区各部门继续采取有力措施，加快推进再就业工作。

⑦ 按照我国的传统习惯，一般把农历腊月廿三（即人们常说的“小年”）到除夕前定为“迎春日”。在此期间，各家各户都要扫尘土、清垃圾，洗晒衣被杂物，打扫庭院街道。

从语法功能上看，以上各例中的“按照”都可以换成“按”，但是“按照”比“按”更正式，所以用“按照”更合适。当宾语的音节数比较少的时候用“按”更合适。例如：

⑧ 驾驶员和前排座位的乘客，大都能按规定使用安全带，交警检查也比较严。

⑨ 工人在生产过程中，要按程序、按路线、按时间、按标准、按指令操作。

12. 原因介词

这类介词用来引出动作行为、变化等发生的原因。主要有“因为”和“由于”等。其中“因为”在口语和书面语中都使用，“由于”只在书面语中使用。例如：

① 牛顿认为，苹果落地是因为苹果与地球之间有吸引力。

② 我们之所以认真，是由于世界上有危险和困难。

③ 其中有一个叫马蹄星云，因为形状像马蹄而得名。

④ 牡丹峰是由于形状酷似一朵盛开的牡丹花而得名。

⑤ 我们之所以千里迢迢跑到青海来，更多的是因为这里的气候。多呆一天，就多一份清凉。

这里“因为这里的气候”是一个意思不完整的短语，因为它没有说明“这里”的气候怎么样，根据下文可知，它的完整说法应该是“因为这里的气候清凉”。

13. 目的介词

这类介词用来引出动作行为的目的。主要有“为”和“为了”等。其中

“为了”在口语和书面语中都使用，“为”只在书面语中使用。例如：

① 股票是股份公司为筹集自有资本而发行的有价证券。

② 让我们一起为祖国繁荣昌盛，为中国足球早日屹立于世界足坛的东方，干杯！

③ 中国人民热爱和平，但是为了保卫和平，从不也永不害怕反抗侵略战争。

④ 为了解决6亿人民要吃饭这个大问题，周恩来在那几年中确实是操碎了心。

14. 对象介词

对象介词就是用来引出行为处置的对象和行为支配的对象的介词。引出行为处置对象的介词主要是“把”和“将”，引出行为支配对象的介词主要有“对”“朝”“给”“跟”“和”“与”“连”“替”“给”“为”“针对”等。

（1）引出行为主体处置的对象

这类介词主要是“把”和“将”，有时也用“对”。其中“将”和“对”具有很浓的书面语色彩。例如：

① 把他抓住！

② 昨天晚上我把作业写完了。

③ 有些植物却有自行解毒的本领，将有毒物质在体内分解，转化为无毒物质。

以上是用“把”和“将”引出处置对象的例子。

当用“对”引出处置对象的时候，谓语动词需要采用“形式动词＋动词”的形式。关于形式动词，参见158页“8. 形式动词”。例如：

④ 元代著名科学家郭守敬对浑仪进行了改进。

⑤ 1990年，国家对铁路货物运价作了调整。

（2）引出行为涉及的对象

这类介词用来引出行为涉及的对象，包括指向的对象、对待的对象、看待的对象、合作的对象、比较的对象、替代的对象等。

1）引出指向的对象

这类介词用来表示动作行为是对谁发出的，主要有“对”“跟”“向”“朝”

等。其中“对”和“向”属于书面语词，“向”的书面语色彩更浓；“朝”和“跟”主要在口语中使用。例如：

① 这个男子对记者诉说了被骗经过。

② 一位孙姓商贩跟记者说，这集市上卖的年货都是全国各地的东西。

③ 朱光潜先生早就说过，散文可分为三等：“最上乘的是自言自语，其次是向一个人说话，再其次是向许多人说话。”

以上三例中的“对”“跟”“向”引出的是言语行为（说话）指向的对象。如果不考虑语体风格的话，其中的“对”和“向”都可以换成“跟”。由于“朝”不用来引出言语行为指向的对象，只用来引出其他行为指向的对象，所以以上三例中的“对”“跟”“向”都不可以换成“朝”。

④ 他举着小狗，对小狗伸伸舌头，小东西也对他伸舌头。

这里“对”可以换成“朝”和“向”。

⑤ 花儿像女孩子似的朝她微笑，万物都在向她招手、点头。

这里“朝”和“向”可以互换，也都可以换成“对”，但不可以换成“跟”，因为“跟”只用来引出言语行为指向的对象，不用来引出其他行为指向的对象。

⑥ 事故发生后，他们迅速将情况向上级部门汇报，并组织人员开展救援工作。

这里“汇报”是一个非常正式的书面语词，所以它的指向对象最适合用“向”引出。

⑦ 他像一只没头苍蝇，到处向人借钱。

⑧ 刚到香港，王海就来朝我借钱。

以上二例分别用对象介词“向”和“朝”引出借钱的行为指向的对象，前者属于书面语，后者属于口语。

2）**引出针对的对象**

这类介词主要是“针对”和“就”，用来引出制定政策、采取应对措施、调查研究、发表言论（包括讨论、争论）等针对的对象。这两个介词的意义相同，只是“针对”属于书面语词，“就”带有一定的口语色彩。例如：

① 大部分国家和地区在住房上都是针对不同的收入阶层制定不同的住房政策 。

② 针对这些问题和矛盾，新闻出版总署将在今年采取一系列措施。

③ 美国一家再就业公司针对老年人就业情况进行了调查。

④ 朱德同志针对一些干部不安心做经济工作的思想指出：战争是暂时的，生产是永久的。

⑤ 周恩来曾经就作战方针和战役部署问题与博古、李德等人进行过多次争论。

3）引出对待的对象

这类介词主要是“对”，用来引出对待的对象，作状语，中心语表示对人或事物的态度。例如：

① 史密斯从中国回到美国后，对中国非常友好，对中国人民怀有深厚的感情。

② 在半个多世纪的革命生涯中，他对党、对人民、对革命事业无限忠诚。

③ 于是战士们对从陆地运来的甜水倍加珍惜。

4）引出看待的对象

这类介词主要是“把”和“拿”，用来引出看待的对象，作状语，中心语表示把人或事物看成什么。其中“拿”只在口语中使用。例如：

① 我们要把他们看成自己的孩子，看成国家的未来和希望。

② 把减肥当作生活乐趣，该吃该喝不耽误又减肥，是减肥科学的发展方向。

③ 别拿豆包不当干粮，别拿村长不当干部。

④ 拿我们当三岁孩子哄呢。

5）引出合作的对象

我们这里所说的合作对象，是广义上的合作对象，除了严格意义上的合作对象以外，还包括协议对象、交往对象、交谈对象、相处对象、游戏对象、陪伴对象等。为了避免分类繁琐，凡是相互配合的对象我们都归到这一类中来。用来引出合作对象的介词主要有“与”“跟”“和”等。其中“与”是书面语词，“跟”和“和”属于口语词。例如：

① 中央歌剧院与新加坡作曲家协会合作，在北京音乐厅举办了两场新加坡作曲家作品音乐会。

② 跟老黄一起工作，心情愉快！

以上是介词引出合作对象的例子。

③ 10月2日习主席与印尼总统签署了200亿美元投资合作协议。

④ 企业有权依照国务院规定与外商谈判并签订合同。

以上是介词引出协议对象的例子。

⑤ 多血质的人活泼好动，敏感，反应迅速，喜欢与人交往。

⑥ 俘管处的政委亲自出面跟他们谈心、交朋友。

以上是介词引出交往对象、交谈对象的例子。

⑦ 她们还跟他打闹逗乐。他和她们相处，随便得多，自由得多。

⑧ 听说你跟小胡在谈恋爱？

以上是介词引出游戏对象和相处对象的例子。

⑨ 他老同学要去民族园，我提出跟他们一起去。

⑩ 她总是跟保姆一起吃饭。

⑪ 冯氏、肖氏、许氏都跟儿孙们吃住在一起。

以上是介词引出陪伴对象的例子。

6）引出争斗的对象

所谓争斗对象，指的是斗争对象、作战对象、竞争对象、比赛对象、争论对象、打斗对象、争吵对象等。用来引出争斗对象的介词主要有“与”“跟”“和”等。其中“与”是书面语词，“跟”和“和”属于口语词。例如：

① 他希望所有国家联合起来与恐怖主义作斗争。

② 几年来，定海民兵团为保护渔民生产，在海上与敌人作战一百四十一次。

③ 我们要跟他们竞争，他们一定竞争不过我们，所以他们也愿和我们合作。

以上三例中的介词“与”“跟”用来引出争斗（斗争、作战、竞争）对象，“和”用来引出合作对象。

④ 要欢迎学生与老师争论。

⑤ 他梦见自己正在跟世界赛车冠军比赛。

⑥ 现在，我很少跟同学打架了，朋友也越来越多了。

⑦ 我们的时间是宝贵的，不能浪费口舌，跟你这种人争吵。

以上四例中的介词“与”“跟”也是用来引出争斗（争论、比赛、打架、争吵）对象。

7）引出比较的对象

这类介词主要有“比”“与”“跟”“和”等。当用形容词性词语表示比较的结果时，用“比”引出比较的对象；当用“相同”或“不同”、“一样”或“不一样”表示比较的结果时，用“与”“跟”“和”引出比较的对象。另外，“比”在口语和书面语中都使用，“与”只在书面语中使用，“跟”“和”在口语中使用。例如：

① 海浪最高时竟高达 30.5 米，比 10 层楼房还要高。

② 她的回答与你相同。

这里“你”是“你的回答”的省略说法。

③ 人害怕自己跟他人不一样，害怕被别人排斥，害怕在不幸的时候孤立无援，害怕自己的思想得不到旁人的理解。

④ 你的手机铃声和我的一样。

这里“我的”是“我的手机铃声”的省略说法。

“与”“跟”“和”还可以用在“与……相比”“跟……相比”“和……相比”的格式中。例如：

⑤ 与大人的复杂关系相比，孩子们的关系清纯简单。

⑥ 跟这些同学相比，我的条件要好一些。

⑦ 和我小时候相比，他们实在太幸福了。

以上是用来引出比较对象的介词的用例。这种用介词引出比较对象的句子是一种特殊的句式，叫作“比较句”。关于比较句，详见 501 页“二、比较句”。

8）引出服务的对象

有些行为是由主体为一定对象做出的，让他享受到行为的结果，这种对象我们称为“服务对象”。用来引出服务对象的介词主要有“为”和“给”。其中“为”属于书面语词，“给”属于口语词。例如：

① 我们要全心全意地为人民服务。

② 房东是一位善良的老太太，她经常为中国房客买菜、做饭、洗衣服。

③ 她像妈妈似的照料我，早晨给我叠被子，还给我洗衣服、刷鞋，头发长了，就给我理发。

9）引出交付、发送的对象

这类介词用来引出交付、发送的对象。当把物品（包括电话、信息、邮件等）交付给某人、发送给某人的时候，某人就是交付、发送的对象。这类介词主要是“给”。

① 一天下午，我同学给我送来了录取通知书。

② 为了感谢徐医生，按我们藏族人的习惯，我叫儿子给他送去一只羊腿和100个鸡蛋。

以上二例中的介词“给”引出的是交付的对象。

③ 到家以后给我打个电话或发个短信，省得我不放心。

④ 我给他发了个电子邮件。

以上二例中的介词“给”引出的是发送的对象。

15. 主动者介词

主动者介词是在被动句中用来引出行为发出者的介词。现代汉语的主动者介词主要有“被”“叫”“让”等。其中“被”是书面语词，“叫”和“让”是口语词。例如：

① 在北京化工大学，孙茂芳的报告先后被24次掌声打断。

② 好多旧书都叫人拿走了。

③ 咱别在街上拉拉扯扯，让人笑话。

16. 受害者与受益者介词

这类介词是在处置句中用来引出行为受害者或受益者的介词。现代汉语受害者与受益者介词主要是“给”。例如：

① 他把书给我弄丢了。

这里用“给”引出“把书弄丢”这种行为的受害者“我”。

② 他把电脑给我弄坏了。

这里用“给”引出“把电脑弄坏”这种行为的受害者“我”。

③ 他把电脑给我修好了。

这里用“给”引出“把电脑修好”这种行为的受益者“我”。

④ 我把衣服给你洗干净了。

这里用“给”引出“把衣服洗干净”这种行为的受益者“你”。

17. 承担者介词

这类介词用来引出谓语动词所表示的行为的承担者。现代汉语实施者介词只有“由”这一个，在书面语中使用。例如：

① 村里的土地95%由老人耕种，大约有90%的青壮年去大城市打工了。

② 天气预报节目起初由电视台负责制作。

③ 1994年毕业的研究生仍由国家负责安排就业。

（二）介词的用法

前面我们从介词引出的内容的角度对介词进行了分类介绍，下面我们再归纳一下介词的用法。

1. 用来引出与动作行为、变化等有关的因素

在现代汉语中，介词主要用来引出动作行为、变化等的时间、处所及方位、范围、工具、手段、条件、原因、主动者、所涉及的对象等。介词与它所引出的这些内容一起构成介宾短语，在句子或短语中作状语、补语和定语等。例如：

①［从小酒馆］出来，他晃晃悠悠地［从小树林］经过时，突然一个女孩［从树林里］钻出来，把他吓了一跳。

这里第一个介词“从”用来引出行走的起始处所，第二个介词“从”用来引出行走经过的处所，第三个介词“从”用来引出“钻”的起始处所，都作处所状语。

② 列文虎克是世界上最早［用显微镜］观察细菌和微生物的荷兰科学家。

这里介词“用”用来引出观察细菌和微生物所用的工具，作工具状语。

③ 他去给她倒了一杯开水，放〈在桌子上〉，然后还站〈在门口〉。

这里前一个介词“在”用来引出水杯被放置到的处所，作处所补语；后一个介词“在”用来引出站立的处所，作处所补语。

④ 把鱼放在冰箱里。记住，河鱼放〈在上边〉，海鱼放〈在下边〉!

这里前一个介词“在”用来引出河鱼被放置到的位置，作方位补语；后一个介词“在”用来引出海鱼被放置到的位置，作方位补语。

⑤（关于语言起源）的问题，还有待深入的研究。

这里介词“关于”用来引出问题所属的范围，作范围定语。

2. 介词有时可以省略

一般说来，表示动作行为、变化等的时间、处所、方位、工具等的名词

性词语需要用介词引出，才能作状语或补语。但汉语是一种非常注重意会性的语言，当动作行为、变化等的时间、处所、方位、工具等与动作行为等的关系明确的时候，人们常将介词省略，直接用名词性词语作状语或补语，而且有些情况下的介词省略已经成为一种语法规则，所省略的介词是不可以补出来的，否则就不符合习惯。介词省略主要发生在如下几种情况下：

（1）时间名词性词语作状语时

人们通常直接用时间名词性词语作状语，不用介词引出，从汉语一般语法规则上讲，这属于介词省略，但这种省略又是固定性的，习惯性的。例如：

① 我［今天］要谈两个问题。

②［今天］我要跟你谈些实际的。

③ 我［今年 4 月］访问印度。

④［今年 4 月］我到中国访问。

⑤［1927 年 8 月 1 日］，中国共产党发动了南昌起义。

⑥［第二次世界大战期间］，这一带的建筑全部被炸毁。

以上五例都是直接用时间名词性词语作状语，而不用介词“在”或“于”引出。直接用时间名词性词语作状语，这也是汉语的一个习惯，不过在需要强调时间的时候，还是要用介词“在”或“于”引出，所以相对来说，时间名词性词语直接作状语属于介词的省略。例如：

⑦ 用户是上帝，［在今天］已成为领导的口头禅。

⑧［在今天］，菊花依然受到人们的喜爱，而茱萸则很少有人提到了。

⑨［在第二次世界大战期间］，英国就研究出了电动汽车。

另外，当时间状语的前面出现副词的时候，介词“在”或“于”不可以省略，否则副词将直接出现在时间名词性词语的前边，这不符合副词不修饰名词性词语的规则。例如：

⑩ 整个测试结果将［在明天］公布。

⑪ 预计投票结果将［于明天］公布。

以上二例中的时间状语前有时间副词“将”，介词“在”没有省略。

⑫ 就［在今天］，李鹏总理正在对加拿大进行正式访问。

⑬ 就［在 2015 年 12 月 31 日］，国家主席习近平向全国人民发表了 2016 年新年贺词。

⑭ 早［在 1851 年］，莱顿大学便开设了中文专业。

以上三例中时间状语前有语气副词“就”“早”，介词“在”没有省略。

（2）补语与中心语的语义关系明确时

如果补语与中心语的语义关系明确，人们有时省略补语中的介词。例如：

① a. 众所周知，吸烟有害〈健康〉。

这里“有害”的补语中省略了介词“于”。试比较：

b. 调查结果显示，有 2.3% 的人认为吸烟有利〈于健康〉，而绝大多数学生则认为吸烟有害〈于健康〉。

这里“有利”和“有害”的补语中的介词“于”都没有省略。

② a. 他们将彩电每台降价 358 元，让利〈消费者〉。

这里“让利”的补语中省略了介词“于”。试比较：

b. 他们不断推出质优价廉的商品，让利〈于消费者〉，让利〈于经销商〉。

这里两个“让利”的补语中的介词“于”都没有省略。

③ a. 在移动支付领域，中国已经领先〈世界〉。

这里“领先”的后面省略了介词“于”。试比较：

b. 中国的量子通信技术已全面领先〈于世界〉。

这里“领先”的补语中的介词“于”没有省略。

值得注意的是，在目前的现代汉语语法学界，许多学者都把这种由名词性词语直接充当的补语看成谓语中心的宾语，同时由于这种补语前面的动词性词语一般都是动宾结构的，便把这种介词省略现象称为“动宾式动词加宾语”现象。

3. 某些介词在用法上有同有异

某些介词在用法上既有相同之处又有不同之处，如“对”和“对于”、“关于”和“对于”，在这种情况下，容易发生混淆。下面我们谈谈“对”和“对于”、“关于”和“对于”在用法上的异同。

“对”和“对于”

这两个介词在多数情况下用法相同，个别情况下用法不同。

第一，相同之处：

“对”和“对于”在用来引出处置的对象、看待的对象和一种情况所涉及的对象方面，用法相同。例如：

① 坚决制止违法行为，对不法分子给予严厉的打击。

② 对于不法分子的活动，要坚决予以打击。

以上二例中的“对”和“对于”都用来引出处置的对象。

③ 美国的顾客对中远的服务是满意的。

④ 对于这些成绩，党中央、国务院是满意的。

以上二例中的“对”和“对于”都用来引出看待的对象。

⑤ 这对减少环境污染是很有好处的。

⑥ 这对于培养现代企业家有好处。

以上二例中的“对”和“对于”都用来引出一种情况所涉及的对象。

第二，不同之处：

“对”还可以用来引出对待的对象、行为指向的对象、情感活动指向的对象，而“对于”一般不这样使用。例如：

⑦ 项羽这个人［对人］非常有礼貌，心肠也很软。

这里“对”用来引出对待的对象。这种用法的“对”一般不可以换成“对于”。

⑧ 企业要［对顾客］说实话，这是取得顾客信任的首要条件。

这里“对”用来引出行为指向的对象。这种用法的“对”也不可以换成“对于”。

⑨ 台湾同胞［对大熊猫］非常喜欢。

这里“对”用来引出情感活动指向的对象。这种用法的“对”也不可以换成“对于”。

“关于”和“对于”

“关于”属于范围介词，“对于”属于对象介词，二者作用不同，一般不可以互换，但有时由于说话人的着眼点不同，同一个中心语的前面有时加范围状语“关于……”，有时加对象状语“对于……”。例如：

①［对于这个问题］，不同的人有不同的看法。

这里“对于”是对象介词，用来引出看待的对象“这个问题”。

②［关于这个问题］，不同的人有不同的看法。

这里“关于”属于范围介词，意思相当于“在……上”，用来引出不同看法所存在的范围。不过，虽然“关于”引出的是不同看法所存在的范围，但这个范围中包含着看待的对象“这个问题”，而不同的看法显然是对“这个问题”的不同看法，所以用“关于”引出“这个问题”也是可以的。

由于“关于”和“对于”作用不同，在有些情况下不可以互换。具体如下：

第一，事物的存在范围只能用“关于”引出。例如：

③［关于月球］，自古以来就有很多美丽动人的传说。

这里“关于”用来引出“很多美丽动人的传说”所存在的范围，不可以换成“对于”。

第二，认知活动或情感活动指向的对象只能用“对于”引出。例如：

④ 钢和铁是我们最熟悉的工业材料，但很多人［对于它们］并不了解。

这里的“对于”用来引出认知活动指向的对象，不可以换成“关于”。

⑤ 中国人民［对于这次会谈的结果］感到十分满意。

这里的“对于”用来引出情感活动指向的对象，不可以换成“关于”。

第三，对待的对象只能用“对于”引出。例如：

⑥ 打击违法犯罪是一场严肃的斗争，［对于犯罪分子］必须坚决打击，毫不留情，并且不留隐患。

这里“对于”用来引出对待的对象，也不可以换成“关于”。

第四，“关于＋宾语”可以用来表示文章等谈论的内容，做文章等的标题。由于“关于＋宾语”短语可以用来表示文章的内容所属的范围，所以可以单独做文章的标题，表示该文所要谈论的内容，而“对于＋宾语”短语没有表示范围的作用，所以一般不单独做文章的标题。例如：

⑦ 在最高国务会议第十一次扩大会议上，毛泽东发表了《关于正确处理人民内部矛盾》的报告。

⑧ 鲁迅的弟弟周作人在《关于鲁迅》中回忆过鲁迅童年的“读图经历”。

以上二例中的介词“关于”都不可以换成“对于”。

十一、连词

连词是在组词造句的时候起连接作用的词。下面我们谈谈汉语中的连词的种类和用法。

（一）连词的种类

连词可以用来连接词与词、词与短语、短语与短语、句子与句子等，从而体现词与词、词与短语、短语与短语、句子与句子等在意义上的关系。

根据连词所连接的两项之间的意义关系，可以把连词分为并列连词、选择连词、递进连词、顺承连词、结果连词、目的连词、条件连词、假设连词、让步连词、转折连词等几种。

这里我们主要介绍用来连接词或短语的连词，用来连接句子与句子的连词将在本书的“复句”部分加以说明（详见 537 页“第六章　汉语复句”）。

1. 并列连词

并列连词是用来表示前后两项在意义上是并列关系的连词（也有人把并列关系说成“联合关系”）。

现代汉语常用的并列连词主要有“和”“与”“及”“以及”“并且”“并”“又”“而”等。另外还有“既”和“同时”，只用于连接分句，这里先不谈。

连词所连接的前后两项在语法上是并列关系，但在意义上，有时有主次、先后的区别。

（1）前后两项不分主次

这种连词主要是“和”“与”“而”，其中“和”和“与”主要用来连接名词性词语，有时也用来连接动词性词语和形容性词语，“而”主要用来连接形容词性词语。“和”在口语中和书面语中都使用，“与”和“而”属于书面语词。例如：

① 地球和月球都是不发光的星球。

② 我和他都喜欢汉语。

③ 那是一家四口的合影，父亲与母亲坐在椅子上，后面站着两个男孩。

以上三例中的连词“和”和“与”连接名词性词语。

④ 现在，我代表内务部向你们致以亲切的慰问和热烈的祝贺。

⑤ 我们必须发展、巩固与扩大我们的团结，以便彻底打倒我们的敌人。

这里“发展”“巩固”“扩大”三个动词并列，只在第二和第三个动词之间加上了并列连词“与”。

以上二例中的连词“和”和“与”连接动词性词语。

⑥ 我们——人民日报的工作者，愉快而忙碌地接待着自己的客人。

⑦ 这个任务是非常复杂而艰巨的。

⑧ 这歌声发自广大人民的口中，真诚而亲切。

以上三例中的连词“而”连接两个形容词性词语。

由于“而”的古语色彩太浓，有人不喜欢使用，而用连词“和”来连接形容词性词语。例如：

⑨ 他上海话讲得十分流利和纯正。

这里用“和”连接的是两个形容词性词语。毕竟“和”经常用来连接名词性词语，用它来连接形容词性词语显得有点不规范，所以当两个或两个以上的形容词性词语并列的时候，也经常不用连词连接。例如：

⑩ 亚特用流利、纯正的普通话回答了我的问题。

这里两个并列的形容词之间没有使用连词。

⑪ 英国芭蕾的特点是非常规范、细腻、纯正、精确。

这里四个并列的形容词之间没有使用连词。

（2）前后两项有主有次

这种连词主要是“及”和“以及”，都是书面语词，用来把主要的项目与次要的项目连接起来。例如：

① 中国画研究院院长、著名美术家李可染及美术界一些知名人士参观了展览。

这里“及”前后的项目有主次的区别。李可染是著名美术家，又是中国画研究院院长，在参观中国画展的人当中，他比美术界一些知名人士重要，所以用连词“及”将“李可染”与“美术界一些知名人士”连接起来。再如：

② 会员中有科学家、工程师、科学教育工作者、科学政策制定者以及对科学和技术有兴趣的其他行业学者及青年学生。

这里“以及”和“及”前后的项目有主次的区别。

③ 它通过对信息的采集、整理、加工以及最终输出，掌握着对公众说话的权力。

这里“以及”用来连接动词性词语，并且前后的项目有时间先后的区别。

需要指出的是，虽然“及”或“以及”本来用来连接有主次区别的项目，但有时人们忽视这种区别，也用来连接没有主次区别的项目。例如：

④ 最近美国及中国的许多报纸及无线电台，对中国现状纷纷发表评论。

这里的两个“及”所连接的项目没有主次的区别。

（3）后一项比前一项进了一步

这种连词主要是“并”和“并且”，用来连接动词性词语、形容词性词语。二者都是书面语词，“并”的书面语色彩更浓。例如：

① 大会讨论并通过了国民经济五年计划。

② 考古学家发现，早在近万年前，人类就开始驯化并饲养野猪了。

③ 我们祝贺并且拥护你们伟大的全国职工代表大会。

以上三例用“并”“并且”来连接两个动词，在意义上，后一个动词都比前一个动词进了一步。

④ 十字架二就是星座中最亮并且处于最南端的一等亮星。

这里用“并且”来连接形容词性短语“最亮”和动词性短语“处于最南端”。这里是说，“十字架二”最亮，容易辨认，同时又处于最南端，这样就更容易辨认，所以说后者也比前者进了一步。

2. 选择连词

选择连词是用来连接在意义上具有选择关系的词语或句子的连词。现代汉语选择连词主要有“或”“或者”“还是”等。“还是”只用于连接分句，不用于连接词语，这里先不谈。例如：

① 有时他还会唱一些著名的钢琴曲或交响曲的旋律。

这里是说，“他”有时候唱钢琴曲的旋律，有时候唱交响曲的旋律。

② 从前，许多国家的货币是用黄金或者白银铸成的。

这里是说，有些国家的货币是用黄金铸成的，有些国家的货币是用白银铸成的。

③ 本表需要用钢笔或签字笔填写，不可以用圆珠笔（油笔）填写。

这里是说，“本表”可以用钢笔填写，也可以用签字笔填写，但不可以用圆珠笔填写。

④ 市民可以发电子邮件、写信或者打电话提供建议。

这里“发邮件”“写信”和“打电话”这三项都是选择关系，但为了避免重复的感觉，只在最后一项（第三项）前面用了选择连词“或者”。

3. 递进连词

递进连词是用来连接在意义上具有递进关系的词语或句子的连词。所谓递进关系，就是后一项比前一项在意义上更重要或更主要、在程度上更严重等等的关系。现代汉语递进连词主要有“不但”“不仅”“而且”“并且”“何况”“甚至”等，其中只有“而且”既可以用来连接分句，也可以用来连接词或短语。例如：

① 在油灯下，我迟缓地、详细地回忆着而且写着我自己的一生的故事。

这里用“而且”连接“回忆”和“写”两个动词。对于记录一个人一生的故事来说，写下来比回忆出来更重要，所以“回忆”和“写”是递进关系。

② 这就是娜塔莎所熟悉而且喜爱的气氛。

这里用“而且”连接“熟悉”和“喜爱”两个心理动词。其中“喜爱（这种气氛）”比“熟悉（这种气氛）”更重要。

③ 由于她的嗓门大而且粗，老师安排她做男声领唱。

这里用“而且”连接“大”和“粗”两个形容词。对于女学生做男声领唱来说，嗓门粗更重要。

④ 菲利普突然同一个自己一向讨厌而且瞧不起的同学打得火热。

这里用“而且”连接动词“讨厌”和动补短语“瞧不起”。从这句话中可以看出，“菲利普”以前不愿意理睬一个同学，原因是他讨厌这个同学，而且瞧不起这个同学。这句话的作者认为，对于不愿意理睬一个人来说，瞧不起是更主要的原因，所以把“讨厌”放在前边，把“瞧不起”放在后边。

4. 承接连词

承接连词是用来连接在意义上具有承接关系的分句的连词。现代汉语常用的承接连词主要有“就”“便”“然后”“于是”等，全部用来连接两个句子，这里先不谈，详见 548 页“（五）顺承关系复句”。

5. 条件连词

条件连词是用来连接在意义上具有条件和结果关系的分句的连词。现代汉语常用的条件连词主要有“只要”“只有”“除非”“不管”“无论”等，全部用来连接两个句子，这里先不谈，详见 550 页“（一）条件关系复句”。

6. 假设连词

假设连词是用来连接在意义上具有假设关系的分句的连词。现代汉语常用的假设连词主要有“如果”“假如”“假使”“要是”等，全部用来连接两个句子，这里先不谈，详见554页“（二）假设关系复句”部分。

7. 让步连词

让步连词是用来连接在意义上具有让步关系的分句的连词。现代汉语常用的让步连词主要有“即使”“纵然”“就是”“就算”“哪怕”“虽然”“尽管”等，全部用来连接两个句子，这里先不谈，详见555页“（三）让步关系复句”。

8. 结果连词

结果连词是用来连接在意义上具有原因与结果关系或条件与结果关系的分句的连词。现代汉语常用的结果连词主要有“所以”“因而”“因此”“那么”等，全部用来连接两个句子，这里先不谈，详见560页“（四）因果关系复句”。

9. 目的连词

目的连词是用来连接在意义上具有动作行为与目的关系的分句的连词。现代汉语常用的目的连词主要有“来”“好”“以便”“以免”“以”等，全部用来连接两个句子，这里先不谈，详见564页“（五）目的关系复句”。

10. 转折连词

转折连词是用来连接在意义上具有转折关系的分句的连词。现代汉语常用的转折连词主要有“但是”“但”“然而”“不过”“可是”等，全部用来连接两个句子，这里先不谈，详见546页“（四）选择关系复句”部分。

（二）连词的用法

我们前面在介绍各种连词的时候，已经表明了一部分连词的用法，同时因为多数连词常用在复句中，而本书第六章“汉语复句”部分将介绍各种类型的复句，还将涉及那些用来连接分句的连词的用法，所以这里我们不再额外进行说明了。

十二、助词

助词是加在其他词或短语的后面或前面，辅助其他词或短语表示某种语法意义的词。现代汉语中常见的助词主要有结构助词、比况助词、动态助词、语态助词、施事助词、回忆助词、描写助词等。下面我们分别加以说明。

（一）结构助词

结构助词是在短语或句子中，加在定语、状语的后面和补语的前面，辅助表示定中结构、状中结构和中补结构的词。现代汉语普通话中的结构助词有“的”“地”“得”三个。这三个助词发音相同,都发成“de”[①]。这三个结构助词的分工是:“的”用在定语的后面，“地”用在状语的后面，“得”用在补语的前面。例如：

① 主席见到我，显出很（高兴）的样子，邀我跟他跳舞。

② 主席［高兴］地接过鲜花，并同我们亲切握手。

③ 当我听到这个好消息时，高兴得〈一宿睡不着觉〉。

“的”“地”“得”三个结构助词虽然发音相同，但分工明确，不容易混淆，不过在具体使用的过程中，这三个结构助词还有一些比较特殊的地方。下面我们具体加以说明。

1.“的”“地”后面的中心语有时省略

在语境明确的情况下，结构助词“的”“地”后面的中心语可以省略。例如：

① 这两个苹果你要大的，还是要小的?

这里“大的”是“大的苹果”的省略说法，“小的”是“小的苹果”的省略说法。

② 街上、海边，到处是起早锻炼的人，跑步的，打太极拳的，练气功的，打羽毛球的，散步的，爬山的，到礁石上呼吸海风的。

这里定中短语“跑步的……呼吸海风的”中结构助词“的”的后面都省略了中心语“人”。

① 助词“的”“地”“得”在某些方言（如东北方言）中，都说成 di。在专业歌唱中，为了弱化结构助词的发音、听起来清晰悦耳，也要求发成 di。

③ 汪永富［偷偷］地去找尤金，只能是［偷偷］地，因为他们还是两派，只能私下里往来。

这里“偷偷地”是“偷偷地去找尤金”的省略说法。

2.“得”后面的补语有时省略

在语境明确的情况下，结构助词“得”后面的补语可以省略。例如：

① 看把你高兴得！

这里“高兴得”是“高兴得手舞足蹈”“高兴得嘴都闭不上了”“高兴得不知道怎么样好了”之类的省略说法。由于这种省略已经成了习惯说法，人们都是模糊地领会它所表达的意义，不去思考它所省略的成分究竟是什么。

②“多亏了你，不然，我早就……。”“看你说得，以后不许再提这事，咱们是好朋友嘛……。”

这里“看你说得”的后面省略了“这么客气”“这么见外”等。

前面我们举例说明了结构助词“的”“地”“得”后面的中心语和补语省略的现象。值得注意的是，结构助词后面的中心语和补语虽然省略了，但结构助词的作用还保留着，整个短语还是定中短语、状中短语、中补短语，如果连结构助词都省略了，整个短语就不再是定中短语、状中短语、中补短语了，就不能准确地表达所要表达的意思了，甚至整个句子的意思也不明确了，因此结构助词必须保留着。

3. 有时用“之”代替“的”

在现代汉语书面语中，有时为了获得简洁或庄重的表达效果，用古代汉语结构助词“之”代替“的”。例如：

① 朱德结交进步人士，共同探讨（救国救民）之路。

这里“救国救民之路”比“救国救民的道路”简洁、庄重。

② 常锻炼有助于舒筋、活脉、强骨，从而达到（增强体质、延年益寿）之目的。

这里“达到……之目的”比“达到……的目的”庄重。

③ 由东北长春到（南海）之滨的广东，相去万里。

这里“南海之滨”比“南海的海滨”简洁、庄重。

④ 素有（“北大仓”）之称的黑龙江省是中国最大的商品粮生产基地。

这里"'北大仓'之称"比"'北大仓'的名称"庄重。

还有书面语中的一些定中结构的习惯用语和成语，必须使用古代汉语结构助词"之"。例如：

工作之余　数量之多　难度之大　三分之一　百分之百　世界之窗　丝绸之路　必由之路　必争之地　不法之徒　不解之缘　不速之客　不义之财　不正之风　成人之美　乘人之危　多事之秋　害群之马　后顾之忧　后起之秀　缓兵之计　经验之谈　举手之劳　君子之交　立足之地　前车之鉴　燃眉之急　人之常情　无价之宝　言外之意　一面之词　知遇之恩　自知之明

再如，在正式场合把属于某种类型的家庭称为"……之家"。例如：

小康之家　三口之家　书香之家　音乐之家

还有一些福利部门、职工活动中心、某种组织等，也往往叫作"……之家"。例如：

老年之家　职工之家　教师之家　流动之家　妇女之家　青年之家　残疾人之家　旅客之家

4. 结构助词"的"有时省略

在现代汉语中，结构助词"的"是定语的语法标志，但定语后有时出现"的"，有时不出现，这对于汉语学习者来说，掌握起来有一定难度。这里我们来归纳一下结构助词"的"出现或不出现（隐现）的规律。

（1）单音节形容词作定语时一般不加"的"

单音节形容词作定语时，后面一般不加结构助词"的"，当需要强调定语的时候才加"的"。例如：

① 养成一个（好）习惯需要21天。

② 上海是一个（大）城市。

③ 过年要穿（新）衣服。

以上三例中单音节形容词定语的后面都没有加结构助词"的"。不过，当需要强调定语时，后面也要加"的"。例如：

④（好）的习惯让孩子受益终身。

⑤ 珠三角城市群除了香港、澳门以外，（大）的城市有九个。

以上二例为了强调定语"好""大"，后面都加上了结构助词"的"。

⑥ 第二天早上，云飞扬推门走出来，简直就像是另外一个人：（新）的衣服，（新）的鞋袜。这也是他唯一的一套（新）衣服、（新）鞋袜，一直藏在箱底下，到今天才拿出来。

这里为了强调“云飞扬”穿的衣服和鞋袜都是新的，在定语“新”的后面加上了结构助词“的”，而后面再提到这套新的衣服、鞋袜的时候，不需要再强调了，就不再加结构助词“的”了。

（2）双音节性质形容词作定语时一般加“的”

双音节性质形容词作定语时，后面一般要加“的”。例如：

① 我们相信，只要培养、造就出一批（优秀）的、（杰出）的人才，振兴传统戏剧就大有希望。

② 毛主席给我们带来了（幸福）的生活。

③ 发展交通运输业也是一件（重要）的事情。

④ 毛泽东同志是（伟大）的领袖，中国革命是在他的领导下取得成功的。

以上四例中双音节性质形容词定语“优秀”“杰出”“幸福”“重要”“伟大”的后面都加上了结构助词“的”。

【补充说明】

有时人或事物的称号中需要使用双音节性质形容词，这种称号中的双音节性质形容词的后面不加“的”，因为人或事物的称号属于合成词，而不是短语，其中的双音节性质形容词属于一个词素。例如：

① 昆明市教委授予她模范教师称号，云南省教委授予她优秀教师称号。

② 厂长陆润德曾多次被评为金华市优秀厂长、优秀党员。

以上二例中的“模范教师”“优秀教师”“优秀厂长”“优秀党员”都是一种称号，从意义和语法上看都属于合成词，性质形容词“模范”“优秀”在里面作词素，所以后面不加结构助词“的”。

③ 1976 年 9 月 9 日，（伟大）领袖毛主席与世长辞。

这里“伟大领袖”是人民送给毛主席的称号，“伟大”的后面不加结构助词“的”。不过，如果不是作为一种称号，而是作为一种评价，人们也说“伟大的领袖”。例如：

④ 毛泽东主席是一位（伟大）的领袖、（伟大）的导师。

值得注意的是，“模范教师”“优秀教师”“优秀厂长”“优秀党员”等合成词的两个词素能够完整地表示词的意义，不需要解释人们就能明白，而且这类词也可以无限类推构成，这一点跟短语相同，所以一般学者可能会把它们看成短语，词典也不会把它们当作词收录进去。

（3）描写性定语后一定要加“的”

描写性定语就是由状态形容词、形容词的重叠形式和描写性短语充当的定语。描写性定语的后面一定要加“的”，这种“的”可以说是描写性定语的标志，不可以省略。例如：

① 悉尼拥有大自然恩赐的许多优点：（湛蓝）的天空，（雪白）的云彩，（明媚）的阳光，（清新）的空气，还有那碧波荡漾的港湾。

这里“湛蓝”和“雪白”属于状态形容词，“碧波荡漾”属于描写性短语，这三者充当的是描写性定语，后面都加了助词“的”。“明媚”和“清新”是双音节性质形容词，而双音节性质形容词作定语时，后面一般要加“的”，这是汉语的一个语法规则。再如：

② 她穿着一套（干干净净）的衣服上学去了。

这里形容词“干净”的重叠形式作描写性定语，后面加上了结构助词“的”。

③ 他（手舞足蹈、眉飞色舞）的样子，简直就像个老顽童。

这里两个并列的描写性短语作定语，后面加上了结构助词“的”。

（4）名词作定语表示领有者时，后面要加“的”

领有者就是人或事物的拥有者。名词作定语表示人或事物的领有者时，后面要加结构助词“的”。例如：

① 我非常喜欢（李白）的诗。

②（鲁迅）的一生是不平凡的一生。

③（诺贝尔）的父亲喜欢搞发明，对诺贝尔产生了很大的影响。

④ 大地是（森林）的母亲，太阳是（森林）的父亲。

⑤（黄山）的景色真是名不虚传。

以上是名词作领有者定语后面加了结构助词“的”的例子。

5. 人称代词作领有者定语有时不加“的”

人称代词作领有者定语时，后面加不加结构助词“的”，要根据领属关系的性质来确定。领属关系有两种，一种是可以转让的，另一种是不可以转让的。

（1）与中心语是可以转让的领属关系时后面要加“的”

人称代词作领有者定语时，如果与中心语的关系是可以转让的领属关系，后面要加结构助词“的”。例如：

① 毛泽东握住舒同的手说：“早就知道你了，看过（你）的文章，见过（你）的字。”

这里“你”和“你”的文章、“你”的字都是可以转让的领属关系，所以“你”的后面都加了结构助词“的”。再如：

② 爸爸，你看，我把（你）的衣服洗干净了。

③（我）的电脑是2011年2月买的，到现在还能用，速度也不慢。

④（他）的手机是中国产的。

以上三例中“你”和“你”的衣服、“我”和“我”的电脑、“他”和“他”的手机都是可以转让的领属关系，所以“你”“我”“他”的后面也都加了结构助词“的”。

值得注意的是，还有一种类似领属关系的整体与部分关系，在这种关系下，人称代词作定语表示整体时，后面也要加结构助词“的”。例如：

⑤ 你们在舞台上最重要的不是（你们）的台词，不是（你们）的动作，也不是（你们）的眼神，是（你们）的耳朵。

这里“你们”与“你们”的台词是可以转让的领属关系，后面加了结构助词“的”；“你们”与“你们”的眼神、耳朵是整体与部分关系，后面加了结构助词“的”。至于“你们”与“你们”的动作，和“你们”与“你们”的眼神一样，也是一种特殊的整体与部分关系，后面也加了结构助词“的”。

（2）与中心语是不可以转让的领属关系时后面不加“的”

人称代词作领有者定语时，如果与中心语的关系是不可以转让的领属关系，如果不是为了强调领有者，后面不加结构助词“的”。不可以转让的领属关系主要是人与自己的亲属、家庭以及国家、机关单位、团体等的关系。例如：

①（我们）家有五口人：（我）爸、（我）妈、（我）哥、（我）姐、我。

②（我们）国家人口多。

③（我们）公司是从1986年开始生产电视机的。

④ 我正想到（你们）学校去看看你呢！

以上四例中，由人称代词充当的领有者定语与中心语都是不可以转让的领属关系，后面都不加结构助词“的”。

【补充说明】

第一，有时由人称代词充当的领有者定语与中心语虽然是不可以转让的领属关系，但如果后面不加结构助词“的”，定语与中心语的关系看起来像是同位语的关系，在这种情况下，定语后面要加结构助词“的”。例如：

① 你们怎么对我，（你们）的孩子将来就会怎么对你。

这里在定语“你们”的后面加上了结构助词“的”，很明显“你们”与“孩子”在语法上是定中关系，在意义上是领属关系，而且是不可以转让的领属关系，但如果不加结构助词“的”，说成“你们孩子”，“你们”与“孩子”听起来像是同位关系，似乎“你们”就是“孩子”，所以必须加结构助词“的”。再如：

② 如果（我们）的老师，（我们）的家长，（我们）的上司，对（我们）的学生、对（我们）的孩子、对（我们）的部下，多一份激励，多一份沟通，多一份理解，多一份支持，多一份信任，多一份爱心的话，我们相信，（我们）的学生、（我们）的孩子，（我们）的部下，他们会学习得更好、工作得更好。

上面这一例中的领有者定语“我们”的后面都必须加结构助词“的”。

第二，人称代词作领有者定语时，如果与中心语的关系是不可以转让的领属关系，但需要强调领有者（定语）或所领有的人或事物（中心语）时，人称代词后面也要加结构助词“的”。例如：

① 我是这儿的主人。这是（我）的家。

这里强调“家”的领有者“我”，后面加上了助词“的”。

② 我爱中国，我从小在这里长大，这儿有我的事业，中国就是（我）的家！

这里强调“我”所领有的事物“家”，在“我”后面也加上了助词“的”。

③ 他们是（你）的朋友，不是（我）的朋友。

这里强调“朋友”的领有者是“你”，而不是“我”，所以后面都加上了助词“的”。

④ 你看看我，我是（你）的妈。是不是？

这里强调“我”是“你”的“妈”，不是“你”的别的什么人，所以“你”的后面加上了助词“的”。

6. 双音节方位名词作定语时，后面要加“的”

当双音节方位名词作定语时，为了避免将定中短语看成同位短语或主谓短语，后面一般要加结构助词“的”。例如：

① 如“吐”字，（左边）的“口”表示这个字与口有关，（右边）的“土”则表示“吐”字的声音。

这里在双音节方位名词“左边”“右边”的后面都加上了结构助词“的”，如果不加，“左边的‘口’”“右边的‘土’”这两个定中短语就变成了“左边‘口’”“右边‘土’”这两个主谓短语，意思分别是“左边是‘口’”“右边是‘土’”，而这里并不是要说明“吐”字的左右两边分别是什么，而是要说明左右两边的“土”和“口”的作用是什么，所以必须加上“的”。再如：

② 从南海诸岛到（东北）的松辽平原，从（东边）的台湾到（西边）的新疆、西藏，从平原低丘到海拔 2600 米的高原谷地都有水稻生长的足迹。

这里在双音节方位名词“东北”“东边”“西边”的后面都加上了结构助词，如果不加，这三个定中短语就成了同位短语，就不符合实际了，因为中国东北不是仅有松辽平原，东边也不是仅有台湾，西边也不是仅有新疆和西藏。

③ 自古以来都是鹰住在（上面）的悬崖上，大雁住在（下面）的峡谷里。

这里在双音节方位名词“上面”“下面”的后面都加上了结构助词“的”，如果不加，“上面的悬崖上”“下面的峡谷里”这两个定中短语就变成了“上面悬崖上”“下面峡谷里”，看起来像是主谓短语，但又不能成立，所以这两个结构助词“的”是不可以省略的。

7. 动词性词语作定语时，后面大都要加结构助词“的”

动词性词语作定语表示中心语正在进行的动作行为，或者表示对中心语进行处置、加工创作的行为，或者表示中心语的内容等，后面要加结构助词“的”；而如果表示的是中心语所属的范围，后面不加结构助词“的”。例如：

①（行走）的人群，（行驶）的汽车，（飞翔）的小鸟，（航行）的轮

船……都在运动。

这里作定语的四个动词都用来表示中心语正在进行的行为，后面加了结构助词“的”。

② 你去把（我洗）的衣服晒了吧，我来做饭。

这里作定语的动词性短语（主谓短语）“我洗”用来表示“我”处置衣服的行为，后面加了结构助词“的”。

③（你写）的文章我都看了，写得很好。

这里作定语的动词性短语（主谓短语）“你写”用来表示“你”对文章进行创作的行为，后面加了结构助词“的”。

④ 要同农民商量办事，善于用（说服）的方法、（示范）的方法、（服务）的方法推动农村工作。

这里作定语的三个动词都用来表示中心语“方法”的内容，后面加了结构助词“的”。

如前所述，如果作定语的动词表示的是事物所属的范围，后面不加结构助词“的”。例如：

⑤ 他在审阅了政府工作报告后，提出了（修改）意见。

这里动词“修改”作“意见”的定语，表示“意见”所属的范围（修改方面的）。再如：

⑥ 人的（劳动）能力由体力和智力两部分组成。

⑦ 要做好开学前的（准备）工作。

⑧ 学校有关领导调查了多媒体教学设备的（使用）情况。

以上三例是动词作定语表示事物所属的范围而后面不加结构助词“的”的例子。

8. 短语作定语时，根据构成成分决定是否加“的”

一般短语作定语时，后面通常要加“的”，但数量短语作定语时，后面不加“的”。例如：

①（身体健康）的人，完全可以放心地吃糖和糖制食品。

② 长寿的人大多是（喜欢运动）的人。

③（经常运动）的人不容易发胖。

④ 一百多名（正在看书）的学生用热烈的掌声，欢迎总理的到来。

以上是短语作定语后面加结构助词“的”的例子。

当数量短语作定语时，由于与它所修饰的成分关系明确，后面通常不加助词“的”。例如：

⑤ 优秀作品是（一个）国家、（一个）时代精神文化水平的集中反映。

⑥ 这盘水果只有（八颗）草莓、（两个）橘子、（两只）香蕉和（几片）菠萝。

⑦ 他们给我女儿买了（一套）春装、（一条）纱巾；还买了（4 斤）苹果、（5 斤）饼干、（15 斤）花生米、（20 斤）青岛海带。

9. 中心语前有两个以上定语时，不连续使用“的”

当中心语前有两个或两个以上的定语时，为了避免重复的感觉，不连续使用结构助词“的”。例如：

① a. 胡锦涛的讲话赢得了经久不息的（热烈）掌声。

这里中心语“掌声”的前面有两个定语，后一个定语“热烈”的后面没有加结构助词“的”。实际上，“热烈”是双音节形容词，单独作定语的时候，后面一般要加结构助词“的”。例如：

b. 胡主席结束演讲后，全场爆发出（热烈）的掌声。

② 中国共产党不愧为全心全意为中国人民谋利益的（伟大、光荣、正确）的党。

这里“伟大”和“光荣”的后面都省略了结构助词“的”，目的是为了避免重复。

（二）动态（时体）助词

动态助词是放在动词或动词性短语的后面，用来表示动作行为、变化等进行情况的助词。“动态”又叫“时体”，所以动态助词也可以叫作“时体助词”。现代汉语动态助词主要有“着”“了”“过”“的”等。下面我们分别加以说明。

1. 发生体助词“了”

发生体助词“了”是用在动词的后面，表示动作行为、变化等已经发生的助词。发生体助词“了”在叙述已经发生的事情的时候使用。例如：

① 他花了几分钟时间，认真细致地看了一遍我的求职简历。

这里“花”和“看”后面的助词“了”表示“花”和“看”的行为已经发生，所在的句子陈述的是过去的事情。

② 直到1609年伽利略发明了望远镜，才证明了太阳也在不停地自转着。

这里“发明”和“证明”后面的助词“了”表示“发明”和“证明”的行为已经发生，所在的句子陈述的是过去的事情。再如：

③ 爆炸没有造成人员伤亡，但电信公司大楼遭到了破坏，所有电子计算机都停止了工作。

④ 秘书实在没有办法，只好把真实情况告诉了他。

⑤ 50岁的刘先生是私营企业老板，儿子19岁，已经上了大学。

这里动词“上”的前面用了发生体副词“已经”，后面又加上发生体助词“了”，更能突出“上”的行为已经发生。

⑥ 在这次导弹试射之前，巴方已将消息通知了所有邻国。

这里在“通知”的前面加上了时间副词“已”（意义和“已经”相同），后面又加上发生体助词“了”，更能突出“通知”的行为已经发生。

以上是发生体助词“了”表示动作行为已经发生的例子。发生体助词“了”还用在表示“变化”意义的形容词的后面，用来表示变化已经发生。例如：

⑦ 九月的新疆，葡萄熟了，番茄红了，棉花开了，一派丰收景象。

这里“熟”和“红”都是借形容词来表示“变化”的意义，意思分别是“变熟”“变红”，后面的发生体助词“了”则用来表示“变熟”“变红”的变化已经发生。另外，这里“开”是动词，“开了”的意思是“已经展开”。

⑧ 等我醒来的时候，天亮了。

这里“亮”后面的发生体助词“了”表示“变亮”的变化已经发生。

【补充说明】

第一，发生体助词“了”只表示动作行为、变化已经发生，但不表示是否已经完成。学者们普遍把发生体助词“了”说成“完成体”助词，这种说法不够准确。例如：

① 张学良先生观看了三场演出。看完演出后，他拉着演员裘少戎的手说……

这里先在动词“看”的后面加上发生体助词“了”，表示“看”的行为已经发生，下一句中在动词“看”的后面加上了动词“完”作补语，表示“看”

的行为已经完成。由此可见，“了”本身不能表示“看”的行为是否已经完成。

第二，如果谓语动词表示的是持续性的行为，加上动态助词“了”以后，再加上时量补语，整个句子表示行为已经完成。不过，在这种情况下，动态助词“了”仍然只表示行为已经发生，它本身并不表示行为已经完成。例如：

② 这本书我看了三个月。

这个句子的意思是：“我”用三个月时间看完了这本书。其中的“了”表示“看”的行为已经发生，后面的“三个月”则表示看这本书所用的时间。那么，这个句子的“完成”意义是怎么表示出来的？实际上“三个月”的后面习惯性地省略了表示“完成”意义的短语“才看完”或短句“看完了”等。我们来看一个完整的说法：

③ 这本《宣言》我看了一个多月才看完。

这里先在“看”的后面加上发生体助词“了”，表示看“这本《宣言》”的行为已经发生，然后又用“才看完”补充说明看“这本《宣言》”的行为已经完成。

④ 书寄来后，看了一个星期，看完了。

这里先在“看”的后面加上发生体助词“了”，表示看书的行为已经发生，又用“看完了”补充说明看书的行为已经完成。

另外，如果要表示一种行为进行了一段时间还没完成，句末要加上动态语气词“了”。例如：

⑤ 这本书我看了三个月了。

这个句子是说“我”看这本书已经看了三个月，还没看完。句末的“了”是动态语气词，用来表示报告“我”看这本书的进展情况。关于动态语气词“了”，参见 370 页“1. 动态语气词‘了’”。

第三，有一种来自某方言区的说法，用“了”作动词的补语，表示“完毕”的意思，与“完”相当。这种情况下的“了”不是发生体助词，而是动词。例如：

⑥ 看了电影我就回家了。

这里“看了”是“看完”的意思。

⑦ 吃了饭再去吧。

这里“吃了”是“吃完”的意思。

⑧ 才换了衣服，你又弄脏了。

这里“换了”是“换完”的意思。

第四，有一种在祈使句末尾作助词的“了”，用来强调对行为的预期结果的实现，而不是表示行为已经发生，我们把这种用法的“了”称为“预期结果助词”。预期结果助词“了”的发音说成 lou，不是 le，但在书面上也写成“了”。例如：

⑨ 站直了！

这里“了”（lou）用来强调对“站”的预期结果（身体直）的实现。

⑩ 你要手机有什么用？给你打电话你总关机。赶紧把手机扔了！

这里“把手机扔了”的意思是“把手机扔掉”，其中的“了”是预期结果助词，表示对“扔”的预期结果（使手机离开“你”）的实现，要说成“lou”。

关于预期结果助词，参见 343 页“（五）预期结果助词”。

第五，在陈述过去发生的事情时，如果某个行为在过去的某个时间点上还没有发生，动词后不加动态助词“了”。下面这个句子不符合这个规则：

⑪ 我跟她聊了很长时间，然后我邀请她一起去吃饭，* 她说了好的。

这里在陈述到“她说”的时候，“她”还没说，所以动词“说”的后面不应该加助词“了”。

第六，当叙述或询问过去发生的事情开始的时间时，谓语动词后不应该加动态助词“了”，因为“了”表示动作行为、变化在某个时间点之前已经发生，不表示在某个时间点上开始。下面这个句子不符合这个规则：

⑫ 我不知道昨天有修辞学课。* 你们昨天几点上了课？

这里问的是“昨天”开始上修辞学课的时间，不应该在“上”的后面加动态助词“了”，而应该加动态助词“的”：

你们昨天几点上的课？

第七，动态助词“了”要放在动词和宾语之间，不放在宾语的后面。下面这个句子不符合这个规则：

⑬ 在散步的时候，我们忽然发现了一家饭馆儿…… * 后来我们在这个饭馆儿吃饭了。

这里作者的意思是，他们散步结束以后在这个饭馆吃了一顿饭，但把“了”放在了“吃”的宾语“饭”的后面，整个句子等于说以前他们在别的地方吃饭，后来改成了在这个饭馆吃饭，但这样不符合作者要表达的意思。正确的说法是：

后来我们在这个饭馆儿吃了饭。

⑭ *他做生意了一年了。

这里动态助词“了”应该放在动词“做”的后面，不应该放在宾语“生意”的后面，另外时量补语“一年”应该放在动词“做了”的后面。正确的说法是：

他做了一年生意了。

第八，谓语动词后如果用介宾短语作补语，动态助词“了”要放在动词的补语后面。下面这个句子不符合这个规则：

⑮ *去年我去过了中国学习汉语。这个时候我住了在宿舍。在宿舍里我和一个陌生女孩见面了。她也学习汉语。

从语法上讲，这里第二句中的动态助词“了”应该放在介词“在”的后面。不过，从意义上看，在中国期间“我”一直住在宿舍，住在宿舍不是一次性的行为，所以动词“住在”的后面不需要加“了”。另外，第一句也有问题。动态助词“过”用来强调过去有做某事的经历，而这里叙述的是“我”去年做的事情，所以“去”的后面不需要加上“过”。还有，“去中国”的后面有目的补语（“学习汉语”），“去”的后面也不应该加助词“了”。所以这段话的标准说法是：

去年我去中国学习汉语。当时我住在学生宿舍，遇到了一个陌生女孩，她也学习汉语。

第九，当用“$V_{动}V_{量}$”或“$V_{动}$一$V_{量}$”式的短语（就是一般语法学家所说的动词重叠）表示过去发生的事情时，应该在V动的后面加上动态助词“了”。下面这个句子不符合这个规则：

⑯ 王小云问他这首诗还背得出来吗？丁力波试试：“床前明月光，……”

这里“试试”是“$V_{动}V_{量}$”式的短语，后一个“试”是借用量词，中间省略了数词“一”，也就是说，“试试”是“试一试”的省略形式，意思是“试一下”。这里叙述的是过去发生的事情，“试”的后面应该加上动态助词“了”：

丁力波试了试。

⑰ 丁力波想一想，就说：“‘家书抵万金’，说得多么好啊。”

这里“想一想”是“$V_{动}$一$V_{量}$”式的短语，意思是“想一下”，这里叙述的是过去发生的事情，动词“想”的后面应该加上动态助词“了”：

丁力波想了一想，说……

第十，当谓语中心前有否定副词“没”的时候，谓语中心的后面不加动态助词“了”。下面这个句子不符合这个规则：

⑱ *小艳子问他，今天好没好点了。

这里“好没好点”是“好点没好点”的省略形式，而“好点没好点”又是“好点了没好点”的省略形式，“好点了”的“了”表示“好点”的变化已经发生，而“没好点”的“没”表示“好点”的变化没有发生，所以后面不应该加“了”，标准的说法是：

小艳子问他，今天好没好点。

第十一，助动词和控制动词的后面不加动态助词“了”。助动词用在其他动词的前边，表示动作行为、变化等发生的前提条件，如“能”“会”“想”等；控制动词也是用在其他动词的前边，表示对动作行为的发生起前提性作用的行为，如“打算”“决定”“准备”“同意”“希望”等。下面这两个句子不符合这个规则：

⑲ *在散步的时候我们忽然发现了一家饭馆儿，我们想了去这个饭馆儿吃饭。

这里“想”是助动词，后面不应该加动态助词“了”。再如：

⑳ *他们终于决定了结婚。

这里“决定”是控制动词，后面不应该加“了”，不过这个句子强调的是从没决定结婚到决定结婚的变化，所以应该在“结婚”的后面加上动态语气词“了”，说成：

他们终于决定结婚了。

第十二，使令类动词的后面不加动态助词“了”。使令类动词是表示请求、邀请、命令、建议等的动词。使令类动词用来表示要求对方做某事，如果对方做了，助词“了”应该加在表示对方行为的动词后，如：“他请我吃了一顿饭。”如果对方没做，使令类动词和表示对方行为的动词的后面都不加“了”。下面这个句子不符合这个规则：

㉑ *他们邀请了我参加他们的婚礼。我想了在婚礼时亲自祝福他们生活幸福和身体健康。

这里第一句中的“邀请”是使令类动词，后面不应该加“了”。另外，第二句中的“想”是助动词，后面的“了”也应该去掉。

2. 持续体助词“着”

持续体助词“着”用在动词的后面，表示动作行为的持续，或状态的持续。语法学界一般把这种用法的“着”说成“进行体”助词，这种看法是不够准确的（详见下文）。

（1）表示动作行为的持续

当动态助词“着”用在持续动词后面的时候，表示动作行为持续进行。所谓持续动词，也叫“延续动词”，是表示可以持续一段时间的动作行为的动词，如“等”“活”“呆”“看”“听”“说”“走”“跑”“吃”“喝”“学”“工作”“保持”等。例如：

① 不行，送我回家的车在外面等着呢！

② 我进去看看，你在外面等着。

③ 二十多年后老人死了，四只龟还照样活着。

④ 他像一头精力旺盛、不知疲惫的骆驼，不停地向前走着。

⑤ 有个礼拜六下午，他在家里看书，看着看着就睡着了。

从以上的例子中可以清楚地看出，动态助词“着”的重点在于强调行为持续进行，而不在于表示动作行为正在进行，如例②，是“我”要求“你”在外面等一段时间，其中的“着”只表示“等”的行为要持续一段时间，而不是“等”的行为正在进行。再如例③，第二句中的“活着”的意思是“持续地活”，表示这四只龟的生命没有中断，如果去掉这个“着”，整个句子的意思就成了“这四只龟还能活下去”，这样就成了对这四只龟的命运的预测，而不是对已经发生的事实的陈述，不符合原文的意思。又如例⑤中的“看着看着就睡着了”，不是说他正在看的时候就睡着了，而是说看了一段时间就睡着了，“着”强调的是“看”的行为持续进行（“看着”的反复表示“看了一段时间”的意思）。

【补充说明】

第一，“着”并不表示动作行为正在进行，而是表示动作行为持续进行。“着”有时看起来似乎是表示动作行为正在进行，其实那是由具体情况（语境）表示出来的，如例①中的“车在外面等着呢”表示车正在外面等，而例③中的“在外面等着”表示要求对方在外面等，对方还没有开始等，这个“等着”就不是正在外面等。另外，由于需要对方等多长时间不能确定，所以

“等”的后面不能加时量补语，只能加持续体助词“着”，表示让对方持续地等，直到自己出来。

第二，有时说话者或作者需要强调某个持续性的行为在某个时间正在进行，可以用进行体副词“正”或“正在”来表示。例如：

⑥ 有的人正在走着，忽然头一晕，眼一黑，咕咚一声栽到路上。

（2）表示状态的持续

当持续体助词“着”用在非持续动词和表示“变化”意义的形容词后面的时候，表示一种状态的持续。

所谓“非持续动词”，也叫“非延续动词”“瞬间动词”等，是用来表示在很短的时间内就可以完成而不能持续的动作行为的动词，如“开”“关”“锁”“断”“躺”“坐”“倒”等。

有些非持续性的行为发生后，可以使行为主体或对象处于某种状态，如站着的状态、打开着的状态。有些变化发生后，也可以使变化的主体处于某种状态，如断了的状态。有时人们在非持续动词或变化动词的后面加上动态助词“着”，表示行为主体或对象处于行为或变化发生后的状态。例如：

① 在工地上有一支女子电焊队伍。由于操作空间小，姑娘们只能蹲着、跪着、俯卧着、仰卧着、蜷曲着焊接钢筋接头。

这里“蹲”“跪”“俯卧”“仰卧”“蜷曲”表示的都是非持续性动作，这些动作完成后，人体就处于相应的状态，即蹲下的状态、跪下的状态、俯卧的状态、仰卧的状态、蜷曲的状态，而“着”则表示这种状态的持续。

② 房门开着。

这里“开着”表示门处于被打开以后的状态。

③ 诊室的门关着。

这里“关着”表示门处于被关闭以后的状态。

④ 他推了推门，门锁着。

这里“锁着”表示门处于被锁上以后的状态。

⑤ 珍惜你那把吉他，别让那根弦老断着。

这里“断着”表示“那根弦”处于断了以后的状态。

以上是持续体助词“着”用在非持续动词后面表示状态持续的例子。

汉语中的性质形容词可以用来表示“变化”的意义，如“热”“亮”“黑”“红”“哑”等，表示人或事物由一种状态变成另一种状态。人们有时在表示“变化”意义的形容词的后面加上持续体助词“着”，表示人或事物处于变化后的状态。例如：

⑥ 你身体不好，孩子又病着，怎么还出来？

这里“病着”表示孩子处于病了以后的状态。

⑦ 饭还热着。

这里“热着”表示饭处于热了以后的状态。

⑧ 这个时候天还黑着。

这里“黑着”表示天处于黑了以后的状态。

⑨ 眼圈儿红着，声音哑着。

这里“红着”“哑着”表示眼圈儿处于红了以后的状态、声音处于哑了以后的状态。

3. 完成体助词“的”

完成体助词“的”用在谓语中心的后面，表示行为、变化等在过去已经完成。一般在询问或回答过去发生并完成的事情的实施者（主体）、时间、处所、工具、方式等情况下使用。以下我们各举一例：

① A：谁给你做的饭？　　B：我自己做的。

② A：你［几点］下的火车？　　B：［七点］下的火车。

③ A：你［在哪儿］吃的饭？　　B：［在食堂］吃的。

④ A：你［用什么笔］签的名？　　B：［用签字笔］签的。

⑤ A：你［怎么］去的？　　B：［坐车］去的。

这种过去完成体助词“的”如果去掉，整个句子就不再表示行为在过去已经完成的意义，而是表示行为的通常情况或将要出现的情况。如例①，如果去掉“的”，说成“谁给你做饭？”就不能表示饭已经做完了，而只能表示询问平时给“你”做饭的人是谁。再如例③，如果去掉“的”，说成“你在哪儿吃饭？”就不能表示“你”已经吃完饭了，而只能表示问“你”平时在哪里吃饭。又如例⑤，如果去掉“的”，说成“你怎么去？”就不能表示“你”已经去了，而只能表示问“你”将怎么去。

4. 经历体助词“过”

经历体助词“过”放在动词性词语的后面，用来说明有做某事的经历、有发生某种变化的经历等。例如：

① 你当过翻译吗？

这里在动宾短语“当过翻译”的动词“当”的后面加上经历体助词“过”，表示有当翻译的经历。

② 你去过北京吗？

这里“去过北京”的意思是有去北京的经历。

③ 我听说过这个人，但没见过。

④ 这里的路灯从来都没亮过。

这里经历体助词“过”加在状中短语“没亮”的后面，表示没有亮（发光）的经历。

【补充说明】

第一，有时为了强调有某种经历，不但在动词后使用经历体助词“过”，还在动词前使用经历体副词“曾经”。例如：

① 在这片海区的海底，曾经发生过一次剧烈的火山喷发。

第二，有的方言区用“过”表示“完成”的意思，作动词的补语。这个意义上的“过”不是动态助词，而是动词。例如：

② 你们吃饭吧！我吃过了。

这里“吃过”是“吃完”的意思。这种用法的“过”不发成轻声。

（三）被动助词

被动助词是加在动词的前面，表示动词所表示的动作行为是主语所表示的人或事物所承受的。现代汉语的被动助词只有一个，就是“被”，一般只用在书面语中。例如：

① 在现代军事作战中，地图被称为“指挥员的眼睛”。

② 黄金过去主要被用作货币和装饰品。

③ 1922 年，维生素 E 被发现。

以上三例的谓语动词前都加上了被动助词“被”，都属于被动句。关于被动句，详见 499 页“一、被动句”部分。

【补充说明】

在口语中，有“挨打”“挨骂”“挨批评”等说法，其中的“挨”是动词，意思是“遭受”，因为它不是被动助词，所以不必紧挨着动词，在它和动词之间可以插入别的成分，如“挨几次打”“挨几次骂”等，后面也可以加动态助词，如“挨了打”“挨过打”等。

（四）主动助词

这类助词用在主动句或有主动者出现的被动句的谓语动词前，强调谓语动词所表示的行为是由主语或主动者发出的，所以我们称之为“主动助词”。现代汉语主动助词主要是“给”和“所”。其中“给”在口语中使用，“所”在书面语中使用。例如：

① 这屋子我都给收拾好啦。

这里在谓语动词“收拾”的前面加上了主动助词“给”，用来强调“我”是“收拾好”的行为的发出者。再如：

② 今天是星期天，我都给忘了！

③ 我把这事给忘了。

以上是主动助词在主动句中使用的例子。在主动句中，主语所代表的人或事物就是行为的发出者，所以主动助词“给”的作用不像在被动句中那样明显。

④ 他叫警察给带走了。

这里在谓语动词“带走”的前面加上了主动助词“给”，用来强调“警察”是“带走”的行为的发出者。再如：

⑤ 我那本书被他给弄丢了。

⑥ 谁不懂得这个道理，谁就会被人民所抛弃。

这里在谓语动词“抛弃”的前面加上了主动助词“所”，用来强调“人民”是“抛弃”的行为的发出者。再如：

⑦ 正因为如此，格里历被世界各国所采用。

以上是主动助词在被动句中使用的例子。在被动句中使用主动者助词，能突出行为的主动者。

【补充说明】

由于主动助词“给”是助词，它只起强调主动者的作用，如果将它从谓语动词前删掉也不影响意思的表达。

（五）预期结果助词

预期结果助词是加在结果短语后或处置动词后，用来表示对行为的预期结果的实现。预期结果助词只有一个，就是"了"（lou）。下面我们具体加以说明。

1. 用在结果补语后，表示对行为的预期结果的实现

在句子中，预期结果助词"了"（lou）用在谓语动词的结果补语的后面，表示对行为的预期结果的实现。这种用法的"了"大都用在祈使句中，很少用在陈述句中。例如：

① 你站〈稳〉了。

② 你拿〈住〉了。

③ 你给我听〈明白〉了。

以上三例中的"了"用来强调对行为的预期结果"稳""住""明白"的实现。这种用法的"了"只是用来强调对行为的预期结果的实现，因而可以去掉，而句子的意思不变，只是祈使语气会增强。

2. 用在处置动词后，表示对行为的预期结果的实现

由于预期结果助词"了"（lou）能表示对行为的预期结果的实现，而有些处置动词所表示的处置行为的结果是不言而喻的，所以后面不需加结果补语，只需加上预期结果助词"了"，就能表示对行为的预期结果的实现。

常用的预期结果明确的处置动词有"吃""喝""咽""忘""扔""倒"（dào，倒水的"倒"）、"卖""还""放"和"扫""洗""摔""闭""杀""切""煮""烧""撕"等。"吃""喝""咽""忘""扔""倒""卖""还""放"等处置动词所表示的行为的预期结果是物体消失、离开主体、回到原处等，"扫""洗""摔""闭""杀""切""煮""烧""撕"等所表示的行为的结果是物体状态改变。人们常在这些动词的后面加上预期结果助词"了"，表示对行为的预期结果的实现。例如：

① 你先去吧。我把咖啡喝了就去。

② 危险，快扔了它！

③ 你把地扫了。

④ 你把苹果洗了。

⑤ 把俘虏放了。

以上四例中的“喝”“扔”“扫”“洗”“放”的预期结果是不言而喻的:“喝”的预期结果是没有剩余的咖啡了(光了);“扔”的预期结果是危险物体离开扔它的人,落到较远的地方;“扫”的预期结果是地变干净;“洗”的预期结果是苹果变干净;“放”的预期结果是俘虏获得自由。因此,“喝”“扔”“扫”“洗”“放”的后面不加补语,直接加预期结果助词“了”,也能使对方理解。不过,在这种情况下,由于动词后没有结果补语,这种预期结果助词“了”不可以去掉,否则句子的意思不完整,也就不成句子了,如“* 你把地扫”“* 你把苹果洗”“* 把俘虏放”等,都不成句子了。

以上是预期结果助词“了”用在祈使句中的例子。

⑥ 我先把苹果洗了,然后再削皮。

⑦ 我得先把上次借的书还了。

⑧ 等一会儿我下楼把垃圾扔了。

⑨ 我先把西瓜切了。

以上是预期结果助词“了”用在陈述句中的例子。

值得注意的是,在句子的主体部分相同的情况下,句末加动态助词“了”(le)和预期结果助词“了”(lou),意思是不同的。例如:

⑩ 我把黑板擦了。

如果这里的“了”是动态助词“了”(le),整个句子的意思是“我”已经对黑板做了“擦”的处置;如果这里的“了”是预期结果助词“了”(lou),整个句子的意思是“我”要对黑板做“擦”的处置。

(六)不完全列举助词

不完全列举助词是用来表示举例性地列举的助词,用来表示对一个范围内所存在的人或事物的不完全列举,主要是“等”“等等”,在书面语中使用。其中“等等”是“等”的重叠形式,表示未列举出的人或事物还有很多,前面要加上逗号。(如果前面列举的各项间用的是分号,“等等”的前面也要加分号。)例如:

① 代表团成员有陈云、李富春、张闻天、粟裕等。

这里“等”表示还有没列举出来的人。

② 含钙的食品有猪肉、猪骨汤、猪肚、羊肝、鸡、鱼、蛋、牛奶、羊

奶、豆制品、谷类、面包、蛋糕、新鲜蔬菜和水果等。

这里“等”表示还有没列举出来的含钙的食品。

③ 最主要的杂剧作家是关汉卿、王实甫、马致远、白朴、郑光祖等人。

这里“等”表示还有没列举出来的最主要的杂剧作家，同时还在后面加上了“关汉卿、王实甫、马致远、白朴、郑光祖等”的同位语“人”。

值得注意的是，尽管“等”的后面还有没列举出来的人或事物，但已经列举出来的通常都是相对重要的人或事物，以上三例就是如此。

④ 公元 1626 年苏州市民暴动，颜佩韦等五人就义。

这里“等”表示还有没列举出来的就义的人，同时还在后面加上了“颜佩韦等”的同位语“五人”，从而清楚地表明就义的人是五个。

⑤ 世界上著名的玛瑙产地有乌拉圭、巴西、印度的德干高原和阿拉伯等地。

以上是列举助词“等”的用例。

⑥ 在沙漠气候的环境中，生活着一些适应干旱条件的动植物，如骆驼、沙鼠、沙蜥、仙人掌、胡杨、沙枣，等等。

⑦ 最古老的农作物有：美洲印第安人培植出的玉米、马铃薯、甘薯，亚洲和非洲人培植出的小麦、大麦、水稻、棉花、粟，欧洲人培植出的小麦，等等。

以上是列举助词“等等”的用例。

还有一点值得注意。有时把一个范围内的人或事物全部列举出来之后，还习惯性地加上列举助词“等”，但这种说法不符合“等”的语法意义，属于语法错误，应该避免。下面的例⑧⑨是我们从语料库中搜索到的：

⑧ *韬奋与救国会的沈钧儒、李公朴、沙千里、史良、章乃器、王造时等七人，以危害民国罪被国民党反动当局逮捕。

这里助词“等”的前面列举出了全部的七个“被国民党反动当局逮捕”人，这个“等”不应该使用。

⑨ *最近秘鲁发现了一种具有白色、米色、褐色、紫色、灰色等五种天然颜色的棉花品种。

这里助词“等”的前面列举出了全部的五种天然颜色的棉花品种，这个“等”也不应该使用。

（七）描写助词

描写助词是用来表示对人或事物的外部形态、动作行为的方式等进行描写的助词。描写助词有两种，一种是比喻性描写助词，主要有“似的”“一样”“般的”等；一种是直接描写助词，主要是“的”。下面我们分别举例加以说明。

1. 比喻性描写助词（比况助词）

学术界通常把比喻性描写助词称为“比况助词”。比喻性描写助词“似的”“一样”“般的”等用在名词性、动词性词语的后面，构成比喻性的描写短语（比况短语），对人或事物的状态、动作行为的方式等进行描写。其中“似的”在口语中使用，“一样”在口语和书面语中都使用，“般的”在书面语中使用。同时，“似的”和“一样”经常和描写动词“像”“好像”等搭配使用，“般的”一般单独使用。例如：

① 这种像风车似的风力发电装置，又叫风力发动机。

这里比喻性描写短语“像风车似的”用来描写风力发电装置的外形。

② 树木好像抽水机一样，能吸收土壤中的水分。

这里比喻性描写短语“好像抽水机一样”用来形象地说明树木有吸水的能力。

③ 在人类揭开维生素秘密以前，坏血病、夜盲症、癞皮症、脚气病，像魔鬼一样使数以万计的人失去幸福或生命。

这里比喻性描写短语“像魔鬼一样”用来形象地说明“坏血病”“夜盲症”等疾病可怕的程度。

④ 金老师，说真的，自从我离开您以后，就像丢了什么似的。

这里比喻性描写短语“像丢了什么似的”用来描写“我”离开“您”以后的那种失落感。

⑤ 它体型虽大，但并不笨拙，不仅会游泳、爬树，还会像人一样站立行走。

这里比喻性描写短语“像人一样”用来描写“它”（黑熊）行走的方式。

⑥ 羚羊般的飞奔——跨栏跑

这里比喻性描写短语“羚羊般的”用来描写跨栏跑的动作姿态。

⑦ 两年前老伴去世，他像变了一个人似的，整天郁郁寡欢，健康状况也

一日不如一日。

这里比喻性描写短语“像变了一个人似的”用来形象地说明“他”的精神状态变化幅度很大。

⑧ 公牛疼痛难忍，发疯似的乱蹿。

这里比喻性描写短语“发疯似的”用来描写公牛乱蹿时的动作姿态。这里“似的”没有与比况动词“像”或“好像”搭配使用。

2. 直接描写助词

直接描写助词是相对于比喻性描写助词而言的，它是用在作谓语或补语的状态形容词或状态形容词重叠式的后面，帮助表示描写的意义。现代汉语直接描写助词是“的”。例如：

① 车窗外，一片片水田里，晚稻秧苗绿油油的，长势良好。

② 那种语气冷冰冰的，我好像都不认识他了。

③ 陈涛虽然只得了铜牌，但这枚铜牌沉甸甸的。

以上三例中，直接描写助词“的”放在作谓语的状态形容词后面。

④ 正当夏日时节，平原上庄稼长得绿油油的。

⑤ 早晨的阳光射到玻璃窗上，把屋子照得亮堂堂的。

⑥ 她那对小胳膊小腿儿长得胖乎乎的，十分可爱。

以上三例中，直接描写助词“的”用在作补语的状态形容词后面。

⑦ 她的牙雪白雪白的。

上面这一例中，直接描写助词“的”用在作谓语的状态形容词的反复式的后面。

⑧ 他回来时，手脚冻得冰凉冰凉的。

上面这一例中，直接描写助词“的”用在作补语的状态形容词反复式的后面。

【补充说明】

第一，描写助词“的”是由结构助词“的”演变来的，并且都可以用在状态形容词的后面，但语法作用是不同的，前者用来表示描写，后者用来表示偏正结构，是定语的标志。如“手脚冻得冰凉冰凉的”中的“的”是描写助词，而“冻得冰凉冰凉的手脚”中的“的”是结构助词。另外，描写助词“的”可以去掉，不影响意义的表达，而描写性定语后的结构助词“的”一般不可以去掉。

第二，结构助词“的”后面的中心语有时省略，这种“的”看起来像是描写助词。例如：

⑨ 那岁月是火辣辣的，汗淋淋的，也是沉甸甸的。

上面这一例中的三个“的”都是结构助词，后面的中心语“岁月”都承前省略了，而且这三个“的”都不可以去掉。

（八）假设助词

假设助词是用在假设关系复句的假设分句末尾，帮助表示假设。只有“的话”这一个，一般在口语中使用。例如：

① 不怕，要是战争不可避免的话，怕也没用。

② 我在这里的讲座都安排在周末，要是在韩国的话，学生是不会来听的。

③ 如果让我选择的话，下辈子我还要做演员。

④ 这是大事，还是按原计划进行，不然的话，群众会有意见。

这里“不然”是“不这样”的意思，表示与前面所说的情况相反。当假设分句是“不然”的时候，前面一般不使用假设连词，但后面一般要加上假设助词“的话”。在口语中，一般形式的假设分句句首也经常不使用假设连词，只在末尾加上假设助词“的话”。例如：

⑤ 明天我有时间的话，我跟你一起去。

以上五例中，前四例中的假设助词“的话”都可以去掉，也不影响理解，只是书面语色彩会增强。例⑤中的假设助词“的话”不可以去掉，否则整个句子完全没有了假设的意思，是肯定地告诉对方自己“明天”有时间。

（九）约数助词

约数助词是用来辅助数词或数量短语来大致表示数量的助词。现代汉语中的约数助词主要有“来”“多”“左右”等。

1. 多

约数助词“多”加在某个整数的后面，表示数量大于该整数，而小于上一个整数。如“十多个”，表示大于十，小于二十；“三斤多”，表示大于三斤，小于四斤。根据表达的数目的需要，“多”有时需要放在数词的后面（如“10

多个小时”)，有时需要放在量词的后面（如“10个多小时”）。下面我们归纳一下“多”表示约数时的位置。

第一，当人或事物的数量、长度、宽度、高度、重量、时间等是大于10和10的倍数（如20、30、100、110、1000、1100）的整数时，“多”加在数词的后面。例如：

10多个人 90多个人 100多个人 110多个人 900多个人 1000多个人 1100多个人 1900多个人 2000多个人

10多米长 90多米长 100多米长 110多米长 900多米长 1000多米长 1100多米长 1900多米长 2000多米长

10多斤粮食 90多斤粮食 100多斤粮食 110多斤粮食 900多斤粮食 1000多斤粮食 1100多斤粮食 1900多斤粮食 2000多斤粮食

10多个小时 90多个小时 100多个小时 110多个小时 900多个小时 1000多个小时 1100多个小时 1900多个小时 2000多个小时

10多天 90多天 100多天 110多天 900多天 1000多天 1100多天 1900多天 2000多天

10多年 90多年 100多年 110多年 900多年 1000多年 1100多年 1900多年 2000多年

10多岁 20多岁 30多岁 90多岁 100多岁

第二，当事物的数量、长度、宽度、高度、重量、时间等是两个相邻整数之间的数目时，“多”加在量词的后面。例如：

1米多长 2米多长 10米多长 13米多长 75米多长

1斤多肉 2斤多肉 10斤多肉 13斤多肉 75斤多肉

1个多小时 10个多小时

1天多 2天多 10天多

1个多月 10个多月

1年多 10年多

1岁多 2岁多 10岁多

“多”在上述的两种不同的位置上时，所表示的数量是不同的。如“10多米长”，表示长度在11米和20米之间，而“10米多长”，表示长度在10米和11米之间。再如“10多个小时”，表示时间量在11个小时和20个小时之间，而“10个多小时”表示时间量在10个小时和11个小时之间。

2. 来

约数助词“来”表示接近某个数目，这与约数助词“多”的意义相反。“来”在句子中出现的位置与“多”大体相同。具体说来如下：

第一，当人或事物的数量、长度、宽度、高度、重量、时间等是大于 10 和 10 的倍数（如 20、30、100、110、1000、1100）的整数时，“来”加在数词的后面。例如：

10 来个人　90 来个人　100 来个人　110 来个人　900 来个人　1000 来个人　1100 来个人　1900 来个人　2000 来个人

10 来米长　90 来米长　100 来米长　110 来米长　900 来米长　1000 来米长　1100 来米长　1900 来米长　2000 来米长

10 来斤粮食　90 来斤粮食　100 来斤粮食　110 来斤粮食　900 来斤粮食　1000 来斤粮食　1100 来斤粮食　1900 来斤粮食　2000 来斤粮食

10 来个小时　90 来个小时　100 来个小时　110 来个小时　900 来个小时　1000 来个小时　1100 来个小时　1900 来个小时　2000 来个小时

10 来天　90 来天　100 来天　110 来天　900 来天　1000 来天　1100 来天　1900 来天　2000 来天

10 来年　90 来年　100 来年　110 来年　900 来年　1000 来年　1100 来年　1900 来年　2000 来年

10 来岁　20 来岁　30 来岁　90 来岁　100 来岁

第二，当事物的数量、长度、宽度、高度、重量、时间等是两个相邻整数之间的数目时，“来”加在除了“天”“年”和“岁”以外的量词的后面。例如：

1 米来长　2 米来长　10 米来长　13 米来长　75 米来长

1 斤来肉　2 斤来肉　10 斤来肉　13 斤来肉　75 斤来肉

1 个来小时　10 个来小时

1 个来月　10 个来月

“来”在上述的两种不同的位置上时，所表示的数量是不同的。如“10 来米长”，表示长度不到 10 米，可能是 8 米、9 米，而“10 米来长”，表示长度接近 10 米，比如 9.7 米、9.8 米、9.9 米。再如“10 来个小时”，表示时间量接近 10 个小时，可能是 8 个小时、9 个小时，而“10 个来小时”表示时间量接近 10 个小时，可能是 9 个半小时、9 小时零 40 分钟、9 小时零 50 分钟等。

【补充说明】

第一，量词“天”和“年”的后面不加约数助词“来”，是为了避免与表示时间的方位词“来”混淆。数量短语“数词 + 天”和“数词 + 年”的后面有时加方位词“来”，如“一天来”“三天来”“一年来”“两年来”等，这种方位词“来”其实是由方位词“里”发音演变成的[①]。例如：

① 每天夜里，他总是回顾一天来的学习和与人交往的情况。

这里“一天来”的意思是“(这)一天(时间)里”。

② 三天来两国领导人进行了一系列“友好和坦率的会谈”。

这里“三天来”的意思是“(这)三天(时间)里”(包括当天和当天前的两天)。

③ 一年来两国关系发展得并不顺利。

这里“一年来”的意思是“(这)一年(时间)里”。

④ 中国民生银行成立两年来业务发展迅速。

这里“两年来”的意思是“(这)两年(时间)里”。

第二，表示年龄的数量短语后不加“来”，如不说“两岁来”，而说“不到两岁”或“两岁不到”。

3. 左右

约数助词“左右”表示略微多于或少于某个数目，一般用在数量短语或分数的后面。例如：

① 现代常用的汉字有 3500 个左右。

② 预计到 2005 年，将建成机场 40 个左右。

③ 从 24 日凌晨起到 25 日上午，他们已经捕捞带鱼一百万斤左右。

④ 这些孩子最小的才六岁半，最大的十三岁左右。

⑤ 长江中下游地区的最低气温将下降至 0℃左右。

⑥ 牡丹江市体育教师队伍逐年扩大，具有中专以上学历的教师占 94% 左右。

---

① 古代和现代的有些地区把“夜里”(意思是“昨天夜里”)说成“夜来”，由此可知，有些习惯说法中的“来”其实是“里”，同时“一天来”“一年来”等习惯说法只有理解成“一天里”“一年里”才是正确的。

值得注意的是，如果数量短语或数词的后面还有名词，约数助词“左右”一般要放在名词后，如“二里地左右”“有十个人左右”。

⑦ 学生营养餐，现在的价格大约 2 元钱左右 1 份，这对于大中城市一般家庭来说，是完全可以承受的。

这里数量短语“2 元”的后面有名词“钱”，约数助词“左右”放在“钱”的后面。

⑧ 公报的草稿送到周总理手里，已经是四点钟左右。

这里数量短语“四点”的后面有名词“钟”（意思是用时钟表显示的时间），约数助词“左右”放在“钟”的后面。

⑨ 在起义过程中，起义武装力量迅速扩大，总数达到八万人左右。

这里数词“八万”的后面有名词“人”，约数助词“左右”放在“人”的后面。另外，“八万”的后面实际上省略了量词“个”。

⑩ 目前，我国小学阶段的识字量是 2000 字左右。

这里数词“2000”的后面有名词“字”，约数助词“左右”放在“字”的后面。另外，“2000”的后面实际上省略了量词“个”。

十三、语气词

语气词就是用来表示各种语气的词。所谓语气，就是说话人对自己所说的人或事物的看法和态度。

语气可以通过语调来表示，如用下降的语调表示陈述，上升的语调表示疑问，等等。但是语调的变化是很有限的，而人们需要表示的语气的种类却很多，光靠语调变化是远远不够的，因此汉语中产生了大量的用来表示语气的词，我们前面讲到的语气副词就是用来表示语气的词。此外，汉语中还有大量的语气词。语气词跟语气副词不同，它不是用在句中的某个词语前后，而是用在句末，帮助整个句子表示某种语气。

汉语中的语气词主要有五种：陈述语气词、疑问语气词、祈使语气词、感叹语气词、动态语气词。前四种语气词分别用在陈述句、疑问句、祈使句、感叹句的句末（关于这四种句型，参见 472 页“第二节　单句的语气类型”），帮助表示陈述、疑问、祈使、感叹语气；动态语气词主要用在陈述句中，在疑问句、祈使句、感叹句中也使用，用来表示事情发生、发展、变化的情况。

（一）陈述语气词

汉语陈述语气词主要有“啊”“吧”“呢”“了”“的”“嘛”等。下面我们分别加以说明。

1. 啊（a）

语气词“啊”用在陈述句末，用来表示强调、提醒、惊讶、列举等语气。“啊”在表示这些语气的时候，往往同时还有其他作用，如减轻口气（口气是指说话时所表现出的气势），表示感慨、惋惜、激动的心情等。“啊”有时写成“呀”，有时写成“哪”，有时写成“哇”（详见下面的“补充说明”）。

（1）表示强调的语气

① 我不知道啊。真的，我不知道。

这里前一句用“啊”来强调“我不知道”，后一句用语气副词“真的”来强调“我不知道”（语气副词“真的”与“真”意义相同，表示确认的语气）。

② 我忙得连上厕所的时间都没有啊！

这里“啊”用来强调自己忙的程度，同时表达内心的感慨。

③ 好孩子，听话，姑姑没办法带你走啊！

这里“啊”用来强调自己没办法带对方走，同时表达一种无可奈何的心情。

④ 老爷子，这可是你自己虐待自己啊！

这里“啊”用来强调“老爷子”的做法对他自己不利，同时表达一种惋惜的心情。

（2）表示提醒的语气

① 人啊，认识你自己。

这里“啊”用在呼唤语的后面，用来提醒读者注意听后面的内容。

② 小王啊，这事就交给我办吧，你不用管了……

这里“啊”用在呼唤语的后面，用来提醒对方注意听后面的内容，同时表达一种亲切的感情色彩。

③ 总理啊！您别走，您别走啊！人民需要您，人民离不开您啊！

这里第一个“啊”用在呼唤语的后面，用来提醒总理注意（这里用了

"呼告"修辞手法，用呼告的方式跟死者对话，表示对死者的留恋），同时表达亲切喜爱的感情色彩；第二个"啊"用来表示劝阻的语气（参见 367 页"3. 表示劝阻的语气"）；第三个"啊"用来强调"人民离不开您"，同时表达内心的感慨。

（3）表示惊讶的语气

① "你还记得我啊，你还记得我啊！"宋大姐显得很感动。

这里语气词"啊"表示惊讶的语气，同时表达了一种激动的心情。

② 原来你一直念叨的李云鹤就是她呀。

这里语气词"呀"表示惊讶的语气。句首的"原来"是语气副词，表示知道了事情的真相。

③ 你这是什么话呀！是在开玩笑吧？

这里语气词"呀"表示惊讶的语气。第二句句末的"吧"是疑问语气词，表示推测的语气（参见 356 页"2. 吧"）

（4）表示列举的语气

这种用法是由表示提醒语气的用法引申出来的。例如：

① 孩子们吃啊，笑啊，唱啊，跳啊……

这里列举了"孩子们"吃饭时所做的表达高兴心情的事情，其中的"啊"表示列举的语气。

② 生活上要用的粮食啊，油啊，都有了，临时的住宿也有了。

这里用"啊"表示列举的语气。

【补充说明】

语气词"啊"（a）受前一音节发音的影响，在发音上有时变成 ya，有时变成 na，有时变成 wa，字分别写作"呀""哪""哇"等（但在比较正式的文体中，通常全都写作"啊"），其他音变，如 ra、nga [ŋa]，没有特定的字来表示，甚至也不能用汉语拼音来表示。下面我们具体加以说明。

第一，当前一个音节的韵母或韵尾是 a、e、i、o、ü 的时候，"啊"发音变成 ya，有时仍然用"啊"字表示，有时用"呀"字表示。例如：

① 这是我的家（jiā）啊。

② 快上车（chē）啊。

③ 你喜欢吃烧鸡（jī）呀？

④ 这是你的错（cuò）呀。

⑤ 你也喜欢看京剧（jù）呀？（jù 是 jù 的替代写法）

第二，当前一个音节的韵母或韵尾是 u 的时候，“啊”发音变成 wa，有时仍然用“啊”字表示，有时用“哇”字表示。例如：

① 苦瓜真苦（kǔ）啊！

② 你汉语说得真好（hǎo）啊。（ǎo 是 ǎu 的替代写法）

③ 你不喝酒（jiǔ）啊？

④ 这天气不戴手套真冻手（shǒu）哇。

第三，当前一个音节的韵尾是 n 的时候，“啊”发音变成 na，有时仍然用“啊”字表示，有时用“哪”字表示。例如：

① 这活不好干（gàn）哪。

② 快关门（mén）啊。

③ 我想参军（jūn）啊。

第四，当前一个音节的韵尾是 ng [ŋ] 的时候，“啊”发音变成 nga [ŋa]，仍然用“啊”字表示。例如：

① 快唱（chàng）啊！

② 这件事我办不成（chéng）啊 。

③ 我听不懂（dǒng）啊。

第五，当前一个音节的韵尾是 -i [ʅ]、er 的时候，“啊”发音变成 ra，仍然用“啊”字表示。例如：

① 这种病不好治（zhì）啊。

② 中国菜真好吃（chī）啊。

③ 是（shì）啊。

④ 今天是星期二（èr）啊。

值得注意的是，字典词典中都把“二”注为 èr，但除了一些方言区以外，一般都说成 àr。

⑤ 他是一个小孩儿（hár）啊。

第六，当前一个音节的韵尾是 -i [ɿ] 的时候，“啊”发音变成 [za]，仍然用“啊”字表示。例如：

① 我喜欢写毛笔字（zì）啊。

② 他还是一个孩子（zi）啊。

③ 我只去过一次（cì）啊。

④ 今天是星期四（sì）啊。

2. 吧

语气词“吧”用在陈述句中，主要用来表示推测、同意、认可等语气。

（1）表示推测的语气

①“您看，这幅画是多大年纪人画的?”“60 多岁吧。”

② 大概是因为经济条件不好吧，大概是因为节俭吧，她平时舍不得花一分钱，从来不买零食。

这里推测出“她”不舍得花钱的两个原因，句首都使用了表示推测语气的语气副词“大概”，句末也使用了表示推测语气的语气词“吧”，加强了推测的语气。

③ 我终于找到你了，这不是做梦吧!

这里用“吧”表示推测语气。其实事实与梦境的区别是很清楚的，没有必要推测，整个句子只是用推测语气来表达一种惊喜的心情。

（2）表示勉强同意的语气

语气词“吧”用在表示回应对方要求的句子末尾时，表示同意对方要求的语气。由于语气词“吧”的常用功能是表示祈使语气，就是要求对方做某事的语气，所以用来表示自己同意对方的要求时，似乎是自己在劝说自己，这样就给整个句子带来了一种勉强同意的语气。例如：

① 好吧，就照你的意见办。

这里“好”本身就表示同意对方意见的意思，如果不加“吧”，就说成“好”，表示完全同意对方的意见，加上了“吧”，带有一点勉强同意的语气。

② 妻子说：“明天旅游你别去了吧，家里还有好多事呢。”丈夫说：“算了吧，不去就不去吧。”

这里妻子的第一句话是一个祈使句，表示劝说丈夫不去旅游，句末的语气词“吧”表示的是祈使语气。丈夫的第一句话“算了吧”也是一个祈使句，“吧”表示祈使语气，整个句子用来表示劝说自己放弃自己的主张。丈夫的第二句话“不去就不去吧”表示同意妻子“不去旅游”的要求，“吧”表示勉强同意的语气，两句话合起来，更清楚地表示了勉强同意妻子要求的意思。另外，“不去就不去吧”是一个推论性因果关系紧缩复句［参见579页“（六）因果关系紧缩复句”］，它的完整形式是：

（既然）你要求我不去，那我就不去吧。

③ 好，那我就跟你去吧。

这里“吧”也是表示勉强同意的语气。

（3）表示不在意的语气

语气词“吧”有时用来表示不在意的语气。所谓不在意，就是不把可能让自己烦恼、难过的事放在心上，不因为它而烦恼、难过。例如：

① 这样的人走就走吧。

这句话的意思是：这样的人走了，我们不在意。另外，这个句子是一个推论性因果关系紧缩复句，它的完整形式是：

既然这样的人要走，那就让他走吧。

② 你别找啦！丢就丢了吧！

这里“丢就丢了吧”的意思是：接受丢了的事实，不要在意。

③“这双鞋有点大。”“大就大点吧，没有小一点的了。”

这里“大就大点吧”的意思是：接受“大”的事实，不要在意。

3. 呢

语气词“呢”用在陈述句末时，主要用来表示一种行为正在进行的语气、推测的语气、强调事实的语气等。

（1）表示一种行为正在进行的语气

语气词“呢”可以用来表示一种行为正在进行的语气。在这种用法上，我们可以称之为“进行体语气词”。进行体语气词“呢”在纯粹的口语中使用。例如：

① 你就自己去吧，主席在家等着呢。

② 当北温带的人们正穿着大棉袄的时候，南温带的人们却在海滨浴场避暑呢。

这里前一句用进行体副词“正”表示正在保持着穿大棉袄状态，后一句用进行体语气词“呢”表示在海滨浴场避暑的行为正在进行。

③ 原来，那个男人是个骗子，警察正在找他呢。

这里在谓语动词“找”的前面使用了进行体副词“正在”，句末又使用了进行体语气词“呢”，表示“找他”的行为正在进行。

（2）表示推测的语气

语气词“呢”用在表示推测未来情况或事情发生原因的句子末尾，表示推测语气，并且含有自己的推测很有把握的语气。例如：

① 英国未来说不定会出一位黑人首相呢！

② 我想，正因为我是个恶棍，你才爱我呢。

以上二例中的“呢”都表示推测的语气。例①表示对未来情况的推测，例②表示对事情发生原因的推测。另外，例①中的“说不定”和“会”是“有可能”的意思。

（3）表示强调事实的语气

语气词“呢”还可以用来表示强调对方没有意识到、没有注意到或不了解的事实等的语气。例如：

① 说到这里，还有一段有趣的故事呢。

② 也许很多人还不知道，汪清还是全国人大代表呢。

以上二例中的“呢”用来强调对方不了解的事实。

③ 我明白他这是“激将法”，我才不上他的当呢。

这里“呢”用来强调“他”没有意识到的事实。整个句子用来表示自己会让“他”失望的意思。

④“你才是教条主义。”“你才是教条主义呢。”

这里“呢”用来强调“你”没有意识到的事实。整个句子用来反驳“你”对“我”的评价。

⑤ 你看，鞋的一边还写着字呢。

⑥ 我刚从河里出来，脚还没干呢。

以上二例中的“呢”用来强调对方没有注意到的事实。

⑦ 你把这瓶香水弄洒了，她回来要不骂你，那才怪呢。

这里“呢”用来强调对方没有意识到将会发生的事情。整个句子的意思是“她”回来一定会骂你。

（4）表示提醒的语气

语气词“呢”可以用来表示提醒听者或读者注意的语气。主要在以下三种情况下使用：

第一，加在对比句的对比对象的后面，提醒听者或读者注意对比的结果。例如：

① 可是他们都很成功。而你呢，一事无成。

② 日本对杂交水稻的研究，50 年代就开始了，我国呢，60 年代才开始研究。

③ 四年前这里还是一片荒地。现在呢，已经成了一个精美的住宅小区了。

以上是语气词“呢”用在对比句的对比对象的后面，提醒听者或读者注意对比的结果的例子。

第二，加在结果连词的后面，提醒听者或读者注意后面要说明的结果。例如：

④ 她一再提醒我别忘带手机，结果呢，我还是给忘了。

这里语气词“呢”用在结果连词“结果”的后面，提醒听者或读者注意后面要说到的结果。

第三，加在表示揭示事实的语气副词后面，提醒听者或读者注意后面要揭示的事实。例如：

⑤ 我听他说话以为他胆子很大，其实呢，胆小得要命。

这里语气词“呢”用在语气副词“其实”的后面，提醒听者或读者注意后面要揭示的事实。

4. 嘛

陈述句中的语气词“嘛”是由疑问语气词“吗”演变成的，在口语中发音也是相同的（但用降调说出），在书面上，为了区别于疑问语气词“吗”，而写作“嘛”。陈述语气词“嘛”主要有四种作用：

（1）表示事实或道理显然如此

语气词“嘛”用在陈述事实或道理的句子末尾，表示事实或道理显然如此的语气。例如：

① 只有加强上下团结，事情才更好办嘛。

② 赚钱靠什么，靠信息嘛。

③ 大家都是为了一个共同的目标，才走到一起来的嘛。

④ 人家不就是看好我有技术，还挺能干的嘛！

这是由反问句转化成的陈述句，表面上说“不就是……”，实际上表示的是“就是……”的意思。我们把这种陈述句称为“反意陈述句”。表示强调事实或道理显然如此的语气词“嘛”就是由疑问语气“吗”转化成的，最初用在“反意陈述句”中，再扩展到“非反意陈述句”中（如例①、例②、例③）。

（2）表示原因是显而易见的

语气词“嘛”用在说明原因的句子末尾，表示原因很明显、很容易知道的语气。例如：

① 能省一点是一点，工薪阶层嘛。

这里“工薪阶层嘛”的前面省略了原因连词“因为”。

② 战士们说：“军人嘛，就要服从命令。”

这里“军人嘛”的前面省略了原因连词“因为”。

③ 亲爱的读者，请你到河源去看看吧，“百闻不如一见”嘛！

这里“百闻不如一见”的前面省略了原因连词“因为”。

（3）表示提醒的语气

语气词“嘛”有时用在陈述句的主语、前置宾语、状语等的后面，然后加上停顿，用来提醒听者注意后面的内容。例如：

① 我这个人嘛，就是好管闲事儿，所以成天都在瞎忙乎。

② 原因嘛，可以说很多。

以上二例中的语气词“嘛”用在主语后。

③ 你们来了，先看看文件，认认环境，工作嘛，慢慢地就熟悉了。

这里语气词“嘛”用在前置宾语后。

④ 本来嘛，谁也没有忘记过去的情分。

这里语气词“嘛”用在句首状语的后面。

5. 的

语气词“的”用在陈述句末时，表示肯定语气，表示对自己所说的内容的肯定。可以用在肯定句末，也可以用在否定句末。这种用法的“的”可以去掉，句子的意思不变，但句子的肯定语气会有所减弱。例如：

① 他讲得挺有意思的。

② 您就放心吧，我过得挺好的。

③ 一点小病，不要紧的。

以上三例中的语气词“的”分别用来表示对“他讲得挺有意思”“我过得挺好”“一点小病不要紧”的肯定。

这种表示肯定语气的语气词“的”是由位于句末的描写助词“的”演变成的。当描写助词“的”位于句末时，不仅能表示对人或事物的状态进行描写，还能给人以一种非常肯定的感觉。例如：

④ 山坡上绿油油的，长满了茂盛的植物。

由于位于句末的描写助词“的”能给人以一种语气很肯定的感觉，于是人们就根据这一点，把它当作肯定语气词来使用。

语气词“的”也常与判断词“是”配合使用，这种情况下的“是”不表示判断，也是起加强肯定语气的作用。例如：

⑤ 鲁迅先生也说，吐一点血是不要紧的。

⑥ 周恩来是反对盲目暴动的。

⑦ 我没让她来，她是不会来的。

在以上三例中，语气词“的”与判断词“是”配合使用，用来加强肯定语气，二者可以同时去掉，句子的意思不变，但肯定的语气就减弱了。

（二）疑问语气词

汉语疑问语气词主要有“吗”“呢”“吧”“啊”等。这几个语气词虽然都表示疑问语气，但相互间是有一定区别的。下面我们分别加以说明。

1. 吗

疑问语气词“吗”主要有两个作用：一是放在疑问句（主要是是非问句[①]）的末尾，表示纯粹疑问的语气；二是用在反问句末，用来加强反问语气。

（1）表示疑问语气

① 你喜欢画画吗？

② 香港大学对新生的英语要求高吗？

③ 你相信吗？地球也长了眼睛。

① 是非问句是要求对方作肯定或否定回答的疑问句。参见本书 481 页“1. 是非问句”部分。

以上三例中的语气词“吗”都用在疑问句末，表示纯粹疑问的语气，所在的句子都属于是非问句，要求对方作肯定或否定的回答，如例①的回答应该是“喜欢”或“不喜欢”，例②的回答应该是“高”或“不高”。

（2）加强反问语气

疑问语气词“吗”也用在反问句末。反问句并不是真正的疑问句，发问人心中并没有真正的疑问，只是用疑问句的形式曲折地表达自己对事情的看法，通常用肯定形式表示否定的意思，用否定形式表示肯定的意思。反问句常用来表示不满或反驳。例如：

① 我们在旧中国受的苦，能忘记吗？

这个句子的意思是：我们在旧中国受的苦，不能忘记。

② 年轻人骑自行车上班不挺好吗？既能锻炼身体，又省钱。

这里第一句是一个反问句，意思是：年轻人骑自行车上班挺好。

③ 你们不就是想抱养个孤儿吗？

这个句子的意思是：你们就是想抱养个孤儿。

④ 这难道是巧合吗？

这个句子的意思是：这不是巧合。

以上四例中的语气词“吗”都是用来加强反问语气的。例④同时还用反问语气副词“难道”来加强反问语气，属于书面语。

值得注意的是，一个肯定形式的疑问句究竟表示纯粹的疑问，还是表示反问，并不是由语气词“吗”表示的，而主要是由语境、语调和句子的逻辑重音（强调重音）表示的。例如：

⑤ 这是你的吗？

这个疑问句如果不加入特定的重音，它就是一个纯粹疑问句，而如果将逻辑重音放在“是”或“你”上，它就是一个反问句。可见，疑问语气词“吗”的作用就是加强语气，用在纯粹疑问句中就加强纯粹疑问语气，用在反问句中就加强反问语气。

在口语中，为了减轻语气，有时用降调将反问句说出，句末的语气词“吗”就变成了陈述语气词，在书面上通常写作“嘛”（关于“嘛”的用法，详见第 359 页“4. 嘛”）。

2. 呢

疑问语气词“呢”主要有两个作用：一是用在疑问句的末尾，加强疑问语气；二是用在反问句的末尾，用来减轻语气。

(1) 加强疑问语气

有时为了加强疑问句的疑问语气，在疑问句末加上疑问语气词“呢”。例如：

① 那么，空气是什么呢？

② 这是为什么呢？

③ 虎妞是在等谁呢？是等祥子吗？

④ 听口音，是湖南人。我还在想，这是谁呢？怎么这么眼熟？

⑤ 那么，到底是谁在讥讽谁呢？

⑥ 那么，雅舍在哪儿呢？

⑦ 严肃音乐的知音哪儿去了呢？

这里“哪儿去”的意思是“到哪儿去”，省略了动词“到”。

以上是语气词“呢”用在特指问句末的例子。特指问句有疑问代词，而疑问代词本身就可以表示疑问，疑问语气词“呢”只起加强疑问语气的作用。

⑧ 长跑锻炼是在早上进行好呢，还是晚上好呢？

⑨ 美国是投下了一颗原子弹呢？还是两颗？

⑩ 是继续坚持下去，还是打退堂鼓呢？

以上是语气词“呢”用在选择问句末的例子。其实，选择问句也可以不加疑问语气词“呢”，只是加上“呢”以后，疑问语气增强了。

⑪ 唐小姐去不去呢？

⑫ 我留下来陪你，跟你聊聊天，你说好不好呢？

以上是语气词“呢”用在正反问句末的例子。正反问句同样可以不加疑问语气词“呢”，只是加上“呢”以后，疑问语气也增强了。

总之，疑问语气词“呢”在疑问句中都是起加强疑问语气的作用，把“呢”去掉，疑问句仍然是疑问句，意思也不变，只是疑问语气有所减弱。

【补充说明】

第一，当疑问句所询问的内容比较明确的时候，人们有时会把询问内容省略，只说出主语和疑问语气词“呢”。例如：

⑬ 他眨着小眼珠，向四周审视了一下，哇地哭起来："我妈呢？"

这里"我妈呢？"是一个省略式的疑问句，完整说法是："我妈在哪儿呢？"或"我妈到哪儿去了呢？"

⑭ 一进门就兴奋地喊："我的女儿呢？"

这里"我的女儿呢？"的完整说法是："我的女儿在哪儿呢？"

⑮ 放学归来，看到水果篮里空空如也，心爱的苹果已不翼而飞，顿时急得双脚跳，一叠声地叫着："苹果呢，我的苹果呢？"

这里"苹果呢，我的苹果呢？"的完整说法是："苹果哪儿去了呢？我的苹果哪儿去了呢？"

⑯ 我的钥匙呢？

这句的完整说法是："我的钥匙哪儿去了？"

以上是疑问语气词"呢"用在名词的后面，用来询问该名词所代表的人或事物所在的地方或去向，尤其是当本以为某人或某物在某处却不在某处的时候，常使用这种省略的说法。

第二，当甲乙双方对话时，甲方在说完自己的情况或了解到某人的情况之后，再询问乙方相应的情况或其他人的相应情况时，常常只在代表乙方或其他人的词语（代词或名词）后加上语气词"呢"。例如：

⑰ 我要出去玩了，你呢？

这里"你呢"是由"你出不出去玩呢"省略成的。

⑱ 我一天写三千字，你们呢？

这里"你们呢"是由"你们一天写多少字呢"省略成的。

⑲ A：你妈在家吗？　B：不在家。

A：你爸呢？　B：我爸也不在家。

这里"你爸呢"是由"你爸在不在家呢"省略成的。

（2）减轻反问语气

语气词"呢"也用在反问句末，用来减轻反问语气。例如：

① 谁能说这不是一种进步呢？

② 这怎么能行呢？

③ 工作这么忙，哪有时间读书呢？

以上是语气词"呢"用在反问句末的例子。语气词"呢"本来可以用来加强疑问语气，而反问句本来是无疑而问，所以把“呢”用在反问句末，似乎是在向对方提出疑问，从而减轻了反问语气。

3. 吧

语气词“吧”用在疑问句中，表示推测性的疑问。例如：

① 你就是徐老的外孙女吧？

这里说话人猜测对方是徐老的外孙女，需要对方确认。

② 您是职业高中的学生吧？

这里说话人猜测对方是职业高中的学生，需要对方确认。

③ 你不会不高兴吧？

这里说话人担心对方会不高兴，但又希望他不会如此，因此用双重否定句式配合推测语气来询问。

④ 这个看法，恐怕不会得到大多数人的认可吧？

这里语气词“吧”与表示推测语气的语气副词“恐怕”配合使用，用来进一步减轻否定语气。

4. 啊

语气词“啊”用在疑问句末，用来减轻疑问语气。例如：

① 你问我们这个干什么呀？

② 余校长反问：“你问这个干什么？”

以上二例中，例①用了疑问语气词“呀”（“啊”的音变），疑问的语气比较轻，因而口气也比较轻。例②没有使用疑问语气词“呀”，疑问的语气比较重，口气也就比较重，表现出对对方不满的情绪。

③ 突然，门“咚咚”地被敲响，女孩放下饭碗：“谁呀？”

疑问代词“谁”本来可以单独用来提问，这里在“谁”的后面加上语气词“呀”，用来减轻疑问语气，进而减轻口气。为什么要减轻口气呢？因为敲门或按门铃的人有可能是自己的亲朋好友，如果用强硬的口气问，显得不够友好。试比较：

④ 他敲了敲门，里面传出一个熟悉的声音：“谁？”

这里单独用疑问代词“谁”来提问口气比较重，通常在比较惊恐或不高兴的情况下这样问。

⑤“谁?”他可怕地叫了一声。

这里单独用疑问代词“谁”来提问，口气比较重，而且也流露出惊恐的心情（后一句“他可怕地叫一声”也表明了这一点）。

（三）祈使语气词

所谓祈使语气，就是要求对方做或不做某事的语气。要求对方做或不做某事的方式有请求、劝说、劝阻、建议、命令、嘱咐、催促等，因此，祈使语气包括请求语气、劝说语气、劝阻语气、建议语气、命令语气、嘱咐语气、催促语气等。汉语祈使句末通常使用祈使语气词，主要有“吧”“啊”“了”等。其中“吧”用来表示请求、劝说、建议、命令等语气，“啊”用来表示催促、嘱咐等语气，“了”用来表示劝阻的语气。

1. 表示请求的语气

所谓请求，就是以诚恳、谦卑的态度向对方提出要求，希望得到满足。这类语气词主要是“吧”。根据请求的内容不同，请求语气可以分成如下几种：

（1）请求对方允许或同意自己做某事

① 他当时目不转睛地看着香港的方向，当身边人一再请他上车时，他说：“让我再看一会吧。”

② 让我考虑考虑，明天给你答复吧。

（2）请求对方为自己做某事

① 院长，给我改个名字吧，我不想姓党啦！

② 请你给我写句你体会最深的话吧！

（3）请求对方对自己做某事

① 求你们放我们走吧。

② 求求你了！医生，输我的血吧。我对不起她。成全我一次吧！

（4）请求对方将某物给与自己

① 把画给我吧，行吗？

② 在哪里跌倒，我就要在哪里站起来，再给我一次机会吧。

2. 表示劝说的语气

所谓劝说，就是通过讲道理的方式或以诚恳的态度说服对方做某事。这类语气词主要是“吧”。例如：

① 李医生，等天亮后再走吧。

② 工作人员告诉吴仪：“门口让香港记者堵住了，请部长走后门吧。”

③ 看你的手指甲，都这么长了，剪剪吧。

④ 这几天放假，你就在家好好休息吧。

这里“就”是语气副词，表示勉强同意的语气，用来表示劝说者的诚意，从而有利于对方接受。

⑤ 你可都改了吧。

这里“可”是表示嘱咐语气的语气副词，在这里用来表示自己的殷切期望，加强劝说的语气。另外，这里的“了”（lou）是预期结果助词，表示对“改”的预期结果（正确）的实现。

3. 表示劝阻的语气

所谓劝阻，就是通过讲道理的方式或以诚恳的态度要求对方停止做某事。这类语气词有两个，一个是“了”，一个是“啊”。

（1）了

“了”用来表示希望对方改变主意，不要做已经打算做的事情或以前做过的事情。这是动态语气词“了”的一个引申用法［参见402页“（14）表示委婉的劝阻语气”］。例如：

① 你快跑吧，不要管我了。

这里前一句用了语气词“吧”，表示劝说的语气，后一句用了语气词“了”，表示委婉的劝阻的语气。再如：

② 请大家暂时不要再议论这件事了。

这里用表示劝阻语气的否定副词“不要”构成劝阻句，但在句首使用了表示恭敬语气的副词“请”，句末又使用了祈使语气词“了”，共同来减轻劝阻语气，以便于大家接受。

③ 别哭了。

从这一例中可以清楚地看出，语气词“了”表示劝阻的语气时，其实是用来减轻劝阻语气的，使句子的语气比较柔和，如果把“了”去掉，说成“别哭”，就成了命令句了，语气就非常重了。

（2）啊

语气词“啊”主要与否定副词“别”配合使用，表示迫切希望对方停止正在做的事情的语气。例如：

① 师傅，您别跑啊。

② 别走啊。

③ 新月，你别哭，别哭啊！

这里有两个劝阻句，前一个劝阻句没使用语气词，语气稍微强硬一些，后一个劝阻句使用了语气词“啊”，显得心情很迫切，语气也柔和一些。

4. 表示建议的语气

所谓建议，就是向对方提出自己认为应该做的事情。这类语气词主要是“吧”。例如：

① 多年前，古希腊的山崖上就刻有这样三句话：“如果你想健壮，跑步吧！如果你想健美，跑步吧！如果你想聪明，跑步吧！”

② 你们来一趟不容易，咱们合个影吧。

5. 表示命令的语气

这类语气词主要是“吧”“啊”“嘛”。

（1）吧

“吧”用在命令句末，表示一种比较柔和的命令语气。例如：

① 要什么，说吧。

② 要出大事了，你赶快过来吧。

以上二例中的语气词“吧”表示一种比较柔和的命令语气，如果将“吧”去掉，命令语气就强硬得多。

（2）啊

“啊”用在命令句末，也是表示一种比较柔和的命令语气，同时还含有催促的语气。随着发音的变化，“啊”有时写作“呀”“哇”等。例如：

① 快说呀！

② 快走啊！

③ 坐呀，还站着干什么！

④ 妈妈呀，你不该走哇，你走了，来了条老母狗！

（3）嘛

“嘛”用在命令句末，也是表示一种比较柔和的命令语气，同时还含有不耐烦的语气。例如：

① 不信你看嘛！

② 再忍耐一下嘛！

③ 别急嘛，工作的事我已帮你解决了。

6. 表示嘱咐的语气

所谓嘱咐，就是以诚恳的口气告诉对方记住应该怎样做，不应该怎样做。这类语气词主要是“啊”。例如：

① 早点回来呀。

② 千万别辜负我们对你的期望啊。

③ 路上要小心啊。

（四）感叹语气词

所谓感叹语气，就是感慨、赞叹、惊讶等的语气。汉语感叹语气词主要是“啊”。例如：

① 李宁多么想日夜陪伴着母亲，尽儿子的一片孝心啊！

② 人世上还是好人多啊！

③ 这句话说得多好啊！

④ 多可爱可敬的孩子啊！

⑤ 小平同志对我们的评价是多高啊！

⑥ 多么微妙啊！微妙到看不出一点形迹；多么神奇啊！神奇到没有一点声息。

⑦ 早听说了，您正在编写满族的历史，好，好啊！

以上七例中的语气词“啊”都是用来加强感叹语气的。如果去掉语气词“啊”，除了例②和例⑦外，仍然是感叹句，只是感叹语气会减弱。

值得注意的是，有一种感叹句，谓语中心是形容词，前面加上程度副词

“太”，句末加上语气词“了”，表示人或事物的性质状态达到了出乎意料的程度，并对此感到惊讶或不可思议。例如：

⑧ 你太聪明了！

⑨ 北京的交通太糟糕了！

⑩ 太可怕了！

⑪ 拖欠教师工资，实在是太不像话了！

以上四例都是感叹句，其中的语气词“了”用来表示人或事物的性质状态达到了出乎意料的程度。这种用法的语气词“了”不是感叹语气词，而是动态语气词，所以也可以用在陈述句末。例如：

⑫ 马连良听了一怔，前院驻了红卫兵，对于他来说太可怕了。

⑬ 当时的医学把胆固醇说得太可怕了。

⑭ 我们拒绝脱颖而出的新事物，因为感到未知的和陌生的事物太可怕了。

以上三例都是陈述句，句末的语气词“了”与出现在感叹句末的语气词“了”所表示的语气是相同的，就是人或事物的性质状态达到了出乎意料的程度，可见，表示这种语气的“了”不是感叹语气词。关于这一点，请参看本页“1. 动态语气词‘了’”部分。

以上我们说明了汉语词的结构、分类及其用法。如前所述，词是最小的能够独立运用的语法单位，只有在少数情况下，一个词加上适当的语调就能构成一个句子（独词句），更多的时候词与词需要先组成短语，然后加上适当的语气构成句子（多词句）。我们研究语法的最主要目的是研究组词造句的规则，而组词也就是将词组成短语，这是造句的第一步。因此，下面我们还要研究词组成短语的方式。

（五）动态语气词

动态语气词用在句末，用来表示说明事情发生、发展、变化的情况。主要有“了”和“来着（来的）”这两个。

1. 动态语气词“了”

语气词“了（le）”主要在陈述句中使用，有时也在疑问句、祈使句和感叹句中使用，可以表示多种语法意义。这里我们系统地归纳一下语气词“了”的各种用法。

语气词“了”的最基本用法是表示一个事件已经发生，并由此引申出表示一种变化已经发生、一个事件或一种情况已经进展到一定程度等多种用法。下面我们具体加以说明。

(1) 表示一个事件已经发生

当人们需要表示一个事件已经发生的意义时，通常由句子的主体部分说出一个事件，然后加上语气词“了”，整个句子借助语气词“了”表示这个事件已经发生，这也是语气词“了”的最基本用法。这种句子大都是把一个事件的发生当作一个消息告诉听者或读者，有时用来询问这个事件是否已经发生。例如：

① 那一年，她上学了。

这里借助语气词“了”表示“她上学”这个事件已经发生。

② 今天我遇到我小学时候的同学了。

这里借助语气词“了”表示“我遇到我小学时候的同学”这个事件已经发生。再如：

③ 中国人民站起来了。

④ 犯人逃跑了！

⑤ 失火了！

例⑤这个句子是在发生火灾时呼救用的。“失火”本义是“没有控制住火”，用来呼救时表示“发生火灾”的意思。这里的“了”表示“失火”的事件已经发生。再如：

⑥ 今天他买火车票了。

⑦ 妈妈，我写完作业了。

【补充说明】

第一，当动态语气词“了”用来表示一个事件已经发生的意义时，谓语动词所表示的行为、变化当然是已经发生了的，这是不言而喻的，因此，当句末使用动态语气词“了”的时候，谓语动词后不需要加动态助词“了”，以上七例中的谓语动词“上学”“遇到”“站”“逃跑”“失火”“买”“写完”的后面就没加动态助词“了”。但是，当人们既要强调一个事件已经发生的事实，又要强调行为对象的时候，就会同时使用动态助词“了”和动态语气词“了”。例如：

① a. 两个孩子都上了大学了。

b. 两个孩子都上了大学。

c. 两个孩子都上大学了。

这里例 ①a 既强调“两个孩子都上大学”这个事件已经发生，同时还强调“上”的是“大学”，所以在谓语动词“上”的后面加上了动态助词“了”，又在句末加上了动态语气词“了”。这是因为，谓语动词“上”是及物动词，后面没有接着出现宾语，而是出现了动态助词“了”，这就能引起对方对将要出现的宾语的注意，从而对它起了强调作用。例 ①b 仅强调上的是大学，所以只在谓语动词“上”的后面加上了动态助词“了”。例 ①c 仅强调“两个孩子都上大学”这个事件已经发生，所以只在句末加上动态语气词“了”。再如：

② 他见到了毛主席了。

这里既强调“他见到毛主席”这个事件已经发生，又强调见到的是毛主席，所以同时使用了动态助词“了”和动态语气词“了”。

③ a. 我见到我妈妈了。

b. 我见到了我妈妈。

这里例 ③a 把“我见到我妈妈”当作一个事件来陈述，句末加上动态语气词“了”，表示这个事件已经发生；例 ③b 强调“我”见到的人是“我妈妈”，而不是要把“我见到我妈妈”当作一个事件来陈述，所以只在谓语动词后加上了动态助词“了”，句末不加动态语气词“了”。再如：

④ 我听见了你的祷告，看见了你的眼泪。

⑤ 我看见她的时候，她当然也看见了我！

以上二例强调的是听见和看见的东西、看见的人，所以只在谓语动词“听见”“看见”的后面加上了动态助词“了”，句末不加动态语气词“了”。

第二，当谓语动词出现在句末的时候，后面只需加一个动态语气词“了”，而不需要加上动态助词“了”。例如：

① 他睡觉了。

这里借助动态语气词“了”表示“他睡觉”这个事件已经发生。以下三例依此类推：

② 他睡着了。

③ 刚才她哭了。

④ 他们吵架了。

需要指出的是，现代汉语语法学界的主流观点认为，出现在句末的“了”是动态助词“了”和动态语气词“了”的重合，如“她哭了”实际上是“她哭了了”，由于这两种“了”发音相同，说的时候只能说出一个“了”。

第三，在汉语中，有一些把某种自然现象的发生当作一个事件来陈述的句子，它是先说出一种自然现象，然后在句末加上动态语气词“了”，表示这种自然现象已经发生。例如：

① 下雨了。

这里借助语气词“了”表示“下雨”这个事件已经发生。以下四例依此类推：

② 下雪了。

③ 下雾了。

④ 刮风了。

⑤ 地震了。

第四，有一种由人或事物的出现或消失构成的事件，在表示这种事件已经发生的时候，一般用“出现”“出来”“发生”“成立”“建立”“来”和“失踪”“消失”“丢”“走”等作谓语动词，句末加上动态语气词“了”。例如：

① 法官们下了决心，一定要找到那个孩子的父亲！一天、二天……一连找了半个月，那个孩子的父亲终于出现了。

这里最后一个句子借助语气词“了”表示“那个孩子的父亲终于出现”这个事件已经发生。以下三例依此类推：

② 不久，树林中传出了“吱吱”的叫声，一群猴子出现了。

③ 就在这个晚上，UFO 出现了。

④ 天亮了，太阳出来了；天黑了，月亮和星星出来了。

⑤ 一件意想不到的事情发生了。

这里借助语气词“了”表示“一件意想不到的事情”已经发生。

⑥ 1921 年 7 月，中国共产党成立了。

这里借助语气词“了”表示“中国共产党成立”这个事件已经发生。以下三例依此类推：

⑦ 客人来了。

⑧ 车来了。

⑨ 一辆马车过来了。

以上是语气词“了”表示由人或事物的出现构成的事件已经发生的例子。

⑩ 我国著名科学家彭加木在罗布泊中失踪了。

这里借助语气词“了”表示“我国著名科学家彭加木在罗布泊中失踪”这个事件已经发生。以下四例依此类推：

⑪ 如今，威尼斯共和国消失了。

⑫ 白臀叶猴、豚鹿、新疆虎等10余种动物在中国野外永远地消失了。

⑬ 我的手机丢了。

⑭ 他走了。

以上是语气词“了”表示由人或事物的消失构成的事情已经发生的例子。

第五，有一种由人或事物的变化构成的事件，语气词“了”更经常用来表示这种事件已经发生。为了便于掌握，我们把语气词“了”表示由人或事物的变化构成的事件已经发生的用法单独列为一类［详见375页“（2）表示一种变化已经发生”］。

第六，语气词“了”只是用来表示一个事件已经发生，这个事件可以是刚刚发生的，也可以是很久以前发生的。例如：

① 刚才老师到教室来了。

这里借助语气词“了”表示“老师到教室来”这个事件“刚才”已经发生。

② 早在近万年前，人类就开始驯化并饲养野猪了。

这里借助语气词“了”表示“人类开始驯化并饲养野猪”这个事件在将近一万年以前就已经发生。

第七，语气词“了”不仅可以用来表示某个临时性的事件已经发生，还可以用来表示某个经常性的事件发生的规律。例如：

近3岁时，儿童不仅能用简单句，也学会使用复合句了。

这里借助语气词“了”表示“（儿童）学会使用复合句”这个事件在儿童将近三岁的时候就已经发生。这实际上说的是根据以往的情况总结出来的儿童习得语言的规律。

第八，在书面语化的口语中，当人们需要强调“一个事件已经发生”的意义时，常常在谓语动词前加上动态副词“已经”。例如：

我已经告诉他了。

这里借助语气词“了”表示“我告诉他”这个事件已经发生，因为语气词“了”就可以表示“已经发生”的意义，所以动态副词“已经”起的是强调作用。

第九，语气词“了”是用来表示一个已经发生的事件，在这个事件中，行为主体已经做了谓语动词所表示的行为，如果要表示行为主体没有做出谓语动词所表示的行为，要在谓语动词前加上否定性的动态副词“没”，句末不可以加语气词“了”。例如：

① a. 我交作业了。

这里语气词“了”表示“我交作业”这个事件已经发生。

b. 我没交作业。

这里是说“我”没做“交作业”这件事，所以在谓语动词“交”的前边加上了否定性的动态副词“没”。而“我”没做“交作业”这件事，“我交作业”这个事件就没有发生，所以句末不加语气词“了”。再如：

② a. 昨天我们上课了。

b. 昨天我们没上课。

第十，动态语气词“了”只表示报告一个事件已经发生的消息，不表示这个事件是否已经结束，所以当需要表示一个事件在过去已经发生而在说话之前已经结束的时候，需要加入相应的时间状语。例如：

①［昨天晚上］下雨了。

这个句子是说，“昨天晚上”“下雨”这个事件发生了，而这个事件在“我”说话之前已经结束了，也就是说，说话的时候已经不下雨了。如果不加时间状语，只说“下雨了”，则表示“下雨”这个事件已经发生，而且在说话的时候还没有结束。再如：

②［刚才］他昏过去了。

这个句子是说，“刚才”“他昏过去”这个事件发生了，在说话的时候这个事件已经结束了，“他”已经清醒了。如果不加时间状语“刚才”，则表示“他”还处在昏迷的状态中，还没有清醒。

（2）表示一种变化已经发生

如前所述，有一种由人或事物的变化构成的事件，动态语气词“了”更经常用来表示这种事件已经发生。由于人或事物的变化种类很多，为了便于说明问题，我们把动态语气词“了”的这种用法单独列为一类。

人或事物的变化种类很多，主要有：性质状态的变化、性质状态的程度变化、心理活动的变化、数量的变化、事物从无到有或从有到无的变化、所属的类别的变化、领有者的变化、领属物的变化、相互间关系的变化、做事情的前提条件的变化等。下面我们具体加以说明。

1）人或事物的性质状态变化已经发生

所谓人或事物的性质状态变化已经发生，指的是人或事物已经从一种性质状态变成另一种性质状态。表示人或事物的性质状态变化已经发生的方式有以下几种：

第一，用“变／长（zhǎng）＋结果补语”作谓语，句末加上语气词“了”。例如：

① 他变〈温和〉了。

这里借助语气词“了”表示“他变温和”这个变化已经发生。再如：

② 她变〈漂亮〉了。

③ 这两个年轻人一个变〈好〉了，一个变〈坏〉了。

这里借助语气词“了”表示“这两个年轻人一个变好、一个变坏”的变化已经发生。

④ 他长〈高〉了。

这里“长”的意思是“生长”，“生长”也是一种变化，整个句子借助语气词“了”表示“他长高”这个变化已经发生。再如：

⑤ 他长〈大〉了。

以上是用“变／长＋结果补语”作谓语，句末加上语气词“了”来表示人或事物的性质状态变化已经发生的例子。

第二，用“变成／成了＋宾语”作谓语，句末加上语气词“了”。例如：

① 我变成内向的人了。

这里借助语气词“了”表示“我变成内向的人”这个变化已经发生。以下四例依此类推：

② 这件事一晃就过去了二十多年，我由一个小青年变成一个中年人了。

③ 现在我们皇宫变成博物院了。

④ 扒了半天的垃圾，我身上的白衬衣也变成灰色的了。

⑤ 我成了世界上最最幸福的人了。

以上是用“变成／成了＋宾语”作谓语，句末加上语气词“了”来表示人或事物的性质状态变化已经发生的例子。

第三，用形容词性词语作谓语、句末加上语气词“了”。例如：

①“他现在懂事了？”“嗯，现在更不懂了。”

这里“懂事”和“更不懂”分别用来表示“变得懂事”和“变得更不懂事”的意思。前一个句子是疑问句，借助语气词“了”询问“他变得懂事”这种变化是否已经发生，后一个句子借助语气词“了”表示“他变得更不懂事”这种变化已经发生。

② 他胖了，你瘦了。

这两个句子分别借助语气词“了”表示“他变胖”“你变瘦”这两个变化已经发生。

③ 天暖和了，晚上北方大街热闹起来了。

这里“暖和”是“变暖和”的意思，“热闹起来”是“变得热闹起来”的意思。这两个句子借助语气词“了”表示“天变暖和”“北方大街变得热闹起来”这两种变化已经发生。另外，“热闹起来”中的“起来”是趋向补语，表示“变热闹”这种变化将要持续下去。再如：

④ 你这一问，我的心冰凉了。

⑤ 他的眼睛红了。

⑥ 他腌的鸭蛋臭了。

这里以上三例中的“冰凉”的意思是“变得冰凉”，“红”的意思是“变红”，“臭”的意思是“变臭”。这三个句子分别借助语气词“了”表示“我的心变得冰凉”“他的眼睛变红”“他腌的鸭蛋变臭”这三种变化已经发生。

以上是用形容词性词语作谓语，句末加上语气词“了”来表示人或事物的性质状态变化已经发生的例子。

第四，用变化动词作谓语[①]，句末加上语气词“了”。例如：

① 我的电脑坏了。

这里“坏”是变化动词，意思是“变得不能正常运行”，整个句子借助动态语气词“了”表示“我的电脑变得不能正常运行”这种变化已经发

① 变化动词是表示人或事物出现、变化、消失等意义的动词，详见第145页“3. 变化动词”部分。

生。再如：

② 灯亮了。

这里“亮”也是变化动词，意思是“发光”。由不发光状态变成发光状态，这也是一种变化。

③ 门开了。

这里“开”也是变化动词，意思是“变成敞开的状态”或“锁头变成被打开的状态”。

④ 我手机的充电线断了。

这里“断”也是变化动词，意思是“一个物体因损坏而变成两段或更多段”。

⑤ 他家的狗死了。

这里“死”也是变化动词，意思是“变成没有生命的状态”。

以上是用变化动词作谓语、句末加上语气词“了”来表示人或事物的性质状态变化已经发生的例子。

第五，用“变”“改变”等动词作谓语，句末加上语气词“了”。例如：

① 最近几个月来，情况变了。

② 近年来人们的看法逐渐改变了。

以上二例只用“变”“改变”作谓语，只是笼统地说出事物发生了变化，没有说出变化的结果。

第六，用“是”“有”等作谓语动词，句末加上语气词“了”。这种句式只说出人或事物性质状态变化的结果，整个变化过程是借助动态语气词“了”显示出来的。例如：

① 我是教授了。

这里没有表示变化意义的动词或形容词，只是借助语气词“了”能表示一种变化已经发生的用法，表示“我是教授”是我身份变化的结果，从而表示“我已经成为教授”的意思。整个句子是用来报告“我”已经成为教授的消息，但只适合用来向知道“我”以前不是教授的人报告，对方通过今昔对比来理解句子的意思。再如：

② 他已经不是小孩子，也不是十几岁的年青小伙子，而是一个大人了。

这里也没有表示变化意义的动词或形容词，也是借助语气词“了”能表示一种变化已经发生的用法，表示“他已经不是小孩子”“也不是十几岁的年青小伙子”“而已经是一个大人”都是年龄变化的结果，从而表示“他”已经从小孩、从十几岁的年青小伙子变成成年人。

③ 我有家了。

这里也没有表示变化意义的动词或形容词，也是借助语气词“了”能表示一种变化已经发生的用法，表示“我有家”是我的状态变化的结果，从而表示“我”已经从没有家的人变成有家的人。

④ 我有工作了。

这一例和上一例所使用的语法手段相同，表示“我”已经从没有工作的人变成有工作的人。

2）**性质状态的程度变化已经发生**

语气词“了”还可以用来表示人或事物的性质状态的程度变化已经发生，一般是表示程度变得更大。这种用法是由表示人或事物的性质状态已经发生变化的用法扩展出来的。例如：

① 经过社会实践，学生们变得〈更成熟〉了。

这里“变得更成熟”的意思是“成熟的程度变得更大”，整个句子借助语气词“了”表示“学生们变得更成熟”这个变化已经发生，也就是“学生们已经变得更成熟”。值得注意的是，“变得更成熟”的意思是性格本来就成熟，变化的结果是成熟的程度增大。如果去掉其中的程度副词“更”，则表示学生们的性格由不成熟的状态变成成熟的状态，由性格成熟程度的变化变成了性格的变化。再如：

② 一年来我觉得有了不少收获，我变得〈成熟多〉了。

这里“变得成熟多”的意思是“成熟的程度变得大很多”，整个句子借助语气词“了”表示“我变得成熟得多”这个变化已经发生，也就是“我已经变得成熟得多”。

③ 福州的天空更蓝了，河水更清了，空气更干净了，树木更多了，出门更方便了，总之，家园变得〈更美丽〉了。

这里前五句陈述福州的天空、河水、空气、树木、出门的现状，而借助句末的动态语气词“了”能表示一种变化已经发生的用法，表示这都是变化的结果，从而表示“福州的天空已经变得更蓝”“河水已经变得更清”“空气已经变得更干净”“树木已经变得更多”“出门已经变得更方便”的意思。第六句则借助语气词“了”表示“家园变得更美丽”这个变化已经发生，也就是“家园已经变得更美丽”。再如：

④ 现在人们的生活条件比以前好〈多〉了。

这里借助动态语气词“了”能表示一种变化已经发生的用法，表示“现在人们的生活条件已经变得比以前好得多”的意思。

⑤ 人们的生活条件［越来越］好了。

这里借助动态语气词“了”能表示一种变化已经发生的用法，表示“人们的生活条件已经变得越来越好”的意思。

3）人或事物的数量变化已经发生

动态语气词“了”还可以用来表示人或事物的数量变化已经发生，就是人或事物的数量已经增多或减少。例如：

① 这种情况变得〈越来越少〉了。

这里借助动态语气词“了”表示“这种情况变得越来越少”这个变化已经发生，也就是“这种情况已经变得越来越少”。

② 讲文明懂礼貌的人多了。

这里借助动态语气词“了”能表示一种变化已经发生的用法，表示“讲文明懂礼貌的人多”是变化的结果，从而表示“讲文明懂礼貌的人已经变多”的意思。

③ 现在坐公共汽车上班的人少了。

这里借助动态语气词“了”能表示一种变化已经发生的用法，表示“现在坐公共汽车上班的人已经变少”的意思。再如：

④ 现在老年人多〈起来〉了。

⑤ 现在呢，我们货架上的东西逐渐多〈起来〉了。

以上二例中的“多起来了”的意思是“已经不断变多”的意思。

⑥ 街上的人［越来越］多了。

这里借助动态语气词“了”能表示一种变化已经发生的用法，表示“街上的人已经变得越来越多”的意思。

4）人或事物的领有者变化已经发生

所谓人或事物的领有者变化已经发生，简单地说，就是本来属于 A 的人或事物变成了属于 B 的，或者没有领有者的人或事物有了领有者。在表示这种变化已经发生的意义时，有时谓语使用“变成……”或“成了……”的形式，有时谓语直接表示变化后的结果，使听者或读者借助句末语气词“了”

领会人或事物的领有者的变化已经发生的意思。例如：

① 解放后，运河变成人民的了，人民政府将它变成人民灌溉工程。

这里是说，解放后（新中国成立以后），运河已经变成人民的运河，也就是说，运河的领有者已经由其他人变成人民。以下三例依此类推：

② 我看她穿着她姐姐的旗袍，感到奇怪，她赶紧说："你看，这旗袍变成我的了。"

③ 时代不同了，警察也成了人民自己的了。

④ 解放以后，这个工厂成了工人自己的了，工人是工厂的主人。

以上四例中谓语动词使用了动词"变成"和"成了"，句末加上动态语气词"了"，整个句子的"变化"意义是明显的。

⑤ 现在这辆车是我的了。

这里借助动态语气词"了"能表示一种变化已经发生的用法，表示"这辆车"的领有者已经变成"我"。

⑥ 玩具一旦给了孩子，即使很贵重，也就属于他的了。

这里借助语气词"了"表示"玩具"的领有者已经变成"孩子"。

⑦ 从历史上看，西沙群岛和南沙群岛早在宋朝时就已经属于中国了。

这里借助语气词"了"表示"西沙群岛"和"南沙群岛"的领有者"早在宋朝时"就已经是"中国"（以前没有领有者）。

5）**人与人之间的关系变化已经发生**

所谓人与人之间的关系变化已经发生，就是人与人之间的关系由一种关系变成另一种关系。当需要表示人与人之间的关系变化已经发生时，通常先说出双方目前或当时的关系，然后加上语气词"了"，表示这是变化的结果。例如：

① 我和她是夫妻关系了。

这里借助语气词"了"表示"我和她已经是夫妻关系"。

② 我们现在不是夫妻了。

这里借助语气词"了"表示"我们现在已经不是夫妻关系"。

③ 他们之间不是雇主与保姆的关系了。

这里借助语气词"了"表示"他们之间已经不是雇主与保姆的关系"。

④ 你我已经不是从前的关系了。

这里借助语气词"了"表示"你我已经不是从前的关系"。其中的"已经”强调变化后的结果。

⑤ 售货员与顾客之间的关系，已不是原来意义上的买卖关系了。

这里借助语气词“了”表示“售货员与顾客之间的关系已经不是原来意义上的买卖关系”。其中的“已”强调变化后的结果。

6）**人的心理状态变化已经发生**

当表示人的心理状态变化已经发生时，一般是用心理动词作谓语动词，句末加上语气词“了”。心理动词是用来表示认知活动和情感活动的动词，如“知道”“了解”“理解”“明白”“喜欢”“放心”“满意”“赞成”“尊敬”“相信”“怀疑”“后悔”等。例如：

① 我知道该怎么办了。

这里借助语气词“了”表示“我已经知道该怎么办”。再如：

② 今天我完全明白他的意思了。

③ 今天看你干活，我们放心了。

④ 他现在已经不相信命运了。

⑤ 现在干部少了，服务好了，群众也满意了。

这里例⑤借助语气词“了”分别表示“现在干部已经变少”“服务已经变好”“群众已经满意”。

7）**做事情的前提条件变化已经发生**

所谓做事情的前提条件，也就是做事情的能力、打算、意愿、胆量、可能性、可行性、合理性，等等。语气词“了”所表示的前提条件变化主要是前提条件从无到有或从有到无的变化，也就是做事情的前提条件已经具备或失去。当需要表示做事情的前提条件已经发生变化的意义时，人们往往直接说出变化后的结果，然后在句末加上语气词“了”。

第一，表示做某事的技能或能力变化已经发生。所谓做某事的技能或能力变化已经发生，就是原来没有做某事的技能或能力，现在已有做某事的技能或能力；或者原来有做某事的技能或能力，现在已经失去。例如：

① 孩子长大了，[会]说话了。

这里第二个句子借助语气词“了”表示“孩子”已经会说话。前一个句子借助语气词“了”表示“孩子”已经长大，这属于身体状态变化。

② 小孩儿被吓了一跳，[不会]说话了，也[不会]喊了，也[不会]哭了。

这里分别借助语气词“了”表示“小孩儿”已经不会说话、不会喊、不会哭，也就是已经失去说话的能力、喊叫的能力、哭的能力。以下二例依此类推：

③ 经过刻苦学习，他已经［能］给人治病了。

④ 他的脚受伤了，［不能］走路了。

第二，表示做某事的胆量变化已经发生。所谓做某事的胆量变化已经发生，就是原来没有做某事的胆量，现在已有做某事的胆量；或者原来有做某事的胆量，现在已经失去。例如：

① 我在学习方面也有了很大的进步，我也［敢］举手发言了。

这里借助语气词“了”表示“我”已经有举手发言的胆量。

② 由于处罚力度加大，他们大都［不敢］酒后驾车了。

这里借助语气词“了”表示“他们”大都已经失去酒后驾车的胆量（实际上是不敢违法了）。

第三，表示做某事的可能性变化已经发生。所谓做某事的可能性变化已经发生，也就是原来没有做某事的可能性，现在已有做某事的可能性；或者原来有做某事的可能性，现在已经没有。例如：

① 有您的帮助，我的愿望现在［能］实现了。

这里借助语气词“了”表示“我的愿望现在已经能实现”。再如：

② 这个理想现在［有可能］实现了。

这里借助语气词“了”表示“这个理想现在已经有可能实现”。

③ 天这么晚了，他［不能］来了。

这里借助语气词“了”表示“他来的可能性已经失去”。再如：

④ 我［不可能］找到比中关村更好的创业环境了。

⑤ 这么晚了，他［不会］来了。

第四，表示做某事的打算变化已经发生。所谓做某事的打算变化已经发生，就是原来没有做某事的打算，现在已有做某事的打算；或者原来有这个打算，现在已经取消，也就是现在已经改变主意。例如：

① 他原来写电影剧本，现在［打算］写小说了。

这里借助语气词“了”表示“他现在已经打算写小说（原来没打算写）”。

② 我［想］回家了。

③ 明天旅游我又［想］去了。

这里借助语气词“了”表示“明天旅游我已经又想去（原来不想去）”。

④《一百个人的十年》还没完，但［不打算］写到一百个人了。

这里借助语气词“了”表示“我已经不打算写到一百个人（原来打算写到一百个人）”。

⑤ 我［不想］买衣服了。

第五，表示做某事的决定变化已经发生。所谓做某事的决定变化已经发生，也就是原来没有决定做某事或不做某事，现在已经决定做某事或不做某事；或者原来已经决定做某事，现在已经做出新的相反决定。例如：

① 他们决定3月27日在布拉格结婚了。

这里借助语气词“了”表示“他们已经决定3月27日在布拉格结婚（原来没决定）”。再如：

② 我决定出国留学了。

③ 我决定以后不吃薯片了。

这里借助语气词“了”表示“我已经决定以后不吃薯片（原来没决定）”。再如：

④ 有了错误自己来自首，这很好。既这样，我决定不处分你们了。

这里借助语气词“了”表示“我已经决定不处分你们（按规定是应该处分你们的）”。

⑤ 对不起，仲斯先生，我已决定不卖这房子了。

这里借助语气词“了”表示“我已经改变主意，又决定不卖这个房子（原来是要卖的）”。

⑥ 眼看就要成交了，但对方却突然决定不买车了。

这里借助语气词“了”表示“对方已经改变主意，又突然决定不买车（原来是要买车的，而且正在办理交易手续）”。

以上是用动词“决定＋宾语”来表示新做出的决定的内容或新的相反决定的内容的例子。在口语中，这种句子一般不使用动词“决定”，而是直接说出决定的内容或新的相反决定的内容，对方可以在语气词“了”的提示下，领悟说话者已经作出决定或已经作出新的相反决定。例如：

⑦ 这是我最好的东西，拿去吧——给你了。

这里“给你了”这个句子借助语气词“了”表示“我已经决定给你”，动宾短语“给你”的前边没有使用动词“决定”，只借助语气词“了”表示已经做出“给你”的决定。再如：

⑧ 把鞋拿去吧，我送给你了。

这里借助语气词“了”表示“我已经决定送给你”的意思。

⑨ 从现在起，接待任务交给你了。

这里借助语气词“了”表示“我已经决定从现在起把接待任务交给你”的意思。

⑩ 这事就交给你办了。

这里借助语气词“了”表示“我已经决定把这事交给你办”的意思。

⑪ 他迟疑了一下，把手往画轴一按：“好，我收下了。”

这里借助语气词“了”表示“我已经决定收下”的意思。

⑫ 我不理你了。

这里借助语气词“了”表示“我已经决定不再理你”。

⑬ 我这里的事情还没有完，请告诉总理，我就不去了。

这里借助语气词“了”表示“我已经只好作出不去的决定（按理说是应该去的，而且本来也是想去的”）。

⑭ 我明天不去了。

这里借助语气词“了”表示“我已经作出明天不去的决定”（原来决定去）。

第六，表示做某事的可行性变化已经发生。所谓做某事的可行性变化已经发生，就是原来做某事是没有可行性的，现在已有可行性；或者原来做某事是有可行性的，现在已经失去。而所谓做某事已经有可行性，也就是做事已经能达到预期的目的，或者不会有不好的结果；所谓做某事已经失去可行性，也就是做事已经不能达到预期的目的，或者会有不好的结果。例如：

① 如今，淮河的水又［能］喝了。

这里借助语气词“了”表示“已经又能喝淮河的水（原来不能喝）”，也就是现在喝淮河的水已经又有可行性，也就是喝了不会有不好的结果。

② 辣白菜已经发酵三天了，［可以］吃了。

这里后一句借助语气词“了”表示“已经可以吃辣白菜（原来不可以吃）”，也就是吃辣白菜已经有可行性，吃了不会有不好的结果。前一句末尾的语气词“了”用来表示“辣白菜发酵已经持续三天”，这是“了”的另一种用法，详见 398 页“（3）表示一个事件或一种情况已经进展到一定程度”。再如：

③ 新型冠状病毒流行期已经过去了，我们［可以］放心地去中国旅游了。

这里前一句借助语气词“了”表示“新型冠状病毒流行期已经过去”，后一句借助语气词“了”表示“已经可以放心地去中国旅游”（原来不可以）。另外，前一句在谓语动词“过去”的前边加上了动态副词“已经”，强调“过去”这种变化已经发生。

④ 他得了胃病，［不能］喝酒了。

这里句末的语气词“了”表示“他已经不能喝酒”（原来能）。再如：

⑤ 你的血压已经很高了，［不可以］再喝酒了。

第七，表示做某事的机会变化已经发生。所谓做某事的机会变化已经发生，也就是原来没有做某事的机会，现在已有做某事的机会；或者原来有做某事的机会，现在已经失去。例如：

① 我有了手机，我［能］天天和妈妈说话了。

这里借助语气词“了”表示“我已经能天天和妈妈说话（原来不能）”，也就是“我”已经有机会天天和妈妈说话。这里前一句中谓语动词“有”后面的“了”是动态助词，表示“有”（意思是“拥有”）的行为已经发生。再如：

② 我又［可以］跟你一起上学了。

这里借助语气词“了”表示“我已经又可以跟你一起上学（原来曾经可以，后来不可以）”，也就是“我”现在又有机会跟“你”一起上学。

③ 他出国了，我［不能］跟他一起上学了。

这里后一句末尾的语气词“了”表示“我已经不能跟他一起上学（原来能）”。前一句末尾的语气词“了”表示“他出国”这件事已经发生。

第八，做事的合理性变化已经发生。所谓做某事的合理性变化已经发生，就是做某事原来是没有合理性的，现在已有合理性；或者做某事原来是有合理性的，现在已经没有合理性。所谓做某事有合理性，就是做某事是合情合理的，或者是理所当然的。例如：

① 这些同志认为革命胜利了，［可以］睡觉了，［可以］骄傲了，［应该］享福了，［不必］努力了。

这里后四句借助语气词“了”分别表示“已经可以睡觉”“已经可以骄傲”“已经可以享福（原来都不可以）”“已经不必努力（原来必须努力）”，也就是“睡觉”“骄傲”“享福”都已有合理性，而“努力”已经没有必要，也就是“睡觉”“骄傲”“享福”已经是合理的，而“努力”已经是不必要的。另外，这里的形容词“骄傲”是当动词使用的，用来表示“感到骄傲”的意思。

② 他有一个可爱的儿子，自己事业又很成功，他［应该］满足了。

这里第三句借助语气词“了”表示“他已经应该满足（原来可以不满足）”。另外，“满足”是当动词使用的，意思是“感到满足”。

③ 他已经请我两次了，［不应该］再拒绝了。

这里第二个句子借助语气词“了”表示“我已经不应该拒绝他的邀请（前两次拒绝他的邀请有一定的合理性）”。第一个句子借助语气词“了”表示报告“他已经请我两次”的消息。再如：

④ 这个学期我已经迟到好几次了，［不应该］再迟到了。

这里后一句借助语气词“了”表示“我已经不应该再迟到（前几次迟到有一定的合理性）”。另外，前一句借助语气词“了”表示报告“这个学期我已经迟到好几次”的消息。

第九，表示做某事的强制性变化已经发生。所谓做某事的强制性变化已经发生，就是做某事原来不是强制性的，现在是强制性的；或者做某事原来是强制性的，现在不是。所谓“强制”，就是按照法律、规定、习惯等必须做，不得不做。例如：

① 我的签证已经到期了，我［必须］回国了。

这里后一句借助语气词“了”表示“我已经必须回国（原来不必回国）”。另外，前一句借助语气词“了”表示报告“我的签证已经到期”的消息。再如：

② 现在，人［必须］会使用电子计算机了。

③ 车要开了，我［得］上车了。

这里后一句中的“得”与“必须”同义，只在口语中使用，整个句子借助语气词“了”表示“我已经必须上车”。另外，前一句借助语气词“了”表示报告“车要开”的消息。再如：

④ 你［得］小心了。

⑤ 实行这个制度以后，工人再也［不用］连续上夜班了，节假日也［不必］加班了。

这里借助语气词“了”表示“工人连续上夜班”和“节假日加班”已经

成为非强制性的。

第十，表示做某事的必要性变化已经发生。所谓做某事的必要性变化已经发生，就是做某事原来是没有必要性的，现在已有必要性；或者做某事原来是有必要性的，现在已经没有必要性。例如：

① 他忙了一天了，［应该］休息一下了。

这里借助语气词“了”表示“他已经应该休息一下（原来不应该）”，也就是“他已经有必要休息一下”。再如：

② 一个美国学生看到来自中国的报纸，感到很新奇，但他没学过汉语。于是他说：“我正在学习西班牙语和法语，看来我也［应该］学习汉语了。”

这里借助语气词“了”表示“我也已经应该学习汉语”（原来不知道应该学习汉语）。

③ 这样的会议早就［应该］召开了。

这里借助语气词“了”表示“已经早就应该召开这样的会议（不是现在才应该召开的）”。

④ 现在旅客可以在网上买票了，［不必］为排长队买票发愁了。

这里借助语气词“了”表示“已经不必为排长队买票发愁（原来为排长队买票发愁是不可避免的）”。再如：

⑤ 自从学会了在网上买东西，再也［不用］为买不到东西发愁了。

这里“不用”与“不必”意思相同，属于口语词。

第十一，表示做某事的合规定性变化已经发生。所谓做某事的合规定性变化已经发生，就是原来做某事是不符合规定的，现在已经符合规定；或者原来做某事是符合规定的，现在已经不符合；或者原来做某事是符合社会习惯的，现在已经不符合。例如：

① 现在一对夫妻［可以］生两个孩子了。

这里借助语气词“了”表示“现在一对夫妻已经可以生两个孩子（以前不可以）”，也就是说，“现在一对夫妻生两个孩子”是符合规定的。

② 孩子3岁了，［可以］上公立幼儿园了。

这里借助语气词“了”表示“孩子已经可以上公立幼儿园（以前孩子没到三岁，不可以）”。

③ 新的个人所得税政策实施后，我就［可以］不缴个人所得税了。

这里借助语气词“了”表示“我已经可以不缴个人所得税（新的个人所

得税政策实施以前不可以)”。

④ 现在考试［不可以］带手机了。

⑤ 现在考试［不能］带手机了。

以上二例借助语气词“了”表示“现在考试已经不可以带手机（原来可以)”。

⑥ 个人收入问题现在也［不能］问了。

这里借助语气词“了”表示“个人收入问题现在也已经不能问（以前能问)”，也就是问别人的收入问题已经不符合社会习惯了。

（3）表示一个事件或一种情况已经进展到一定程度

所谓一个事件或一种情况已经进展到一定程度，也就是一个事件或一种情况截止到某一时间，已经持续了多长时间、已经达到多大动量（已经发生多少次、已经支配了多少对象）等。如果句子中没有说明截止时间，默认的截止时间就是说话时的时间。下面我们具体加以说明。

1）表示一个事件或一种情况已经持续了一段时间

当人们想要表示到目前为止一个事件或一种情况已经持续一段时间的时候，先说出这个事件或这种情况已经持续的时间量，然后在句末加上语气词“了”。例如：

① 我跑了〈二十分钟〉了。

这里谓语动词“跑”后面的“了”是动态助词，表示“跑”的行为已经发生，句末的“了”是语气词，表示“我跑了二十分钟”是“我跑”这个事件的进展情况：已经持续二十分钟。如果去掉句末的语气词“了”，整个句子不表示“我跑”这个事件的进展情况，而表示这个事件已经结束，持续的时间是二十分钟。

另外，句末的语气词“了”可以表示“我跑”这个事件的进展情况，“跑”的行为当然也是已经发生的，所以谓语动词“跑”后面的动态助词“了”是可以省略的，而这里之所以不省略，是因为加上这个“了”以后，听者能够明显感觉到话没说完，这样就能够注意听后面的内容，这样就对“跑”持续的时间“二十分钟”起了强调作用。再如：

② 我学了〈三年〉汉语了。

③ 我已经在家里等了〈两天〉了，还没有消息。

④ 我已经在这儿住了〈三天〉了。

⑤ 已经下了〈一天〉雨了。

⑥ 我工作〈一天〉了。

这里谓语动词“工作”的后面没加动态助词“了”。

以上是动态语气词“了”表示一个事件已经持续一段时间的例子。

⑦ 他已经［一个星期］没来了。

这里借助语气词“了”表示“他没来”这种情况已经持续一个星期。

⑧ 我已经［15 年］没有看见他了。

这里借助语气词“了”表示“我没看见他”这种情况已经持续 15 年。

⑨ 已经［一个多月］没下雨了。

这里借助语气词“了”表示“没下雨”这种情况已经持续一个多月。

以上三例是动态语气词“了”表示一种情况已经持续一段时间的例子。

【补充说明】

这种用法的语气词“了”只表示到目前为止事件已经持续了一段时间，但不表示这个事件已经结束，这个事件可能持续下去，也可能随后结束。如果预定了这个事件持续的时间量，并且还没达到这个时间量，那么这个事件将继续下去。如例①，假如“我”预定跑三十分钟，那么说完这句话以后“我”还要继续跑十分钟。再如例④，假如“我”预定在“这儿”住五天，那么今天过去“我”还要继续住两天。

2）表示一个事件或一种情况已经发生一定次数

当人们想要表示一个事件或一种情况已经发生一定次数时，先说出这个事件或情况已经发生的次数，然后在句末加上动态语气词“了”。例如：

① 我已经交了〈五次〉作业了。

这里借助语气词“了”表示“我已经交了五次作业”是“我交作业”这个事件的进展情况：已经交了五次。句中的发生体助词“已经”本来是用来表示动作行为已经发生的语法意义，而句末语气词“了”表示整个事件已经发生，前面就没有必要使用“已经”，而之所以要使用它，是为了强调后面所说的事件成了事实。另外，谓语动词“交”后面的动态助词“了”也是可以省略的，而之所以不省略，是为了让听者感觉到话没说完，要注意听后面的内容，这样就对后面的“五次”起了强调作用。再如：

② 这篇课文我已经读了〈两遍〉了。

③ 今年夏天已经下了〈三次〉大雨了。

④ 2013 年至今，我已经去过〈八次〉中国了。

⑤ 他已经［三次］没交作业了。

这里是说，“他”没交作业这种情况已经发生了三次。

以上各例都在谓语中加入了发生体副词“已经”，强调后面所说的情况已经发生。

【补充说明】

这种用法的语气词“了”只表示到说话时为止一个事件或一种情况已经发生一定次数，这个事件或这种情况可能持续下去，也可能说完就停止。如果没有达到预定的次数，或者这种情况发生的条件没有改变，那么这个事件或这种情况可能还要继续发生。如例①，假如老师预定布置八次作业，那么“我”还要再交三次作业。再如例⑤，如果“他”没有改变学习态度，那么“他”可能还会继续不交作业。

3）表示行为主体已经支配一定数量的对象

有些事件的内容是行为主体对行为对象进行支配活动，这种事件的进展情况可以通过已经支配对象的数量来体现。例如：

① 四大名著我已经看了三部了。

这里借助语气词“了”表示“四大名著我已经看了三部”是“我看四大名著”这个事件的进展情况：已经看完其中的三部。谓语动词“看”后面的“了”是动态助词，加上它，是为了让听者感觉到话没说完，要注意听后面的内容，这样就对后面的数量“三部”起了强调作用。以下三例依此类推：

② 我跑了八圈了。

这里借助语气词“了”表示“我”跑步这个事件的进展情况：已经跑了八圈。

③ 这本书我看完一半了。

这里借助语气词“了”表示“我”看“这本书”这个事件的进展情况：已经看完它的一半。这里谓语动词“看”的后面加上了结果补语“完”，这个“完”可以换成动态助词“了”，但是“完”可以暗示出“我”要把整个“这本书”看完的意思，所以比用动态助词“了”更好。

以上我们举例说明了语气词“了”表示一个事件或一种情况已经进展到一定程度的用法。

【补充说明】

当语气词“了”用来表示事件的进展情况时，如果去掉它，句子的意思就会发生变化。如“我跑了八圈了”，表示到“现在”为止，我已经跑了八圈，还没跑完。如果去掉语气词“了”，说成“我跑了八圈”，则表示“我”已经跑八圈，跑步已经完成。再如“下了两天雨了”，表示“下雨”这个事件已经持续两天，还没有结束，如果去掉语气词“了”，说成“下了两天雨”，则表示下雨这个事件持续了两天，在说话之前已经停止。

（4）表示一个事件发生以后已经过去一段时间

语气词“了”本来可以用来表示一个事件已经发生的意思，人们又根据这种用法，对“了”的用法进行了扩展，用来表示一个事件发生以后到某个时间为止已经过去一段时间。如果句子中没有说明截止的时间，默认的截止时间就是说话时的时间。例如：

① 我和孙先生都到了十天了。

这里借助语气词“了”表示“从我和孙先生到这里到现在已经过去十天”。

② 我来这里已经两天了。

这里借助语气词“了”表示“从我来到这里到现在已经过去两天”。

③ 北京紫竹院公园的小灰雁出生已经50天了。

这里借助语气词“了”表示“从小灰雁出生到现在已经过去50天”。再如：

④ 他的左耳已经聋了整整十七年了。

⑤ 他家的狗已经丢了一个多月了。

⑥ 他家的狗已经死了一个多月了。

⑦ 我的电脑坏了好几天了。

⑧ 我认识他已经八年了。

例⑧借助语气词“了”表示“从我认识他到现在已经过去八年”的意思。这里“认识”属于一种心理活动。

（5）表示时间已经运行到某一点

语气词“了”本来可以表示一种变化已经发生的意义，而时间是在不停地变化着的，于是人们又根据这一点，将“了”的用法进行了扩展，把它用在陈述或询问时间的句子末尾，表示时间已经运行到了某一点（某年、某月、

某日、某时等)。例如:

① 现在是九点了。

② 现在是 2020 年了。

③ 现在是春天了。

以上三例借助语气词“了”表示“现在”时间已经运行到九点、已经运行到 2020 年、已经运行到春天。“春天”是一年的四个季节之一,而季节实际上是根据一年之内的气候变化划分出的时间段,所以季节也可以用来表示时间。

④ 现在是下班时间了。

⑤ 现在是吃饭时间了。

以上二例借助语气词“了”分别表示时间已经运行到下班的时间、吃饭的时间。

在说明时间的时候,判断词“是”经常省略。例如:

⑥ 现在九点了。

⑦ 今天星期三了。

有时为了强调时间已经很晚(距离该做某事或休息的时间很近了),在判断词“是”或时间名词前加上时间副词“已经”。例如:

⑧ 当时已经是夜里十一点了。

这里借助语气词“了”表示“当时”时间已经运行到夜里十一点。

⑨ 现在已经是春天了。

这里借助语气词“了”表示“现在”时间已经运行到春天。

⑩ 今天已经三十一号了。

这里“三十一号”前省略了判断词动词“是”。

⑪ 现在已经四月了。

这里“四月”前省略了判断词动词“是”。

另外,在询问或说明当前的时间时,表示当前时间的名词“现在”常省略。例如:

⑫ A:几点了? B:九点了。

这里问的和回答的都是当前的时间,前面省略了时间名词“现在”。

时间是在不停地变化的,而中国人又习惯于动态地看待时间,所以经常借助语气词“了”表示时间已经运行到某一点或某一段。有时不需要强调时间已经运行到某一点或某一段,只询问或说明某一时间点的具体时间,就不使用语气词“了”。例如：

⑬ A：现在是几点？ B：九点。

⑭ 当时是北京时间晚上 9 点。

⑮ A：今天是几号？ B：31 号。

（6）表示人或动植物已经生长到一定年龄

正如中国人习惯于动态地看待时间一样，中国人也习惯于动态地看待人或动植物的年龄，因此在询问或说出人或动植物的年龄时，句末经常加上动态语气词“了”，来表示人或动植物已经生长到一定年龄（实际上也是已经生活、生长了一段时间）。例如：

① A:“你今年几岁了?” B:“属猴的，十二岁了。”

这里 A 借助语气词“了”询问 B“今年”已经生长到几岁，B 也借助语气词“了”回答他：已经生长到 12 岁。

② 这只狗 5 岁了。

③ 这棵树 1000 多岁了。

有时为了强调人或动植物已经生活到很大的年龄，就在表示年龄的数量短语前加上动态副词“已经”。例如：

④ 我已经 91 岁了，不知道还能不能活到 92 岁。

这里 A 借助语气词“了”说明自己已经生活到 91 岁，因为还没生活到 92 岁，所以“92 岁”的后面不加语气词“了”。再如：

⑤ 自贡动物园有一只老虎和一只狗从小一起长大的，现在虎与狗都已经 10 岁了。

⑥ 丈夫回来时，女儿已经两岁了。

从这里可以看出，年龄的大小是相对的，相对于人的预期寿命而言，两岁是很小的年龄，但相对于父亲第一次见到自己女儿的时间而言，两岁又是很大的年龄，因为本来应该在女儿刚生下来的时候就见到她，所以在“两岁”的前边加上了动态副词“已经”，强调女儿很大了，父亲才见到她。

如果不需要动态地说明或询问年龄，句末不加动态语气词“了”。例如：

⑦ A:“你今年几岁?” B:“属猴的，十二岁。”

（7）表示人或事物的性质状态已经达到某种程度

语气词“了”本来可以用来表示一件事情已经发生的语气，人们又根据这一点，将“了”的用法进行了扩展，用来表示人或事物的性质状态已经达到某种程度，主要有最大程度、出于意料的程度、不合理的程度这三种。例如：

1）表示人或事物的性质状态、心理活动已经达到最大程度

当需要表示人或事物的性质状态、心理活动已经达到最大程度时，大都是用形容词或心理动词作谓语中心，前面加上程度副词“最”，句末加上语气词“了”。例如：

① 他最善良了。

这里借助语气词“了”表示“他”的善良已经达到最大程度。

② 他最聪明了。

这里借助语气词“了”表示“他”的聪明已经达到最大程度。

③ 小张干这个项目最合适了。

这里语气词“了”用来表示“小张干这个项目”的合适程度已经达到最大。

④ 他最喜欢吃鱼了。

这里借助语气词“了”表示“他”对“吃鱼”的喜欢已经达到最大程度。再如：

⑤ 我最讨厌自私的人了。

⑥ 我最了解他了。

⑦ 这对我这种喜欢清静的人来说，真是再合适不过的了。

这里“再合适不过”这个短语所表达的意思与“最合适”相同，语气词“了”用来表示“这”对“我”来说，已经达到最合适的程度。

⑧ 那景色真是美极了。

这里借助语气词“了”表示“那景色”之美已经达到极点（最大程度）。

这种用法的语气词“了”的真正作用是表示向对方或读者报告消息，如果不是为了表示向对方或读者报告消息，只表示对人或事物的性质状态及心理活动所达到的程度进行评价性的说明，句末就不使用语气词“了”，如：“他最善良。”“他最聪明。”“他最喜欢吃鱼。”

2）表示人或事物的性质状态已经达到出乎意料的程度

语气词“了”本来可以用来表示人或事物的性质状态已经达到了某种程度，人们又根据这一点，将“了”的用法进行了扩展，用来表示人或事物的性质状态所达到的程度出乎意料，通常是与程度副词“太”配合使用。例如：

① 参观展览的人太多了。

这里借助语气词“了”表示参观展览的人多的程度已经出乎“我”的意料之外，也就是没想到参观展览的人这么多。

② 你跑得太快了。

这里借助语气词“了”表示没想到“你”跑得这么快。

③ 你太善良了。

这里借助语气词“了”表示没想到“你”这么善良。

④ 你表演得太好了。

这里借助语气词“了”表示没想到“你”表演得这么好。

⑤ 他太自私了。

这里借助语气词“了”表示没想到“他”这么自私。

⑥ 这天太热了。

这里借助语气词“了”表示没想到天这么热。

值得注意的是，带有这种语气词“了”的句子是用来表示一种感慨的，属于感叹句，如果将这种语气词“了”去掉，整个句子就成了陈述句，表示对人或事物的属性所作的评价。当然，由于程度副词“太”本来可以表示人或事物的性质状态达到了过分的程度，也就是达到了不应该有的程度，所以如果将上面这些句子中的语气词“了”去掉，句子的意思也会发生变化。例如：

⑦ 他太自私。

这个句子的意思是“他”自私的程度过分，也就是他不应该这么自私。

⑧ 你太善良。

这个句子的意思是“你”善良的程度过分，也就是“你”不应该这么善良。

值得注意的是，下面这个句子不能说：

⑨ * 你太好。

这个句子的意思是“你”好的程度过分，也就是“你”不应该这么好。这样说显然是不符合一般人的观点的，一般人都会认为“好”是没有止境的，无论多好也不算过分，所以必须加上语气词“了”，说成：

⑩ 你太好了。

这个句子的意思是“你”好的程度出乎“我”的意料之外，也就是没想到“你”这么好，从而表示对“你”的赞扬。凡是评价人或事物可以无限好的性质状态时，都不能用“太＋形容词”的格式，句末都必须加上语气词“了”，除非把这种性质状态看成一种缺点。例如：

⑪ ＊你太聪明。——你太聪明了。

⑫ ＊你太漂亮。——你太漂亮了。

⑬ ＊太好吃。——太好吃了。

⑭ ＊太好看。——太好看了。

3）表示人或事物的性质状态已经达到不应有的程度

语气词“了”本来可以用来表示人或事物的性质状态出乎意料，人们又根据这一点，将“了”的用法进行了扩展，用来表示人或事物的性质状态已经达到不应有的程度。通常是与程度副词“太”配合使用，表示人或事物的某种性质状态所达到的程度非常不符合自己的期望，或不符合情理，等等。例如：

① 你走得太慢了。

这里借助语气词“了”表示“你”走路已经慢到不应有的程度。

② 我们太疲劳了。

这里借助语气词“了”表示“我们”已经疲劳到不应有的程度。

③ 这件太肥了，有没有瘦一点儿的？

④ 这件太瘦了，有没有肥一点儿的？

以上二例是在买服装鞋袜时所说的话，语气词“了”与程度副词“太”配合使用，整个句子表示服装鞋袜肥瘦的程度非常不符合自己的期望。

⑤ 不行。八百不卖，太少了。

这里借助语气词“了”表示“八百（元）”这个钱数非常不符合自己的期望，也不符合情理。

⑥ 现在学文史哲的人很多，而懂科学的人太少了。

这里借助语气词“了”表示“现在”懂科学（指自然科学）的人已经少到非常不符合情理的程度。另外，前一句说“学文史哲的人很多”，而没有说“学文史哲的人太多了”，是不带有感情色彩的陈述，表明作者不反对很多人学文史哲，但也希望学科学的人多一些。

值得注意的是，使用了这种语气词“了”的句子带有一种感慨、不满意的语气，如果将这种语气词“了”去掉，就没有了这种语气。

（8）表示一个事件将要发生

语气词“了”本来可以用来表示已经决定做某事的语气，而一个人已经决定做某事，就意味着他将要做某事，也就意味着某事将要发生。于是人们又根据这一点，对“了”的用法进行了扩展，用来表示报告一个事件将要发生的消息。不过，“了”的这种用法与它最常用的用法（表示一件事情已经发生）正好相反，因此它所在的句子大都需要在谓语动词前加上将来体副词“要”“快”“将要”等。例如：

① 邓亚萍要出书了。

这里借助语气词“了”表示“邓亚萍将要出书”的意思，“了”表示“邓亚萍出书”这个事件将要发生，并把它当作一个消息告诉对方或读者。另外，动态副词“要”和语气词“了”的作用是有分工的，“要”表示“出书”的行为将要发生，“了”表示“邓亚萍要出书”已经成为事实，如果去掉“了”，“邓亚萍要出书”就成了一个可能，或成了邓亚萍的打算。以下五例中的“了”起的都是这个作用。

② 要下雨了。

这里借助语气词“了”表示“很快就要下雨”的意思，且含有“一定会下雨”的意思，并把它当作一个消息告诉对方。

③ 我从小就喜欢足球，现在世界杯终于要来到南非了。

这里借助语气词“了”表示“世界杯很快就要来到南非”的意思，并且含有一定会来到的意思。

④ 炸弹要爆炸了。炸弹还有 35 分钟就要爆炸了。

这两个句子借助语气词“了”表示“炸弹将要爆炸”“炸弹将要在 35 分钟后爆炸”的意思，并且含有一定会爆炸的意思。

⑤ 电影快演完了。

这里借助语气词“了”表示“电影很快就要演完”的意思。如果去掉句末的“了”，句子的意思就变成了“希望电影快演完”。

⑥ 学校快放假了。

这里借助语气词“了”表示“学校很快就要放假”的意思。和上一个句子一样，如果将句末的“了”去掉，句子的意思就会发生变化，变成“希望学校快放假”的意思。

（9）表示一个事件立刻就要发生

语气词“了”本来可以用来表示已经决定做某事的语气，经常用在说完了立刻就做、甚至是一边说一边做的情况下。如某人说：“这支笔送给你了。”说完这句话他会立刻把笔交给对方，甚至一边说一边把笔交给对方。于是人们又根据这一点，对“了”的用法进行了扩展，用来表示告诉对方，自己或自己一方立刻就要做某事。例如：

①“这就对啦！好，我忙去了。”振德说着要出门。

这里借助语气词“了”表示自己立刻就要“忙去”（忙着做事去）。

② 我走了（啊）。

这里借助语气词“了”表示“我”立刻就要离开。这个句子一般用在出门前跟家里人或亲朋非正式告别的场合，后面往往还要加上一个语气词“啊”来引起家人或亲朋的注意，而且这个“啊”和“了”往往连成一个音节，在书面上可以写成“啦”。

③ 我上班去了（啊）。

这里借助语气词“了”表示“我”立刻就要上班。这个句子也是用在出门前跟家里人非正式告别的场合。

④ 我们走了，再见吧。

这里借助语气词“了”表示“我们”立刻就要离开。

（10）表示一个事件在一定条件下将会发生

语气词“了”可以用来表示一件事情将要发生，人们又根据这一点将“了”的用法进行了扩展，用来表示一件事情在一定条件下将会发生。这种条件包括假设性条件和充分条件，常用假设连词“如果”等和条件连词“只要”等引出。例如：

① 如果运动停止了，生命也就结束了。

这里借助语气词“了”表示在“运动停止”这个条件下，“生命结束”这件事情将会发生，也就是生命将会结束。

② 车再不来我们就迟到了。

这里借助语气词“了”表示在“车再不来”这个条件下，“我们”将会迟到。

③ 只要将旋钮一转，煤气就点着了。

这里借助语气词“了”表示在“将旋钮一转”（将旋钮转一下）这个条件

下，煤气将被点着。

④ 过去你说过我那么多坏话，只要以后不再说了，我也就既往不咎了。

这里第三句借助语气词“了”表示在“以后不再说”这个条件下，“我”将既往不咎（前一个语气词“了”用来表示将不再说）。

（11）表示依据一定前提可以得出结论或作出判断

语气词“了”可以用来表示一件事情在一定条件下将会发生，人们又根据这一点将“了”的用法进行了扩展，用来表示依据一定前提可以得出某种结论或作出某种判断。例如：

① 这么说，你已经忘记了你说过的话了。

这里借助语气词“了”表示根据“（你）这么说”可以得出“你已经忘记了你说过的话”的结论。

② 照这种观点衡量，我就是个不折不扣的白痴了。

这里借助语气词“了”表示根据“这种观点”可以得出“我是个不折不扣的白痴”的结论。

③ 这么说，你就是拉尔夫了。

这里借助语气词“了”表示根据“（你）这么说”，“我”判断“你”就是拉尔夫。

④ 我想你就是费尔法克斯太太了？

这里借助语气词“了”表示根据“我”已知的相关情况（这一点在句子中是省略没说的），“我想（判断）”“你”就是费尔法克斯太太。

⑤ 这你就不懂了，喝酒要穿喝酒的衣服，比剑也得穿比剑的衣服！

这里借助语气词“了”表示“我”根据“你”刚才说的话（这一点在句子中也是省略没说的）判断“你”一定不懂“比剑也得穿比剑的衣服”这个规矩。

⑥ 这个你当然懂了。

这里借助语气词“了”表示根据“我”和“你”共知的相关情况（这一点在句子中也是省略没说的），“我”判断“你”一定会懂“这个”。

⑦ 名牌自然贵了。

这里借助语气词“了”表示名牌贵是可想而知的。这里也省略了推论所依据的人所共知的前提：名牌商品质量好，而质量好的原因通常是生产者投入多，而投入多的商品定价自然要高一些，等等。

⑧ 在动物界中，最聪明的要数黑猩猩了。

这里借助语气词“了”表示根据观察的结果（这一点在句子中也是省略没说的）判断最聪明的动物应该算是黑猩猩。

（12）表示已经揭示出事情发生的原因或事物的来历

语气词“了”可以用来表示依据一定前提得出某种结论，人们又根据这一点，将“了”的用法进行了扩展，用“了”来表示已经揭示出事情发生的原因或事物的来历。例如：

① 对，这就是他从不开口的原因了！

这里借助语气词“了”表示已经揭示出“他”从不开口的原因。如果将“了”去掉，这个句子就成了判断句，表示对“他”从不开口的原因的判断。再如：

② 这就是我要学二胡的原因了。

这里借助语气词“了”表示已经揭示出“我”要学二胡的原因。

③ 这就是六尺巷的来历了。

这里借助语气词“了”表示已经揭示“六尺巷的来历”。如果将“了”去掉，这一句也成了判断句，表示对“六尺巷的来历”的判断。

（13）表示已经揭示出事物的实质

语气词“了”本来可以用来表示已经揭示出事物的来历，人们又根据这一点，将“了”的用法进行了扩展，用来表示已经揭示出事物的实质。例如：

① 这就是传说中的千里马了。

这里借助语气词“了”表示“这”实际上就是传说中的千里马。如果将“了”去掉，这个句子就成了判断句，表示对“这”的实质的判断。再如：

② 这就是所谓点睛之笔了。

这里借助语气词“了”表示“这”实际上就是所谓的点睛之笔。

③ 这就是人家双方的事了。

这里借助语气词“了”表示“这”实际上就是人家双方的事（跟别人没关系）。

④ 黄老板付了 100 元，这就是小费了。

这里借助语气词“了”表示“黄老板”付的 100 元钱实际上就是小费。

⑤ 这就不是改革者要考虑的问题了。

这里借助语气词“了”表示“这”实际上不是改革者要考虑的问题。

（14）表示委婉的劝阻语气

语气词“了”本来可以表示“已经改变主意”的语气，也就是表示已经作出与自己原来所作出的决定相反的决定，或与自己原来的做法相反的决定，或与自己本来的想法相反的决定，人们又根据这一点，将“了”的用法进行了扩展，把它用在祈使句末，用来表示希望对方改变主意，不要做已经打算做的事情或以前做过的事情，从而形成表示劝阻语气的祈使句。例如：

① 我问她：“去哪里？”“钢琴演奏会。”她说着站起来。“你累得很，别去了。”

这里最后一句是一个表示劝阻的祈使句，句末的语气词“了”表示希望对方改变主意，不去看钢琴演奏会。如果去掉语气词“了”，这个句子就成了命令句，语气很强硬。再如：

② 你别走了。

③ 以后你别来找我了。

④ 不要再说了。

⑤ 小海豚太可怜了，不要再捕杀它们了。

例⑤前一个语气词“了”表示“小海豚”可怜到了不应有的程度。

（15）表示提醒该做某事的语气

语气词“了”本来可以表示时间已经运行到某一点的意思，人们又根据这一点，把它用在命令句末尾，表示提醒到了该做某事的时间，用来减轻命令的语气。例如：

① 起床了！

② 上课了！

③ 吃饭了！

④ 开会了！

以上四例中的语气词“了”分别用来表示命令对方起床、上课、吃饭、开会。如果去掉“了”，句子的命令语气就强得多。另外，起床、上课、吃饭、开会等都是按照日程安排在特定的时间进行的事，如果命令对方做的不是这类事，就不能用语气词“了”，如：“出来！”“给我！”“回来！”“站起来！”

为什么在命令对方做事先安排好了的事情时可以使用语气词“了”呢?实际上这类命令句是由谓语动词前带助动词“该”的陈述句转换成的。谓语动词前带助动词“该”的陈述句是提醒对方立刻做某事，如:“该起床了。”“该吃饭了。”这种句子常用来代替“起床!”“吃饭!”之类的命令句，口气柔和。有时人们要向对方发出命令，又想避免使用“起床!”“吃饭!”之类口气强硬的命令句，人们便对“该起床了”“该吃饭了”这种陈述句进行改造，不使用助动词“该”，只说“起床了!”“吃饭了!”这样就减轻了命令语气。

以上我们分析、归纳了动态语气词“了”常用的15种语法意义，这些语法意义可以概括为三类：一是表示情况已经如此[(1)—(7),(12),(13)]，二是表示情况将要如此[(8)—(11)]，三是表示希望情况如此[(14),(15)]。从表达功能上看，动态语气词“了”主要用来表示报告事情发生、发展、变化的消息。

另外，有一个实际上说成“lou”的“了”，用来表示动作行为的预期结果，如:“站直了!”“我先把垃圾扔了。”此时，它不是语气词，而是一个助词，我们称之为“预期结果助词”。关于预期结果助词，详见343页“(五)预期结果助词”。

2. 动态语气词“来着”(来的)

“来着”和“来的”是同一个语气词，在东北等方言中说成“来的”，而在早期汉语白话中只说成“来”。“来着”一般用在句末，基本用法是表示一件事情曾经发生的语气，引申用法是表示回忆过去发生的事情、回忆过去发生事情的某个细节、希望对方不要忘记过去发生的事情等语气。下面我们具体加以说明。

(1)表示曾经发生的语气

表示一件事情曾经发生的语气，这是动态语气词“来着”的基本用法。可以用在陈述句中，也可以用在疑问句中。

1)用在陈述句中

动态语气词“来着”用在陈述句中的时候，表示所陈述的是过去曾经发生的事情，并带有希望对方感兴趣或有所反应的意思。例如：

① 昨天夜里下雨来着，她穿的是这件带帽子的雨衣。

② 昨天是我结婚10周年，我请我丈夫吃饭来着，在贵宾楼饭店。

③ 他刚才骂你来着！

④ 今天他气色好得很哪，我刚才还看见他来着。

2）用在疑问句中

动态语气词“来着”用在疑问句中的时候，所在的句子由于受“来着”的影响，会产生某种附加意义（关于疑问句，参见481页“三、疑问句”）：

第一，用在是非问句中时，所在的句子表示事情曾经发生的可能性很大，需要对方确认。例如：

① 我被捕的那晚上，你是不是跟着汽车跑来着？

② 你怎么喘得这么厉害？有人追你来着？

以上二例中的“来着”表示“你”跟着汽车跑、有人追“你”的可能性很大，要求“你”确认。

第二，用在特指问句中时，所在的句子表示知道或估计事情曾经发生，但不知道事情的某个细节，如行为主体、对象、内容、地点、方式等。例如：

① 谁骂李家是一窝狼来着？给我滚出来！

这句表示知道有人骂“李家是一窝狼”，但不知道是谁骂的。

② 刚才谁和你一起驾驶飞机来着？

这句表示知道有人和“你”一起驾驶飞机，但不知道是谁。

③ 你托谁来着？

这句表示知道“你”托人了，但不知道托的是谁。

④ 春玲跑到前面堵着他：“她和你说什么来着？”

这句表示知道（或看见）“她”和“你”说过话了，但不知道说的是什么。

⑤ 你碰见姜敏了吗？你跟她说什么来着？

这句表示估计“你”跟姜敏说过话，但不知道具体内容。

⑥ 您今天去哪儿散步来着，凯里先生？

这句表示知道“你”去散步了，但不知道去了哪里。

第三，用在反问句中时，所在的句子带有责怪对方的意思。例如：

① 现在都对我客气了，刚才怎么围攻我来着？

这句表示责怪对方“刚才”攻击自己。

② 李建勋……抓住他的衣领，一个耳光打出去：“这就是王法！谁叫你们骂李家人来着！”

这里最后一句表示责怪对方“骂李家人”。

③ 早干什么来着?

这句表示责怪对方没有及时做事。

④ 谁让你不小心来着。

这句表示责怪对方不小心。

第四，用在反问句中时，所在的句子有时也带有自责或抱怨的意思。例如：

① 好吧！谁让我心软来着。

这里后一句表示责怪自己心软。

② 谁让我倒霉来着，正好撞在这个时候去找那个女人。

这里前一句表示抱怨自己运气不好。

第五，用在反问句中时，所在的句子有时也用来表示否认自己曾经做过某事。例如：

① 谁说编辑好当来着！

这句话实际上是否认自己曾说过“编辑好当”。

② 田曼芳脸一红：“……谁哭鼻子来着！”赶紧转身走了。

这里第二句表示否认自己曾经“哭鼻子”。

（2）表示回忆的语气

由于表示“曾经发生”语气的“来着”用在特指问句中时，所在的句子常用来表示知道事情曾经发生但不知道某个细节的意思，于是人们又根据这一点，对“来着”的用法进行了扩展，用来表示回忆事情的某个细节的语气。例如：

① 他已经把飞机拖了回来——是什么时候的事来着？——昨天？

这里“来着”表示回忆“把飞机拖了回来”的时间的语气。

② 我和你是在什么地方认识的来着？

这里“来着”表示回忆“我”和“你”认识的地点。

③ 你的朋友叫什么来着？我说的是那个信耶稣教的。

这里“来着”表示回忆“你的朋友”的名字，整个句子含有希望对方回答的意思。

④ 可那句话怎么说来着？“世上没有免费的午餐。”

这里“来着”表示回忆“那句话”的内容。

⑤ 对不起，你要的是什么来着？

这里“来着”表示回忆“你”要的东西。

（3）表示希望不要忘记的语气

由于动态语气词“来着”用在特指问句中时能够表示“回忆的语气”，于是人们又根据这一点，对“来着”的用法进行了扩展，用来表示希望对方不要忘记某件事情的语气，所在的句子往往含有责怪对方的意思。例如：

① 还记不记得那回在北京站，我怎么跟你说的来着？

这里语气词“来着”表示要求对方不要忘记“我”对他说的话的语气。

② 过去8平方米的小屋怎么住来着？现在已经不错啦！

这里语气词“来着”表示要求对方不要忘记过去曾经住过8平方米小屋的语气。

③ 当年，毛主席是怎么教导你们来着？浪费，是极大的犯罪。

这里语气词“来着”用来表示要求对方不要忘记毛主席的教导的语气。

以上我们说明了语气词“来着”所表示的几种语气。

【补充说明】

由于“来着”可以用来表示事情在过去某个时间曾经发生，而过去完成体助词“的”表示事情在过去已经完成，所以二者的语法意义有些相似，但实际上却有很大差别。下面我们就将二者的区别归纳一下：

第一，过去完成体助词“的”属于动态助词的一种，要紧紧附着在动词的后面，表示动作行为在过去已经完成，而“来着”属于语气词，不是动态助词，要放在句子的末尾，表示事情曾经发生等语气。如：

① A：你什么时候写的作业？　B：我昨天写的作业。

这里问话者知道对方已经写完了作业，但不知道完成的时间，所以在询问完成时间的时候，在动词“写”的后面加上了过去完成体助词“的”，回答者在回答的时候同样在“写”的后面加上了“的”。

② A：你昨天干什么来着？　B：我昨天写作业来着。

这里问话者不知道对方“昨天”曾经做了什么，所以在问话的末尾加上了表示“曾经发生语气”的语气词“来着”，而回答者在答话的末尾也加上了语气词“来着”，表示自己“昨天”曾经写作业。

第二，在询问或说明自己曾经知道但已经忘记了的事情的时候，通常在句末用语气词“来着”表示，而不用动态助词“的”。例如：

① 这种事情咱们以往怎么处理来着？

这里的“来着”表示自己曾经知道以往怎么处理“这种事情”，但现在回忆不起来了。如果换成动态助词“的”，句子的意思就变了：

② 这种事情咱们以往怎么处理的？

这句表示自己不知道以往是怎么处理这种事情的，所以提出疑问。

第三，如果所要说的往事对方事先不知道，在告诉他的时候，使用语气词“来着”，而不用动态助词“的”。例如：

① 刚才下雨来着。

因为对方不知道（或以为对方不知道）“刚才”下过雨，所以自己告诉他的时候使用了“曾经发生的语气”的语气词“来着”。如果双方都知道过去曾经发生某件事情，而一方问另一方这件事发生的时间和另一方回答这件事发生的时间的时候，要用动态助词“的”，如：

② A：什么时候下的雨？　B：刚才下的（雨）。

以上我们举例说明了各种常用的汉语语气词。

第四章　短语的结构、分类及用法

短语是由两个或两个以上的词按照一定语法规则组合而成的用来表示一定意义的语法单位。短语可以由两个或两个以上的词直接组成，如“环境优美”“学习汉语”，都是由两个词直接组成的，“昨天、今天、明天”，“你、我、他”，都是由三个词直接组成的。短语还可以由两个或两个以上的词借助连词、助词等组成，如“我和你”“昨天、今天和明天”“我的电脑”等，是分别借助连词“和”和结构助词“的”组成的。短语还可以由一个词和一个短语组成，如“环境非常优美”，是由“环境”这个词与“非常优美”这个短语组成的。短语还可以由两个或两个以上的短语组成，如“我弟弟和你弟弟”，这个短语是由定中短语“我弟弟”“你弟弟”加上并列连词“和”构成的一个并列短语。

短语是非常重要的一级语法单位。我们知道，我们是用句子来表达思想感情的，而句子，除了数量极少的独词句以外，都是由一个以上的短语构成的，只有弄清短语的构成方式，才能弄清句子的构成方式。我们可以从短语的结构类型、构成成分类型、句法功能类型这三个角度来分析短语的构成方式及其用法。

第一节　短语的结构类型

短语的结构类型指的是从结构上划分出的短语的类型，而我们这里所说的短语的结构，指的是短语的语法结构，而短语的语法结构是由构成短语的两部分之间的语法关系决定的。根据短语的两部分之间的语法关系，可以把短语划分为主谓短语、动宾短语、偏正短语、中补短语、并列短语、选择短语、递进短语、同位短语等。由于汉语的合成词和短语都有主谓、动宾、偏正、中补和并列五种结构，所以学术界通常把主谓短语、动宾短语、偏正短语、中补短语、并列短语看成短语的五种基本结构类型。下面我们具体说明各种结构类型的短语。

一、主谓短语

主谓短语是由具有陈述与被陈述关系的成分构成的短语（所谓“陈述”，指的是叙述、说明、描写、判断等），一般情况下，被陈述的成分在前面，属于主语，陈述性的成分在后面，属于谓语。例如：

花‖开　　我‖来　　身体‖健康　　天‖晴　　我‖看书

这里“我看书”这个主谓短语的谓语“看书”是个动宾短语。

值得注意的是，主谓结构也是句子的典型结构，因而主谓短语加上适当的语调就成为句子，能表达一个相对完整的意思。既然这样，可不可以认为主谓短语是通过将主谓句的语调或语气词去掉变成的呢？不可以这样认为，因为这不符合组词造句过程的实际。事实上，人们在组词造句的时候，是先由词与词或词与短语、短语与短语组成一个主谓短语，再加上适当的语调构成主谓句；如果不加上适当的语调，就不能成为一个句子，仍然是一个主谓短语。另外，主谓短语有时不是用来构成一个主谓句，而只是充当一个句子成分，甚至只是充当一个句子成分的一部分，由此我们可以清楚地看出，主谓短语是客观存在的，而不是由主谓句改造成的。例如：

① 身体健康‖是每个人的心愿。

② 他‖身体健康。

以上二例中的主谓短语“身体健康”分别充当句子的主谓和谓语。

③ 他‖是（一个）（身体健康）的人。

这一例是动宾短语作谓语的主谓句，主谓短语“身体健康”只是宾语中的一个定语。

从上面的例子中我们可以看出，主谓短语是在造句的过程中形成的，不是由主谓句改造成的。不过，用主谓短语作主语、谓语、定语等句法成分是汉语语法的一个特色。

二、动宾短语

动宾短语是由具有支配与被支配关系的成分构成的短语。支配性的成分是动词或动词性的短语，被支配性的成分就是它的宾语。例如：

看书　吃饭　学汉语　做作业　喜欢运动　关心别人　认识他　看看书　做完作业

上面的例子中，“看看书”中的“看看”是“看一看”的省略形式，“看一看”是一个动补短语，后一个“看”是借用量词，“看一看”的意思相当于“看一下”。“做完作业”中的“做完”也是一个动补短语。关于动补短语，参见416页“四、中补短语”。

三、偏正短语

偏正短语是由具有修饰限定与被修饰限定关系的成分构成的短语，有定中短语和状中短语两种。下面我们分别举例加以说明。

（一）定中短语

由定语加中心语构成的短语是定中短语。从构成成分的词性上看，定中短语有如下几种类型：

1. 形容词性词语＋名词性词语

单音节形容词作定语时，后面一般不需要加结构助词“的”，两个音节以上的形容词和形容词性短语作定语时，后面一般需要加结构助词“的”。例如：

（大）树　（好）天气　（大）城市　（聪明）的人　（很大）的城市

（热闹）的地方　（勤劳勇敢）的人民

2. 名词性词语＋名词性、动词性、形容性词语

名词性词语作定语时，无论中心语是名词性的，还是动词性的、形容词性的，后面都要加结构助词“的”。例如：

（人）的性格　（鸟）的羽毛　（北方）的冬天　（人民）的利益

（学校）的操场　（老师和学生）的关系　（中国）的科学家

以上定中短语的中心语都是名词性的词语。

（老师）的表扬　（老师）的鼓励　（老师）的指导　（同学）的帮助

（人民）的支持　（多媒体教学设备）的使用　（经济）的发展

以上定中短语的中心语都是动词性的词语。

（女人）的美丽　（学生）的快乐　（力量）的强大　（中国人民）的勤劳（人才）的重要　（领土）的完整　（家庭）的不幸　（经验）的不足

以上定中短语的中心语都是形容词性的词语。

3. 动词性词语＋名词性词语

由名词性词语作中心语、动词性词语作定语时，后面一般也要加结构助词“的”。例如：

（写）的字　（看）的书　（说）的话　（写字）的笔　（休息）的时候　（站着）的人　（盛开）的桃花　（正在看书）的学生

4. 代词＋名词性词语

由代词作定语、名词性词语作中心语时，有如下几种情况：

第一，人称代词作定语时，如果与中心语的关系是可转让的领属关系，后面要加结构助词“的”，如果与中心语的关系是整体与部分的关系，后面也要加结构助词“的”。例如：

（你）的手机　（我）的书　（他）的话　（我们）的教室

上面这一组定中短语的定语与中心语的关系是可转让的领属关系，代词定语的后面都加上了结构助词“的”。

（你）的胳膊　（他）的手　（你们）的眼睛　（谁）的手

上面这一组定中短语的定语与中心语的关系是整体与部分的关系，代词定语的后面也都加上了结构助词“的”。

第二，疑问代词“谁”作定语时，后面一般要加结构助词“的”。例如：

（谁）的手 （谁）的书 （谁）的孩子 （谁）的爸爸 （谁）的文章

第三，人称代词作定语时，如果与中心语的关系是不可转让的领属关系，后面不加结构助词“的”。例如：

（我）爸 （你）爸 （我）哥 （我们）学校 （我们）公司

第四，疑问代词“什么”作定语时，后面一般不加结构助词“的”。例如：

（什么）东西 （什么）时候 （什么）课 （什么）问题

5. 数量短语＋名词性词语

数量短语作定语时，后面一般不加结构助词“的”。例如：

（一个）人 （一只）鸟 （一块）石头 （一斤）大米 （一小时）时间 （一年）时间

有时人们需要强调时间量，就在表示时间的数量短语后加结构助词“的”。例如：

（一个月）的时间 （一年）的时间

6. 数量短语＋动词性词语

由动词性词语作中心语、数量短语作定语时，后面一般不加结构助词“的”。例如：

（一次）演讲 （一次）考试 （一次）成功的改革

（二）状中短语

由状语加中心语构成的短语是状中短语。从构成成分的词性上看，状中短语有如下几种类型：

1. 副词＋动词性词语

语气副词、否定副词、时间副词、范围副词作状语时，后面一般不加结构助词“地”。例如：

[大概]有 [一定]做到 [不]去 [没]去 [刚]来 [刚刚]

走［都］去　［全部］完成

方式副词作状语时，后面一般不加结构助词“地”，当需要强调动作行为的方式时，后面才加结构助词“地”。例如：

［赶紧］走　［互相］学习　［单独］接触　［突然］停电

［悄悄］溜走　［悄悄］地溜走　［逐渐］适应　［逐渐］地适应

2. 形容词性词语＋动词性词语

单音节形容词作状语时，后面一般不加结构助词“地”。例如：

［快］走　［慢］跑

由单音节形容词加上程度补语作状语时，后面一般也不加结构助词“地”。例如：

［快点］走　［慢点］跑

双音节性质形容词作状语表示行为的方式时，如果不是特意强调，后面一般也不加结构助词“地”。例如：

［认真］学习　［努力］学习　［仔细］看　［突然］到来

双音节性质形容词的前边加上状语以后再作状语，后面要加结构助词“地”。例如：

［非常认真］地学习　［非常努力］地学习　［很仔细］地看

双音节性质形容词作状语表示行为者的情态时，后面要加结构助词“地”。例如：

［高兴］地说　［激动］地说　［开心］地笑　［残酷］地打击

3. 时间名词性词语＋动词性词语

时间名词性词语作状语时，后面一律不加结构助词“地”。例如：

［今天］去　［明天］见　［星期日］休息　［早晨六点］起床

4. 方位名词性词语＋动词性词语

方位名词性词语作状语时，后面一律不加结构助词“地”。例如：

［里边］坐　［外面］等着　［左］转　［右］转　［路上］吃

需要指出的是，方位名词或方位名词短语作状语的时候，一般需要用处所介词“在”等或动词“到”引出来，而处所介词有时省略，这就形成了方位名词或方位名词短语直接作状语的情况，如“里边坐”是“到里边坐”的省略说法，

“左转”是“向左转”的省略说法，“路上吃”是“在路上吃”的省略说法。

5. 动词性词语＋动词性词语

动词性词语作状语时，一般表示的是伴随性的动作行为或动作行为的方式，后面不加结构助词“地”。例如：

［站着］等 ［趴着］睡觉 ［躺着］看书 ［背手］站着

以上各例中的动词性状语表示的是伴随性的动作行为。

［跑步］前进 ［骑自行车］上班 ［坐公共汽车］上班 ［开车］上班

以上各例中的动词性状语表示的是作为另一个动作行为的方式的动作行为。

值得注意的是，动词的重叠形式作状语时，属于描写性状语，后面要加“地”。例如：

［哭哭啼啼］地说 ［蹦蹦跳跳］地走

6. 象声词＋动词性词语

象声词作状语的时候，属于描写性状语，后面一般要加结构助词“地”。例如：

［咚咚］地响 ［咕咕］地叫 ［哇哇］地哭 ［当当］地敲

不过，“象声词＋动词性词语”作补语和定语的时候，象声词的后面一般不加“地”。例如：

① 鼓敲得〈［咚咚］响〉。

② 肚子饿得〈［咕咕］叫〉。

③ 她自己抱着孩子坐到院里去，摸着（［咚咚］响）的胸口。

④ 郑小藕双手搂住（［咕咕］叫）的肚子，苦着脸儿说：“我饿了。”

7. 数量短语的反复形式＋动词性词语

汉语数量短语的反复形式作状语时，后面要加结构助词“地”。例如：

① 饭要［一口一口］地吃，路要［一步一步］地走。

② 饭不能［两口两口］地吃，要［一口一口］地吃。

③ 他把钱［一点一点］地攒起来。

“一＋量词”短语反复的时候，两个数词“一”经常省略，有时只省略后一个“一”。“一＋量词”短语反复的省略形式作状语的时候，后面一般不加结构助词“地”。例如：

④ 一步一个台阶，[步步]高升。

这里“步步”是“一步一步”的省略形式，意思是“一步接着一步”。

⑤ 学习成绩[回回]名列学校第一。

这里“回回”是“一回一回”的省略形式，意思是“每一回”。

⑥ 我就像初生牛犊，[一次次]瘫下去又站起来，[一次次]摔倒了又爬起来。

这里“一次次”是“一次一次”的省略形式，意思是“一次又一次”“很多次”。

8. 介词短语＋动词性词语

介词短语作状语时，后面一律不加结构助词“地”。例如：

[用毛笔]写 [用水]洗 [跟他]说 [为人民]服务 [给你]做饭

9. 助动词＋动词性词语

助动词作状语时，后面一律不加结构助词“地”。例如：

[应该]参加 [可以]用 [能]看见 [想]去 [愿意]帮忙

10. 代词＋动词性词语

代词作动词的状语时，后面一般不加结构助词“地”。例如：

[这样]做 [这么]说 [怎么]做 [怎么]说 [这么]热

不过，在书面语中的感叹句或抒情性的句子中，代词“多么”“那么”等作状语时，后面常加结构助词“地”。例如：

① 见到了中国专家，他是[多么]地激动啊！

② 北京的马路是[那么]地笔直，[那么]地宽广，[那么]地平坦。

③ 江水[多么]地清亮，水面刮来的江风，又[多么]地凉爽。

11. 比喻性描写短语＋动词性词语

比喻性描写短语作状语时，后面要加结构助词“地”。例如：

[像兔子一样]地跑 [木头似]地站着 [野马一般]地乱窜乱跳

12. 副词＋形容词性词语

副词作形容词的状语时，后面一般不加结构助词“地”。例如：

［非常］好 ［很］好 ［最］好 ［不］好 ［非常］困难

13. 代词＋形容词性词语

代词作形容词性词语的状语时，后面一般不加结构助词“地”。例如：

［这么］好 ［多么］好 ［那么］严肃认真 ［那么］不好

四、中补短语

由中心语加补语构成的短语是中补短语。从构成成分的词性上看，中补短语有如下几种类型：

（一）动词＋形容词性词语

从语法意义上看，动词后面所加的形容词性补语有三种：一种是说明性补语，一种是评价性补语，一种是描写性补语。说明性补语后面不加结构助词“得”，评价性补语和描写性补语后面都要加结构助词“得”。另外，说明性补语和评价性补语由性质形容词充当，都是结果补语；描写性补语由形容词的重叠式、状态形容词和描写性短语充当，有的是结果补语，有的是方式补语，有的是情态补语。例如：

坐〈好〉 站〈直〉 放〈平〉 讲〈明白〉 弄〈明白〉 擦〈干净〉 差〈多〉了 差〈远〉了 高兴〈坏〉了

以上是动词加说明性结果补语的例子。

唱得〈好〉 站得〈直〉 讲得〈明白〉 擦得〈非常干净〉 差得〈多〉 差得〈远〉

以上是动词加评价性结果补语的例子。

打扮得〈漂漂亮亮〉 长得〈绿油油〉 走得〈飞快〉 讲得〈眉飞色舞〉

以上是动词加描写性结果补语、方式补语和情态补语的例子。

（二）动词＋动词性词语

从语法意义上看，动词后面所加的动词性补语有三种：一种是趋向补语，由趋向动词或趋向动词短语充当；一种是说明性的结果补语，由不及物动词充当；一种是目的补语，由动词或动词性短语充当。例如：

进〈来〉 进〈去〉 出〈来〉 出〈去〉 拿〈出〉 走〈出〉 走

〈进〉 拿〈出来〉 走〈出来〉 走〈进去〉 送〈回来〉 爬〈上去〉

以上是动词＋趋向补语的例子。

摔〈碎〉 掰〈断〉 推〈倒〉 打〈死〉 拿〈掉〉 叫〈醒〉

以上是动词＋结果补语的例子。

出去〈溜达〉 上街〈买东西〉 去教室〈看书〉 说〈给我听〉

上面这一组短语中，中心语和补语表示的是两个动作行为，后一动作行为是前一动作行为的目的，所以属于一种动补短语，汉语语法学界把这种动补短语称为“连动短语”。再如：

请他〈来〉 叫他〈进来〉 请他〈去做报告〉

上面这类短语中，中心语是一个动宾短语，表示的是行为主体的行为，补语表示的是行为对象的行为，补充说明前面的动宾短语所表示的行为的目的，是目的补语。如“请他来”中的“来”补充说明请“他”的目的是使“他”来。因为“他”是“请”的宾语，又是“来”的逻辑上的主语，所以学者们把这类动补短语称为“兼语短语”。

（三）动词＋动量短语

从动量短语中的量词的种类上看，这类动补短语有两种，一种是“动词＋数词＋专用动量词”式的，一种是“动词＋数词＋借用动量词”式的。例如：

a. 去〈一次〉 看〈一遍〉 去过〈一回〉

b. 看〈一看〉 问〈一问〉 引见〈一引见〉

这里 b 组中的量词是借用动词自身充当的，可以替换为“下”，如“看一下”“问一下”“引见一下”。另外，由于人们普遍喜欢双音节词语和四音节词语，因而常将这种短语中的数词“一”省略，使它成为双音节词语和四音节词语，如“看看”“问问”“引见引见”等，尤其是双音节借用动量词前的“一”，大约从清代开始一律省略，“引见一引见”的说法出自明代小说《西游记》，在清代的作品中就没有这种说法了。

值得注意的是，动词后面的数量短语只有由数词加动量词构成的才是补语，如果是由数词加物量词构成的，就不是补语，而是宾语。如“买二斤”中的“二斤”其实是“二斤肉”“二斤菜”之类的省略说法，“喝一瓶”中的“一瓶”其实是“一瓶水”“一瓶酒”之类的省略说法，所以“买二斤”“喝一瓶”之类的短语其实是动宾短语。同理，表示询问的“买多少”“喝多少”之类的短语也属于动宾短语，而有的学者把这类不完整的动宾短语看成动补短语。

（四）动词＋介词短语

由介词短语充当的动词的补语一般属于处所方位补语。例如：

放〈在桌子上〉　放〈在上面〉　一直送〈到家〉　出生〈于上海〉

在口语中，“放在桌子上”“放在上面”这种动补短语中的介词“在”经常省略，说成“放桌子上”“放上面”。另外，“出生于上海”中的介词“于”属于古语词，相当于现代汉语中的介词“在”，在书面语中使用。

（五）形容词＋副词

一般只有程度副词“很”“万分”能作形容词的补语，属于程度补语。例如：

好得〈很〉　热闹得〈很〉　奇怪得〈很〉　激动〈万分〉

如前所述，学术界一般把作补语的“极”和“透”也看成副词，他们把“好〈极〉了”“伤心〈透〉了”这类短语也看成“形容词＋副词”式的中补短语。

五、并列短语

并列短语是由具有并列关系的成分构成的短语。有些学者把并列短语与递进短语、顺承短语和选择短语统称为“联合短语”。

构成并列短语的两个或两个以上的成分所属的词性相同，中间可以加入并列连词“和”“与”“而”等，也可以不加。

从构成成分的词性上看，并列短语有如下几种类型：

（一）名词性词语＋名词性词语

名词性词语与名词性词语组成并列短语的时候，中间一般要加上并列连词“和”或“与”。例如：

农民和工人　报纸和杂志　事业与家庭　责任与义务

如果并列的项目比较多，也有不用并列连词的。如果后面还有没列出来的项目，就在列出的最后一个项目后加上不完全列举助词“等”。例如：

德育、智育、体育、美育

完整性、正确性、合理性、合法性、真实性

经济学、政治学、人类学、心理学等

如果并列的项目比较多，也有在最后一个名词性成分前加上并列连词的。如果后面还有没列出来的项目，还在列出的最后一个项目后加上不完全列举助词“等”。例如：

工人、农民和知识分子

政治、经济、社会、军事、外交、文化和科技等

（二）动词性词语 + 动词性词语

动词性词语与动词性词语组成并列短语的时候，中间一般要加上并列连词“和”或“与”。例如：

补充和完善　喝酒和抽烟　忍耐与宽容　坚持与放弃

如果并列的项目比较多，也有不用并列连词的。例如：

有理想、有道德、有文化、有纪律　要民主、要独立、要自由、要和平

如果并列的项目比较多，也有在最后一个动词性成分前加上并列连词的。例如：

慰问、鼓励和支援　鼓掌、握手、拥抱、欢呼和歌唱　理解、同情与尊重

（三）形容词性词语 + 形容词性词语

形容词性词语与形容词性词语组成并列短语的时候，大都不用连词连接，有时在两个并列的形容词性词语中间加上并列连词“而”。例如：

年轻、漂亮　勤劳、勇敢　舒适、洁净、优雅　伟大、光荣、正确　纯真、朴实、美丽、热情

安详而沉静　复杂而艰巨

（四）名词性词语 + 代词，代词 + 名词性词语，代词 + 代词

名词性词语与代词、代词与名词性词语、代词与代词构成并列短语时，中间大都加并列连词“和”或“与”。例如：

老师和我　大为和你　我和弟弟　我和我同学　我和你　张老板与我　你与我　你、我、他

这里“你、我、他”是由三个代词直接构成的并列短语，中间没有使用并列连词。

六、选择短语

选择短语是由具有选择关系的成分构成的短语。构成选择短语的两个或两个以上的成分词性相同，中间经常需要加上选择连词“或”“还是”等。

从构成成分的词性上看，选择短语有如下几种类型：

（一）名词性词语＋名词性词语

名词性词语与名词性词语构成选择短语时，中间一般要加选择连词“或”。例如：

班长或学习委员　今天或明天　两人或三人

（二）动词性词语＋动词性词语

动词性词语与动词性词语构成选择短语时，在陈述句中一般要在中间加上选择连词“或”，在疑问句中，如果要表示追问，要在中间加上选择连词“还是”，如果不是追问，中间不加选择连词。例如：

A. 接近或达到　迟到或早退　签名或盖章

B. 来还是不来　去还是不去　有还是没有

C. 来不来　去不去　有没有　懂不懂　来没来　到没到

上面三组中，A 组的短语用在陈述句中，B 组和 C 组用在疑问句中，其中 B 组表示追问。

（三）名词性词语＋代词，代词＋名词性词语，代词＋代词

这种组合与“名词性词语＋名词性词语”相同，中间一般要加选择连词“或”。例如：

大为或你　你或大为　你或你同学　你或他

（四）形容词性词语＋形容词性词语

形容词性词语与形容词性词语构成选择短语时，在陈述句中一般要在中间加上选择连词“或”，在疑问句中，如果要表示追问，要在中间加上选择连词“还是”，如果不是追问，中间不加选择连词。例如：

A. 优秀或良好　良好或合格　相同或相近　直接或间接　不正确或不够正确

B. 好还是不好　难还是不难　大还是小　快还是慢

C. 好不好　大不大　快不快　难不难　容易不容易

上面三组中，A 组的形式用在陈述句中，B 组和 C 组用在疑问句中，其中 B 组表示追问。

（五）数量短语＋数量短语

数量短语与数量短语构成选择短语时，一般要在中间加上选择连词“或”。例如：

一个或两个　两个或两个以上　三只或两只

如果两个数量短语所表示的数量大小相邻，经常省略前一个数量短语中的量词，中间也不加选择连词。例如：

一两个　三四个　七八个

上面这组短语的意思是“一个或两个”“三个或四个”“七个或八个”。

如果两个数量短语中的数词是两位数，常省略后一个数量短语中的数词“十”“二十”等。例如：

十一二个　十三四个　二十三四个　二十七八个

上面这组短语的意思是“十一个或十二个”“十三个或十四个”“二十三个或二十四个”“二十七个或二十八个”。

七、递进短语

递进短语是由具有递进关系的成分构成的短语。构成递进短语的两个成分词性相同。

从构成成分的词性上看，并列短语有如下几种类型：

（一）形容词性词语＋形容词性词语

形容词性词语与形容词性词语构成递进短语时，中间一般要加上递进连词“而且”等。例如：

省事而且省钱　美观而且耐用　轻巧而且坚固　合理而且合法

（二）动词性词语＋动词性词语

动词性词语与动词性词语构成递进短语时，中间一般要加上递进连词“并”“并且”等。例如：

学习并运用　讨论并通过　继承并发展　反对并制止　赶上并且超过

八、同位短语

同位短语是由两个所指为同一个人或事物的词语并列成的短语。构成同位短语的两个成分都是名词性的词语。根据构成同位短语的两项的意义类别，我们可以把同位短语分为如下几类：

（一）身份、称号＋人、物专名

这类短语是在人或事物的专有名称前加上表示人或事物的身份、称号等的词语。例如：

北京大学校长蔡元培　毛泽东的老师徐特立　吴努的女儿珊珊努

中国首都北京　世界最高峰珠穆朗玛峰

中国最伟大的作家鲁迅　特级英雄黄继光　当代雷锋孙茂芳

值得注意的是，这种“身份、地位＋人、物专名”式的同位短语虽然是由两个词语并列成的，但这只是形式上的并列，前后两个词语在意义上并不是并列关系，而是补充说明的关系，后一个词语是对前一个词语的补充说明，因而二者不可以交换位置。例如：

中国首都北京 ——→ * 北京中国首都

北京大学校长蔡元培 ——→ * 蔡元培北京大学校长

吴努的女儿珊珊努 ——→ * 珊珊努吴努的女儿

（二）姓名＋称呼

这种同位短语是在人的姓名后面加上对人的称呼。例如：

A. 叶嘉莹先生　王小姐

B. 列宁同志　大为同学

C. 习近平主席　普京总统　王力教授　白求恩大夫　徐特立老师

D. 王大爷　雷锋叔叔　鞠萍姐姐

在上面的四组同位短语中，A 组的称呼“先生”“小姐”是专用称呼，B 组的称呼“同志”“同学”是借用业缘关系的名称形成的称呼①；C 组的称呼“主席”“教授”“大夫”“老师”是借用职位和职业的名称形成的称呼；D 组的称呼“大爷”“叔叔”“姐姐”是借用亲属称呼而形成的称呼。

把称呼放在人的姓名后面，这是现代汉语的习惯，与许多其他语言的习惯不同。有时这类短语的前后两项似乎可以交换位置，如：

习近平主席——主席习近平　王力教授——教授王力

这样交换位置之后，原来对人的称呼变成了人物的身份，而称呼是用来表示对人的尊敬的。可见，这两种同位短语并不存在转换关系。如“习近平主席”不是由“主席习近平”转换成的，“主席习近平”也不是由“习近平主席”转换成的；“王力教授”不是由“教授王力”转换成的，“教授王力”也不是由“王力教授”转换成的。从另一个角度说，“主席习近平”其实是由“中华人民共和国主席习近平”省略成的，“教授王力”实际上是由“北京大学教授王力”省略成的。

（三）称呼＋称呼

这类同位短语的前一项是借用人的职务而成的称呼，如“主席”“总统”等，后一项是专用称呼，如“同志”“阁下”“先生”等。这类同位短语比“姓名＋称呼”式同位短语的尊敬色彩更浓。例如：

主席同志　总统阁下　总统先生

这种同位短语中不出现人的姓名，更能表示对对方的尊敬。另外，这种同位短语中的前一项是人的职务，它的作用相当于人的姓名，后一项是人的称呼，汉语中称呼一律放在人的姓名的后面，所以这种同位短语前后两项的

① 业缘关系（Business Relationship）是指由于从事共同的或有关联的社会工作而结成的人际关系。

位置也是不能交换的。

（四）名称＋类属

这种同位短语的前一项是人或事物的名称（包括人的姓名），后一项是人或事物的类属。例如：

北京、上海等大城市　锦州那个地方　亚美尼亚这个国家　春秋两季
曹操这个人　梨这种水果　狐狸这种动物　游泳这种运动

这种同位短语的前后两项指的也是同一个人或事物，但在意义上，后一项是对前一项的补充说明，因而这种同位短语的前后两项不可以交换位置。

（五）代词＋具体所指

这种短语的前一项是人称代词，后一项说出前面的代词指的是谁。例如：

我们大家　我们渔民　你们几位

这种同位短语的前后两项指的也是同一个人或事物，但在意义上，后一项也是对前一项的补充说明，因而这种同位短语的前后两项也不可以交换位置。

九、连谓短语

在目前通行的汉语语法理论中，有一类特殊的短语叫“连谓短语”，是由两个或两个以上的谓词性词语（动词性词语和形容词性词语）连用形成的，其中由两个或两个以上的动词性词语连用形成的连谓短语叫“连动短语”。下面是黄伯荣、廖序东主编的《现代汉语》（增订五版）中的五个“连谓短语”的例子①：

① 上山〈采药〉

从两部分之间的意义上看，这个连动短语是一个动补短语，“采药”补充说明“上山”的目的。

② 出去〈闲逛〉

这个连动短语也是一个动补短语，“闲逛”补充说明“出去”的目的。

③ 看了〈心烦〉

这个连谓短语也是一个动补短语，“心烦”补充说明“看了”的结果。

① 黄伯荣、廖序东主编：《现代汉语》（增订五版）（下册），高等教育出版社2011年版，第48页。

④ 听了〈很高兴〉

这个连谓短语也是一个动补短语，“很高兴”补充说明“听了”的结果。

⑤ [怀着一丝希望]去找朋友打听消息

这是一个状中短语，它的中心语是“去找朋友打听消息”，状语是“怀着一丝希望”，表示的是“去找朋友打听消息”的情态；而中心语“去找朋友打听消息”又是一个动补短语，中心语是“去找朋友”，补语是“打听消息”，表示的是“去找朋友”的目的；而它的中心语“去找朋友”又是一个动补短语，中心语是“去”，补语是“找朋友”。另外，“去”的后面省略了去的地点（朋友家、朋友的工作或劳动场所、朋友的所在地，等等），而且这种省略是习惯性的，就像“我去买菜”是“我去市场买菜”的习惯性的省略说法、“去上课”是“去教室上课”的习惯性的省略说法、“去吃饭”是“去食堂吃饭”的习惯性的省略说法一样。

从以上的例子可以看出，所谓连谓短语，一般是比较特殊的动补短语和状中短语。

十、兼语短语

在目前通行的汉语语法理论中，还有一类特殊的短语叫“兼语短语”。按照黄伯荣、廖序东主编的《现代汉语》（增订五版）的说法[①]，兼语短语是由一个动宾短语和一个主谓短语“套叠”而成的短语，其中前面的动宾短语的宾语兼作后面的主谓短语的主语，下面是具体的例子：

① 请他进来

从这个短语的两部分之间的意义关系上看，这个短语属于“动宾－补”结构的动补短语，中心语是动宾短语“请他”，补语是“进来”，补充说明“请他”的目的。另外，“进来”是“使他进来”的不完整说法，但不能说是由“使他进来”省略成的，因为这种完整的说法从来没有使用过，这种短语最初形成的时候，直接用“进来”表示“使他进来”的意思。再如：

② 派你去

这个短语也属于“动宾－补”结构的动补短语，中心语是动宾短语“派

① 黄伯荣、廖序东主编：《现代汉语》（增订五版）（下册），高等教育出版社 2011 年版，第 48 页。

你”，补语是“去”，是“使你去”的不完整说法，补充说明“派你”的目的。

③ 称老李为球迷

这个短语也是一个“动宾－补”结构的动补短语，中心语是动宾短语“称老李”，补语是“为球迷”，补充说明“称老李”所用的称呼。另外，“为球迷”是“所用的称呼为球迷”的不完整的说法，但不能说是由“所用的称呼为球迷”省略成的，因为这种完整的说法从来没有使用过，这种短语最初形成的时候，直接用“为球迷”表示“所用的称呼为球迷”的意思。

④ 有人不赞成

这个短语是由“有不赞成的人”转换成的。汉语有一个习惯：当动词“有”的宾语是定中短语的时候，通常将中心语移到“有”的后面，这样就使定语落在了句子或短语的末尾，而末尾是听者或读者注意的焦点，这样就使定语得到了强调。如“村里有个叫小芳的姑娘”，习惯上说成“村里有个姑娘叫小芳”。

⑤ 使你快乐

这个短语是一个动宾短语，其中的动词“使”是“致使”“引起”的意思，“你快乐”是“使”的宾语。

⑥ 祝你健康

这个短语也是一个动宾短语，其中的动词“祝”是“祝愿”“希望”的意思，“你健康”是“祝”的宾语。

从上面的分析中我们可以看出，所谓“兼语短语”，一部分属于“动宾－补”结构的动补短语，一部分属于比较特殊的动宾短语。

第二节　短语的构成成分类型

前面我们说明了短语的结构类型，对每一种结构类型的短语的构成成分都进行了说明。这里我们着重谈谈由方位词、量词、介词、助词作为一个构成成分所构成的比较特殊的短语，分别是方位短语、数量短语、介词短语、助词短语。

一、方位短语

将方位词加在名词性或动词性词语的后面所形成的短语以及由一对反义方位词并列成的短语叫“方位短语”。方位短语可以用来表示处所和时间。下面我们分别举例加以说明。

（一）方位短语的语法意义及用法

方位短语的语法意义决定了方位短语的用法。下面我们举例说明方位短语的语法意义及其用法。

1. 表示处所

方位短语表示处所时，可以作主语、宾语、定语、状语，也可以由介词引出后作状语，或者由介词引出后作补语。例如：

① 河的南边‖是辽阔的平原。

这里“河的南边”作主语，指河的南边的地方。

② 他们已经到院外了。

这里“院外”作宾语。

③ 这个助学计划对（我们班里）的 15 个孩子来说非常重要。

这里“我们班里”作定语。

④ [教室外面] 坐着等孩子下课的家长。

这里“教室外面”作状语。整个句子是一个存在句，是由“等孩子下课的家长 [在教室外面] 坐着”转换成的（参见 509 页“四、存在句”）。不过，现代汉语语法学界一般把句首的名词性处所状语都看成句子的主语，所以按照他们的观点，这里的“教室外面”是句子的主语。

⑤ 雷雨天气不要 [在大树下或电线杆旁] 躲雨，以防雷击。

这里方位短语“大树下”和“电线杆旁”由处所介词“在”引出后作状语。

⑥ 把书放〈在桌子上〉。

这里“桌子上”由处所介词“在”引出后作补语。

⑦ 多年来中国石油管道主要分布〈在长江以北〉。

这里“长江以北”用处所介词“在”引出后作补语。另外，由方位词“以北”“以南”“以西”“以东”构成的方位短语比由方位词“北面”“南面”“西面”“东面”等构成的方位短语所表示的范围大，如“长江以北”指长江北面的全部地区，而“长江北面”指长江北面附近的地区。

2. 表示时间

方位短语表示时间时，主要作定语、状语、补语，也可以由介词引出后作状语，或者由介词引出后作补语。例如：

①（几天前）的一个傍晚，我到一条离家不远的山路上散步，看见一个骑自行车的年轻人摔倒在地上。

这里“几天前”作定语。

② [几天前]，这里下了一场大雪。

③ [放学后]，他和中国同学一块回家，一起吃晚饭，感到很温馨。

④ [吃饭以前] 要洗手。

以上三例中的方位短语作状语。

⑤ [在望远镜发明之前]，天文学家一直用浑仪进行天文观测。

这里用介词“在”引出方位短语“望远镜发明之前”作时间状语。

⑥《神州风采》节目被安排〈在新闻联播之后〉的黄金时间播出。

这里用介词“在”引出方位短语“新闻联播之后”作时间补语。

（二）方位短语的重叠

一般方位短语和方位名词一样，都不重叠，但由一对反义方位词并列成的方位短语有时重叠，如将“里外”重叠为“里里外外”，将“上下”重叠为“上上下下”等。这种方位短语的重叠形式所表示的语法意义有两种，一是强调时间顺序或空间顺序，二是强调一个范围内的全部空间。

1. 强调时空顺序

由一对反义方位词并列成的短语重叠，作状语，可以用来强调动作行为、变化等的时间顺序或空间顺序。例如：

① 吴仲荣 [前前后后] 仔细察看了现场，不放过任何一点线索。

这里“前前后后”是“从前到后”的意思，强调的是空间顺序。

② 刚上船我们很新鲜，[上上下下、左左右右] 地看着，拍摄了船上的每一个角落和岸边的美丽景色。

这里“上上下下”是“从上到下”的意思，“左左右右”是“从左到右”

的意思，强调的也是空间顺序。

③ 我［前前后后］做了 6 个月的工作，最终成功邀请到 4 位法国画家前来交流。

④ 第一篇小说《从森林里来的孩子》，我写得很苦，［前前后后］修改了五遍。

以上二例中的“前前后后”是“从前到后”“从开始到结束”的意思，强调的是时间顺序。

从意义上看，以上各例中作状语的方位短语的重叠形式都可以替换为相应的不重叠形式，如“前前后后”可以替换为“前后”，“上上下下”可以替换为“上下”，但替换之后，也就失去了强调时空顺序的语气和形象色彩。

“前前后后”又由“从开始到结束”的意思引申为名词，表示事情的经过（过程）。例如：

⑤ 面对记者的采访，他回忆了这个事件的［前前后后］。

这里“这个事件的前前后后”的意思是“这个事件的经过”。

2. 强调一个范围内的全部空间

由一对反义方位词并列成的短语重叠，还可以用来强调一个范围内的全部空间。这种方位短语的重叠形式与不重叠形式所表示的语法意义也是相同的，但它能用来强调全部空间。例如：

① 会场里里外外挤满了人。

② 全校师生几天就把学校里里外外清理得干干净净。

以上二例中的“里里外外”用来强调里边和外边的全部空间。

③ 我们班只有我一个男生，我左左右右、前前后后都是女生。

这里“左左右右”和“前前后后”分别用来强调左边和右边、前边和后边的全部空间。

④ 在傣家竹楼的前前后后，总能看到一种奇怪的树。

这里“前前后后”用来强调前边和后边的全部空间。

⑤ 为了保证食堂的卫生，她们用石灰水把五间厨房的上上下下全部粉刷了一遍。

这里“上上下下”用来强调上边和下边的全部空间（“厨房的上上下下”

指厨房的整个棚顶和整个墙面)。

从意义上看,以上各例中的方位短语重叠形式都可以替换为相应的不重叠形式,如“里里外外”可以替换为“里外”,“上上下下”可以替换为“上下”,但替换之后,就失去了强调全部空间的语气和形象色彩。

二、数词短语

数词短语是由数词加上名词、数词加上量词、指示代词加上数量短语所构成的短语。这三种短语可以分别简称为“数名短语”“数量短语”“指量短语”,学术界也把“数量短语”和“指量短语”合称为“量词短语”。这里我们把这三种短语统称为“数词短语”。

(一)数名短语

数名短语是由数词加上名词所形成的短语。数名短语用来表示人或事物的数量。在现代汉语中,数词通常要与量词配合构成数量短语之后加在名词前,表示人或事物的数量,如“一个人”“一辆车”等,只是偶尔按照古代汉语的习惯,直接把数词加在名词前,表示人或事物的数量,如“一人”“三人”等,从而获得简洁、庄重的表达效果。

1. 数名短语的用法

数名短语属于名词性短语,与一般名词的一般用法相同,主要在句子或短语中作主语、宾语、定语、中心语,还经常作同位语。例如:

① 一人参军,全家光荣。

这里“一人”作主语。

② 在洪水中,他舍生忘死,连救三人。

这里“三人”作宾语。

③(六国)人民正在期待中国国家主席江泽民的来访。

这里“六国”(指智利、阿根廷、乌拉圭、古巴、委内瑞拉和巴西)作定语。

④ 随后政府逮捕了(其中)的三人。

这里“三人”作中心语。

⑤ 我们三人——陶先生、一个青年和我——天一亮就起来了。

这里“三人”作“我们”的同位语。

⑥ 在这张图片上，“人民日报”四字极为醒目，报上大标题清晰可见。

这里“四字”作“人民日报”的同位语。

2. 数名短语的反复

在现代汉语中，通常数词是“一”、名词是单音节的时候，数名短语有反复用法，如“一人一人”“一家一家”“一代一代”等。“一＋名词”短语反复的时候，数词“一”经常省略，结果形成“人人”“家家”“代代”等名词反复的形式，看起来像是名词的重叠，其实是“一＋名词”短语反复的省略形式。

“一＋名词”短语的反复形式及其省略形式可以表示多种语法意义，为了表述方便，我们把“一＋名词”短语的反复形式及其省略形式用英文字母分别表示为“一 N 一 N”和“NN”。人们也常将两个意义相同或相关的名词（N_1 和 N_2）按照“NN”的格式分别反复，然后并列起来，从而形成“$N_1N_1N_2N_2$”式的数名短语反复形式。下面我们举例说明“一 N 一 N”式的数名短语的反复形式及其省略形式“NN”“$N_1N_1N_2N_2$”的语法意义。

（1）强调一个群体中的每一个个体

表示这种语法意义的数名短语的反复都是“NN”式和“$N_1N_1N_2N_2$”式的，如“家家”“家家户户”“山山水水”是通过一个一个地反复列举的方式强调一个群体中的每一个个体（但在语法上只列举两次），意思是“每一N”“每一个 N”。例如：

① 三百六十行，［行行］出状元。

这里“行行”实际上是“一行一行”的省略形式，意思是“每一行”（“行”是“行业”的意思）。

② 全村 80% 的农户盖了新楼，家家买了彩电、冰箱等家用电器。

这里“家家”实际上是“一家一家”的省略形式，意思是“每一家”。再如：

③ 保护鸟类，人人有责。

这里“人人”是“每一个人”的意思。

④ 任何人的一生都不可能一帆风顺，事事如意。

这里“事事”是“每一件事”的意思。

⑤ 防火大事要［天天］讲，［月月］讲，［年年］讲。

这里“天天”“月月”“年年”是“每一天”“每一个月”“每一年”的意思。

⑥ 我来美国 7 年了，事业有成，但我［时时刻刻］想念我的祖国，想念我的父母。

这里“时时刻刻”是“一时一时一刻一刻”的省略形式，意思是“每一时、每一刻”，也就是“任何时候”。

⑦ 三十六个勇士［日日夜夜］保卫着旅顺。

这里“日日夜夜”是“一日一日一夜一夜”的省略形式，意思是“每一日、每一夜”（每一个白天、每一个晚上）。

⑧ 时间一分一秒流逝，分分秒秒贵如黄金。

这里“分分秒秒”是“一分一分一秒一秒”的省略形式，意思是“每一分、每一秒”。另外，前面的“一分一秒”的意思是“一分接着一分、一秒接着一秒”，实际上也是“一分一分一秒一秒”的省略形式。

另外，人们也常将由两个意义相同或相关的词素构成的双音节名词放进“$N_1N_1N_2N_2$”的格式中，如“行行业业”“方方面面”等，这实际上是将一个双音节词临时当一个短语使用了。例如：

⑨ 我们伟大的祖国千行万业，行行业业都需要人才。

这里“行行业业”是“一行一行一业一业”的省略形式，意思是“每一个行业”。另外，前面的“千行万业”的意思是“很多行业”，而后面的“行行业业”强调的是很多行业中的每一个行业。这里是把“行”和“业”临时当作一对同义词使用的。

⑩ 全球化深刻影响着社会生活的方方面面。

这里“方方面面”是“一方一方一面一面”的省略形式，意思是“每一个方面”。这里把名词“方面”临时当作一个并列短语放进“$N_1N_1N_2N_2$”的格式中。

（2）表示一个范围内的全部个体

表示这种语法意义的数名短语的反复都是“$N_1N_1N_2N_2$”式的，是通过一个一个地反复列举的方式强调一个范围内的全部个体，而不是强调每一个个体，意思是“全部的 N_1 和 N_2”“各个 N_1N_2”。例如：

① 一定得把沟沟坎坎统统填平。

这里“沟沟坎坎”是“一沟一沟一坎一坎”的省略形式，意思是“全部的沟和坎”（“坎”是“坑”的意思）。

② 经过上上下下反复议论，认识逐步趋于统一。

这里“上上下下”指的是一个范围内（这里指的是承德话剧团）所有职位较高和职位较低的人，也就是全体人员。

③ 在郊区工作的日日夜夜，他为郊区人民办的一件件好事实事，郊区人民都不会忘记。

这里“日日夜夜”的意思是“全部日夜”“那些日夜”。另外，后面的“一件件好事实事”是“许多件好事实事”的意思，其中的“一件件”是“一件一件”的省略形式。

④ 人民代表来自方方面面，他们最清楚群众的希望和心声。

这里“方方面面”的意思是“各个方面”，是把名词“方面”临时当作一个并列短语放进“$N_1N_1N_2N_2$”的格式中。

（3）强调事物的数量多或种类多

表示这种语法意义的数名短语的反复形式也都是“$N_1N_1N_2N_2$”式的，是通过一个一个地反复列举的方式强调事物的数量多或种类多。例如：

① 桌子上的盆盆碗碗、杯杯碟碟、汤汤水水、酒壶酒樽、清酱大酱、辣酱面酱、葱丝姜丝、饺子面片、醋溜白菜、糖醋鲫鱼、红烧狍肉，稀里哗啦的，全打翻了，流满一炕，泼满一地。

这里“盆盆碗碗”“杯杯碟碟”“汤汤水水”分别是“一盆一盆一碗一碗”“一杯一杯一碟一碟”“一汤一汤一水一水”的省略形式，意思是“很多盆和碗”“很多杯和碟”“许多碗汤和水”。后面的“酒壶酒樽”“清酱大酱”“葱丝姜丝”“饺子面片”等不采取反复的形式，因为这些短语不容易纳入“$N_1N_1N_2N_2$”的格式。

② 大大小小的沟沟坎坎、河道洼地如今都栽满了树。

这里“沟沟坎坎”的意思是“许多沟和坎”。

③ 冰冷的小屋里摆满了瓶瓶罐罐和书籍资料。

这里“瓶瓶罐罐”的意思是“许多瓶子和罐子”。

④ 纸的表面布满微小的坑坑洼洼。

这里“微小的坑坑洼洼”是“许多微小的坑和洼”的意思。

值得注意的是，“$N_1N_1N_2N_2$”短语（如“日日夜夜”）本来有“许多N_1和N_2”的意思，本身就带有数量的意义，但有时人们还在“$N_1N_1N_2N_2$”短语的前面加数量短语，在这种情况下，“$N_1N_1N_2N_2$”短语的意义与并列短语“N_1N_2”（如“日夜”）相同，不产生新的语法意义，这种“$N_1N_1N_2N_2$”只能算是修辞性的音节重叠，而不是语法上的反复。例如：

⑤ 经过36个（日日夜夜）的奋战，于9月27日夜将沉船打捞出水。

这里“日日夜夜”与“日夜”的意思完全相同，是“日夜”的修辞性音节重叠形式，通过音节的重叠，给整个句子带来一种感慨的语气。再如：

⑥ 多少是是非非已化解，多少恩恩怨怨也已了却。

这里“是是非非”和“恩恩怨怨”与“是非”和“恩怨”的意思完全相同，是“是非”和“恩怨”的修辞性音节重叠形式，给整个句子带来一种感慨的语气。

（4）描写事物众多的状态

数名短语的反复形式有时用来描写由众多的同类事物聚集在一起所形成的视觉状态，也是通过一个一个地反复列举的方式表示出来的。表示这种语法意义的数名短语的反复形式是“$N_1N_1N_2N_2$”式的。例如：

① 由于长期风雨侵蚀，墙上斑斑点点，显得十分破旧。

这里“斑斑点点”是“一斑一斑一点一点”的省略形式，意思是“有许多斑点”“布满了斑点”，用来描写墙上布满了斑点的状态。再如：

② 他们见到的是（坑坑洼洼）的公路，断壁残垣的房屋，东倒西歪的桥梁……

这里“坑坑洼洼”的意思是“有许多坑和洼”“布满了坑和洼”，用来描写公路上布满了坑和洼（深浅不同的坑）的状态。

③ 他脸上疙疙瘩瘩的。

这里“疙疙瘩瘩”是“长满了疙瘩”的意思。另外，“疙瘩”是一个双音节单纯词，在这里被当作一个并列短语放进“$N_1N_1N_2N_2$”的格式中。

（5）表示连续不断

人们常将“世”“代”“步”等带有前后承接意义的名词放进“一N一N”“NN”和“$N_1N_1N_2N_2$”的格式中，作状语，用来表示连续不断的意义。例如：

① 少林寺和少林功夫历史悠久，[一代一代]流传至今，这非常难得。

这里“一代一代”是“一代接着一代”的意思。

② 我希望女儿能够朝着这个方向努力，[一步一步]地走向成功。

这里“一步一步”是“一步接着一步”的意思。

③ 他希望这样的友好关系[一代代]传下去。

这里“一代代”是“一代接着一代”的意思。

④ 路要[一步步]走下去。

这里“一步步”是“一步接着一步”的意思。

⑤ 中华民族五千年，爱国主义[代代]传。

这里“代代”是“一代接着一代”的意思。

⑥ 从此，他[步步]高升，从中士、上士、中尉副官到少校军需官。

这里“步步”是“一步接着一步”的意思。

⑦ 我们的友谊要[世世代代]传下去。

这里“世世代代”是“一代接着一代”的意思（“世”和“代”意义相同，都指一代人）。

⑧ 这话是[祖祖辈辈]传下来的。

这里“祖祖辈辈”也是“一代接着一代”的意思（“祖”和“辈”意义都相同，都指一代人）。

⑨ 时间[分分秒秒]地过去。

这里“分分秒秒”是“一分接着一分、一秒接着一秒”的意思。

⑩ 她本是个干起工作[风风火火]、不知疲倦的人。

这里“风风火火”是“像一阵接着一阵的风、像一团接着一团的火”的意思，比喻活跃、有气势。

（6）表示按次序、没有遗漏

“一 N 一 N”式的数名短语的反复形式作状语时，还可以表示对一个范围内的每一个对象按顺序并且没有遗漏地施加一种行为的意思。例如：

① 就这样，我们[一段一段]研究，[一句一句]讨论，[一字一字]推敲，经过八次大的修改，终于写出了初稿。

这里“一段一段研究”的意思是按照顺序对写出的每一段话没有遗漏地进行研究；“一句一句讨论”的意思是按照顺序对写出的每一句话没有遗漏地

进行讨论；"一字一字推敲"的意思是按照顺序对写出的每一个字没有遗漏地进行推敲。

② 我到该厂上任后，就开始［一家一家］地登门拜访工人。

这里"一家一家地登门拜访"表示按照顺序对每一家没有遗漏地进行登门拜访。

③ 我［一事一事］地思考，把长辈们的做法跟我们的想法一一对照。

这里"一事一事地思考"表示按照顺序对每一件事没有遗漏地进行思考。

以上我们说明了数名短语的反复所表示的各种常见的语法意义。

（二）数量短语

数量短语是由数词加上量词所形成的短语，如"一个""两只""三次"等。数量短语可以作定语、补语和状语等句法成分。数量短语还有一种反复用法，用来表示多种语法意义，这是一种比较特别的语法手段。这里我们先说说数量短语作句法成分的用法，然后再专门谈谈数量短语的反复用法。

1. 数量短语的用法

数量短语可以作定语、补语和状语。

(1) 作定语

作定语是"数词＋动量词"短语的主要用法，而"数词＋动量词"短语有时也作定语。例如：

① 就在这时，我遇到了（一个）人，（一个）我曾经非常熟悉的人。

② 一手难抓（两条）鱼。

③ 他一生写了（四十多本）书，（一百多篇）论文，（一千二百篇）童话、短篇小说等。

以上是"数词＋物量词"短语作定语的例子。

④ 这是（一次）具有历史意义的访问。

以上是"数词＋动量词"短语作定语的例子。

值得注意的是，数量短语作定语时，后面的中心语有时省略，使数量短语单独出现在宾语或主语的位置上，看起来像是动词的宾语或句子的主语。例如：

⑤ 售票员的工作讲究"四多六到"，就是"多说（一句）、多看〈一眼〉、

多帮〈一把〉、多走〈一步〉，话到、眼到、手到、腿到、情到、神到”。

这里数量短语“一句”“一步”是宾语中的定语，后面省略了中心语“话”“路”，而“一眼”“一把”是补语，后面都省略了宾语“乘客”。另外，“一眼”中的“眼”是借用动量词，是借用身体部位的名称充当的动量词。再如：

⑥ 只生（一个）好。

这里数量短语“一个”是“一个孩子”的省略说法，是宾语中的定语，不是数量短语作宾语。

⑦（一瓶）够喝吗？

这里数量短语“一瓶”是“一瓶水”的省略说法，“一瓶”是主语中的定语，这不等于数量短语作主语，而是定中短语的省略形式作主语。

（2）作补语

作补语是“数词＋动量词”短语的主要用法。例如：

① 她在用过去的痛苦日子同今天的幸福生活对比时说：“过去的日子，一天哭〈三次〉；今天的生活，一天笑〈三回〉。”

这里数量短语“三次”和“三回”分别作不及物动词“哭”和“笑”的补语。如果谓语动词带宾语，数量短语作补语时，一般放在动词的后面，也就是放在动词和宾语之间。例如：

② 28 岁的他已经学了〈两年〉汉语，去过〈一次〉中国。

③ 毛主席每天吃〈两顿〉饭，（每顿）只有两个菜。

这里数量短语“两顿”作补语。“每顿”是“每一顿饭”的省略形式，“每顿”其实是“饭”的定语。

例②和例③中作补语的数量短语都放在了动词和宾语之间。

值得注意的是，当需要强调动量的时候，要把数量短语放在宾语的后面，这样可以使数量短语落在句末，而句末是听者或读者注意的焦点，这样就对动量补语起了强调作用。例如：

④ 黄汉忠 20 年来到过中国〈100 多次〉。

这里将动量短语“100 多次”放在宾语“中国”的后面，对它进行强调。

另外，如果动词的宾语是代词，数量短语一般只放在宾语的后面。例如：

⑤ 在 30 年中，我只见过她〈两次〉。

⑥ 医生每天来看我〈两次〉。

（3）作状语

"数词+动量词"短语通常在句子中作补语，但有时为了同时强调动作行为和动作行为的次数，而将"数词+动量词"短语放在动词的前边，作状语。例如：

① 我国自1981年开始参加此项比赛活动，共［11次］荣获国际奖章，其中［4次］荣获大赛唯一最高奖——世界最佳书信奖。

这里"［11次］荣获国际奖章"还可以说成"荣获〈11次〉国际奖章"，这样能使"国际奖章"得到强调；也可以说成"荣获国际奖章〈11次〉"，这样能使"11次"得到强调；而"［11次］荣获国际奖章"的说法能使"11次"和"荣获国际奖章"都得到强调，这也正是作者的意图。

② 十年来，［五次］提高部队伙食费标准。

这里用"五次"作状语，同时强调"五次"和"提高部队伙食费标准"。

2. 数量短语的反复

数量短语的反复形式有三种：一种是"XMXM"式的，如"一个一个""两箱两箱"；一种是"一MM"式的，是省略"一+量词"反复形式的后一个数词"一"，如"一个个""一次次"；一种是"MM"式的，是将"一+量词"反复形式中的数词"一"全部省略，如"个个""回回"。在"XMXM"式数量短语的反复形式中，数词绝大多数情况下是"一"，而"一MM"式的和"MM"式的数量短语的重叠中，数词都是"一"。

这三种数量短语的反复形式所表示的语法意义有相同之处，也有不同之处，但为了简洁起见，我们把这三种形式所表示的语法意义放在一起来说明。

（1）强调一个群体中的每一个个体

表示这种语法意义的数量短语反复有"一M一M""一MM"和"MM"三种形式，是通过反复列举一个群体中的每一个个体的方式来强调每一个个体（当然，在形式上，只列举两次，而不是三次、四次等，这是语法上的反复与修辞性的反复不同的地方），所在的句子强调的是每一个个体都进行某种动作行为，或具有某种属性等，没有例外。例如：

①（一个一个）单位、（一个一个）社区、（一个一个）村落搞好了精神文明建设，整个国家就有了文明和稳定的坚实基础。

这里的三个"一个一个"都是"每一个"的意思。

②（一个个）中国人的梦想从来离不开民族整体的际遇。

这里“一个个”是“每一个”的意思。

③ 教室里座无虚席，（个个）专心致志。

这里“个个”是“每一个”的意思，同时后面省略了中心语“学生”。

④（条条）大路通罗马。

这里“条条”是“每一条”的意思。

这种用法的数量短语反复形式都是作定语的，但后面的中心语经常省略，看起来像是数量短语反复形式作主语或宾语。例如：

⑤ 这群乳山羊，（只只）身高体壮。

这里“只只”是“每一只”的意思，同时后面省略了中心语“乳山羊”。

⑥ 时间就是金钱，请珍惜（分分秒秒）。

这里“分分秒秒”是“每一分、每一秒”的意思，同时“分分”和“秒秒”的后面都省略了中心语“时间”。

（2）表示轮流行动中每一次轮流到的主体的数量

表示这种语法意义的数量短语反复是“XMXM”式的，在句子中作状语。这种情况下的“XMXM”的意思是“一次 X 个”。例如：

① 他们［一个一个］地上台表示了全心全意为人民服务的决心。

这里“一个一个”是“一次一个”的意思。

② 他们［一个一个］地走出去，很快就消逝在夜幕中。

这里“一个一个”也是“一次一个”的意思。

③ 学生们［一个一个］地、有时候［两个两个］地进来，把他们捡来的卵石拿给他看。

这里“一个一个”也是“一次一个”的意思，而“两个两个”是“一次两个”的意思。

④ 河里的鹅则开始慢慢地游向岸边，然后［一只一只］地爬到岸上。

这里“一只一只”是“一次一只”的意思。

（3）强调行为每发出一次所支配的对象的数量

表示这种语法意义的数量短语重叠主要是“XMXM”式的，偶尔也有“一 MM”式的。例如：

① 知不知道饺子是奶奶［一个一个］包出来的？

这里“一个一个”是“一次一个”的意思。

② 他用网袋把甲鱼［一只一只］地装起来。

这里“一只一只”是“一次一只”的意思。

③ 有一堆棋子，［三个三个］地数剩下2个，［五个五个］地数剩下4个，［七个七个］地数剩下6个。问：这堆棋子最少有多少个？

这里“三个三个”“五个五个”“七个七个”分别是“一次三个”“一次五个”“一次七个”的意思。

④ 饭不能［两口两口］地吃，要［一口一口］地吃。

这里“两口两口”是“一次两口”的意思，“一口一口”是“一次一口”的意思。

（4）表示人或事物数量多或种类多

“一M一M”式、“一MM”式和“MM”式三种数量短语反复形式都可以表示人或事物数量众多或种类多的意思，在句子中作定语。例如：

① 老师们把课文改编成（一个一个）的小故事，同学们扮演（一个一个）的角色。

这里“一个一个”是“很多个”的意思。

② （一项项）各类世界级的大奖，挂在中国人的脖子上；（一个个）世界纪录，包括吉尼斯世界纪录，被中国人刷新。

这里“一项项”是“很多项”的意思，“一个个”是“很多个”的意思。

③ 词汇是（一个个）词的集合体。

这里“一个个”是“许多个”的意思。

④ 那像（点点）繁星似的，不是成群的渔船吗？

这里“点点”是“许多点”的意思。

⑤ 他以（种种）借口，拒不执行命令。

这里“种种”是“多种”“各种”的意思。

（5）表示事物连续不断

“一M一M”式、“一MM”式和“MM”式三种数量短语反复形式作定语时，都可以表示事物连续不断的意思，用来形容连续不断出现的事物。例如：

① 野茉莉散发着（一阵一阵）的清香。

这里“一阵一阵”是“一阵接着一阵”的意思。

② 站在大树下，(一阵阵) 微风吹来，觉得凉快了很多。

这里“一阵阵”是“一阵接着一阵”的意思。

③ 即使在冬季，这一带也能听到 (阵阵) 雷声。“雷州”因此得名。

这里“阵阵”是“一阵接着一阵”的意思。

④ 微风过处，送来 (缕缕) 清香，仿佛远处高楼上渺茫的歌声似的。

这里“缕缕”是“一缕接着一缕”的意思。

(6) 表示行为等连续不断

“一 M 一 M”式、“一 MM”式和“MM”式三种数量短语重叠形式作状语时，都可以表示行为等连续不断的意思。例如：

① 我的胃都饿得 [一阵一阵] 地疼。

这里“一阵一阵”是“一阵接着一阵”的意思。

② 响亮起伏的蝉声在花园里柳树上 [一阵阵] 传来。

这里“一阵阵”是“一阵接着一阵”的意思。

③ 外面一片漆黑，南风 [阵阵] 吹来，天上的星星忽明忽暗。

这里“阵阵”是“一阵接着一阵”的意思。

④ 礼堂里掌声 [阵阵]。

这里“阵阵”是“一阵接着一阵”的意思。另外，这是一个省略句，“阵阵”的后面省略了中心语“爆发”“发出”“传出”等动词或动词短语。

⑤ 这种创业精神 [代代] 相传。

这里“代代”是“一代接着一代”的意思。

⑥ 我们要努力学习，[步步] 前进。

这里“步步”是“一步接着一步”的意思。

(7) 表示行为重复的每一次或每一个时间单位

表示这种语法意义的数量短语反复主要是“MM”式的，在句子中作状语。例如：

① 她学习非常好，[回回] 考试都是全班第一。

这里“回回”是“每一回”的意思。

② 洪秀全在十六岁、二十三岁、二十四岁、三十一岁四次去广州参加科举考试，[次次] 名落孙山。

这里“次次”是“每一次”的意思。

③ 他［天天］喝、［顿顿］喝，最多的一天喝了3斤多白酒。

这里“天天”是“每一天”的意思，“顿顿”是“每一顿”的意思。

④ 我［年年］回家乡，［年年］家乡都有新变化，每次回去心里都非常高兴。

这里“年年”是“每一年”的意思。

（8）表示行为重复的次数多

表示这种语法意义的数量短语反复主要是“一M一M”和“一MM”式的，一般是作状语或定语。例如：

① 演出成功了，在雷鸣般的掌声中谢幕长达20分钟，看着大幕［一次一次］升起，［一次一次］落下，台下的观众仍不肯离去。

这里“一次一次”相当于“一次又一次”，意思是“很多次”，作状语，表示幕布升起和落下的次数多。

② 他拼命地跑，［一次次］摔倒，［一次次］爬起来。

这里“一次次”相当于“一次又一次”，意思是“很多次”，作状语，表示摔倒和爬起来的次数多（每次摔倒后都爬起来）。

③ 他们［一次次］圆满完成任务，［一回回］胜利归来，从未发生任何事故。

这里“一次次”与“一回回”意义相同，作状语，都是“很多次”的意思。

④（一次一次）的失败并没有使他绝望。

这里“一次一次”作定语，也是“很多次”的意思。

⑤（一次次）的农民起义，对中国封建社会的经济、文化发展，起了很大的推动作用。

这里“一次次”作定语，也是“很多次”的意思。

（9）表示每几个个体组成一个行动单位

人们有时需要把一个团体以一定数量（如两个）为单位平均分成若干个行动单位，在这种情况下，人们有时将表示一定数量单位的数量短语反复（如“两个两个”），表示组成每个行动单位的个体的数量。表示这种语法意义的数量短语反复都是“XMXM”式的，其中的数词X都是“二（两）”以上的数词，在句子中作状语。例如：

① 派出四艘联络艇，［两艘两艘］地分别前往第二和第六舰队。

这里“两艘两艘”是“每两艘一组”的意思。

② 排队时，他们［两个两个］成一排，手牵手跟在父母的身后。

这里“两个两个”是“每两个”的意思。

③ 今天下午我们分组讨论，［三个三个］一组。

这里“三个三个”是“每三个”的意思。

以上我们举例说明了数量短语反复形式表示的主要语法意义。值得注意的是，学术界通常把“一M一M”式数量短语反复的省略形式“MM”看成量词的重叠。实际上，量词不能脱离数词单独使用，“MM”短语中的两个量词前一定是隐含着数词的，按照汉语的习惯，这个隐含着的数词是“一”。汉语自古以来有省略数词“一”的习惯，因此句子或短语中的量词前如果没有数词，一般是省略了数词“一”，如“（一）杯水（一）车薪”“（一）分（一）秒必争”“村里有（一）个姑娘叫小芳”，等等。

（三）指量短语

学术界把由指示代词和疑问代词加上量词所形成的短语叫作“指量短语”，并把它与数量短语合称为“量词短语”，如“这个”“那个”“哪个”等。不过，量词是不可以脱离数词而独立使用的，因而指示代词或疑问代词也就不能直接与量词结合，而只能与数量短语结合。但是，汉语的数词有一种特殊的使用习惯，就是当事物的数量是一个的时候，数词“一”经常省略，“这（zhè）个”“那（nà）个”“哪（nǎ）个”就是“这一个”“那一个”“哪一个”等的省略形式①。这里我们借用“指量短语”的名称，把“指示代词或疑问代词＋数量短语”和“指示代词或疑问代词＋量词”统称为“指量短语”。

下面我们举例说明指量短语的语法功能。

1. 作定语

作定语是量词为物量词的指量短语的主要语法功能，而量词为动量词的指量短语有时也作定语。另外，当指量短语中的数词是“一”的时候，如果不是为了强调数量，“一”经常省略，而数词是“二”以上的时候，不省略。例如：

① 在口语中，一般将“这一个”“那一个”“哪一个”中的“这一”“那一”“哪一”拼读成一个音节，分别说成 zhèi（这一）、nài 或 nèi（那一）、nǎi 或 něi（哪一）。

① 错过了（这一个）人，不知道还有没有下（一个）人。

②（这三个）人（一个）来自长春，（一个）来自天津，（一个）来自抚顺，他们全都是工人。

这里三个“一个”的后面都省略了中心语“人”，尽管它们处在主语的位置上，但实际上是作定语的。

③ 确认录用（某）人以后，就要做好准备，迎接（这个）人，让（这个）人对公司有个好印象。

这里“某”是“某一个”的省略形式，数量短语“一个”省略了，剩下指示代词“某”作定语。后面的两个“这个”都是“这一个”的省略形式。

④ 我卖给一个天津人两只鸽子，但过了一年，（那两只）鸽子从天津飞回来了。

⑤ 在（这两次）比赛中，她都获得了铜牌。

在例 ④ 和例 ⑤ 中，指量短语中的数词是“两”，不可以省略。

⑥ 来自巴西 8 所孔子学院的 14 名选手参加了（这次）比赛。

例 ⑥ 中“这次”是“这一次”的省略形式。

值得注意的是，由指量短语作定语所形成的定中短语的中心语有时省略，使指量短语单独出现在句子的主语和宾语的位置上，看起来像是句子的主语和宾语。例如：

⑦ A：这两个花瓶（哪个）好看？ B：（这个）好看，我喜欢（这个）。

这里“哪个”和两个“这个”的后面都省略了中心语“花瓶”，使得“哪个”和前一个“这个”单独出现在了主语的位置，看起来像是主语，而后一个“这个”单独出现在了宾语的位置上，看起来像是宾语。另外，这里“这两个花瓶”是范围状语，意思相当于“在这两个花瓶当中”。

2. 作补语

指量短语偶尔也作补语。例如：

① 于是之在整个剧里，只出场〈这一次〉，只有一句台词。

这里“这一次”特指前面提到的这一次。

② 我和他们的关系也只能说是“接触”过，而且仅仅是被采访过〈那一次〉。

这里“那一次”特指前面提到的“接触”的那一次。

三、介词短语

由介词加上宾语所形成的短语叫“介宾短语”，也叫“介词短语”。介词短语在句子或短语中用来充当状语、补语和定语。介词短语所充当的状语有时间状语、处所状语、范围状语、工具状语、主动者状语、受害者或受益者状语、对象状语等；所充当的补语有时间补语、处所补语、范围补语；所充当的定语只有范围定语。我们在本书第三章第三节中介绍介词的种类和用法的时候，已经涉及了介词短语的语法功能，所以这里我们只简单地归纳一下介词短语的语法功能。

（一）充当时间状语、处所状语

毛泽东［在1949年10月1日］［在北京］宣布中华人民共和国成立。

这里的两个介词短语分别充当时间状语和处所状语。

（二）充当时间补语、处所补语

此事发生〈在10月2日〉〈湖北襄樊鼓楼自由市场〉。

这里介词短语“在10月2日”充当时间补语，“湖北襄樊鼓楼自由市场”其实也是一个介词短语，只是承前省略了介词“在”，充当处所补语。

（三）充当范围状语和范围补语

①［在想象能力方面］，学生想象力的差异首先表现〈在强度上〉。

这里前一个介词短语充当范围状语，后一个介词短语充当范围补语。

②［在动物中］，狗、海狮、熊等都很聪明。

这里介词短语充当范围状语。

（四）充当工具状语

小学前三年着重［用铅笔］写字，后三年才［用钢笔］写字。

（五）充当主动者状语

① 在旧中国，勇敢、勤劳、聪明的劳动人民［被“三座大山”］压得喘不过气来。

② 好多旧书都［叫人］拿走了。

（六）充当受害者与受益者状语

① 他把键盘［给我］弄坏了。

② 我患三叉神经痛已经 15 年了，多亏你们［给我］治好了！

（七）充当对象状语

由介词短语充当的对象状语有处置对象状语、对待对象状语、替代对象状语、服务对象状语、针对对象状语、指向对象状语、合作对象状语、争斗对象状语、指向对象状语、交付对象状语、发送对象状语等。详见 55 页“（16）对象状语”。

四、助词短语

助词短语是由助词与其他词语配合所形成的短语。常见的助词短语有“的”字短语、“所”字短语、比况短语。

（一）“的”字短语

“的”字短语是由定中短语省略中心语而成的短语。

1. 由定中短语的中心语承前省略而成的

人们在说话或写作时，为了避免重复同样的词语，当一个定中短语的中心语在前面出现过时，如果不是为了强调它，通常就把它省略，结果形成“的”字短语。例如：

① 我这儿有两种苹果，一种是（红的），一种是（黄的），你吃哪一种？

这里“红的”“黄的”是由“红的苹果”“黄的苹果”省略成的，其中的“的”是结构助词，“红的”“黄的”就是“的”字短语。再如：

② 这么多的梨，又让你先拿，你为什么不拿（大的），只拿一个（最小的）呢？

这里“的”字短语“大的”和“最小的”分别是由定中短语“大的梨”和“最小的梨”省略成的。

③ 他的书比（我的）多。

这里“的”字短语“我的”是由定中短语“我的书”省略成的。

④ 场内奏起了《东方红》乐曲。这乐曲是（我听惯了的），而且是（我

喜欢的）。

这里“的”字短语“我听惯了的”是由定中短语“我听惯了的乐曲”省略成的，“我喜欢的”是由定中短语“我喜欢的乐曲”省略成的。

2. 由定中短语的中心语蒙后省略而成的

有时一个定中短语的中心语在后面还要出现，为了避免重复同样的词语，人们常把这个定中短语的中心语省略，结果形成“的”字短语。例如：

① 这是家人般的团聚，（说的）是家乡话，（吃的）是家乡菜，（喝的）是家乡的茶，（品的）是家乡的酒。

这里“的”字短语“说的”“吃的”“喝的”“品的”分别是由定中短语“说的话”“吃的菜”“喝的茶”“品的酒”省略成的。

②（他们预备的）是帝国主义战争。

这里“的”字短语“他们预备的”是由定中短语“他们预备的战争”省略成的，在句子中作主语。

③（这部剧讲述的）是一群海外游客在北京旅游和寻亲的故事。

这里“的”字短语“这部剧讲述的”是由定中短语“这部剧讲述的故事”省略成的，在句子中作主语。

④（葫芦里卖的）到底是什么药？

这里“的”字短语“葫芦里卖的”是由定中短语“葫芦里卖的药”省略成的，在句子中作主语。

3. 由定中短语的中心语习惯省略而成的

人们习惯上把自己所认识的事物粗略地分成人、东西、事情三类，当一个定中短语的中心语是“人”“东西”“事情”的时候，即使在上下文中不出现，人们也习惯将它省略，而听者或读者也自然能够理解。例如：

① 俗话说：“淹死的是会游泳的，挨枪的是耍枪的。”

这里“的”字短语“淹死的”“会游泳的”“挨枪的”“耍枪的”分别是“淹死的人”“会游泳的人”“挨枪的人”“耍枪的人”的省略说法。

②（我们看见的）是一片荒凉的戈壁滩，满眼沙石和灌木丛。

这里“的”字短语“我们看见的”是“我们看见的东西”的省略说法。

③ 画面上（绣的）是一个小猫戏螳螂。

这里“的”字短语“绣的”是“绣的东西”的省略说法。

④（我喜欢的）是才，（我尊重的）是知识。

这里“的”字短语“我喜欢的”是“我喜欢的东西”的省略说法，“我尊重的”是“我尊重的东西”的省略说法。

以上我们从形成方式上说明了“的”字短语的三种类型。

【补充说明】

有一种类似“的”字短语的“的”字合成词，它不是由定中短语省略中心语而成的，而是由“的”作词缀词素形成的。例如：

男的、女的、老的、少的、穷的、富的、外来的、本土的……只要挽起衣袖和裤管踏入明镜一样的水田，并且开口唱上几句，你便是高手，便是歌圣、歌仙。

这里“男的”“女的”“老的”“少的”“穷的”“富的”“外来的”“本土的”不是由定中短语省略成的，所以不可以补出中心语，如不能说“* 男的人”“* 女的人”。仔细体会一下我们就会发现，这些词中的“的”都含有“人”的意思，也都可以替换成“人”，替换的结果就成了这些词：男人、女人、老人、少人、穷人、富人、外来人、本土人。显然“男的、女的、老的、少的、穷的、富的、外来的、本土的”都是用“的”作后缀的合成词，而不是“的”字短语，我们可以模仿“的”字短语的名称，称之为“的”字合成词。“的”字合成词有明显的口语色彩。其他如我们常说的“教书的”（教师）、“唱戏的”（戏剧演员）、“说相声的”（相声演员）、“扫大街的”（清洁工或保洁员等）、“开车的”（司机）、“荤的”（肉、鱼类食品）、“素的”（蔬菜类食品），等等，都属于这类合成词。

（二）“所”字短语

“所”字短语是由代词“所”和助词“所”加在动词性词语的前面所形成的用来指称人或事物的短语。下面我们具体加以说明。

1. 代词“所”字短语

这种短语是将代词“所”加在动词性词语前边形成的短语。代词“所”来自古代汉语，用在动词的前边，表示动作行为的对象、事物存在的处所、事物的某一部分或某一方面等，意思相当于“……的人”“……的东西”“……的事情”“……的地方”“……的方面”，等等。这种“所”字短语可以作主语和宾语。例如：

① 爱我所爱，无怨无悔。

这里“所爱”的意思是“爱的人”。

② 我先讲讲在国外的所见所闻。

这里“所见”“所闻”的意思是“看见的东西”“听到的事情”。

③ 日有所思，夜有所梦。

这里“所思”“所梦”的意思是“想的事情”“梦到的事情”。

④ 李鹏总理称华西村为“中国农村希望所在”。

这里“所在”的意思是“存在的地方”。

⑤ 有所爱好，精神才会有所寄托，心灵才能有所依附。

这里“所寄托”“所依附”的意思是“寄托的地方”“依附的地方”。另外，这里“所爱好”的意思是“爱好的东西”，其中的“所”指代爱好的对象。

⑥ 黄宗英和刘长瑜都是文艺界的著名人物，她们各有所长。

这里“所长”的意思是“擅长的地方（方面）”。

⑦ 这些国家都把春节列为法定假日，不过在不同的国家，春节的庆祝方式有所不同。

这里“所不同”的意思是“不同的地方”。

值得注意的是，“有所……”本来是“有……地方”的意思，常用来表示两个事物总体上相同，但有不同的地方，而不同的地方所占比例比较小，因此人们又把“有所……”用作“有点……”的意思，表示事物变化的幅度小、事物的作用小等意义。例如：

⑧ 他的态度也有所改变。

这里“有所改变”是“有一点改变”的意思，也就是“改变了一点”。

⑨ 经过一段时间的努力，他的汉语水平有所提高。

这里“有所提高”是“有一点提高”的意思，也就是“提高了一点”。

⑩ 我们相信河北省的经验能够对各地有所帮助。

这里“有所帮助”是“有一点帮助”的意思。

2. 助词“所”字短语

“所”本来是代词，加在动词性词语前边，表示动作行为的对象，形成代词“所”字短语。但由于代词“所”只是笼统地表示人或事物，而人们有时候需要具体说出是什么人或事物，在这种情况下，人们就在“所”字短语的后面加上具体表示人或事物的词语，而由于“所”指代的人或事物在后面出现了，“所”也就失去了代词的作用，成了助词，有突出前面的定语的作用，这样形成的“所”字短语是助词“所”字短语。例如：

① 我们要努力成为有益于人民的人，成为人民所需要的人。

这里在“所”字短语的后面说出了“需要”的对象“人”，“所”就失去了指代“需要”的对象的作用。仔细体会我们会发现，这里的“所”虽然失去了指代的作用，却有了突出前面的定语“人民”的作用，清楚地显示出“人民”与“所需要的人”是定语与中心语的关系。再如：

②（我）所受过的苦，简直数不胜数。

③ 周恩来总理是（我）所遇到的最伟大的人物之一。

④（他们）所说的民主，是旧民主主义的民主。

以上三例中的“所”字短语中的“所”都是助词，有强调前面的定语“我”“他们”的作用。

（三）比况短语

比况短语就是比喻性短语，是由比况助词“一样”“一般”“似的”等附着在名词性或动词性词语的后面而形成的短语。常见的格式是“像……一样”“像……似的”“……似的”“……般的”。比况短语属于形容词性短语，在句子或短语中可以作定语、状语、补语和谓语或谓语中心，用来表示比喻，有时也用来表示推测或不能确定的语气。例如：

① 他的眼睛中冒出两道（像闪电一样）的强光。

② 这儿有宽阔的牧场，到处是（白云似的）羊群。

这里“白云似的”意思是“像白云一样的”。

③ 两国人民有着（兄弟般）的深厚情谊。

这里“兄弟般”的意思是“像兄弟一样”。

以上三例中的比况短语都是作定语的，属于描写性定语。

④ 死亡与战争，[像影子一样] 跟随着人类。

⑤ 敬老院的一位八十多岁的老太太 [像送亲人似的] 一直把演员们送到汽车站，叮嘱他们一定再来演出。

以上二例中的比况短语都是作状语的，属于描写性状语。

⑥ 我们一听说沈老师要来上课，高兴得〈像要过年似的〉。

⑦ 两人的脸都冻得〈像茄子一样〉，又青又紫。

以上二例中的比况短语都是作补语的，属于描写性补语。

以上是比况短语作定语、状语、补语用来表示比喻的例子。

⑧ 天气闷热，好像要下雨似的。

这里的比况短语用来表示推测，作谓语（前面省略了主语“天”）。

⑨ 奇怪，我刚才好像看见屋子里有两个人似的。

这里的比况短语作谓语中心用来表示不能确定的语气（因为这两个人影模糊，随后又消失了，所以不能确定屋子里是不是有两个人）。

第三节　短语的语法功能类型

我们知道，短语可以在更大的短语中或句子中充当句法成分，因而我们除了可以从结构上和构成成分上对短语进行分类以外，还可以根据短语在充当句法成分时与哪类词的语法功能相当来对短语进行分类，也就是根据短语的语法功能来对短语进行分类。从语法功能上看，绝大多数短语与名词、动词和形容词这三类实词相当，因而可以把短语分为名词性短语、动词性短语和形容词性短语三类。

一、名词性短语

名词性短语是在构成短语和造句时主要功能相当于名词的短语。名词性短语有两种：一种是由两个或两个以上名词性词语按照并列关系、选择关系、同位关系组合成的；另一种是用名词性词语或动词性词语、形容词性词语作中心语，前面加上定语形成的。例如：

① 天非常黑，没有星星和月亮，辨不出东西南北来。

这里“星星和月亮”是用连词“和”连接起来的名词性并列短语，“东西南北”则是由四个名词直接并列成的名词性短语。

② 必须使用 0.5mm 黑色签字笔或黑色钢笔答题，不得使用圆珠笔答题。

这里“黑色签字笔或黑色钢笔”是用选择连词“或”连接的名词性的选择短语。

③ 会上放映了中国影片《诗人杜甫》。

这里“中国影片《诗人杜甫》”是一个同位短语，而“诗人杜甫”又是一个同位短语。

④ 他是一个（善良）的人。

这里“善良的人”是一个定中短语。

⑤ 孩子们都穿着（美丽）的新衣服。

这里“美丽的新衣服”是一个定中短语，而“新衣服”又是一个定中短语。

以上二例中的定中短语的中心语都是名词性的词语。

⑥ 我们期待着（这一天）的到来。

这里“这一天的到来”是一个定中短语，中心语“到来”是动词。

⑦ 景颇族人用柚木树来比喻（一个人）的坚强，以清水来比喻（一个人）的善良，用松树来比喻（一个人）的正直，等等。

这里“一个人的坚强”“一个人的善良”“一个人的正直”都是定中短语，中心语“坚强”“善良”“正直”都是形容词，用作名词性的意义，指“坚强的性格特征”“善良的性格特征”“正直的性格特征”。

二、动词性短语

动词性短语是在构成短语和造句时主要功能相当于动词的短语。动词性短语有两种：一种是由两个或两个以上动词性词语按照并列关系、选择关系、递进关系组合成的，分别属于动词性的并列短语、选择短语、递进短语；另一种是由动词性词语加上主语、宾语、状语、补语构成的，分别属于主谓短语、动宾短语、动词性的状中短语、动词性的中补短语。例如：

① 要根据市场需要，补充和完善现有的法律法规体系。

这里“补充和完善”是用连词“和”连接起来的动词性并列短语作谓语中心。

② 留学生纷纷打电话或上门咨询此事。

这里“打电话或上门”是用选择连词“或”连接的动词性选择短语作谓语中心。

③ 在长睡中，她能听到并且理解别人和她说的话。

这里“听到并且理解”是用递进连词“并且”连接的动词性递进短语作谓语中心。

④ 我吃饭了。

这里“吃饭”是用动宾短语作句子的谓语。

⑤ 我们两国人民在斗争中一贯互相同情、互相支持，结成了深厚的友谊。

这里“互相同情、互相支持”是不用连词连接的动词性并列短语，作谓语中心。

⑥ 他［刚］走。

这里“刚走”是状中短语，作句子的谓语。

⑦ 他跑得〈快〉。

这里“跑得快”是中补短语，作句子的谓语。

三、形容词性短语

形容词性短语是在构成短语和造句上主要功能相当于形容词的短语。形容词性短语有两种：一种是由两个或两个以上形容词性词语按照并列关系、选择关系组合成的，分别属于形容词性的并列短语、选择短语；另一种是由形容词性词语加上主语、状语、补语构成的，分别属于主谓短语、形容词性的状中短语、形容词性的中补短语。例如：

① 这是一个（复杂而艰巨）的任务。

这里“复杂而艰巨”是形容词性的并列短语，作定语。

② 中华民族是一个（勤劳、勇敢）的民族

这里“勤劳、勇敢”是形容词性的并列短语，中间没有使用连词，作定语。

③ 这是任务复杂而艰巨。

这里“复杂而艰巨”是形容词性的并列短语，作谓语。

④ 父母对人、事的态度［直接或间接］地影响着幼儿。

这里“直接或间接”是形容词性的选择短语，作状语。

⑤ 他［非常］聪明。

这里“非常聪明”是形容词性的状中短语，作谓语。

⑥ 他聪明得〈很〉。

这里“聪明得很”是形容词性的中补短语，作谓语。

⑦ 他脾气好。

这里“脾气好”是形容词性的主谓短语，作谓语。

⑧ 他是一个（脾气好）的人。

这里“脾气好”是形容词性的主谓短语，作定语。

以上我们从语法结构、构成成分和语法功能上对短语进行了分类，并说明了各类短语的用法。

第五章　句子的类型与分析

如前所述，句子是人们用来表达思想感情的基本语言单位，它是由词或短语构成的具有特定语调，可以表达一个相对完整意思的语言单位。所谓能够表达相对完整的意思，就是能够表示说话人的一种意图：或者是陈述一件事情，或者是表示一种请求、命令、商量等，或者是提出疑问，或者是表示赞叹、感慨等情感。

从结构上看，句子有单句和复句两种。单句包括独词句和由一个主语部分和一个谓语部分构成的主谓句，以及由主谓句变化而成的各种无主语部分或无谓语部分和分不出主语部分与谓语部分的句子。复句则是由两个或两个以上的单句复合而成的比较复杂的句子。

为了避免这一部分的内容过多，我们将单句与复句分开来说明。在这一章里，我们只说明汉语的单句，主要说明汉语单句的结构类型、语气类型和汉语的特殊句式，以及如何分析汉语单句的结构，在下一章中说明汉语复句的意义类型和结构类型。

第一节　单句的结构类型

单句是由一个主语部分和一个谓语部分构成的句子，以及由此变化而成的各种无主语部分或无谓语部分和分不出主语部分与谓语部分的句子，还有独词句。这样，我们就可以根据单句的结构，把单句分为主谓句和非主谓句两种。学术界一般把单句的结构类型称为“句型”。

一、主谓句

由一个主语部分和一个谓语部分构成的单句叫作主谓句。根据构成谓语部分的词语的属性，可以把主谓句分为动词性谓语句、形容词性谓语句、名词性谓语句。

（一）动词性谓语句

由动词性词语充当谓语的句子叫作动词性谓语句，一般简称为“动词谓语句”。动词谓语句主要用来叙述人或事物的动作行为、发展变化等。

1. 由动词单独作谓语

可以单独作谓语的动词都是不及物动词。例如：

① 我‖来。

② 奇迹‖出现了。

③ 瓶子‖倒了。

以上是不及物动词单独作谓语的例子。

需要指出的是，真正由不及物动词单独作谓语的句子是很少的，因为动词表示的是动作行为、变化等，在陈述动作行为、变化等时，大都需要说出动作行为、变化等发生的时间、处所，以及动作行为的目的，动作行为、变化等的结果，等等，这样动词就需要带上时间状语或时间补语、处所状语或处所补语、目的状语、目的补语、结果补语等，组成状中短语、中补短语等，再做句子的谓语。只有在特定的情景语境下，动作行为、变化等发生的时间、处所等因素是不言而喻的，才可以省略不说，如例①的谓语其实是“明天来”“明天来上课”等动词性短语的省略形式。另外，不及物动词的数量也是很少的，更多的是及物动词，而及物动词必须和宾语一起组成动宾短语才可以作谓语。

由于上述的原因，由动词单独作谓语的句子是很少的，绝大多数动词性谓语句都是由动词性短语作谓语的。

2. 由动词性短语作谓语

能够作谓语的动词性短语主要有动词性并列短语、动词性选择短语、动词性状中短语、动宾短语、动补短语等。例如：

① 孩子们‖又蹦又跳。（动词性并列短语作谓语）

② 你‖去还是不去？（动词性选择短语作谓语）

③ 我‖［想］去。（动词性状中短语作谓语）

④ 我‖［明天］去。（动词性状中短语作谓语）

⑤ 我‖［坐火车］去北京。（动词性状中短语作谓语）

⑥ 我‖写作业了。（动宾短语作谓语）

⑦ 在会议的第一天，代表们‖讨论并通过了国家能源发展计划。（动宾短语由动词性递进短语加上宾语构成，作谓语）

⑧ 他‖上街〈买菜去〉了。（动补短语作谓语）

这个句子的谓语部分是一个动补短语，它的中心是“上街”（是一个动宾短语），补语是“买菜去”，补充说明上街的目的。另外，“买菜去”是由动补短语“去买菜”转换成的（参见 83 页“7. 目的补语”）。

⑨ 我‖看〈一下〉。（动补短语作谓语）

这个句子的谓语部分的补语后省略了宾语（如“这本书”等），所以实际上这个句子是“动补一宾”短语（动补短语带宾语）作谓语。

3. 关于“连谓句”和“连动句”

在目前通行的现代汉语语法学说中，有一种特殊句式叫“连谓句”。所谓“连谓句”，是“连谓谓语句”的简称，就是用连谓短语作谓语的句子。而所谓连谓短语，就是连续使用了两个或两个以上的谓词性词语（动词性词语和形容词性词语）的短语，如“上山采药”“看着心烦”等。另外，学者们又把连续使用了两个或两个以上动词性词语的短语称为“连动短语”，而把用连动短语作谓语的句子称为“连动句”。例如：

① 隔壁说话声音太大了，我‖听着〈心烦〉。

这里“心烦”补充说明“我”听隔壁说话声音时的心理状态，属于结果补语。

② 我‖［现在］回学院〈上课〉。

③ 他‖［下午］不去朋友家〈玩〉。

上面这两个例子出自刘珣主编的《新实用汉语课本》[①]。编者指出，这两个

① 刘珣主编：《新实用汉语课本》第一册（英文注释），北京语言大学出版社 2010 年 1 月第 2 版，第 187 页。

“连动句”中，谓语中的“回学院上课”和“去朋友家玩”都是表示目的的连动短语，其中的“上课”和“玩”表示的是“回学院”和“去朋友家”的目的。这实际上指出了这两个连动短语是动补短语，这是很可贵的。

④ 他‖[乘火车]去北京〈看望老师〉。

按照目前流行的语法理论，这个句子的谓语部分“乘火车去北京看望老师”是一个连动短语。从语法结构上看，这个连动短语实际上是一个比较复杂的动补短语，它的中心语是“乘火车去北京”，补语是“看望老师”，表示的是乘火车去北京的目的，而中心语“乘火车去北京”又是一个状中短语，中心语是“去北京”，状语是“乘火车”，表示去北京的方式。

⑤ 他‖[怀着一丝希望]去〈找朋友〉〈打听消息〉。

按照目前流行的语法理论，这个句子的谓语部分是一个连动短语。从语法结构上看，这个连动短语实际上也是一个比较复杂的状中短语，它的中心语是“去找朋友打听消息”，状语是“怀着一丝希望”，表示的是“去找朋友打听消息”的情态（详见424页“九、连谓短语”）。

以上是用动补结构的连谓短语作谓语的“连谓句”的例子。

⑥ 我们‖[坐电梯]上楼去。

⑦ 他‖[每天][坐公共汽车]回家。

这两个例子也是出自刘珣主编的《新实用汉语课本》[①]。编者指出，这两个表示目的的“连动句”中，谓语的主体部分“坐电梯上楼去”和“坐公共汽车回家”都是表示工具、方式的连动短语，其中的“坐电梯”和“坐公共汽车”表示的是“上楼去”和“回家”的方式，这实际上指出了这两个连动短语是两个状中短语，这也是很可贵的。

以上是用状中结构的“连动短语”作谓语的“连动句”的例子。

顺便说一下，《新实用汉语课本》的这一部分把两个状中谓语句（用状中短语作谓语的句子）错误地看成了连动句：

⑧ 画家[用墨和水]画中国画。

⑨ 林娜[用汉语]介绍西安。

该教材的编者把这两个句子中的“用墨和水画中国画”和“用汉语介绍

---

① 刘珣主编：《新实用汉语课本》第二册（英文注释），北京语言大学出版社2002年11月第1版，第109页。

西安”看成了连动短语，显然是把其中的“用墨和水”和“用汉语”看成了动宾短语，把工具介词“用”看成了动词。实际上，“用墨和水”和“用汉语”是两个表示工具的状中短语。

⑩ 他现在没有书看。

⑪ 学生们星期天有很多练习要做。

⑫ 我们有一些小礼物要送给你们。

⑬ 我没有更好的礼物送给大为。

⑭ 我有一个问题想问问。

上面这五个例子也是出自刘珣主编的《新实用汉语课本》[①]，编者把它们看成连动句的一种，认为这种连动句的谓语动词是“有”和“没有”，它的宾语也是第二个动词“看”“做”“送给”“问问”所表示的行为的承受者。这种解释只能说明这种句式的构成成分间的逻辑关系，而不能说明它的语法结构，这样不能使汉语学习者了解这种句式的构成方式，也就不容易学会使用这种句式。其实这种句式的谓语或谓语中心都是动宾短语，不是连动短语，“有”和“没有”的宾语都是定语后置的定中短语，如例⑨的谓语中心“没有书看”中的“看”其实是“书”的后置定语，这个短语是由“没有看的书”转换成的。依此类推，“有很多练习要做”是由“有很多要做的练习”转换成的，“有一些小礼物要送给你们”是由“有一些要送给你们的小礼物”转换成的，“我没有更好的礼物送给大为”是由“我没有更好的送给大为的礼物”转换成的，“有一个问题想问问”是由“有一个想问问的问题”转换成的。

在汉语中，当动词“有”的宾语是定中短语，同时该定中短语的定语是动词性词语时，定语一般都放在中心语的后面。例如：

⑮ 我有一个中国朋友叫王炳臣。

这里是说，“我”有一个叫王炳臣的中国朋友。其中“叫王炳臣”是“中国朋友”的后置定语。再如：

⑯ 他有个儿子在美国留学。

这里是说，“他”有一个在美国留学的儿子。其中“在美国留学”是“儿子”的后置定语。

---

① 刘珣主编：《新实用汉语课本》第三册（英文注释），北京语言大学出版社2003年11月第1版，第35页。

值得注意的是，现代汉语语法学界有“兼语句”的说法，按照这种说法，上面两例都是兼语句，谓语中的“一个中国朋友”“(一)个儿子”是“有”的宾语，又是“叫王炳臣”“在美国留学”的逻辑上的主语。如果“我”恰好只有一个中国朋友、“他”恰好只有一个儿子，这种解释似乎是对的，但是，如果“我”不是只有一个中国朋友、“他”不是只有一个儿子，而是两个或两个以上，这种解释就明显不对了。问题的关键不是“我”有几个中国朋友、“他”有几个儿子，而是把这样的句子看成“兼语句”是不正确的。

下面我们再专门谈谈“兼语句”。

4. 关于“兼语句”

在目前通行的现代汉语语法学说中，有一种特殊句式叫“兼语句”。所谓“兼语句”，就是由“兼语短语”作谓语的句子。而所谓“兼语短语”，就是由一个动宾短语的宾语兼作后一个动词性短语的主语而形成的短语。例如：

① 宋华让陆雨平〈来帮助他们〉。

② 陆雨平请经理〈帮助马大为〉。

③ 妈妈不让她喝咖啡。

上面这三个例子出自刘珣主编的《新实用汉语课本》[①]，编者把它们看成兼语句，认为这种句子谓语中的前一个动词的宾语同时又是后一个动词的主语。实际上，这种句子的谓语部分是一种“动宾－补”结构的短语，前面的动宾短语用来表示对宾语提出做某事的要求（例①中的“让”是“要求”的意思，例②中的“请”是“请求”的意思，请求也是一种要求），后面的补语用来补充说明要求宾语做的事情，属于目的补语。

例③的谓语部分是一个动宾短语，其中的“不让”是“不允许”的意思，“她喝咖啡”是“不让”的宾语。再如：

④ 有人敲门。

⑤ 有多少人参加比赛？

⑥（没）有人给你打电话。

⑦ 有几个朋友想去旅游。

⑧ 黄山有一棵树叫作“迎客松”。

---

① 刘珣主编：《新实用汉语课本》第一册（英文注释），北京语言大学出版社 2010 年 1 月第 2 版，第 228 页。

上面这五个例子也是出自刘珣主编的《新实用汉语课本》[1]，其中动词“有”或“没有”后面的部分都是定语后置的定中短语，“有人敲门”等于说“有敲门的人”，“有多少人参加比赛”等于说“有多少参加比赛的人”，“(没)有人给你打电话”等于说“(没)有给你打电话的人”，“有几个朋友想去旅游”等于说“有几个想去旅游的朋友”，“黄山有一棵树叫作‘迎客松’”等于说“黄山有一棵叫作‘迎客松’的树”。目前汉语语法学界把这种短语看成兼语短语，这是不正确的。以例⑧为例，按照兼语短语的说法，这个句子等于说：

黄山有一棵树，这棵树叫作“迎客松”。

这种理解等于说黄山上只有一棵树，这显然是不合符合实际的。

现代汉语语法学界还有“连动兼语句”的说法。下面是《新实用汉语课本》第四册中的“连动兼语句”的例句[2]：

⑨ 我妈妈让我〈到国营公司找个工作〉。

⑩ 怎样请律师〈帮助自己打官司〉。

⑪ 他让丁力波〈去商店给他买光盘〉。

⑫ 老师叫我们〈用中文写个故事〉。

该教材把这几个句子分解成“$S+V_1+O_1(S_2)+V_2+O_2+V_3+O_3$”七个部分，这样解释非常繁琐，很难让汉语学习者看清这种句式的语法结构。其实，这种句式的谓语部分都是“动宾－补”结构的短语，它的补语部分补充说明主语要求宾语做的事情。如例⑨中的“到国营公司找个工作”补充说明“我妈妈”要求“我”做的事情；例⑩中的“帮助自己打官司”补充说明需要请律师的人(这个主语省略了)要求律师做的事情；例⑪中的“去商店给他买光盘”补充说明“他”让丁力波做的事情；例⑫中的“用中文写个故事”补充说明“老师”叫“我们”做的事情。另外，前三例的补语部分都是中补短语，中心语分别是“到国营公司”“帮助自己”“去商店”，补语分别是“找个工作”“打官司”“给他买光盘”。例⑫的补语部分是一个状中短语，状语是“用中文”，中心语是“写个故事”。

---

① 刘珣主编:《新实用汉语课本》第三册(英文注释)，北京语言大学出版社2003年11月第1版，第83页。

② 刘珣主编:《新实用汉语课本》第四册(英文注释)，北京语言大学出版社2004年7月第1版，第62页。

《新实用汉语课本》第四册[1]的这一部分接着又举出了三个“连动兼语句”，并把它们分解成“$S + V_1 + O_1 + V_2 + O_2（S_2）+ V_3 + O_3$”七个部分：

⑬ 副总有急事让他马上回去。

这其实是一个取消了分句间的语音停顿的因果关系复句，不是“连动兼语句”。它的原型是：

副总有急事，让他马上回去。

这个原型的前一分句表示的是原因，后一分句表示的是结果。

⑭ 他没有钱请大家吃饭。

这个句子的宾语部分是一个定语后置的定中短语，等于说：

他没有请大家吃饭的钱。

⑮ 我打了个电话叫他下午来。

这是一个取消了分句间的语音停顿的目的关系复句，不是“连动兼语句”。它的原型是：

我打了个电话，叫他下午来。

这个原型的后一分句表示的是“我打了个电话”的目的。

现代汉语语法学界所说的兼语句还有这样的一种：它的谓语动词是表示称赞、批评、爱憎、好恶等意义的动词。下面是《新实用汉语课本》第四册[2]中的五个例句：

⑯ 老师称赞她做作业认真。

⑰ 爷爷奶奶喜欢她聪明。

⑱ 家长嫌孩子不努力。

⑲ 姑娘爱小伙子聪明能干。

⑳ 领导批评小王工作马虎。

《新实用汉语课本》的编者根据语法学界的一般观点认为，这五例的谓语部分都是兼语短语，并且认为这种兼语短语的两部分之间在意义上是因果关系，所以所在的句子可以转换成因果关系复句，如《新实用汉语课本》的编

① 刘珣主编:《新实用汉语课本》第四册（英文注释），北京语言大学出版社 2004 年 7 月第 1 版，第 63 页。

② 刘珣主编:《新实用汉语课本》第四册（英文注释），北京语言大学出版社 2004 年 7 月第 1 版，第 164 页。

者把例 ⑱ 转换成：

因为孩子不努力，所以家长嫌孩子。

根据某些学者的观点，也可以这样转换：

家长嫌孩子，因为孩子不努力。

这样理解和转换其实是错误的，只要我们在这种句子的谓语动词前加上否定副词，就会清楚地看出这一点：

家长不嫌孩子不努力。——→ 因为孩子不努力，所以家长不嫌孩子。

——→ 家长不嫌孩子，因为孩子不努力。

当然，“家长不嫌孩子不努力”是我们仿照“家长嫌孩子不努力”造出的否定句，我们再来看看真实存在的否定句的例子：

㉑ 儿不嫌母丑，狗不嫌家贫。

按照《新实用汉语课本》编者的观点，这两个句子（一个并列关系复句的两个分句）可以这样转换：

* 因为母丑，所以儿不嫌母；因为家贫，所以狗不嫌家。

按照某些学者的观点，这两个句子（一个并列关系复句的两个分句）也可以这样转换：

* 儿不嫌母，因为母丑；狗不嫌家，因为家贫。

转换的结果完全不合逻辑。再如：

㉒ 我喜欢他聪明，但不喜欢他自私。

按照《新实用汉语课本》编者的观点，这两个句子（一个转折关系复句的两个分句）可以这样转换：

* 因为他聪明，所以我喜欢他；但因为他自私，所以我不喜欢他。

按照某些学者的观点，这两个句子（一个转折关系复句的两个分句）也可以这样转换：

* 我喜欢他，因为他聪明；但我不喜欢他，因为他自私。

转换的结果是，别人不知道“我”到底喜欢不喜欢“他”。

事实证明，学者们把这种“爱憎句”“好恶句”看成兼语句，这种看法是错误的。这种“爱憎句”“好恶句”其实是一种动宾谓语句，它的谓语部分是动宾短语，不是兼语短语。如例 ⑯ 是说老师称赞“她做作业认真”这一点；例 ⑰ 是说爷爷奶奶喜欢“她聪明”这一点；例 ⑱ 是说家长嫌弃“孩子不努力”这一点；例 ⑲ 是说姑娘爱“小伙子聪明能干”这一点；例 ⑳ 是说领导批评“小王工作马虎”的行为。

《新实用汉语课本》[1]中的兼语句的例子还有下面这三个：

㉓ 大家称他〈为打工头儿〉。

这个句子的谓语其实是一个“动宾－补”短语，“为打工头儿”补充说明称的是什么。

㉔ 同学们都认为他是园艺师。

这里“认为他是园艺师”是一个动宾短语（“他是园艺师”是“认为”的宾语），教材中错误地将它看成了兼语短语。

㉕ 他们选我〈当组长〉。

这里的谓语是一个“动宾－补”短语，“当组长”补充说明“选我”的目的。

以上我们举例说明了汉语语法学界所说的兼语句。“兼语句”的说法虽然有一定道理，但是如前所述，它只是从组成部分之间的逻辑关系上分析“兼语句”的谓语（兼语短语），没能从语法上指出兼语短语的实质，这样不利于汉语学习者确切地理解“兼语句”的构成方式和意义。另外，由于“兼语句”的说法只考虑组成部分之间的逻辑关系，导致了人们对“爷爷奶奶喜欢她聪明”这类动宾谓语句理解上的错误，甚至还导致了对“同学们都认为他是园艺师”这种普通动宾谓语句分析上的错误，因此，“兼语句”的说法应该抛弃，否则会影响汉语教学的效率。

（二）形容词性谓语句

由形容词性词语充当谓语的句子叫作形容词性谓语句，一般简称为“形容词谓语句”。汉语的形容词性词语可以直接作谓语，中间不需要加入连接性词语，这一点与英语等印欧语系的语言很不相同。

1. 由形容词作谓语

汉语的性质形容词和状态形容词都可以作谓语，用来对主语的性质及状态进行说明或描写。

① 他‖聪明。

---

① 刘珣主编：《新实用汉语课本》第四册（英文注释），北京语言大学出版社2004年7月第1版，第185页。

② 那个苹果‖大。

③ 这个‖好。

④ 这件衣服‖漂亮。

以上是性质形容词作谓语的例子。

⑤ 田野里，晚稻‖绿油油的。

⑥ 她的眼睛‖水汪汪的。

以上二例是状态形容词作谓语的例子。状态形容词作谓语时，后面一般要加描写助词“的”。

2. 由形容词性短语作谓语

能够作谓语的形容性短语有并列、选择、递进、状中、中补、主谓等多种类型。例如：

① 中国人民‖勤劳勇敢。（形容词性并列短语作谓语）

② 考试题量‖大不大？（形容词性选择短语作谓语）

③ 学生学的知识‖全面而且扎实。（形容词性递进短语作谓语）

④ 回家的感觉 ‖［真］好。（形容词性状中短语作谓语）

⑤ 他 ‖［非常］聪明。（形容词性状中短语作谓语）

⑥ 这件衣服 ‖［是］漂亮。（形容词性状中短语作谓语）

这里的“是”是语气副词，与“确实”相当，不是判断词。

⑦ 他‖聪明得〈很〉。（形容词性中补短语作谓语）

汉语中还有一种用形容词性的主谓短语作谓语的句子，谓语中的主语所表示的事物是句子的主语所表示的人或事物的一部分。例如：

⑧ 他‖身体健康。（形容词性主谓短语作谓语）

⑨ 亚美尼亚人‖眼睛大。（形容词性主谓短语作谓语）

以上二例是形容词性主谓短语作谓语对主语的属性进行说明的例子，这种句子叫“主谓谓语句”。

3. 关于主谓谓语句

如上所述，主谓谓语句就是用主谓短语作谓语的句子，句子的主语所表示的人或事物与谓语中的主语所表示的事物具有整体与部分的关系或领属关系。例如：

① 他‖眼睛大。

② 他‖身体好。

以上二例分别用主谓短语“眼睛大”“身体好”作谓语，属于主谓谓语句。

③ 他‖全身都不舒服。

这个主谓谓语句的谓语是否定形式的。

值得注意的是，有一些由动宾谓语句等句式转换成的句式，看起来很像是用主谓短语作谓语，一般语法书和汉语教材便把它们看成了主谓谓语句。下面是《新实用汉语课本》[①] 中的例子：

④ a. 晕船的药你吃了没有？

该教材把这个句子看成一个主谓谓语句。从表面上看，这个句子中的“晕船的药”（应该是“晕船药”,课文中误加结构助词“的”）[②] 是句子的主语，“你吃了没有”是句子的谓语，但是，从意义上看，“你吃了没有”并不是对“晕船的药”的说明，所以它不是“晕船的药”的谓语。另外，“吃”是及物动词，后面没有宾语，显然是因为它的宾语“晕船的药”被移到了句首。这个句子的原型是：

b. 你吃晕船药了没有？

⑤ a. 新汉语词典同学们［都］买到了。

这个句子的原型是：

b. 同学们［都］买到了新汉语词典。

⑥ a. 张教授讲的课我［现在］［还］听〈不懂〉。

这个句子的原型是：

b. 我［现在］［还］听〈不懂〉张教授讲的课。

以上例 ④⑤⑥ 是由“主—动—宾”句转换成的宾语前置句的例子。

还有一种由“动宾－补”谓语句转换成的宾语前置句。“动宾－补”谓语句的谓语是由动宾短语加补语形成的短语。例如：

⑦ a. 这儿的风俗习惯他〈了解得很多〉。

---

① 刘珣主编：《新实用汉语课本》第三册（英文注释），北京语言大学出版社 2003 年 11 月第 1 版，第 134 页。

② “晕船的药”是一个不合格的定中短语，因为它的意义不明确，似乎可以理解成“让人晕船的药”。按照汉语的习惯，要表示治疗某种疾病的药或具有某种功能的药，应该采用定中结构的合成词形式，如“晕船药”“感冒药”“腹泻药”“胃药”“眼药”“退烧药”“降压药”“安眠药”“消食药”等，不应该采取定中短语的形式。

这个句子的原型是：

b. 他这儿的风俗习惯〈了解得很多〉。

把这个句子中的“这儿的风俗习惯”移动到主语“他”的前边，就成了例 ⑦a 的样子。而这个作为例 ⑦a 的原型的句子还有自己的原型：

c. 他了解这儿的风俗习惯〈了解得很多〉。

这个作为例 ⑦b 的原型的句子是一个“动宾－补”谓语句。由于这种句子中的谓语动词先后出现两次，为了避免重复的感觉，人们通常将谓语动词省略，就成了例 ⑦b 的形式。再如：

⑧ a. 四川菜你〈吃得很高兴〉啊！

这个句子的原型是：

b. 你四川菜〈吃得很高兴〉啊！

这个原型的原型是：

c. 你吃四川菜〈吃得很高兴〉啊！

⑨ a. 我现代诗〈看得比较多〉。

这个句子的原型是：

b. 我看现代诗〈看得比较多〉。

以上我们举例说明了汉语中的主谓谓语句和被看作主谓谓语句的非主谓谓语句。看似主谓谓语句而非主谓谓语句的句子一般都是具有特殊表达功能的句子，如“四川菜你吃得很高兴啊！”属于宾语话题句，是为了用宾语作话题而将宾语移到句首的句子（详见 518 页“七、宾语话题句”）。

（三）名词性谓语句

由名词性词语充当谓语的句子叫作名词性谓语句，一般简称为“名词谓语句”。名词谓语句一般是判断句，是省略了判断动词“是”的判断句。例如：

① 今天‖星期六。

② 今天‖21 号。

省略判断词的判断句都是肯定判断句，否定判断句的判断词“是”不可以省略。例如：

③ 今天‖不是星期六。

这是表示日期的否定判断句，“是”就不能省略。

二、非主谓句

不是由主语和谓语两部分构成的句子叫非主谓句。非主谓句实际上是由一个词或一个非主谓短语加上语调构成的句子。从构成非主谓句的词语的性质上看，有名词性非主谓句、叹词非主谓句、象声词非主谓句、动词性非主谓句、形容词性非主谓句等。

（一）名词性非主谓句

这是由一个名词性词语加上一定的语调构成的非主谓句。从表达的意义上看，这类非主谓句主要有三种：

1. 突然发现某物，用来提醒别人注意

① 蛇！

这个句子表示突然发现一条蛇，提醒别人注意。

② 彩虹！

这个句子表示突然发现天上出现了彩虹，提醒别人注意看。

2. 呼唤对方，用来引起对方的注意

① 大为！

这个句子表示呼唤“大为”，用来引起他的注意。

② 出租车！

这句表示呼唤出租车司机，用来引起他的注意。

3. 表示赞叹

① 好球！

这个句子是在观看足球、篮球等球类比赛时所用的赞叹语。

② 好功夫！

这个句子是在观看武术表演、杂技表演等时所用的赞叹语。

以上是名词性非主谓句的例子。这种句子仅在口语中使用。

（二）动词性非主谓句

这是由一个动词性词语构成的非主谓句。从语法意义上看，这类非主谓

句主要有以下几种：

1. 命令句

用来表示命令的句子我们称之为“命令句”。命令句一般都采取非主谓句的形式。例如：

① 下课！

② 集合！

③ 站住！

以上三例是用来表示命令的动词性非主谓句。因为命令句是在特定的情景下使用的，句子的主语是不言而喻的，不必说出，更主要的是，命令句不使用主语，这有助于突出谓语，使命令的语气更加强烈。命令句属于祈使句的一种，祈使句一般都习惯性地省略主语（关于祈使句，参见 488 页“四、祈使句”）。

2. 禁止句

用来表示禁止的句子我们称之为“禁止句”。禁止句一般也都采取非主谓句的形式。例如：

① 禁止通行。

② 禁止吸烟。

③ 请勿动手。

以上三例是用作告示的动词性非主谓句，目的都是禁止某种行为。张贴或用灯箱显示的告示通常不加标点符号，看起来像是一个短语。禁止句一般也省略宾语（例 ① 的逻辑宾语是行人和车辆；例 ② 的逻辑宾语是会场中的观众或与会者、候车室中的旅客等；例 ③ 的逻辑宾语是参观者、顾客等）。

3. 口号标语

口号、标语一般也都采取非主谓句的形式。例如：

拥护毛主席！拥护共产党！打倒反动派！建立新中国！

这一例是用作口号和标语的动词性非主谓句（口号和标语用语一般相同）。

4. 天气变化句

汉语在说明天气变化的时候，常使用动词性非主谓句的形式。例如：

① 下雨了。

② 下雪了。

③ 刮风了。

上面这几个说明天气变化的句子采取的是动词性非主谓句的形式。这几个句子虽然没有主语，但隐含着主语“天”，是习惯上省略主语的句子。

④ 出太阳了。

⑤ 变天了。

⑥ 阴天了。

⑦ 晴天了。

上面这几个说明天气变化的句子中，“出”“变”“阴”“晴”与“太阳”“天”不存在动宾关系，“出太阳了”实际上是“太阳出了”，“变天了”实际上是“天变了”，“阴天了”实际上是“天阴了”，“晴天了”实际上是“天晴了”，也就是说，“出太阳了”“变天了”“阴天了”“晴天了”等句子实际上属于主谓倒置（谓语－主语）的句子，是一种特殊的主谓句。这种用来说明天气变化的句子是把天气的变化当作一个事件来陈述的，这些句子和“出事了”一样，属于采取主谓倒置语序专门用来陈述已经发生的事件的句子，我们称之为“事件句”。“事件句”之所以采用主谓倒置语序，是为了跟普通陈述句相区别。如“天阴了”是用来说明“天”的变化的，而说成“阴天了”，是把“天阴了”当作一个事件来陈述的，这样在形式上就与普通陈述句有了区别。关于“事件句”参见 513 页“五、事件句”。

（三）形容词性非主谓句

这是由一个形容词性词语构成的非主谓句。形容词性非主谓句主要用来表示赞叹。例如：

① 好！

② 太好了！

上面这两个形容词性非主谓句可以用来表示对演员的表演的赞叹，也可用来表示同意对方的主意，等等。这种句子实际上是一种习惯性的省略句，如“好！”是由“你表演得好！”“这个主意好！”等省略成的，“太好了！”是由“你表演得太好了！”“这个主意太好了！”等省略成的，只是这种省略是固定性的、习惯性的，而非临时性的。

（四）叹词非主谓句

如前所述，叹词是用来表示赞叹、惊讶、领会，或醒悟、惋惜、嘱咐、同意、呼唤、应答等意义的词，由叹词所形成的句子就是叹词非主谓句。例如：

① 哎呀！

由“哎呀”（āiyā）构成的叹词非主谓句用来表示惊讶。

② 哦。

由“哦”（ò）构成的叹词非主谓句用来表示领会或醒悟。

③ 咳！

由“咳”（hāi）构成的叹词非主谓句用来表示惋惜。

④ 嗯。

由“嗯”（ǹg）构成的叹词非主谓句用来表示同意。

⑤ 喂！

由“喂”（wèi）构成的叹词非主谓句用来表示呼唤。

⑥ 唉。

由“唉”（āi）构成的叹词非主谓句用来表示应答。

以上所列举的都是叹词非主谓句。

叹词虽然可以独立成句，但叹词仅仅是用来表达某种情感、态度的声音信号，没有具体的词义，因而叹词非主谓句所表达的意义有时是不明确的，故有时在说出叹词非主谓句之后，还需要具体说明自己的情感、态度，或者在具体表达自己的情感、态度之后，用叹词非主谓句辅助表达情感、态度。例如：

⑦ 啊，好看，好看！

这里先用“啊”表示赞叹的语气，然后具体表达自己的赞叹。

⑧ 啊，原来是这样！

这里先用“啊”表示醒悟的语气，然后具体表达自己的醒悟。

⑨ 大成啊，你可别忘了我那儿还是你的家，你要常来看大妈，啊！

这里先嘱咐“大成”常来看自己，然后用“啊”（á）辅助表示嘱咐的语气。

（五）象声词非主谓句

这是由一个象声词构成的非主谓句。例如：

① 啪！

② 轰隆！

象声词是对人或事物所发出的声音的模拟，而人类的发音能力是有限的，通常不能准确地模拟人类以外的事物所发出的声音，所以一个象声词往往可以表示多种物体发出的声音，因而当人们用象声词来模拟事物的声音的时候，往往还要在后面加上一个解释性的句子。例如：

③ 啪！一记响亮的耳光。

这里先用“啪”模拟击打物体所发出的声音，后面补充说明这是“一记响亮的耳光”的声音。

④ 砰！枪声一响，赛跑开始。

这里先用“砰”模拟物体发出的沉闷的声音，后面的叙述补充说明这是发令枪所发出的声音。

⑤“噼！啪！哗啦！”全都完了。齿轮和弹簧到处乱飞，什么都毁掉了！

这里先用三个象声词来形容物体破裂、撞击、破碎的声音，后面的叙述补充说明这些声音是齿轮和弹簧等脱落、弹出而撞击墙壁等物体所发出的声音。

以上我们说明了汉语单句的结构类型。

第二节　单句的语气类型

在上一节中我们分析了汉语单句的结构类型，下面我们再根据单句的语气对单句进行分类说明。所谓语气，就是说话者或作者对自己所说内容的主观态度或情感，如陈述、判断、疑问、祈使、感叹，与此相对应，汉语单句依语气类型可分为陈述句、判断句、疑问句、祈使句、感叹句五种。

为了与句子的结构类型（句型）相区别，学术界一般把句子的语气类型称为“句类”。另外，在目前通行的汉语语法体系中，汉语单句的语气类型有陈述句、疑问句、祈使句、感叹句四种，没有判断句这一种。

一、陈述句

用来陈述事实的句子叫“陈述句”。所谓“陈述”，只是一种概括的说法，其中包括叙述、说明、描写等。

陈述有肯定性的陈述和否定性的陈述两种，所以陈述句也有肯定陈述句和否定陈述句两种。

（一）肯定陈述句

肯定陈述句是对人或事物的动作行为、变化、性质状态等作肯定陈述的句子。例如：

① 他画了一幅画。

② 这只猫抓住了一只老鼠。

上面的两个陈述句用来叙述人或事物的动作行为。

③ 你胖了。

④ 天晴了。

上面的两个陈述句用来说明人或事物的变化。

⑤ 苏娜这个小姑娘聪明好学。

⑥ 这本书非常有用。

上面的两个陈述句用来评价性地说明人的个性、事物的性质。

⑦ 她眉清目秀。

⑧ 地里的小麦绿油油的。

上面的两个陈述句用来描写人或事物的状态。

（二）否定陈述句

否定陈述句是对人或事物的动作行为、变化、性质状态等作否定陈述的句子。否定陈述句有两种不同类型，一种是单纯否定的，一种是双重否定的。

1. 单纯否定陈述句

单纯否定陈述句一般是通过在谓语中心前加上否定副词“没”“不”的方式构成。例如：

① 他［没］回家。

② 天［没］晴。

③ 他［不］回家。

④ 这种习惯［不］好。

2. 双重否定陈述句

双重否定陈述句是对否定性的观点和言行的否定，是对否定的否定。双重否定陈述句所陈述的事实和观点是肯定性的，但它比肯定陈述句的语气强烈，常用来加强语气，有时则相反，用来减轻语气。下面我们根据双重否定陈述句的不同语法意义分别举例加以说明。

（1）否定与事实相反的观点

这种双重否定陈述句是通过否定与事实相反的观点来肯定事实，通常采取“不是不……”的格式，在书面语中有时也采取“不无……”的格式。例如：

① 我不是不疼你，孩子。

这里通过否定“我不疼你”这个与实际相反的看法来强调“我疼你”的事实，但比“我疼你”这个肯定陈述句语气强烈。

② 这种说法不是没有道理的。

这里通过否定“这种说法是没有道理的”的观点来强调“这种说法是有道理的”事实，但比“这种说法是有道理的”这个肯定陈述句语气强烈。

③ 此话不无道理。

这里“不无”是“不是没有”的文言说法。

（2）否定存在例外情况

这种双重否定陈述句是通过否定例外情况的存在来表示“没有例外”的意思，通常采取“没有不……”“没有……不……”的格式，在书面语中有时还采取“无不……”的格式。例如：

① 这件事没有不知道的。

这里通过否定“有不知道的”来强调人们都知道这件事，没有例外，比直接说“人们都知道”语气强烈。

② 目前，全村劳动力没有一个不参加劳动的。

这里通过否定“有一个不参加劳动的”来强调全村劳动力都参加劳动，没有例外。

③ 在学习、生活、工作中，任何人的一言一行无不影响着周围的人们。

这里“无”是“没有……的”的文言说法，是对“有……的”的否定。这是通过否定“有不影响着周围的人们的”这个例外的存在，来强调任何人的一言一行都影响着周围的人们的事实。

（3）否定有不做某事的前提条件

这种双重否定句是通过否定有不做某事的前提条件（合理性、可能性、胆量等）来表示应该做某事、一定会做某事、只能做某事等意思。通常采取"不能不……""不可不……""不敢不……"等形式。例如：

① 一个母语为印欧语系语言的汉语学习者能把汉语说得这么标准，这不能不说是一个奇迹。

这里通过否定"能不说这是一个奇迹"来表示"应该说这是一个奇迹"的意思，但比直接说"这应该说是一个奇迹"语气强烈。

② 当初你不该不让春生进屋。

这里通过否定"该不让春生进屋"来表示"该让春生进屋"的意思。

③ 他们不敢不这么做。

这里通过否定"敢不这么做"来表示"只能这么做"的意思。

（4）表示部分地否定一种观点

这种双重否定句用来表示部分地否定与自己相反的观点，通常采取"不一定不……""不算不……""不等于不……""未必不……"等形式，是一种委婉的否定说法。例如：

① 输了不一定不好，赢了也不一定好。

这是一个并列关系复句，两个分句都是否定句，其中前一分句是双重否定句，通过否定"输了一定不好"的观点来表达"输了也可能好"的观点，但比"输了也可能好"的语气委婉。

② 客厅里不十分讲究，可也不算不讲究。

这也是一个并列关系复句，后一分句是双重否定句，通过否定"客厅里算不讲究"来表示"客厅里"讲究的程度适中的意思。

③ 没有投票不等于不关心政治。

这里通过否定"没有投票等于不关心政治"的观点来表达"没有投票的人也有可能关心政治"的观点。

④ 借钱吃海鲜，不算不会过。

这里通过否定"借钱吃海鲜是不会过"的观点来表达"借钱吃海鲜"有一定合理性的观点。

另外还有一种从古代汉语中继承下来的“未必不……”的说法，等于现代汉语中的“不一定不……”。例如：

⑤ 这个事实告诉人们：洋的未必全好，土的未必不好。

这里通过否定“洋的一定全好”的观点来表达“洋的（指从外国引进的东西）也可能有不好的”的观点，通过否定“土的一定不好”的观点来表达“土的（指本国原有的东西）也可能有好的”的观点，语气比较委婉。

以上我们举例说明了汉语单句的语气类型中的陈述句。

二、判断句

判断句是对人或事物的属性（包括身份、性质、状态等）进行判断性说明的句子。

现代汉语判断句的典型结构是“主语－是－宾语”，与谓语动词为及物动词的陈述句结构相同，所以学术界一般把判断词“是”看成动词，称之为“判断动词”，把“是”后面的成分看成它的宾语。判断动词“是”与它的宾语一起构成判断句的谓语部分。

判断句也有肯定形式的和否定形式的两种，否定形式的判断句构成方式简单，就是在判断词“是”的前边加上否定副词“不”，因此我们不对否定判断句单独进行说明。

判断句的基本用法是对人或事物进行判断性的说明，但还有一些扩展用法，如说明事情发生的原因、说明行为的目的，等等。

下面我们举例说明判断句的各种用途。

（一）判断句的基本用法

判断句的基本用法是对人的身份、事物的属性或类属进行判断性的说明，或者对一种身份、属性或类属所对应的人或事物进行判断性的说明。

1. 说明人的身份

这类判断句用来说明人的身份等。例如：

① 鲁迅‖是绍兴人。

② 鲁迅‖是中国现代最著名的作家。

③ 他的父母‖都是普通工人。

④ 赵括‖是大将赵奢的儿子。

⑤ 他‖是个了不起的人。

值得注意的是，判断句的谓语中有时不使用判断动词“是”。例如：

⑥ 陈祖芬，女作家。1943 年生，上海人。

这里有两个判断句，都没有使用判断动词“是”。另外，后一个判断句“上海人”和前面的陈述句“1943 年生”都承前省略了主语“陈祖芬”。

2. 说明事物的属性或类属

这类判断句的主语表示的是某种事物，谓语对它的属性或类属进行说明。例如：

① 北京‖是中国的首都。

② 马耳他‖是个资源贫乏的国家。

③ 词‖是最小的能够独立运用的语言单位。

④ 蓝鲸‖是世界上最大的哺乳动物。

⑤ 花生‖是一年生草本植物。

⑥ 黄金‖是延展性最好的金属。

3. 说明一种身份、属性或类属所对应的人或事物

这种判断句的主语表示的是人或事物的身份、属性或类属，谓语说明它所对应的人或事物。例如：

① 中国现代最著名的作家‖是鲁迅。

② 北京大学校长‖是蔡元培。

③《史记》的作者‖是司马迁。

④ 该项比赛的第一名‖是朝鲜选手金英淑。

⑤ 中国的首都‖是北京。

⑥ 辽宁省的简称‖是“辽”。

⑦ 世界上最大的哺乳动物‖是蓝鲸。

4. 表示某个时间点的具体时间

日常生活中常说的时间点是某年、某月、某日、几点或几点几分等。例如：

① 现在‖是 2020 年。

② 现在‖是 2020 年 1 月 15 日。

③ 我这里现在‖是上午 10 点 32 分，比中国晚 4 个小时。

④ 今天‖是星期一，‖是澳门特别行政区成立后第一个法定假日。

例 ④ 有两个并列的判断句，前一个判断句从星期的角度说明“今天”的日期，后一个判断句承前省略了主语“今天”，说明“今天”这个日期的属性。

从星期的角度说明日期的判断句常省略判断词，但否定判断句中，判断词不可以省略。例如：

⑤ 今天‖星期一，明天‖星期二。

⑥ 今天‖不是星期一。

例 ⑥ 是一个否定判断句，判断词“是”不可以省略，因为否定副词通常不用在名词性词语的前面。

（二）判断句的扩展用法

前面我们说明了判断句的基本用法。判断句还有一些扩展用法，如说明事情发生的原因、说明行为的目的、表示要实事求是的语气。下面我们具体加以说明。

1. 说明事情发生的原因

这种判断句的主语说的是一种现象或一种情况，谓语部分用来说明这种现象或情况形成的原因。例如：

① 苹果落地‖是因为苹果与地球之间有吸引力。

② 猪之所以被认为笨，‖是因为它长相丑。

这里在“被认为笨”的前面加上了原因助词“之所以”，表示要解释“猪被认为笨”的原因。

③ 西方人结婚时，新娘穿白色婚纱，中国人结婚时，新娘穿红色礼服，这‖是因为人们对颜色意义的理解不同。

这个判断句的主语是两个并列的句子，陈述的是中国和西方不同的习俗，后面用指示代词“这”来复指由这两个句子充当的主语。

④ 阿昌两度迷路，‖是由于失去了旧日的参照物。

这里用介词“由于”引出原因。

2. 说明行为的目的

这种判断句的主语说的是一种行为，谓语部分用来说明这种行为的目的。例如：

① 尊重历史，‖是为了不忘历史。

② 我之所以回国，‖就是为了建设社会主义祖国；我之所以入党，‖就是为了献身于共产主义事业。

例②是两个并列的判断句，都是用来说明行为目的的。这两个判断句分别在主语中的“回国”“入党”前加上了原因助词“之所以”，表示要解释“我”回国、“我”入党的目的。

在口语中，用来说明行为目的的判断句往往不用目的介词引出宾语。例如：

③ 我今天来，‖就是要多听听大家的意见。

这里判断词“是”的后面直接说出“我今天来”的目的。

3. 表示要实事求是的语气

人们有时将主语的意义相反的两个判断句并列起来，表示要实事求是的语气。例如：

① 懂‖就是懂，不懂‖就是不懂，不要不懂装懂。

这两个并列判断句表示不要把“懂”说成“不懂”，也不要把“不懂”说成“懂”，但重点是不要把“不懂”说成“懂”，也就是不要不懂装懂，要实事求是。

② 犯了错误，就应该向人民诚恳承认，错‖就是错，对‖就是对。

这里的两个并列判断句表示不要把“错”说成“对”，也不要把“对”说成“错”，要实事求是。

4. 表示要严格区分两个不同的人或事物

人们有时将主语所指不同的两个判断句并列起来，表示要严格区分两个不同的人或事物的语气。例如：

① 你‖是你，我‖是我。

这两个并列判断句表示要严格区分“你”和“我”。

② 偷‖是偷，捡‖是捡。

这两个并列判断句表示要严格区分“偷”和“捡”。

③ 四十‖是四十，十四‖是十四。

这是一个“绕口令”中的两个判断句，表示要严格区分“四十”（sì shí）和“事实”（shì shí），要严格区分“十四”（shí sì）和“实事”（shí shì）。

5. 表示比喻

甲、乙两个事物属于不同类的事物，但有相似点，于是说话人有意把甲事物说成是乙事物，用来突出甲事物的某种属性。这实际上是在打比方，是一种比喻，这种比喻属于暗喻。例如：

① 时间‖就是金钱。

这里表面上说时间就是金钱，实际上是说，时间像金钱一样宝贵。再如：

② 困难‖是弹簧，你弱它就强，你强它就弱。

③ 书籍‖是人类进步的阶梯。

这里是说，人类要进步，就必须看书，而且随着看书数量的增多，进步的幅度也会加大。

以上三例都是用判断句的形式打比方。

6. 说明某个处所中存在的人或事物

人们有时用表示处所的词语作主语，用判断词“是”引出占据着该处所的事物，或该处所中唯一存在的事物。这是表示“存在”意义的判断句，一般把它看成存在句的一种（关于存在句，参见 509 页“四、存在句”）。例如：

① 我的旁边‖是一对从香港来的中年夫妇。

这个判断句是说，“我”旁边的座位上坐着的人是一对从香港来的中年夫妇。

② 池塘旁边‖是一片金黄灿烂的菜花地。

这个判断句是说，池塘旁边的地是一片金黄灿烂的菜花地。

③ 宿舍楼前‖是一个网球场。

这个判断句是说，宿舍楼前的场地是一个网球场。

以上三个判断句用来说明占据着某个空间的人或事物。

④ 桌子上‖是一只盘子，里面有各式糕点。

这个判断句是说，桌子上放着的东西是一只盘子。这里用判断句说明桌子上有一只盘子，由此可知，桌子上只有这一只盘子，没有别的东西。

以上我们举例说明了汉语单句的语气类型中的判断句。

三、疑问句

用来向听者或读者提出问题的句子叫“疑问句”。疑问句有时不是用来提问，而是用来强化自己的观点、引起听者或读者的注意、向对方提出要求等，这是疑问句的活用。

下面我们分别谈谈疑问句的类型和活用的情况。

（一）疑问句的类型

疑问句可以从多个角度进行分类。这里我们主要根据提问方式的不同进行分类。从提问的方式上看，疑问句有三种：是非问句、特指问句和选择问句。

1. 是非问句

是非问句是对一件事情提出疑问，要求对方作出肯定或否定回答的疑问句。是非问句有两种：一种是构成方式与陈述句相同的，只是语调与陈述句不同，要用疑问语调（升调）说出；另一种是在陈述句形式的疑问句的末尾加上疑问语气词，疑问语气比前一种强。例如：

① 他来了？

② 你不来？

以上二例是没有使用疑问语气词的是非问句。这种是非问句的疑问语气较弱。

③ 他来了吧？

④ 你昨天没来吧？

⑤ 今天是星期三吧？

以上三例是在句末加上疑问语气词“吧”的是非问句。这种是非问句的疑问语气比不使用疑问语气词的是非问句略强一些。

⑥ 他来了吗？

⑦ 你不来吗？

⑧ 今天是星期三吗？

以上三例是在句末加上疑问语气词“吗”的是非问句。这种是非问句的疑问语气最强。

2. 特指问句

特指问句是对人或事物、动作行为等的某一方面进行提问的句子，具体说来，就是对人或事物的性质、状态、状况以及行为主体、对象、时间、地点、原因、目的、方式等提出疑问的句子。这种疑问句都是用疑问代词或疑问代词短语来提问，一般都用升调说出。同时，由于使用了疑问代词，这种疑问句的疑问语气较重，因而也常在句末使用疑问语气词“啊、呢”等来减轻语气。例如：

① 谁来了？

② 你喜欢谁？

③ 你喜欢谁啊？

④ 你喜欢谁呢？

上面这四个特指问句都是用来询问行为的对象，其中例 ① 和 ② 不用疑问语气词，疑问的语气最强，例 ③ 句末使用疑问语气词“啊”，疑问语气有所减轻，例 ④ 句末使用疑问语气词“呢”，疑问语气更轻。

⑤ 你什么时候到中国去？

这个特指问句用来询问“你”将要到中国去的时间。

⑥ 你在哪里学的汉语？

这个特指问句用来询问“你”学习汉语的地点。

⑦ 你到哪儿去？

这个特指问句用来询问“你”将要前往的地点。

⑧ 你怎么来了？

这个特指问句用来询问“你”来的原因。

⑨ 你干什么来了？

这个特指问句用来询问“你”来的目的。

⑩ 你是怎么来的？

这个特指问句用来询问“你”来的方式（行走、骑自行车、坐公共汽车等）。

⑪ 他这个人怎么样？

这个特指问句用来询问“他这个人”的品质好坏。

⑫ 您花园里的竹子是什么样的？

这个特指问句用来询问“您花园里的竹子”的状态（样子）。

⑬ 他现在怎么样了？

这个特指问句用来询问“他”的状况。

3. 选择问句

选择问句是对一个问题提出两种或两种以上的设想、可能性等作为选项，让对方从中选择一种来回答。在选择问的几个选项中间，有时不使用任何关联词语，有时使用“是……还是……”等关联词语。例如：

① 明天你去他去？

② 明天是你去还是他去？

③ 今天是星期三还是星期四？

选择问句还有一种形式，就是先提出一个问题，然后就这个问题提出自己的两个或两个以上猜测，让对方作选择性的回答。例如：

④ 你是哪里人？是城里的，还是乡下的？

⑤ 你想申请到哪个大学去留学？是大连外国语大学，还是天津外国语大学？还是厦门大学？

4. 正反问句

这种疑问句是采用肯定与否定并列的形式，将一个问题的两种相反的可能性说出，要求对方作出肯定或否定的回答。正反问的提问方式有三种，下面我们分别举例加以说明。

(1) 用肯定与否定叠用的形式提问

这种正反问句是以肯定与否定交替的形式将一个问题的两个相反的方面都提出来，让对方作出确切的回答。例如：

① 你吃饭不吃饭？

这是一个完整的谓语部分带宾语的正反问句，肯定部分和否定部分中的动词的宾语都没有省略。

② 你吃不吃饭？

这里谓语的肯定部分中蒙后省略了动词“吃”的宾语。

③ 你吃饭不吃？

这里谓语的否定部分中承前省略了动词“吃”的宾语。

以上三例是对同一个问题所提出的三种略有不同的正反问句，例①是完整的形式，例②和例③都是省略的形式。例①表示到了吃饭的时间，问对方是否吃饭；例②所表示的意思与例①相同，只是语气稍微随便一点；例③所表示的意思与例①也是相同的，不过含有希望对方作出肯定回答（“吃”）的意思。

④ 你去不去？

这里问对方是否去。

⑤ 你是去还是不去？

这里在两部分的谓语动词前加上关联词语“是”和“还是”，带有追问或强迫的意思。

⑥ 你喜欢不喜欢这本书？

这是在询问对方是否喜欢这本书。在口语中也常将肯定部分的动词的后一个音节省略。例如：

⑦ 你喜不喜欢这本书？

这里把肯定部分的动词“喜欢”省略成了“喜”。

⑧ 你喜欢这本书不喜欢？

这也是在询问对方是否喜欢这本书，肯定的部分完整地说出，否定的部分省略宾语，暗含有希望对方能够作出肯定回答（“喜欢”）的意思。

⑨ 这个办法好不好？

这个正反问句要求对方简单地回答对“这个办法”的看法，如果需要对方具体地回答，可以使用特指问句：“这个办法怎么样？”

（2）用“是不是”提问

有时提问者推测或听说一种情况存在，需要对方确认，就先用陈述句说出自己推测或听说的内容，然后再问“是不是”，或者先问“是不是”，然后再说出推测或听说的内容，让对方来确认。例如：

① 天天吃快餐，人会变傻，是不是？

② 这个地方冬暖夏凉，是不是？

以上二例都是先说出自己的推测，然后再问对方“是不是”。这种正反问句通常用在对一种情况存在的可能性把握较大的情况下。如果问话者对一种情况存在的可能性把握不大，就先说“是不是”，来加强推测语气。例如：

③ 是不是你明天去中国？

④ 植物是不是也有自己的血型？

以上二例表示的是不太有把握的推测性的疑问。

（二）疑问句的活用

疑问句本来是用来向听者或读者提问的，但人们也常常将疑问句活用，用疑问句的形式来强化自己的观点，或者用疑问句的形式来引起听者或读者的注意，或者用疑问句的形式弱化祈使语气等，于是形成三种疑问句的活用方式：反问、设问、弱化祈使语气。

1. 反问

用疑问句的形式就一个明显的道理或事实反问对方，从而以强烈的感情色彩来表示怀疑、惊讶、不满等语气，或道理、事实是不言而喻的、显而易见的、不容置疑的等语气。反问句只是形式上是疑问句，而实际上并非是用来提问的，因而不需要对方回答。

从所表达的意思上看，反问句有两种形式，一种是肯定式的，用来表达否定的意思，一种是否定式的，用来表达肯定的意思。从表达反问语气的手段上看，反问句有四种：

第一，将陈述句的形式加上反问语调，既不使用疑问语气词，也不使用疑问语气副词。这种反问句的反问语气比较轻。例如：

① 十二岁的女孩子会有这么高？

这个反问句表示不相信那个女孩子只有十二岁。

② 没人在土地上种粮食就没饭吃，没饭吃就要死亡，这还用说？

这里最后一句是反问句，表示“没人在土地上种粮食就没饭吃，没饭吃就要死亡”的道理很简单，不需要解释。

③ 这还不算容易？

这个反问句表示不同意对方的观点。

④ 你没听见？

这个反问句表示不相信“你”没听见。

第二，将陈述句的形式加上疑问语气词。这种反问句的反问语气比第一种略重一些。例如：

⑤ 你就只知道钱！钱有那么重要吗？

这里第二句是个反问句，表示不认为钱有那么重要。

⑥ 我当然很善良了，这还用说吗？

这里第二句是个反问句，表示事实是显而易见的。

⑦ 这还不算容易呀？

这个反问句表示对对方的看法感到惊讶。

⑧ 我叫你过来你没听见吗？

这个反问句表示对“我”叫“你”而“你”不过来表示不满。

⑨ 我不是跟你说了吗？

这个反问句表示因对方不听自己的话或不记得自己的话而不满意。

⑩ 小张说：“你不就是个看大门的吗？”

这个反问句表示事实是显而易见的，同时表示对对方的态度不满和对对方的蔑视。

这种用“不就是”引导的反问句是典型的反问句之一，有时为了减轻反问的语气，用陈述语调（降调）说出，在书面上写成“嘛”字，不写成“吗”字，也不使用问号。例如：

⑪ 鼓掌不就是支持我嘛。

第三，在谓语的前面加上疑问代词“哪”“怎么”或语气副词“难道”等。这种反问句的反问语气比第二种更重。例如：

⑫ 湖哪有这么大？这是海吧？

这里前一句是一个反问句，表示不相信湖有这么大。后一句是一个是非问句，带有推测的语气。

⑬ 这钱是刚从银行取出来的，怎么会是假的？

这里第二句是一个反问句，表示“这钱”的真实性是不容置疑的。

⑭ 这怎么能行？

这句的意思是“这”显然是不行的。

⑮ 这难道是我的错？

这句的意思是“这”不是“我”的错，并对对方怪罪自己表示不满。

⑯ 难道我的话就不算数？

这里将语气副词“难道”移到了句首（本应在“就不算数”的前面），意思是“我”的话也应该算数，并对对方不听自己的话表示不满。

第四，在第三种反问句的句末加上疑问语气词，以进一步加强反问语气。例如：

⑰ 这怎么能行呢？

⑱ 怎么能说焦裕禄精神过时了呢？

⑲ “海水不可斗量”，这难道不也是一句老话吗？

以上我们举例说明了四种形式的反问句，这四种反问句是要根据所要表达语气的强弱来选择使用的。

2. 设问

设问就是自问自答，就是为了强调某一事实、道理等，先就该事实、道理等提出疑问，然后加以回答。这实际上是一种修辞手法，用来引起听者或读者对后面的回答中所陈述的事实、道理等的注意。例如：

① 谁是最可爱的人呢？我们的战士，我觉得他们是最可爱的人。（魏巍《谁是最可爱的人》）

② 他手里拿的是什么？是刀。刀有什么用处？可以杀人。他要拿刀杀谁？要杀人民。（毛泽东《抗日胜利后的时局和我们的方针》）

③ 人的正确思想是从哪里来的？是从天上掉下来的吗？不是。是自己头脑里固有的吗？不是。人的正确思想，只能从社会实践中来，只能从生产斗争、阶级斗争和科学实验这三项实践中来。（毛泽东《人的正确思想是从哪里来的？》）

④ 改革为什么要从农村开始呢？因为中国人口的 80% 在农村，如果不解决这 80% 的人的生活问题，社会就不会是安定的。

3. 弱化祈使语气

当人们要求对方做某事的时候，为了便于对方接受，在说出要求的内容之后，再问“好吗？”“行吗？”“好不好？”“行不行？”，从而将祈使语气转化成征求意见的语气。例如：

① 让我看看，好吗？

② 让我试试，行吗？

以上二例用是非问句弱化请求的语气。

③ 你把脚抬一下好吗？

这里用是非问句弱化命令的语气。另外，后面的疑问句与前面的命令句衔接紧密，所以在书面上也没在二者之间加上逗号。

④ 你先让我把话讲完，行不行？

⑤ 您再让我看看好不好？

以上二例用正反问句弱化请求的语气。

⑥ 咱们出去玩一会好不好？

这里用正反问句弱化建议的语气。

⑦ 你们别打岔好不好？

⑧ 同学们，别吵好不好？

以上二例用正反问句弱化阻止的语气。

⑨ 你先坐下好不好？

⑩ 你轻点行不行？

以上二例用正反问句弱化命令的语气。

⑪ 能不能让我看看你的画？

这里完全将请求句改造成了疑问句，用来弱化请求的语气。

以上我们举例说明了汉语单句的语气类型中的疑问句。

四、祈使句

用来表示要求对方做或不做某事的句子叫祈使句。从祈使句所表示的意义上看，祈使句有两大类，一类是用来表示要求对方做某事的，一类是用来表示要求对方不做某事的。而从表达方式上看，祈使句有请求句、催促句、劝说句、劝阻句、安慰句、建议句、号召句、嘱咐句、允许句、命令句和禁止句等。

1. 请求句

请求句是用来请求对方对自己做或不做某事，以及请求对方允许自己做某事的句子。这种祈使句的谓语中要使用动词“请”“求”“让”等。例如：

① 请你告诉我，你女儿的中文名字是什么意思。

② 我求你们了，给我这个机会吧。

以上二例用来表示请求对方对自己做某事。

③ 妈，你别不要我了，我听话。

这一例用来表示请求对方不要做某事。

④ 罗市长，请允许我们再试一次！

⑤ 我要回去，让我回去吧。

⑥ 我和女朋友出来玩，忘了带证件，车也是借别人的，求你们放我们走吧。

以上三例用来表示请求对方允许自己做某事。

2. 催促句

这种祈使句用来催促对方立刻做某事。常在谓语动词前加上方式副词“快”来表示催促。例如：

① 快走！

② 快走，快走！

这里连续说两遍“快走”，用来加强催促语气。

③ 快走吧！

④ 快走啊！

⑤ 你说呀！

以上三例分别用语气词“吧”和“啊”（“呀”是“啊”的音变形式）来加强催促语气，其中“啊”（呀）比“吧”的语气更强烈。

3. 劝说与劝阻句

这种祈使句用来劝说对方做本来不想做的事，或劝说对方不要做本来想做的事，或者停止正在做的事。劝说与劝阻句的末尾常用语气词“吧”或“了”。例如：

① 家里出了那么大的事，你回家看看吧。

② 你太累了，还是好好休息几天吧。

这里使用了语气副词“还是”，表示自己的看法是经过权衡利弊而提出的，句末还加上了表示商量语气的语气词“吧”，这样就减轻了劝说的语气，便于对方接受。

③ 我已经 82 岁了，写作的时间不多了。你就同意吧。

这里使用了语气副词“就”，表示要求迁就一下自己，从而减轻劝说的语气，便于对方接受。

④ 你就让他赢吧，贾玲。

这里也使用了语气副词“就”，表示要求“贾玲”迁就一下“他”，从而减轻劝说的语气，便于对方接受。

上面这四个祈使句用来劝说对方做本来不想做的事，属于劝说句。

⑤ 你别去了。

⑥ 温家宝站起身，弯腰对老人说：“你老就不要起来了。”

上面这两个祈使句用来劝说对方不要做本来想做的事。从意义上说，这两个句子属于劝阻句。

⑦ 拉着儿子的手说：“风太大，不要再去了，危险啊！”

⑧ 好了，不要再说了。

上面这两个祈使句用来劝说对方停止正在做的事。从意义上说，这两个句子也属于劝阻句。

4. 安慰句

这种祈使句用来安慰对方不要为某事担心、焦虑，常在谓语前使用否定副词“别”。例如：

① 别着急，我没事，放心吧！

② 别紧张，一点也不疼。

③ 你别往心里去。

“安慰句”是从语气和意义两个角度而言的，如果一个句子的意义是安慰性的，但不带有祈使语气，就不属于安慰句。例如：

④ 休学一年不要紧，你年龄小。

从语气上看，这两个句子都是陈述句。从意思上看，这是安慰对方不要为休学一年而难过，但这种意思是通过陈述事实的方式表示出来的，也就是通过陈述语气表示出来的，所以这种句子不是安慰句。

5. 建议句

这种祈使句用来表示建议对方做某事。所谓建议，就是对应该如何处理某事提出自己的见解，这种见解通常是对方没有想到的，或者认为是对方没有想到的。建议句的末尾也常使用语气词“吧”。例如：

① 你什么时候挣够了钱，什么时候再买汽车吧。

② 咱们一起照个相吧。

③ 我看你还是学葫芦丝吧！

例 ③ 这个建议句使用了插入语“我看”，来减轻建议的语气，以便于对方接受。

④ 我建议你把孩子的名字改了。

例 ④ 这个建议句使用了插入语“我建议”，来减轻建议的口气，以便于对方接受。

6. 号召句

这种祈使句用来表示号召人们共同做某件事。句首有时使用语气副词“让”“请”等，有时采取非主谓句的形式，这是宣传语和口号常使用的句式。例如：

① 在新的世纪里，让我们一起努力，建设富强民主文明的国家；让我们携手合作，推动亚洲和世界的和平与发展。

这里“让”属于语气副词，是由动词转化成的，表示希望的语气。

② 所有崇尚平等，热爱和平的人们，请加入我们的行列。

这里“请”也是语气副词，也是由动词转化成的，表示诚恳的希望语气。

③ 拥护毛主席！拥护共产党！打倒反动派！建立新中国！

上面这四个句子是宣传口号，也可以用作标语，不使用“让”“请”等语气副词，也不出现主语。

7. 嘱咐句

这种祈使句用来表示嘱咐对方应该做什么或不应该做什么。常在谓语动词前加上语气副词“可”“千万”“一定”和助动词“要”等，有时还在句子末尾加上语气词“啊”。例如：

① 辞职可不是小事，你可要想明白了啊！

② 你一定要以苏老师为榜样，好好学习！

③ 出远门，要多穿衣服，千万别喝生水。

④ 去吧，随便讲几句，别紧张。

⑤ 当人家没有征求你的意见时，你千万不要发表议论。

⑥ 大成啊，你可别忘了我这儿还是你的家，你要常来看大妈，啊！

例⑥这里有三个并列的嘱咐句，第三个嘱咐句由叹词“啊”（á）独立构成，用来嘱咐“大成”记住前面的嘱咐。

8. 命令句

这种祈使句用来表示命令对方做或不做某事。语气严肃或严厉的命令句中不出现主语。例如：

① 立正！

② 跑步前进！

③ 坐下！

④ 站住！

⑤ 别动！

⑥ 不许动！

⑦ 别说了！

人们也常在谓语动词的后面加上数量短语“一下”，或者用“$A_{动}A_{量}$”式短语作谓语，来缓和命令的语气。例如：

⑧ 你过来一下。

⑨ 你说说。

这里“说说”是“$A_{动}A_{量}$”式短语，是“说一说”的省略形式，意思相当于“说一下”，后一个“说”是借用前面的动词“说”形成的量词，属于借用量词。关于“$A_{动}A_{量}$”式短语，参见169页“6. 动词的‘类重叠’用法”。

有时为了减轻命令语气，在谓语动词前使用语气副词“请”。例如：

⑩ 请进！

⑪ 请不要大声喧哗。

⑫ 请安静！

9. 禁止句

这种祈使句用来表示禁止人们做某事。通常不加主语，常使用“禁止”“不准”等作谓语动词。禁止句通常用作张贴的告示。例如：

① 禁止吸烟。

② 禁止随地吐痰。

③ 不准随地吐痰。

④ 严禁携带易燃易爆等危险品进站上车。

禁止句与命令句不同。禁止句不是用来下达命令的，它只是用来提醒人们在当前的场合下不可以做某事。

由于使用“禁止”“不准”“严禁”等动词或动词短语的禁止句语气强硬，为了减轻语气，人们有时用动词“免”（意思是“不要”）代替“禁止”“不准”等。例如：

⑤ 闲人免进。

这个禁止句与“禁止入内”所表示的意思相同，但比“禁止入内”语气柔和得多。

以上我们归纳了各种常见的祈使句。

五、感叹句

感叹句是用来抒发赞叹、感慨、快乐、惊讶、悲伤、遗憾、恐惧、愤怒、厌恶等强烈情感的句子。感叹句的构成方式大致有六种：

1. 将陈述句的形式用感叹语调说出

这种感叹句用来对所陈述的对象、所陈述的事实表示感叹（赞叹、感慨、惊讶、厌恶等）。这种感叹句没有形式标志，要用较强的感叹语调说出。例如：

① 茶文化，这个说法好！

② 这个姑娘不简单，是好样的！

以上二例是对所陈述的对象表示赞叹。

③ 爸爸回来了！

④ 我明白了！

以上二例是对所陈述的事实表示喜悦。

⑤ 这个庞大的连动机到处有电！

这一例是表示对“这个庞大的连动机到处有电”的事实表示惊讶。

⑥ 你骗人！

这一例是表示对“你”骗人的行为的愤怒。

2. 陈述句和疑问句形式加上感叹语气词

在陈述句和疑问句形式末尾加上感叹语气词“啊”，并用降调说出，就可以构成感叹句。例如：

① 你人小，志气大，不简单啊！

这里第三句是感叹句，是对“你”的赞叹，如果去掉语气词“啊”，就成了陈述句。再如：

② 您到底是教授，严谨得很啊！

③ 良师是永远值得尊敬的啊！

以上二例是对“您”“良师”的赞叹。

④ 这都是命啊！

⑤ 虎落平川，蛟龙搁浅，没办法呀！

⑥ 现在就迎接死神，她不甘心啊！

⑦ 家家有一本难念的经啊！

⑧ 田主席，田主席，你不能病啊！咱铁厂离不开你啊！

以上五例是对语气词“啊”前面所陈述的事实的感叹，抒发了悲伤与无可奈何的情感。

⑨ 这是一个高级政治犯的待遇啊！

这一例是对语气词“啊”前面所陈述事实的愤怒与讽刺。

以上是在陈述句形式末尾加上感叹语气词构成感叹句的例子。

⑩ 文化到底是什么东西啊！

这一例是对“文化到底是什么东西”的问题难以回答表示感慨，间接地表示了对文化的神秘性的感慨。

⑪ 他曾经做过多少梦啊！

这一例是对“他曾经做过多少梦”的问题难以回答表示感慨，间接地表示了对“他”追求理想的精神的赞叹。

⑫ 这是一个多么巨大的数字啊！

这一例是对“这是一个多么巨大的数字”的问题难以回答表示感慨，间接地表示了对这个巨大数字的惊讶。

⑬ 这是一种什么样的性格啊！

这一例是对“这是一种什么样的性格”的问题难以回答表示感慨，间接地表示了对这种特殊性格的惊讶。

⑭ 怎么这么热啊！

这一例通过表达对“这么热”的原因的疑惑表示出对热的程度的惊讶。

⑮ 你到底想干什么呀！

这一例是通过表达对“你”的行为动机的疑惑表示出对“你”的古怪行为的厌恶。

⑯ 你这孩子怎么这样不懂事啊！

这一例是通过表达对“你这孩子这样不懂事”的原因的疑惑表示出对“你这孩子”的厌恶。

这种由疑问句形式加上感叹语气词所形成的感叹句有时用省略的方式说出。例如：

⑰ a. 这么大的蛋糕啊！

这个感叹句表示对蛋糕“这么大”的惊讶。它的完整形式是：

b. 怎么有这么大的蛋糕啊！

⑱ a. 多么好的老人啊！

这个感叹句表示对这个老人的赞叹。它的完整形式是：

b. 这是一个多么好的老人啊！

以上我们举例说明了由陈述句和疑问句形式加上感叹语气词所形成的感叹句。

3. 陈述句形式中加入语气副词

这种感叹句是在陈述句形式的谓语中心或补语中心语前加入语气副词“真”“好”等，从而表示对人或事物的某种属性的感叹（赞叹、鄙视、厌恶等）。例如：

① 你真聪明！

② 今天天气真好！

③ 你今天穿得好漂亮！

这里“好漂亮”与“真漂亮”的意思相当。语气副词“好”带有方言性质。

以上三例表示对人或事物的赞叹。

④ 你这个人真差劲！

这个感叹句表示对对方的厌恶。

这种感叹句还有一种省略形式，就是将谓语部分省略，只保留主语部分。这种省略形式的感叹句大都用来表示对人或事物极端厌恶的情感，偶尔也用来表示对人或事物的赞叹，比完整的说法表达的情感更强烈。例如：

⑤ 你这个人！

这个感叹句是由“你这个人真讨厌！”之类的感叹句省略成的，表达对“你这个人”的厌恶。

⑥ 这个家伙！

这个感叹句是由“这个家伙真讨厌！”之类的感叹句省略成的，表达对“这个家伙”的厌恶。

⑦ 这个可耻的家伙！

这个感叹句是由“这个可耻的家伙真可恶！”之类的感叹句省略成的，表达对“这个家伙”的厌恶。

⑧ 这讨厌的声音！

这个感叹句是由“这讨厌的声音真烦人！”之类的感叹句省略成的，表达对“这声音”的厌恶。

⑨ 你这个不要脸的东西！

这个感叹句是由“你这个不要脸的东西真讨厌！”之类的感叹句省略成的，表达对“你”的厌恶。

⑩ 那三个月神仙似的生活！

这个感叹句是由“那三个月神仙似的生活真让人难忘！”之类的感叹句省略成的，表达对“那三个月神仙似的生活”的留恋。

4. 陈述句形式中加入疑问代词

这种感叹句是在陈述句形式的谓语中心或补语中心语前加入疑问代词“多”“多么”等，从而表示对人或事物的某种属性的感叹（赞叹、感慨、鄙视等）。另外，“多”在口语中使用，“多么”在书面语中使用。例如：

① 您瞧，这小东西多懂事！

② 这旗袍多漂亮！

③ 我们祖国的力量多么伟大，我们的前途多么光明！

以上三例表示对人或事物的赞叹。

④ 不会外语多不方便。

⑤ 看，当妈妈多不容易。

以上二例表示一种感慨。

⑥ 大男人做这种事，多没出息！

这里第二句是感叹句，表示对对方的鄙视。

5. 语气副词、疑问代词与感叹语气词相配合

这种感叹句实际上是在第三种和第四种感叹句的末尾使用感叹语气“啊”，以加强感叹语气。例如：

① 这个小姑娘真了不起呀！

② 你好聪明啊！

以上二例中的“真”和“好”除了表示赞叹的语气外，还有一种惊讶的语气。

③ 我真想念你们啊！

④ 我好想上学啊！

以上二例中的“真”和“好”除了表示感慨的语气外，还有一种迫切的语气。

⑤ 这桂花多香啊！

⑥ 看到她那么喜欢这些花，我心里多么快乐啊！

⑦ 这话说得多好啊！

以上三例中的“多”“多么”只是表示赞叹，不带有惊讶、迫切的语气。

6. 由感叹词构成感叹句

有些感叹词，如“啊”“哎呀”“哎哟”“呸”等，常用来表示某种情感（赞叹、感慨、惊讶、厌恶、愤怒等），可以独立构成感叹句。不过，感叹词通常只是某种情感的声音信号，并没有确切的词义，所以所表示的情感往往也是不明确的，因而在由感叹词构成的感叹句的后面，通常要加上一个内容具体的感叹句，或者接着说出引起感叹的原因。例如：

①“哼！”张国焘脚一跺，愤愤地走了。

这里只用感叹词“哼”构成一个感叹句，接着说明了张国焘说出这个感

叹句时的动作、表情，由此可知，这个叹词感叹句表示愤怒的心情。

② 啊！春天，实实在在、实实在在地来了！

这里先用感叹词“啊”构成一个感叹句，然后又用陈述句的形式加上感叹语调构成一个内容具体的感叹句，二者相配合，充分地表达了看到春天到来时的喜悦心情。

③ 啊！展现在他眼前的是一幅多么悲壮的画面呀！

这里先用感叹词“啊”构成一个感叹句，然后后面又说出一个内容具体的感叹句，二者相配合，充分地表达了对眼前的情景的感慨。

④ 哼！不用硬，等着瞧！

这里先用感叹词“哼”构成一个感叹句，接着说出引起感叹的原因，由此可知，这个叹词感叹句表示的是因对方态度强硬而产生的对对方的憎恨。

⑤ 哎呀！生意不好做呵，赚不了，还亏了呢。

这里先用感叹词“哎呀”构成一个感叹句，接着说出引起感叹的原因，由此可知，这个叹词感叹句表示的是因生意难做而产生的感慨。

⑥“哎呀！”客人惊喜地叫了起来。

这里先用感叹词“哎呀”构成一个感叹句，接着说出这是惊喜的叫喊，由此可知，这个叹词感叹句表示的是惊喜的心情。

⑦“哎哟！”那位首长痛苦地叫了一声，倒了下去。

这里先用感叹词“哎哟”构成一个感叹句，接着说出这是痛苦的叫喊，由此可知，这个叹词感叹句表示的是对痛苦的感叹。

⑧ 你说我怕什么？我怕谁？哼！

这里先用反问句表示自己不怕别人的威胁，然后说出一个叹词感叹句，由此可知，这个叹词感叹句表示的是对对方的不满和蔑视。

前面我们举例说明了汉语单句的语气类型：陈述句、判断句、疑问句、祈使句、感叹句。

第三节 汉语的特殊句式

所谓汉语的特殊句式，是指专门用来表示某种语法意义而构成方式比较特殊的句子。汉语的特殊句式有被动句、比较句、处置句、存在句、变化句、事件句、宾语话题句、中心语话题句、主语话题句，等等。从结构上看，这些特殊句式都是主谓句；从语气上看，这些特殊句式都有陈述句的形式，有些也有疑问句、祈使句、感叹句的形式，而疑问句、祈使句、感叹句的形式都是由陈述句的形式转换成的，所以这里我们只举例说明这些特殊句式的陈述句的形式。

一、被动句

被动句是主语所表示的人或事物是谓语动词所表示的行为的承受者的句子。从有无被动标记的角度看，汉语被动句有两种类型，一种是无标记被动句，一种是有标记被动句。下面我们分别加以说明。

（一）无标记被动句

无标记被动句是与主动句形式相同而谓语动词用的是被动意义的被动句。无标记被动句主要在口语中使用。例如：

① 生米煮成熟饭了。

这里“煮成熟饭”的意思是“被煮成熟饭”。

② 参展的中文图书几天时间就卖完了。

这里“卖完”的意思是“被卖完”。

③ 我们的名声已经传出去了。

这里“传出去”的意思是“被传出去”。

④ 我的手机该充电了。

这里“充电”的意思是“被充电”。

【补充说明】

在动宾谓语句中，当谓语动词的宾语是已知信息时，一般要放在谓语动词前或放在句首，这样就形成了宾语前置句，看起来像是无标记被动句，但它的谓语动词前不可以加上被动助动词，同时句首的宾语可以移回谓语中心的后面。例如：

① 这个房子不卖了。

这个句子是由“不卖这个房子了”转换成的，这是房主告诉对方他取消了卖“这个房子”的打算。另外，这个句子的谓语中心“不卖”的前边还省略了主语“我”。再如：

② 鸡不杀了。

这个句子是由“不杀鸡了”转换成的，表示取消了杀鸡的计划。

③ 这个节目应该看。

这个句子是由“应该看这个节目”转换成的。

④ “你睡觉的地方找到没有？”他关切地问。

这里“你睡觉的地方找到没有”是由“你找到睡觉的地方没有”转换成的。

以上四例都是宾语前置句，不是无标记被动句。

（二）有标记被动句

有标记被动句就是有被动助词“被”出现的被动句，或由主动者介词“被”“叫”“让”等引出主动者的被动句。

1. 无主动者出现的被动句

在现代汉语中，有一部分有标记被动句不出现行为的主动者，只在谓语动词前加上被动助词“被”，一般在书面语中使用，口语中很少使用。例如：

① 在这次冲突中，近 20 人被打死，10 多人受伤，不少居民的住房被炮弹击中起火。

这里有两个有标记被动句。“10 多人受伤”不是被动句，是主动句，其中的“受”是动词，是“受到”的意思，不是被动助词。

② 目前有近 3 万人染上这种疾病，其中 281 人被夺去生命。

③ 起义成功后，朱德被任命为第九军副军长。

以上是无主动者出现的被动句的例子。这种被动句主要用来说明主语所受到的处置等，不需要说出主动者。

2. 有主动者出现的被动句

前面我们说明了动词前有被动助词的被动句，这种被动句的主动者不出现，但有时候需要说明主动者是谁或什么，在这种情况下，人们就在谓语动词前用主动者介词引出行为的主动者，于是形成了有行为主动者出现的被动句。

在现代汉语中，常用的主动者介词有“被”“叫”“让”等，其中“被”主要在书面语中使用，而“叫”和“让”通常在口语中使用。例如：

① 在旧中国，中国人［被西方人］称为“东亚病夫”。

② 地球表面积的 70%［被海洋］覆盖。

③ 南极洲位于地球的最南端，四周［被太平洋、大西洋和印度洋］所包围。

这里既用介词“被”引出行为的主动者“太平洋、大西洋和印度洋”，又用主动助词“所”强调“太平洋、大西洋和印度洋”是“包围”的主动者。关于主动助词“所”，参见 342 页“（四）主动助词”。

④ 我家的麦子［叫地主］抢走了，我父亲［叫地主］气死了！

⑤ 咱窑工［让人］瞧不起。

⑥ 我煮熟了的鸭子［叫她］给弄飞啦。

这里在谓语动词前使用了主动助词“给”，用来强调“她”是“弄飞”的主动者。关于主动助词“给”，参见 342 页“（四）主动助词”。

二、比较句

比较句是用来表示将一方与另一方进行比较的句子。从所表达的意义上看，比较句有两种：一种用来说明比较的双方在某一方面是否有程度、数量等方面的差距，这种比较句可以称为“差距比较句”；另一种用来说明双方在某一方面是否存在异同，这种比较句可以称为“异同比较句”。差距比较句与异同比较句在构成方式上有差异。下面我们分别举例加以说明。

（一）差距比较句

如前所述，差距比较句用来说明比较的双方在某一方面是否有程度、数量等方面的差距，有肯定形式和否定形式两种。下面我们分别加以说明。

1. 肯定形式的差距比较句

肯定形式的差距比较句的基本结构是“A[比 B]C”，其中 A 是比较主体，“比”是比较对象介词，用来引出比较对象 B，C 是比较的结果。例如：

① 他 ‖［比你］高。

这里“他”是主语，是比较的主体；“比你高”是谓语，其中的“你”是比较的对象，用介词“比”引出；“高”是谓语中心，是比较的结果。

② 他‖[比你]高〈半个头〉。

这里“他”是主语，是比较的主体；“比你高半个头”是谓语，其中的“你”是比较的对象，用介词“比”引出；“高半个头”是比较的结果，其中的“高”是谓语中心，“半个头”是“高”的补语。

③ 他‖[比你]大〈八九岁〉。

这一例的结构与上一例相同。

④ 他‖[比你]跑得〈快〉。

这里“他”是主语，是比较的主体；“比你跑得快”是谓语，其中的“你”是比较的对象，用介词“比”引出；“跑得快”是谓语中心，是比较的结果。

⑤ 他‖[比谁]跑得[都]〈快〉。

这一例的结构与上一例相同，只是比较的对象“谁”不是指特定的某一个人，而是指任何人。这一句的比较结果也是“跑得快”，形容词“快”前边的“都”是语气副词，表示没有例外的语气。

以上五例都属于基本的比较句，都是先说出比较的主体，然后用比较介词引出比较的对象，再说出比较的结果。人们也常在这种基本比较句的基础上，根据表达需要，进行一定的变化。例如：

⑥ a. [与红糖相比]，白糖的杂质‖少。

这里先说出比较的对象“红糖（的杂质）”，这样就使比较的主体“白糖的杂质”与比较的结果“少”连成一个句子，更有效地突出了白糖的杂质少的特征。这个句子是由这样的比较句转换成的：

b. 白糖的杂质‖[比红糖]少。

以上我们举例说明了肯定形式的差距比较句。

2. 否定形式的差距比较句

否定形式的差距比较句的基本结构是“A 不比 BC”，是在肯定形式的差距比较句的谓语前加上否定副词“不”。例如：

① 他‖[不][比你]高。

这是一个否定形式的差距比较句，其中的“他”是比较主体，“你”是比较对象，“不高”是比较结果。这是一个最基本的否定形式差距比较句，它是通过在最基本的肯定形式差距比较句的谓语前加上否定副词“不”的方式构成的，比较的结果“不高”被表示比较对象的状语“比你”隔开了，而且这是固定的说法，不可以把“不”放在“高”的前面。

② 他‖[不][比你]跑得快。

这也是一个否定形式的差距比较句，比较的结果是“跑得不快”，但否定副词“不”不可以放在“快”的前面。

值得注意的是，在现代汉语中还有一种“A 没有 BC”的句式，其中的“没有”是“没达到”的意思，整个句子的意思是 A 在 C 这一方面没达到 B 所达到的程度。这种句式所陈述的事实是经过比较得出的结论，所以研究汉语语法的学者把这种句式也看成一种否定形式的差距比较句。例如：

③ 你‖没有他高。

这个句子是“你没有他那么高”的省略说法，意思是“你（你的个子）没达到他（他的个子）那么高”，是个普通否定陈述句，只是所陈述的事实是以两个人的身高对比为根据的。这个句子所表示的意思与“你不比他高”不同。“你不比他高”是说，“你”跟“他”同样高，或者“你”比“他”略矮一些。而“你没有他高”是说，“你”比“他”矮，可以是矮一点，也可以是矮很多。

④ 你‖没有他跑得快。

这个句子是“你没有他跑得那么快”的省略说法，意思是“你（跑得）没有达到他跑得那么快”，是个普通否定陈述句，所表示的意思与“你不比他跑得快”不同。“你不比他跑得快”是说，“你”跟“他”跑得同样快，或者“你”比“他”跑得略慢一些。而“你没有他跑得快”是说，“你比他跑得慢”，可以是慢一点，也可以是慢很多。

在书面语中还有一种“A 不如 BC”的说法，其中的“不如”是“比不上”“赶不上”的意思，整个句子的意思与“A 没有 BC”相同，只是书面语色彩浓。例如：

⑤ 你‖不如他聪明。

这个句子的意思是“你没有他聪明”。值得注意的是，这个句子并不等于说“你比他笨”，而是说“你”没有达到“他”聪明的程度，不等于说“你”笨。

（二）异同比较句

异同比较句是用来说明比较的双方相同或不同的句子。

异同比较句有两种，一种是笼统地说明双方是否相同，另一种是说明双方在某一方面是否相同。

1. 笼统地说明双方是否相同

这种异同比较句只是说明比较的双方是否相同，而不说明双方在哪一方面不同。这种异同比较句的基本格式是“A 和／跟／与 B 一样／相同”和“A 和／ 跟 ／与 B 不一样／不同”。例如：

① 我的心情 ‖［和你］一样。

这里“你”是由“你的心情”省略成的。

② 今年考试题的形式 ‖［与去年］相同。

这里“去年”是由“去年考试题的形式”省略成的。再如：

③ 他的经历 ‖［和我］基本一样。

这里是说，“他”的经历和我的经历大体相同。

④ 发达国家引进技术的方式 ‖［与发展中国家］大体相同。

这里“发展中国家”是由“发展中国家引进技术的方式”省略成的。

⑤ 我［和你的心情］‖ 差不多。

这里是说，“我”的心情和“你”的心情大体相同。

以上五例的比较句用来说明比较的双方相同或大体相同。

⑥ 我的心情 ‖［和你］不一样。

这里“你”是由“你的心情”省略成的。

⑦ 今年考试题的形式 ‖［与去年］不同。

这里“去年”是由“去年考试题的形式”省略成的。

⑧ 他的经历 ‖［和我］不太一样。

这里是说，“他”的经历和我的经历差别比较大。

以上三例的比较句用来说明比较的双方不同或不太相同。

2. 说明双方在某一方面是否相同

这种比较句不是笼统地说明比较的双方是否相同，而是具体说明在某一方面是否相同。基本格式是“A[和（跟、与）B 一样（一边、同样）]C”和“A[和 B] 不一边 C”。例如：

① 我的心情 ‖［和你］一样好。

这里是说，“我”的心情和“你”的心情在好的程度上相同。

② 我 ‖ [和你] 一边高。

这里是说，“我”和“你”在身体的高度上相同。

③ 节日的起源 ‖ [与人类的起源] 同样古老。

这里是说，节日的起源与人类的起源在古老的程度上相同。

以上三例的比较句用来说明双方在某一方面相同。

④ 我 ‖ [和你] 不一边高。

这里是说，“我”和“你”在身体的高度上不同。

值得注意的是，当需要说明比较的双方在某一方面相同或不同的时候，常常把比较的双方概括成一个主语，然后用比较的结果作补语。这样所形成的句子不属于比较句。例如：

⑤ a. 这张桌子 [和那张桌子] ‖ 一边高。

b. 这两张桌子 ‖ 一边高。

这里例 ⑤a 是比较句，而例 ⑤b 把“这张桌子”和“那张桌子”合并成了一个主语，形成了一个普通的陈述句。再如：

⑥ a. 我的左胳膊 [和右胳膊] ‖ 不一边粗。

b. 我的两只胳膊 ‖ 不一边粗。

这里例 ⑥b 把“我的左胳膊”和“（我的）右胳膊”合并成一个主语“我的两只胳膊”，然后用比较的结果“不一边粗”作谓语，形成了一个普通的陈述句。

当需要将三个以上的人或事物进行比较的时候，更要采取这种句式。例如：

⑦ 这三只小狗 ‖ 不一边大。

这里是将三只小狗进行对比，并将三只小狗合并成了一个主语，很简洁。

以上我们举例说明了汉语的比较句。

三、处置句（“把”字句）

处置句是指在谓语动词前用处置介词引出处置的对象，然后由谓语动词说明如何处置它的句子。现代汉语的处置介词有“将”和“把”两个，其中“将”在书面语中使用，“把”在口语和书面语中都使用。一般语法书和汉语教材把用“把”引出处置对象的处置句称为“把”字句。例如：

① 朱有宏迅速地 [将球] 打入网内。

② 剧作家杜宣 [将它] 改编成了京剧。

以上二例是用介词“将”引出处置对象的处置句。

③ 我［把衣服］洗了。

④［把手］举起来！

以上二例是用介词“把”引出处置对象的处置句。

【补充说明】

第一，处置句的作用是可以突出处置性的行为。在现代汉语中，为了强调行为主体对行为对象所进行的处置，先用介词“把”或“将”引出行为对象（如“把／将桌子”），然后再说出处置性的行为（如“擦干净”），这样就形成了处置句（如“把／将桌子擦干净”）。在处置句中，处置性的行为出现在句末，而句末是听者或读者注意的焦点，这样就能使处置性的行为得到强调。这正是处置句出现的原因。

第二，普通陈述句用来陈述主语所做的事情，而处置句强调主语对人或事物进行的处置。将普通陈述句转换成处置句，句子的意义会发生变化。例如：

① a. 我洗衣服了。

b. 我［把衣服］洗了。

这里例①a说的是“我”已经做的事情（洗衣服），而例①b说的是“我”对衣服进行的处置（洗）。

② a. 他吃了那个苹果。

b. 他［把那个苹果］吃了。

这里例②a说的是“他”已经做的事情（吃那个苹果），而例②b说的是“他”对苹果进行的处置（吃）。

第三，处置句强调的是对人或事物进行某种处置，往往需要说明处置的结果如何、处置的次数、处置的行为是否已经发生等因素，因而谓语动词的后面需要加上结果补语、动量补语、动态助词“了”（le）、预期结果助词“了”（lou）等，不可以空着。例如：

① 我先把黑板擦〈干净〉，你再写字。

这里在谓语动词后加上了结果补语，补充说明处置的结果。

② 我先把黑板擦〈一下〉，你再写字。

这里在谓语动词后加上了动量补语，补充说明处置的次数。

③ 我先把黑板擦〈擦〉，你再写字。

这里“擦擦”是“擦一擦”的省略形式，后一个“擦”是借用量词，“擦擦”的意思与“擦一下”相同，但比“擦一下”的语气更随意。

如果处置的行为已经发生，要在谓语动词或谓语动词的补语后（如果有补语的话）加上动态助词“了”。例如：

④ 我把黑板擦了。

这里在句末加上了动态语气词“了”（le），表示“我”已经对黑板进行处置（擦了它）。因为“擦”的预期结果是不言而喻的（干净），所以这个句子实际上也表明了处置的结果。从句子的意思上看，这里说的是对黑板进行的一次处置，所以处置的次数也是明确的。如果去掉动态语气词“了”，就不能表明“我”是否已经对黑板进行处置以及处置的结果、处置的次数等，这样就不能表达完整的意思，也就不能成为一个句子了。

当表示将要对人或事物进行某种处置的时候，如果处置的预期结果是不言而喻的，谓语动词后可以不加结果补语，只加上预期结果助词“了”（ lou ）就可以。例如：

⑤ 我先把黑板擦了，你再写字。

这里在句末加上了预期结果助词“了”，表示对“擦”的预期结果（干净）的实现（“擦了”的意思就等于“擦干净”）。

⑥ 我把咖啡喝了就去。

这里在谓语动词“喝”的后面加上了预期结果助词“了”，表示对“喝”的预期结果（喝光）的实现。

第四，如果谓语动词用“到……”“在……”等作补语，表示使物体移动位置，一律使用处置句，而不使用普通陈述句。例如：

① 宋华把客人送〈到车站〉。

* 宋华送客人到车站。

② 我把那个包裹寄〈到中国〉去了。

* 我寄那个包裹到中国去了。

③ 西方人把食物放〈在自己的盘子里〉。

* 西方人放食物在自己的盘子里。

④ 几个中国朋友把我围〈在中间〉，问了很多问题。

* 几个中国朋友围我在中间。

第五，如果谓语动词用“成”等作补语，表示使物体形态发生变化，也一律使用处置句，而不使用普通陈述句。例如：

① 他们把大块食物切〈成〉了小块。

* 他们切大块食物成了小块。

② 他把这句话翻译〈成〉了英语。

* 他翻译这句话成了英语。

使人或事物发生位置变化或形态变化是典型的处置性的行为，正适合用“把”字句来表示，而且在“把”字句中，补语紧跟在谓语动词的后面，更容易使听者或读者迅速把握人或事物移动到的处所或形态变化，这样传达信息的效率高，因此在这两种情况下，汉语一律使用“把”字句。

第六，如果谓语动词是“给与”“告知”等意义的动词，而直接宾语是已知信息，一般用处置句。例如：

① 爸爸买来一套音乐光盘，说：“把这套光盘给奶奶，她喜欢听音乐。”

这里“爸爸”拿着一套音乐光盘对“儿子”说要把它给“奶奶”，这套光盘对“儿子”来说是已知信息，所以“爸爸”用了“把”字句。

② 他们人很多，可是酒太少，只有一瓶，应该把这瓶酒给谁呢？

这里“这瓶酒”对“他们”来说是已知信息，所以用“把”字句提出把它给谁的问题。

③ 你把这个消息告诉他们，我想他们也一定会非常感兴趣。

这里“这个消息”也是已知信息，所以用“把”字句表示把它告诉“他们”。

第七，当谓语动词的宾语是已知信息时才使用处置句来表示对它进行处置，如果谓语动词的宾语是未知信息，一般不使用处置句来表示对它进行处置。例如：

① 等一等，我送给你一点礼物。

* 我把一点礼物送给你。

这里“一点礼物”对对方来说是未知信息，不宜使用处置句来表示把它送给对方。再如：

② 告诉你一个好消息！

* 把一个好消息告诉你！

③ 我得先还一本书。

* 我得先把一本书还了。

当谓语动词的宾语是未知信息时，汉语之所以一般不使用处置句来表示对它进行处置，是因为处置句的实质是用介词“把”将谓语动词的宾语移到谓语动词的前边，而汉语安排语序的原则是将未知信息放在谓语动词的后边，而不是谓语动词的前边，所以只说“我送给你一点礼物”，而不说“* 我把一点礼物送给你”，等等。

第八，处置句是用来表示对人或事物进行处置的，如果要表示没有对人或事物进行处置，或不对人或事物进行处置，否定副词“没”“不”应该加在“把”的前边。例如：

① 他［没］把这句话翻译成英语。

* 他把这句话没翻译成英语。

② 他［不］把群众的意见放在心上。

* 他把群众的意见不放在心上。

第九，要表示有对人或事物进行处置的能力、愿望、胆量、打算、必要性、合理性等，相应的助动词（能愿动词）也要放在“把”的前边，而不能放在谓语动词的前边。例如：

① 放大镜［能］把观察的物体放大。

* 放大镜把观察的物体能放大。

② 他［愿意］把自己成功的秘诀告诉别人。

* 他把自己成功的秘诀愿意告诉别人。

③ 他们［敢］把我怎么样？

* 他们把我敢怎么样？

④ 我［想］把这本书送给她。

* 我把这本书想送给她。

⑤［必须］把教育放在优先发展的战略地位。

* 把教育必须放在优先发展的战略地位。

⑥ 你［应该］把这件事告诉她。

* 你把这件事应该告诉她。

以上我们举例说明了汉语的处置句。

四、存在句

存在句是专门用来表示人或事物在某处存在的句子。存在句有两种，一种是笼统地说明人或事物在某处存在，另一种不仅说明人或事物在某处存在，同时还具体说明人和事物所处的状态。我们把前者称为“笼统存在句”，把后者称为“具体存在句”。下面我们分别加以说明。

（一）笼统存在句

笼统存在句是用动词“有”或“没有”作谓语动词的存在句，基本结构是“处所—有／没有—存在者”。例如：

①［那棵树上］有一个喜鹊窝。

②［麦加城的郊外］有一座山，［山上］有一个小山洞，只能容纳一个人。

③［屋子里］没有人。

这种存在句是由“主语—有／没有—宾语”的“拥有句”（如“我有／没有书。”）演变成的，其中的主语变成了处所状语，“有”变成了“存在”的意思，“没有”变成了“不存在”的意思，宾语则变成了存在主体，属于主语，所以这种存在句其实属于主谓倒置的主谓句。不过，学术界一般按照“拥有句”的结构把存在句分析成“主语—有／没有—宾语”句。但是，这种存在句表示处所的词语有时用处所介词“在”引出，在这种情况下，存在句的结构不能分析成“主语—有／没有—宾语”。例如：

④［在丁庄隧道工地上］，有55名城市姑娘。

⑤［在那棵树上］有一个小小的燕雀窝。

⑥［在这个市场上］没有买不到的水果。

⑦［在上海奉新动物试验场］，有一头与众不同的奶山羊。

⑧［在甘肃档案馆］，有一幅全长9米、绘制于1955年的“敦煌莫高窟全景图”。

以上五个存在句都是用处所介词“在”引出人或事物存在的处所，作处所状语，如果把“在”去掉，表示人或事物存在处所的成分仍然是处所状语，不能因为没有用处所介词“在”引出，就把它们看成主语。由此可见，只有把存在句中表示处所的成分看成处所状语、把存在主体看成主语才是合理的。

【补充说明】

第一，有时存在句不但要说明某处存在的人或事物，还要说明人或事物正在做的事情、发生的变化或者人或事物的名字等，在这种情况下，人们就把相应的说明性成分放在存在主体的后面，作后置定语。例如：

① 外面有个人（找你）。

这里“找你”说明外面的那个人要做的事情，是后置定语。这个句子等于说：

外面有个（找你）的人。

② 我们厂子里有个工人（得了面部浮肿的病）。

这里“得了面部浮肿的病”是后置定语。这个句子等于说：

我们厂子里有个（得了面部浮肿的病）的工人。

③ 我们班有一个学生（叫苏娜），汉语学得非常好。

这里“叫苏娜”是后置定语。这个句子等于说：

我们班有一个（叫苏娜）的学生，汉语学得非常好。

值得注意的是，汉语语法学界一般都把存在主体中带后置定语的存在句看成一种“兼语句”，这种看法其实是不正确的。例如，根据“兼语句”的看法，例③中的“一个学生”是“有”的宾语，同时又是“叫苏娜”的主语。这样理解等于说：

我们班有一个学生，这个学生叫“苏娜”。

这样理解等于说，“我们”班只有一个学生，但事实上一个班里往往不只有一个学生，所以这样理解是不合理的。再如：

④ 在当今世界上，有13亿人（生活在绝对贫困之中）。

这里“生活在绝对贫困之中”是后置定语。这个句子等于说：

在当今世界上，有13亿（生活在绝对贫困之中）的人。

根据“兼语句”的看法，这个句子中的“13亿人”是“有”的宾语，同时又是“生活在绝对贫困之中”的主语。这样理解等于说：

当今世界上有13亿人，他们生活在绝对贫困之中。

这样理解明显也是不合理的，因为当时（这个句子出自1997年3月22日的《人民日报》）世界上的人口将近60亿，而不是只有13亿。

⑤ 全球每年有2600万公顷森林（在消亡）。

这个句子等于说：

全球每年有2600万公顷（在消亡）的森林。

根据“兼语句”的看法，这个句子等于说：

全球每年有2600万公顷森林，这些森林在消亡。

这样理解明显也是不合理的，因为森林是长期生长形成的，不会每年都有若干公顷出现。

第二，如果人或事物占据着某处的全部空间，人们通常用判断句来表示它的存在，而不用存现句。例如：

① 我家的楼下是一个学校的操场。

这个句子等于说：我家楼下的地方是一个学校的操场。

② 遍地是牛羊。

这个句子等于说：遍地的东西是牛羊，也就是地上的东西都是牛羊，用来形容牛羊多。这是一种夸张的说法。

以上二例虽然能表示事物在某处存在，但所用的句型是判断句，而不是存在句。

上面我们举例说明了汉语的笼统存在句。

（二）具体存在句

具体存在句是不仅说明人或事物在某处存在，同时还说明人或事物所处的状态的存在句，它的基本结构是“处所－动词＋着－存在主体”。由于它具体说明了人或事物的存在状态，与那种笼统说明人或事物在某处存在的存在句不同，所以我们称之为“具体存在句”。例如：

①［书房的墙上］挂着中国字画。

这里是说，书房的墙上有中国字画，这些中国字画处于挂着的状态（是挂在书房的墙上的）。

②［外边］摆着两盆花。

这里是说，外边有两盆花，这两盆花处于摆着的状态（是摆在外边的）。

③［在宿舍的墙上］挂着一个红色邮箱。

这里用介词“在”引出一个红色邮箱存在的处所，用“挂着”表示它所处的状态（是挂在宿舍的墙上的）。

在书面语中，人们有时用“动词＋有”作具体存在句的谓语中心。例如：

④［右岸山坡上］写有“建设三峡，开发长江”8个大字。

这里在存在动词“有”的前边加上了动词“写”，表示这8个字是因为有人写而有的，可以替换为“写着”。

⑤［砖上］刻有龙纹、虎纹和几何图案。

这里在存在动词“有”的前边加上了动词“刻”，表示龙纹、虎纹和几何图案是因为有人刻而有的，可以替换为“刻着”。

【补充说明】

第一，具体存在句的语序与人们发现某处有人或事物以某种状态存在的过程是一致的。例如：

[墙上] 挂着一幅画。

这里说话者或作者是首先往墙上看的，所以先说“墙上”，然后发现有一个东西在墙上挂着，所以接着说“挂着”，随后观察出那是一幅画，于是又说“一幅画”，便形成了这个具体存在句。当然，这是就具体存在句的最初形成过程来说的，实际上，这种句式形成之后，人们可以直接按照它的格式进行造句，并不一定都要经过上述的三个步骤。只要说话者掌握了具体存在句的格式，即使他一眼看出墙上挂的是一幅画，如果他想要告诉对方或作者墙上有一幅画，这幅画是挂在墙上的，他也会说“墙上挂着一幅画”，而不会说“一幅画在墙上挂着”。因为如果这样说，强调的是一幅画在哪里，而不是哪里有一幅画。

第二，从语法的角度讲，具体存在句句首的处所词语属于处所状语，句末的存在主体是句子的主语，中间的“动词＋着”是谓语动词。如“墙上挂着一幅画”中的“墙上”是处所状语，“挂着”是谓语动词，“一幅画”是主语。也就是说，具体存在句的语法结构是“处所状语＋（动词＋着）＋主语”。

五、事件句

事件句是一种专门用来陈述某时某地所发生的事件的句式。它的语法结构是“时间状语＋处所状语＋（动词＋了）＋主语”。事件句的语法意义是“某时某地发生了某个事件”。从是否有“事件”标记的角度看，事件句有两种，一种是隐性事件句，主要在口语中使用，一种是显性事件句，主要在书面语中使用。下面我们分别加以说明。

（一）隐性事件句

隐性事件句是没有“事件”标记的事件句，所用的谓语动词是变化动词，如“死”“病”“掉”“断”“裂”“倒”“塌”“丢”“出现”“失踪”“来”（意思是“到来”）、“走”（意思是“离开”）等，主语表示的是发生了相应变化的人或事物，整个句子的意思是“某时某地发生了某个事件”（时间状语和处所状语有时省略）。例如：

①［那一年］［我的屋前］死了一棵丁香树。

这里是说，“那一年我的屋前”发生了一棵丁香树死了的事件。

②［1992 年阴历十一月］，［河底镇］失踪了一个年轻人。

这里是说，1992 年阴历十一月，河底镇发生了一个年轻人失踪了的事件。以上二例是时间状语和处所状语都没有省略的隐性事件句。

③［家里］来人了。

这里是说，家里发生了某人来了的事件。这里省略了时间状语。

④ 十九年，似乎一切全变了，又似乎都没有改变。死了许多人，毁了许多家。

这里后两句都是事件句，意思分别是“发生了许多人死了的事件”“发生了许多家被破坏了的事件”，都省略了时间状语“在这十九年里”和处所状语“我的故居”。

【补充说明】

第一，由于隐性事件句的谓语动词大都是带有“出现”和“消失”意义的动词，汉语语法学界便把隐性事件句称为“出现句”和“消失句”，二者合称为“隐现句”，并与“存在句”一起合称为“存现句”。其实，“隐现句”的说法并没有指出这种句式的实质。这种句式并不是用来表示人或事物出现或消失的，如果要单纯表示人或事物的出现或消失，不必采用主谓倒置的语序，如只需说“一个年轻人失踪了”，就可以表示“一个年轻人消失了”的意义，而“失踪了一个年轻人”这种句式之所以采取主谓倒置语序，显然是把人或事物的出现或消失当作一个事件来陈述，是为了与一般的主谓句在形式上相区别。

另外，隐性事件句虽然没有内在的“事件”标记，但在实际使用的过程中，隐性事件句有时也会获得外在的“事件”标记。例如：

⑤［村里死了一个人］，这应该说是大事了。

这里前一句说“村里死了一个人”，后一句说这是一个“大事”，清楚地表明“村里死了一个人”叙述的是一个事件，它的意思相当于“村子里发生了一个人死了的事件”，而不是单纯说明一个人“消失”了。再如：

⑥ 此外，[施工期间] 死了三名员工，造成巨额的赔偿，这些意外事件导致公司业绩下降。

这里最后一句清楚地表明“施工期间死了三名员工”叙述的是一个事件，意思相当于“施工期间发生了三名员工死了的事件”。

⑦“出了什么事？出了什么事？”工人问。“没事！碎了几个瓶子……”

这里用“碎了几个瓶子”来回答“出了什么事”的问题，表明“碎了几个瓶子”是一个事件句，意思相当于“发生了几个瓶子碎了的事件”。

以上三例中的隐性事件句的后面或前面出现了“事件”标记，可以清楚地表明它们的语法意义。

第二，以往汉语语法学界把事件句看成了动宾谓语句，不认为它是一种主谓倒置的特殊主谓句。实际上，事件句的谓语动词都是不及物动词，是不能带宾语的，把它分析成动宾谓语句是不符合实际的。如前所述，事件句使用的是主谓倒置语序，是为了在形式上与普通陈述句相区别。下面我们再通过一个对比来证明这一点：

⑧ a. 那一年我的屋前死了一棵丁香树……我不知道父亲说的死了丁香这件事。

从后一句中我们可以清楚地看出前一句讲的也是这件事。

b. 胜利油田机关报上曾有人写了一篇《树祭》为其作传，第一句话是：孤岛一棵树死了。

这里“孤岛一棵树死了”采用的是普通主谓语序，这是因为《树祭》的作者是为了“祭祀”孤岛上一棵死去的树，而不是要叙述孤岛上一棵树死去的事件，所以没有使用主谓倒置语序说成“孤岛死了一棵树。”

通过例⑧中的两个句子的对比，我们可以清楚地看到，事件句是一种专门用来陈述已经发生的事件的句子，它采取的是主谓倒置语序，不同于普通的主谓句。

（二）显性事件句

显性事件句是带有“事件”“事变”“运动”“事”（事儿）等内在的“事件”标记的事件句，它的谓语动词一般是“发生”和“出”，主语一般是“事件”“事变”“运动”“事”（事儿）等，其中“发生”和“事件”“事变”“运动”搭配使用，属于书面语，“出”和“事”（事儿）搭配使用，属于口语。显性事件句的结构也是“时间状语－处所状语－谓语动词＋了－主语”，采取的是主谓倒置语序。例如：

① [1996年1月6日]，[大连市] 发生了一起压力锅爆炸事件。

② [12月19日]，[云南省昆明市] 发生了一起劫持人质事件。

③ [河内市][上周] 发生了一起手榴弹爆炸事件。

以上三例陈述的是某时某地发生的事件。值得注意的是，由于显性事件句有了内在的事件标记，句子中叙述事件内容的部分不必使用主谓倒置语序，如例①的“压力锅爆炸”、例③的“手榴弹爆炸”都是正常的“主语－谓语”语序，但句子的主体部分采用的还是主谓倒置语序（“发生了……事件”）。

④ [1931年]，[中国大地上] 发生了震惊中外的“九一八”事变。

⑤ [清朝末年]，[中国] 发生了一场洋务运动。

⑥ [1966年]，[中国] 发生了“文化大革命”。

以上三例陈述的是某时某地发生的被称为“事变”“运动”“革命”等的事件。

⑦ [一九六六年春天]，[吉林省扶余县石桥公社欢迎大队] 出了一桩新鲜事儿。

这里“出”是“发生”的意思，“事儿”是“事件”的意思，都是口语词。

【补充说明】

第一，显性事件句的语序也是主谓倒置语序，但是按照现代汉语语法学界的观点，显性事件句属于动宾谓语句。如例⑥，按照语法学家们的观点，“中国”是主语，“发生”是谓语动词，“文化大革命”是宾语。不过，“发生”与“文化大革命”不是行为与支配或涉及的对象的关系，而是行为与行为主体的关系，把它们说成动宾关系，是不合理的。为了让这种说法合理化，语法学家们借用语义学上的“施事”的概念，把“文化大革命”这种后置的主语称为“施事宾语”。这种“施事宾语”的说法对于理解事件句的语法结构、语法意义、表达功能及其生成方式都没有帮助，是不值得采纳的。

第二，隐性事件句采取主谓倒置的语序，可以与普通陈述句相区别，而显性事件句有内在的“事件”标记，为什么还采取主谓倒置语序呢？主要原因还是为了与普通陈述句相区别。如例⑤，如果按照普通主谓句的语序说成“‘文化大革命’发生了”，只是强调“文化大革命”的发生，而采用主谓倒置语序说成“发生了‘文化大革命’”，则是把“文化大革命”的发生当作一个事件来陈述。同时，显性事件句采用主谓倒置语序也符合汉语将未知信息放在句末的习惯。

六、变化句

变化句是一种通过主语局部的变化或与主语有关的人或事物的变化来表现主语的变化的句子。在语法上，变化句的突出特点是由主谓倒置的主谓短语充当谓语，而全句的主语（“大主语”）与谓语中的主语（“小主语”）具有整体与部分的关系、亲属的关系等。例如：

① 一个道地的铁匠，褐色的皮肤，宽阔的肩膀，瞎了眼睛，又瘸了腿。

这里后两句都是变化句，它们的主语“他”（一个道地的铁匠）都承前省略了，谓语“瞎了眼睛”“又瘸了腿”采取的都是主谓倒置语序，意思分别是“成了眼睛瞎的人”“又成了腿瘸了的人”。这两个句子的谓语部分之所以采取主谓倒置语序，是为了与“眼睛瞎了”“腿又瘸了”相区别，因为“眼睛瞎了”“腿又瘸了”说的是眼睛和腿的变化，而这里不是要仅仅说明“他”的眼睛和腿的变化，而是要通过“他”的眼睛和腿的变化说明“他”的变化。再如：

② 儿子白了头发，在妈妈面前，也是孩子嘛！

这里第一句是一个变化句，采取的是主谓倒置语序，通过“儿子”头发变白来表明“儿子”的变化——老了。

③ 淑贞谈得正高兴，听见张嫂的话，马上变了脸色，把嘴一扁，赌气般地答道：“我不去！”

这里第三句是一个变化句，采取的是主谓倒置语序，是通过“淑贞”的脸色变化来表现她听见张嫂的话时的心理变化（愤怒了）。

以上三例是通过人体的局部变化来表现人的身体或心理的变化。

④ 他在五岁时死了母亲，十六岁时死了姐姐，二十七岁时又死了父亲。

这里是说，“他”五岁时由于母亲死亡而成了没有母亲的人，十六岁时由于姐姐死亡而成了没有姐姐的人，二十七岁时又由于父亲死亡而成了没有父亲的人，这是通过亲人的变化来说明“他”的身世变化。

⑤ 她年纪轻轻就死了丈夫。

这里是说，“她”年纪轻轻就成了没有丈夫的人。

以上二例是通过人的亲属的变化来表现人的身世变化。

⑥ 铁路两旁的柳树黄了叶子。

这里通过柳树的叶子变黄来表明柳树的变化——凋谢了。

【补充说明】

变化句本来是用主谓倒置的主谓短语作谓语的句子，但现代汉语语法学界一般把它看成动宾谓语句。如“王冕死了父亲”这个句子，学者们就把它看成动宾谓语句，认为“死”是谓语动词，“父亲”是宾语，因为“死”是“父亲”发生的变化，所以把“父亲”称为“施事宾语”。

七、宾语话题句

“宾语话题句”是一种为了用宾语作话题而将宾语放在句首的句子。最常见的宾语话题句是“宾－主－动”结构的句子，它是由“主－动－宾”结构的句子转换成的特殊句式，是一种宾语前置句。

我们知道，汉语是“主－动－宾”（SVO）型语言，谓语动词带宾语的句子的常规语序是“主－动－宾”。不过，当“主－动－宾”句的宾语是谈话的话题时，人们通常把宾语移到句首，于是就形成了一种“宾－主－动”结构的句式，我们把它称为“宾语话题句”。例如：

① 汽车我先开着，贷款我慢慢地还着。

这是《新实用汉语课本》第三册[①]第三十五课课文中的句子。在这篇课文中，一个叫王小云的姑娘对她妈妈说，她想一参加工作就贷款买车。这里的“汽车”就是前面她一直谈的将要用贷款买的汽车，“贷款”也是前面她一直谈论着的要贷的款，二者都是谈话的话题，所以分别从谓语动词“开着”和“还着”的后面移到了句首。这两个句子的原型是：

我先开着汽车，我慢慢地还着贷款。

② 马大为：“工资问题，我上次已经跟张经理提了，不知道贵公司有没有新的考虑。”钱经理：“关于您的工资问题，我们还是上次那个意见。在我们

① 刘珣主编：《新实用汉语课本》第三册，北京语言大学出版社2003年版，第142页。

公司，经理的工资一般比较高。”

这是《新实用汉语课本》第四册[1]第四十五课课文中的句子。这里第一个句子中的“工资问题”是上次和这次马大为要谈的话题，所以从谓语动词“提了”的后面移到句首，而且后面还加上了语音停顿，来引起对方的注意。它的原型是：

我上次已经跟张经理提了工资问题。

因为马大为想要再谈谈“工资问题”这个话题，所以把宾语“工资问题”移到句首。

③ 陈墨涵立即让勤务兵请来了赵无妨，请他通知情报室调查此人的来历……他跟陈墨涵只是这样说：“不用调查了，这个人我知道，不是敌人，是我们的朋友。”

这里陈墨涵让赵无妨调查“此人”（这个人）的来历，赵无妨告诉陈墨涵“这个人我知道”，而没说“我知道这个人”，这是因为“这个人”是二人谈话的话题，所以把它移到了句首。

另外还有一种比较特殊的宾语话题句，它的语法结构是“宾－主－〈动＋得－补〉”，是由“主－动－宾－〈动＋得－补〉”句式间接转换成的。例如：

④ a. 四川菜你吃得〈很高兴〉啊！

这是《新实用汉语课本》第三册[2]第三十四课课文中的句子，是一个宾语话题句，它的原型是一个“主－宾－〈动＋得－补〉”句：

b. 你四川菜吃得〈很高兴〉啊！

为了用“四川菜”作谈话的话题，把它移到句首，便形成了例④a的那种宾语话题句。不过，这个作为例④a的原型的“主－宾－〈动＋得－补〉”句式还有自己的原型：

c. 你吃四川菜〈吃得很高兴〉啊！

在这个“主－动－宾－〈动＋得－补〉”句中，动补短语“吃得很高兴”是动宾短语“吃四川菜”的补语，由于谓语动词“吃”与补语“吃得很高兴”中的“吃”相同，如果把它们都说出来有重复的感觉，所以一般会把谓语动词“吃”省略，就成了例④b的样子，而为了用“四川菜”作谈话的话题，

① 刘珣主编：《新实用汉语课本》第四册，北京语言大学出版社2004年版，第127页。

② 刘珣主编：《新实用汉语课本》第三册，北京语言大学出版社2003年版，第121页。

把“四川菜”移到句首，就成了例④a 的样子［关于这个句子的具体生成过程，详见 534 页“（二）‘空语类’分析法的实用价值”］。

【补充说明】

第一，为了用宾语作话题，人们将宾语从谓语动词后移到句首，从而形成了“宾语话题句”。值得注意的是，人们通常用已知信息作话题，如果宾语所表示的人或事物对听者或读者来说是未知信息，一般不用来作话题。例如：

①“他让我去找一个人，这个人我现在找到了。”“什么人？”“何处长说这个人能帮你们的大忙，还说一找到就让我给你打电话。”

这里第一句的宾语是“一个人”，对对方来说，属于未知信息，但这句话说完之后，这一个人就成了已知信息，就是“他”让“我”找的这个人，由于后面他们还会谈论这个人，所以就把“这个人”从谓语动词“找到”的后面移到句首，让它作话题，结果使未知信息“找到了”落在句末焦点位置上，从而使它得到了强调。

② A：我今天买了一本书。　　B：什么书？

A：《论语通释》。　　B：哦，这本书我看过，写得挺好。

这里第一个句子中的“一本书”对对方来说是未知信息，不适合作话题，所以按照“主－动－宾”的常规语序放在谓语动词“买了”的后面，而经过前面的问答，这本书成了已知信息，也是双方谈话的话题，所以第四个句子把“这本书”放在句首，而不是按照“主－动－宾”的常规语序放在谓语动词“看过”的后面，说成“我看过这本书”。

第二，现代汉语语法学界把宾语话题句看成一种主谓谓语句，也就是用主谓短语作谓语的句式。例如：

③ 这件事大家都赞成。

这个句子是一个宾语话题句，为了让“这件事”作话题，把它从谓语动词“赞成”的后面移到了句首。不过，按照目前汉语语法界的观点，“这件事”是这个句子的主语，“大家都赞成”是句子的谓语，而“大家都赞成”是一个主谓短语，所以这个句子是主谓谓语句。这种看法是不合理的，因为“大家都赞成”并不是对“这件事”的说明，所以它不是“这件事”的谓语。仔细体会一下，我们就会发现，这个句子实际上是说“大家”都赞成什么，而不是说“这件事”怎么样。那么，“大家”都赞成什么呢？显然是句首的“这件事”，因为“赞成”是及物动词，而及物动词在句子中一定是有宾语的，而这里“赞成”的后面没有宾语，如果我们给它补上宾语的话，也只能补上“这件事”，毫无疑问，句首的“这件事”就是“赞成”的宾语，是从“赞成”的后面移到句首的。

八、中心语话题句

“中心语话题句”是一种为了用句子中的定中短语的中心语做话题，而将中心语移到句首的句子。一般来说，能够向前移位的中心语是作主语和宾语的定中短语的中心语，与之相应，中心语话题句主要有两种，一种是主语中心语话题句，一种是宾语中心语话题句。下面我们分别加以说明。

（一）主语中心语话题句

这是通过将作主语的定中短语的中心语移到句首而形成的中心语话题句。例如：

① 有些人则认为吃中药就像是吃青菜一样，中药越新鲜越好。那么，中药到底是（新鲜的）好，还是（陈的）好呢？

这里第三个句子和第四个句子是主语中心语话题句，它们的原型是：

到底是（新鲜的）中药好，还是（陈的）中药好呢？

“中药”是这段话的话题，所以将作主语的定中短语“新鲜的中药”和“陈的中药”的中心语“中药”移到句首（第四个句子中的定中短语承前省略了中心语“中药”，只剩下定语“陈的”，但还原以后需要补出来）。另外，这里“到底”是语气副词，表示追问的语气，“是”和“还是”是选择连词，只表示前后两项的关系是选择关系，不属于任何句子成分。

② 绿萼听着“衣不如新，人不如故”那两句话，更是伤心欲绝，取过更换下来的杨过那件破衫，双手捧着走到他面前，悄然道：“杨大哥，衣服也还是（旧的）好。”杨过道：“谢谢你。”伸手接过。

这里“衣服也还是旧的好”的意思是说，虽然俗话说“衣不如新（还是新的衣服好），人不如故（还是旧的人好）”，但是她（绿萼）认为还是旧的衣服好。由于这里“衣服”是话题，所以将“也还是旧的衣服好”中的“衣服”移到句首，就形成了“衣服也还是旧的好”这个中心语话题句。再如：

③ 我现在得出一个结论，老婆还是（自己的）好。

这里第二句的原型是：

还是（自己的）老婆好。

④ 姜还是（老的）辣。

这个句子的原型是：

还是（老的）姜辣。

以上二例都是主语中心语话题句，其中的“还是”是语气副词，表示自己的结论是通过比较得出的。

（二）宾语中心语话题句

这是通过将作宾语的定中短语的中心语移到句首而形成的中心语话题句。例如：

① 蔬菜应吃（新鲜的），久放的蔬菜含硝酸铵，可致癌。

这里第一句是一个宾语中心语话题句，它的原型是：

应吃（新鲜的）蔬菜。

因为要用“蔬菜”作话题，所以将作宾语的定中短语“新鲜的蔬菜”的中心语“蔬菜”移到句首。再如：

② 电冰箱还是买（国产名牌的）好，耗电量小，只是外观差一些，内在的质量和进口的没有什么区别。

这里第一句是一个宾语中心语话题句，它的原型是：

还是买（国产名牌的）电冰箱好。

因为要用“电冰箱”作话题，所以将作宾语的定中短语“国产名牌的电冰箱”的中心语“电冰箱”移到句首。

③ 刘云若的小说我只看过（一本）《春风回梦记》，给我留下最难忘的印象是它的反封建的内容。

这里前一句是一个宾语中心语话题句，它的原型是：

我只看过（一本）刘云若的小说《春风回梦记》。

因为要用“刘云若的小说”作话题，所以将作宾语的定中短语“一本刘云若的小说”的中心语“刘云若的小说”移到句首。另外，它的原型中的“《春风回梦记》”是“一本刘云若的小说”的同位语，而由于“刘云若的小说”向前移位，使得它的定语“一本”落在了“《春风回梦记》”的前边，好像是“《春风回梦记》”的定语。从这我们可以看出，要想正确地分析宾语中心语话题句的结构，必须结合它的原型来分析。

④ 雷锋出差一千里，好事做了（一火车）。

这是 20 世纪 70 年代广泛流传的一句赞扬雷锋助人为乐精神的话，其中第二句的原型是：

做了（一火车）好事。

雷锋是一名以无私奉献精神闻名的解放军战士，在短暂的一生中，他做了许许多多好事，所以提到雷锋，就离不开“好事”这个话题。这里为了用“好事”作话题，把它从作宾语的定中短语“一火车好事”中移到句首。

【补充说明】

在目前现代汉语语法学界的主流观点中，没有句法成分移位这种看法，因而一般的语法书、汉语教材等也就没有“主语中心语话题句”“宾语中心语话题句”“宾语话题句”等句式的名称。

九、省略式反复反问句

省略式反复反问句是由反问句的反复形式省略成的句式，如“看什么看?”“好什么好?”这种句式主要在口语中使用，具有强烈的感情色彩。以往的语法著作和汉语教材都不讨论这种句式，但是这种句式有特殊的语法意义和表达功能，很常用。如果汉语学习者没有学习过这种句式，可能不会使用，听到或看到这种句式的时候也可能不知道它的确切含义。因此，这里我们从语法结构、语法意义和表达功能的角度介绍一下这种句式。

（一）省略式反复反问句的语法结构

从语法结构上看，省略式反复反问句是反问句的不完整的反复形式。从谓语中心的词性上看，省略式反复反问句有两种：一种是“V 什么 V”式的，如“看什么看?”，谓语中心是动词；一种是“A 什么 A”式的，如“好什么好?”，谓语中心是形容词。从这两种句式的形成过程来看，“V 什么 V”句式是先产生的，“A 什么 A”句式是由“V 什么 V”句式类推成的。

“V 什么 V”句式是由“V 什么”和“V”两部分构成的，其中“V 什么”这一部分是动宾结构，但是“V”这一部分结构不完整，只有一个和前半部分相同的动词，显然它的后面省略了和前半部分相同的“什么”，也就是说，“V 什么 V”句式是由“V 什么 V 什么”句式省略成的。那么，这种句式是怎么形成的呢？关于这一点，我们以“看什么看?”为例进行说明。当人处于某种尴尬的状态而别人看他的时候，他可能会愤怒地反问“看什么?”如果他很愤怒，他可能会连说两遍“看什么?”也就是将“看什么?”反复一次，形成“看什么？看什么?”的完整反复形式。如果他非常愤怒的话，可能会非常快地反复，说成“看什么看什么?”中间不加语音停顿。而如果他极其愤怒的话，有时不能完整地反复，会只说出动词“看”的时候就说不下去了，于是形成了“看什么看”这种不完整的反复形式，而这种不完整的反复形式反而更能使对方感受到自己的愤怒，于是人们便根据它的这种特有的表达功能，在不是愤怒得连话都说不完整的情况下，也使用这种句式，来表达自己的愤怒，便形成了省略式反复反问句。

“V 什么 V”句式和“A 什么 A”句式的用法有所不同。“V 什么 V”句式用来责备并制止对方的行为、否定对方的建议等，而“A 什么 A”句式是由“V 什么 V”句式类推成的，用来否定对方的观点（详见下文）。

（二）省略式反复反问句的意义和用法

省略式反复反问句有“V 什么 V”句式和“A 什么 A”句式两种，其中“V 什么 V”与“A 什么 A”句式的语法意义不同。下面我们分别加以说明。

1.“V 什么 V”句式的意义和用法

当说话者感觉到对方的行为是不符合情理的、是没有必要的、是没有意义的、是会有不好的结果的时候，常用“V 什么 V”句式来制止、劝阻对方的行为，或表示拒绝对方的建议，同时表达自己的愤怒、不满等心情，意思相当于“不要 V”“别 V”“不用 V”。例如：

① 严莱苏怒瞪他：“喂什么喂?！姑娘我有名字的！”

这里“喂什么喂”的意思是“别喂”（别用“喂”来招呼我），用来制止对方这样招呼自己，同时表达了不满的心情，然后说出了自己的理由（对方应该称呼自己的名字）。

② 这孩子，莫名其妙的，哭什么哭！

这里“哭什么哭”的意思是“别哭了”，用来责备并制止“这孩子”哭，同时表达了不满的心情。

③ 你叫什么叫？没看见我正忙着吗？

这里“叫什么叫”的意思是“别叫了”，用来责备并制止对方叫，同时表达了不满的心情，然后说出自己的理由（“我”正忙着）。

④ 吵什么吵，这是医院。

这里“吵什么吵”的意思是“别吵了”，用来责备并制止对方吵，同时表达了不满的心情，然后说出自己的理由。

以上四例是说话者感到对方的言行不合情理，而用“V 什么 V”式的省略式反复反问句制止对方，同时表示对对方言行的不满。

⑤ 你笑什么笑，手机还开着呢，你就不怕让人家听到了……

这里“笑什么笑”的意思是“别笑”。

⑥ 敲什么敲？窗户都敲坏了！整条街都吵醒了。

这里“敲什么敲”的意思是“别敲了”。

⑦ 现在黑灯瞎火的走什么走。

这里“走什么走”的意思是“别走了”。

以上三例是说话者感到对方的言行会有不好的结果，而用“V 什么 V”式的省略式反复反问句制止、阻止对方，同时表示对对方言行的不满。

⑧ 他向四周一看，所有的人都在看着他们，便嚷嚷道：“看什么看！有什么好看的？又不是演戏！”

这里“看什么看”的意思是“别看了”。

⑨ 神经病，整天写，写，写什么写！有那工夫多赚点儿钱好不好！弄了一桌子烂纸，还不如让狗撕着玩呢！

这里“写什么写”的意思是“别写了”，同时表达了对对方“写（文章）”的行为的轻视。另外，前面的“整天写，写”是通过“写”的反复来表示“不停地写”的意思，同时表示对不停的写作行为的厌恶。

以上二例是说话者感到对方的行为是没有意义的，而用“V 什么 V”式的省略式反复反问句制止或劝阻对方，同时表示对对方行为的不满或轻视。

⑩ 康元智接过那叠虽薄却情意深重的钞票，一时之间不知该如何感谢他，只能轻声道一句：“谢谢。”“谢什么谢，你是我师父，又是我的好哥儿们。”

这里“谢什么谢”的意思是“不用谢”，同时表示了自己的诚意。

⑪ 鬼是怕人的，你怕什么怕？

这里“怕什么怕”的意思“不用怕”，同时表示了对“鬼”的蔑视。

以上二例是说话者感到对方的行为是没有必要的，而用“V什么V”式的省略式反复反问句劝阻对方，同时表示一种不以为然的语气。

⑫ 老陈朝正要制止他们的小李摆摆手说：“你让他们说。”“说什么说！”

这里“说什么说”是由“让他们说什么让他们说”省略成的，意思是“不应该让他们说”，用来表示拒绝“让他们说”的建议，同时表示了对这个建议的不满。

⑬ 柳真清说：“这人好不懂礼貌，我们走吧。”文涛说：“走什么走，古人都主张百家争鸣，听一听有好处的。”

这里“走什么走”的意思是“不应该走”，用来表示拒绝“柳真清”的“走”的建议，同时表示了对这个建议的不满。

⑭ “师傅，你就没想过再给汉汉找个妈吗？”“还找什么找，我都多大岁数了。”

这里“还找什么找”的意思是“不再找了”，用来拒绝徒弟对自己的建议，这里没有对对方的不满，只是带有一种无可奈何的语气。

以上三例是说话者感到对方的建议是不合理的或不现实的，而用“V什么V”式的省略式反复反问句表示拒绝，同时表示对对方建议的不满或其他心情。

2.“A什么A”句式的意义和用法

“A什么A”式的省略式反复反问句的语法意义比较简单，就是“不A”，用来否定对方对人或事物的看法，同时表示对对方的不满。例如：

① “人有死的没有？”吕高良又问了一句。“多亏抢救及时，还没有死人。”“没有死人，这就好！”“好什么好！”

这里“好什么好”的意思是“不好”，表示不同意对方的说法，同时表示对对方的不满。

② 一直在盯着玉莲的江波看见她的举动，失望地说：“笨蛋！谁要吃东西？”玉莲斜了江波一眼：“笨什么笨？你脑袋想啥你以为我不知道啊？”

这里“笨什么笨”的意思是“（我）不笨”，同时表示对对方的不满。

③ 施南生解释道：“她年纪有点大。”拉拉不以为然：“人家还不到35岁，大什么大呀！”

这里“大什么大”的意思是“(她)不算大”，同时表示对对方的不满。

“A 什么 A”句式本来是用来否定对方对第三方的评价的，有时也用来回应对方对自己的表扬，表示谦虚。例如：

④ a：你唱得真好。　b：好什么好，唱着玩呗。

这里 b 用“好什么好”来回应对方对自己唱歌的赞扬，从而表示出谦虚的态度。

前面我们分析归纳了省略式反复反问句的语法意义和用法。

以上我们举例说明了九种汉语特殊句式，这九种特殊句式在结构上和语序上与常规句式不同，也都有比较特殊的语法意义和表达功能。我们在分析这九种特殊句式的结构和语序的时候，实际上使用了几种句子结构分析法，主要有句子成分分析法、层次分析法和空语类分析法。下面我们再具体介绍一下这三种句子结构分析法。

第四节　汉语句子结构分析

在本章第一节中我们介绍了汉语单句的结构类型，这是通过对汉语句子结构的分析划分出的句子类型。语法学界一般根据单句的结构，把单句分为主谓句和非主谓句两种。一个最简单的主谓句是由两个实词构成的，其中一个作主语，一个作谓语，如：“我走。”“他聪明。”对这样的主谓句只要分成主语和谓语两部分就可以了。但是，人们要表达的思想感情通常都比较复杂，绝大多数情况下仅用两个词是表达不清楚的，如用动词表示主语的动作行为时，还需要说明动作行为发生的时间、处所、方式、对象、结果等因素，这样谓语动词前后还需要加上修饰限定和补充说明的成分，而主语部分和谓语中的其他部分往往还需要加上修饰限定和补充说明的成分，将这样形成的句子分成主语和谓语两部分之后，还不能分析清楚它是怎么构成的，还需要再分析它的主语和谓语两部分内部的结构。

对句子的语法结构进行分析，可以帮助人们正确地理解句子的意思，提高辨认句子正误的能力，正确地使用各种不同的句型、句式，这对于汉语学习者来说尤为重要，可以大大提高汉语学习的效率，避免语法偏误。目前通行的句子分析法主要有两种，一种叫“句子成分分析法”，一种叫“层次分析法”。下面我们分别举例说明这两种句子结构分析法。另外还有一些可以作为“句子成分分析法”和“层次分析法”的补充的句子结构分析法，如“空语类”分析法。

一、句子成分分析法

句子成分分析法就是分析一个句子的构成成分的方法。这种方法将句子成分分成六种，即主语、谓语、宾语、定语、状语、补语，并将主语、谓语、宾语看成句子的三个主要成分。

句子成分分析法的步骤是：首先分析出句子的主语部分、谓语部分和宾语部分（如果有宾语部分的话），并用双竖线‖把句子的主语部分和谓语部分隔开，然后用相应的符号标出主语、谓语、宾语；如果主语部分、谓语部分、宾语部分是定中短语、状中短语、中补短语的话，先找出它们的中心词，并用主语、谓语、宾语的符号把它们标为主语、谓语、宾语，然后再用相应的符号标出定语、状语、补语。

由于句子成分分析法首先要找出主语部分、谓语部分和宾语部分的中心词，所以学者们又把它叫作“中心词分析法”。下面我们来看看句子成分分析法的具体例子：

① 你‖走！

这是一个主谓句，是动词谓语句。

② 他‖善良。

这是一个主谓句，是形容词谓语句。

以上二例是由一个词作主语、一个词作谓语的最简单的主谓句。

③ 我‖洗衣服。

这是一个主谓句，是动宾谓语句。这是由一个词作主语、一个词作谓语、一个词作宾语的最简单的动宾谓语主谓句。

以上三例代表了三种最简单的主谓句，主语、谓语、宾语都不带定语、状语、补语等附加成分。

④（我们）厂‖[最近]研制〈出〉（一种）（新）产品。

⑤（我们）的学校‖[应该]培养〈出〉（优秀）的人才。

以上两个句子的主语、谓语、宾语都带附加成分。

【补充说明】

句子成分分析法只是指出句子的构成成分，并不是让人们抛弃连带成分，仅就句子的主语、谓语和宾语的中心词去理解句子的基本意思。例如：

① 我们‖［都］听〈不懂〉上海话。

这个句子的主语、谓语、宾语的中心词分别是“我们”“听”“上海话”，但我们不能把这个句子的基本意思理解为“我们听上海话”。

②（我）弟弟‖［不］喜欢京剧。

这个句子的主语、谓语和宾语的中心词分别是“弟弟”“喜欢”“京剧”，但我们不能把这个句子的基本意思理解为“弟弟喜欢京剧”。

③（无原则）的团结‖［对革命］有害。

这个句子的主语和谓语的中心词分别是“团结”和“有害”，但我们不能把这个句子的基本意思理解为“团结有害”。

④（小芹）的妈妈‖是（小二黑）的丈母娘。

这个句子的主语、谓语和宾语的中心词分别是“妈妈”“是”和“丈母娘”，但我们不能把这个句子的基本意思理解为“妈妈是丈母娘”。

从上面的例子中我们可以看出，尽管句子成分分析法只把主语、谓语和宾语的中心词看成主语、谓语和宾语，但我们不能抛开附加成分只看主语、谓语和宾语，而应该看到附加成分的重要性。

句子成分分析法能够让我们迅速抓住句子的主干，也能够使我们一目了然地发现句子成分在搭配上的错误（如果有的话）。例如：

⑤ *今年麦子的收成‖是几年来麦子收成最好的一年。

有的人可能会觉得这个句子没毛病，有的人可能会觉得这个句子有点别扭，但一时说不出毛病在哪里。经过用句子成分分析法分析，我们可以清楚地看出，这个句子的宾语和主语在意义上不能搭配，因为“收成”不是时间名词，所以“收成”不是“一年”。可以这样修改：

今年麦子的收成‖是几年来最好的。

这里“最好的”是“的”字短语，它的中心语“麦子的收成”承前省略了，这样的宾语和主语在意义上是能搭配的。这个句子还可以这样修改：

今年‖是几年来麦子收成最好的一年。

“今年”是时间名词，跟宾语“一年”在意义上可以搭配。再如：

⑥ *今年这个县的水稻生产，‖由于合理密植，加强管理，一直长势良好。

经过句子成分分析法的分析，我们可以清楚地看出，这个句子的主语和谓语在意义上不能搭配，因为“生产”不是植物，不能生长（“长势”的意思是“生长的状况”）。应该这样修改：

今年这个县的水稻，‖由于合理密植，加强管理，一直长势良好。

⑦ *他［被冶金部］授予“双文明建设先进个人”。

经过句子成分分析法的分析，我们可以清楚地看出，这个句子的谓语和宾语在意义上不能搭配，因为“他”被授予的显然不是先进个人，而是“先进个人”称号，所以应该这样修改：

他［被冶金部］授予“双文明建设先进个人”称号。

⑧［在建设事业迅猛发展的新形势下］，对建筑材料工业提出了更高的要求。

经过句子成分分析法的分析，我们可以清楚地看出，这个句子没有主语，不能说明是谁或什么“提出了要求”。应该这样修改：

建设事业迅猛发展的新形势，‖对建筑材料工业提出了更高的要求。

从具体的运用中我们发现，句子成分分析法是有较大的实用价值的。不过，句子成分分析法只把主语、谓语和宾语的中心词看作主语、谓语和宾语，不符合短语可以作句子成分的事实，同时它把主语、谓语和宾语与定语、状语和补语放在同一个平面上分析，难以清楚地反映出比较复杂的句子的构成方式。为此，20 世纪 50 年代，国内有学者开始尝试用美国描写语言学的层次分析法来分析汉语的句子，弥补了句子成分分析法的不足。下面我们就介绍一下层次分析法。

二、层次分析法

与句子成分分析法不同，层次分析法不是把主语、谓语、宾语、定语、状语、补语等都看成句子成分，而是把主语和谓语看成句子成分，其他成分都是主语和谓语中的成分。在具体分析的时候，也是先找出句子的主语部分和谓语部分，然后再分析由短语充当的主语和谓语的句法结构。如“我明天下午没有课”，先把它分为主语“我”和谓语“明天下午没有课”两部分，主语“我”是一个词，不是一个短语，不能再分析它的句法结构了，而谓语“明天下午没有课”是一个状中结构的短语，状语是“明天下午”，中心语是“没有课”；状语“明天下午”又是一个定中短语，中心语“没有课”是一个动宾短语。经过这样分析，我们发现，“我明天下午没有课”的句法结构有三个层次，如果用句子成分分析法，就体现不出它的结构的层次性：

我‖[（明天）下午]没有课。

由于层次分析法是不断地找出句子或短语中所包含的直接发生句法结构关系的成分，所以又叫“直接成分分析法”。下面我们具体运用层次分析法分析几个句子：

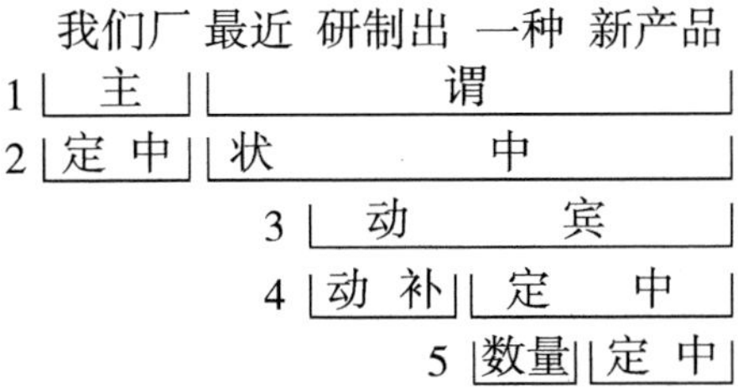

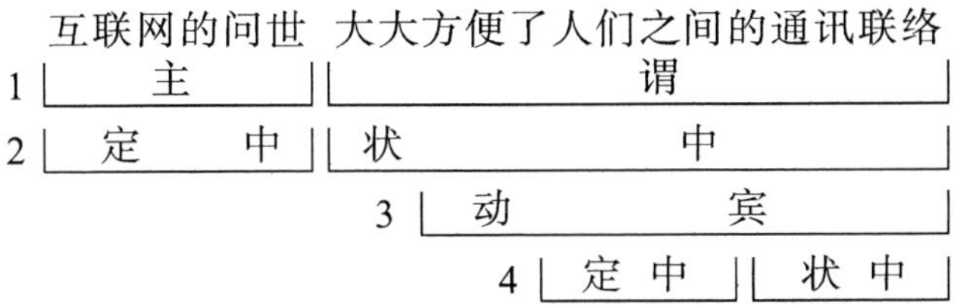

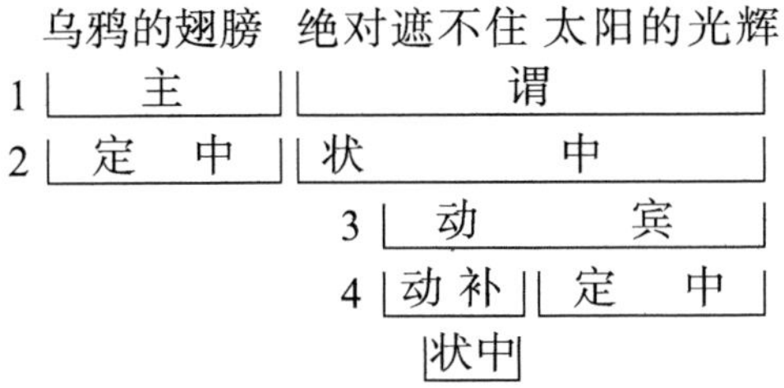

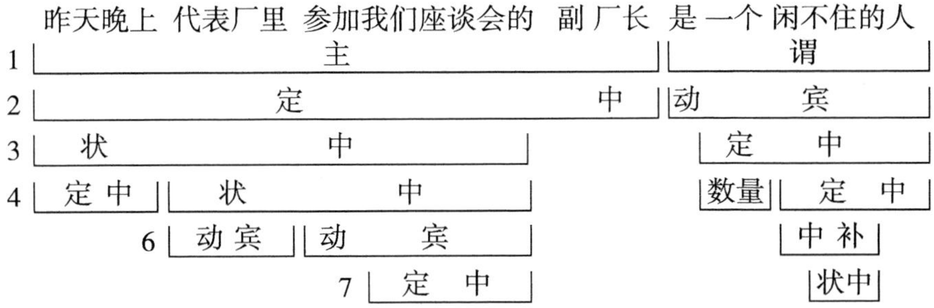

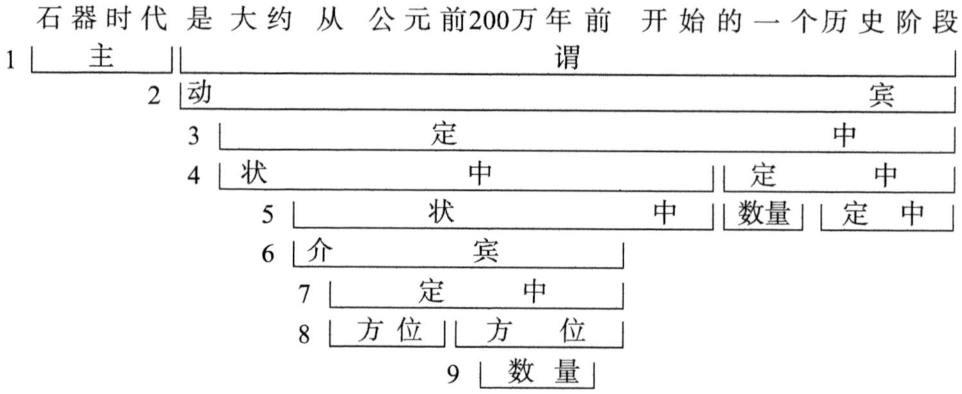

层次分析法避免了将属于不同层次的句法结构成分放在同一个平面上分析的问题，但它的分析结果不像句子成分分析法那样直观，不能使人们迅速抓住句子的主干。另外，如果一个句子或短语的结构层次比较多，用层次分析法分析起来比较繁琐。

三、“空语类”分析法

在目前通行的汉语教学语法体系中，句子成分分析法和层次分析法是最主要的两种句子结构分析法，这两种分析法对于分析汉语常规语序句子的结构是很有效的，但是遇到非常规语序的句子和成分省略了的句子，这两种分析法就失灵了。那么有没有什么分析法能弥补这两种分析法的不足呢？有，那就是“空语类”分析法。下面我们先说说句子成分分析法和层次分析法的局限性，然后再简单介绍一下“空语类”分析法的实用价值。

（一）句子成分分析法和层次分析法的局限性

句子成分分析法和层次分析法对于分析绝大多数汉语句子的结构是很有效的，但这两种分析法只能用来分析常规句式的语法结构，不能用来分析成分移位和成分省略了的非常规句子的结构。例如：

① 晕船药你吃了没有？

《新实用汉语课本》[①]的编者按照汉语语法学界通行的观点，把这个句子句首的“晕船药”分析成主语，把“你吃了没有”分析成谓语，认为这个句

① 刘珣主编：《新实用汉语课本》第三册，北京语言大学出版社2003年版，第134页。

子是一个主谓谓语句。但是，“晕船药”和“你吃了没有”在意义上不能构成主谓关系，因为“你吃了没有”并不是对“晕船药”的说明，二者显然不是主谓关系，这样分析是没有意义的。再如：

② 四川菜你吃得〈很高兴〉啊！

《新实用汉语课本》[1]的编者按照汉语语法学界通行的观点，把这个句子句首的“四川菜”分析成句子的主语，把“你吃得很高兴”分析成句子的谓语，认为这是一个主谓谓语句。但是“四川菜”与“你吃得很高兴”在意义上不能构成主谓关系，这样分析也是没有意义的。

受目前通行的汉语语法理论体系的影响，句子成分分析法和层次分析法也只能按照汉语的常规语序静止地分析汉语非常规语序的句子结构，这样分析当然是没有意义的。

其实，从直觉上我们就可以感觉到例①中句首的“晕船药”是后面谓语动词“吃”的宾语，应该是从“吃”的后面移到句首的，只要把它移回“吃”的后面，就把这个句子还原成了正常的“主一谓（动）一宾”句。至于例②，它是经过两次语序调整而成的，要经过两个步骤才能还原成“主一动一宾”结构句子（参见465页“3. 关于主谓谓语句”）：

四川菜你〈吃得很高兴〉啊！

你四川菜〈吃得很高兴〉啊！

你吃四川菜〈吃得很高兴〉啊！

为什么我们普通人能感觉到例①和例②发生了成分移位的变化，而语法学家们却感觉不到呢？其实语法学家们早就注意到这个问题了，20世纪50年代中期，我国语法学界展开了一场关于汉语的主语和宾语问题的大讨论，当时有一部分专家主张按照句子中词语之间的意义关系确定它们属于什么句法成分，而不是单纯根据常规语序看它处在“主一动一宾”句的什么位置上。持这种观点的学者被称为“意义派”。但是更有权威的专家们主张根据词语在句子中的位置确定它属于什么句法成分。比如一个名词性的词语处在“主一动一宾”句的主语位置上，它就是主语，处在宾语的位置上，它就是宾语。持这种观点的学者被称为“形式派”。最后，“形式派”占了上风。例如：

③ 台上坐着主席团。

---

① 刘珣主编：《新实用汉语课本》第三册，北京语言大学出版社2003年版，第134页。

根据“形式派”的观点，这里方位短语“台上”在谓语动词“坐着”的前面，这是“主一动一宾”句中的主语位置，就把它看成主语；“主席团”在谓语动词“坐着”的后面，这是“主一动一宾”句中的宾语位置，就把它看成宾语。

④ 王冕死了父亲。

根据“形式派”的观点，这里名词“王冕”处在“主一动一宾”句中的主语位置上，就把它看成主语；“父亲”处在“主一动一宾”句中的宾语位置上，就把它看成宾语。

自从20世纪50年代中期以来，由于“形式派”的观点在汉语语法学界占据了主导地位，人们在分析句子结构的时候，只根据词语在句子中的位置确定它所属的句法成分，而不考虑句法成分移位的问题，这样不能如实分析非常规语序句的结构和形成过程，便不能帮助汉语学习者高效率地掌握汉语非常规语序句。

（二）“空语类”分析法的实用价值

20世纪80年代，有些学者引进了美国语言学家、语言哲学家乔姆斯基（Avram Noam Chomsky）的生成语法理论，该理论的一部分内容叫“空语类”理论，对于分析汉语中的非常规语序句非常有效，只是目前汉语语法学界很少有人使用它。这里我们先简单介绍一下“空语类”理论。

先说说什么叫“语类”。所谓“语类”，指的是句法成分或句法成分的一部分，如主语、谓语、宾语、定语、状语、补语、中心语、介宾短语中的介词等。而所谓“空语类”，就是从逻辑和一般语规则法上看，在句子或短语中的某个位置上，应该存在而不存在的句法成分或句法成分的一部分。

从形成的机制上看，空语类有两种，一种是在最初造句的时候，借助人们的完型思维能力直接省略掉的句法成分或句法成分的一部分，这种空语类一般人从直觉上是感觉不到的，如：“叫他进来。”其中的“进来”其实是“使他进来”的不完整说法，用来补充说明“叫他”的目的。再如：“她眼睛大。”这个句子说的是“她”相貌的一个特征，就是眼睛大，其中的“眼睛”的前边省略了定语“她的”。一般把这种在最初造句的时候直接省略掉的成分叫作“隐含型空语类”。另一种空语类是在使用句子的过程中将句子中的某个成分省略或移位而形成的，这样形成的空语类是省略型空语类和移位型空语类，由于有完整的说法和常规语序句作参照，这样的空语类一般人从直觉上是能感觉得到的。下面我们分析两个含有省略型空语类和移位型空语类的句子：

① a. 四川菜你吃得〈很高兴〉啊！

首先我们发现，句首的“四川菜”在意义上与“你吃得很高兴啊”不能构成主谓关系，显然“四川菜”不是“你吃得很高兴啊”的主语。而从整个句子的意义上看，这个句子强调的是“你”吃什么东西吃得很高兴，显然“你”的后边缺少动词“吃”和“吃”的宾语，我们可以把“吃”补上，但“吃”的后边应该补上什么宾语呢？“空语类”的研究结果表明，在句子或短语中，如果一个及物动词的后边缺少宾语，有两种可能，一种是省略了，一种是移位了。我们给这个句子补上谓语动词“吃”以后，句首的“四川菜”仍然不跟任何成分直接发生句法结构关系，但能与补上的“吃”在意义上发生关系，显然在谓语动词“吃”省略之前，“四川菜”应该在“吃”的后边，因而我们可以把它移回来。把省略了的谓语动词“吃”补上，把移位了的宾语“四川菜”移回补上的谓语动词“吃”的后面，结果把例①a还原成了下面这个句子：

b. 你吃四川菜〈吃得很高兴〉啊！

这个句子的结构完整，但动词“吃”前后出现两次，有重复的感觉，一般会把谓语动词“吃”省略，只留下补语中的动词“吃”，说成：

c. 你四川菜〈吃得很高兴〉啊！

在这个句子中，如果要用“四川菜”作话题，可以将“四川菜”移到句首，结果就成了例①a的样子。

上面我们运用“空语类”理论曲折而圆满地分析了例①a这个句子的结构和形成过程。其实我们前面在分析汉语的“具体存在句”“事件句”“变化句”“宾语话题句”“中心语话题句”“省略式反复反问句”等汉语特殊句式时，依据的都是“空语类”理论，只是我们没有使用“空语类”这个术语而已。例①a这个句子属于一种宾语话题句，是由最初原型例①b“主＋动＋宾＋〈动＋得＋补〉”结构的句子，经过了两次成分省略和移位才形成的，所以我们对它的形成过程和结构的分析比较曲折。有些宾语话题句是经过一次成分的移位形成的，分析起来就比较简便。例如：

② 晕船药你吃了没有？

这里谓语动词“吃”的后面没有宾语，而句首的“晕船药”的前后缺少关联成分，毫无疑问，“晕船药”就是“吃”的宾语，被移动了句首，其目的是让它作话题。我们可以将它还原如下：

你吃晕船药了没有？

以上我们通过两个例子说明了“空语类”分析法在分析汉语特殊句式上的作用。当然，“空语类”理论只是揭示出了句法成分移位的现象，但它不解释成分为什么要移位，而我们在前人研究成果的基础上，通过对汉语中大量的成分移位句的分析，发现汉语句法成分移位主要是为了形成专门用来表示某些语法意义的特殊句式，如处置句、存在句、变化句、事件句、宾语话题句、中心语话题句、主语话题句，等等。这些特殊句式都是汉语中不可缺少的句式，而汉语学习者要想掌握地道的汉语，必须学会使用这些特殊句式，并且汉语语法书、汉语教材也必须实事求是地讲清楚这些句式，避免像以往的汉语语法分析那样，硬是把这些特殊句式处理成一般句式，那样很难让汉语学习者学会使用这些特殊句式。

第六章　汉语复句

复句是由两个或两个以上的单句按照一定意义关系复合成的句子。构成复句的单句叫分句。复句的分句之间有并列、解说、递进、选择、顺承、条件、假设、因果、目的、转折等关系。只包含一层意义关系的复句叫一重复句，包含两层或两层以上意义关系的复句叫多重复句。

这里我们先介绍一下汉语复句的意义关系类型，然后再介绍一下汉语复句的结构类型。

第一节　复句的意义关系类型

由于复句是由两个或两个以上在意义上具有一定关系的分句复合成的句子，因而按照分句间的意义关系对复句进行分类，对于准确地理解复句的意义是非常重要的。如前所述，复句的分句间的意义关系主要有并列、递进、解说、选择、顺承、条件、假设、因果、目的、转折等，与此相对应，复句可以分为并列关系复句、递进关系复句、解说关系复句、选择关系复句、顺承关系复句、条件关系复句、假设关系复句、因果关系复句、目的关系复句、转折关系复句等。

另外，一般认为，分句间的并列、递进、解说、选择、顺承五种关系是一种不分或基本不分主次的联合关系，而条件、假设、因果、目的、转折等五种关系是一种有主有次的偏正关系。这里我们也按照一般的看法，把各种关系的复句归纳为两大类：联合复句和偏正复句。

一、联合复句

联合复句包括并列关系复句、递进关系复句、解说关系复句、选择关系复句、顺承关系复句等五种。

（一）并列关系复句

这是由两个或两个以上在意义上具有并列关系的分句复合成的复句。有平列型和对举型两种。下面我们分别举例加以说明。

1. 平列型

平列型并列关系复句是用两个或两个以上的分句分别叙述同时存在的几种事物、几种行为、几种情况等，或分别叙述同一个事物的几个方面，分句之间常使用"也""又"和"又……，又……""也……，也……""既……，又……""一方面……，（另）一方面……""一边……，一边……""一会儿……，一会儿""有时……，有时……"等关联词语。有时也不使用关联词语。例如：

① 人们不能任意制造矛盾，也不能随意否认矛盾。

这里是说，"任意制造矛盾"和"随意否认矛盾"这两种做法都是不应该做的。

② 新加坡是城名，又是岛名，也是新加坡共和国的国名。

这里是说，"新加坡"同时是三种事物的名称。

③ 她又会唱歌，又会跳舞。

这里是说，"她"同时具有两种技能。

④ 孩子你带上也行，放在我家也行。

这里在两个分句中都使用了关联副词"也"，表示两种做法都具有可行性。

⑤ 山林中既有岩鸡、飞虎、岩鹰等飞禽，又有青猴、黄猴、九尾狐等走兽。

这里在两个分句中分别使用了并列连词"既"和关联副词"又"，表示山林中同时存在飞禽和走兽。

⑥ 中国一方面人均资源少，一方面资源利用率低，破坏和浪费严重。

这里在两个分句中都使用了并列连词"一方面"，表示两种情况并存。在并列关系复句中，并列连词“一方面”是固定成对使用的，不过后一个“一方面”其实是由“另一方面”省略成的。

⑦ 教育的文化功能，一方面是传播文化，另一方面是发展文化。

这里是说，教育同时具有两种文化功能。

⑧ 我们一边晒着太阳，一边聊着天儿。

这里在两个分句中都使用了关联副词“一边”，用来表示两种行为同时进行。不过，在这种情况下，前一行为一般是主要的行为，后一行为是伴随性的行为。

⑨ 他一会儿看看飞行数据，一会儿用手按按手枪，一会儿又看看窗外的天空。

这里在三个分句中都使用了时间副词“一会儿”，用来表示三种行为交替进行。

⑩ 我们看到的月亮，有时像弯弯的眉毛，有时又像圆圆的银盘。

这里在两个分句中都使用了时间副词“有时”，用来表示两种情况交替出现。

2. 对举型

对举型并列关系复句有两种：一种是采取肯定否定对举的形式，用两个分句分别叙述两种相对立的情况，从而明确是非；一种是采取正反对举的形式，用两个分句分别叙述两种对立的情况，将二者进行对比。在口语中，对举型并列关系复句的分句之间一般不使用关联词语，在书面语中，有时也不使用关联词语，有时在第二分句前加上连词“而”，表示对比。例如：

① 我吃猪肉，不吃牛羊肉。

② 我们应该相信科学，不应该相信迷信。

③ 这里不应该叫友谊之港，而应该叫友谊之桥

④ 聪明人不是不犯错误，而是有了错误立即改正。

以上四例是肯定否定对举型的并列关系复句。

⑤ 幸福的家庭都是相似的，而不幸的家庭各有各的不幸。

⑥ 幸福的人都喜欢让别人知道他的幸福，而不幸福的人都喜欢把自己的不幸隐藏起来。

⑦ 虚心使人进步，骄傲使人落后。

⑧ 他们有枪，而我们却赤手空拳。

以上四例是正反对举型并列关系复句。

（二）递进关系复句

这是由两个或两个以上在意义上具有递进关系的分句复合成的复句。主要有如下几种类型：

1. 特别强调型

特别强调型递进关系复句是先由一个分句提出一种较为平常的情况，然后再由另一个分句提出一种较为突出的情况，从而对它起到强调作用。这种复句的前一分句常使用“不但”“不光”“不仅”“不只”“非但”等关联词，后一分句常使用“还”“更”“而且”等关联词。例如：

① 桂林不但有秀丽的山水，还有神奇迷人的溶洞。

② 人口的急剧膨胀，不但增加了衣食住行的巨大压力，而且增加了社会就业的巨大压力。

③ 我不但选对了一个好专业，更选对了一个好导师。

④ 我们不仅要让农民吃饱肚子，还要让农民兜里有钱花。

⑤ 在这些冰层上不仅可以行驶汽车，而且还能降落重型飞机。

⑥ 山东东西部的差距不仅表现在经济上，更表现在人才上。

以上六例中的连词“不仅”与“不但”作用相同，只是“不仅”的书面语色彩比“不但”更浓。

⑦ 发展农村经济，不光是发展农业，开展多种经营，还要发展乡镇企业。

⑧ 今后中国的经济发展不光重视数量，更要重视质量。

以上二例中的连词“不光”与“不仅”“不但”作用相同，只是口语色彩浓。

⑨ 我们的目标不只是让农民吃得饱，还要让农民过得好。

⑩ 质量问题不只是个技术问题，更是个道德问题。

以上二例中的连词“不只”与“不但”意思相同，略带口语色彩。

有的特别强调型递进关系复句如果去掉关联词，或者换成并列关系关联词，就转化成了并列关系复句，但失去了原有的强调意义。如例③，如果去掉关联词，就成为：

我选对了一个好专业，选对了一个好导师。

这是一个没有使用关联词语的并列关系复句。

如果去掉前一分句中的“不但”，把后一分句的“更”改为“也”，说成：

我选对了一个好专业，也选对了一个好导师。

这同样是一个并列关系复句。

2. 正反对照型

正反对照型递进关系复句是由一个分句提出与预期出现的情况相反的情况，再由另一个分句提出与预期出现的情况更为相反的情况，以强调事情的结果不合情理或出乎意料。这种复句常使用的关联词有“不但不／没（没有）……，反而／反倒……”“不仅不／没（没有）……，反而……”等。例如：

① 他不但没有露出嫌少的意思，反而说了些领情的话。

这里先由前一个分句提出与预期出现的情况相反的情况——没有露出嫌少的意思，然后由后一个分句提出与预期出现的情况更为相反的情况——说了些领情的话，从而强调“他”的反应出乎意料。

② 菜农收入不但没有减少，反而普遍提高。

这里先由前一个分句提出与预期出现的情况相反的情况——菜农收入没有减少，然后由后一个分句提出与预期出现的情况更为相反的情况——收入普遍提高，从而强调事情的结果出乎意料。以下依此类推：

③ 这辆车不但不停，反而加速行驶。

④ 肇事司机不仅不停车，反而加大油门飞速逃走。

⑤ 旧中国的历代政府不仅没有能解决这一问题，反而加重了人民的灾难。

⑥ 吃了这种药，他的病不但没好，反倒更重了。

例⑥中“吃了这种药”是时间状语，意思是“吃了这种药以后”。

3. 突出事例型

突出事例型递进关系复句是先由一个分句提出一种情况，再由另一个分句提出这种情况下的突出事例。这种复句的后一分句常用连词“甚至”引出。例如：

① 古罗马盛行肖像雕塑，甚至作为重要礼物馈赠友人。

这里用连词“甚至”引出“古罗马盛行肖像雕塑”的突出事例。

② 猫也会发疯，甚至跳海自杀。

这里用连词“甚至”引出“猫发疯”的突出事例。

③ 他们的家就是工作室，甚至也是商店，制成的作品就地销售。

这里用连词“甚至”引出“他们”（陶艺师）敬业的突出事例。

④ 如果眼里缺乏一种或全部视色素，对颜色的感觉就会不完善，甚至成为色盲。

这里用“甚至”引出“对颜色的感觉不完善”的突出事例。

⑤ 在这以前，彗星一直被看成很神秘的东西，甚至和人类的灾祸联系起来。

这里用“甚至”引出“彗星一直被看成很神秘的东西”的突出事例。

4. 补充说明型

补充说明型递进关系复句是先由一个分句说出一个具有某种突出属性的事物，然后再由另一个分句补充说明该事物在同类事物中所特有的属性，从而突出该事物在同类中的特殊性。这种递进关系复句常用“而且”“并且”等递进连词引出后一分句。例如：

① 尼泊尔的公路多为盘山路，而且路况很差。

这个复句的意思是说，尼泊尔的公路多数是盘山路，盘山路本来就难走，而尼泊尔的盘山路路况很差，因而尼泊尔的公路更加难走。

② 君主实行终身制，并且是世袭的。

这个复句的意思是说，该国实行君主终身制，而君主制本来就是不民主的，同时该国的君主又是世袭的，因而该国的君主制是尤其不民主的。

③ 该手机除具备一般手机的功能外，还有语音拨号、录音等功能，而且小巧精致。

这是一个二重递进关系复句，它的第一分句和第二分句构成了一个特别强调型递进关系复句（强调“该手机”所具备的其他手机不具备的功能），而第三分句与第二分句又构成了一个补充说明型递进关系复句，意思是说，“该手机”具备其他手机不具备的功能，就已经很先进了，而小巧精致使它显得更先进。

5. 追加理由型

追加理由型递进关系复句是由一个分句提出一个比较充分的理由，再由另一个分句追加一个理由，而且这个理由往往更充分，从而表明某事的发生是必然的，或者做某事或不做某事是应该的。这种复句常用“况且”“再说”作关联词引出后一分句，其中“况且”属于书面语词，“再说”属于口语词。例如：

① 打了妹妹之后她流泪了。这是她平生第一次打人，况且打的是自己的亲妹妹。

这里后两句是一个追加理由型递进关系复句，先由前一分句说明“她”流泪的理由，然后又由后一分句追加了一个更充分的理由，从而说明“她”流泪是必然的。

② 我一定要注意安全，况且这个国家本来就安全，你放心。

这里前两分句是一个追加理由型递进关系复句，先由前一分句提出了“你”可以放心的理由，然后又由后一分句追加了一个更充分的理由，从而得出“你”可以放心的结论。

③ 我站起来就头晕，不想吃。再说，船上的菜个个都辣，我可吃不下去。

这里“我”（马大为）先说出了“我”不想吃饭的理由，然后又追加了一个更充分的理由：船上的菜都是辣的（四川菜），“我”吃不下去。这个复句的意思是告诉“你”（小燕子）不用劝“我”去吃饭。

④ 丁力波明天不去爬长城，他已经爬过了。再说，他明天还有别的事儿。

这里先说出了“丁力波”不去爬长城的理由，然后又追加了一个更充分的理由。这个复句的意思是告诉大家不必劝“丁力波”去爬长城，因为他是不可能去的。

6. 对比推理型

对比推理型递进关系复句是表示通过两种人或事物的对比得出结论的递进关系复句。这实际上是一种对比推理。这种复句常用的关联词有“……尚且／还……，何况……”“……尚且／还……，不用说／可想而知／不必说……”“连……，何况／不用说……”。主要有三种情况：

第一，先由一个分句指出一种平常或不平常的人或事物在某一方面的表现，然后由另一个分句指出一种不平常或平常的人或事物在这一方面的表现是不言而喻的（必然如此，甚至更突出）。例如：

① 蝼蚁尚且贪生，何况人呢！

这个复句的意思说，像蝼蚁这种低等动物还贪生（吝惜生命），作为高等动物的人类也必然如此。

② 钢铁尚且如此，何况血肉之躯的人呢？

这个复句的意思说，钢铁这种坚硬的物质还能被砸坏，人的身体必然更是如此。以下依此类推：

③ 重点工程尚且如此，一般工程可想而知。

④ 经济发展较好的地区尚且如此，其他的就不必说了。

⑤ 大孩子还这样操心，小的更不用说。

以上是将两种人或事物进行对比的对比推理型递进关系复句的例子。

第二，先由一个分句说出人或事物在一种比较平常的情况下的表现，然后由另一个分句说出一种不平常的情况，通过两种情况的对比，表明人或事物在不平常情况下的表现是不言而喻的（必然如此，甚至更突出）。例如：

⑥ 治理一个1000多万人口的国家已经很难，何况是治理一个拥有12亿人口的国家。

⑦ 零下18摄氏度，穿着厚厚的大衣都未必暖和，何况跳进冰水之中！

⑧ 挖一个水池就这么难，何况修一个大坝？

以上是将两种情况进行对比的对比推理型递进关系复句的例子。

第三，先由一个分句说出对待一种平常或不平常的人或事物的态度或认知情况，然后由另一个分句说出一种不平常或平常的人或事物，通过两种人或事物的对比，表明对待不平常或平常的人或事物的态度或认知情况是不言而喻的（必然如此，甚至更突出）。例如：

⑨ 对自己所爱的恋人，发过的誓言尚且靠不住，何况对其他人呢？

⑩ 连对工作场所中的空气和温度都有严格规定，更何况是梯子呢？

⑪ 许多人连汽车都未见过，更不用说电灯、电视这些现代文明的产物了。

以上是将对人或事物的两种态度或认知情况进行对比的对比推理型递进关系复句的例子。

（三）解说关系复句

这是由两个或两个以上在意义上具有解说与被解说关系的分句复合成的

复句。解说关系复句有如下两种类型：

1. 具体解说型

这种解说关系复句是先由第一分句概括地说出一种情况，或提出一个抽象概念，然后由另一个或另几个分句对这种情况或这个概念作出具体的解释或说明。这种复句一般不使用关联词语，有时在后续分句中使用解说性词语“（也）就是说”“即”等。例如：

① 人数不限，十人八人也行，一人也行。

这里用两个并列的分句具体解释“人数不限”的含义。

② 他们的表现起伏很大，有时能发挥非常出色，有时则会表现得一塌糊涂。

这里用两个并列的分句说明“他们的表现起伏很大”的具体表现。

③ 兴趣的广度是指兴趣的广泛程度，也就是说学生是否对多学科感兴趣。

这里用一个分句具体解释“兴趣的广泛程度”的含义。

2. 分别解说型

这种解说关系复句是先由一个分句概括地说出两个或两个以上的人或事物，然后再由两个或两个以上的分句分别对其进行说明。这种复句一般不使用关联词语，但常连续使用数量短语“一个”。例如：

① 在中国，他最佩服两个人，一个是鲁迅，一个是毛泽东。

这里用两个分句说明“他”最佩服的两个人。以下依此类推：

② 我有三个儿子，一个 17 岁，一个 9 岁，一个 7 岁。

③ 他在斜塔上同时丢下两个同样大小的球，一个是木头的，一个是铁的。

④ 在显微镜下，我们看到的细菌，大致有三种形状：个儿又胖又圆的，叫球菌；身体瘦瘦长长的，是杆菌；体形弯弯扭扭的，称螺旋菌。

3. 补充说明型

这种解说关系复句是先由第一分句笼统地说出一个人或事物，然后由后续分句补充说明其姓名或名称、身份等信息，或者补充说明其具体内容。例如：

① 他的妻子是他的中学同学，叫张小芳。

② 在北面天空有一个著名的星座，叫大熊星座。

③ 这两颗星实际上是同一颗星，就是金星。

④ 这个发现在很大程度上导致这样的结论：所有的河外星系都在离我们远去。

⑤ 可以对“资本”下这样的定义：资本是能够带来剩余价值的价值。

⑥ 希望能够坚决彻底实行学分制，即一个学生只要能完成某一专业所规定的各门课程及学分总数，即可准其毕业，不必一定要学习 4 年，3 年甚至更短的时间都应当允许。

例 ⑥ 用补充说明的方式解释了“学分制”的概念。

（四）选择关系复句

这是由两个或两个以上在意义上具有选择关系的分句复合成的复句。选择关系复句有如下两种类型：

1. 不定取舍型

这种选择复句是由两个或两个以上的分句提出可供选择的人或事物，让对方从中作出选择。从提出选项的方式上看，这种选择复句有两种：一种是疑问式的，常使用“是……，还是……”“……还是……”等关联词语，以疑问的方式提出选项；一种是陈述式的，常使用“……或者 / 或……”“或者 / 或……，或者 / 或……”“要么……，要么……”“要不……，要不……”等关联词语，以陈述的方式提出选项。例如：

① 是你去，还是我去？

② 你去，还是我去？

③ 是你错了，还是我错了？

④ 你是去，还是不去？

以上四例都是疑问式不定取舍型选择复句，其中前三例虽然只提出两个选项，但也可以有第三种选择，实际上还有商量的余地。如例 ①，除了“你去”和“我去”的选择之外，还可以是“你和我一起去”。至于例 ④，因为所提出的选项是一对相反的选项，因而没有第三种选择，等于限定了选择范围。

⑤ 你吃完晚饭快走 1 个小时，或者慢跑 40 分钟，很快就能瘦下去。

这里在第二分句前用了选择连词“或者”。在这种选择复句中，第一分句所提供的选项一般是说话者或作者最希望听者或读者选择的。

⑥ 或者你去，或者我去。

⑦ 要么给我自由，要么让我死。

⑧ 要不把这四把椅子搬出去，要不就把这两个小沙发搬出去，这样客厅里能显得宽绰点儿。

以上三例在两个分句中都使用了选择连词“或者……，或者……”“要么……，要么……”“要不……，要不……”，在这种情况下，说话者或作者在这两个选项上没有倾向性，听者或读者可以任意选择。另外，“要不……，要不……”有口语色彩。

2. 确定取舍型

这种选择复句是由一个分句提出选取的项目，另一个分句提出舍弃的项目，或者两个分句都提出选取的项目，而将舍弃的项目隐含在里面。这种选择复句有先取后舍式、先舍后取式和双取式三种，分别使用“宁可……，也不……”“与其……，（还／倒）不如……”“宁可……，也要……”等。例如：

① 我宁可回家种地，也不当这个官了！

② 他宁可死，也不愿接受这种污辱。

③ 宁可不说话，也不要说错话。

以上是先取后舍式确定取舍型选择复句的例子。

④ 与其得罪干活的，不如得罪不干活的。

⑤ 与其这样不置可否，倒不如一口回绝。

⑥ 自己做点心太费事，不如买现成的。

以上是先舍后取式确定取舍型选择复句的例子。这种先舍后取式选择复句语气比较柔和。另外，连词“与其”具有很强的书面语色彩，口语中一般不使用，而单独使用“不如”“还不如”“倒不如”等关联词语。

我们再来看看双取式确定取舍型选择复句的例子：

⑦ 宁可干得慢一点，也要干得好一点。

⑧ 我宁可不吃饭，也要先把作业做完。

⑨ 我宁可不要产量，也要保证质量。

以上是双取式确定取舍型选择复句的例子。这种选择复句的两个分句说的都是选取的项目，不过第一分句中暗含着舍弃的项目。如例⑦中的“宁可干得慢一点”表示选取“干得慢一点”，实际上是舍弃了“干得快一点”；例⑨中的“我宁可不要产量”，表示选取“不要产量”，实际上是舍弃了“要产量”。

（五）顺承关系复句

这种复句是由两个或两个以上的分句分别按照时间、空间或逻辑顺序说出连续的动作、相关的情况、一个空间中存在的事物等。也叫承接关系复句。

1. 时间顺序型

这种类型的顺承复句是按照时间顺序叙述连续的动作、行为。常用的关联词语有“先／首先……，接着／然后／随后……”“刚……，就……”“于是……”“然后……”“后来……”“接着……”“随后……”等。有时用“意合法”构成，不使用关联词语。例如：

① 在迎接贵宾时，坦桑尼亚人习惯先拍拍自己的肚子，接着热烈鼓掌，然后再跟贵宾握手。

② 蜣螂在推粪球时，先用头部将粪便堆积在一起，然后用前足拍打成球形。

③ 先做喜欢做的事，然后再做不喜欢做的事。

④ 他们首先乘船观看了南京长江大桥的全景，然后参观了铁路桥和公路桥。

⑤ 最初，她学驾驶直升机，各方面反应良好，于是教练让她学习喷气机飞行。

例⑤是说，“她”最初学习驾驶直升机，由于学习得很好，然后教练又让“她”学习驾驶喷气式飞机。用“于是”连接的两个分句在意义上不仅有先后承接的关系，还有因果关系，比较特殊。

⑥ 我刚从地铁站走出来，就看见路边儿围着许多人。

这里时间副词“刚”和语气副词“就”配合使用，表示前后两个行为时间间隔很短。

以上六例的顺承关系复句叙述的是同一个或同一些人、动物先后做出的动作行为。

⑦ 他嫂子先来广州做了环卫工人，接着他哥哥也来了，随后他妻子又来

了，最后他自己也来了。

这里叙述的是四个人先后做出的同一行为。

⑧ 我们过了江，进了车站。

⑨ 他站了起来，披上了一件衣服，来到了阳台上。

以上两个顺承关系复句没有使用关联词。这是用“意合法”构成的顺承关系复句。

2. 空间顺序型

这种类型的顺承复句是用两个或两个以上的分句按照空间顺序，从近到远或从远到近，从里到外或从外到里，从上到下或从下到上，从南到北、从东到西、从中间到旁边或从旁边到中间地叙述处于一个空间中的事物。这种复句一般不使用关联词，但常连续使用存在动词“是”“有”等。例如：

① 驻足广场中央，放眼望去，近处是碧波万顷、清澈见底的莱芒湖，远处则是白雪皑皑、层峦叠嶂的阿尔卑斯山。

② 窗外远处是山，近处是香蕉园，伴随着蓝天白云，风景如画。

③ 楼上不到20平方米的空间被一道木板隔开，里面是老师的寝室，外面是学生的教室。

④ 玻璃暖房的外面是茫茫白雪，里面是一片碧绿。

⑤ 主席台上方并排悬挂着与会国国旗，下方有3个会标图案，台上摆放着盛开的鲜花，会场上铺着崭新的红地毯，气氛非常热烈。

⑥ 独龙江的东边是高黎贡山，西边和南边是与缅甸交界的担当力卡山，北边是西藏。

⑦ 小广场的中间有一个大喷泉，喷泉旁边是一个露天酒吧。

⑧ 刚进门，只见院当中停放着几排大卡车，靠围墙北、西两面，还有齐整的小车库。

⑨ 这封信的上方正中是中国国旗，国旗左边是一条腾飞的巨龙，右边是一对亲密依偎的熊猫，信的背景是中国地图。

3. 逻辑顺序型

这种类型的顺承复句是用两个或两个以上的分句，按照逻辑上的先后顺序叙述事物。这种复句一般不使用关联词，但常使用顶针式的叙述方式。例如：

① 指战员的正确部署来源于正确的决心，正确的决心来源于正确的判断，正确的判断来源于周到的和必要的侦察，和对于各种侦察材料的连贯起来的思索。

这段话是说："正确的决心"是"正确部署"的基础，而"正确的判断"又是"正确的决心"的基础，而"周到的和必要的侦察，和对于各种侦察材料的连贯起来的思索"又是"正确的判断"的基础，从而说明了"周到的和必要的侦察，和对于各种侦察材料的连贯起来的思索"的重要性。

② 咱们做的事越多，老百姓就来得越多；老百姓来得越多，咱们的力量就越大，往后的事也就越多。

以上我们举例说明了汉语的并列关系复句、递进关系复句、解说关系复句、选择关系复句、顺承关系复句。如前所述，语法学界一般把这五种复句称为"联合复句"。

二、偏正复句

偏正复句是由两个或两个以上在意义上有主有次的分句构成的复句，包括条件关系复句、假设关系复句、让步关系复句、因果关系复句、目的关系复句、转折关系复句等六种。

（一）条件关系复句

这种复句是由一个分句提出一定条件，用另一个或几个分句指出在这种条件下将会出现或不会出现的情况。提出条件的分句叫条件分句，说明将会出现或不会出现的情况的分句叫结果分句。根据所提出的条件的类型，可以把条件关系复句分为充分条件、必备条件和任意条件三种。下面我们分别加以说明。

1. 充分条件型

这种条件复句是由一个分句提出一个条件，用另一个或几个分句指出在这个条件下一定会出现或不会出现的情况。这种条件复句常使用"只要……，就……"等关联词语。例如：

① 只要顾客走近她的柜台，她就主动打招呼。

② 只要他一出现在舞台上，观众就会爆发出一片欢笑。

③ 只要社会上还有失学的孩子，我们的“希望工程”就不会终止。

2. 必备条件型

这种条件复句是由一个分句提出一个条件，由另一个或另几个分句指出只有具备这个条件才能出现的情况。这种条件复句常使用“只有……，才……”“必须……，才……”“除非……，才……”“除非……，否则……”等关联词语。例如：

① 只有知己知彼，才能百战百胜。

② 只有经历风雨，才能看见彩虹。

③ 只有温度合适，种子才能发芽。

④ 只有不断地学习，才不会老化，才能跟上时代的步伐。

值得注意的是，有不少语法书和汉语教材把用“只有”引出的条件说成唯一条件，这种说法是不准确的。准确地说，用“只有”引出的条件是不可缺少的条件，也就是必备条件，有的语法书和教材称之为“必要条件”，也不够准确。如例①是说，只有具备了“知彼知己”这个条件，才能实现“百战百胜”的结果，也就是说，“知彼知己”是实现“百战百胜”的结果的必备条件，但并不是说“百战百胜”只需要“知彼知己”这一个条件。再如，例③是说，温度合适是种子发芽的必备条件，但并不是说种子发芽只需要温度合适这一个条件。

为了强调必备条件，人们有时在条件分句中使用语气副词“必须”。例如：

⑤ 医生必须看到病人，才能确诊病情。

⑥ 必须有专人指导，才能练好武术。

⑦ 我必须向前走，才能不落后。

人们也常在条件分句中使用连词“除非”来表示必备条件，但“除非”和“只有”的用意是有区别的。在以下几种情况下条件分句中需要使用条件连词“除非”：

第一，如果结果分句所表示的情况是人们不希望出现的，一般用连词“除非”引出条件，反之，一般使用连词“只有”或副词“必须”。例如：

⑧ 除非你弯下腰，否则别人是不可能骑上你的背的。

这里用连词“除非”引出条件（“你弯下腰”），但结果分句省略了，根据后一句的意思可知，所省略的结果分句是“别人才能骑上你的背”，而别人骑上你的背这个结果是人们所不希望出现的，所以用“除非”引出条件，不用“只有”引出。另外，第二个句子其实是一个紧缩的假设关系复句，其中的“否则”意思是“如果不这样，那么……”。

⑨ 动物们除非受到干扰，否则一般是不会袭击人的。

这里用连词“除非”引出条件（动物受到干扰），但结果分句省略了，根据后一句的意思可知，所省略的结果分句是“才袭击人”，而动物袭击人这个结果是人们所不希望出现的，所以用“除非”引出条件，不用“只有”引出。

⑩ 除非发生国外敌人的大规模入侵，决不能因为出现这样那样的干扰而离开我们的工作重心。

这里用连词“除非”引出条件（“发生国外敌人的大规模入侵”），结果分句“才可以离开我们的工作重心”省略了。因为“离开我们的工作重心”是“我们”不希望出现的情况，所以用连词“除非”引出条件，不用“只有”。

第二，当需要强调条件的强制性时，一般用“除非”引出条件。例如：

⑪ 除非牵着，否则不得把狗带进该公园。

这里“牵着”是“把狗带进该公园”的强制性条件，是不可以违反的规定，所以用“除非”引出，结果分句“才可以把狗带进该公园”省略了。

⑫ 不准随意安放捕鼠器，除非有捕猎许可证。

这里“有捕猎许可证”是“安放捕鼠器”的强制性条件，是不可以违反的规定，所以用“除非”引出，结果分句“才可以安放捕鼠器”省略了。

第三，当某种结果实现的条件是不可能或不太可能出现的情况时，一般用“除非”引出。例如：

⑬ 她绝望地说：要我的心情好，除非太阳从西边出来。

这里“太阳从西边出来”这个条件是不可能出现的情况，所以用“除非”引出。

⑭ 除非下一场大雨，才能把枝叶洗净。然而天气预报无雨。

这里“下一场大雨”这个条件是不太可能出现的情况，所以用“除非”引出。

⑮ 我再也不想找工作了，除非有工作主动找我。

这里“有工作主动找我”这个条件是不太可能出现的情况，所以用“除非”引出。

⑯ 你想离婚，除非我死了！

这里“除非我死了”是条件分句，结果分句“你才可以离婚”省略了。因为“我死了”这个条件是不太可能出现的情况，所以用“除非”引出。

第四，当某种结果实现的条件是例外的情况时，一般用“除非”引出。例如：

⑰ 唐代朝廷规定，除非生病，文武百官都应骑马。

这里“除非生病”是条件分句，结果分句“文武百官才可以不骑马”省略了，“文武百官都应骑马”的前面也省略了“否则”。因为“生病”这个条件是“应骑马”的例外情况，所以用“除非”引出。

⑱ 除非不得已，不要任意调高售价。

这里“除非不得已”是条件分句，结果分句“才可以调高售价”省略了。因为“不得已”是“不要调高售价”的例外情况，所以用“除非”引出。

⑲ 人是思维动物，一刻也离不开思维，除非他的生命结束。

这里“除非他的生命结束”是条件分句，结果分句“才可以离开思维”省略了。因为“他的生命结束”是“离不开思维”的例外情况，所以用“除非”引出。

⑳ 除非你去请他，他才肯来。

这里前面省略了一个条件复句：任何人请他他都不肯来。因为“你去请他”是“他不肯来”的例外情况，所以用“除非”引出。

3. 任意条件型

这种条件复句是由条件分句提出任意条件，结果分句指出在任意条件下都会出现的相同结果。这种条件复句常使用“无论／不论／不管／……，都／总／总是／也……”等关联词语。在这些关联词语中，“无论”在书面语中使用，“不管”主要在口语中使用，“不论”在口语和书面语中都使用。学术界大都把任意条件复句称为“无条件”复句，这种说法是不恰当的，因为任意条件不等于无条件。例如：

① 无论你什么时候打这个电话，都有人接。

② 不论什么时候去，他的书房里总是窗明几净。

③ 不论工作到多晚，他也要今日事今日毕。

以上三个条件关系复句的前一分句都是条件分句，表示的是“打电话”“去”“工作到”的任意的一个时间，后一分句都是结果分句，表示的是在任意的一个时间打电话、在任意的一个时间去他的书房，或工作到任意的一个时间，都会出现的相同结果（“有人接”“窗明几净”“今日事今日毕”）。

④ 无论他出现在什么地方，人们都对他报以热烈的掌声。

⑤ 不论阿拉法特在哪里，他都是巴勒斯坦的标志。

⑥ 不管你走到哪儿，总有暗探在周围转悠。

以上三个条件关系复句的前一分句都是条件分句，表示的是行为主体所出现、所在、所走到的任意的一个地方，后一分句都是结果分句，表示的是出现在任意的一个地方、所在的任意的一个地方、所走到的任意的一个地方，都会出现的相同结果。

⑦ 不管是怎样的乐观主义者，也不会总是笑容满面。

这里前一分句是条件分句，表示的是一个人的乐观所达到的任意程度，后一分句表示的是在任意乐观程度上都会出现的相同结果（不会总是笑容满面）。

⑧ 缺乏艺术性的作品，无论政治上怎样进步，也是没有力量的。

这里前一分句是条件分句，表示的是缺乏艺术性的作品在政治上所达到的任意进步程度，后一分句表示的是在任意进步程度上都会出现的相同结果（没有力量）。

⑨ 不管选举结果如何，都改变不了台湾是中国一部分的事实。

这里前一分句是条件分句，表示的是选举的任意结果，后一分句表示在任意选举结果下都会出现的相同结果（改变不了台湾是中国一部分的事实）。

（二）假设关系复句

这种复句是由一个分句提出一种假设的情况，用另一个分句指出在这种假设的情况下将会出现或不会出现的结果。提出假设情况的分句叫假设分句，说明结果的分句叫结果分句。常使用“如果／假如／要是……，就／那么……”或单用“那”“那么”“就”等关联词。在上述的关联词语中，假设连词“假如”有书面语色彩，“假使”“假若”属于书面语，“要是”属于口语，“如果”在口语和书面语中都使用。在假设分句中，有时将假设连词与假设助词“的话”连用，或不使用假设连词，单独使用假设助词“的话”。

从假设分句所表示的情况来看，假设复句有虚拟性假设复句和现实性假设复句两种。虚拟性假设复句所假设的情况都是与事实相反的，或者是没有发生或实现的可能的。例如：

① 如果你当时不那么凶，也不会引起这场混战。

这是一个虚拟性假设复句，所假设的情况是与事实相反的。

② 要是你抽烟喝酒，我是不会喜欢你的。

这也是一个虚拟性假设复句，所假设的情况是与事实相反的。

③ 假如上天再赐给我一次生命，我绝不会像以前那样生活了。

这也是一个虚拟性假设复句，所假设的情况是没有发生的可能的。

现实性假设复句所假设的情况是尚未出现但有出现的可能性的。例如：

④ 如果我们不治理北京的风沙，那么北京将不适合居住。

⑤ 如果他来了，你就告诉我一声。

⑥ 如果几个中国人一起在饭馆吃饭，事先没有说清楚由谁请客，最后大家就会抢着埋单。

例⑥中前两个句子是并列的假设分句，第二个分句省略了假设连词“如果”。

⑦ 要是有人找我，就说我不在。

⑧ 狗非常可爱。你要是高兴的话，它会跟你玩；你要是不高兴的话，它会舔你让你高兴。

例⑧整体上是一个解说关系复句，解说分句由两个并列关系的假设复句构成，用来说明“狗非常可爱”的具体表现。

例④到例⑧是现实性假设复句的例子，所假设的情况是有发生的可能性的。

⑨ 快把我们的人放了，不然的话，我们就不客气了。

这里“不然”是“不这样”的意思。假设分句没有使用假设连词，但使用了假设助词“的话”。

有时假设分句既不使用假设连词，也不用假设助词。例如：

⑩ 没有共产党，就没有新中国。

这里前一分句是假设分句，没有使用假设连词和假设助词，这是口语的习惯。

（三）让步关系复句

这种复句是先由一个分句提出一个让步性的假设，再由另一个分句提出结果不会随着这个假设的情况而改变。让步复句的第一分句可以称为“让步分句”，第二分句可以称为“结论分句”。让步复句常使用“即使／就是……，也……”等关联词语，有时也不用关联词语。下面我们谈谈让步关系复句表达的意义。

1. 强调该做或不该做某事

这是先由让步分句提出一个比目前的情况或预计的情况更好或更差的情况，再由结论分句提出在这个更好或更差的情况下也应该做某事或不应该做某事，从而突出在不很好或不很差的情况下，更应该做某事或更不应该做某事。例如：

① 即使我们的科学技术赶上了世界先进水平，也还要学习人家的长处。

这里先由让步分句假设一个比目前的情况更好的情况：我们的科学技术赶上了世界先进水平，然后再由结论分句提出在这个假设的更好的情况下也应该做的事情——学习人家的长处，从而显示出在目前我们的科学技术没赶上世界先进水平的情况下，更应该学习人家的长处。

② 孩子还小，就是有一千个错，也应该原谅他！

这里先由让步分句假设一个比目前的情况更差的情况——孩子有一千个错，然后再由结论分句提出在这个更差的情况下也应该做的事情——原谅他，从而显示出在目前不很差的情况下更应该原谅他。

以上两个让步复句用来强调一件事情是应该做的。

③ 即使我们将来富裕了，也不能丢掉勤俭创业、艰苦奋斗的美德。

这里先由让步分句假设一个比目前的情况更好的情况——我们将来富裕了，然后再由结论分句提出在这个更好的情况下也不应该做的事情——丢掉勤俭创业、艰苦奋斗的美德，从而显示出在目前我们不富裕的情况下，更不应该丢掉勤俭创业、艰苦奋斗的美德。

④ 在工作中即使失败了，也不要灰心。

这里先由让步分句假设一个比预计的情况更差的情况——在工作中失败了，然后再由结论分句提出在这个更差的情况下也不应该做的事情——灰心，从而显示出在工作中遇到困难的时候，更不应该灰心。

以上两个让步复句用来强调一件事情是不应该做的。

2. 强调事情可能或不可能发生

这种复句是先由让步分句提出一个比普通的情况更好或更差的情况，然后由结论分句提出在这个更好或更差的情况下，某事也可能发生或不可能发生，从而表明在不好或不差的情况下，某事更可能发生或更不可能发生。例如：

① 这种细菌非常危险，即使食物只被很少几个细菌污染，也可能危害人体健康。

这里先由让步分句假设一个比普通的情况更好的情况——食物只被很少几个这种细菌污染，然后再由结论分句提出在这个假设的更好的情况下也可能发生的事情——危害人体健康，从而显示出食物被较多的这种细菌污染更可能危害人体健康。

② 用作品表述人们熟知的道理，哪怕是真理，也不会产生艺术魅力。

这里先由让步分句假设一个比普通的情况更好的情况——作品表述的是人们熟知的真理，然后再由结论分句提出在这个假设的更好的情况下也不可能发生的事情——产生艺术魅力，从而显示出如果作品表述的是人们熟知的普通道理，更不会产生艺术魅力。

③ 平原地区即使积雪很厚，也不致有雪崩出现。

这里先由让步分句假设一个比普通的情况更差的情况——积雪很厚，然后再由结论分句提出在这个假设的更差的情况下也不可能发生的事情——有雪崩出现，从而显示出如果积雪不是很厚，更不可能有雪崩出现。

3. 强调事情必然会发生

这是先由让步分句提出一个与事实相反或尚未出现的情况，再由结论分句提出在这个相反或尚未出现的情况下，事情仍然会发生，从而强调事情必然会发生。例如：

① 即使我不这样做，别的同志也会这样做。

这个复句是说，必然会有人这样做。当然，这个句子最终要表达的意思是：“我”这样做是应该的。

② 就是今天不为救这个姑娘献身，明天他也会为救别人而死。

这个复句是说，“他”必然会为救别人而死（因为他善良，见义勇为，而见义勇为会有生命的危险）。当然，这个句子最终要表达的意思是：“他”救这个姑娘不是偶然的行为，而是由善良的本性决定的。

③ 据预测，即使严格控制人口增长，本世纪末我国人口仍将接近13亿。[1]

这里先由让步分句假设一个比目前的措施更严厉的措施——严格控制人口增长，然后再由结论分句提出在这个更严厉的措施下也可能发生的事情——本世纪末我国人口将接近13亿，从而显示出在目前措施不太严厉的情况下，我国人口必然会更多，从而强调计划生育的重要性。

4. 强调情况不会随着条件的改变而改变

这是先由让步分句提出一个比目前的条件或通常的条件更差或更好的条件，再由结论分句提出情况不会随着条件的改变而改变。例如：

① 现在，即使我每天工作再忙再累，案头的市场报总是每日必读。

这里强调“我”每天看市场报的习惯不会因为更忙、更累而改变。另外，“再忙再累”是“更忙更累”的意思，指比目前“更忙更累”。

② 就算达到那样的水平，同西方来比，也还是落后的。

这里强调落后的情况不会随着“达到那样的水平”而改变。

③ 即使下了雪，昆明的最低气温也只在零度上下徘徊。

这里强调昆明冬天比较暖和这种情况不会因为下雪而改变。

5. 强调决心不会随着条件的改变而改变

这是先由让步分句提出一个比目前的条件更好或更差的条件，再由结论分句提出决心不会随着条件的改变而改变。例如：

① 即使中国将来发展起来了，也决不会称霸。

这里先由让步分句假设一个比目前的条件更好的条件——中国将来发展起来了，然后再由结论分句提出在这个更好的条件下中国也决不会称霸，从而表明中国不称霸的决心不会因为条件变好而改变。

② 困难再大，我们也要想办法克服。

这里先由让步分句假设一个比目前的条件更差的条件——困难更大，然后再由结论分句提出在这个更差的条件下“我们”也要想办法克服困难，从而表明“我们”克服困难的决心不会因为条件变差而改变。这里让步分句中省略了让步连词“即使”或“就算”“就是”。另外，让步分句中的“再大”是“更大”的意思，但由于句首没有让步连词，“再大”容易被理解为“无论

---

① 选自1993年1月《人民日报》，“本世纪”指20世纪。

多么大”的意思。

6. 强调决心不会因为结果严重而改变

这是先由让步分句提出一个比预计的结果差或更差的结果，再由结论分句提出决心不会因为结果差或更差而改变。例如：

① 就算不能成为大树，我也要做一株小草装点祖国大地。

这里是说，即使“我”将来不能成为一棵大树，只能成为一株小草，“我”也要“装点祖国大地”，强调为祖国做贡献的决心不会因为结果比预计的差而改变。

② 就是死，也绝不能让歹徒逃脱！

这里强调不让歹徒逃脱的决心不会因为结果比预计的严重而改变。

③ 即使倾家荡产，也要把这场官司打到底。

这里强调“把这场官司打到底”的决心不会因为代价比预计的大而改变。

7. 强调论断不会随着条件的改变而改变

这是先由让步分句提出一个比目前的条件更差或更好的条件，再由结论分句提出自己的论断不会随着条件的改变而改变。这种让步关系复句用来强调自己的论断。例如：

① 他势力再大，也管不着我。

这里先由让步分句假设一个比目前的条件更差的条件——“他”势力比目前的更大，然后再由结论分句提出“他”同样管不着“我”的论断，从而强调了“他管不着我”的论断。另外，“他势力再大”的前面省略了让步连词“即使”，其中的“再大”容易被理解为“无论多么大”的意思。

② 这些问题看似小事，但老百姓的事再小，也是大事。

这里先由让步分句假设一个比目前的条件更差的条件——老百姓的事比“这些问题”更小，然后再由结论分句提出老百姓的小事也是大事的论断，从而强调了“老百姓的事都是大事”的论断。另外，让步分句中“但”的后面省略了让步连词“即使”，所以“再小”容易被理解为“无论多么小”的意思。

从上面的两个例子中我们可以看出，当让步分句的句首没有让步连词的时候，其中的“再”容易被理解为“无论多么”的意思，有时候人们也这样使用“再”（这种现象也属于“重新分析”），不过这种用法的“再”所在的分句不是让步分句，而是任意条件分句。例如：

③ 任何一种产品，质量再好，也难保证完美无缺。

这里整体上是一个任意条件复句，不是让步复句，条件分句中的“再”是“无论多么”的意思（前面的“任何一种产品”是主语）。

【补充说明】

有一点值得注意，有时人们把假设性让步连词“即使”“就是”当作让步连词“尽管”来使用，或者当作语气副词来使用，用来强调句子的主语、状语等，在这种情况下，“即使”“就是”的作用相当于“连”“就连”。这都属于不标准的用法。例如：

① 他一生坚持穿本民族的服装，而且致力于传播本民族的文化，即使两次被关进监狱，也不向侵略者妥协。

这里的“即使”是当作“尽管”来使用的，因为“他”是真的两次被关进监狱，不必让步，不必假设，而是事实，按照一般造句的规则，应该用“尽管”来表示承认这个事实，却用了假设性让步连词“即使”。

② 在欧洲很多国家，即使国家总统府也无围墙，不设岗哨。

这里“即使”是当语气副词来使用的，相当于“连”“就连”，用来强调句子的主语“国家总统府”。再如：

③ 即使像祥子这样好强的人，单靠一个人努力还是要失败的。

④ 从人权的角度看，即使是被判了死刑的人，在其被执行死刑之前，其“人权”都应得到尊重。

⑤ 即使像美国纽约等大城市，也是能容忍摆地摊者存在的。

以上三例中“即使像”“即使是”的作用相当于“就连”，用来强调主语。

⑥ 即使在隆冬季节，大连港也从不结冰。

这一例中“即使”的作用相当于“就连”，用来强调状语。

（四）因果关系复句

这种复句是由一个分句说出一种行为、一种现象、一种论断等，由另一个分句说明这种行为、现象发生的原因、这种论断成立的原因等。

根据因果关系的表达方式不同，因果复句可以分为说明性因果复句和推论性因果复句两种。

1. 说明性因果复句

说明性因果复句有两种，一种是先说结果，后说原因，另一种是先说原因，后说结果。先说结果是为了强调原因，先说原因是为了强调结果。

（1）强调原因型

这种因果复句是先说出一种行为、一种现象、一种论断等，然后说明这种行为、现象发生的原因，或者这种论断成立的理由等。一般用连词“因为”引出原因、理由。例如：

① 我一有空就要来这里看报纸，因为从报纸上可以学到许多知识，可以了解国内外大事，提高自己的文化水平，同时，还可以指导自己的工作。

这个因果复句用四个并列的原因分句说明“我”来这里看报纸的原因。

② 金庸肯定不会成功，因为他写的武侠小说实在太荒谬。

这里先断定金庸不会成功，然后说明自己的论断成立的理由。再如：

③ 对我来说，在中国做志愿服务比较难，因为我的汉语还不太好。

以上三个因果复句的前一分句都是结果分句，没有使用关联词语来引导。在写作或讲话时，如果结果分句所说的行为、现象等不是第一次提到，而是前面已经提到过，一般要用连词“之所以”把它引导出来，然后用原因分句来说明这种行为、现象等发生的原因。例如：

④ 他之所以辞职，是因为担心此事会影响美国人的信仰和美国的信誉。

这里用连词“之所以”引出“他”辞职的行为，然后用结果分句说明“他”辞职的原因。

⑤ 辣椒之所以辣，是因为含有一种辣椒素。

这里用连词“之所以”引出“辣椒辣”这种现象，然后用结果分句说明“辣椒辣”这种现象形成的原因。

（2）强调结果型

这种因果复句是先说明一种情况产生的原因，然后说明由这个原因所引起的结果。一般使用“因为……，所以……”“所以……”“因此……”“因而……”“以致……”“以至于……”等关联词语，有时也不用关联词语。例如：

① 因为她学习好，所以考上了一个很有名的大学。

② 因为我说话的语序和正常汉语语序不同，所以他没听懂我说的意思。

③ 他今天感冒了，所以没来上课。

例③是口语句子，原因分句没有使用连词“因为”。

在比较正式的文体中，结果分句中也使用“因而”“因此”等书面语色彩较强的连词。例如：

④ 他的看法是片面的，因而也就是错误的。

⑤ 同学们知道她喜欢听音乐，因此送给了她一个袖珍光盘播放机。

在比较正式的文体中，原因分句中也使用“由于”这种书面语色彩较强的词来引出原因。例如：

⑥ 由于日期与季节不对应，不利于农业生产，因此阴历早就被多数民族所抛弃。

⑦ 由于水晶传热很快，因此摸着它时总感到是冰凉的。

⑧ 由于这种香烟不会产生烟雾，因而不会污染环境。

在写作或讲话时，如果原因分句所说的原因在前面已经提到过了，通常要在原因连词前加上语气副词“正”。例如：

⑨ 正因为有过这些缺点，所以中央才提出要改造党报。

⑩ 正因为新闻事业有这样一些特点，所以它是一种强有力的舆论工具。

如果由一种情况所引起的结果是不好的结果，人们通常用连词“以致”或“以至于”来引出结果。例如：

⑪ 据天津市某小学统计，四年级以上的学生几乎人人都玩电子游戏机，以致 80% 以上的学生视力下降。

这里句首的短语“据天津市某小学统计”属于插入语，用来说明后面所说的消息的来源。

⑫ 热线电话实在太“热”了，以至于有一天，编辑们惊奇地发现：电话机烧坏了！

以上二例用“以致”“以至于”引出不好的结果。

2. 推论性因果复句

这种复句是先由一个分句提出一种大家公认的或双方认可的事实，然后由另一个分句说明由这种事实所得出的结论。推论性因果复句常使用“既然……那么／就”等关联词。例如：

① 如果他没撞人，就不会去救人。既然他这么主动救人，那么人肯定是他撞的。

这里先用一个假设复句提出推论的大前提（如果他没撞人，就不会去救人），然后由一个分句提出一个事实（他这么主动救人），作为推论的小前提，再由一个分句提出结论（人肯定是他撞的）。不过，如果推论性因果复句所依据的大前提是公认的道理或浅显的道理，或者是人们都知道的事实，经常会省略。例如：

② 既然不爱他，就不应该嫁给他！

这里省略了推论的大前提"只有爱一个人才可以嫁给一个人"，直接根据小前提"不爱他"得出"不应该嫁给他"这个结论。

③ 我们既然是国家工作人员，就应该全心全意地为人民服务。

这里省略了推论的大前提"国家工作人员应该全心全意地为人民服务"，直接根据小前提"我们是国家工作人员"得出"我们就应该全心全意地为人民服务"这个结论。

也有把大前提放在推论性因果复句后面的。例如：

④ 父母既然生了我，就得养活我，宪法有规定，父母有抚养子女的责任和义务。

这里先根据小前提"父母生了我"的事实提出"父母就得养活我"这个结论，然后补充说明这个推论所依据的大前提："宪法有规定，父母有抚养子女的责任和义务。"

如果这种推论性的因果复句的结果分句中使用了"必然""当然"等表示论断的语气副词，结果分句通常不用"那么""就"等关联词来呼应。例如：

⑤ 恒星既然是产生出来的东西，它也必然要走向死亡。

⑥ 他既然有那么多钱，当然不会是一个傻子。

有时为了强调推论性因果复句的结论，而将结果分句省略，然后用一个疑问句就与结论相反的事实提出疑问。例如：

⑦ 既然有那么深的感情，你怎么不和他结婚？

这里省略了结果分句"你就应该跟他结婚"，而就"你"不跟"他"结婚的事实提出了疑问。

⑧ 既然人们这么喜爱这种方便面，生产部门为什么不能多加工生产一些呢？

这里省略了结果分句"生产部门就应该多加工生产一些"，而就"生产部门不多加工生产一些"的事实提出了疑问。

有时为了强调如何落实推论性因果复句的结论，而将结果分句省略，然后用一个疑问句提出该如何落实它。例如：

⑨ 既然人物在文学作品中有着如此重要的地位，那么怎样塑造好人物形象呢？

这里省略了结果分句“我们就应该塑造好人物形象”，而提出了“怎样塑造好人物形象”的问题，从而使这个问题得到突出。

⑩ 既然他提出来了，可是该怎么回答他呢？

这里省略了结果分句“我就应该回答”，而提出了“该怎么回答他”的问题，从而使这个问题得到突出。

（五）目的关系复句

这种复句是先由一个分句说明一种行为，再由另一个分句说明这种行为的目的。表示目的的分句可以称为目的分句，而表示行为的分句可以称为结果分句。目的关系复句都是先说结果分句，后说目的分句，这样可以使行为的目的得到强调。

从性质上看，目的关系复句所表示的目的有两种，一种是希望能够得到某种结果，一种是希望能够避免某种结果。为了表述方便，我们把表示希望能够得到某种结果的目的关系复句称为“求得型”目的关系复句，把表示希望能够避免某种结果的目的关系复句称为“求免型”目的关系复句。这两种目的关系复句所使用的关联词语有很大区别。

1. 求得型

这种目的关系复句是先由一个分句提出一种行为，然后由另一个分句说明希望通过这种行为所要得到的结果。常在目的分句中使用“目的是”“为的是”“是为了”“以便”“用以”“用来”“借以”“来”“好”等关联词语。例如：

① 寓言也都运用比喻，目的是通过比喻性的故事来说明有普遍意义的道理。

② 食品店打扫卫生，目的是保持食品清洁。

③ 鲍蕙荞钢琴城还将出售旧琴，为的是给经济条件还不富裕的中小学音乐教师提供方便。

④ 他去旅行，为的是了解不同地方的文化，感受不同的风土人情。

例④有两个并列的目的分句。

在表示目的方面，“目的是”与“为的是”作用相同，可以互相替换。不过，“为的是”还可以用来引出所要获得的事物，或者是想要达到的目标等。例如：

⑤ 咱们卖的是力气，为的是钱。

这里用“为的是”引出想要获得的事物。

⑥ 他写的是他二十年来在人生道路上的体会，他为的是他所追求的目标。

这里用“为的是”引出想要达到的目标。

⑦ 不争论，是为了争取时间干。

⑧ 我们走出我们的太阳系进入宇宙，只是为了寻找和平和友谊。

以上二例用“是为了”引出所要得到的结果。

有时人们也用“之所以”来引出某种行为，与“是为了”相呼应。例如：

⑨ 大学之所以不坐班，就是为了让教员自由地进行研究活动。

⑩ 我之所以这么做，全是为了我姐姐。

在书面语中，常使用书面语色彩较浓的目的连词“以便”来引出行为的目的。例如：

⑪ 我父母会把电视摆在外边，以便让更多的人观看。

⑫ 他下定决心自学中文，以便了解新中国的情况。

⑬ 我必须想办法先挣点钱，以便能够在北京待下去。

在口语中，常使用口语色彩浓厚的目的连词“好”来引出行为的目的。例如：

⑭ 我便用书将台灯遮起来，好让她好好休息。

⑮ 他总是去得很早，好买到前排的座位。

如果结果分句说的是对某物进行处置的行为，而目的分句要说明处置它的目的是对它进行利用，目的分句的句首要使用“用以”或“用来”等关联词语，其中“用以”比“用来”书面语色彩浓。例如：

⑯ 创作高质量的通俗歌曲，用以体现晚会的主题。

⑰ 延安市政府将这两万元捐款转赠给延安育才学校，用以修建校舍。

⑱ 最近美国还专门发射一颗人造卫星，用来监测大气中的臭氧变化。

⑲ 鱼鳞可以制成动物胶，用来制造照相胶卷和电影胶卷。

如果结果分句所说的行为是为了达到某种目的所采取的手段，在书面语中一般用“借以”“以”引出目的，在通俗文体或口语中一般用“来”引出目的。例如：

⑳ 要准确地捕捉市场信息，借以指导生产经营。

㉑ 双方应进一步扩大合作，以造福于两国人民。

㉒ 人们举办各种形式的纪念活动，来表达自己的兴奋心情。

㉓ 广东省准备建立一系列的轻工业工厂，来改善和美化人民的生活。

以上四例中的连词“借以”“以”和“来”的意思相当于“目的是……”。

2. 求免型

这种目的复句是先由一个分句提出一种行为，然后由另一个分句说明这种行为所要避免发生的结果。常在目的分句中使用“以免”“免得”“省得”“以防”等关联词语。例如：

① 中方陪同人员向尼克松作出解释，以免引起误会。

② 下次再讲课声音大一点，免得后面的人听不清楚。

③ 采集有刺的植物必须小心，以免被刺扎伤。

④ 大家挤作一团，免得冻死。

以上四例分别用“以免”和“免得”引出目的。“以免”和“免得”作用相同，只是“以免”的书面语色彩更浓一些。

⑤ 雷雨天气不要在大树下或电线杆旁躲雨，以防雷击触电。

⑥ 被看来健康的狗咬伤后，也应注射预防针，以防万一。

这里“万一”的意思是发生可能性很小但后果很严重的事件，指因感染狂犬病病毒而死去。这种用在“以防”后面的“万一”是作动词用的，意思相当于“发生万一”。

以上二例用“以防”引出目的。“以防”和“以免”“免得”的作用基本相同，但“以防”只用于表示避免发生严重的后果，所以例③和例④中的“以免”“免得”可以换成“以防”，但例①和例②中的“以免”不宜换成“以防”。

在口语中，求免型目的复句常用“省得”来引出目的。例如：

⑦ 这些知识大人、小孩都该学，省得上当受骗。

⑧ 时间不早了，早点回家，省得你妈妈着急。

以上我们举例说明了两种意义类型的目的关系复句。

【补充说明】

目的复句是用来强调行为的目的的，如果要强调行为本身，一般用目的介词“为了”引出行为的目的，形成目的状语。例如：

⑨［为了培养武术人才］，不少国家成立了武术学校。

⑩［为了参加这次竞赛］，他们经常查阅资料到深夜。

以上二例都是用介词“为了”引出行为的目的，都属于单句。另外，这两例中的目的状语都可以移到主语“不少国家”“他们”的后面，而之所以把目的状语放在句首，是为了更好地突出主语的行为。

⑪［为了避免外界干扰］，会议地点没有公开。

这个句子不仅将目的状语放在句首，还省略了主语，并且将宾语移到了谓语动词前。它的原型是：

他们［为了避免外界干扰］，没有公开会议地点。

⑫ 有些人［为了减肥］，不吃晚饭。

这里没有将目的状语放在主语前。

（六）转折关系复句

转折关系复句是由一个分句承认一种行为、一种情况等，由另一个分句说明这种行为、这种情况等没有产生预期或预料的结果；或者由一个分句说明一种计划、愿望等，由另一个分句说明没有实现这种计划、愿望等的必备条件。

转折复句主要用来强调事物间的矛盾关系，而事物间的矛盾程度有轻重的不同，因而转折复句也有语气轻重的不同。一般说来，转折复句的语气轻重可以分为重、轻、弱三级，分别用不同的关联词语来表示。下面我们分别加以说明。

1. 重转型

重转型转折关系复句使用“虽然／虽／尽管／固然……但是／但／然而／却／可是／可”等关联词。例如：

① 该厂虽然进行了认真治理，但是，污染环境问题仍然存在。

② 她们虽然满心想把工作做好，但是力不从心。

③ 象龟虽然生活在海岛上，但只喝淡水。

④ 格陵兰虽然是一片冰雪世界，但不是毫无生机。

以上例 ③ 和例 ④ 中使用了转折连词“但”。“但”与“但是”的作用相同，只是“但”的书面语色彩浓。

⑤ 她虽然身高只有 1 米 78，然而弹跳力强，出手果断。

这里使用了转折连词“然而”。“然而”与“虽然”的作用相同，但书面语色彩很浓。

⑥ 两国虽然隔绝，却是互相了解底细的。

⑦ 整个星座虽小，却十分明亮。

这里使用了语气副词“却”。语气副词“却”用来表示一种行为或一种情况的结果是出乎意料的。

⑧ 虽然表面上总是乐呵呵的，可是细心的人能看出她的变化。

⑨ 虽然我 7 岁就从中国来到了瑞典，可是对中国的印象还是很深的。

以上二例中使用了转折连词“可是”。“可是”与“但是”“但”的作用相同，但“可是”的口语色彩浓。

⑩ 虽说入了秋，可气温依然居高不下。

这里使用了转折连词“可”。“可”比“可是”的口语色彩更浓。

⑪ 尽管我们也有提高，但是人家比我们提高得更快。

⑫ 尽管袁隆平已是闻名世界的科学家，但他一直认为自己是个农民。

⑬ 尽管他带了头，却没有人响应。

以上三例中使用了让步连词“尽管”。“尽管”比“虽然”的书面语色彩浓。

⑭ 犯错误固然不好，但也是一种学习。

⑮ 时间之类的因素固然重要，却不是决定性的因素。

以上二例中使用了让步连词“固然”。“固然”的让步语气比“虽然”“尽管”重。

在口语中，有一种不同于书面语的让步表示法，就是重复谓语动词，中间加上“归”或“是”，表示行为、状态等没有产生预期或预料的结果。例如：

⑯ 观众骂归骂，不过还是失望地看完了晚会。

这里“骂归骂”的意思相当于“尽管骂”。

⑰ 这位总经理严归严，不过很讨人喜欢。

这里“严归严”的意思相当于“尽管严”（指对员工要求得严）。

⑱ 我听是听了，但是没听懂。

这里“听是听了”的意思相当于“尽管听了”。

⑲ 看是看完了，就是看不懂。

这里“看是看完了”的意思相当于“尽管看完了”。另外，“是”前边的

"看"是"看完"的省略说法。

⑳《劳动法》好是好，可就不知道能否真正落实。

这里"好是好"的意思相当于"尽管好"。

2. 轻转型

轻转型转折复句是去掉配对使用的转折复句关联词中的一个，从而减轻转折语气，或者在转折分句中使用语气副词"其实""还是""仍然""仍""也"等。例如：

① 章鱼虽然叫"鱼"，其实并不属于鱼类。

② 尽管他起早贪黑地干，还是常常完不成任务。

③ 他虽然身患重病，仍然十分乐观。

④ 尽管每个人盖了两床厚厚的棉被，仍冻得难以入睡。

以上例③和例④中的"仍然""仍"属于书面语词，与"还是"意义相同，表示行为的结果没有变化（例②、例③），或情况没有变化（例④）。

⑤ 学生增加得多，尽管新建了不少学校，也还是不够用。

这里转折分句句首的"也"是语气副词，表示结果不受前面所说的情况（新建了不少学校）的影响，后面的"还是"表示情况（学校不够用）没有变化。

⑥ 他妈妈抱怨归抱怨，还是给他买了新鞋。

这里"抱怨归抱怨"的意思相当于"尽管抱怨"。

有时让步分句不使用让步连词，但转折分句中使用转折连词"但是""然而""可是""却""可"等，这样的轻转型转折复句的语气稍重一些。例如：

⑦ 人的能力有大有小，但是三百六十行，行行可以出状元。

⑧ 我想要呼喊，然而呼喊不出。

⑨ 我很想来拜访你，可是一直没有机会。

⑩ 他的发言慷慨激昂，却只有一位教师为他鼓掌。

⑪ 朋友们劝过好多次，可她谁的话都听不进去。

汉语转折复句习惯上把让步分句放在前面，转折分句放在后面。但由于受英语等西方语言的影响，人们有时也将转折分句放在前面，将让步分句放在后面。例如：

⑫ 美国已成为俄罗斯的伙伴，尽管两国在许多问题上仍然存在分歧。

这里前一分句是转折分句，后一分句是让步分句。

3. 弱转型

弱转型转折复句的让步分句中不使用让步连词，只在转折分句中使用转折语气较弱的连词“不过”“只是”等。例如：

① 我没学过音乐，不过我对音乐很感兴趣。

② 我会弹钢琴，不过弹得不太好。

③ 不是没有这样的小说，只是很少。

④ 他这个人挺正直的，就是脾气不太好。

这里的“就是”是“不过”的意思，表示轻微的转折语气。

第二节　复句的结构类型

前面我们说明了现代汉语复句的意义类型。复句的意义类型是根据分句间的意义关系划分出来的复句类型。我们前面所举的例子大都只包含一层意义关系，如并列关系、递进关系、条件关系、转折关系等，这种复句我们称之为“一重复句”。但在实际运用中，经常用一重复句充当一个更大复句的分句，甚至用更大的复句充当更大一些的复句的分句，于是又形成了包含两层或两层以上意义关系的更复杂的复句。我们把包含两层或两层以上意义关系的复句统称为多重复句。

一、一重复句

一重复句是由两个或两个以上的分句构成的只包含一层意义关系的复句。我们前面讲到的各种意义类型的复句都是一重复句。

二、多重复句

包含两层或两层以上意义关系的复杂复句叫多重复句。一个多重复句虽然包含两层或两层以上的意义关系，但其中有一层是总体上的意义关系，如并列关系、递进关系、条件关系、转折关系等，其他意义关系包含在这一层的两个组成部分中。包含几层意义关系的复句就是几重复句。最常见的多重复句是二重复句，其次是三重复句，再次是四重复句，五重以上的复句由于过于复杂，就很少见了。例如：

① 只有公司赢利，|| 股票才值钱，| 否则股票就卖不出去。

条件　并列

这是一个并列关系的二重复句，它的前一部分是一个条件关系复句，说明股票值钱的条件（公司赢利），后一部分是一个紧缩了的假设复句，以假设的方式从反面强调股票值钱的条件（“否”表示与“公司赢利”相反，也就是“公司不赢利”）。这个二重复句等于说：

只有公司赢利，股票才值钱；如果公司不盈利，股票就卖不出去。

② 如果你想健康，|| 你就跑步吧！ | 如果你想聪明，|| 你就跑步吧！

假设　并列　假设

| 如果你想漂亮，|| 你就跑步吧！

并列　假设

这是一个并列关系的二重复句，是三个假设复句的并列。

③ 经济发展再好，| 如果没有提高人民的生活水平，|| 那么，发展经济的

让步　假设

目的也就不明确。

这是一个让步关系的二重复句，它的结论分句包含着一层假设关系。

④ 这里是人类知识的宝库，| 如果你掌握它的钥匙的话，|| 那么全部知识

因果　假设

都是你的。

这是一个因果关系的二重复句，它的结果分句包含着一层假设关系。

⑤ 他们尊重法律，|| 法律却不理会他们，| 以致最终走上以暴抗暴

转折　因果

的道路。

这是一个因果关系的二重复句，它的原因分句包含着一层转折关系。

⑥ 服从命令是军人的天职，|| 况且又是你的命令，| 我服从！

递进　因果

这是一个因果关系的二重复句，它的原因分句包含着一层递进关系。

⑦ 由于白天街巷内的汽车、自行车、行人来往频繁，| 因而白天收垃圾

因果

既有碍交通，|| 又不卫生。

并列

这是一个因果关系的二重复句，它的结果分句包含着一层并列关系。

⑧ 他最欣赏两个人，|| 一个是列宁，一个是毛泽东，| 认为他们具有

解说　　　　　　　　　　因果

创造性。

这是一个因果关系的二重复句，它的结果分句（在前）包含着一层解说关系。

⑨ 只有生产不断地增加，|| 不断地扩大，| 才能逐步地克服我们人民的贫

并列　　　　　条件

困，|| 才能巩固我们革命的胜利，|| 才能有我们将来的幸福。

并列　　　　　　　　　　　并列

这是一个条件关系的二重复句，它的条件分句是一个并列复句，结果分句也是一个并列复句（由三个并列分句构成）。

⑩ 这老者衣衫虽然破旧，||| 却洗得干干净净，|| 况且举止斯文

转折　　　　　　　　　递进

有礼，| 该是一个读书人。

因果

这是一个因果关系的三重复句，它的原因分句是一个递进复句，而这个递进复句的前一分句是由一个转折复句构成的。

⑪ ㈠越南首都已陷入足球疯狂状态，| ㈡街道很早便空无一人，

因果

|| ㈢因为球迷 都在争取时间睡眠，||| ㈣以便在晚上观看电视直播的世

因果　　　　　　　　　　　目的

界杯比赛。

这是一个因果关系的三重复句，它的结果分句是一个因果关系的二重复句，结果分句㈡在前，原因分句（由㈢和㈣构成）在后，而这个原因分句又是一个目的关系复句，行为分句㈢在前，目的分句㈣在后。

⑫ ㊀这种现象如不纠正，| ㊁不但影响工作，||| ㊂损害党的声誉，|| ㊃而且要垮掉一些同志。

假设　并列　递进

这是一个假设关系的三重复句，它的结果分句是一个递进关系的二重复句，这个二重复句的前一分句是一个并列关系的复句（由㊁与㊂两个分句构成）。

⑬ ㊀由于这里的树木十分稠密，|| ㊁只有拼命地向上长，||| ㊂才能最大限度地接受到阳光，| ㊃因此，这里的树木一般都很直、很高。

因果　条件　因果

这是一个因果关系的三重复句，它的原因分句（由㊀与㊁㊂构成）又是一个因果关系的二重复句，而这个因果关系的二重复句的结果分句（由㊁与㊂两个分句构成）又是一个条件复句。

⑭ ㊀我们的工资一般还不高，| ㊁但是因为就业的人多了，||| ㊂因为物价低和稳，||| ㊃加上其他种种条件，|| ㊄我们的生活比过去还是有了很大改善。

转折　并列　并列　因果

这是一个转折关系的三重复句，但它的转折分句又是一个因果复句，而这个因果复句的原因分句又是一个并列复句（由㊁㊂㊃三个分句构成）。

⑮ ㊀如果把自己看作群众的主人，|| ㊁看作高踞于"下等人"头上的贵族，| ㊂那么，不管他们有多大的才能，|| ㊃也是群众所不需要的，||| ㊄他们的工作是没有前途的。

并列　假设　条件　并列

这是一个假设关系的三重复句，它的假设分句是一个并列复句，而它的结果分句又是一个条件关系的二重复句，而这个条件关系的二重复句的结果分句（由㊃与㊄构成）又是一个并列复句。

⑯ ㊀今后我们的队伍里，不管死了谁，|| ㊁不管是炊事员，||| ㊂是
　　　　　　　　　　　　　　　　　　　解说　　　　　　　　选择
战士，| ㊃只要他是做过一些有益的工作的，|| ㊄我们都要给他送葬，
　条件　　　　　　　　　　　　　　　　　条件
||| ㊅开追悼会。
并列

这是一个条件关系的三重复句，它的条件分句是一个解说关系的二重复句，而这个解说关系的二重复句的解说分句（由㊁与㊂构成）又是一个选择复句；它的结果分句又是一个条件关系的二重复句，而这个条件关系的二重复句的结果分句（由㊄与㊅构成）又是一个并列关系的复句。

⑰ ㊀生活节奏加快了，||| ㊁都是急匆匆地赶这儿赶那儿，
　　　　　　　　　　　因果
|||| ㊂没有时间和左邻右舍接触，|| ㊃况且邻里与自己没有什么直接关
因果　　　　　　　　　　　　递进
系，| ㊄疏远也是必然的。
　因果

这是一个因果关系的四重复句，它的原因部分是一个递进关系的三重复句，这个递进关系的三重复句的前一分句又是一个因果关系的二重复句（由㊀与㊁㊂构成），而这个因果关系的二重复句的结果分句（由㊁与㊂构成）也是一个因果关系复句（㊁是㊂的原因）。

⑱ ㊀我不反对有人选用历史事件作为报告文学的题材，| ㊁但是，即使是
　　　　　　　　　　　　　　　　　　　　　　　　转折
描述历史，|| ㊂也应当具有鲜明的时代精神，||| ㊃因为我们不是在学历史，
　　　让步　　　　　　　　　　　　　　　因果
|||| ㊄而是通过历史事件的剖析来倾诉历史的回声和教训。
并列

这是一个转折关系的四重复句，它的转折分句又是一个让步关系的三重复句，而这个让步关系的三重复句的结论分句（由㊂与㊃㊄构成）从整体上看又是一个因果关系的二重复句，而这个因果关系的二重复句的原因分句（由㊃与㊄构成）又是一个并列关系的复句。

以上我们举例说明了汉语的多重复句。

三、紧缩复句

紧缩复句是省略复句中的某些词语（包括关联词语）并取消分句间的语音停顿而形成的句子。紧缩复句看起来像是单句。例如：

你喜欢就拿去吧。

这是由“如果你喜欢，你就拿去吧”这个假设复句紧缩成的，省略了假设连词“如果”，也省略了两个分句之间的语音停顿和第二分句的主语“你”。

多数一重复句都可以压缩成紧缩复句，有的多重复句也能压缩成紧缩复句。可以压缩成紧缩复句的通常是并列关系、条件关系、假设关系、让步关系、因果关系、转折关系的复句。下面我们归纳一下常见的意义关系类型的紧缩复句。

（一）并列关系紧缩复句

一重并列关系复句可以紧缩，多重并列关系复句有时也可以紧缩。例如：

① 这双鞋不大不小。

这个并列关系紧缩复句是由下面这个并列关系复句紧缩成的：

这双鞋既／也不大，也不小。

② 秋天是北京最好的季节，不刮风，不下雨，不冷也不热。

这个句子整体上是一个解说关系复句，它的解说分句有两个，前一个解说分句（不刮风，不下雨）是一个省略了关联词但没省略语音停顿的并列关系复句，不算是紧缩复句，后一个解说分句（不冷也不热）是一个并列关系紧缩复句。这两个解说分句的完整形式是：

既／也不刮风，也不下雨；既／也不冷，也不热。

③ 你爱去不去。

这是一个紧缩得不能分析结构的句子，必须把它还原：

你爱去就去，不爱去就不去。

这个原型是一个并列关系复句，而它的两个分句是假设关系紧缩复句，这个并列关系复句的原型是：

你要是爱去，你就去；你要是不爱去，就不去。

值得注意的是，“你爱去不去”这种句式带有不耐烦、不满意的语气，通常用在因为对方不愿意做某事而生气的场合，否则不这样紧缩。

（二）解说关系紧缩复句

解说关系紧缩复句主要是由评价式的解说关系复句紧缩成的。例如：

① 大家都夸他是个好学生。

这个解说关系紧缩复句是由下面这个解说关系复句紧缩成的：

大家都夸他，说他是个好学生。

② 群众骂他们是败家子。

这个解说关系紧缩复句是由下面这个解说关系复句紧缩成的：

群众骂他们，说他们是败家子。

③ 江青在背后多次恶狠狠地讽刺周恩来是“灭火队长”。

这个解说关系紧缩复句是由下面这个解说关系复句紧缩成的：

江青在背后多次恶狠狠地讽刺周恩来，说他是“灭火队长”。

汉语语法学界一般把这种解说关系紧缩复句看成兼语句，而兼语句是一种单句。关于兼语句，参见 460 页“4. 关于‘兼语句’”。

（三）条件关系紧缩复句

条件关系复句经常紧缩。例如：

① 你需要什么就拿什么。

这是由下面这个条件关系复句紧缩成的：

只要你需要什么，你就拿什么。

② 坚持到底才能胜利。

这是由下面这个条件关系复句紧缩成的：

只有坚持到底，才能胜利。

③ 他干什么都能干好。

这是由下面这个条件关系复句紧缩成的：

他无论干什么，都能干好。

④ 说什么也没用。

这是由下面这个条件关系复句紧缩成的：

不管你说什么，也没用。

⑤ 谁劝他也不听。

这是由下面这个条件关系复句紧缩成的：

不管谁劝他，他也不听。

（四）假设关系紧缩复句

假设关系复句也经常紧缩。例如：

① 有事给我打电话。

这个紧缩复句是由下面这个假设关系复句紧缩成的：

如果你有事，就给我打电话。

② 不到长城非好汉。

这个紧缩复句是由下面这个假设关系复句紧缩成的：

如果你不到长城，你就非（不是）好汉。

③ 你去我就去。

这个紧缩复句是由下面这个假设关系复句紧缩成的：

如果你去，我就去。

④ 你请我就来。

这个紧缩复句是由下面这个假设关系复句紧缩成的：

如果你请我，我就来。

【补充说明】

有一个“非 V 不可”的习惯说法，它的本义是“如果不 V，就不行”，也就是“必须 V 才行”，本来是一个假设关系紧缩复句。例如：

① 语言这东西，不是随便可以学好的，非下苦功不可。

这里整体上是一个并列关系复句，第二分句是由下面这个假设关系复句紧缩成的：

若非下苦功学，则不可。

这个假设关系复句的意思是如果不下苦功夫（不花费大量的时间和精力）学，就不行（就不能学好），也就是必须下苦功夫学才行。

当人们用“我非 V 不可”的句式来表示自己“我一定要做某事才行”的意义时，容易让别人理解为“我一定要做某事”的意思。例如：

② 汉语不好学，我非下苦功不可。

这里第二个分句的意思是“我”如果不下苦功夫就学不好汉语，但别人可能会理解为“我”一定要下苦功夫学汉语，人们这样理解“非 V 不可”的意思，也这样使用，就使“非 V 不可”的格式又有了“一定要 V”的意思，用来表示决心坚定的语气[①]。例如：

③ 老人去中国的决心坚定不移。最后一次，竟对我发了火："不要再劝我了！我非去不可！"

这里"我非去不可"的意思是"我一定要去"，表示自己的决心很坚定。

在谈话中，人们也常用"他非V不可"的句式告诉对方某人一定要做某事，但对方很容易把"他非V不可"理解为"他一定会V"的意思。例如：

④ 他非去不可。

本来说话人用这个句子表示"他"一定要去的意思，是说"他"去的决心很坚定，但对方可能会理解为"他一定会去"，以为这是说"他"去的可能性非常大。人们这样理解"他非V不可"的意思，又使"非V不可"的格式有了"一定会V"的意思，于是人们又用"非V不可"的格式来表示一种很有把握的推测[②]。例如：

⑤ 你穿这么少，非感冒不可。

这里"非感冒不可"的意思是"一定会感冒"，表示很有把握的推测，完全没有了"决心坚定"的语气。

我们再把"非V不可"的格式的意义演变过程概括一下：

非V不可（必须V）⟶ 一定要V ⟶ 一定会V

（五）让步关系紧缩复句

让步关系复句也经常紧缩。例如：

① 不说我也知道。

这个紧缩复句是由下面这个让步关系复句紧缩成的：

即使你不说，我也知道。

② 说了也白说。

这个紧缩复句是由下面这个让步关系复句紧缩成的：

即使说了，也是白说。

③ 下雨也去。

这个紧缩复句是由下面这个让步关系复句紧缩成的：

---

① 这种对一个句子的语法意义产生了误解并使之产生新的语法意义的现象也是"语法化"学说所说的"重新分析"现象。

② 这也是"重新分析"现象。

即使下雨，我也去。

④ 这个手机太丑了，白给我也不要。

这里后一个句子是紧缩复句，是由下面这个让步关系复句紧缩成的：

即使白给我，我也不要。

（六）因果关系紧缩复句

因果关系复句也经常紧缩。紧缩最多的是推论性因果复句。例如：

① 不愿意去就别去了。

这个紧缩复句是由下面这个推论性因果关系复句紧缩成的：

既然你不愿意去，那就别去了。

② 喜欢就拿去吧。

这个紧缩复句是由下面这个推论性因果关系复句紧缩成的：

既然你喜欢，你就拿去吧。

③ 你不去我去。

这个紧缩复句是由下面这个推论性因果关系复句紧缩成的：

既然你不去，那只好我去。

④ 昨天我有事没来。

这个紧缩复句是由下面这个说明性因果关系复句紧缩成的：

因为昨天我有事，所以没来。

（七）转折关系紧缩复句

转折关系复句有时也紧缩。例如：

① 当时许多厂家想干又不敢干。

这个紧缩复句是由下面这个转折关系复句紧缩成的：

虽然当时许多厂家想干，但又不敢干。

② 我找了一天也没找到。

这个紧缩复句是由下面这个转折关系复句紧缩成的：

我虽然找了一天，但也没找到。

③ 你不信我信。

这个紧缩复句是由下面这个转折关系复句紧缩成的：

虽然你不信，但我信。

以上我们说明了汉语复句的意义关系类型和结构类型。

在汉语语法学界，还有“句群”的说法。所谓句群，就是一段话，这一段话中的句子之间也有并列、顺承、递进、条件、因果、转折等逻辑关系。实际上，一段话中，哪几个句子算是一个句群，也不容易确定，而且从语法上分析句群，会使语法分析变得太繁琐，会使汉语学习者失去学习汉语的兴趣。再说，句群的分析已经超出了语法分析的范围，属于文章阅读理解方面的问题，只要学会了分析汉语的单句和复句的语法结构，就可以看懂一段话的意思，这就足够了。因此我们认为，句群的分析不是汉语语法分析上不可缺少的内容，所以我们把复句作为本书的最后一部分内容。

参考文献

说明：以下所列为本书撰写时所参考的专著、教材或建议读者参考的专著、教材。另有一些所参考的学术论文，为了节省篇幅，不在此列出。

1. 丁声树等:《现代汉语语法讲话》，商务印书馆 1961 年版。

2. 范晓、张豫峰等:《语法理论纲要》(修订版)，上海译文出版社 2008 年版。

3. 高名凯:《语法理论》，商务印书馆 1960 年版。

4. 胡附、文炼:《现代汉语语法探索》，新知识出版社 1956 年版。

5. 黄伯荣、廖序东:《现代汉语》(增订五版)，高等教育出版社 2011 年版。

6. 刘珣主编:《新实用汉语课本》第 1—6 册，北京语言大学出版社，2006 年 5 月—2009 年 12 月版。

7. 刘月华等:《实用现代汉语语法》(增订本)，商务印书馆 2004 年版。

8. 陆俭明:《现代汉语语法研究教程》(第四版)，北京大学出版社 2013 年版。

9. 陆俭明、沈阳:《汉语和汉语研究十五讲》，北京大学出版社 2003 年版。

10. 陆庆和:《实用对外汉语教学语法》，北京大学出版社 2006 年版。

11. 吕叔湘:《汉语语法分析问题》，商务印书馆 1979 年版。

12. 吕叔湘:《现代汉语八百词》(增订本)，商务印书馆 1999 年版。

13. 沈阳:《现代汉语空语类研究》，山东教育出版社 1994 年版。

14. 王力:《汉语史稿》，中华书局 1980 年版。

15. 杨玉玲:《国际汉语教师语法教学手册》，高等教育出版社 2011 年版。
16. 赵元任:《汉语口语语法》(汉译本)，商务印书馆 1979 年版。
17. 中国语文杂志社:《汉语的主语宾语问题》，中华书局 1956 年版。
18. 朱德熙:《现代汉语语法研究》，商务印书馆 1980 年版。
19. 朱德熙:《语法讲义》，商务印书馆 1982 年版。

后　记

《国际汉语教学语法》一书历时两年多，终于写成了。这两年多的时间里，笔者一直在亚美尼亚孔子学院任教，同时我爱人随任，她负责买粮食买菜、做饭、洗衣服、打扫房间等一切家务，而我每天只负责备课、上课、参加孔子学院的会议和活动以及中国驻亚大使馆偶尔组织的活动，再加上每天锻炼身体一个多小时，此外一切时间都用来写这本书，连吃饭的时候也在写。

在写这本书之前，我搞了多年“现代汉语”教学和对外汉语教学，同时也搞汉语语法研究，写出了两本汉语语法专著，一本是《应用现代汉语语法》（吉林大学出版社 2014 年 8 月出版），一本是《深层汉语语法分析》（中国戏剧出版社 2019 年 4 月出版），本书是在这两本书的基础上写成的，否则两年多的时间里是绝对写不成这样一本书的。另外，每年寒假我们都不回国，也节省了不少时间。在本书撰写的最后半年的时间里，继中国等国家之后，亚美尼亚也发生了新型冠状病毒疫情，并于 2020 年 3 月 16 日开始进入紧急状态，之后孔子学院也和亚美尼亚大中小学一样，开始实行网上授课，我每天足不出户，节省了不少上下班走路的时间。到了暑假，因为国际上不能正常通航，同时返回中国和再返回亚美尼亚都需要隔离两个星期，回国也没有意义，所以我们没有回国，这样我又有了大量的时间撰写本书。

毫不夸张地说，从 2019 年 8 月到 2020 年 11 月这段时间里，我的这本书和我在亚美尼亚孔子学院的工作也是冒着生命危险完成的。2019 年暑假我们回国的时候，我只在老家呆了 8 天，每天只跟母亲聊几句天，另外做两顿饭，其余时间也都用来撰写这本书，然后就匆忙回到自己在大连市的家，继续写这本书。考虑到我已经两年多没做体检了，8 月中旬的时候去医院做了体检，8 月下旬拿到了体检结果，检测出左肺下页有一个直径 6 毫米的磨玻璃结节，体检报告书的封面上做了重点提醒，然后问大夫检测出这东西该怎么办，大夫说 3 个月以后要去医院复查，我说我要回外国上课，3 个月以后回不来，大夫说那就等寒假回来。我心想，寒假时间那么短，来回太匆忙，等明年暑假再说。可是，从 2020 年 1 月开始，全世界都发生了新型冠状病毒疫情，国际交通中断，早在 5 月的时候孔子学院总部就告知孔子学院教师，如果暑假要回国，就做好回不来的打算，准备离职，而我非常珍惜在孔子学院的教学和文化传播工作，就决定暑假不回国。这段时间国际交通也确实困难，我们孔子学院有一个 7 月初到期离任回国的教师，提前好几个月订飞机票，好不容易才订到一张 8 月 13 号的机票，8 月 15 号回到了中国，下飞机以后在指定的宾馆隔离了 14 天。由此可见，如果我回国了，开学的时候肯定回不来。

这段时间里，我经常在百度上看关于肺结节的文章和视频，有不少人说肺上有磨玻璃结节非常危险。2020 年 8 月 1 号那天，我从搜狐网上查到一篇文章，说肺结节不可怕，多数都不会发生病变，有的能自行消失，有的能缩小，即使是恶化了，也可以通过微创手术切除，不会有后遗症。看了这篇文章我就放心了，不过还是期待一年以后回到祖国，去那个体检医院复查一下，希望能平安无事。

时间过得真快，转眼间就到了 2021 年 4 月中旬了，我现在需要决定是否申请延期，下一学年是否还在亚美尼亚孔子学院工作。如果我的身体没问题，我当然愿意继续在这里工作，这是我的一个心愿。经过反复考虑，我去了埃里温的一个设备比较先进的医院做了肺 CT 检查。片子拍出来之后，大夫高兴地告诉我，我肺上的结节已经消失了，不用担心了。我非常高兴，赶紧填写了延期申请书。

4 月 17 号晚上，我又想起了拍 CT 片的事。当时是我的一个年轻同事陪我去的，他俄语水平很高，而亚美尼亚人的第一外语是俄语，所以我求他帮我挂号、跟医生沟通。拍片的设备看起来比较简单，跟我以前见过的 X 光机基本上一样。拍完片，结果很快就出来了，听了大夫的解释我高兴极了。回到家之后，我就想：我以前拍 CT 片好像是躺着拍的，这次怎么是站着拍的呢？这不是 CT，是 X 光吧？我知道，从 X 光片上不容易看清肺磨玻璃结节，必须拍 CT 片才行。于是我就上百度网查，看看 CT 到底是站着拍还是躺着拍，有几个回答说 CT 是站着拍（这个问题早就有人问过、有人回答过，我可以马上看到答案）。然后我给那个同事打电话，问他给我挂号的时候挂的是 X 光号还是 CT 号，他说 X 光就是 CT。我一听就明白了，一定是他弄错了。这不怪他，他从毕业后就在国外教汉语，同时身体好，从来不去医院，不了解 CT。然后我又从百度网上查，想看看 X 光片有什么特征，查到的结果是，X 光片的图像是平面的，不同器官的影像是重叠的，而我的片子正是这样的。于是我明确地告诉那个同事，我们拍的不是 CT 片，是 X 光片，二者是不同的。正好他认识咱们中国的一个放射线科的医生，他就把我的片子传给了那个医生。那个医生告诉他，那确实是 X 光片，并且说，检查出磨玻璃结节后，3 个月内就应该复查，现在过去将近 2 年了，太危险了，要赶紧去做 CT。4 月 21 号一大早我们就去医院了。这次我们非常小心，挂号前又先请教了医生，拍片之前我又跟操作员确认了一下，然后才拍的。拍完后，大夫从电脑显示器上看了 CT 影像，告诉我原来的磨玻璃结节消失了。直到这时，我才真正放心了。

最近两个多月里，我一直在中国戏剧出版社编辑部邢俊华老师的指导下修改、校对本书稿，邢老师也直接给我修改了书稿中不少错误和不当之处。邢老师目光敏锐，工作严谨认真，精益求精，在学术问题上也有独到的见解，而且很有耐心，一遍一遍地指导和帮助我修改、校对书稿，不厌其烦。每当我看到邢老师精到的修改结果和修改建议的时候，敬佩之意总是油然而生。

这本书很快就要和广大读者见面了，由于时间仓促，书中一定还有许多不完善的地方，敬请广大读者批评指正。

袁庆德

2021 年 4 月 23 日